CARAVAGGIO

MILANO 19/05/2000

CARISSIMA ELENA,

SPERO CHE QUESTO LIBRO "BELLO ANCHE ARTISTICAMENTE", POSSA CONTRIBUIRE ALLA TUA GIÁ VASTISSIMA CONOSCENZA DI M. MERISI, DETTO IL "CARAVAGGIO"

Trifone Cellamare

*Questa mostra è dedicata
a Gian Alberto Dell'Acqua
nel suo novantesimo
compleanno e in omaggio
ai suoi studi su Caravaggio
e sulla pittura lombarda*

Caravaggio

La luce nella pittura lombarda

Electa

In copertina
Michelangelo Merisi,
detto il Caravaggio
Ragazzo morso da un ramarro,
particolare (cat. 10)

Traduzioni
Deborah Confortini, Roma
Globe, Foligno

Sotto l'Alto Patronato
del Presidente della Repubblica Italiana

CARAVAGGIO
La luce nella pittura lombarda

Bergamo, Accademia Carrara
12 aprile - 2 luglio 2000

Mostra promossa da

RegioneLombardia

Comune di Bergamo

con la collaborazione
delle Soprintendenze
per i Beni Artistici e Storici
di Milano e di Roma

PATROCINI

Ministero per i Beni
e le Attività Culturali

Ministero
della Pubblica Istruzione

ENTI PROMOTORI

Regione Lombardia

Provincia di Bergamo

Comune di Bergamo

Camera di Commercio
di Bergamo

Azienda di Promozione
Turistica di Bergamo

Unione degli Industriali
della Provincia di Bergamo

in collaborazione con

CREDITO BERGAMASCO
Gruppo Bancario Popolare di Verona-S.Geminiano e S.Prospero

Enel

COMITATO D'ONORE

Nicola Mancino
Presidente del Senato

Luciano Violante
Presidente della Camera dei Deputati

Luigi Berlinguer
Ministro della Pubblica Istruzione

Roberto Formigoni
Presidente della Regione Lombardia

Anna Maria Cancellieri
Prefetto di Bergamo

Mario Serio
Direttore Generale dell'Ufficio Centrale per i Beni Archeologici, Architettonici, Artistici e Storici

Cesare Veneziani
Sindaco di Bergamo

Valerio Bettoni
Presidente della Provincia di Bergamo

Marzio Tremaglia
Assessore alla Cultura della Regione Lombardia

Tecla Rondi
Assessore alla Cultura della Provincia di Bergamo

Valerio Marabini
Assessore alla Cultura del Comune di Bergamo

Roberto Sestini
Presidente della Camera di Commercio di Bergamo

Mario Ratti
Presidente dell'Unione Industriali della Provincia di Bergamo

Chicco Testa
Presidente dell'Enel spa

Cesare Zonca
Presidente del Credito Bergamasco

Mostra a cura di
Francesco Rossi

Organizzazione e promozione
COBE Direzionale spa,
Bergamo
Paolo Boselli
Laura Luzzana

Progetto dell'allestimento
Walter Barbero
Giorgio Zenoni

Grafica della mostra
Fulvio Ronchi
Pietro Lucii

Sovrintendenza ai lavori sulla fabbrica
Franco Maffeis

Progetto illuminazione
Metis Lighting srl

Comunicazione
C.L.P. Relazioni
Pubbliche, Milano

Restauratori
Antonio Benigni, Bergamo
Giannini e Marchi, Firenze
Giantomassi & Zari, Roma
Eugenio Gritti, Bergamo
MBC, Roma
Thomas M. Schneider, Londra
Minerva Tramonti Maggi,
Bergamo

Trasporti
Saima Servizi, Milano

Sicurezza
Gruppo Fidelitas
Mega Italia spa

Allestimento
F.lli Gelmini srl

Assicurazioni
GENERALI
Assicurazioni Generali S.p.A.

Collaborazione promozionale
la Repubblica

Coordinamento scientifico del catalogo
Claudio Strinati
Rossella Vodret

Coordinamento editoriale
Massimo Pomponi
Roberta Rinaldi

Ufficio stampa
Electa, Milano

Albo dei prestatori

Chiesa di San Giuliano, Albino
High Museum, Atlanta
Biblioteca Civica A. Maj, Bergamo
Collegio della Guastalla, Binasco
Pinacoteca Nazionale, Bologna
BIPOP-CARIRE, Brescia
Musei Civici
d'Arte e Storia, Brescia
Museo Civico
Ala Ponzone, Cremona
Palazzo Pitti, Firenze
Galleria degli Uffizi, Firenze
Galleria di Palazzo Bianco, Genova
The Ishizuka Research Institute,
Hiratsuka-shi
The National Gallery, Londra
The Wellington Gallery, Londra
Patrimonio Nacional, Madrid
Pinacoteca di Brera, Milano
Galleria dell'Arcivescovado, Milano
Civiche Raccolte d'Arte, Milano
Rettoria di San Raffaele
Arcangelo, Milano
Ospedale Maggiore, Milano
Biblioteca Ambrosiana, Milano
COMIT Service, Milano
Musei e Gallerie Nazionali
di Palazzo Reale, Napoli
The Metropolitan Museum
of Art, New York
Wildenstein & Co., New York
Chiesa di San Francesco
d'Assisi, Pavia
Direzione Generale
degli Affari di Culto,
Ministero dell'Interno, Roma
Accademia di San Luca, Roma
Galleria Borghese, Roma
Galleria Nazionale d'Arte Antica
di Palazzo Barberini, Roma
Fondazione
Doria Pamphilj, Roma
Istituto Nazionale
per la Grafica, Roma
Museum Boijmans
van Beuningen, Rotterdam

Si ringraziano

i Soprintendenti
Giuliana Algeri, Mantova
Jadranka Bentini, Bologna
Bruno Contardi, Milano
Germano Mulazzani, Genova
Antonio Paolucci, Firenze
Nicola Spinosa, Napoli
Claudio Strinati, Roma

Franco e Maurizio Bartoli
Maurizio Calvesi
Keith Christiansen
Rosella Colleoni
Curia di Milano
Curia Vescovile di Pavia
Andrea De Marchi
Diocesi di Bergamo
Margherita Fumarola
Carlo Giantomassi
Silvano Lodi
Umberto Miceli
Principessa Nicoletta Odescalchi
Matteo Panzeri
Angelo Piazza
Matteo Rossi Doria
Eric Schleier
Donatella Zari
Alessandro Zuccari

Assicurazioni Generali
Autostrada Brescia-Verona-
Vicenza-Padova spa
Autostrade spa
Cultura & Comunicazione
Gruppo Fidelitas
Gandalf Airlines
Mega Italia spa
MoltiMedia fattoria digitale
Renault Oberti spa
Gruppo SAB
Saima Servizi
Sitcom spa
Trend srl
Yamatane Corporation, Tokyo

La sezione
"Manzù per Caravaggio"
è realizzata in collaborazione
con Advancing Trade srl

Il progetto scientifico di questa mostra è stato sviluppato grazie a una fattiva collaborazione tra l'Accademia Carrara di Bergamo e le Soprintendenze per i Beni Artistici e Storici di Roma e di Milano; esso costituisce dunque un importante momento di raccordo tra diverse realtà istituzionali, cui ha contribuito in maniera determinante il Ministero per i Beni e le Attività Culturali, attraverso gli organi preposti.
La mostra va considerata un naturale proseguimento dell'esposizione monografica su Caravaggio realizzata dalla Soprintendenza per i Beni Artistici e Storici di Roma a Madrid e a Bilbao, nell'ambito degli accordi culturali tra Italia e Spagna. L'esposizione di Bergamo offre la possibilità di far luce sul primo momento dell'attività dell'artista: quella fase in cui il background della sua formazione lombarda – nel senso più lato del termine, in cui si fondono la tradizione locale e quella della grande pittura veneta – viene perfezionato attraverso le stimolanti esperienze artistiche vissute nella "città eterna", permettendogli di assurgere ad un ruolo di primaria importanza nell'arte italiana.
Attraverso la presentazione di una serie di capolavori del grande pittore lombardo è possibile seguire il complesso iter stilistico del maestro dal momento del suo debutto – ben documentato con i precedenti lombardi – fino alle sue opere estreme, rappresentate fra l'altro dal San Giovannino *della Galleria Borghese, che Caravaggio aveva con sé a bordo della "feluca" partita da Napoli e che lo accompagnò nel suo ultimo viaggio.*
L'esposizione offre dunque all'attenzione del visitatore le testimonianze dell'arte suprema di un genio – di quei due o tre nati nel corso di ogni secolo – che porta lustro e arricchisce il patrimonio culturale di un'intera nazione.
Nel caso di un maestro quale Caravaggio, non è retorico affermare che tale incalcolabile patrimonio appartenga non solo all'Italia, ma all'intera Umanità.

Mario Serio
Direttore Generale dell'Ufficio Centrale per i Beni Archeologici, Architettonici, Artistici e Storici

Realizzare a Bergamo una mostra di Caravaggio – con i dipinti di Caravaggio – era una vecchia ambizione della nostra città, mancata nel 1951, quando fu Milano a ospitare l'irripetibile mostra monografica curata da Roberto Longhi, e poi ancora nel 1974, quando Mia Cinotti riuscì a presentare in Palazzo della Ragione una mostra del tutto esauriente, ma solo documentaria. Ora l'occasione si è ripresentata, per il confluire dei progetti elaborati dall'Accademia Carrara, dalla Regione Lombardia e dalle Sovrintendenze di Milano e di Roma, e l'Amministrazione Comunale di Bergamo si è impegnata con tutte le sue forze per una buona riuscita.

Non è mio compito, d'altra parte, illustrarne i contenuti e il tessuto scientifico connettivo. Voglio tuttavia sottolineare che il progetto di una mostra su Caravaggio ha assunto una valenza particolare, per l'Amministrazione che rappresento, una volta che sono stati resi noti gli intendimenti culturali elaborati dal comitato scientifico, che voglio qui ringraziare nella sua collegialità.

L'idea, infatti, di riprendere l'antica impostazione di Roberto Longhi, che individuava i "precedenti caravaggeschi" negli artisti cinquecenteschi della scuola bresciana e bergamasca, e di estenderla ad accogliere i più recenti contributi critici che aggregavano a questi "precedenti" taluni artisti di Milano, in primis quel Simone Peterzano che fu suo maestro e che era pur sempre di origine bergamasca, è parsa a noi tutti uno straordinario momento di riflessione sullo specifico della nostra arte e della nostra cultura, non per contrapporsi ma per riconoscersi, per riaffermare dunque, con serena conoscenza, quanto la Lombardia ha dato al collegiale formarsi di una "lingua italiana" dell'arte, summa e sintesi di quella molteplice diversità di interessi e di linguaggi che ancora nel Cinquecento caratterizzava l'Italia delle città e delle signorie.

Ancor più mi trova concorde lo sforzo che in questa mostra è stato fatto per tradurre in immagine, al di là dei filtri del linguaggio pur sempre specialistico della critica, quanto gli studiosi avevano elaborato in quel mezzo secolo di ricerca che ci separa ormai dalla mostra milanese del 1951: ché l'obiettivo di rendere immediato e comprensibile ciò che può apparire arduo ed elitario non può che corrispondere alle aspettative di chi, come me, crede alle istituzioni culturali come alla sede privilegiata dell'educazione permanente, e alla politica come strumento per il superamento delle residue barriere culturali e sociali.

Valerio Marabini
Assessore alla Cultura del Comune di Bergamo

Caravaggio rappresenta con la sua opera uno dei cardini fondamentali della pittura italiana ed europea. La sua arte, dai connotati profondamente classici, rappresenta per cultori e appassionati un punto di riferimento per identificare uno stile tuttora vivo e rappresentativo di un'intera generazione dei maestri della tela.
La gente bergamasca è fiera di celebrarne i fasti in una mostra che segue di poco quella altrettanto prestigiosa, dedicata al Lotto, dal quale com'è noto il Caravaggio venne profondamente influenzato, indotto a mitigare il luminismo veneto con forme ed espressioni reali dell'arte lombarda.
All'alba del terzo millennio ci ritroviamo ad ammirare il naturalismo che contraddistinse il Caravaggio nella scelta dei soggetti, volutamente a contatto con le cose vere, e l'inconfondibile quanto sapiente gioco di luci che movimenta ogni suo dipinto.
A questi elementi e all'unanimità dei suoi tratti, come ci ricordano i massimi storici dell'arte, si sarebbero ispirati non solo i caravaggeschi dichiarati, ma le più grandi figure della pittura europea successiva, da Rubens a Rembrandt. Nell'anno giubilare non possiamo dimenticare, altresì, che le sue opere riflettono il contenuto umano dei testi biblici.
Una profonda emozione accompagna i visitatori della mostra dedicata al Caravaggio, sentimento che ci si augura si rifletta nel contesto artistico, architettonico e monumentale di Bergamo e della sua provincia.

Valerio Bettoni
Presidente della Provincia di Bergamo

Un'attenta considerazione delle mostre e degli studi condotti negli ultimi decenni sulle arti in Lombardia alla fine del Cinquecento, così come l'esame della sempre più ricca bibliografia su Caravaggio, consente di rilevare che non sono state frequenti le occasioni di incontro e raccordo tra questi pur paralleli filoni di indagine; peraltro, il rinnovamento di allestimenti museali, le stesse nuove acquisizioni dei musei, i restauri, le ricognizioni catalografiche offrono oggi in Lombardia un quadro conoscitivo delle problematiche artistiche di quel momento storico in termini assai più ricchi e articolati di quanto non fosse appena dieci anni fa. Non ci si può dunque sottrarre ormai all'esigenza di un bilancio storico-critico che proponga una riunificazione dei due diversi, ma connessi, ambiti di ricerca.
Questa semplice considerazione non solo è alla base della decisione di promuovere una mostra su Caravaggio e la pittura lombarda a lui coeva, ma, credo, spiega anche l'accettazione convinta e generosa da parte di numerosi prestatori di concedere opere di grande interesse e valore che, con molteplici possibili percorsi di lettura, arricchiscono, attraverso paragoni spesso inediti, la percezione del senso e del valore di ciascuno dei dipinti esposti.
Fra musei italiani e stranieri e il territorio lombardo vengono così ricostituiti, nel nome di Caravaggio, legami che appaiono davvero fecondi di confronti e di possibili nuove piste di ricerca, attraverso un percorso espositivo stimolante e talvolta financhе provocatorio, specialmente ove si tratti – pur con le limitazioni dovute all'impossibilità di avere tutte le opere teoricamente pertinenti – di illuminare il percorso giovanile di Merisi ed evidenziarne ancora nelle opere successive, fino a quelle tarde, il rapporto indubbio e personalissimo con il suo primo momento lombardo, suggestionato anche dal fascino della pittura veneta.
La mostra, che la Regione Lombardia sostiene nella consapevolezza di offrire un servizio importante sia al pubblico sia agli specialisti, si pone dunque come uno degli eventi espositivi di maggiore significato a livello nazionale in questo anno segnato dal Giubileo e perciò arricchito da molte proposte di riflessione sui valori spirituali dell'espressività artistica; valori che, in questa occasione, si vogliono porre non in astratto, ma radicati saldamente nella storia della pietà in Lombardia e in quello che appare il valore unificante dell'espressione pittorica di questo preciso contesto: il linguaggio della luce.

Pietro Petraroia
Direttore Generale Cultura - Regione Lombardia

Anche questo appuntamento con un grande evento, come si profila essere la mostra "Caravaggio. La luce nella pittura lombarda", ci vede fra gli Enti Promotori ed è con un certo compiacimento che attestiamo, attraverso la nostra presenza nel finanziamento e nella promozione dell'esposizione, la volontà del mondo produttivo bergamasco di concorrere con determinazione all'affermazione nel mondo della personalità di grande vivacità culturale di questo territorio, che ha molte suggestioni da offrire al piacere della vista e dello spirito.
E non voglio sottacere che Michelangelo Merisi, più conosciuto con il nome del paese bergamasco di provenienza della sua famiglia, Caravaggio appunto, che sarà presumibilmente il protagonista più ammirato della mostra, è uno degli emblemi della personalità di questa terra composita, avventurosa, geniale.
La Camera di Commercio, esprimendo la condivisione unanime del mondo imprenditoriale all'iniziativa che ha portato all'organizzazione di questa esposizione, è certa che l'evento sarà un ulteriore degno proscenio per l'intero territorio e darà adeguata continuità alla felice stagione inaugurata nel recente passato con la mostra "Lorenzo Lotto".

Roberto Sestini
Presidente della Camera di Commercio di Bergamo

Solo luoghi di particolare significato sono contraddistinti da un genius loci *capace di riassumerne i tratti più pregnanti. Quando poi "l'appartenenza" a un sito diviene sinonimo di identificazione con lo stesso, essa rivela un legame quasi viscerale con la terra d'origine e diviene fonte inesauribile di espressione artistica.*
Questo il destino di Michelangelo Merisi, meglio conosciuto come "il Caravaggio" proprio dalla località di origine nella pianura bergamasca assurta universalmente a riconoscimento di uno stile, di una cultura.
E al rappresentante forse più eccezionale della sua cultura, fatta di concreto attaccamento alla vita ordinata dall'illuminazione del trascendente, Bergamo dedica una mostra a quasi cinquant'anni dall'ultima esposizione in Lombardia. Il prestigioso appuntamento è rivolto soprattutto ad analizzare i rapporti tra la pittura di Merisi e l'ambito regionale di appartenenza, per studiarne i più profondi e sottili contatti.
L'evento così presentato, dal sicuro richiamo internazionale, diverrà dunque occasione ideale per la conoscenza anche del territorio attraverso confronti con artisti lombardi per svelare il filo conduttore di una scuola di cui il Caravaggio è emblematico esponente.
Ma, come già per la mostra dedicata a Lorenzo Lotto, essa confermerà il ruolo consolidato di Bergamo a contesto culturale di prestigio, in un duplice significato: quello di topos, *prima di tutto, filologicamente inteso come "luogo" dalle peculiari connotazioni espressive. Ma anche quello di un ambito che conosce e desidera far conoscere il valore della sua cultura e dei suoi rappresentanti.*
Bergamo così si conferma orgogliosa e consolidata sede di eventi di ampia risonanza ma dalla straordinaria autenticità, direttamente scaturiti dalla sua secolare tradizione.
E il leit-motiv della cultura, la più elevata, si intreccia inevitabilmente con quello dell'accoglienza che non smentisce, con la sua continua e accurata ricerca del meglio per il visitatore, la passione dei bergamaschi per la loro terra.

Giovanni Locatelli
Presidente dell'Azienda Promozione Turistica di Bergamo

L'Unione degli Industriali della Provincia di Bergamo, sensibile e attenta alla divulgazione della cultura e presente nel sostegno concreto alle attività artistiche nelle forme più diverse, partecipando alla realizzazione della mostra "Caravaggio. La luce nella pittura lombarda" intende riaffermare il forte legame esistente da sempre tra arte e realtà industriale.
Questo evento artistico di portata eccezionale, che pone Bergamo in primo piano nel panorama degli appuntamenti culturali del Duemila, offre un'opportunità unica per rendere omaggio a questo genio che si distaccò dal manierismo e non ricercò mai la "bellezza ideale", anzi, l'uso del "brutto" nelle sue rappresentazioni risultò funzionale a ciò che voleva raccontare attraverso la pittura.
Questa occasione prestigiosa consente, inoltre, di presentare e far conoscere alla platea più vasta una selezione di opere di Michelangelo Merisi rappresentative della sua breve attività, attraverso le quali si evidenziano le caratteristiche e le specificità della cultura lombarda negli anni giovanili del pittore.
Artista anticonvenzionale, che scandalizzò il pubblico del tempo per le tematiche rappresentate e per la raffigurazione di soggetti sacri nelle vesti comuni di umili mortali, il Caravaggio propose tali interpretazioni nel tentativo di rendere reali e tangibili i protagonisti delle Sacre Scritture, affrescati in un chiaroscuro esasperato quasi abbagliati dalla luce, mentre giacciono nel buio più profondo.
Questo incontro con l'arte di Michelangelo Merisi è, infine, prezioso per promuovere, anche attraverso la celebrazione di un cittadino "illustre", il talento e l'operosità dei molti bergamaschi che hanno reso grande la nostra città e il suo territorio.
In tale contesto, la partecipazione dell'Unione degli Industriali della Provincia di Bergamo alla realizzazione di questo evento culturale conferma e sottolinea lo stretto rapporto che lega il mondo dell'imprenditoria bergamasca a quello dell'arte in uno spirito di mecenatismo che, ogniqualvolta si è presentata l'occasione, ha ispirato le azioni del mondo industriale bergamasco nell'intento di sostenere e incentivare il genio e la creatività, fondamenti all'origine di ogni sviluppo "illuminato".

Mario Ratti
Presidente dell'Unione degli Industriali della Provincia di Bergamo

L'esposizione del Caravaggio a Bergamo tende a dimostrare la matrice lombarda del realismo del grandissimo pittore. È tesi che già Longhi aveva avanzato nel 1951, e che il presente catalogo ben documenta.
La realizzazione ha richiesto un forte impegno alle strutture locali, che hanno saputo rispondere con generosa dedizione alla richiesta della città, di una mostra capace di ripetere il successo di pubblico di quella del Lotto.
Se è giusto dare merito al direttore scientifico, Francesco Rossi, direttore dell'Accademia Carrara, è corretto affermare che la mostra non avrebbe visto la luce senza l'appoggio determinante degli Assessorati alla Cultura di Bergamo e della Regione Lombardia.
Oggi c'è una diffusa volontà di rilancio del turismo culturale a Bergamo, città squilibrata sul versante industriale dalla stessa operosità dei suoi abitanti; e l'Accademia Carrara, prestigiosa raccolta di collezioni, fondata nel 1796, è consapevole che la cultura non è elitario strumento di potere, ma esigenza e impegno di vita civile.
Chiamata al nuovo ruolo, la Carrara dimostra di saper rispondere, ma con l'affanno dovuto alla struttura non adeguata quanto a spazi espositivi, a servizi per i visitatori, a numero di personale direttivo.
Sia lecito al presidente di questa istituzione chiedere una nuova concreta attenzione agli amministratori pubblici, a nome dei visitatori non meno che dei cittadini di Bergamo.

Willi Zavaritt
Presidente dell'Accademia Carrara

L'ampia diffusione degli strumenti informatici e l'utilizzo corrente delle tecnologie telematiche rendono, oggi, possibile ciò che fisicamente è impensabile: l'abbattimento "virtuale" delle barriere di spazio e di tempo. Navigando in rete, con estrema facilità, in tempo reale e a costi irrisori, è possibile viaggiare da un capo all'altro del mondo, apprendere informazioni e notizie, visitare musei, collezioni private e biblioteche, comunicare e interagire con un pubblico sempre più numeroso.
Perché, allora, promuovere ancora l'arte e la cultura con iniziative di tipo tradizionale?
Perché niente è paragonabile alle emozioni del "vivere" in prima persona un'esperienza, un evento. Emozioni e sensazioni che ben difficilmente uno schermo, con la sua tipica luce asettica, può trasmettere.
È proprio in quest'ottica che il Credito Bergamasco, da sempre concretamente impegnato nell'opera di promozione della cultura e dell'arte – beni di interesse collettivo –, continua nel suo ambizioso progetto di valorizzazione e divulgazione del patrimonio artistico e della tradizione culturale.
Insigne esponente è, senza dubbio, il Caravaggio, da tutti riconosciuto come l'artista che, trasgredendo gli schemi canonici del tempo, utilizza la "luce" in maniera innovativa, attribuendole una molteplicità di ruoli.
Considerate l'importanza e la risonanza dell'artista, nonché il pregio delle opere esposte, l'iniziativa riveste notevole interesse per tutti coloro che, con consapevolezza, scelgono di arricchirsi intimamente e intellettualmente.

Cesare Zonca
Presidente del Credito Bergamasco

Enel nei suoi interventi in favore di iniziative culturali ha sempre seguito un principio ispiratore: la luce è elemento indispensabile per comunicare l'arte. Da qui i programmi di illuminazione dei monumenti realizzati negli ultimi anni, lo studio di criteri innovativi nell'utilizzo dell'illuminazione come scenografia teatrale – quinte di luce – o per accentuare particolari momenti di esecuzioni musicali o drammatiche.
In questo ambito va anche inquadrata la partecipazione alla realizzazione dell'esposizione "Caravaggio. La luce nella pittura lombarda".
La mostra si caratterizza come un evento di rilevanza internazionale: per la prima volta, infatti, un così elevato numero di dipinti, provenienti da tutto il mondo, viene riunito per illustrare e testimoniare un'originale lettura dell'opera caravaggesca in rapporto alla cultura figurativa della sua terra natale, la Lombardia.
Ma la mostra – ospitata nella splendida Accademia Carrara – si distinguerà anche per il ruolo ricoperto dall'elemento "luce", sia nell'originale allestimento sia nell'opera dell'artista. Con Caravaggio la luce diventa infatti elemento spirituale e stilistico: protagonista della scena, crea contrasti forti con le zone d'ombra, con una raffigurazione dell'umanità carica di una nuova tensione realistica.
Enel non poteva mancare all'evento straordinario di Bergamo che – a quasi cinquant'anni dall'ultima mostra dedicatagli in Lombardia – scava e indaga la matrice lombarda di Merisi "da Caravaggio", ripercorre le tracce del suo percorso pittorico, approfondisce le componenti della formazione iniziale. E pone in risalto l'intima connessione fra l'interpretazione artistica della realtà e la luce, che ne rende possibile la lettura e ne esalta contenuti, emozioni, sensazioni.

Chicco Testa
Presidente dell'Enel spa

Sommario

23 Caravaggio e la Lombardia
Bruno Contardi

28 Note biografiche su Caravaggio
Claudio Strinati

38 Considerazioni sulla nascita,
la famiglia, la formazione del Caravaggio
Maurizio Calvesi

45 Caravaggio: l'"incipit"
tra Lombardia e Venezia
Maurizio Marini

57 Caravaggio e la quadreria
del Cavalier d'Arpino
Kristina Herrmann Fiore

77 Caravaggio e le armi.
Immagine descrittiva,
valore segnico e valenza simbolica
Francesco Rossi

89 Pittura e rappresentazione:
Caravaggio e il teatro della crudeltà
Silvia Danesi Squarzina

102 Roma 1605: lo strano furto di
"... una lama di spada ... di m[aestro].
Michelangelo da Caravaggio Pittore"
Sandro Corradini, Maurizio Marini

109 Catalogo

177 Regesto

225 Bibliografia
a cura di Roberta Rinaldi

Caravaggio e la Lombardia

Bruno Contardi

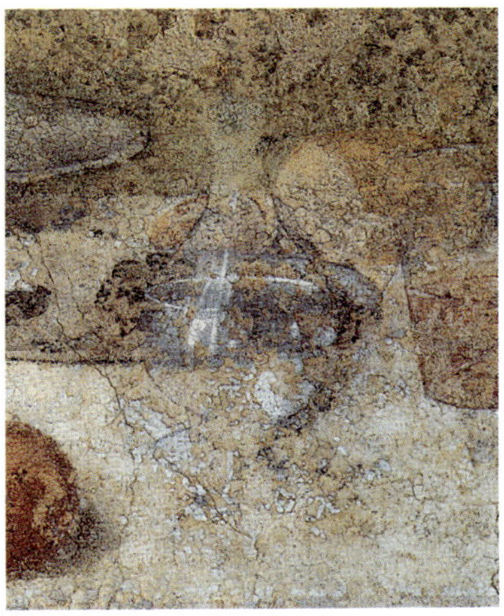

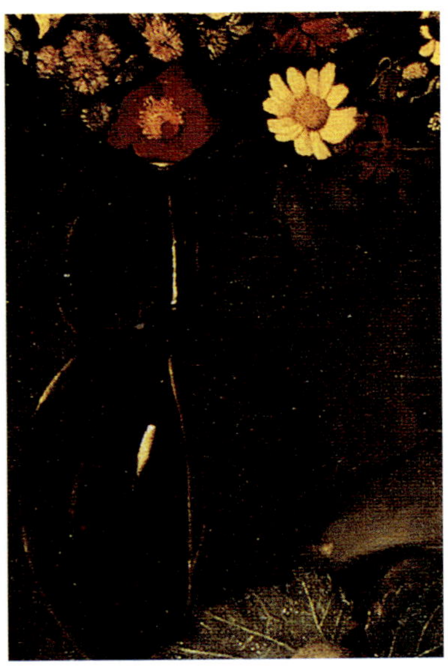

1. Leonardo da Vinci, *Ultima Cena*, particolare. Milano, chiesa di Santa Maria delle Grazie, refettorio.

2. Michelangelo Merisi, detto il Caravaggio, *Suonatore di liuto*, particolare. San Pietroburgo, Museo Statale Ermitage.

Il tema della mostra non è di certo nuovo, risalendo a motivi, a discussioni e a polemiche ormai quasi centenarie. Fu, infatti, uno dei massimi studiosi dell'opera di Caravaggio, Roberto Longhi, a porre con forza e in più riprese la questione del rapporto tra l'opera di Michelangelo Merisi e la cultura figurativa della sua terra d'origine. Già nel suo primo scritto sull'artista, la dissertazione universitaria affrontata nel 1911 a Torino sotto la guida di Pietro Toesca, un capitolo era dedicato ai lombardi "Preparatori del naturalismo", identificati in Lotto, Moretto, Moroni, Savoldo; contemporaneamente, l'altro grande pioniere degli studi caravaggeschi, Lionello Venturi, indicava – anche sulla scia della testimonianza seicentesca di Bellori, che accennava a un giovanile viaggio a Venezia – in Giorgione e nel giorgionismo veneto una delle radici significative della cultura figurativa caravaggesca. E, d'altronde, era questo anche il senso dell'acuto giudizio dato dall'anziano e colto Federico Zuccari a proposito dello stupore suscitato dalla prima opera pubblica del giovane Caravaggio, la *Vocazione di san Matteo* della cappella Contarelli: "Che rumore è questo? E guardando il tutto diligentemente soggiunse: Io non ci vedo altro che il pensiero di Giorgione" (Baglione). Le due posizioni, quella longhiana e quella di Lionello Venturi, solo apparentemente divergevano: gli studi successivi hanno dimostrato da un lato quanto stretto sia l'intreccio tra la cultura figurativa dell'entroterra veneto (ché tale occorre considerare Bergamo e Brescia) e il "giorgionismo" venturiano, dall'altro come la cultura lombarda degli ultimi due decenni del Cinquecento (intendendo il termine "lombardo" nel suo senso storico più ampio, comprendendovi anche, ad esempio, la riforma carraccesca) abbia rimeditato l'insegnamento dei maestri veneziani d'inizio secolo.

Ma sono soprattutto i recenti approfondimenti sulla cultura figurativa milanese, accompagnati da importanti campagne di restauri, che hanno consentito di meglio valutare l'ambiente artistico nel quale si formò il giovanissimo Caravaggio: vale la pena, tra gli altri, ricordare gli studi sulla Milano borromaica, le mostre dedicate ai Campi o al *Rabisch*, l'appena terminato restauro degli affreschi della certosa di Garegnano, dove entro il 1582 fu attivo l'unico, documentariamente accertato, maestro di Michelangelo Merisi, quel Simone Peterzano che si firmava alunno di Tiziano e nella cui bottega, per quattro anni, fu allocato nel 1584 il tredicenne Caravaggio. Senza mancare di registrare l'unanime stupore per le straordinarie caraffe di vetro, d'acqua e di luce, e i verissimi pani che sormontano la bianca tovaglia leonardesca dell'*Ultima Cena* (fig. 1), "rimesso in luce" (né si potrebbe trovare espressione più giusta) dal pazientissimo e intelligente restauro della Pinin Brambilla, e che si pongono come indiscutibile, e fortissimo precedente per alcuni dipinti del primo periodo romano, tra il *Bacco* degli Uffizi e il *Suonatore di liuto* dell'Ermitage (fig. 2).

Certo, ancora oggi assai poco (o comunque assai meno di quanto vorremmo) sappiamo della giovinezza del pittore, che, nonostante le ricerche di Mia Cinotti, resta ancora troppo avvolta nelle nebbie. Sebbene sin dal 1974 siano stati per via documentaria stabiliti un luogo e una data di nascita più certi di quelli tradizionalmente accolti (dovendosi collocare tra il settembre e l'ottobre del 1571, probabilmente al

29 settembre 1573 a Milano, e non al 28 settembre 1573 ipotizzato da Longhi sulla base dell'epitaffio di Marzio Milesi), e nonostante sia stata gettata una qualche luce sulle vicende e sui legami – soprattutto economici – della famiglia Merisi negli ultimi due decenni del Cinquecento, per quel che concerne i primi venti anni di vita di Caravaggio dobbiamo ancora affidarci alle scarse, e poco controllabili, informazioni dei biografi seicenteschi, soprattutto allo sbrigativo testo di Giulio Mancini ("Studiò da fanciullezza per 4 o 6 anni in Milano ... Doppo se ne passò a Roma") e al malevolo Baglione ("diedesi ad imparare la dipintura, e non havendo in Caravaggio chi a suo modo gl'insegnasse, andò a Milano, e alcun tempo dimorovvi. Dapoi se ne venne a Roma con animo di apprendere con diligenza questo virtuoso esercizio"). Rileggendo il manoscritto di Mancini conservato nella Biblioteca Marciana di Venezia, Maurizio Calvesi ha stabilito che i "quattro o sei anni" milanesi sono frutto di un errore, dovendosi leggere in modo inequivocabile "per 7 o 8 anni"; e questa osservazione colma una lacuna altrimenti inspiegabile, essendo accertata ancora nel maggio 1592 la presenza del pittore in Lombardia, quando vende la sua quota di eredità in Caravaggio, forse proprio per procurarsi i soldi per il suo viaggio a Roma. Ma è soprattutto la lettura proposta da Calvesi delle indecifrabili postille al testo di Mancini riguardante un "delitto" commesso dal giovanissimo Merisi a Milano che potrebbe farci compiere un sensibile passo in avanti nella comprensione delle vicende esistenziali del pittore, suggerendo la sequenza: complicità (o quanto meno reticenza) in un omicidio, prigionia a Milano per un anno, vendita dei beni familiari e successivo trasferimento a Roma, da scalare evidentemente tra il 1590 e il 1592. Nella speranza di una conferma in atti giudiziari milanesi delle complesse vicende biografiche, restiamo comunque ancora legati all'unico, fondamentale documento noto da tempo, il contratto con il quale nel 1584 Michelangelo Merisi fu allogato, per quattro anni, nella bottega milanese del pittore bergamasco Simone Peterzano.

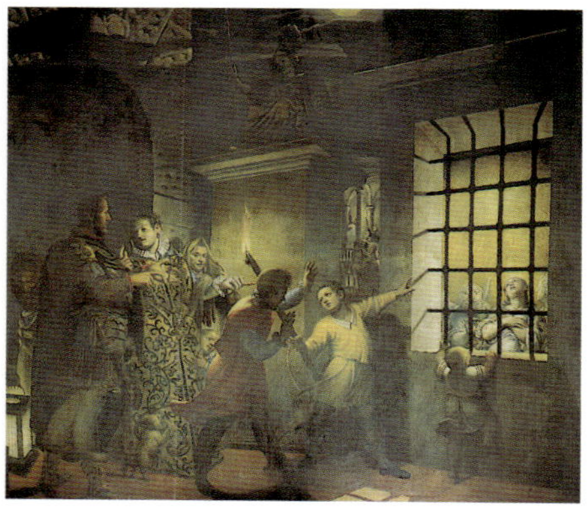

3. Antonio Campi, *Santa Caterina visitata in carcere dall'imperatrice Faustina*. Milano, chiesa di Sant'Angelo, prima cappella destra.

Se è corretta la lettura di Calvesi, a Milano il giovane Caravaggio si formò per otto lunghi anni, tra il 1584 e il 1592: ed è un periodo cruciale, quello, per la cultura figurativa milanese, caratterizzato dalla inattesa apertura che segna gli anni immediatamente successivi alla morte di Carlo Borromeo, avvenuta proprio nel 1584. Da Vienna torna a Milano, dopo il giugno del 1583, Giovanni da Monte (Como, tra il 1525 e il 1530 - Milano, tra il 1585 e il 1590), che alla corte imperiale era stato ininterrottamente attivo dal 1571; e il brutale realismo dell'*Incoronazione di spine* del collegio della Guastalla (quasi certamente una delle ultime opere del pittore) non mancò di lasciare tracce profonde nella fantasia di Caravaggio. Di ritorno a Milano, onusto di gloria, dalla corte imperiale di Praga, nel 1587, era anche Arcimboldi (Milano, 1526-1593), la cui ghiribizzosa attività è inconcepibile senza la lezione leonardesca: nell'*Autoritratto cartaceo* di Palazzo Rosso, datato 1587, forse proprio concepito come una sorta di autopresentazione alla città dopo il lunghissimo periodo di lontananza, si presenta artefice colto, e versato in tutte le attività intellettuali, in una alta consapevolezza del fare artistico che sembra avere lasciato tracce nelle successive vicende di Caravaggio.

Lo stesso anno in cui il giovane Merisi entra nella bottega di Simone Peterzano, Antonio Campi (Cremona, 1523 - Milano, 1587) data e firma, da Cremona, la *Santa Caterina visitata in carcere dall'imperatrice Faustina* nella prima cappella destra della chiesa milanese di Sant'Angelo (fig. 3), a fronte della *Decollazione della santa*, dipinta un anno prima per la contessa Porzia Landi Gallarati; e il grande quadro, virtuosistica prova di differenti lumi artificiali, suscitò – oltre a una duratura impressione sul giovane Caravaggio – non poco rumore nell'ambiente artistico cittadino. Lo provano le *Rime* di Giovan Paolo Lomazzo (Milano, 1538-1592), edite nel 1587, che costituiscono un altro fatto di fondamentale importanza di quegli otto anni milanesi, non solo per l'orgogliosa riscoperta, nell'attività artistica e letteraria, della eredità leonardesca, ma anche per il prestigio acquisito dall'ormai cieco pittore, il cui *Auto-*

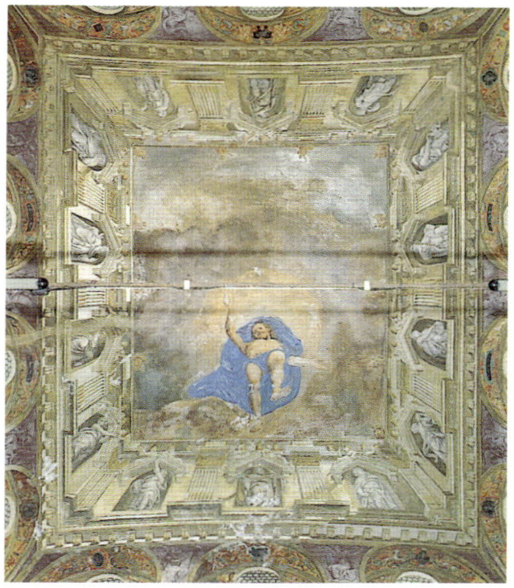

4. Vincenzo Campi, decorazione della volta. Milano, chiesa anteriore di San Paolo Converso.

ritratto come abate dell'Accademia della Val di Blenio e come pittore conservato a Brera – è stato già più volte notato – costituisce un significativo precedente dell'*Autoritratto con corona di edera* (ovvero il *Bacchino malato*) di Caravaggio.

Appena due anni dopo la tela con la *Santa Caterina*, anche il fratello minore di Antonio, Vincenzo (Cremona, tra il 1530 e il 1535-1591), lasciò a Milano una prova del suo valore prospettico nella volta della chiesa anteriore di San Paolo Converso, iniziata nel 1586 e terminata nel 1589 (fig. 4): e Caravaggio, allora diciottenne, non poté non vederla. Ne ricorderà quasi certamente l'audacissimo scorcio a Roma, quando, poco prima della fine del secolo, nel "camerino della distilleria" del cardinale del Monte (ora Casino Ludovisi) dipinse le tre figure antiche di *Giove, Nettuno e Plutone* (fig. 5): "sentendosi biasimare di non intendere né piani, né prospettiva – ricorda Bellori – tanto si aiutò collocando li corpi in veduta dal sotto in su che volle contrastare gli scorti più difficili". Lo storiografo seicentesco non poteva saperlo, ma il precedente più convincente, tanto da far sospettare qualcosa di più di un semplice ricordo, si trova a Milano.

In quel breve volgere d'anni, tra il 1586 e il 1592, si situano le opere più significative di Giovan Ambrogio Figino (Milano, 1553-1608), probabilmente allora di ritorno da Roma, dove studiò dal vero l'opera del sommo Buonarroti e del divino Raffaello, riportandone a Milano precisissime copie che forse potrebbero spiegare la profonda conoscenza dei classici che Caravaggio dimostra sin dai primissimi quadri a noi noti. Di certo, come già Longhi notava, del *San Matteo e l'angelo*, dipinto da Figino attorno al 1587 per la chiesa milanese di San Raffaele (fig. 6), Merisi darà prova di rammentarsi nella prima versione della pala d'altare della Contarelli, già a Berlino, così come non potrà non aver seguito dappresso le vicende del concorso, nel 1590, per le ante d'organo del duomo, cui parteciparono Figino, Simone Peterzano, Aurelio Luini e Camillo Procaccini, stabilitosi nel 1587 a Milano e portatore delle novità emiliane. Né manca, in questo breve panorama fitto di date e avvenimenti milanesi in cui collocare la formazione del giovane Caravaggio, l'acuta attenzione al dato naturale dimostrata dalle primissime nature morte italiane, tra le scene di cucine e di mercato di Vincenzo Campi e l'operosa attività di Fede Galizia, recentissimamente ristudiata, e l'amore per il vero deformato sino al grottesco, il *Rabisch* della Accademia della Val di Blenio, cui sono associati oltre al Lomazzo, Aurelio Luini (Milano, 1530 circa - 1593), possessore di un libretto leonardesco, e l'incisore Giovanni Ambrogio Brambilla (attivo a Milano tra il 1560 e il 1591), cui è stata recentemente, e a ragione, riferita una serie di incisioni di teste caricaturali.

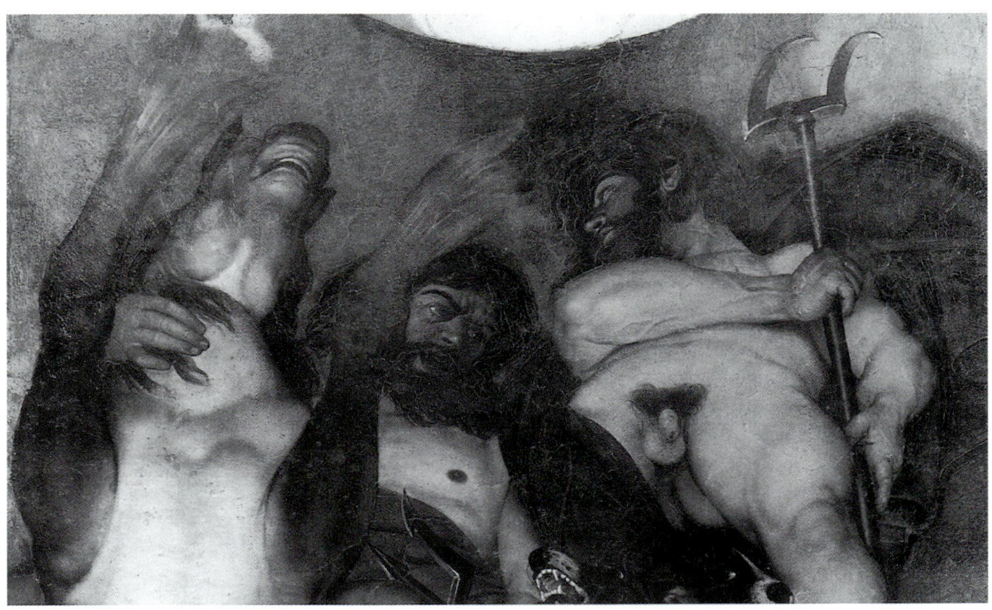

5. Michelangelo Merisi, detto il Caravaggio, *Giove, Nettuno e Plutone*, particolare. Roma, Casino Ludovisi.

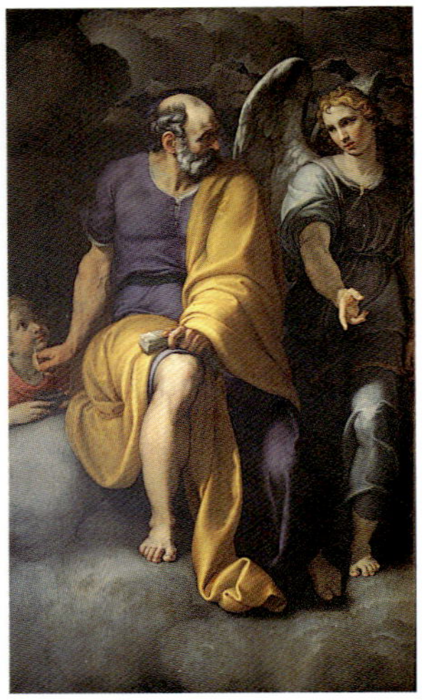

6. Giovan Ambrogio Figino, *San Matteo e l'angelo*. Milano, rettoria di San Raffaele Arcangelo.

Benché nessun dipinto possa allo stato attuale delle nostre conoscenze essere ricondotto alla fase lombarda di Caravaggio (anche se tenterebbe assai riconoscere la mano del giovane allievo nella natura morta della *Venere e Cupido con due satiri*, ora a Brera [fig. 7], tanto vicina è ai frutti del *Bacchino malato*), di certo il ventunenne Merisi che giunge a Roma nel 1592 non solo è artista già formato, ma porta con sé una cultura complessa e articolata, così diversa da quella in atto nella Città Eterna all'inizio del pontificato di Clemente VIII che non devono stupire le difficoltà da lui incontrate nei primi anni, che lo condussero dapprima nella bottega del "pittore siciliano", poi nella bottega del Cavalier d'Arpino, forse come specialista del "naturale".

Nell'accostare alle opere di Caravaggio alcuni dipinti capitali della cultura figurativa lombarda e specificamente milanese dell'ultimo ventennio del Cinquecento, questa esposizione coscientemente entra nella scia della straordinaria e irripetibile mostra del 1951 (nella quale la quasi totalità delle opere allora ritenute autografe era preceduta dagli esempi milanesi a cavallo degli anni ottanta, la *Morte della Vergine* e la *Decollazione del Battista* di Antonio Campi, il *San Matteo e l'angelo* di Vincenzo Campi, la *Deposizione* di Simone Peterzano), della altrettanto fortunata esposizione "Caravaggio e il suo tempo", organizzata nel 1985 a Napoli e New York, la cui prima sezione ("Precursori di Caravaggio nell'Italia settentrionale") allineava dipinti di Jacopo Bassano, di Antonio e di Vincenzo Campi, di Lomazzo, di Lorenzo Lotto, del Moretto, di Moroni, di Simone Peterzano, del Romanino, di Savoldo, del Tintoretto, o ancora della recente mostra, allestita nel 1992 a Firenze e Roma, intitolata "Michelangelo Merisi da Caravaggio. Come nascono i capolavori", nella quale, ancora una volta, nei precedenti si allineano Savoldo, Moretto, Moroni, Peterzano e Vincenzo Campi.

Eppure, e a differenza delle precedenti, se non altro nelle ambizioni (ad altri sta giudicare se ciò è avvenuto fruttuosamente), questa mostra intende suggerire che le radici lombarde della figuratività di Caravaggio costituiscono non solo e non tanto un dato formativo, ma un'esperienza che percorre l'intera attività di Merisi, riemergendo alla sua memoria e alla sua coscienza, come un fiume carsico, nei momenti più imprevedibili, producendo frutti ancora nelle sue opere estreme, dipinte negli anni del disperato vagare tra Napoli, Malta, Siracusa, Messina, Palermo, e infine di nuovo Napoli: valga per tutti quella che è probabilmente l'ultima, straordinaria e straziante poesia caravaggesca, quel *Martirio di sant'Orsola* che, secondo le fortunate ricerche di Vincenzo Pacelli, fu inviato, da Napoli a Genova, a Marcantonio Doria nel maggio 1610, pochi giorni prima dell'arresto di Caravaggio a Palo, e la sua disperata morte a Porto Ercole. Nei limiti della generosa, ma logicamente limitata disponibilità delle istituzioni che hanno consentito i prestiti, e compatibilmente con il ritmo troppo accelerato imposto dal "fenomeno mostra", gli accostamenti suggeriscono dunque un Caravaggio memore sempre delle sue origini "lombarde": e se questo è evidente e logico (ed è stato già evidenziato dalla critica) per i quadri Borghese provenienti dal sequestro del Cavalier d'Arpino, primi tra tutti il *Ragazzo con canestro di frutta*, o per i dipinti eseguiti all'epoca del suo soggiorno nel palazzo del cardinale del Monte (*in primis* il *Suonatore di liuto*), per il *Riposo durante la fuga in Egitto* Doria Pamphilj, o per la prima versione della *Conversione di san Paolo*, già Balbi e ora Odescalchi, o per la prima stesura del *Martirio di san Matteo* individuata da Cesare Brandi grazie alle indagini radiografiche, il ritrovare ricordi di opere milanesi ancora nei quadri dell'ultimo periodo romano, o dipinti a Napoli, a Malta o in Sicilia, non può non comportare una riflessione più attenta sui rapporti tra il Caravaggio e la sua terra d'origine.

Partiamo anzitutto da un dato biografico: nella Roma di Clemente VIII, il giovane Merisi non è certo l'unico artista che giunge dalla Lombardia. Ma, tra i tanti scultori, architetti, lapicidi che vengono dalla regione dei laghi, e tra i non rarissimi pittori lombardi giunti, per tutto il Cinque e il Seicento, nel "gran teatro del mondo", la carriera di Caravaggio è abbastanza singolare. Apparentemente, non frequenta compatrioti, salvo l'amico Onorio Longhi, anche se nel corso del processo intentato

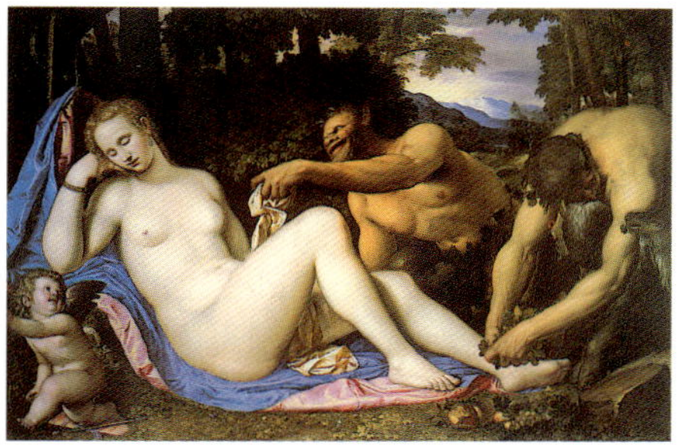

7. Simone Peterzano, *Venere e Cupido con due satiri*, particolare. Milano, Pinacoteca di Brera.

al nostro da Baglione nel 1603 forse sono lombardi due "aderenti" al partito caravaggesco, il pittore Ludovico Bresciano e il servitore Bartolomeo (se va identificato con il Manfredi); non dipinge per committenti lombardi, salvo quando, ormai celeberrimo, esegue i quadri per la cappella napoletana della famiglia bresciana dei Fenaroli nella chiesa di Sant'Anna dei Lombardi; giunto a Roma, non trova riparo o protezione in quella fitta maglia di solidarietà costituita dalle confraternite e ospizi nazionali, tanto che, povero e malato, si recherà all'ospedale della Consolazione. Più tardi, troverà i suoi protettori e sostenitori più convinti nel partito filofrancese, il che, per un lombardo, è fatto quanto meno singolare, tanto più se si pensa che, nel settembre 1603, per scarcerarlo dopo il processo per diffamazione intercederà l'ambasciatore di Francia. Quando si trova in difficoltà, fugge a Genova (nel 1605) e, dopo l'omicidio di Ranuccio Tomassoni, non ripara a Milano, come pure aveva fatto l'amico Onorio Longhi, ma nel Lazio meridionale, poi a Napoli, infine a Malta. Per ottenere la grazia dal bando, afferma Baglione, "il cardinale Gonzaga ... co'l Pontefice Paolo V la sua remissione trattava", ma i documenti recentemente ritrovati da Vincenzo Pacelli attestano che colui che fungeva da intercessore altro non era se non lo stesso nipote del papa, il cardinale Scipione Borghese, cui erano destinati i dipinti imbarcati sulla ormai celebre feluca che lo lasciò a Palo, alla vigilia della morte. In una struttura sociale, quale quella romana, organizzata per solidarietà tra compatrioti, in una città in cui anche lo spazio sembra aggrumarsi per isole "nazionali", la vicenda esistenziale di Caravaggio sembra essere dunque quanto meno eccentrica.

È merito di Maurizio Calvesi aver tenacemente indicato, sin dai primi anni settanta, il rapporto profondo tra il pittore e Milano, colto dapprima nel forte legame con la spiritualità borromaica, in seguito, anche documentariamente, con la cerchia di famiglie che ai Borromeo erano profondamente legate, *in primis* Costanza Sforza Colonna, marchesa di Caravaggio, e con gli oratoriani, i religiosi più vicini al sentire dei due cardinali milanesi: e la serie di "coincidenze" (o almeno tali erano considerate da molti, in un clima di diffuso scetticismo) che lo studioso inanellava nei suoi scritti dal 1971 al 1988, più tardi raccolti nel volume einaudiano, hanno trovato spesso inattesa conferma nei documenti, non ultimo la recente scoperta che, almeno durante il suo secondo soggiorno napoletano, Caravaggio era ospite appunto della sua prima protettrice, Costanza Colonna. Acquistano così nuovo significato molte delle vicende umane di Caravaggio: la prima ospitalità romana, presso Pandolfo Pucci, maestro di casa di Camillo Peretti, il rifugio a Genova, nel 1605, presso i Doria, lo scampo trovato, dopo aver compiuto l'omicidio, a Paliano, feudo di Ascanio e Filippo Colonna, e a Zagarolo, di cui era duca don Marzio Colonna, la "strategia" di trovar riparo a Malta (così come aveva con successo fatto in analogo imbarazzo Fabrizio Sforza Colonna), il successivo pellegrinare per i porti siciliani, battuti dalla flotta agli ordini dello stesso Fabrizio Sforza Colonna, generale delle Galere di Malta e di Filippo III di Spagna. E, non ultimo, il soprannome stesso di Merisi, sembrando il richiamo al centro del Bergamasco – adesso che sappiamo essere il pittore con tutta probabilità nato a Milano – più un omaggio alla marchesa di Caravaggio che un ricordo della sua città natale.

È dunque un profondo legame spirituale, consolidato da una non meno fitta rete di rapporti umani, che lega Merisi alla Milano di Carlo e di Federico Borromeo; solo così, probabilmente, si spiegano le immagini, i ricordi, talvolta solo gli spunti formali, eppure tanto ricorrenti sino negli ultimi anni, che derivano dalla sua educazione giovanile in terra di Lombardia. La cultura e formazione "borromaica", profondamente introiettata, segnano profondamente l'arte di Caravaggio: nasce da qui il suo "realismo" di origine morale, la tensione luce ed ombra, la raffinata ricerca di un vero che solo la coscienza disvela.

Note biografiche su Caravaggio

Claudio Strinati

Michelangelo Merisi nacque probabilmente a Caravaggio il 29 settembre del 1571. Era figlio di Fermo Merisi e Lucia Aratori. La sua famiglia, originaria della cittadina, ove il cognome Merisi è piuttosto frequente, apparteneva alla piccola nobiltà e disponeva di discrete rendite. Sembra che il padre fosse uomo di fiducia del marchese di Caravaggio Francesco Sforza, anche se non è mai stato stabilito con certezza che fosse, come alcune fonti antiche riferiscono, "maestro di casa", cioè amministratore e addetto a lavori di manutenzione.

Il padre morì quando il futuro pittore era ancora un bambino e fu la madre Lucia, dal 1578, quando la famiglia si era trasferita a Caravaggio da Milano per sfuggire al contagio di una grave pestilenza, ad assumere la tutela dei figli (nel 1572 era nato Giovanni Battista e nel 1574 Caterina) mentre, poco tempo dopo, anche il marchese Francesco moriva e il governo veniva assunto, nel 1583, dalla moglie Costanza Colonna, appartenente alla celebre famiglia nobile romana. Un evento, questo, che dovette avere conseguenze sui futuri sviluppi della vita di Merisi, sempre benvoluto e assistito da quella casata. Il 6 aprile 1584 il giovane Michelangelo, dimorando a Milano, stipulava un contratto, valevole quattro anni, con il maestro Simone Peterzano, colto rappresentante della scuola locale, per imparare il mestiere di pittore. Doveva avere, in quel momento, buone possibilità finanziarie, a seguito della divisione, a partire dal 1581, di vari beni terrieri con i fratelli, mentre Giovanni Battista si era indirizzato verso la carriera ecclesiastica prendendo la tonsura nel 1583.

Come si sia svolto l'apprendistato di Merisi presso Peterzano non è noto. Questi si proclamava allievo di Tiziano ed è quindi possibile che Michelangelo sia stato a Venezia per avere una conoscenza diretta delle opere di Vecellio. Mancano testimonianze in proposito, anche se i più antichi biografi insistono per mettere in evidenza i contatti tra lo stile di Caravaggio e l'ambiente culturale gravitante intorno a Giorgione e al giorgionismo e quindi anche all'opera giovanile di Tiziano. Terminato il periodo di formazione (in realtà improntato a un notevole interesse verso l'arte del Moretto e di Savoldo, nonché verso certi esiti della scuola bassanesca e certi maestri anomali tra Veneto e Lombardia come il Malosso o Felice Brusasorzi), il giovane maestro dovette trovarsi di fronte a problemi economici. La madre era morta e nel maggio del 1592 i tre fratelli procedevano a espletare le ultime pratiche della divisione ereditaria che dovette lasciare molte ombre tra loro, se si fa fede all'aneddoto, raccontato da un contemporaneo del pittore, il medico e collezionista Giulio Mancini, in base a cui Michelangelo, avendo ricevuto a Roma, quando ormai la sua fama stava crescendo, una visita del fratello prete Giovanni Battista, si rifiutò ostinatamente di riconoscerlo.

È probabile che nella seconda metà del 1592 Merisi arrivasse a Roma, dove risiedeva un suo zio sacerdote, Ludovico. Gli anni che vanno dal 1593 al 1599 sono molto incerti per la ricostruzione della vita del pittore perché, a fronte di numerose testimonianze dei biografi coevi o di poco posteriori, mancano verifiche documentarie, che consentano di stabilire punti fissi riguardo alla cronologia delle opere.

Si sa che il giovane artista fu introdotto presso monsignor Pandolfo Pucci di Recanati, maestro di casa di Camilla Peretti, sorella del papa Sisto V, appena defunto. Questa donna di elevata cultura aveva da poco tempo commissionato la decorazione della sua cappella, in Santa Susanna, a un pittore lombardo di grande talento, Giovanni Battista Pozzo, destinato a morte precocissima; e non è escluso che l'interesse verso Merisi sia sorto attraverso una connessione con questo eminente conterraneo, che la storiografia moderna ha quasi dimenticato. Ma monsignor Pucci impiegava Caravaggio nella fornitura di opere devozionali da inviare nella sua città di origine e lo trattava, poi, molto male, tanto che è rimasto famoso il nomignolo – affibbiatogli dal pittore – di "monsignor Insalata", in quanto pare che fosse questo l'unico cibo da lui ammannito a Caravaggio, per pranzo, cena e colazione.

Fino a questo momento non si conosce nessun artista romano con cui Merisi sarebbe stato in contatto, anche se le fonti parlano di un Tarquinio (che potrebbe essere, ma senza alcuna prova, il viterbese Tarquinio Ligustri) e di un pittore siciliano di nome Lorenzo, sotto il quale Merisi avrebbe dipinto "teste" condotte alquanto alla buona. Si sa ancora che sarebbe entrato presto in contatto (ma è impossibile stabilire date precise per questi avvenimenti), con il senese Antiveduto Grammatica, altro pittore specializzato nella esecuzione di "teste", al punto da essere soprannominato il "Capocciante".

Comunque, nulla di tutto quello che Merisi poté dipingere in questa primissima fase è stato mai individuato.

L'unico episodio che è narrato dai primi biografi concerne una malattia che Caravaggio avrebbe contratto poco dopo il suo arrivo a Roma, forse a seguito di un incidente. Si sa che fu ricoverato all'ospedale della Consolazione e che lavorò per il priore dello stesso ospedale, il quale avrebbe poi inviato questi quadri nella sua patria, che, secondo una certa lettura delle fonti, sarebbe Siviglia in Spagna (e effettivamente, per un brevissimo periodo ci fu all'inizio dell'ultimo decennio del Cinquecento un rettore spagnolo), ma secondo altri sarebbe la Sicilia. Ancora una volta nessuna opera è rimasta a chiarire tali incerte testimonianze.

Cominciava comunque a stringere le prime amicizie, anche se il suo difficile e scontroso carattere sarebbe rimasto proverbiale. Tra i primi va citato un artista misterioso, Prospero Orsi, fratello di un poeta di qualche rilievo in quel tempo, Aurelio, che era parecchio più grande di età e si era segnalato sotto Sisto V, intervenendo un po' in tutti i lavori d'affresco fatti sotto quel pontefice. Si era specializzato nella pittura di grottesche, tanto che venne chiamato "Prosperino delle Grottesche". Questo pittore, che la storiografia moderna ignora quasi totalmente, al punto che nessuna sua opera posteriore all'età sistina è stata individuata, poté aiutare Caravaggio a muovere i primi passi nel mondo della committenza romana, dopo l'esperienza condotta nell'ambiente di Giuseppe Cesari detto, poi, il Cavalier d'Arpino. Secondo una nota del biografo Giulio Mancini (1609-1625) dové essere invece suo fratello, Bernardino Cesari, a introdurre Merisi nella bottega di famiglia. Si sa che questi fece un ritratto a Bernardino, pittore anche lui, ma personaggio dai gravi trascorsi penali. Questo ritratto è stato individuato, con largo margine di probabilità, in quello conservato oggi presso l'Accademia di San Luca, di cui Caravaggio stesso fu probabilmente membro (dei molti ritratti citati dalle fonti antiche come eseguiti da Caravaggio, questo sarebbe uno dei pochissimi conservati). Bernardino era stato incarcerato e condannato, ma il 3 giugno 1593, graziato dal papa, era uscito di galera. È possibile, allora, che Merisi lo abbia ritratto poco tempo dopo e, se si dà fede alla testimonianza di Giulio Mancini, secondo il quale Caravaggio stette otto mesi nello studio del Cavalier d'Arpino, si potrebbe ottenere un primo aggancio cronologico preciso. Due anni prima Giuseppe Cesari aveva stipulato un contratto con Virgilio Crescenzi per affrescare, entro un anno e mezzo, la cappella Contarelli in San Luigi dei Francesi e, effettivamente, nel 1593 aveva compiuto la volta. È possibile, quindi, che Caravaggio (che avrebbe poi terminato, qualche anno dopo, la decorazione) aiutasse l'Arpino in questa impresa.

Cosa abbia fatto Merisi presso il Cavalier d'Arpino è però, ancora una volta, impossibile dirlo. Secondo Bellori, un biografo che scrive nel Seicento, ma molti anni dopo la morte di Merisi, avrebbe dipinto fiori e frutta, non si sa se come nature morte autonome o come particolari di quadri sacri o profani. È da qui che nasce il convincimento che Caravaggio sarebbe stato pittore di natura morta, ma questo è possibile, se si pensa che Prosperino delle Grottesche doveva essere uno specialista nella rappresentazione di oggetti o di frutta (le grottesche sono fatte appunto di questi elementi) e quindi facilmente poteva essere uno specialista di quel genere, anche se non è stata reperita finora nessuna natura morta sicura di sua mano. Molti anni dopo, poi, un collezionista appassionato di Caravaggio, il dottissimo marchese Vincenzo Giustiniani, avrebbe attestato come Merisi dichiarasse di porre lo stesso impegno sia nel quadro di figura sia nella natura morta.

Nella testimonianza di uno dei suoi primi biografi, il pittore Giovanni Baglione, che in vita gli era stato fieramente avverso, Merisi dovette stentare molto per trovare una sua collocazione. In primo luogo egli non lavorava in affresco e quindi gli erano precluse le grandi commissioni coordinate dalle botteghe, come quella del Cavalier d'Arpino o quella di due pittori che Merisi stimava molto, entrambi toscani e con notevoli affinità tra di loro, Cristoforo Roncalli, detto il Pomarancio, e Cherubino Alberti, principe dei pittori prospettici.

Inoltre egli viveva in prima persona la grande crisi di fine secolo che stava portando all'affermazione, sempre più evidente, della specializzazione in arte. Dopo l'avvento dei fiamminghi, degli specialisti del ritratto, dei pittori di natura morta, si era creato un collezionismo completamente nuovo rispetto al passato e il quadro da stanza era sempre più richiesto, come un bene di autentico investimento, di prestigio sociale e di intima soddisfazione intellettuale, come se gli alti prelati romani e i nobili più intelligenti intendessero ricreare l'ambiente culturale dell'umanesimo veneto di Bembo e del circolo di Asolo. E le opere venete erano ricercatissime e non stupisce quindi che un giovane artista formatosi nel culto di un passato memorabile e dotto tentasse di inserirsi nel grande mercato delle commissioni illustri.

I biografi antichi hanno poi avallato l'immagine del pittore isolato e povero che cerca di guadagnarsi un posto onorevole, ma è inizialmente del tutto privo di mezzi, tanto da dover ritrarre se stesso nello specchio non avendo modelli; mentre, secondo la più tarda testimonianza di Bellori, egli non sarebbe mai stato capace di dipingere se non avendo un modello davanti.

Presso la chiesa di San Luigi dei Francesi c'era un mercante d'arte, finora ipotizzato di nazionalità francese, ma recentemente (1997) riconosciuto in Costantino Spata (Baglione ha confuso per assonanza "Costantino" con "Valentino"), forse di origine greca. A lui Caravaggio avrebbe affidato i suoi lavori per cercare di venderli. Quando ciò sia accaduto non è noto, ma una testimonianza di Bellori potrebbe essere risolutiva. Questi afferma che Caravaggio, tramite Valentino, riuscì a vendere un quadro raffigurante un baro al cardinale Francesco Maria Bourbon del Monte, un alto prelato che vantava ascendenze borboniche, membro della Fabbrica di San Pietro, molto amico di Ferdinando de' Medici, per i cui buoni uffici aveva ottenuto la porpora nel 1588, uomo dotto, di tendenza esplicitamente filofrancese e progressista, musico di qualche talento, estimatore delle Belle Arti, protagonista della vita culturale romana e residente a due passi da lì, a Palazzo Madama, anche se aveva un'altra importante residenza a Palazzo Firenze. Ora, Baglione attesta che del Monte prese Caravaggio in casa sua, e numerosi documenti e testimonianze hanno confermato questa notizia. Ancora nell'anno 1600 Caravaggio riscuote del denaro per una pala d'altare in casa del Monte e anche successivamente continuò a giovarsi della protezione del cardinale. Ma la notizia più importante è che Merisi avrebbe dipinto a olio su muro il soffitto del piccolo Gabinetto di alchimia del cardinale del Monte, nella villa che egli aveva acquistato alla fine del 1596 (l'attuale Casino Ludovisi).

Questo soffitto esiste ancora e il dipinto raffigura *Giove, Nettuno e Plutone*, cioè i figli di Cronos, intorno al globo trasparente del mondo, secondo una impostazione per l'appunto alchemica. È possibile che Caravaggio l'abbia eseguito adeguando la sua impostazione ai gusti figurativi del cardinale e questi non potevano essere distanti da quelli del suo grande mentore Ferdinando de' Medici. Poiché i gusti e gli orientamenti estetici di Ferdinando sono noti, non resta che confrontare i vari elementi per stabilire alcuni punti fermi nella cronologia caravaggesca.

Ferdinando de' Medici aveva due riferimenti fissi nella sua impostazione culturale: l'interesse per la nuova musica monodica, sviluppato a Firenze da un folto e competente gruppo di compositori, e la pittura di Jacopo Zucchi, il grande allievo di Vasari, cui aveva commissionato gli affreschi del suo appartamento in Villa Medici a Roma quando, tra gli anni settanta e ottanta del Cinquecento, vi risiedeva in veste di cardinale.

Ora, Zucchi era stato in Roma il campione indiscusso della pittura mitologica prima dell'avvento dei Carracci, in quanto aveva affrescato il Palazzo Firenze con una serie di innovative figurazioni ispirate alla mitologia greca, negli anni settanta e, nel decennio successivo, aveva compiuto il più grandioso ciclo mitologico che si fosse mai visto in Roma, la Galleria di Palazzo Rucellai, direttamente ispirata alle *Genealogie* del Boccaccio. Era dunque un modello ufficiale e importantissimo e Caravaggio vi si adeguò non poco nel soffitto del Casino del Monte, poi Ludovisi. Il disegno nettissimo e marcato, il riferimento ai grandi prototipi degli inizi del Cinquecento, primo fra tutti Giulio Romano, la solidità prospettica delle figure, tutto lascia intendere che Merisi fu guidato. Ma soprattutto un dato stilistico lo lascia trapelare: il *Baro*, che del Monte avrebbe comprato, non ha nulla delle tipologie zucchiane, che si ritrovano poi nel *Concerto* del Metropolitan, nel *Bacco* degli Uffizi, nel *Suonatore* dell'Ermitage, e quindi è sicuramente precedente. È prima del 1597 ed è legato direttamente almeno alla *Maddalena* Doria, al *Riposo durante la fuga in Egitto* pure Doria, alla *Buona ventura* Capitolina e al *Narciso* della Galleria Nazionale d'Arte Antica in Roma. In tutte queste opere che, tranne il *Narciso*, sono ben attestate dalla storiografia antica, non c'è il minimo sentore della tipologia tondeggiante e nel contempo marcata di matrice zucchiana, mentre c'è nella *Buona ventura* del Louvre, anche se in modo non ancora troppo sviluppato.

Il *Narciso*, del resto, è un dipinto straordinario per il quale potrebbe valere – stante il soggetto – la leggenda che Caravaggio lavorasse usando lo specchio, e l'opera sembra proprio connettersi con quella componente savoldesca dell'ombra profonda, ma insieme trasparente e luminosa, che poi scompare completamente dall'orizzonte creativo di Merisi.

A questo punto subentra la testimonianza di Baglione, uno dei primi biografi, che conobbe Caravaggio personalmente, quando ricorda come uno dei primi quadri fatti da Caravaggio in Roma "un Bacco con alcuni grappoli di uve diverse, con gran diligenza fatte, ma di maniera un poco secca". La testimonianza deve riferirsi al *Bacco* oggi alla Galleria Borghese, qui pervenuto con una serie di opere sequestrate dal fiscale di papa Paolo V, nel 1607, al Cavalier d'Arpino, in quanto il *Bacco* degli Uffizi non è certo di maniera secca e non ha grappoli di uve diverse. "Con alcuni grappoli" vuol dire verosimilmente che il personaggio li tiene in mano, cosa che fa il *Bacco* della Galleria Borghese e non quello degli Uffizi, appartenente alla fase del Monte. È vero che Baglione cita subito dopo il *Ragazzo morso dal ramarro*, che sembra stilisticamente della prima fase del periodo del Monte, ma è importante poter supporre che il *Bacco* Borghese sia veramente all'inizio di un periodo culminante con il capolavoro savoldesco del *Baro*, riemerso ultimamente presso il museo di Fort Worth in Texas, già in collezione Sciarra.

La cronologia può essere ristretta, in quanto i biografi antichi affermano che, prima di andare in casa del Monte, Caravaggio era stato da monsignor Fantino Petrignani. È stato dimostrato, con convincenti argomenti, che tale residenza non può datarsi che al 1595, quando casa Petrignani fu lasciata da un eminente pittore bolognese, Anton Maria Panico. Dato che nel 1597 la Fabbrica di San Pietro si impegnava con la Congregazione di San Luigi dei Francesi a far decorare finalmente la cappella Contarelli lasciata interrotta da molto tempo, è probabile che il nome di Caravaggio, pur non citato nel documento relativo, fosse stato fatto da del Monte, membro della Reverenda Fabbrica. In quell'impegno il garante è un personaggio importante nella vita di Caravaggio, quel monsignor Tiberio Cerasi che poco tempo dopo gli chiederà di decorare la cappella che aveva appena comprato in Santa Maria del Popolo. Dunque nel 1597 del Monte doveva avere già lavori tali di Caravaggio da poter mostrare per sostenerne la candidatura, che, infatti, è stabilita nel contratto che nel 1599 Pietro Paolo Crescenzi, figlio di Virgilio, stipula con la Congregazione di San Luigi dei Francesi per incaricare Caravaggio della cappella Contarelli.

È allora possibile che la svolta "zucchiana" e toscaneggiante favorita dal cardinale del Monte sia avvenuta poco dopo il *Baro*, che è opera di straordinaria maturità. Se l'incontro con del Monte è della fine del 1596, il *Baro* è di quell'anno e vi si legano le opere più savoldesche come il *Narciso*, mentre forse un poco precedenti sono dipinti come la *Buona ventura* capitolina, di maniera un poco più secca e ancora memore del *Bacco* della Borghese. Al monsignore, amante di una cultura volta verso il passato meraviglioso della grande arte veneta da stanza, dovettero piacere molto questi magnifici quadri di soavissimo impasto cromatico e di inquieto naturalismo, come il *Riposo* Doria o appunto il *Baro*.

Ma nella volta del Casino alchemico la trasformazione è compiuta e Caravaggio è un pittore nuovo, molto più ampio di concezione e solenne nel taglio spaziale. Così il *Bacco* degli Uffizi sonda lo spazio in avanti porgendo il bicchiere con una splendida audacia figurativa, il *Suonatore* è costruito con grande attenzione al posizionamento spaziale del liuto e l'elsa della spada della *Buona ventura* del Louvre tocca un limite estremamente avanzato sulla soglia del quadro.

Se si ammette che la volta del Casino alchemico sia stata una delle prime opere realizzate per del Monte, occorre datarla al 1597, e il *Bacco* degli Uffizi andrà giudicato al punto culminante di questa fase, quando il maestro, come già nel *Baro*, raggiunge un livello altissimo di consapevolezza all'interno di un orientamento stilistico maturato con progressivo approfondimento.

La natura morta nel *Bacco* degli Uffizi ha esattamente lo stesso livello stilistico della *Fiscella* dell'Ambrosiana e della natura morta che compare nell'*Emmaus* della National Gallery. È evidente che queste opere sono nate tutte insieme e riflettono esattamente la potenza creativa riscontrabile nei due laterali Contarelli, consegnati il 4 luglio del 1600, quindi tutte queste opere vanno datate tra il 1599 e il 1600, quando Caravaggio riceve commissioni a ripetizione.

Del resto Caravaggio è pittore che si evolve in continuazione e quindi è legittimo affermare che la natura morta del *Fanciullo morso dal ramarro* è meno evoluta di quella del *Suonatore di liuto* e questa è meno evoluta della natura morta del *Bacco* degli Uffizi, e quest'ultima è meno evoluta della *Fiscella* dell'Ambrosiana, che sembra quasi una ripetizione della natura morta dell'*Emmaus* londinese, al punto da far pensare che Caravaggio eseguì prima l'*Emmaus* e poi, forse su commissione di Federico Borromeo, riprodusse il meraviglioso particolare, anche basandosi sulla possibile interpretazione in chiave morale e religiosa cui la natura morta era stata sottoposta negli ultimi anni del Cinquecento, specie in ambiente gesuita.

Nell'anno del Giubileo, dunque, Caravaggio – che non aveva mai dipinto in pubblico – lavora molto. Il 5 aprile stipula un contratto per una grande pala d'altare con il notaio senese Fabio de Nutis e consegna l'opera il 20 novembre dello stesso anno. Il 4 luglio consegna i due laterali Contarelli, su cui aveva lavorato con enorme sforzo. Il *Martirio di san Matteo*, dove pone un suo drammatico autoritratto, lo dipinge due volte sulla stessa tela, come hanno accertato le radiografie, in quanto, secondo l'uso veneto (e i due quadri sono infatti come due "teleri") non disegna preventivamente, ma crea direttamente sulla tela, incidendo con il manico del pennello i contorni come se lavorasse su un intonaco e poi dipingendo alla prima. La *Vocazione di san Matteo* pure è un quadro tormentato e sconvolgente nell'inserimento di figure vestite alla moderna nella scena sacra.

Ma il grande quadro, unitamente all'altro laterale raffigurante il *Martirio di san Matteo*, ha anche una straordinaria valenza storica perché connesso, nell'Anno santo, con l'eccezionale fervore derivante da uno degli eventi capitali, avvenuti pochi anni prima, per la storia del cattolicesimo e cioè la conversione di Enrico IV di Navarra che, avendo abiurato la fede ugonotta, era rientrato nell'alveo della Chiesa romana e, a seguito di una indagine che aveva avuto tra i suoi protagonisti proprio il cardinale del Monte ed esponenti insegni della famiglia Medici, era stato assolto da papa Clemente VIII Aldobrandini. Federico Zuccari, comunque, giudicò la *Vocazione di san Matteo* come un quadro di imitazione giorgionesca e questo vale a confermare l'opinione che i professori dell'epoca si erano creati su Caravaggio, di una sorta di rievocatore del mondo culturale veneziano del primo Cinquecento, antecedente, cioè, alla nascita della pittura "storica" di Tiziano con la pala Pesaro. Il 24 settembre 1600 Merisi stipula il contratto con Tiberio Cerasi per decorare la sua cappella in Santa Maria del Popolo che, morto l'illustre committente, gli viene pagata il 10 novembre 1601. Ma intanto erano sorti i primi grandi attriti che sarebbero esplosi negli anni successivi. Affacciandosi alle pubbliche commissioni, Caravaggio scatenava contrasti feroci ed entusiasmi, come inventore di una maniera nuova e rivoluzionaria, privilegiante il "naturale", l'approccio diretto, ma fondato su presupposti culturali assai complessi, all'idea stessa di "soggetto" di una rappresentazione, in cui l'istanza di andare verso la verità delle cose e della natura è di fatto innestata su una visione assolutamente "aprioristica" dello spazio pittorico, dove tutto è arbitrario, dall'illuminazione che si pone con traumatica efficacia quale strumento allegorico di un ruolo sconcertante dell'immagine profondamente vissuta della prospettiva dell'esperienza religiosa, alla tipologia delle immagini stesse passate attraverso un vaglio lunghissimo che aveva attraversato – come era accaduto a Raffaello Sanzio – tutta la sapienza degli antichi e si attestava su una proposta di novità assoluta, dove nulla del passato sembrava ripristinabile tale e quale. Il tutto sostenuto da una coscienza morale totalmente riversata nella *dignitas* dell'arte preposta a qualunque comportamento, in aderente e vivente partecipazione con quello spirito di coinvolta dedizione al dovere del dipingere che rendeva Caravaggio un vero innovatore, su un piano analogo a quello dell'esperienza pauperistica della chiesa filippina, sostenuta da Federico Borromeo, che sarebbe stato poi il proprietario della *Fiscella* certo in base a un interesse precipuo verso la pittura fiamminga e fiammingheggiante, ma volto anche verso un senso di sintesi che veramente sembrava riportare alle antiche istanze rinascimentali. È probabile, anzi, che il Borromeo abbia acquistato direttamente la *Fiscella* a Roma, dove risiedette dal 1597 al 1601 (il prelato era amico del nuovo signore di Caravaggio, Muzio II Sforza Colonna, ed era in contatto con del Monte e con il marchese Giustiniani, grandi protettori di Caravaggio). Certo è che la carriera di Merisi dovette proseguire in mezzo a trionfi e contrasti pressoché contestuali. Mentre egli produceva opere di eccezionale sostenutezza formale per del Monte (come la *Santa Caterina* oggi Thyssen o il *San Francesco che riceve le stimmate*, identificato attualmente con il dipinto a Hartford, Connecticut, Wadsworth Atheneum), le contese immediatamente sorte intorno alle prime grandi imprese pubbliche lasciavano una traccia nelle incerte testimonianze dei biografi antichi. I due laterali della cappella Cerasi, raffiguranti la *Caduta di Saulo* e la *Crocifissione di san Pietro* (secondo i tipici temi giubilari della conversione e del martirio) sarebbero stati rifiutati dagli eredi del committente e rieseguiti, ma da Caravaggio stesso; fatto a dir poco singolare. Ma le prime versioni, forse rifiutate per una impostazione troppo coinvolta, moderna e "libera" da parte del maestro rispetto alle normali versioni figurative dei sacri misteri, forse anche in connessione con orientamenti critici dei committenti stessi, vennero acquistate immediatamente da un alto prelato, non certo sospetto di eresia, il cardinale Sannesio, e le due versioni successive (su tela e non su tavola, come previsto dal primo contratto) oggi al loro posto, ben più innovative e misteriose, vennero accettate. Stessa sorte toccò alla prima versione della pala d'altare della cappella Contarelli, commissionata a Caravaggio quando fu chiaro che il gruppo marmoreo, richiesto al fiammingo Cobaert fin dal 1587, non sarebbe stato mai completato. Anche in questo caso la prima versione (rifiutata perché poco decorosa secondo i primi biografi) venne acquistata da un illustre intenditore d'arte, il marchese Giustiniani, appassionato collezionista dell'opera caravaggesca. Come se, in altri termini, fosse tale l'ansia di possedere quadri di Caravaggio da costringerlo a rifare certe opere commissionate per fini pubblici, perché collezionisti esigenti compravano ancor prima che il committente originario riuscisse a mettere il quadro ordinato in chiesa. E che questi primi rifiuti siano più presunti che ben documentati è provato dal fatto che quando, alcuni anni dopo, certi dipinti di Caravaggio furono rifiutati sul serio (come la *Madonna dei Palafrenieri* o la *Morte della Vergine*), le opere trovarono sì acquirenti illustri (come Scipione Borghese o Pietro Paolo Rubens), ma non furono sostituite da nuove versioni. La prima versione della *Caduta di Saulo* per la cappella Cerasi in Santa Maria del Popolo, dipinta su legno di cipresso secondo il contratto (perché eccezionalmente duro e resistente ai tarli), mostra l'immagine di Cristo che precipita verso il milite caduto, quasi sfiorandolo, sorretto da un angioletto. Questo angioletto è un fanciullo che Caravaggio riutilizza come modello per una serie di capolavori che, mostrandolo sempre nella stessa età, sulla soglia dell'adolescenza, vanno datati tutti nel 1601, con una possibile estensione all'inizio del 1602. Si tratta del *San Giovannino* oggi nella Pinacoteca Capitolina, in cui il maestro introduce il tema del sorriso che sembra quasi una aperta risata (giustamente connesso con l'idea della letizia filippina), l'*Amore vincitore*, oggi a Berlino (già proprietà del marchese Giustiniani, che considerava quest'opera come uno dei più grandi capolavori dell'arte figurativa) dove ritorna sullo stesso personaggio lo stesso tema della gioia e del riso in chiave profana e mitologica (gli strumenti musicali ai piedi dell'Amore vincitore sono connessi con la copia della *Santa Cecilia* di Raffaello Sanzio, eseguita da Guido Reni per Roma appunto nel 1601), il *Sacrificio di Isacco* oggi agli Uffizi, di provenienza forse barberiniana ma non riferibile a nessun documento noto tra quelli conosciuti connessi a Maffeo Barberini, altro grande estimatore – insieme ad alcuni illustri esponenti della vita culturale romana come Ciriaco Mattei, Marzio Milesi, Melchiorre Crescenzi e il banchiere genovese Ottavio Costa (quest'ultimo, personaggio di estremo rilievo per alcuni sviluppi anche successivi della vita del maestro) – dell'opera caravaggesca.

Sono dipinti, questi dell'anno 1601, di straordinaria serenità e potenza figurativa, che attestano uno stato di raggiunta pienezza da parte di Caravaggio. Tuttavia, l'informatore dello storico e pittore Karel van Mander, Floris Claesz van Dyck, pittore di natura morta attivo a Roma in quegli anni nella bottega del Cavalier d'Arpino, riferiva allo storico suo amico (che pubblicava le notizie nel 1603, nel suo *Libro della pittura*) come Caravaggio dovesse attraversare una strana crisi in quanto, dopo aver lavorato intensamente per un paio di mesi, se ne andava a spasso per la città con la spada al fianco a provocare risse e disordine. In effetti già il 20 novembre 1600 un certo Gerolamo Stampa (ma la trascrizione del nome non è sicura) aveva querelato Caravaggio per aggressione (e dal documento risulta che quest'ultimo stava ancora in casa del Monte), e nei mesi seguenti, malgrado i successi, testimonianze di questo genere sono frequenti e culminano con la querela per diffamazione sporta dal pittore Giovanni Baglione contro Onorio Longhi (l'architetto amicissimo da sempre di Caravaggio), Caravaggio, Orazio Gentileschi e Filippo Trisegni (un pittore, quest'ultimo, di cui la storiografia non ha potuto rintracciare nulla). Caravaggio, all'epoca, aveva certamente eseguito la *Deposizione* per Santa Maria in Vallicella, cappella Vittrice (oggi nei Musei Vaticani), e aveva fatto collocare la pala d'altare definitiva della cappella Contarelli con *San Matteo e l'angelo*. Il 13 settembre 1603 Caravaggio rende testimonianza e nega di avere scritto poesie scurrili e offensive contro Baglione (era uno dei capi d'accusa) e rilascia la celebre dichiarazione per cui, secondo lui sono "valenthuomini" (cioè buoni imitatori del "naturale") il Cavalier d'Arpino, Federico Zuccari, Cristoforo Roncalli, Annibale Carracci e Antonio Tempesta. Non tutti erano suoi amici – da notare – e anzi da ciò si ricava l'immagine di un uomo scontroso e solitario, ma anche impulsivo e generoso (come ha attestato persino una perizia calligrafica fatta nel nostro secolo sulla ricevuta firmata da Caravaggio per la pala della *Madonna dei Palafrenieri*). Nella testimonianza di Baglione è citato l'*Amore vincitore* Giustiniani come opera recente e famosa. Caravaggio, comunque, fu incarcerato e ottenne la scarcerazione solo per l'intervento dell'ambasciatore francese. È evidente quindi come i suoi legami con il progressista e moderno ambiente filofrancese fossero ancora ben saldi.

Comunque, la sua fortuna romana (incrementata da una sempre più ampia schiera di intellettuali, tra cui va almeno ricordato il Cavalier Marino, poeta celebre e conoscitore di pittura, che possedette tra l'altro una *Susanna e i vecchioni* di Merisi, oggi scomparsa) dovette subire una eclissi, se nel gennaio del 1604 è documentata la sua presenza a Tolentino, nelle Marche. Poco dopo era a Roma, in uno stato di evidente tensione e nervosismo, come attestano vari episodi. Il garzone dell'osteria del Moro lo querela, perché Caravaggio gli ha tirato in faccia un piatto di carciofi, insultandolo. Poco dopo il pittore partecipa a una rissa in via dei Greci e viene incarcerato (anche in questo caso il cardinale del Monte interviene con Olimpia Aldobrandini, per proteggerlo).

L'anno successivo lavora poco o, per lo meno, sono molto scarse le testimonianze precise. L'unico fatto incontrovertibile è la ricevuta di pagamento, firmata di suo pugno, conservata presso l'archivio Massimo in Roma, da cui risulta che in data 25 giugno 1605 Caravaggio ha consegnato ai signori Massimo un *Ecce Homo* (dipinto in gara con Cigoli e Passignano) che è forse quello oggi conservato a Genova nella Galleria Comunale di Palazzo Rosso. Ma si susseguono le notizie relative a disavventure giudiziarie. È arrestato infatti per porto d'armi abusivo e sta in carcere ben due mesi, fino a che gli amici Prospero Orsi e Cherubino Alberti riescono a farlo uscire. Nel luglio ferisce un tale Mariano Pasqualone a causa di una donna di nome Lena e fugge a Genova. Qui accade un episodio sbalorditivo. Rifiuta un grosso compenso per dipingere la loggia del Palazzo Doria a Sampierdarena e nello stesso tempo si rifiuta anche di lavorare, pur sollecitato, a un importante dipinto richiestogli da Modena, che non farà mai più. Torna invece a Roma, dove è registrata una nuova denuncia contro di lui, in quanto ha preso a sassate le finestre di una certa Prudenzia Bruna, per questioni di masserizie.

Però alla fine dell'anno sta lavorando alla pala della *Madonna e sant'Anna* per l'altare nella basilica di San Pietro dell'Arciconfraternita di Sant'Anna dei Palafrenieri. L'opera è compiuta entro l'8 aprile del 1606. Soltanto un mese prima, nel marzo, il maestro aveva consegnato un altro lavoro, la *Madonna di Loreto* per l'altare della cappella Cavalletti in Sant'Agostino, la cui commissione risaliva a parecchio tempo prima. Era ormai giunto a un senso di sintesi assoluta, in coerente sviluppo con le premesse poste nei laterali Cerasi. Eppure queste opere dovettero incontrare fiere resistenze. Baglione racconta che ci furono proteste per la pala di Sant'Agostino, forse motivate (ma il fatto sembra totalmente assurdo) da particolari poco "decorosi", come i celebri piedi sporchi dei poveri pellegrini. Ben più grave e ben documentato è quello che accadde alla pala dei Palafrenieri. Dopo una settimana la tela venne tolta dall'altare in cui era stata collocata e fu messa nella chiesa di Sant'Anna dei Palafrenieri per essere, poco tempo dopo, venduta a Scipione Borghese. Le cause del rifiuto sono ancora oggi molto dubbie. Potrebbero esserci state motivazioni di carattere teologico, o inerenti al decoro. L'episodio resta comunque alquanto misterioso. Immediatamente dopo, anche l'immensa pala della *Morte della Vergine* per Santa Maria della Scala (anche questa commissionata ben cinque anni prima, dal giureconsulto Laerte Cherubini da Norcia, e terminata nel maggio 1606) viene rifiutata. Segni forse di un clima di diffusa ostilità che ormai tormentava il maestro. Il 29 maggio, presso Palazzo Firenze, dove risiedeva del Monte, si compie la tragedia. In una rissa provocata, pare, da una contesa inerente a una partita a pallacorda, Caravaggio colpisce Ranuccio Tomassoni, restando a sua volta gravemente ferito. Tomassoni muore e il papa, Paolo V Borghese, di mentalità ben diversa da quella di un del Monte (era tra l'altro fieramente filospagnolo) emette il *bando capitale* per Merisi: la sentenza di morte.

Da questo momento la vita di Caravaggio sarà una fuga continua, disseminata di opere di terribile e incombente tragicità, terminata con la morte a Porto Ercole nel 1610.

Era stato, fin dalla giovinezza, un protetto della famiglia Colonna e sarà proprio un membro della famiglia ad accoglierlo nel suo feudo di Paliano, vicino a Roma, anche se le testimonianze su questo periodo e sugli spostamenti di Caravaggio in quei mesi sono molto incerte e frammentarie. Pare che nel settembre fosse ancora a Paliano e successivamente riparasse a Palestrina, altra roccaforte Colonna. Pochissimo è noto su eventuali opere eseguite in quel tragico momento. Pare che abbia eseguito, però, almeno il solenne *Emmaus*, oggi a Brera, e una *Maddalena penitente* di cui si conoscono molte copie antiche (erano ormai numerose le copie che circolavano di opere caravaggesche e già emergevano pittori che lo imitavano in modo esplicito). Comunque, nell'ottobre di quell'anno 1606 era a Napoli, ben protetto e assistito.

In questa città fu accolto onorevolmente e gratificato da commissioni insigni e molto ben pagate. Il 9 gennaio 1607, dopo aver stipulato almeno un altro importante contratto con Niccolò Radolovich per una pala incertamente identificata con la *Madonna del Rosario*, oggi a Vienna, Caravaggio consegna un'opera di eccezionale impegno figurativo e concettuale, *Le sette opere di Misericordia* per il Pio Monte della Misericordia, una istituzione di grande prestigio per la vita sociale e economica della città. Mentre a Roma veniva venduta al duca di Mantova – tramite i buoni uffici del Rubens – la *Morte della Vergine*, eseguita per Santa Maria della Scala, Caravaggio già lavorava a una seconda e importante pala per Napoli, la *Flagellazione* per San Domenico Maggiore, consegnata dopo una intensa rielaborazione, testimoniata dalle moderne radiografie.

Ma intanto, nel luglio del 1607, era passato, forse tramite la raccomandazione di fra Ippolito Malaspina, balivo a Napoli del Sovrano Ordine Militare a Malta. Esattamente un anno dopo, una Bolla del gran maestro Alof de Wignacourt (che Caravaggio aveva ritratto in armi assistito da un paggetto, in una tela oggi al Louvre) accoglieva il pittore tra i cavalieri di Obbedienza, come "cavaliere di grazia".

Il fatto era altamente onorifico e testimonia di una ritrovata posizione da parte del pittore, ma i fatti dovettero precipitare perché, nel dicembre, il maestro veniva espulso dall'Ordine, per motivi a tutt'oggi non chiariti.

Peraltro, malgrado Caravaggio venisse persino imprigionato, questo non gli impediva di portare a termine importanti commissioni, prima fra tutte l'enorme tela raffigurante la *Decollazione del Battista* per l'altare maggiore dell'oratorio di San Giovanni Battista dei Cavalieri a La Valletta, unica opera firmata dal pittore attraverso un procedimento particolarissimo (il sangue che esce dalla testa del Battista si trasforma in una scritta in cui si legge "f. Miche..Ang..lo" cioè fra Michelangelo, da interpretare come "frate", appellativo di colui che appartiene all'Ordine di Malta). Il 6 ottobre 1608 risulta che Caravaggio è fuggito da Malta ed è giunto a Siracusa, dove ottiene la commissione – espletandola in non oltre due mesi – di un'altra opera dalle dimensioni colossali, il *Seppellimento di santa Lucia* per l'altare maggiore della chiesa di Santa Lucia alla Marina. Pare che la commissione gli venisse dal senato della città ed è in questa circostanza che il maestro avrebbe fatto visita al dotto archeologo Vincenzo Mirabella, che lo portò a visitare la latomia del Paradiso. Qui Michelangelo avrebbe suggerito il nome di "orecchio di Dionigi" per la straordinaria grotta dove il tiranno di Siracusa teneva prigionieri i suoi nemici, ascoltandone, grazie alla singolarissima acustica, ogni parola. E un ricordo delle latomie è ben evidente nella incredibile ambientazione del *Seppellimento*, dove oltre la metà dello spazio è occupata dall'immane mole del carcere che sembra gravare sulla solennità tragica dell'evento. Tra il dicembre del 1608 e i primi del 1609 otteneva dal mercante genovese Giovanni Battista de' Lazzari, residente a Messina, l'incarico di una pala per la chiesa dei padri Crociferi in quella città. Nel giugno del 1609 consegnava, così, quella che sarebbe risultata una delle sue opere più drammatiche, la *Resurrezione di Lazzaro*, oggi nel Museo Regionale di Messina, in cui è evidente la continuità di pensiero con il *Seppellimento* siracusano. Bellori cita anche un'altra pala per Messina, commissionata dal senato, per la chiesa dei Cappuccini, l'*Adorazione dei pastori*, anch'essa oggi nel Museo Regionale, in cui sembra di cogliere una nuova svolta nella impostazione del maestro e che dovrebbe essere databile entro l'estate del 1609, quando un colto nobile messinese, Niccolò di Giacomo, gli aveva ordinato quattro *Storie della Passione*, attestando però come disperasse di vederle compiute, data la condizione della mente di Caravaggio, turbata e sconvolta.

Eppure l'altra grande pala che Merisi esegue subito dopo (purtroppo scomparsa a seguito di un furto avvenuto nel 1609 e mai più ritrovata) per l'oratorio di San Lorenzo a Palermo, raffigurante la *Natività con i santi Lorenzo e Francesco*, sembra uno sviluppo verso una ritrovata armonia, sia pur gravata di cupe ansie.

Alla fine di quel fatale anno 1609 Caravaggio è a Napoli, dove subisce una violentissima aggressione da cui esce gravemente sfigurato nel volto (si è voluto vedere una testimonianza di tale doloroso episodio nel *Davide e Golia* della Galleria Borghese in Roma, dove la testa di Golia è un evidente autoritratto del maestro, anche se il quadro stilisticamente sembra meglio datarsi prossimo alle *Sette opere di Misericordia*).

Malgrado tutto Merisi continuava a lavorare. È possibile che in quel momento compia la *Crocifissione di sant'Andrea*, che nel luglio del 1610 il viceré di Napoli, Juan Alonso Pimentel de Herrera, portava con sé, partendo per la Spagna (opera oggi identificata con la tela presso il Cleveland Museum of Art), e nel 1610 esegue il *Martirio di sant'Orsola* per Marcantonio Doria, da inviare a Genova (oggi nelle collezioni della Banca Commerciale Italiana a Napoli, in deposito presso il Museo Nazionale di Capodimonte).

La morte, avvenuta in Porto Ercole il 18 luglio 1610, costituisce l'ultimo scacco. Dopo un tentativo di sbarco a Palo, dove è imprigionato, con ogni probabilità in quanto risulta latitante ricercato dalla guardia papale, trascorsi due giorni, il pittore (pagando forse una cauzione) viene scarcerato, ma la feluca che recava a bordo i suoi effetti personali e il quadro (oggi nella Galleria Borghese) di *San Giovanni Battista*, commissionatogli dal cardinale Scipione Borghese (in cui ripone molte speranze per la ratifica della grazia dal bando capitale), ha dovuto riprendere il largo verso l'approdo finale, vale a dire lo Stato dei Presidi spagnoli sull'Argentario (e tornare a Napoli). Nel frattempo Caravaggio ha contratto un'infezione (forse per cibi o acqua infetti), tuttavia si procura un mezzo per raggiungere Porto Ercole e recuperare le sue cose (soprattutto il *San Giovanni Battista*). Sbarcato febbricitante, è affidato alle cure della locale Confraternita della Santa Croce, i cui membri, oltre a ricoverarlo nel loro ospedaletto nella città alta (dove, comunque, l'artista muore) tentano di riallacciare i fili interrotti col priore dei Cavalieri di Malta a Napoli (poiché così egli si è qualificato), col viceré e coi parenti. Il corpo, frettolosamente inumato nel piccolo cimitero di San Sebastiano, nei pressi del porto, non verrà richiesto da alcuno.

Considerazioni sulla nascita, la famiglia, la formazione del Caravaggio

Maurizio Calvesi

Che Michelangelo Merisi sia nato a Caravaggio o a Milano dovrebbe far poca differenza, non solo dal punto di vista della ricostruzione critica della sua figura artistica, ma anche da un'ottica municipale, per i motivi che Mia Cinotti segnalava scrivendo nel catalogo della mostra itinerante del 1973-1974 dedicata al pittore: "I nuovi documenti sottraggono in certo modo il Caravaggio al suo paese natale, perché è quasi certo che, abitando il padre continuamente a Milano, anche il figlio sia nato quivi ...; ma lo restituiscono a Caravaggio in modo molto più sostanzioso, perché ce lo additano dimorante nella città che gli ha dato il nome durante l'infanzia, dopo la morte del padre, con la mamma e i fratelli, e anche più tardi, dopo il periodo di studio a Milano, fino ai ventidue anni all'incirca".

In altre parole, anche se nacque a Milano, Michelangelo resta un caravaggino: a meno che non si voglia, fuori del razionale, attribuire al luogo fisico di nascita quel potere di determinazione che è dato invece dagli ambienti in cui si cresce e si matura. Caravaggino dunque, e milanese insieme.

La proposta però ha suscitato ugualmente irritazione e proteste ed è stata additata allo scherno da Roberto Ziglioli che la definisce "uno scoop degli anni Settanta", pur aggiungendo gentilmente: "Non si vuol dire, con questo, che le minuziose e caparbie ricerche di Mia Cinotti siano giornalismo"[1].

Mi sembra allora giusto sollevare la nostra compianta amica, addossandomi qualche responsabilità. Prima del catalogo in questione, infatti, finito di stampare nel dicembre del 1973, avevo pubblicato sul "Corriere della Sera" di quell'anno, il 16 settembre, un articolo[2] in cui avanzavo l'incriminata supposizione: che il Caravaggio, cioè, non fosse nato a Caravaggio, "bensì a Milano". "Almeno l'ipotesi – mi sembrava – dev'essere seriamente considerata", tenendo presente che il padre era "maestro di casa e architetto del marchese di Caravaggio, il quale abitava a Milano"; e anche valutando quel che Saccà lasciò scritto: vale a dire che nel registro (poi disperso) delle nascite caravaggine tra il 1569 e il 1585 non figurava alcun Michelangelo Merisi. Saccà – il quale ne dedusse una nascita anteriore al 1569 – aveva fatto compiere ricerche accurate da un suo incaricato, che addirittura si portò a casa il registro e trovò quindi il tempo, se ebbe almeno questo scrupolo, di consultarlo da cima a fondo.

I documenti ritrovati da Mia Cinotti, attestanti la presenza a Milano di Fermo Merisi, indussero la studiosa ad avvalorare la mia ipotesi: che francamente, pur restando in ogni caso tale, non vedo come possa così ruvidamente essere tolta di mezzo.

L'argomento in contrario è che il pittore è chiamato Michelangelo Merisi da Caravaggio persino in occasione del suo ingresso nell'Ordine di Malta, "una nomina che possedeva i crismi dell'ufficialità, sì che il documento va considerato alla stregua di un certificato anagrafico"[3].

Stento davvero a condividere questa valutazione burocratica di Bona Castellotti, pur comprendendo la saggezza che la ispira; non è infatti il caso di ferire orgogli (che pure, in ogni caso, resterebbero più che giustificati). Accettiamo dunque la proposta strategica dello stesso Bona Castellotti, di tener ferma la nascita di Merisi a Caravaggio, fintantoché l'ipotesi della nascita milanese "non verrà confermata in sede documentaria".

Ci sia però consentito, dal momento che siamo studiosi prima che diplomatici, di ribadire l'ipotesi, che resta comunque fondata e ben probabile: fin dal mio articolo del 1973 facevo presente che il "da Caravaggio", fatto seguire al "Merisi", può non designare necessariamente il luogo di nascita, ma quello di provenienza e pertinenza della famiglia, ed essere considerato una sorta di complemento del cognome, per indicare, tra i tanti Merisi o Morigi (cognome assai diffuso in Lombardia) un particolare ramo, una particolare genìa di Merisi. Né mancano infatti altri "Merisi da Caravaggio", oltre ai membri della famiglia di Michelangelo, che puntualmente vengono così chiamati nelle carte che li riguardano[4].

In conclusione sarebbe più corretto ammettere che non sappiamo con certezza documentaria dove il pittore nacque.
Direi invece che conosciamo con relativa certezza il giorno in cui nacque.

Anche a proposito della data di nascita, provo imbarazzo a dover tornare su mie proposte, che pure mi sembra necessario non abbandonare senza replica al loro seguito, a volte di discordante esito. Ma dunque, anche nel caso di questa data, la mia vocazione al dubbio ("decostruttiva" si direbbe oggi) si era manifestata per tempo, in epoca in cui si accettava universalmente quell'anno 1573 ricostruito da Longhi; e debbo dire che lo scoop (per chi avesse voluto chiamare così anche questo) fu poi confortato dai documenti. Incredulo di tanta precocità di Merisi, mi sembrava infatti, nel 1967, che "il Caravaggio poteva avere, al momento di entrare nella bottega di Peterzano, tredici o quattordici anni, invece che undici, il che ci rimanderebbe al 1570"[5]. Oggi sappiamo che il pittore, in effetti, entrò in quella bottega poco prima di compiere i tredici anni.

Il cauto dubbio mi si ripresentò in occasione del presunto centenario del settembre 1973, quando, riesaminando la questione della nascita (e sospettando che potesse essere avvenuta a Milano), osservavo a proposito dell'epitaffio di Milesi, testimoniante l'età del pittore in termine di anni e di giorni: "È difficile che un'indicazione così puntuale fosse errata a meno che, cosa possibile tra le altre, Caravaggio non denunciasse un'età sbagliata. Quello di calarsi gli anni era un vezzo assai comune all'epoca, e facilitato dal non semplice controllo anagrafico"[6].

Quando poi, dalle ricerche di Mia Cinotti, si venne a sapere che il pittore vide la luce due anni prima, mi rinsaldai nell'idea che l'errore di Milesi poté dipendere da un calo negli anni che Michelangelo stesso, a Roma, denunciava. Ma questo comporterebbe che solo l'anno, e non il giorno e il mese, sia sbagliato. Ora, il calcolo di Roberto Longhi conteneva in realtà una piccola inesattezza. Infatti, secondo Milesi, il Caravaggio, morto il 18 luglio 1610, visse trentasei anni, nove mesi e venti giorni, il che rimanda al 29 (e non al 28) settembre del 1573. Tolti i due anni, abbiamo il 29 settembre 1571, data che cade esattamente in un periodo calcolabile all'incirca tra il 23 settembre e il 21 ottobre 1571, se il concepimento avvenne il giorno del matrimonio dei genitori (14 gennaio 1571) o subito dopo[7]. Mi avvidi poi di un elemento assolutamente decisivo: il 29 settembre ricorre la festa di san Michele Arcangelo, nel cui nome il pittore fu battezzato[8].

Ora, ciascuno è libero di non condividere questa che a me sembra un'evidente certezza; ma è difficile comprendere come mai in recenti trattazioni monografiche dove si discetta della data di nascita del Caravaggio, il 29 settembre del 1571 (da molti accolto senza riserve) sia non già messo in discussione ma semplicemente taciuto. Anche in questo caso non guasterebbe una maggiore oggettività nella valutazione dei dati, che comunque non vanno ignorati, ove anche provengano da studiosi che si sceglie di non citare. Ma deporre una buona volta le scaramucce di parte gioverebbe alla trasparenza scientifica.

Soprattutto Marini ha insistito a ragione su una "piccola nobiltà" del Caravaggio e della sua famiglia, anche valutando come il comportamento un poco altero del pittore potrebbe ben spiegarsi con un'aristocratica presunzione di nobili lombi. L'affermazione di von Sandrart, che il pittore "apparteneva alla famiglia nobile degli Amarigi", fu accantonata da Mia Cinotti, pensando a una confusione con i Morigi di Milano, ma difesa appunto da Marini.

Accanto ai Merisi, vorrei ora prendere in esame gli Aratori, cognome della madre Lucia. Di un possibile antenato, o comunque parente, della donna fa menzione il celebre medico e cabalista Gerolamo Cardano, nella sua autobiografia (*De propria vita liber*) del 1575, nella quale cita tra i propri benefattori "Gabrielem Aratorem Caravagiensem Arithmeticum insignem". Altre notizie su Gabriele Aratori sono fornite da Cardano nel *Libellus de Libris Propriis* (1557), dove è scritto che questo suo benefattore gli fornì alcuni testi del famoso astronomo Giovanni Regiomontano. Infine nel *Liber de exemplis geniturarum* (1549) lo stesso Cardano illustra l'oroscopo di "Gabriel de Aratoribus", nato il 31 dicembre del 1480. Si apprende così che l'"arithmeticus optimus" era claudicante, aveva una quantità di virtù e incoraggiò Cardano nei suoi studi. Aratori è altresì definito "longaevus", ma alla data del 1575, quando apparve l'autobiografia di Cardano, non è specificato se ancora vivesse, cosa improbabile dato che avrebbe avuto novantacinque anni.

Non è da escludere che il caravaggino Gabriele Aratori, citato con il "de" nobiliare e uomo di grande cultura, conoscitore delle opere di Regiomontano e certamente in possesso di una buona biblioteca, fosse il nonno, o padre, o zio di quel Giovan Giacomo Aratori da cui fu generata Lucia; e in ogni caso il Caravaggio, se fu a contatto – come sembra probabile – con l'ambiente e la prole di Gabriele Aratori, ebbe modo di frequentare fin dall'infanzia un *milieu* intellettualmente qualificato e invitante a letture, anche scientifiche.

Può darsi peraltro che gli Aratori di Caravaggio si vantassero discendenti (era nel costume dell'epoca ricercare nobili lignaggi) di un altro e più rilevante personaggio: quel rinomato e potente Arator di nascita probabilmente milanese, vissuto tra il V e il VI secolo, e che a Milano si formò nella "rettorica" per passare successivamente a Ravenna e a Roma: dotto, poeta, cultore di mistiche allegorie, autore di una celebre *Historia Apostolica* in esametri, popolarissima nel Medioevo e pubblicata e commentata ancora nel Cinquecento.

Nel IX secolo Giovanni di Fulda aveva scritto di lui: "Virgilius palcas, frumentum praebet Arator, his mansura docet, ille caduca refert". Virgilio offre paglia, Arator frumento. Questi (Arator) insegna cose durevoli, quello (Virgilio) riporta cose caduche.

A questo punto, è interessante prendere in considerazione quella pagina dello *Stemmario Cremosano* del 1673, dove la scritta a mano "Merisi" connota un'immagine araldica consistente, sotto un'aquila ad ali spiegate, in una mano che stringe e sembra porgere un mazzo di spighe: "frumentum praeber Arator", Arator offre frumento. Poiché per i Merisi (Morigi), provenienti "dalla Mauritania"[9], ci si aspetterebbe piuttosto una testa di moro, è lecito il dubbio che la mano che offre delle spighe (frutto del lavoro dell'"aratore") sia in realtà pertinente alla famiglia di Lucia Aratori; e il fatto che quest'ultima si fosse congiunta ai più celebri (dopo l'avvento del Caravaggio) Merisi, potrebbe spiegare perché a costoro, con un passaggio da Aratori-Merisi a Merisi, sia stato riferito lo stemma: che dunque, in tal caso, sarebbe proprio quello della famiglia materna del pittore.

Arator ebbe un posto di spicco alla corte gota, dove ricoprì le cariche di "comes domesticorum" e "comes rerum privatarum", in relazione alle quali Cassiodoro gli inviò una calorosa lettera a nome del re Atalarico. Anche l'aquila imperiale potrebbe quindi far riferimento al "capostipite" Arator.

E se infine Lucia Aratori era di nobile discendenza (o presunta tale), è anche verosimile che andasse sposa a qualcuno della sua stessa condizione. La nostra ipotesi quindi non esclude, anzi rafforza l'altra, ovvero la supposizione di una "piccola nobiltà" dello stesso Fermo Merisi.

Più concreto diventa il campo dei riscontri, se passiamo a interrogare gli estremi della formazione, non solo artistica ma anche religiosa, del Caravaggio. Lombardo, ebbe una formazione lombarda: quasi un'ovvietà, ma tale non era quando Pevsner ritrovò il contratto di alunnato presso Simone Peterzano e Roberto Longhi avanzò la sua ben nota proposta, segnalando una linea di "naturalismo empirico" da Foppa al Moretto, a Savoldo e ai Campi, artisti che allora, specie questi ultimi, non erano così ben conosciuti. Fu una novità anche perché, per spiegare la rivoluzionaria cultura artistica del Caravaggio, ci si era appoggiati ad altri nomi, come Tiziano e Tintoretto da parte di Kallab, che pure per primo aveva parlato dei cremonesi Campi, o come Giorgione da parte di Lionello Venturi, o come Bronzino, Jacopino del Conte, Scipione Pulzone da parte di Voss.

Un limite della proposta longhiana è l'aver voluto escludere altre componenti, negando il viaggio a Venezia del giovane pittore attestato dalle fonti, minimizzando la figura di Peterzano e comunque togliendo credito alla qualifica, che vantava, di alunno di Tiziano.

In realtà la componente veneta, benché assimilata al lombardismo, resta fondamentale nella cultura del Caravaggio, e riemerge nelle opere più mature e tarde, dove l'ammirazione per Tiziano si fa sempre più evidente.

Vivace qual era, e avido di conoscenza quale doveva essere, è quasi impensabile che nel corso di quegli otto anni che vanno dal suo primo apprendistato alla partenza per Roma non avesse sentito il bisogno di portarsi a Venezia e prendere visione di maestri che Peterzano doveva celebrargli. Proprio la cultura, lombarda e veneta insieme, di Peterzano, attenta anche al "disegno" e alla forma plastica, è in realtà il codice di avvio della visione caravaggesca.

Alla verità del suo alunnato presso Tiziano volli credere al mio esordio di quasi mezzo secolo fa[10] e gli arricchimenti poi intervenuti del suo catalogo hanno dissolto ogni dubbio. Ben indicativo, ancor più che il suo modo di firmarsi "Titiani alumnus", è quel "de Ticiano"; o "de Ticiani" (o "de Titiano", "de Ticianis", "de Titiani") da cui il suo nome appare insistentemente corredato nei documenti. Simone assunse dunque il "di Tiziano" addirittura come una sorta di complemento del cognome. Ma non fu il solo: c'è anche un altro caso, ed è quello di Girolamo Dante, che era chiamato comunemente "Girolamo di Tiziano" perché suo scolaro e aiuto; e così lo ricordava Vasari, parlando del Vecellio: "è stato discepolo e l'ha aiutato in molte opere, un Girolamo, non so il cognome, se non di Tiziano"[11].

Il fatto che nell'opera di Peterzano possano rintracciarsi echi della pittura veneziana (particolarmente di Veronese, e forse di fiamminghi attivi in Laguna), ma non così testualmente di Tiziano Vecellio, può spiegarsi forse ancora alla luce di un brano di Vasari, nel quale si dice che "se bene molti sono stati con Tiziano per imparare, non è però grande il numero di coloro che veramente si possono dire suoi discepoli; percioché non ha molto insegnato, ma ha imparato ciascuno più e meno, secondo che ha saputo pigliare dall'opre fatte da Tiziano"[12].

La visione di qualche esponente del manierismo fiammingo, a Venezia o in Lombardia, può avere altresì concorso alla formazione del Caravaggio; mentre, per quanto riguarda Scipione Pulzone, ha un qualche interesse notare che, da Tomassetti[13], si ha notizia di una versione del noto ritratto di Marcantonio Colonna che il pittore eseguì per il figlio della marchesa di Caravaggio. Si tratta di un'opera (luministicamente animata nella corazza contro il fondo scuro) che Merisi ebbe ben presente quando attese al ritratto di Alof de Wignacourt oggi al Louvre, ma che poté interessarlo fin dai suoi anni lombardi.

Comunque va sottolineato che lo stile luministico del Caravaggio, nell'assolutezza del suo assunto, come del resto l'intensità del suo realismo, non trova riscontro in nessuna delle fonti che abbiamo sommariamente ricordato; e non a caso non si presenta come tale nelle sue opere giovanili, ma si forma in seguito; a riprova che non si tratta di una derivazione da forme altrui, ma di una autentica "invenzione", nata da un'immaginazione attraversata dal pensiero, nata con la stessa messa a fuoco dei suoi significati di Grazia e Salvazione. E qui entra in gioco soprattutto l'altro aspetto della formazione del Caravaggio, quello della sua coscienza religiosa, nel segno dei Borromeo.

"L'*imprinting* di Michelangelo Merisi – riporto dal mio libro del 1990[14] – è la peste del 1575-1577, scoppiata a Milano quando aveva quattro anni, cronaca di sciagure, tra cui non pochi morti nella sua stessa famiglia, trauma d'immaginabile intensità. Fu allora che agli occhi della popolazione grandeggiò la figura dell'arcivescovo, così attivamente prodigo di aiuti. Le pratiche religiose e assistenziali messe in atto da Carlo Borromeo sommersero più che mai ogni aspetto civile dell'organizzazione della comunità ... Le sacre milizie dell'arcivescovo, per quanto riluttanti, e soprattutto i Cappuccini, da lui incitati (e sarà l'ordine più premiato delle opere del Caravaggio), si espongono nell'opera di soccorso. I mezzi di sussistenza scemano, la povertà dilaga: la fede, parossistica e spoglia, è vissuta come ragione e speranza d'esistenza ... L'atmosfera di fanatica religiosità che si condensa intorno a san Carlo, 'trova paragoni solo in altre epoche e altri contesti, a volte sotto altre ideologie' (Ginex Palmieri). Continua con nuovi e più sistematici programmi la sacralizzazione del contesto urbano e regionale, punteggiando di oratori e conventi, croci stazionali e luoghi pii, santuari, fabbriche di confraternite, compagnie della carità e congregazioni (quegli istituti per i quali lavorerà il Caravaggio, in altre città) un'area contemporaneamente invasa dalle processioni rituali e dai pellegrinaggi ... Il rito 'diventa prassi, azione, realtà' (Ginex Palmieri): come nella pittura religiosa del Caravaggio. Il forte e aspro realismo che Tanzio da Varallo porterà al suo acme nelle figurazioni dei Sacri Monti, non è soltanto un indotto culturale di origine caravaggesca; è il prodotto di uno stesso ambiente ideologico, protrattosi sotto Federico Borromeo, di una stessa concezione immedesimata e duramente verificata nella fede".

"La tesi fondamentale del libro – scrivevo nella sua introduzione – è appunto l'adesione del Caravaggio agli estremi ideali religiosi di Carlo e Federico Borromeo", ai quali peraltro, specie al secondo, l'immagine del contrasto tra luce e ombra era presente come metafora spirituale.

Sostenevo peraltro fin dal 1972[15] questo assunto, che sollevò un rumoroso scandalo, con le accuse rivoltemi in modo pesante e plateale (non soltanto nell'introduzione della più ambiziosa e voluminosa *Storia dell'arte italiana* dopo Venturi) per aver portato il Caravaggio nella Controriforma (all'interno della quale non si facevano distinzioni) e nella detestata "iconologia". Si reagì come a chi oggi dicesse che Gramsci era fascista.

Non posso quindi che felicitarmi, nel leggere quanto ora Bona Castellotti scrive nella sua notevole monografia, e dichiarare il mio pieno accordo: "Che il realismo lombardo, dagli anni Sessanta del Cinquecento sino almeno allo scadere del secolo, potesse trovare energia anche in un ideale, lo stesso che portò san Carlo Borromeo a valorizzare e promuovere l'intervento dei fratelli Campi in molte imprese decorative, è inequivocabile ... Il realismo di Carlo Borromeo si incarnava, innanzitutto, nella prassi, nelle opere connesse con la sua predicazione e, sul piano della cultura figurativa, anche nelle controllatissime scelte in materia d'arte ... Il tema della passione era assolutamente consentaneo alla pietà del Borromeo e alla pratica ignaziana degli esercizi spirituali che l'avevano profondamente condizionata, lo stesso spirito di pietà che troviamo incarnato nella decorazione plastica e pittorica del Sacro Monte di Varallo". E ancora: il Caravaggio "fu un'emanazione della cultura della Controriforma, poiché, pur introducendo spesso nei suoi quadri l'esecrato peccato di novità, si mantenne sempre fedele ai fondamenti della tradizione cattolica, nella particolare accezione del realismo storico: ma lo fu da par suo ... Il peso attribuito alle verità storica da Carlo Borromeo e dal cardinal Paleotti presenta indiscutibili consonanze con le opere della maturità di Merisi"[16].

Proprio questo invito alla verità storica, insistentemente ripetuto da Federico Borromeo, è uno tra i tanti elementi che mi indussero ad accostare il Caravaggio non solo alla visione di san Carlo, ma anche al suo continuatore Federico, che fu amico e parente della marchesa di Caravaggio, nonché influentissimo e attivo aderente agli ideali degli oratoriani. Ai quali ultimi, è ormai largamente dimostrato che il Caravaggio si legò a Roma.

Trovo quindi scarsamente coerente che Bona Castellotti, dopo aver condiviso la diagnosi di un Caravaggio "borromaico", voglia tener lontano da Merisi la figura del cardinal Federico: il quale non avrebbe "esercitato su di lui alcun ascendente, per ovvie ragioni di data, poiché la formazione del pittore avvenne quando Federico non era ancora in grado di influenzare chicchessia, e per l'inadeguatezza dello stesso Borromeo". Ma san Carlo morì nel 1584, e se da lui il Caravaggio ricevette un *imprinting*, fu proprio Federico il personaggio emergente nel quale poté riconoscere la continuità del messaggio carliano, e con il quale è ben possibile che abbia avuto contatti in Lombardia e soprattutto a Roma, dove il cardinale si trasferì nel 1586.

Quanto alla "inadeguatezza" di Federico, essa consisterebbe nella sua "idiosincrasia per ogni manifestazione di forza, drammatica o tragica che fosse". Ma a smentire questa affermazione, basterebbe il brano del *De Pictura Sacra* in cui il cardinale loda sommamente il gruppo classico del Laocoonte per la sua capacità di rappresentare lo spasimo; o l'altro nel quale, auspicando che gli artisti moderni riescano a esprimere "lo sforzo e il dolore", addita a modello un satiro descritto da Callistrato, nel quale "era insita e si vedeva rappresentata la passione di lui che danzava al suono dei flauti così che si vedevan le vene tumescenti e il fiato che erompeva dal profondo del petto e il sasso gareggiante con la stessa realtà e l'ansimare affannoso", aggiungendo: "Le membra del Satiro non cascavan per mollezza, ma apparivano forti e robuste di modo che la rigidezza e l'asprezza dei lineamenti del volto mostravano chiaramente l'aspetto virile". E che dire della drammaticità e del *pathos* dei pittori del Seicento lombardo, i pittori, appunto, di Federico Borromeo? Ma secondo Bona Castellotti, lui li avrebbe appoggiati quasi controvoglia.

Così l'ammirazione per la *Canestra* caravaggesca sarebbe "raffrenata", mentre, in realtà, è espressa con i toni più alti che sia possibile immaginare. Purtroppo, il pregiudizio longhiano nei confronti di Federico Borromeo, quale incompatibile con la poetica del Caravaggio, continua a pesare, nonostante sia evidente che esso "dipendeva dal monolitico malumore di una cultura laica e moderna nei confronti della Controriforma"[17]. Né è bastato diradare l'equivoco che il cardinal Federico non avesse scelto ma ricevuto in dono la *Canestra*, da del Monte, quella *Canestra* a cui lui stesso dice che inutilmente tentò di accompagnare un *pendant*, essendo ineguagliabile l'eccellenza del Caravaggio"[18].

1 R. Ziglioli, Il *Caravaggio... a Caravaggio*, *in Roma*, in *Michelangelo Merisi da Caravaggio. La vita e le opere attraverso i documenti*, atti del convegno di studi, Roma 1996, p. 63.

M. Calvesi, *Caravaggio senza luoghi comuni*, in "Corriere della Sera", 16 settembre 1973 (erroneamente riferito al 24 dicembre 1973, in M. Calvesi, *Le realtà del Caravaggio*, Torino 1990, p. 150, n. 3).

3 M. Bona Castellotti, *Il paradosso del Caravaggio*, Milano 1998, p. 12.

4 Come è noto il Caravaggio è chiamato talvolta "Morigi", "Marigi", "Merigi", "Amerigi". Tra i cognomi Merisi e Morigi esisteva dunque una certa intercambiabilità. Nella *Historia dell'antichità e nobiltà di casa Morigia* (1587), lo storico Paolo Morigi non parla di una specifica famiglia, ma di una casata che trarrebbe il proprio nome "dalla Mauritania" e che "fiorisce ancora hoggi molto honoratamente in Roma, in Milano, in Lodi, in Mantova, e in Ferrara, in Venetia, in Ravenna, e anco altrove". Ai diversi Merisi caravaggini già conosciuti, vanno aggiunti quelli elencati nel prezioso contributo di M. Pupillo (*Pauperismo e iconografia francescana nella pittura del Caravaggio*, in C. Crescentini, a cura di, *Arte francescana e pauperismo dalla valle dell'Aniene*, atti delle giornate di studio, Subiaco 1997, pp. 152 sgg.). Si tratta di aderenti all'Arciconfraternita romana della Santissima Trinità dei Pellegrini, di cui alcuni recanti nomi che ricorrono nella famiglia del Caravaggio, come Caterina, Giovan Battista, Giovan Pietro, Margherita; a riprova dei rapporti che intercorrevano tra i caravaggini di Federico Borromeo e gli oratoriani.

5 M. Calvesi, *Merisi Michelangelo*, in *Le Muse. Enciclopedia delle arti*, Novara 1967, *ad vocem*.

6 M. Calvesi, *Caravaggio senza luoghi*, cit.

7 Il parto infatti avviene normalmente in un periodo che va dai 270 ai 285 giorni a contare dal primo giorno dell'ultimo mestruo, che può anche risalire a tre-quattro settimane prima dell'accoppiamento.

8 Anche limitandoci a cercare tra i pittori, sono non pochi i battezzati con il nome del santo la cui festività ricorre nel giorno della nascita: per esempio Pietro Paolo Rubens, Mario Minniti.

9 Vedi nota 4.

10 M. Calvesi, *Simone Peterzano, maestro del Caravaggio*, in "Bollettino d'arte", I, 1954, pp. 114-133.

11 G. Vasari, *Le Vite de' più eccellenti pittori, scultori ed architettori..., con nuove annotazioni e commenti di G. Milanesi*, VII, Firenze 1879, p. 468.

12 *Ibidem*, p. 460.

13 F. Tomassetti, *Il pittore Scipione Pulzone detto il Gaetano e il ritratto di Marcantonio Colonna*, in "Roma", VI, 1928, pp. 541-543.

14 M. Calvesi, *Le realtà*, cit., pp. XXXII-XXXIII.

15 M. Calvesi, *Caravaggio o la ricerca della salvazione*, in "Storia dell'Arte", 9-10, gennaio-giugno 1971, stampato nel maggio 1972.

16 Bona Castellotti, *op. cit.*, pp. 15, 16, 20, 22.

17 M. Calvesi, *Le realtà*, cit., p. 384.

18 Per le ragioni che ho già esposto in altri interventi (*Sobre algunas pinturas de Caravaggio*, in *Caravaggio*, catalogo della mostra [Madrid-Bilbao, novembre 1999 - gennaio 2000], Madrid 1999, pp. 10-11) è da escludere l'identificazione con Merisi del pittore di taverne e osterie (probabilmente Valentin de Boulogne) cui irride Federico Borromeo nel *De Delectu Ingeniorum*. Tra l'altro, se si fosse trattato del Caravaggio, il cardinale lo avrebbe nominato, come lo nomina in alcuni appunti premessi al manoscritto volgare del *De Delectu* (vedi B. Agosti, *La Pinacoteca Ambrosiana. Aperture e chiusure*, in "Prospettiva", 87-88, 1997, p. 180). Qui troviamo, a proposito del Caravaggio: "In illo apparebat l'osteria, la crapula, nihil venusti; per lo contrario Rafaelo. Etiam aspectus indicat scriptor: Titianus, Michael Angelus, Caiettanus [il Pulzone]; e contrario Caravagius". Più che alla pittura, questa annotazione sembra riferirsi all'aspetto fisico degli artisti nominati: quell'"etiam" ha il valore di un "infatti" o lo sottintende: "etiam aspectus...". "Crapula" è spesso usato da Borromeo per intendere l'eccesso nel mangiare.
Se ne dedurrebbe che il Caravaggio eccedeva nel mangiare e nel bere e questo (cioè l'"osteria" e la "crapula"), secondo il cardinale gli si leggeva in faccia. Non è certo una notazione benevola nei confronti di Merisi, ma è ben possibile che, dopo l'omicidio da lui commesso, Federico Borromeo lo giudicasse negativamente come uomo; non come pittore, giacché in tal caso sarebbe caduto in forte e inspiegabile contraddizione con l'incomparabile eccellenza e bellezza riconosciute alla *Canestra* e con il credito e la stima riconosciuti nello stesso passo al pittore. Sono comunque due gli aspetti del problema: l'atteggiamento che il Caravaggio ebbe verso il cardinal Federico, che fu certamente di adesione ai suoi ideali carliani e oratoriani; e l'atteggiamento che il cardinale ebbe verso il Caravaggio, che ritengo debba essere stato, durante il periodo trascorso da Federico a Roma, di protezione.

Caravaggio: l'"incipit" tra Lombardia e Venezia

Maurizio Marini

"La prima maniera dolce e pura di colorire fu la megliore,
essendosi avanzato in essa al supremo merito
e mostratosi con gran lode ottimo coloritore lombardo"
(Giovanni Pietro Bellori, 1672)[1]

"Michael Angelus Carraca[2] oppido vulgo de Caravaggio in Longobardis natus, hanc urbem appellens". L'atto di conferimento del cavalierato dell'Ordine di Malta, il 14 luglio 1608 (fig. 1), accerta inequivocabilmente dove nasce Michelangelo Merisi, il quale per ciò sarà poi universalmente noto come "il Caravaggio"[3]. La data si deduce essere il 29 settembre del 1571, giorno della ricorrenza di san Michele Arcangelo, eponimo, pertanto, del futuro pittore, nonché taumaturgo contro le pestilenze che avevano più volte infierito sui membri della famiglia Merisi. In seguito ai decreti della Riforma cattolica, il sacramento del battesimo doveva essere somministrato (a causa dell'elevata mortalità infantile) nello stesso giorno della nascita. L'occasionale circostanza ha imposto la scelta del nome, che così interrompeva la lunga genealogia familiare dei "Bernardino", "Francesco", "Pietro", "Fermo" (quest'ultimo dal patrono della cittadina lombarda). Michelangelo nasce dal matrimonio del padre Fermo ("maestro di casa", ossia un maggiordomo fiduciario, con varie mansioni[4], dei marchesi caravaggini Francesco Sforza e Costanza Colonna) e di Lucia Aratori. Sia i Merisi che gli Aratori sono "gente di rispetto", partecipi della piccola nobiltà del contado lombardo, con qualche stabile e alcuni terreni agricoli[5]. I Merisi recano nel blasone

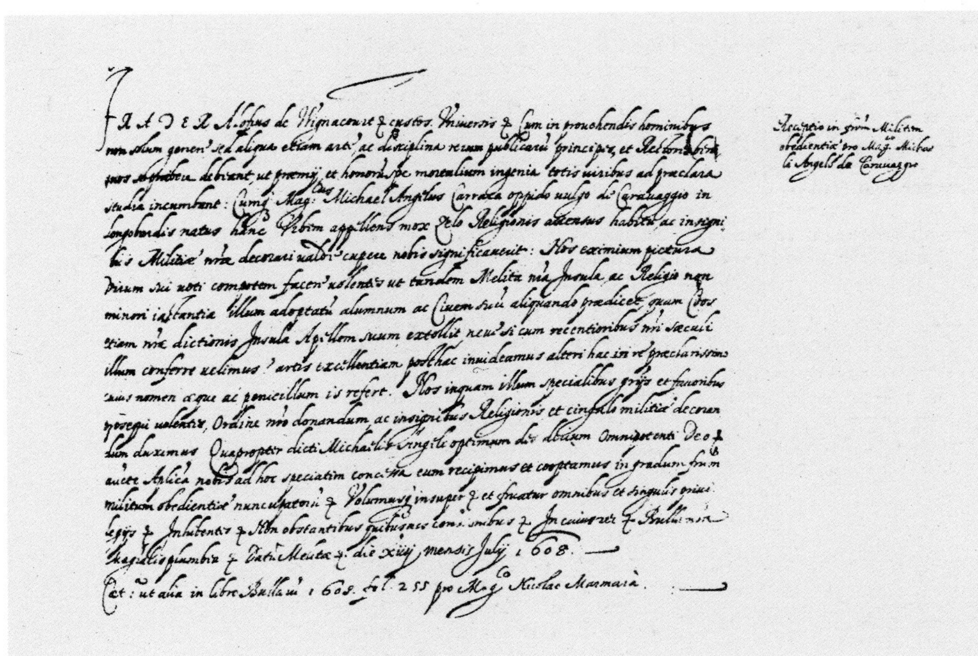

1. Atto di conferimento del cavalierato d'Obbedienza al Caravaggio, dal *Liber Bullarum*, vol. 456, c. 282, 14 luglio 1608. La Valletta, National Library, Archivio dell'Ordine di Malta.

l'aquila imperiale d'occidente, retaggio di una ormai remota pratica militare (fig. 2); gli Aratori sono gli amministratori dell'importante santuario mariano locale. Da ciò si evince (e occorrerà tenerlo presente per le successive vicende biografiche) che Michelangelo (al di là del marchio nobiliare germanico) è comunque suddito del re di Spagna, da cui dipendono (come tutto il ducato milanese) il piccolo feudo di Caravaggio e il (neo) marchese Muzio[6], pressoché coetaneo del futuro artista. Peraltro la sua vocazione pittorica è alquanto tardiva. Rispetto alla norma del tempo che vedeva avviati alle botteghe d'arte i fanciulli di cinque o sei anni, i quali parevano ben promettere, Michelangelo entra nella bottega milanese di Simone Peterzano (d'origine bergamasca, che arriva a firmarsi "Titiani alumnus", quasi fosse un quarto di nobiltà) il 6 aprile 1584, impegnandosi a seguirne gli insegnamenti per i quattro anni che l'avrebbero messo in condizione d'esercitare la professione di pittore. Reputo opportuno sottolineare il grado nobiliare dell'artista, già focalizzato nell'*incipit* della biografia di Mancini: "nacque in Caravaggio d'assai honorati cittadini, poiché il padre fu maestro di casa e architetto del marchese di Caravaggio". In qualità di medico curante del cardinal del Monte e del giovane pittore lombardo suo ospite, l'archiatra senese aveva potuto conoscere quest'ultimo fino dal 1596 circa, sia potendo: "esternare il personale 'diletto'" per la pittura che egli praticava (con l'acquisto "agevolato" di almeno un quadro, un *San Giovanni Evangelista*[7]) e sia intrattenendo anche rapporti d'amicizia che gli avevano fruttato preziose confidenze da utilizzare nelle successive note biografiche. Al proposito ricordo come Mancini non ignorasse le origini non plebee del Caravaggio. Infatti, come visto, egli è il solo ad avere esatta cognizione dei compiti di "maestro di casa" presso la corte caravaggina svolti dal padre del pittore, precisando che a questi, nei primi giorni romani, il recanatese monsignor Pandolfo Pucci[8], oltre alle banali "copie di devotione", richiedesse "servitij non convenienti all'essere suo" e "al suo natale e virtù"[9].

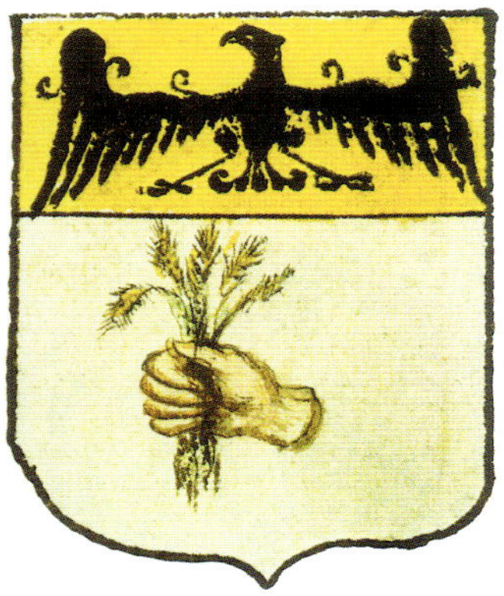

2. Stemmario Cremosano, arme nobiliare della famiglia Merisi da Caravaggio.

Come detto i Merisi fanno parte della piccola nobiltà della periferia del ducato milanese, una delle molte famiglie di militari (poi suddivise in vari rivoli) segnalatesi nelle continue guerre lombarde. Stanno a dimostrarlo tanto il "capo dell'impero" che cima il suo scudo (la ricordata aquila nera in campo d'oro), che la scelta, nel 1607, di rivolgersi a un ordine militare come quello di Malta di cui, nel 1608 (il menzionato 14 luglio, dopo la regolare residenza di un anno nel convento dell'isola mediterranea[10]) diviene "cavaliere d'Obbedienza". Dopo l'eccezionale assenso di Paolo V da Roma, l'investitura all'artista omicida reo-confesso viene concessa "di Grazia", vale a dire senza l'accertamento contestuale delle prove nobiliari[11]. Tuttavia il suo *status*, doveva essere noto e ne costituiva la conferma indiretta, e ciò è rilevabile anche nella forma dei commi laterali della "Receptio in fr[atr]em Militem obedientia' pro Mag[nifi]co Michaeli Angelo de Caravaggio"[12]. I Merisi traggono origine documentata da un militare imperiale, Mericio o Americo (donde la forma con cui in talune testimonianze coeve è indicato il cognome dell'artista), detto "Pedeferro", la famiglia del quale è accertata a Caravaggio già sullo scorcio del Quattrocento. I Merisi, probabilmente provenienti dalla Valtellina, vi torneranno definitivamente nel corso del XVII secolo, stanziandosi a Tirano dove entrano a fare parte del patriziato comunale. Tutta militare anche l'impostazione dello stemma, documentato negli archivi di Stato: il capo dell'impero fa buona guardia sui raccolti. L'arme dei Merisi (i quali dovevano avere avuto in dono imperiale come altri "huomini d'arme" montani, dei terreni in pianura e la famiglia dell'artista era proprietaria di vasti appezzamenti terrieri a nord della cittadina), sotto l'aquila, propone infatti una mano in campo d'argento. Negli statuti valtellinesi diventeranno un braccio uscente dal lato sinistro dello scudo, in campo azzurro[13].

Poiché il nomignolo più recente del ramo familiare dell'artista era "quacchiato", termine dialettale caravaggino che potrebbe associarsi a una professione di "rifinitori di case", da "quacchià" o "quatà", il che indicherebbe un soprannome derivato da una frequente attività da parte di alcuni membri della famiglia, da cui, pertanto, dipenderebbero in talune fonti biografiche (Baglione 1642; Bellori 1672) gli equivoci sull'attività di Fermo Merisi, padre del pittore, del quale ho già detto circa il suo ruolo amministrativo di "maestro di casa", per estensione "architetto"[14] e, malevolmente, "muratore"[15]. Tra i connotati sociali che il Caravaggio, in qualche modo, ostenta vanno ricordati il buon livello nella pratica scrittoria (riscontrabile nei pochi fogli pervenutici)[16] e l'abilità (pressoché professionale) nell'uso della spada.

Gli anni lombardi di Michelangelo Merisi sono contrassegnati da diversi eventi luttuosi, che non debbono avere contribuito positivamente alla formazione del suo carattere, la cui indignazione cresceva in progressione geometrica con l'intolleranza e il ricorso alla spada. Il 20 ottobre 1577 ha già perso il padre e la madre lo seguirà il 29 novembre del 1590. In questo momento Michelangelo e il fratello minore Giovanni Battista (una sorella, Caterina, non ha praticamente ruolo nell'andamento biografico, almeno del primo) delineano le proprie scelte esistenziali: l'uno decidendo d'approfondirsi per intraprendere con profitto l'esercizio artistico, l'altro avviandosi alla carriera ecclesiastica (la "prima tonsura" è del 1583).

È implicito che nell'intervallo tra il 1588 (termine dell'apprendistato milanese) e il 1590, anno della scomparsa della madre, il neoartista si sia recato alla "fonte" della pittura quale gli era stata indicata dal Peterzano (e attestata dal biografo Giovanni Pietro Bellori): Venezia. La conoscenza del mondo lagunare (dove oltretutto può vedere le sollecitanti opere del bergamasco Giovanni Gerolamo Savoldo), ibridata con le valenze cromatico-naturalistiche che erano derivate alla pittura "provinciale" lombarda (soprattutto al bresciano Moretto e ai Campi: di questi ultimi condivideva anche la diocesi cremonese) è percepibile nei dipinti della parabola caravaggesca, fino alla fine.

L'11 maggio 1592, spartito tra fratelli il ricavato della vendita di alcuni beni (peraltro sembrerebbe male amministrati dal maggiorenne Michelangelo), entrambi partono alla volta di Roma dove, dall'anno precedente, si trova, oltretutto, lo zio prete Ludovico (fratello del padre), già residente a Milano e che saltuariamente si è occupato della loro tutela.

La cultura borromea

Non è facile dirimere nella formazione del linguaggio pittorico del futuro Caravaggio (viene infatti così soprannominato a Roma, dove l'ambiente cosmopolita rende disagevole ricordare i veri cognomi) gli ingredienti della Milano riformato-borromea da quelli della cultura lombardo-veneta, col già menzionato Savoldo, Lorenzo Lotto, Moretto, Giovanni Battista Moroni, Sebastiano del Piombo e Ambrogio Figino. Il tutto, sotto l'ancestrale segno dello scientismo di Leonardo e del cromatismo abbacinante dei grandi veneziani (cui ho fatto cenno col probabile soggiorno lagunare della fine degli anni ottanta). Gli indubbi caratteri etico-sociali della pittura caravaggesca non potrebbero trovare un presupposto giustificatorio più plausibile di quello milanese. È noto il ruolo svolto, in questo contesto, dalle teorie diffusesi da Venezia e riconoscibili nel dialogo l'*Aretino* di Comanini e nelle istruzioni d'estetica e d'etica del milanese cardinale Carlo Borromeo, riprese in parte dal bolognese cardinale Gabriele Paleotti (di cui si ricordino il *De imaginibus* e la relativa influenza sul "riformismo pittorico" di Ludovico Carracci), questi ultimi legati d'amicizia e dediti, in Roma, a una intensa attività riformistica. La cifra ideologico-esecutiva che ne scaturisce porta fatalmente alla crisi grafico-formalistica della Maniera e, quindi, al volgere di questa verso la *mimesis* realistica riscontrabile nelle tendenze veneziane della seconda metà del Cinquecento, cui concorrono fattori disparati, ma univoci, come la presenza artistica di Gerolamo Savoldo e l'attività dei Bassano, le lettere di Pietro Aretino e il *Dialogo della Pittura* di Ludovico Dolce, testo tra i più validi anche in seno al Seicento.

Questi precedenti, non escludendo, anzi, rendendo verosimile un soggiorno a Venezia del giovane Michelangelo, spiegano le suggestioni "tridentine" sulla sua opera futura e definiscono la sua sintesi naturalistica in chiave di *humilitas* borromea. Dei lombardi il Caravaggio esprime comunque le qualità tecniche. La sua prassi professionale si colloca naturalmente nel rivolgimento culturale che si attua in Roma (teatro attivo di ogni ricerca europea) sullo scorcio del Cinquecento, quando gli artisti lombardi si avvicendano a quelli toscani, il cui primato dura dagli esordi dell'umanesimo. Dei lombardi, quali Domenico Fontana, Flaminio Ponzio, Carlo e Stefano Maderno (senza contare le miriadi di maestranze: scultori, decoratori, artigiani e operai d'ogni tipo; peraltro molti sono caravaggini) coesistono, inoltre, nell'avvio del Caravaggio, la *probitas* e il magistero tecnico. È infatti il valore della conduzione tecnico-inventiva a dichiarare (come si vedrà) le qualità della pittura, al disopra del soggetto trattato, secondo anche quanto affermano i biografi sulla "perfettione" e la "diligenza" esecutive.

L'inflessione veneta

Tutto ciò conduce quasi invariabilmente alle fonti del "tonalismo" veneto, di cui la tecnica caravaggesca diviene una delle evoluzioni e, certo, la più esaltante.

Le notizie che il biografo Giorgio Vasari raccoglie a Venezia attorno al 1541-1542 su Giorgione (rese note nel 1550) risultano alquanto indicative della "terza maniera" di dipingere, cioè di quella moderna, che annovera Leonardo, Michelangelo e Raffaello. Lo si legge nel proemio del terzo libro, mentre nella biografia del grande artista veneto si tenta una definizione della sua novità linguistica rispetto ai modi di un vecchio maestro come Giovanni Bellini, la cui pittura è definita "cruda, secca e stentata". Ossia, "nel colorito a olio et a fresco fece alcune vivezze et altre cose morbide, et unite, et sfumate talmente negli scuri", fino a "metter lo spirito nelle figure ... e contraffar la freschezza della carne viva". Nell'edizione del 1568 Vasari ribadisce l'impressione e ne indica l'etimologia in un suggerimento di Leonardo, avendo avuto Giorgione cognizione di "alcune cose di mano di Lionardo molto fumeggiate e cacciate terribilmente di scuro". Il suo "tonalismo" (con termine assunto dalla musica) ottenuto "accordando con somma dolcezza le ombre con i lumi", è pertanto descritto non solo nelle sue proiezioni irreversibili verso Tiziano, ma anche nelle ideali deviazioni lombardo-venete. Si ricordi, in tal senso, il ceppo d'indagine realistico-cromatica che vede nell'area tra il ducato di Milano e la Serenissima in particolare le realizzazioni di Savoldo e Moretto da Brescia (nonché il passaggio di Lorenzo Lotto), costituenti la base più logica nella normativa dell'artista esordiente. Cercandovi, infatti, con maggiore attenzione, si possono individuare gli estremi linguistici e formali che gli stessi biografi danno per connaturati alle risorse tecniche della sua pittura. È noto, anche se accepibile in un'ottica critico-giustificatoria, come Bellori affermi senza mezzi termini il "giorgionismo" precoce del Caravaggio prima che questi volga alla maniera più drammatica e chiaroscurata, alla quale allude in precedenza Mancini ricordando, secondo una divisione (pressoché didattica) in "classi" o "scuole", che è proprio del Caravaggio (ma a quel tempo gli associa i seguaci) "lumeggiar con lume unito che venghi d'alto[18] senza riflessi, come sarebbe in una stanza da una fenestra con le parieti colorite di negro, che cosi havendo i chiari e le ombre molto chiare e molto oscure, vengono a dar rilievo alla pittura, ma però con modo non naturale né fatto né pensato da altro secolo o pittori più antichi, come Raffaello, Titiano, Correggio et altri". Anche Sandrart riferisce che "introdusse la semplice imitazione della natura e della vita ... e [a tale scopo], finché fosse in grado di ricrearlo fedelmente nella sua opera: e per riuscire a esprimere in modo completo il rilievo e lo stacco naturale aveva cura di servirsi di locali a volta scuri o di altre stanze senza lume che ricevevano una piccola luce dall'alto[19], in modo che tale luce non venisse dispersa da altre sorgenti luminose e che le ombre risultassero più vigorose, al fine di ottenere un rilievo più forte". Il "giorgionismo" del Caravaggio entra, comunque, indirettamente già nella biografia scritta da Baglione, il quale riporta la frase pronunciata da Federico Zuccari a commento delle tele della cappella Contarelli in San Luigi dei Francesi a Roma: "Io non ci vedo altro che il pensiero di Giorgione nella tavola del Santo, quando Christo il chiamò all'Apostolato". Ma siamo nel 1600 e lo stadio giorgionesco della tecnica caravaggesca ha già subito una evoluzione.

Quando Bellori, come detto, tenta di darne un'interpretazione filologica scorge, nella prima maniera, cromaticamente chiara e dolce, un background giorgionesco, per poi soffermarsi sul "colorito" della maturità "tutto risentito di scuri gagliardi, servendosi assai del nero per dar rilievo ai corpi. E s'inoltrò tanto egli in questo modo di operare, che non faceva mai uscire all'aperto del sole alcuna delle sue figure, ma trovò una maniera di campirle entro l'aria bruna di una camera rinchiusa, pigliando un lume alto che scendeva a piombo sopra la parte principale del corpo, e lasciando il rimanente in ombra a fine di recar forza con veemenza di chiaro e di oscuro". Tecnica che, seppure vuole "metter lo spirito nelle figure e nelle cose e contraffar la freschezza della carne viva", tende a svalutare il disegno, l'accademia e, in sintesi, l'ideale più antico dell'arte, la perfezione corporea umana, nel riportare le forme dell'aurea classicità nella natura quotidiana e, quindi, disgregarle per mezzo della luce e rivestirle tramite l'ombra fino quasi alla dissolvenza. Il favore della tecnica "alla prima", che quasi prescinde dai bozzetti o dai disegni preparatori[20], determina, pertanto, uno dei tratti peculiari nella conduzione pittorica del Caravaggio.

Il "virtuoso esercizio" della pittura a Roma

Michelangelo Merisi e suo fratello, il "novitio" Giovanni Battista, debbono giungere a Roma nel pieno dell'estate del 1592. È qui che le loro strade si separano (parrebbe per sempre[21]). Dopo varie vicissitudini domiciliari[22] Michelangelo, presentato da Bernardino Cesari[23], approda alla bottega del fratello di questi, lo stimato Giuseppe d'Arpino, detto "Gioseppino" (non ancora "Cavalier d'Arpino"[24]), certamente l'artista più stimato e all'avanguardia (nonché reputato l'erede culturale di Raffaello e dei grandi del secolo precedente) della città. Il Caravaggio trascorrerà presso di lui circa otto mesi decorrenti attorno al giugno del 1593. Da questo sodalizio il Caravaggio trae una nuova apertura intellettuale, sia nello studio dei modelli "classici", ellenistici e romani, sia nell'assimilazione dell'estetica raffaellesca e, soprattutto, nel recupero delle metafore, delle allegorie, dei motti etici, volti ad arricchire i contenuti dell'opera d'arte fino alla rivoluzione del realismo postilluminista, dell'incrollabile apparato iconologico.

Non intendo riassumere in questa sede le varie posizioni dell'esegesi iconologica caravaggesca, tuttavia, prima di mettere a fuoco il complesso nodo del suo *ut natura pictura*, ricordo che, per quanto l'avvio di questo approccio si trovi in Lombardia e a Venezia, è a Roma, presso l'Arpino, che deve esserne stata declinata una nuova sintassi visiva. Infatti, essendo l'Arpino il probabile illustratore della *summa* ermetico-umanistica rappresentata dall'*Iconologia* di Cesare Ripa (la cui prima edizione risale allo stesso 1593), presso la sua bottega "alla Torretta", in Campo Marzio[25], sono frequenti le discussioni (con le desumibili conseguenze) sulle acqueforti tratte dai deliri alchemici ivi contenuti. La stessa rielaborazione del giorgionismo (o di quello che all'epoca si pensava essere stata la pittura di Giorgione) nell'ottica dell'esordien-

3. Michelangelo Merisi, detto il Caravaggio, *Ragazzo che sbuccia un merangolo*. Roma, collezione privata.

4. Michelangelo Merisi, detto il Caravaggio, *Autoritratto come Bacco coronato d'edera*. Roma, Galleria Borghese.

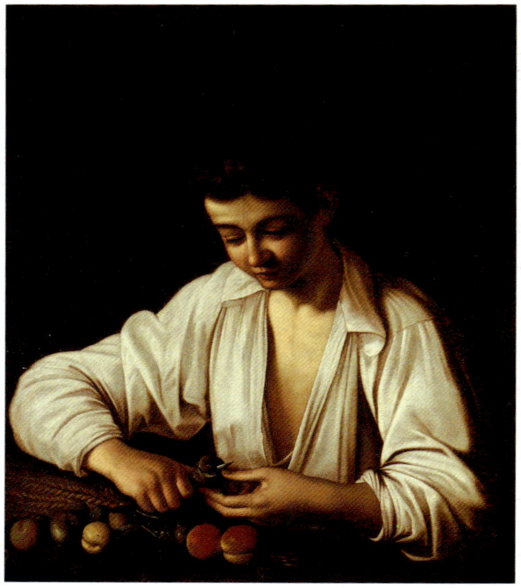

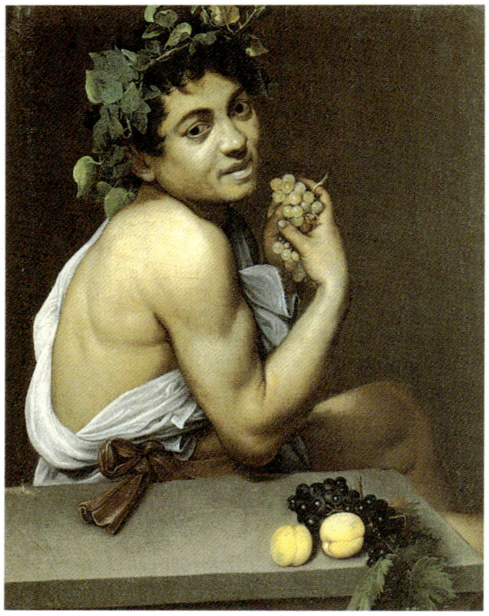

te il Caravaggio deve riaffiorare da un qualche dibattito tra questi (dall'indelebile *imprinting* originario) e "Gioseppino".

Vedono in tal modo la luce alcune esperienze che il giovane Caravaggio media visivamente dai Campi e dai Bassano, da Savoldo e, concettualmente, dall'ellenismo degli emblemi e delle *ekphrasis*: figure acroniche abbinate a elementi di natura morta[26], quasi sempre integrantisi in capziosi giochi metaforici, leggibili come ambigue *vanitates*.

In tal senso, tra le iconografie più significative di questo periodo caravaggesco, menziono il *Ragazzo che sbuccia un merangolo* (fig. 3), l'*Autoritratto come Bacco coronato d'edera* (fig. 4), il *Ragazzo con una caraffa di rose* (fig. 5) e il cosiddetto *Ragazzo con canestro di frutta* (fig. 6), in realtà una raffigurazione in chiave ovidiana di Vertunno (tutti compresi in un sequestro eseguito nel 1607 dal fiscale di papa Paolo V presso la bottega dell'Arpino[27] e finiti, quindi, nella raccolta di Scipione Borghese[28]), mentre prende maggiore coscienza della propria origine lombardo-veneta e punta a una sintesi sperimentale con la contingente cultura romano-fiamminga. Di conseguenza la pennellata si fa più sdutta, la materia si stempera in effetti più trasparenti, la condotta "a velatura" offre maggiori garanzie di raggiungere le finalità del "vero naturale" che, ora, con la personale chiarificazione linguistica, si fanno più pressanti.

Inizia, quindi, quella prassi esecutiva che vuole la struttura del quadro svolta "alla prima", senza un supporto disegnativo. I modelli sono coetanei, spesso atteggiati secondo gli schemi di certa statuaria d'età classica, cui il Caravaggio aggiunge fiori, frutta, cesti, caraffe di vetro soffiato (riempite a metà d'acqua sondata dalla luce) e riverberi luminosi sugli sfondi, facendone personaggi atemporali e divinità incredibili al di fuori della loro assorta sensualità. Si esprime in questi termini il suo sforzo per assimilare pittura e natura, in una simbiosi dall'apparenza incerta, dove il vero si congiunge e separa dal verosimile, il meraviglioso col trascendente, il sacro col profano, la realtà con la finzione. Queste prime, intense "inventioni" caravaggesche hanno i loro naturali interlocutori nei lirici marinisti (e, primo, nello stesso Giovanni Battista Marino, che del Caravaggio si professa amico), ma venendo meno, nelle opere successive, i loro valori razionali e poetici (l'oraziana *ut pictura pöesis*). Lo stesso schema "a mezza figura" adottato, poco in uso a Roma, rientra nella ricerca di nuovi parametri di fruibilità della pittura a distanza ravvicinata, che gli consentono virtuosistiche sperimentazioni nella verosimiglianza cromatica. Il tema di fondo è, sostanzialmente, la *vanitas vanitatum*, come dimostra il *Ragazzo che sbuccia un merangolo* (Roma, collezione privata), dove si compenetrano un'iconografia quotidiana e

5. Copia da Michelangelo Merisi, detto il Caravaggio, *Ragazzo con una caraffa di rose*. Già Londra, vendita Christie's (n. 21), 14 dicembre 1983.

6. Michelangelo Merisi, detto il Caravaggio, *Ragazzo con canestro di frutta*. Roma, Galleria Borghese.

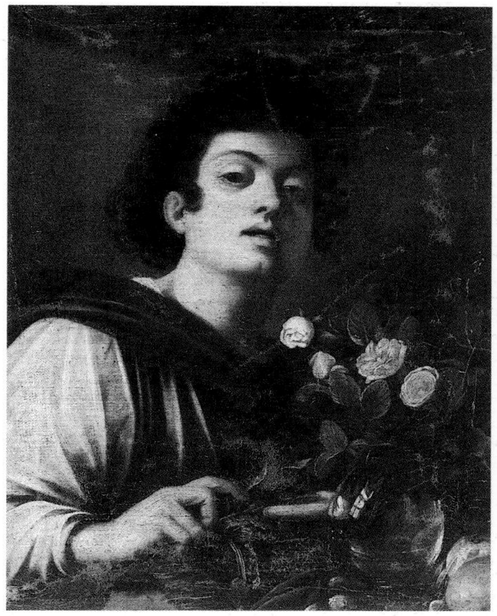

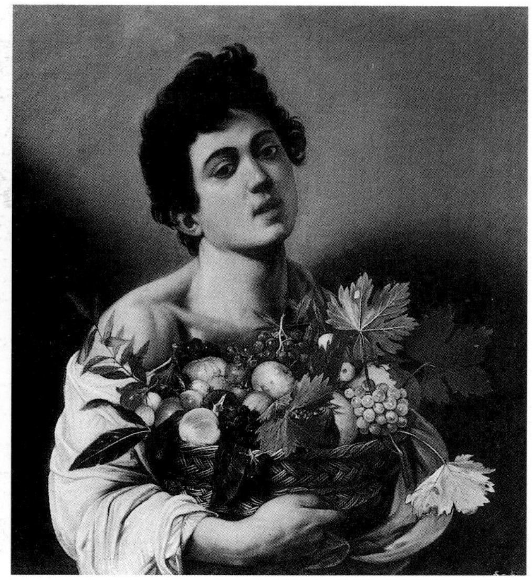

una simbologia cristologica. Questo è tra i primi quadri ricordati da Mancini, il quale, però, erra cronologia e frutto: definito prima una "pera" e poi una "mela", forse per non avere visto l'autografo (ubicato in qualche palazzo di provincia?), ma una delle molte copie. L'allusione alla caducità terrena è esplicita: la dichiarano le pesche e le mele, intaccate dal verme e, in qualche modo, l'agrezza del merangolo acerbo (agrume che uno dei futuri estimatori del Caravaggio, il marchese Vincenzo Giustiniani, definisce "nobile", coi cedri e i limoni, emblematici della Resurrezione). Una copia (Perugia, collezione privata[29]), recante l'aggiunta di un angioletto che incorona regalmente il protagonista, ne offre l'esplicita decodificazione tematica (fig. 7). Nel *Ragazzo che sbuccia un merangolo* si leggono già alcuni dei connotati solutivi del Caravaggio più maturo: la tripartizione del fondo in ombra-penombra-semiluce e il viraggio accentuato delle luci, dei riflessi e delle ombre (si notino i dettagli del petto e della zona destra del volto). Sconcertante la cura messa nel rendere la manica destra, che, per un lembo ancora sollevato, appare tirata da poco, l'arrossarsi naturale della mano più attiva, quella che stringe il coltello, venata conseguentemente di sfumature azzurrine, la scorza e l'interno del frutto, che sta per essere sbucciato, il senso tattile delle pesche vellutate, nonché le labbra e le ciglia. Il colore assume il timbro del tonalismo veneto, i bianchi appaiono memori di Moretto e di Peterzano, donde il puntuale equilibrio delle luci e delle ombre. Il passaggio ai dipinti successivi noti, in cui saranno approfonditi analoghi aspetti dei contrasti luce-ombra, tono caldo-freddo, è assolutamente legittimo. Nel *Bacco coronato d'edera* (citato da Mancini) il pittore arriva a fare oggetto di studio la propria immagine (sfruttando un'idea raffaellesca indotta da Peterzano[30]) e lo sguardo, puntato sullo specchio per conoscersi, rimbalza penetrante e ironico verso il fruitore, che è invitato a credere alla presenza fisica del dio pagano (al medesimo modo in cui, quando, in seguito, tratterà temi cattolici, l'espediente sarà asservito alla trasposizione "concreta" dell'entità divina). L'alternanza cromatico-luministica tradisce ulteriori interessi. Lo sfondo si è chiuso proiettando da una parte, nell'imminenza del primo piano, la natura; dall'altra la figura, parallela al piano del quadro, penetra lo spazio e si espande verso le direzioni laterali secondo un'acuta accezione del contrapposto michelangiolesco. Un efficace compromesso tra l'innegabile classicismo di base (la stessa fisiognomica faunesca lo avvalora), l'educazione manieristica e il vocazionale naturalismo. Tutto ciò implica alcune deduzioni d'ordine concettuale. Nel mito di Dioniso-Bacco è insito il superamento della barriera che divide il divino dall'umano. L'elemento attivo di questo passaggio-osmosi è il vino, che nella tradizione classica induce alla liberazione della natura tramite l'ebbrezza dionisiaca. Tuttavia Bacco è il dio dei contrari: se l'ecces-

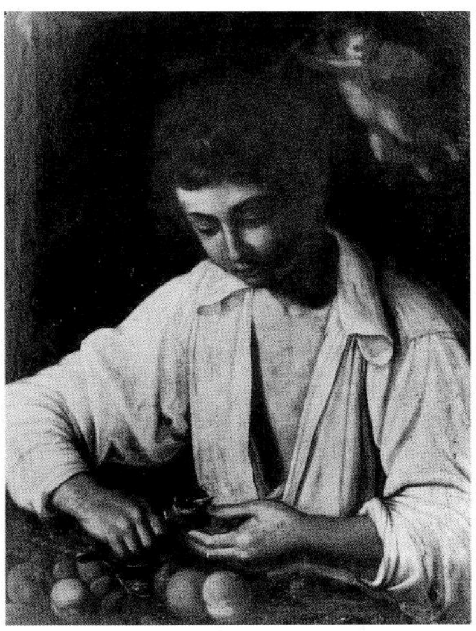

7. Copia da Michelangelo Merisi, detto il Caravaggio, *Ragazzo che sbuccia un merangolo*. Perugia, collezione privata.

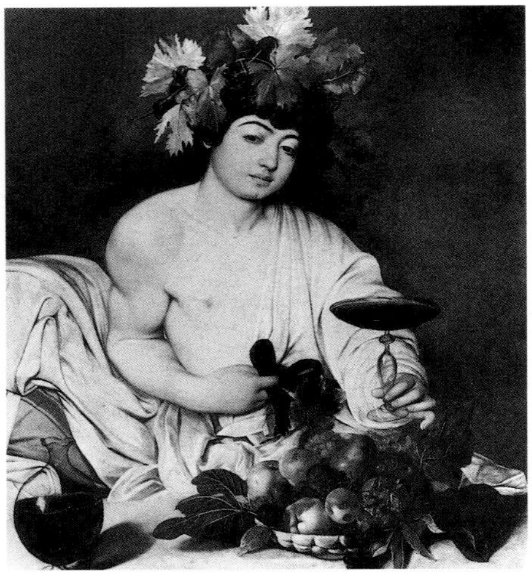

8. Michelangelo Merisi, detto il Caravaggio, *Bacco*. Firenze, Galleria degli Uffizi.

so del vino porta alla verità, contemporaneamente, annullando il limite tra reale e immaginario, porta alla sua deformazione. Nel significato cristiano il vino assume il crisma del "vecchio" e del "nuovo patto testamentario", donde, per acquisire la salvazione celeste, l'umanità deve passare per il vino trasformato dalla metafora eucaristica del "sacrificio". Nondimeno, per il suo legame con Arianna, Bacco è *ab origine* il dio dell'amore salvifico. Scegliendo di autoritrarsi in veste di Bacco, il Caravaggio (oltre a riferirsi a una certa tradizione di *mimesis* panica d'etimologia lombardo-veneta[31]) esprime la duplice essenza del mito in rapporto alla pittura. Vale a dire che, se da una parte per fingere (ritrarre) se stesso si serve del riflesso di uno specchio (pittura virtuale, ossia, "finzione"), dall'altra il *Bacco-Caravaggio* (quasi fosse un tutt'uno di "anima e di corpo") come dipinto ribadisce le potenzialità della pittura quale *mimesis* illusoria dell'*ekphrasis* classica in un'ottica cristiana, poiché "ora vediamo attraverso uno specchio in un enigma" (secondo sant'Agostino)[32]. *Bacco-Caravaggio* libera la sua immagine in una forma che ne sintetizza due, cioè lo specchio e il quadro dove si è trasformato: il vino dell'ebbrezza metafisica, divina (Bacco), coesiste nella metamorfosi pittorica (l'autoritratto). Questa interpretazione dipende da un "brano orfico" di Proclo (Costantinopoli, 412 - ?, 485), parte di un commento neoplatonico[33]: "Efesto (Vulcano) fece uno specchio per Dioniso (Bacco) e questi, scrutandovi la propria immagine riflessa, si pose a creare la pluralità". Pertanto, se Dioniso (Bacco) dalla finzione speculare ha creato una realtà a sua immagine, *Bacco-Caravaggio* dalla finzione del riflesso ricrea la pittura in realtà metaforica della pluralità: un se stesso "altro" (forse, non a caso, anche la successiva redazione degli Uffizi sembra alludere a una visione speculare del solo dio senza ricerca della propria identità; fig. 8).

Al colto clima di una classicità naturale, agreste, tardoumanistica rinvia pure un ulteriore quadro di piccola dimensione (come gli altri di questo momento) che il Caravaggio lascia nella bottega dell'Arpino: il menzionato *Ragazzo con canestro di frutta* (autunnali) avente (come altre tele dell'artista) fonte d'ispirazione nella lirica ovidiana, raffigurando *Vertunno che offre le frutta*[34] (autunnali, suo attributo) in una rustica cesta che forse potrebbe essere la trasformazione "su natura" di una altrimenti archeologica cornucopia. Questo dipinto, peraltro, indurrebbe a supporre l'esistenza di un *pendant*, con una *Pomona* e nella lista del fiscale di Paolo V del 1607 compare più di un quadro (non necessariamente del Caravaggio) in cui sarebbe possibile individuarlo[35]. Nel *Vertunno* caravaggesco (in base alle *Metamorfosi* di Ovidio dalle quali è suggerito[36]), il giovare (e mutevole – donde il nome – *annus vertens*: stagione che cambia) dio delle frutta autunnali compie un'offerta di sé e della sua natura agreste all'ammirazione e al desiderio dell'amata (divinità dei giardini e degli orti). Tuttavia il sottinteso (etico) è quello della *vanitas*, sia perché la sua prerogativa consiste nella mutevolezza (soprattutto dell'aspetto), sia perché l'immagine, nella metamorfosi del mito nella realtà, comporta il disinganno: il deperire della sua giovinezza e della freschezza delle frutta che sta offrendo. Un'*ekphrasis* morale certamente connessa alla Riforma cattolica nella cui angolazione il Caravaggio reinventa "su natura" questo suggestivo emblema di naturalismo classico[37].

Un'*ekphrasis* (col modello neoellenistico di Antinoo) è ravvisabile in cifra anche nel cosiddetto *Ragazzo con una caraffa di rose*. In questo il senso del *carpe diem* (perché "del doman non v'è certezza") torna con scoperta allusione etica. Corre nel concettismo letterario, si avvale del confronto identificativo (presente anche in Giovanni Battista Marino) del deperire della giovinezza col rapido sfiorire della rosa. Nell'iconografia caravaggesca, infatti, il giovane che guarda verso il fruitore con occhi eloquenti, velati di malinconia, indica con la mano destra una rosa che si disfa ancora in boccio, mentre punta l'indice della sinistra verso se stesso. Nello splendore della natura trasfuso in queste ultime due opere è senz'altro percepibile il complesso amalgama lirico-visivo perseguito (con particolare attenzione) in questo momento dell'artista lombardo-veneto. Di "giorgionismo", come detto, nel 1600 parla Federico Zuccari a proposito delle tele di San Luigi dei Francesi e, ancora, al maestro di Castelfranco deve ricorrere Bellori per giustificare (e giustificarsi) la prima fase, "la migliore, dolce e pura", dal limpido colorismo "lombardo", del Caravaggio. Nonostante le generiche riserve, è indiscutibile che il recupero e l'evoluzione del tonalismo lombardo-veneto siano in quest'ultimo costanti, come si può verificare nei quadri suddetti. Pertanto, a livello critico, risultano imprescindibili tre momenti concettuali: la cognizione (lombarda) del cromatismo "sfumato" (atmosferico) di Leonardo, quella (veneziana) del "tonalismo" di Giorgione-Tiziano (distillato da Peterzano-Savoldo) e il risultato che nel Caravaggio, sulla base di tutto ciò (e della rinnovata percezione della realtà atmosferica romana) diviene (o meglio, in questa fase, comincia a diventare) "contrasto luministico". È il biografo tedesco Sandrart a riassumere come, in ogni caso, le prime immagini del Caravaggio siano di una "pittura ... tagliente e secca" e, invece, la soluzione tecnico-formale successiva sia "realistica e corposa", forse deducendolo dalla conoscenza delle "telette" eseguite presso l'Arpino e conservate nella galleria dell'"Eminentissimo Cardinal Borghese" (e da altre simili), sebbene nel *Vertunno* e nel *Ragazzo con una caraffa di rose* l'equivalenza dichiarata degli elementi sia esaltata dalla cromia e dalla pennellata che, vibrante d'atmosfera, verga lo sfondo di luci perlacee e d'ombre vellutate.

1 Cfr. G.P. Bellori, *Le vite de' pittori, scultori e architetti moderni*, Roma 1672, p. 214 (ed. a cura di E. Borea, Torino 1976, p. 232). Il termine "lombardo" usato dal biografo è estensivo e vale come "settentrionale" (comprendendo così anche l'area veneta).

2 "Carraca" non è una "storpiatura" (come talvolta si è creduto), bensì (come spiegato nel prosieguo) il toponimo latino della cittadina *vulgo* indicata quale "Caravaggio".

3 Cfr. E. Sammut, *Caravaggio in Malta*, in "Scientia", 1949 (ried. 1951), pp. 78-89. Vedi anche M. Marini, *Michelangelo da Caravaggio*, Roma 1973 (ried. 1974), pp. 44, 75 nota 346, con bibliografia precedente; Idem, *Caravaggio. Michelangelo Merisi da Caravaggio, "pictor praestantissimus"*, Roma 1987 (ried. 1989), pp. 67, 98 nota 393.

4 I molteplici compiti del gentiluomo che assumeva tale carica sono riportati in *Il Novitiato del Maestro di Casa; nel qual si dà notitia particolare di tutte le cose necessarie per essercitare convenientemente quest'Offitio nella Corte di Roma. Con una instrutione generale, per conoscer la qualità della roba, fuggir le fraudi, e far le provisioni con vantaggio col loro prezzi, vi si mostrano in oltre le regole di misurare fabriche, e di diverse prattiche d'Agricoltura e particolarmente per fare diverse sorti di vini, e conservarli. Opera di Don Antonio Adani della Roccacontrada utile sì à Principi, come ad ogni altra qualità di persone private per il buon governo delle lor case*. Il testo in oggetto ne riassume altri di datazione precedente, ma di analoga funzione pratica anche per case e corti più modeste di quella romana.

5 Cfr. M. Marini, *Caravaggio*, cit., p. 10.

6 Cfr. M. Marini, *Caravaggio y España: momentos de Historia y de Pintura entre la Naturaleza y la Fe*, in *Caravaggio*, catalogo della mostra (Madrid-Bilbao) a cura di C. Strinati e R. Vodret, Madrid 1999, p. 29.

7 La menzione è nella biografia caravaggesca dello stesso Mancini, ma le notizie più importanti, nonché una traccia per l'iconografia di questa tela (a tutt'oggi perduta o non identificata) sono reperibili nell'epistolario dell'archiatra-biografo senese con suo fratello Deifobo. Cfr. M. Maccherini, *Caravaggio nel carteggio familiare di Giulio Mancini*, in "Prospettiva", 86, 1997, p. 73 (lettere del 27 settembre 1606; 20 novembre 1608; 17 settembre 1620). Questo quadro (che è detto pagato al Caravaggio solo 5 scudi, p. 86, n. 36) è venduto (col resto della raccolta dei fratelli Mancini), nel 1620, a Michelangelo Vanni, pittore, figlio di Francesco, pure pittore, il quale ne aveva tratto ispirazione iconografica inserendo questa figura nella *Disputa sul Santissimo Sacramento* (1610, Pisa, duomo, vedi p. 73, fig. 2). Nondimeno, in una lettera dell'11 marzo 1608 (nonché in altre: ottobre 1608; febbraio 1609) si esprime disappunto per l'esistenza di una copia puntuale (d'autore non specificato) del *San Giovanni Evangelista* caravaggesco, oggi anch'essa perduta, ma che, da una lettera del 6 aprile 1618, apprendiamo essere arrivata a Roma tra le altre cose di Michelangelo Vanni. Giulio Mancini scrive: "aspetto il Vanni e lo vedrò volentieri; sì come ho visto malvolentieri che il nostro San Giovanni del Caravaggio vada copia per le mani delli homini e questo per mezzo suo" (p. 89 nota 31). Per quanto con estrema cautela, considerate le insidie di una trascrizione relativamente "libera", l'iconografia del *San Giovanni Evangelista* appartenuto al biografo (e a suo fratello) quale filtra dall'inserto di Francesco Vanni nella pala pisana, suggerisce una cronologia al 1601-1602 circa, con riferimento alla presenza di un modello che parrebbe essere il medesimo utilizzato dal Caravaggio nella *Cena in Emmaus* Mattei, del 1601, e del *San Rocco* Mattei (?)-Milesi, del 1601-1602 circa (Ginevra, collezione privata; quest'ultimo in profilo, verso sinistra). Se la cronologia del quadro manciniano fosse questa, il prezzo pagato di 5 scudi va inteso come "di favore", forse in cambio dell'assistenza medica prestata all'artista.

8 Questo avaro monsignore, "beneficiato di San Pietro" e "maestro di casa" di Camilla Peretti, sorella di Sisto V, secondo Mancini avrebbe ricambiato l'ospitalità, le copie di scarso significato e i "servitii" degradanti con un vitto serale a base di "un'insalata quale li serviva per antipasto, pasto e postpasto e come dice il Caporale, per companatico e per stecco", donde il nomignolo di "Monsignor Insalata" affibbiatogli dall'artista che dopo qualche tempo lo abbandona alla sua parsimonia (cfr. M. Marini, *L'ospite inquieto*, in "Art e Dossier", 42, 1990, p. 8).

9 Cfr. G. Mancini, *Considerazioni sulla pittura*, mss. 1619-1621/1625, ed. a cura di A. Marucchi, introduzione di L. Salerno, I, Roma 1956-1957, p. 224. Anche il biografo Joachim von Sandrart (*Academia Nobilissimae Artis Pictoriae*, Nürnberg 1675-1679, ed. 1683, p. 180) richiama lo *status* nobiliare della famiglia dell'artista: "Caravagii, qui locus est in Longobardia haut procul Mediolano, nobili Marigiorum familia natus", raccogliendo, comunque, informazioni di "prima mano".

10 Cfr. *Statuti della sac. religione di S. Giovanni Gerosolimitano*, ed. Roma 1674: "Determiniamo che per l'avvenire niuno pigli l'habito del nostre Convento, se prima non haverà abitato un anno in esso, perché i suoi costumi, la vita e la sofficienza sua si possino conoscere, nel qual tempo goda l'antianità e residenza e habbia la tavola e soldea". Cfr. S. Macioce, *Caravaggio a Malta e i suoi referenti: notizie d'archivio*, in "Storia dell'Arte", 81, 1994, pp. 209, 219 nota 14, con bibliografia precedente.

11 Cfr. S. Macioce, *op. cit.*, p. 209, *passim*.

12 Vedi nota 3.

13 Le note araldiche mi sono state cortesemente comunicate dal duca Guglielmo de' Giovanni Centelles, che ringrazio (vedi anche M. Marini, *Caravaggio*, cit., p. 8; Idem, *Caravaggio y España*, cit., pp. 30, 45 nota 5).

14 Considerata la pratica del gentiluomo "maestro di casa" nel "misurare fabriche" (vedi nota 4) tale incarico è ricordato da Mancini in una postilla alla biografia caravaggesca.

15 Secondo Baglione (*Le vite del Pittori, Scultori et Architetti*, Roma 1642, p. 136), ambiguamente, "figliuolo d'un Maestro, che murava edificii, assai da bene, di casa Amerigi": interpretabile come "Maestro, assai da bene di casa Amerigi, il quale murava edificii" che, tuttavia, in G.P. Bellori (*op. cit.*, p. 212 : "si esercitò da giovine nell'arte di murare e portò lo schifo della calce nelle fabbriche; poiché impiegandosi Michele in Milano col padre, che era muratore, s'incontrò a far le colle ad alcuni pittori che dipingevano a fresco").

16 Allo stato attuale sono conosciuti solo due fogli autografi (e firmati) del Caravaggio, il primo (25 giugno 1605) riguarda il saldo (anticipato) dell'*Ecce Homo* di Massimo Massimi (oggi a Genova, Galleria di Palazzo Bianco), riprodotto in M. Marini, *Caravaggio*, cit., p. 232, n. 62; il secondo (8 aprile 1606) è relativo al saldo della *Madonna dei Palafrenieri* (oggi a Roma, Galleria Borghese), riprodotto in antiporta in M. Marini, *Caravaggio*, cit., p. 74.

17 Questo paragrafo e i tre seguenti sintetizzano alcuni miei contributi nei testi del 1973 (ed. 1974) e del 1987 (ed. 1989).

18 Mancini (contrariamente a biografi come Vasari e Baglione) non è un pittore, bensì un "dilettante", donde è possibile che questa sua descrizione sia attinente a una sua conoscenza diretta dello spazio in cui il Caravaggio metteva in posa i modelli (vedi nota seguente).

19 Sandrart è invece un pittore (a Roma, ospite del marchese Vincenzo Giustiniani, ha avuto dimestichezza con l'aneddotica caravaggesca, quindi la sua descrizione, analoga a quella dei manoscritti manciniani, potrebbe avere valore di testimonianza "di prima mano") e il particolare della "piccola luce" piovente dall'alto (simile col "lume unito che venghi d'alto" già menzionato) parrebbe trovare un concreto riscontro nel contesto della querela (1° settembre 1605) di Prudenzia Bruna (o Brunori), locatrice del Caravaggio, il quale, oltre a essere moroso di sei (corretto in "quattro") mesi di pigione, dovrebbe pagare "un suffitto di detta casa [al vicolo dei Santi Cecilia e Biagio, in Campo Marzio, parrocchia di San Nicola dei Prefetti] che esso ha rotto" (forse era l'apertura in alto che occorreva per determinare il ricadere delle luci sui modelli; cfr. S. Corradini, introduzione di M. Marini, *Caravaggio materiali per un processo*, Roma 1993, p. 64).

20 A tutt'oggi un solo disegno (a penna e bistro su carta bianca, mm 158 × 184, Firenze, Galleria degli Uffizi, Gabinetto Disegni e Stampe, fondo Santarelli) può essere ipotizzato come (frammento) autografo del Caravaggio riconducibile quale "appunto di massima" (1599) della zona sinistra (figure attorno al tavolo) della *Vocazione di san Matteo* (Roma, San Luigi dei Francesi, cappella Contarelli). Cfr. M. Marini, *Disegnato da Caravaggio*, in "Quadri & Sculture", 29, 1998, pp. 41-44; Idem, *Luce su Caravaggio*, in "Quadri e Sculture", 31, 1998, p. 38.

21 Riporto alcune notizie (desunte dagli "Atti di visita pastorale dei vescovi di Cremona alla parrocchia di Caravaggio"), su Giovanni Battista Merisi, gentilmente comunicatemi da monsignor Roberto Ziglioli, rettore del santuario di Santa Maria in Caravaggio:
1 Dichiarazione autografa di Giovanni Battista Merisi, il quale riferisce "nacqui a dì 25 decembre 1572 et mi fu data la prima tonsura nel 1583 in giorno di mercore di 7 del mese di martio ... in Cremona". Dagli stessi "Atti di visita Sfondrati" (f. 305), in data 18 marzo 1590 risulta che Giovanni Battista è tra i "sei chierici che servono di continuo in chiesa" parrocchiale di Caravaggio.
2 Nell'aprile 1599 ("Visita Speciano"): "Jo. Bapta Merisius clericus habitat Romae".
3 Gli ordini minori, suddiaconato, diaconato e ordinazione presbiteriale sono indicati e datati negli "Atti di visita Brivio" (1611, p. 443): 30 marzo 1591, ordini minori; 18 dicembre 1599, suddiaconato; 18 marzo 1599, diaconato (le stesse date sono ripetute negli "Atti di visita Campori", 1624, ff. 124-125, tuttavia deve esserci stata una svista fin dall'origine circa la data d'assegnazione del diaconato che precederebbe di sei mesi quella del suddiaconato che, pertanto, si presume siano da invertire: 18 marzo il suddiaconato e 18 dicembre il diaconato); il 27 maggio 1600, presbiterato.
4 Negli "Atti di visita Campori" (1624) risultano per esteso i nomi dei genitori, Fermo Merisi e Lucia Aratori, nonché il luogo di nascita: "Mediolani oriundus"; "Licet sit oriundus Mediolano tamen eius parentes oriundi sunt ex hoc oppido [Caravaggio] at ab annis 47 citra [1577] in hoc oppido abitat".
5 Dalle testimonianze di Brivio e Campori apprendiamo che Giovanni Battista Merisi studia grammatica in Caravaggio sotto la guida di Vincenzo Tadini, uno dei rettori della parrocchia – "casus conscientiae Romae ducibus Patribus Jesuuitis" (Brivio).
6 Giovanni Battista ordinato prete (non è specificato dove) a 23 anni e cinque mesi riceve il suddiaconato e gli altri ordini maggiori "ad titulum sui patrimonii", dal che è deducibile che è lui a curarsi della divisione dei beni coi fratelli. Dal 1607 risiede, solo, in una casa di sua proprietà, in Caravaggio.
7 Non è dato sapere dove risieda tra il maggio del 1600 e il 20-28 agosto del 1607 (a Roma?). In quest'ultima data è nominato "cappellano del SS. Sacramento" nella parrocchia dei Santi Fermo e Rustico di Caravaggio. Inoltre, è tuttora ignoto il tempo preciso degli anni in cui studiò presso i gesuiti del Collegio Romano. Nondimeno fu certamente a Roma negli anni nei quali il fratello Michelangelo s'imponeva alla committenza e ai collezionisti, non è tuttavia verificabile dove a quel tempo abitasse.
8 Nel "Registro dei morti" della parrocchiale di Caravaggio, il 4 luglio 1630, anno della peste, è annotata la morte di Giovanni Battista Merisi.

22 Cfr. M. Marini, *L'ospite inquieto*, cit., vedi nota 8.

23 Cfr. M. Marini, *Bernardino Cesari e Caravaggio: un'amicizia da definire*, Roma 1981 (ed. 1984), in "Colloqui del Sodalizio", pp. 71-79.

24 Ottiene l'"abito di Cristo" nel 1600 da papa Clemente VIII Aldobrandini a seguito degli affreschi nel transetto di San Giovanni in Laterano.

25 Cfr. G. Mancini, *op. cit.*, II, p. 125 nota 905; vedi anche M. Marini, *Caravaggio*, cit., p. 87 nota 32.

26 In area lombarda la pittura di natura morta trae origine dal background fiammingo (e dalla sua declinazione spagnola). Nondimeno non debbono essere sottovalutati i limitrofi apporti raffaelleschi di Giovanni da Udine (1487-1561) e la presenza del "naturalismo" leonardesco. Tutto ciò è stato relativamente puntualizzato nei contributi offerti da due recenti rassegne (cfr. M. Gregori, *Riflessioni sulle origini della natura morta. Da Leonardo al Caravaggio*, in *La natura morta al tempo di Caravaggio*, catalogo della mostra, Napoli 1995, pp. 15-25; P.C. Marani, *Una natura morta di Leonardo nella Milano di fine Cinquecento*, *ibidem*, pp. 26-34; A. Cottino, scheda 1, *ibidem*, pp. 82-85; F.M. Ferro, in *Natura morta lombarda*, catalogo della mostra a cura di F. Caroli e A. Veca, Milano 1999, pp. 66-67, nn. 1-3). In tali circostanze sono stati introdotti in campo critico due significativi quesiti attribuzionistico-filologici circa il rapporto Leonardo-Peterzano-Caravaggio apprendista (di quest'ultimo), quale scaturirebbe da un foglio leonardesco (Parigi, Institut de France, ms. 2, f. 2r) in cui (con alcuni appunti autografi d'ornamenti e architettura) compare uno studio all'acquerello con *Baccelli, ciliege e una fragola selvatica*, realizzato su (?) una vistosa macchia d'inchiostro. A prescindere che nulla prova che tale inserto sia di mano di Leonardo e che certamente si tratta di un'interpolazione successiva (quando il supporto cartaceo aveva maggior valore di pochi schizzi a penna privi di finalità estetiche), è altrettanto da escludere che da questo sia stato desunto uno dei tre fogli (conservati presso il Gabinetto Civico dei Disegni del Castello Sforzesco di Milano), provenienti dalla chiesa milanese di San Celso, dove, con un altro migliaio, facevano parte di un fondo residuo della bottega di Simone Peterzano e in gran parte suoi studi originali. In tal senso, non si va oltre una generica affinità nel soggetto trattato, *Due baccelli di piselli e due ciliege* (olio su carta preparata, cm 15,8 × 14,5). Con gli altri due (*Zucca ricurva, gigli, pesche, pere*, olio su carta dalla preparazione ossidata, cm 40 × 26; *Fichi*, olio su carta, cm 19,4 × 29,3) è stato attribuito a Simone Peterzano, sebbene, in filigrana se ne suggeriva, qualora effettivamente eseguiti nella bottega milanese di quest'ultimo, il contatto (o un possibile esperimento) col Caravaggio apprendista. Tale allusivo riferimento è stato poi in parte rafforzato da F.M. Ferro (in *op. cit.*), il quale, nella rassegna successiva, ha indicato una (solo apparentemente indefinita) attribuzione a "Cerchia di Simone Peterzano seconda metà del XVI secolo". A mio avviso, sgomberato il campo da ogni ipotesi di *juvenilia* caravaggesche, reputo che Peterzano (o qualcun'altro dei lombardi che ebbero a frequentarlo) conservasse almeno due di questi fogli a mo' di reliquia. Infatti, credo che: i *Baccelli* e la *Zucca* siano di un autore diverso da quello dei *Fichi*, meni raffinati e, in un certo senso, più pittorici (forse ascrivibili a Vincenzo Campi). Per contro, i primi due sono di qualità più elevata: la puntualità dell'indagine naturalistica (di etimologia tosco-fiamminga) sembra, infatti, volgere verso un'astrazione di timbro decorativo, decisamente simile a quella di taluni schizzi di Giovanni da Udine (cfr. N. Dacos, C. Furlan, in *Giovanni da Udine 1487-1561*, Udine 1987, I, *passim*), in gran parte leggibile anche nelle straordinarie versioni a fresco, donde è possibile che questi, circonfuso di un'aura di fama raffaellesca, ne sia venerato (e imitato) autore.

27 La prima ricostruzione del sequestro di quadri attuato presso la bottega di "Gioseppino" è in A. de Rinaldis, *D'Arpino e Caravaggio*, in "Bollettino d'Arte", 1935-1936, pp. 577-580. Vedi anche M. Marini, *Caravaggio*, cit., pp. 22 (n. 1) 106-121, 356-367, nn. 1-6, 8; E. Fumagalli, *Precoci citazioni di opere del Caravaggio in alcuni documenti inediti*, in *Come dipingeva il Caravaggio*, atti della giornata di studio (Firenze 1992), Milano 1996, pp. 143-145 (Idem, in "Paragone", 535-537, 1994, pp. 101-105). Per un riesame della vicenda, cfr. K. Herrmann Fiore in questa stessa sede.

28 Attualmente la Galleria Borghese di Roma conserva i seguenti quadri provenienti dal sequestro Arpino del 1607: *Bacco coronato d'edera* (*Autoritratto in veste di Bacco*), *Vertunno col cesto di frutta autunnali* (*Ragazzo col cesto di frutta*).

29 Il quadro giunge al cardinal Scipione Borghese da Perugia, in seguito ad acquisto (1608) dagli eredi del poeta e teorico Cesare Crispolti (cfr. E. Fumagalli, in "Paragone", cit., pp. 101-105; vedi la precedente nota 27). Presso una raccolta privata di Perugia lo scrivente ha individuato la copia, di cronologia precoce, di cui si ragguaglia nel prosieguo del testo (cfr. M. Marini, *Caravaggio*, cit., p. 112, n. 1; vedi anche E. Fumagalli, *Precoci citazioni di opere*, cit., p. 144, fig. 226).

30 Mi riferisco sia al "poeta" nel *Parnaso* di Raffaello in Vaticano (stanza della Segnatura) sia alla *Sibilla Persica* affrescata da Peterzano nella certosa di Garegnano, nonché al relativo disegno preparatorio (Milano, Gabinetto Civico dei Disegni, Museo del Castello Sforzesco, cfr. M. Calvesi, *Sobre alcunas pinturas del Caravaggio*, in *Caravaggio*, cit., p. 13, fig. 8; vedi anche K. Christiansen, *Thoughts on the Lombard training of Caravaggio*, in *Come dipingeva il Caravaggio*, cit., pp. 7-28, in particolare, pp. 20-21, figg. 25-26).

31 Si consideri in tal senso l'*Autoritratto* di Giovanni Paolo Lomazzo, Milano, Pinacoteca di Brera.

32 Cfr. Sant'Agostino (Aurelio Agostino), *Confessioni*, Milano 1996, libro X, V, 7-8, pp. 14-15.

33 Cfr. G. Colli, *Orfeo*, in *La sapienza greca*, Milano 1995, I, p. 251: "Proclo, *Commento al Timeo di Platone*, 33b". Per il "neoplatonismo" del giovane Caravaggio la fonte primaria (diretta o indiretta tramite l'Arpino, pittore della famiglia papale Aldobrandini e amico personale di Clemente VIII), è il filosofo Francesco Patrizi (Cherso di Dalmazia, 1529 - Roma, 1597). Questi (su incarico di Clemente VIII, cui lo legavano amicizia e stima risalenti all'epoca dei comuni studi universitari a Padova), dal 1592 al 1594, ne insegna attivamente le teorie dalla cattedra romana della Sapienza. Fanno poi parte di un colto cenobio neoplatonico Aldobrandini (ufficialmente durato i due anni suddetti e, quindi, concluso per l'opposizione della parte più reazionaria e potente della Curia) oltre allo stesso pontefice e ai suoi nipoti (i cardinali Pietro e Cinzio), il cardinal del Monte (prossimo patrocinatore del Caravaggio), i cardinali Caetani e Agostino Valier, nonché, probabilmente, i cardinali Bordino, Borromeo e Cusano (per i contributi principali, cfr.: C.L.C.E. Witcombe, *The Vatican apartment of Cinzio Aldobrandini. Notes and Documents*, in "Archivium Historiae Pontificiae", 19, 1981, pp. 173-189; C. Vasoli, *Francesco Patrizi da Cherso*, Roma 1989; M. Muccillo, *Il platonismo all'Università di Roma: Francesco Patrizi*, in *Roma e lo Studium Urbis. Spazio urbano e cultura dal Quattro al Seicento*, Roma 1992, pp. 200-236, con bibliografia precedente. Per i possibili rapporti Caravaggio-Patrizi, cfr. M. Marini, *Caravaggio*, cit., pp. 27-28, 89 note 105, 107.

34 L'ipotesi che il soggetto sia Vertunno, in base al testo ovidiano delle *Metamorfosi* (XIX, 684 sgg.) e a quello della IV *Elegia* di Properzio (*Elegie*, IV, 2) è avanzata dallo scrivente fino dal 1973-1974 (cfr. M. Marini, *Caravaggio*, cit., n. 5, D. *Iconologia*, p. 337).

35 Vedi nota 27.

36 Vedi nota 34.

37 Una lettura iconografica del *Ragazzo con canestro di frutta* in direzione naturalistico-classicistica è avanzata da K. Herrmann Fiore, che vi ipotizza "un ricordo della tradizione antica degli *xenia*, regali in forma di frutti e ortaggi, offerti dagli ospiti della casa; da essi secondo Vitruvio prendeva il nome un genere di pittura che riguardava la rappresentazione di frutta e altri prodotti agricoli" (K. Herrmann Fiore, in *Caravaggio nei musei romani*, Roma 1986, pp. 26-27). Sull'incidenza di un sottofondo letterario classico nel primo Caravaggio concorda con me A. Zuccari, che ringrazio per lo scambio d'idee. Vedi anche il recente contributo di M.C. Fortunati, *L'ellenismo e l'interesse per il mondo antico di Michelangelo Merisi detto il Caravaggio*, in "Romana Gens", 34, 1996, pp. 26-36.

Caravaggio e la quadreria del Cavalier d'Arpino

Kristina Herrmann Fiore

Tra i pittori romani di una certa rinomanza il Cavalier d'Arpino fu il primo ad accogliere il giovane Caravaggio nel suo studio, secondo la ben nota testimonianza di Baglione: "Andò egli [Caravaggio] a Milano, et alcun tempo dimorovvi. Dapoi se ne venne a Roma con animo di apprender con diligenza questo virtuoso essercitio. E da principio si accomodò con un pittore Siciliano, che di opere grossolane tenea bottega. Poi andò a stare in casa del Cavalier Gioseppe Cesari d'Arpino per alcuni mesi. Indi provò a stare da se stesso, e fece alcuni quadretti da lui nello specchio ritratti. Et il primo fu un Bacco con alcuni grappoli d'uve diverse, et con gran diligenza fatte; ma di maniera un poco secca. Fece anche un fanciullo, che da una lucerta, la quale usciva da fiori e da frutti, era morso; e parea quella testa veramente stridere, et il tutto con diligenza era lavorato. Pur non trovava a farne esito, e darli via et a mal termine si ridusse senza danari, e pessimamente vestito sì, che alcuni galantuomini della professione, per carità l'andavano sollevando"; successivamente – prosegue il documento – il gallerista, maestro Costantino Spata a San Luigi dei Francesi[1], lo presentò al cardinale del Monte, che lo ospitò nel suo palazzo, dove il Caravaggio dipinse, come è noto, i *Musici* e il *Suonatore di liuto con una caraffa di fiori*, che lo stesso pittore considerava il più bel dipinto da lui realizzato.

I temi delle prime opere importanti del Caravaggio menzionate da Baglione quindi non erano nature morte, paesaggi, storie sacre, profane o mitologiche, e neanche scene di genere dei mestieri, come per esempio i macellai di Passarotti o i venditori di ortaggi nei mercati dei Campi. Si trattava viceversa di figure individuali, giovani come il ventenne pittore, ritratte e colte nella vera espressione di momenti particolari della vita quotidiana. E vi era in queste scelte una sorta di contropartita nei confronti dei ritratti degli uomini illustri della raccolta di Villa Medici o del Museo Gioviano, che il Caravaggio non aveva mai visti dal vivo, ma che era obbligato a copiare per sopravvivere prima di approdare allo studio del Cavalier d'Arpino[2].

Può essere utile analizzare il ruolo che poteva svolgere l'esperienza dello studio del Cavalier d'Arpino nell'*iter* pittorico del Caravaggio. Come è noto, Giuseppe Cesari, detto il Cavalier d'Arpino, non solo svolse una fiorente attività pittorica, ma si distinse come imprenditore e organizzatore di una squadra di collaboratori in commissioni decorative su vasta scala. Era inoltre interessato alla collezione e presumibilmente al commercio di dipinti e copie di altri maestri. Per Caravaggio l'esperienza sul piano artistico in casa Cesari fu quindi di duplice natura: da una parte conobbe le opere eseguite dal pittore e dall'altra parte i dipinti di altri maestri presenti nel suo studio.

Come risulterà dall'analisi dell'inventario del sequestro dei dipinti del Cavalier d'Arpino, la pittura dell'Italia settentrionale, soprattutto quella lombarda, oltre alla pittura toscana e a quella dei pittori nordici aveva un ruolo primario nella collezione del Cavalier d'Arpino. Con l'interesse per opere della scuola di Leonardo, il Cavalier d'Arpino seguiva le tendenze di collezionismo che poi furono particolarmente favorite dal cardinale Federico Borromeo negli anni successivi[3]. Non sappiamo per quali vie il Cavalier d'Arpino fosse venuto in possesso dei suoi dipinti; i suoi viaggi nell'Italia del nord tra il 1590 e il 1593 con soste a Venezia, Ferrara, Parma, Cremona e a Milano offrivano particolari contatti artistici e commerciali, ma nella stessa città di Roma vi erano comunque varie "colonie" di artisti italiani e stranieri[4].

La difficoltà di precisare quali quadri fossero nello studio del Cesari nel 1593, al momento della presenza del Caravaggio, è determinata dal fatto che mancano documenti relativi alle date di ingresso dei dipinti nella collezione; riflessi nelle opere del Caravaggio e del Cavalier d'Arpino offrono tuttavia elementi per dedurre la presenza di alcuni di quei dipinti nello studio già intorno al 1593.

Quanto alle date, nel luglio 1592 il Caravaggio è ancora documentato nell'Italia settentrionale[5], successivamente intraprende un viaggio di perfezionamento e si reca a Roma, via Parma e Firenze. Dopo i primi impatti con l'ambiente romano presso Lorenzo Siciliano e Antiveduto Grammatica, l'artista si rivolge allo studio del Cavalier d'Arpino, dove rimane per circa otto mesi, presumibilmente nel 1593[6]. Il pittore lombardo aveva ventidue anni, mentre il Cavalier d'Arpino venticinque, e a Roma era già un pittore affermato che godeva di particolare fiducia da parte di papa Clemente VIII e di suo nipote il cardinale Pietro Aldobrandini.

Giuseppe Cesari[7] infatti aveva già eseguito all'epoca opere prestigiose: una famosa lunetta con la *Canonizzazione di san Francesco di Paola* nel chiostro del convento della Santissima Trinità dei Monti (1584-1585); il grande ciclo degli affreschi, ora perduti, della navata maggiore di San Lorenzo in Damaso raffigurante le *Storie di san Lorenzo* e la *Gloria degli angeli* (quest'ultima ancora superstite, 1588-1589); la pala d'altare di Santa Caterina d'Alessandria nella chiesa di Gesù Nazareno, databile al 1589-1591; la straordinaria decorazione della volta della cappella Olgiati a Santa Prassede (della quale fu incaricato fin dal 1587); la grande pala d'altare della *Crocifissione con Maria, la Maddalena e san Giovanni Evangelista* per la certosa di San Martino a Napoli (1591); la decorazione della volta della cappella Contarelli a San Luigi dei Francesi[8] e infine i cartoni per la decorazione della cupola di San Pietro. Il Cavalier d'Arpino aveva inoltre già dipinto una *Resurrezione di Lazzaro* (1588-1589, ora conservata a Palazzo Barberini), che sarà di fondamentale importanza per quella di Caravaggio (Messina, Museo Regionale)[9], così come il *San Francesco confortato da un angelo che suona* del Cesari (ora Douai, Musée de la Chartreuse), databile tra il 1593 e il 1595, offrì spunti per l'*Estasi di san Francesco* del Merisi, dipinto di carattere certamente diverso, oggi a Hartford[10].

Oltre alle opere originali del Cavalier d'Arpino, nella sua casa romana si trovavano dipinti di altri maestri e copie da lui stesso eseguite, insieme a opere del fratello Bernardino e di altri collaboratori che offrivano una ricca miniera di studio.

Il Cavalier d'Arpino stesso copiava i maestri del rinascimento, come è noto attraverso una postilla di Bellori a margine della vita del pittore descritta da Baglione (Roma, Biblioteca dell'Accademia Nazionale dei Lincei, vol. 31-E-15)[11]. Il profilo del Cavalier d'Arpino come copista è oggi ancora meglio precisabile attraverso il ritrovamento, da parte di Sandro Corradini, di un inventario redatto per il cardinale Scipione Borghese, databile tra il 1615 e il 1630. In questo elenco dei dipinti, infatti, vengono dettagliatamente descritte sei copie fatte dal Cavalier d'Arpino, all'epoca presenti nella collezione Borghese[12].

D'altra parte opere originali del Cavalier d'Arpino, supplementari all'inventario del sequestro del 1607, risultano nella collezione Borghese dal citato inventario del 1615-1630[13]. Ancora altri dipinti del Cavalier d'Arpino nella collezione Borghese vengono menzionati nella descrizione della villa fatta da Jacomo Manilli nel 1650[14].

L'esistenza di tali dipinti dimostra che non tutti erano compresi nel sequestro del Cavalier d'Arpino del 1607 e testimonia l'interesse del cardinale Scipione Borghese per l'artista. È noto che il Cavalier d'Arpino – su commissione Borghese – decorò una galleria nel Palazzo del Quirinale[15], opera oggi non più esistente; inoltre sovrintese al completamento delle decorazioni nella cappella Paolina, eseguì il *San Domenico* nella cappella Caffarelli in Santa Maria sopra Minerva e la *Vergine in Gloria* nel soffitto della chiesa di San Crisogono, chiesa titolare del cardinale Scipione. Infine, i dipinti nella Villa Pinciana, la *Creazione dell'uomo* e l'*Allegoria di Roma trionfante*, erano stati eseguiti dal Cavalier d'Arpino in chiaroscuro per le esequie di Giovanni Battista Borghese nel 1609.

I motivi per cui nel 1607 avvenne il sequestro dei beni del Cavalier d'Arpino a favore del cardinale Scipione Borghese sono ancora oscuri. Scrive Bellori in una nota[16]: "Ma perché nel tempo di Paolo V furono trovate le pistole in camera del Cavaliere fu carcerato et poi liberato come huomo segnalato nella pittura, dalla pena della vita, restituitegli anche tutti li beni, fuori che quelle copie di Tiziano et la Battaglia di Campidoglio piccola che il Cardinale Borghese si ritenne credendosi fosse cosa rarissima, dove si sparse la voce falsa che il Borghese li haveva tolto più di 15 mila scudi di quadri che non era vero, et in contracambio gli diede la parte molti anni, et lo favorì finche visse". Benché sia documentato che il Cavalier d'Arpino ebbe una serie di prestigiose commissioni per la famiglia Borghese dopo il 1607, non risulta viceversa che i dipinti confiscati gli venissero restituiti. Infatti, in un chirografo del 30 luglio 1607, papa Paolo V stabilisce che "di motu proprio, certa scienza et pienezza della nostra potestà donamo, cedemo, et concedemo in perpetuo per donatione libera, et irrevocabile che si dice fare inter vivos al dicto Cardinale per se et qualsivoglia suoi Heredi, et successori li detti quadri, et pitture, anchorchè siano fatti di mano di Pittori eccellentissimi et ascendessero à qualsivoglia gran prezzo, et valore sufficiente nella presente donatione, et gratia, et altre cose continue nel presente Chirographo vaglino, et habbino l'effetto loro senza che siano amesse in Camera et nelli suoi libri, et basti la presente con la semplice nostra sottoscrizione senz'altra solennità".

Nella *Vita del Cavalier d'Arpino* Baglione (1642)[17] sorvola sull'episodio del sequestro, mentre Mancini (1621)[18] ne accenna in questi termini: "Sempre in ogni occorrenza ha mostrato magnificenza, havendo speso denari, et all'ingrosso, in curiosità come in alcuni archibugi con tagli di suo disegno e di singularissima bellezza ... Alcuni lo van alquanto toccando di troppo terribil costume e n'adducano alcuni eventi occorsi che non appartenendo alla professione, si lascino, tanto più che s'è giustificato. E delli archibugi più tosto mi par che dimostrino curiosità e nobiltà d'anima che alcuna sorte di fellonia e di bruttura"[19]. Secondo il biografo Nicola Pio (1724) "per alcuni fatti domestici, e per conservare il suo onore, nel quale sempre haveva vissuto e per causa di una sua figliola, che angelicamente cantava, gli convenne soffrire una grande e perfida persecutione per là gli ebbe durissimi travagli e perdette molta robba, e tanti bellissimi quadri di celebri autori, che il medesimo si ritrovava; onde divenne così inquieto, et afflitto"[20]. Comunque già prima del 1607 il Cavalier d'Arpino ebbe alcuni problemi con le forze dell'ordine, in parte causati dal fratello per i suoi legami con banditi napoletani (1593) e ancora nel 1596 per questioni sentimentali[21].

Per quanto, come già detto, i motivi del sequestro non siano ancora sufficientemente chiariti, la durezza di tale operazione – nel corso della quale il pittore fu anche imprigionato – giovava certamente al desiderio del cardinale Scipione Borghese di incrementare la sua nascente galleria con quadri di valore. I documenti ritrovati da A. de Rinaldis[22] e pubblicati nel 1936 attestano la consistenza del sequestro, comprendente la "fede della composizione" tra il Cavalier d'Arpino e il fisco, la *Nota de' quadri portati a Palazzo dalla casa del Cav. Giuseppe d'Arpino*, un'ulteriore nota di disegni e quadri presi in sede separata dal fiscale di Paolo V Farinacci e il testo del chirografo della donazione di Paolo V al cardinal nepote.

La presenza ancora oggi in Galleria Borghese di molti dei dipinti citati nella nota dei quadri sequestrati al d'Arpino conferma che certamente essi non furono restituiti, come farebbe pensare il testo di Bellori. De Rinaldis aveva già proposto importanti riferimenti tra la lista e i dipinti della collezione Borghese e tale testo è stato approfondito per il catalogo scientifico dei dipinti della Galleria nei due fondamentali volumi a cura di Paola Della Pergola del 1955 e 1959.

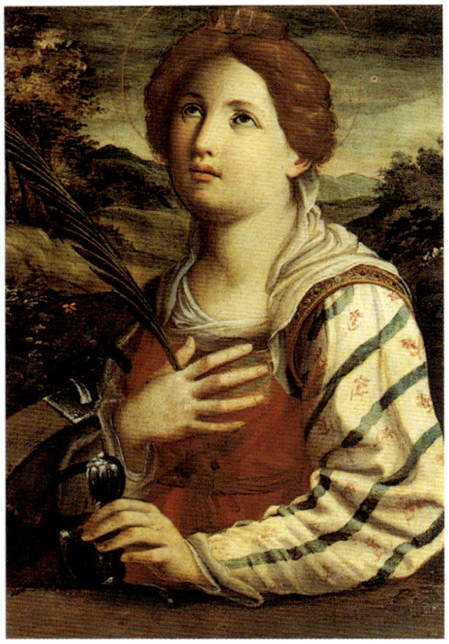

1. Giuseppe Cesari, detto il Cavalier d'Arpino (attr.), *Santa Caterina*, 1592 circa. Roma, Galleria Borghese.

A proposito del carattere del Cavalier d'Arpino, le fonti descrivono le sue inclinazioni alla magnificenza[23], ma anche il fatto che "essendosi egli sempre compiaciuto di apparir bizzarro, di andare bene spesso a cavallo, e di cingere sempre la spada infino a' giorni dell'ultima malattia, anzi dilettossi di fare scelta di bellissime armi, come nel suo studio si è veduto". La cura dell'immagine del Cavalier d'Arpino, che viene descritto come riservato e contrario alle frivolezze mondane, si era comunque manifestata nell'acquisto di diverse case o palazzi sia a Roma che ad Arpino[24]. La decorazione del suo studio, infatti, in parte con dipinti di eccellenti maestri, certamente non era da meno rispetto a quella realizzata con le proprie mani dall'altro Cavaliere pittore, Federico Zuccari, nelle sue case di Firenze e Roma[25]. Le caratteristiche dell'estro del Cavalier d'Arpino, tendente alla magnificenza, nonché alle bizzarrie o ai modi eccentrici sembrano riflesse anche nella scelta dei generi di dipinti per i quali anche aspetti commerciali e di formazione artistica devono aver avuto un loro ruolo[26].

In particolare nella lista del 1607 sono descritti:

– Lista 1607, n. 1. "Una Santa Catherina con le cornici di noce indorate". Quest'opera corrisponde probabilmente all'attuale dipinto inv. 166, olio su tela, cm 68 × 51 (P. Della Pergola, *Galleria Borghese. I dipinti*, I, Roma 1955, p. 81, n. 144), attribuito attualmente a maestro lombardo. Si propone piuttosto di assegnarla al Cavalier d'Arpino (fig. 1), considerando una cronologia relativa: dopo la *Maria Maddalena penitente* in collezione privata romana databile al 1588/1589 e prima della *Santa Barbara* in Santa Maria Transpontina del 1594-1597 (vedi H. Röttgen, *Il Cavalier d'Arpino*, catalogo della mostra, Roma 1973, nn. 5 e 20).

– Lista 1607, n. 2. "Un Quadro di una trasfigurazione del Sig.e con le cornici d'oro". Opera non identificata, collegabile eventualmente a qualche opera del Cavalier d'Arpino sul tema, trattato in un disegno del Louvre (inv. 2969) databile circa al 1597-1598[30], in quanto le opere che seguono nell'elenco riguardano pitture del Cavalier d'Arpino.

– Lista 1607, n. 3. "Un altro quadro della presa di Cristo, con le cornici indorate"[31]. Già riferito da A. de Rinaldis al dipinto inv. 356 del Cavalier d'Arpino della Galleria Borghese[32].

– Lista 1607, n. 4. "Un altro Quadro di una Venere con puttino con le cornici indorate". Già riferito da A. de Rinaldis[33] al dipinto del Cavalier d'Arpino, *Venere incoronata da Amore*, Galleria Borghese, inv. 138, olio su tela, cm 78 × 110.

– Lista 1607, n. 5. "Un altro quadro di S.ta Catherina, con le cornici d'oro". Riferibile alla "Santa Caterina, alto 5, largo 4, copia del cavalier d'Arpino", menzionato nell'inventario Borghese, databile tra il 1615 e il 1630 e collegabile al dipinto copia da Dosso Dossi della Galleria Borghese, inv. 142[34].

– Lista 1607, n. 6. "Un'altro Quadro di Frutti e Fiori, con le cornici indorate". Opera non identificata, commentata da A. de Rinaldis "forse del Caravaggio"[35].

– Lista 1607, n. 7. "Un'altro Quadro di Baccanali con le cornici indorate". Non è escluso che si tratti della copia del *Baccanale* di Tiziano eseguita dal Cavalier d'Arpino, che risulta nell'inventario 1615-1630[36]. Tra le numerose copie del *Baccanale* esistenti ancora non è stata identificata quella di Giuseppe Cesari.

– Lista 1607, n. 8. "Un'altro Quadro d'un Presepio con le cornici indorate con la coperta di Taffettano rosso". Opera non identificata.

– Lista 1607, n. 9. "Un'altro Quadro di un Salvatore con la Croce et cornice indorate". In via ipotetica si propone di collegare la notizia al dipinto straordinario di Andrea Solario della Galleria Borghese (inv. 461, olio su tavola, cm 58 × 67), il *Cristo portacroce*[37] (fig. 2). Il riferimento sembra indotto da riflessi nei dipinti del Cavalier d'Arpino che ripropongono il volto di Gesù martoriato al buio, incluso tra due ritratti di cui uno è mosso a compassione mentre l'altro esegue con soddisfazione l'orrido compito. Entrambe le figure mostrano le mani in primo piano. Infatti una versione di Giuseppe Cesari riguarda il *Cristo deriso* nella sagrestia di San Carlo ai Catinari[38], e ancora nel suo tardo tondo *Cristo deriso* del Museo Nazionale di Capodimonte, eseguito nel

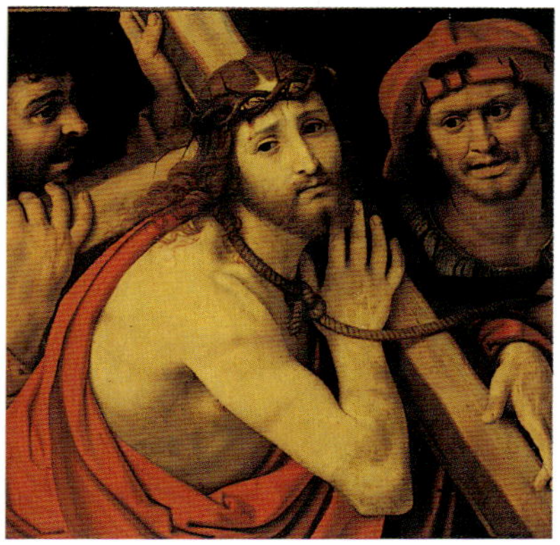

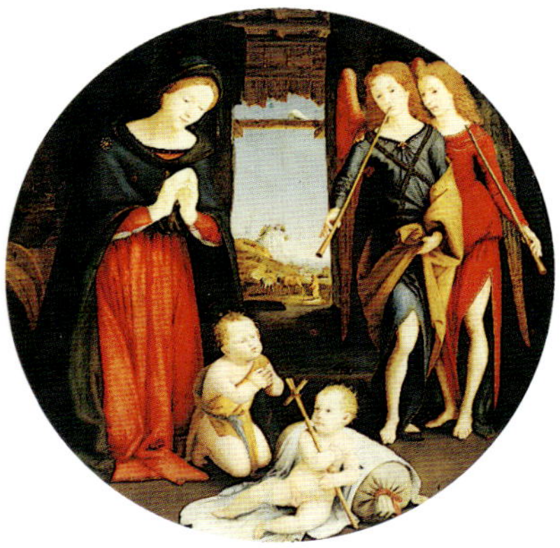

2. Andrea Solario, *Cristo portacroce*, 1521 circa. Roma, Galleria Borghese.

3. Pietro di Cosimo, *Adorazione del Bambino*, 1518 circa. Roma, Galleria Borghese.

1636 circa, ritorna sull'argomento nell'angustia dello spazio pittorico riservato ai tre grandi volti[39]. Il dipinto di Andrea Solario sembra aver riservato degli stimoli anche per il Caravaggio nel campo cromatico, per la sinfonia di toni terrei tra il marrone e il grigio, gli incarnati con forti accenti del rosso anche nell'ardito copricapo e i pochi elementi verdi contrastati dall'oscurità dello sfondo. Gli sprazzi di luce sul volto di Giuseppe di Arimatea nell'opera del Solario anticipano l'apparizione dell'autoritratto del Caravaggio nella *Cattura di Cristo nell'orto*, conservata a Dublino[40]. Il *Bacchino malato* della stessa Galleria Borghese offre una simile veduta di una figura di profilo che guarda direttamente verso l'osservatore, che ha la schiena e un braccio nudo ed è avvolto dal vortice del panneggio. Nel dipinto del *Bacchino* di Caravaggio confluiscono certamente anche altri stimoli da parte di artisti come Peterzano e Dürer, come già osservato dalla critica, ma si coglie l'occasione per proporre alla valutazione che egli abbia anche guardato da vicino quest'opera di Andrea Solario[41].

– Lista 1607, n. 10. "Un altro quadro di una Madonna con Christo et S. G. Batta con le cornici nere indorate, con coperta di drappo rosso".

– Lista 1607, n. 11. "Un altro quadro tondo della Madonna con Christo e S. Giovanni Battista con le cornici indorate". Dei tre dipinti tondi di questo soggetto tuttora in Galleria Borghese[42] l'opera di Piero di Cosimo (inv. 343, diametro cm 1,40; fig. 3)[43] sembra collegabile alla notizia della lista del 1607 per il carattere eccentrico e alcuni spunti dell'invenzione che riaffiorano in opere del Cavalier d'Arpino e del Caravaggio. In particolare, nel tondo a sinistra Piero di Cosimo ha inserito una grande sella che accompagna la Madonna e al centro un cuscino d'appoggio al Bambino Gesù. Tali motivi vengono esaltati in primo piano nel disegno del Cavalier d'Arpino conservato al museo di Lille[44], che raffigura il riposo della Madonna accanto alla sella durante la fuga in Egitto. Non lontano sta san Giuseppe in piedi in una posizione che richiama quella degli angeli. Nel *Riposo durante la fuga in Egitto* del Caravaggio (Galleria Doria Pamphilj) appare san Giuseppe sulla sella coperta, mentre in primo piano un angelo efebo musicista, visto di schiena, offre anch'esso lo spettacolo delle ali con le piume di colori cangianti osservate dalla natura: evidenti sono i precedenti negli efebi musici di Piero di Cosimo. Nel dipinto di quest'ultimo, nelle tenebre a sinistra si osservi anche una trave spezzata che esce bruscamente dalla parete, offrendo appoggio a un topo. Questo gusto pittorico basato sull'insistere sulla natura – come appare nelle fratture acute delle fibre del legno – rimanda alla ruota spezzata della *Santa Caterina* di Caravaggio nel dipinto del Museo Thyssen-Bornemisza di Madrid. La soglia di pietra orizzontale introdotta nella scena di Piero e l'oscurità in media distanza, dove le pareti iniziano in modo prospettico ai lati della porta, ma piombano in un'oscurità generale senza più distinzioni di quinte e danno risalto alle figure illuminate, costituiscono affinità che potevano essere sviluppate dal Caravaggio. Infine la prospettiva leggermente in salita nel dipinto di Piero di Cosimo, che accentua lo scorcio dell'altezza per l'osservatore, ricorre anche nei dipinti del Caravaggio. In conclusione, nella somma dei singoli aspetti descritti – che separatamente possono trovare anche altri precedenti – sembra molto probabile che sia questo il dipinto tondo menzionato nella lista della quadreria del Cavalier d'Arpino del 1607.

– Lista 1607, n. 12. "Un ritratto d'un huomo con la zazzera et un cagnolino con le cornici liscie di noce". Potrebbe trattarsi di un ritratto attribuito da Longhi[45] all'ambito di Niccolò Frangipane (inv. 114, cm 68 × 68), opera che certamente è documentata nella collezione Borghese nell'inventario del 1693[46] (fig. 4). In tale quadro è rappresentata una figura secondaria poco visibile che verrebbe tralasciata dalla breve indicazione della lista del 1607. Si tratta di una delle mezze figure caratteristiche della pittura veneta, in cui i ritratti sono arricchiti con elementi di genere; il dipinto è interessante per la posizione illusionistica del polso che sembra uscire in primo piano, mentre la mano stessa si ripiega verso l'interno dello spazio figurativo. Certa-

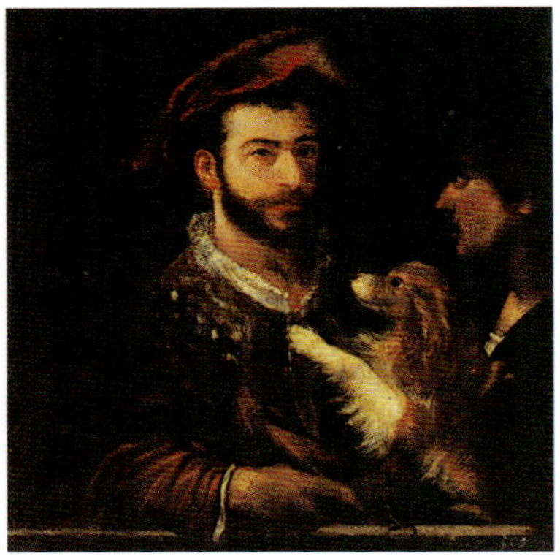

4. Niccolò Frangipane, *Due uomini con un cane*, fine del XVI secolo. Roma, Galleria Borghese.

mente con altra maestria Caravaggio ha sviluppato analogo motivo nel dipinto del *Ragazzo con canestro di frutta* della stessa Galleria Borghese.

– Lista 1607, n. 13. "Un altro quadro con un ritratto d'un tedesco con la manica bianca con le cornici di noce". Opera non identificata.

– Lista 1607, n. 14. "Un altro quadro della Madonna, S. Gioseppe et San Francesco senza cornici". Si propone di riferire questa nota al dipinto di Innocenzo da Imola della Galleria Borghese (inv. 438), che a ben vedere raffigura la Madonna, san Gerolamo e san Francesco. Tuttavia la figura sulla destra era sembrata un san Giuseppe ancora al redattore dell'inventario del 1833, poiché non appare con molta chiarezza il sasso nella mano, attributo di san Gerolamo[47].

– Lista 1607, n. 15. "Un altro quadro della Visitazione della Madonna et S.ta Elisabetta con le cornici nere". Opera non identificata.

– Lista 1607, n. 16. "Un altro quadro di un giovane ignudo con la corona d'hellera in testa con un manto rosso senza cornici". Questo dipinto costituiva una specie di *pendant* al *Bacchino* del Caravaggio che si potrebbe descrivere come "un giovane ignudo con la corona d'hellera in testa con un manto bianco". Ne ignoriamo l'autore, ma non sembra esclusa una variante dipinta dallo stesso Caravaggio.

– Lista 1607, n. 17. "Un quadro di una testa di un vecchio con le cornici nere".

– Lista 1607, n. 18. "Un'altra testa di un filosofo senza senza cornici in tavola".

– Lista 1607, n. 19. "Un'altra testa di un vecchio con le cornici d'oro".

– Lista 1607, n. 20. "Un quadretto in rame d'un Cigno con una donna nuda senza cornici". I dipinti incentrati sul tema della Leda, tratto dalle *Metamorfosi* di Ovidio, avevano un successo determinato dall'elaborazione dei disegni di Leonardo nelle numerose varianti eseguite dai suoi seguaci. Giuseppe Cesari probabilmente ne possedeva una versione non più rintracciata nella collezione Borghese, dove peraltro è presente la grande replica dipinta su tavola[48].

– Lista 1607, n. 21. "Un quadro piccolo con la testa di Giov. Paolo Baglione con le cornici d'oro".

– Lista 1607, n. 22. "Un altro quadretto di doi Angiolini che si baciano con le cornici di noce tocche d'oro". L'iconografia del tema dei due fanciulli che si baciano aveva uno sviluppo straordinario in ambito leonardesco; di esso esistono numerose copie ed è altamente probabile che nella collezione d'Arpino ne esistesse una variante[49].

– Lista 1607, n. 23. "Un altro quadretto con un ritratto d'un huomo con le cornici d'oro".

– Lista 1607, n. 24. "Un altro quadretto in tavola con una figura con le braccia nude" senza cornici.

– Lista 1607, n. 25. "Un altro quadretto con una testa di un Vecchio con le cornici d'oro".

– Lista 1607, n. 26. "Un altro quadretto con una testa di un Giovane con le cornici nere".

– Lista 1607, n. 27. "Un altro quadretto con una donna, un Angeletto et una testa d'un putto in tavola senza cornici".

– Lista 1607, n. 28. "Un altro quadretto d'un padre con le cornici indorate in tavola".

– Lista 1607, n. 29. "Un altro quadretto con una testa di una matrona vecchia in tavola". Si propone di riferire la notizia al piccolo dipinto su legno attribuito a un maestro veneto (inv. 190, cm 32 × 21; fig. 5)[50]. I ritratti di donne con la fedele descrizione dei segni del tempo – evidenti nelle rughe – sono rari e il dipinto è l'unico di questo genere pervenuto nella collezione Borghese. L'interesse di Caravaggio per i volti di donne nella vecchiaia è documentato in diverse occasioni di storia sacra come nella *Madonna dei Palafrenieri* o nella *Decollazione del Battista* e certamente parte dalla osservazione del vero, ma traendo suggerimenti anche da precedenti pittorici nella tradizione figurativa, come in questo caso.

– Lista 1607, n. 30. "Un altro quadretto d'una testa di Pio V in tavola".

– Lista 1607, n. 31. "Un altro quadretto d'un ritratto d'una donna in tavola con le cornici di noce".

– Lista 1607, n. 32. "Un altro quadretto di rame di Paese" con le cornici di noce. Tra

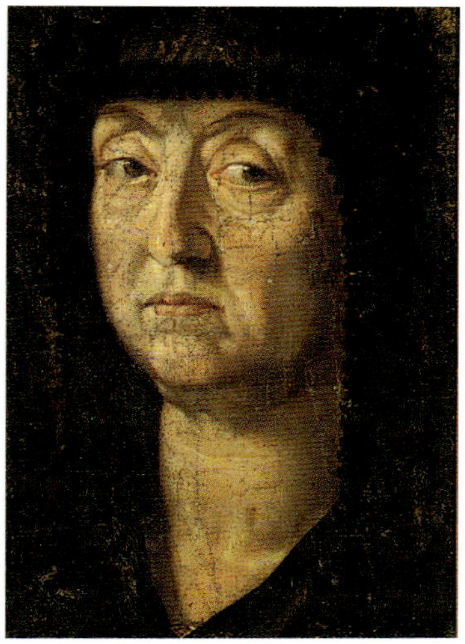

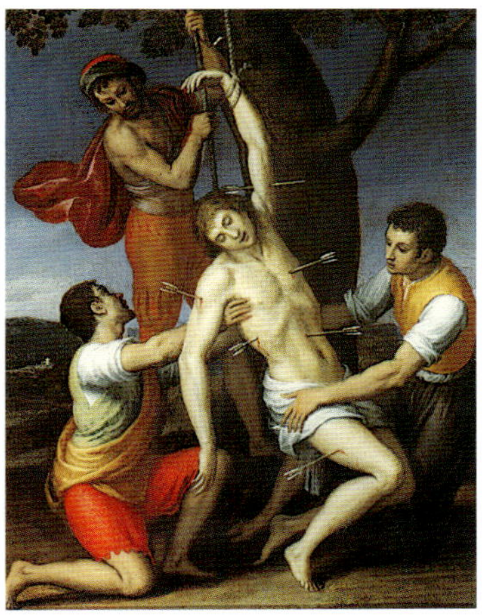

5. Maestro veneto, *Testa di vedova*, inizio del XVI secolo. Roma, Galleria Borghese.

6. Domenico Passignano, *Martirio di san Sebastiano*, ante 1607. Roma, Galleria Borghese.

i diversi piccoli rami di paesaggio dell'ambito di Paul Bril, del Civetta e di maestri fiamminghi tuttora in Galleria Borghese, la genericità dell'indicazione non permette una identificazione.

– Lista 1607, n. 33. "Un altro quadretto piccolo con la figura di una farfalla in tavola senza cornici". Questa annotazione rimanda alle poesie di Giambattista Marino[51], amico del Cavalier d'Arpino, che tra i dipinti del genere dei "capricci" nella sua galleria poetica descrive un dipinto di tale soggetto del pittore genovese Battista Castello (1547-1637): "Farfalletta gentil, che per costume / Intorno ai chiari ardori / Bella morte cercando ti raggiri / Se ben la vista sol de' tuoi colori / Contenta i miei desiri". Il tenore di questa e di altre simili poesie illustrano il gusto che ispirava anche la preferenza per diverse opere di questo genere nella collezione del Cavalier d'Arpino; una versione dipinta di questo soggetto di provenienza Borghese non è ancora identificata.

– Lista 1607, n. 34. "Un quadretto in rame di un S. Bastiano senza cornice". L'opera è già stata identificata da Paola Della Pergola con il dipinto attribuito da Longhi a Passignano (inv. 341; fig. 6)[52]. In un *San Sebastiano slegato dai famigli di Lucina*, eseguito dal Caravaggio, testimoniato da Bellori, di cui rimane un probabile riflesso in un dipinto di collezione privata romana[53], la memoria del piccolo rame di Passignano può essere stata di interesse, per la posizione centrale della figura fiancheggiata dai due amici. Questi in modo speculare rispetto all'esempio intervengono in primo piano benché le proporzioni, l'espressione e i moti siano di diversa natura.

– Lista 1607, n. 35. "Un altro d'un Christo morto con le Marie con le cornici nere". Il dipinto è già stato riferito al *Calvario* (inv. 172) attribuito alla maniera del Cavalier d'Arpino da Paola Della Pergola[54], H. Röttgen ha proposto di attribuire la parte inferiore delle Marie a Giacomo Rocca; dopo la sua morte il quadro sarebbe passato al Cavalier d'Arpino che l'avrebbe completato con il Cristo centrale e gli astanti[55]. Per la scrivente la parte centrale del Cavalier d'Arpino appare precedente al completamento in primo piano da parte di un collaboratore del suo studio[56].

– Lista 1607, n. 36. "Un quadretto tondo di una Giuditta che taglia la testa ad Oloferne". Il dipinto non è identificato, ma va sottolineato che appartiene al tipo relativamente raro intorno al 1600 in cui avviene l'azione del taglio della testa[57]; esistevano alcuni precedenti in Tintoretto e Francesco Francia, Caravaggio aveva sviluppato il suo quadro rivoluzionario di controversa datazione tra il 1597 e 1601[58]; l'invenzione straordinaria di Elsheimer eseguita a Roma, desiderata e passata in possesso del Rubens, viene datata 1601, segue Ligozzi 1602[59] e poi – attraverso l'immagine della *Giuditta* del Caravaggio – si sviluppa una straordinaria fortuna di questo tipo nella pittura del Seicento.

– Lista 1607, n. 37. "Un altro quadretto in Pietra con un S. Giorgio a cavallo senza cornici". Si propone di identificare questo san Giorgio a cavallo con un dipinto su lavagna (cm 51 × 40) del Cavalier d'Arpino, conservato nella Galleria Strossmayer a Zagabria. Senza riferimento alla lista del sequestro del 1607 Paola Della Pergola ha collegato al dipinto di Zagabria il pagamento per "una cornice con filetti d'oro nel quadro di San Giorgio di Giuseppino del 1612"[60], citata da H. Röttgen nella scheda sull'opera che data al 1592-1593[61].

– Lista 1607, n. 38. "Un quadro con diversi Uccellami morti senza cornici". Come già notato da Federico Zeri[62], il dipinto corrisponde alla tela inv. 301 della Galleria Borghese che è tuttora di attribuzione controversa e viene ascritta al cosiddetto Maestro di Hartford con parziale partecipazione del Caravaggio[63] oppure, in maniera più convincente – come propose Ferdinando Bologna –, a maestro ignoto attivo a Roma prima del 1607 (fig. 7). Visto che il tema degli uccelli scarseggia nell'*œuvre* di Caravaggio, a eccezione del notevole uccello in gabbia del *Suonatore di liuto* di New York, dipinto in maniera molto diversa per la sommaria pastosità delle pennellate e l'astensione da descrizioni lenticolari presenti nel dipinto della collezione Borghese[64], quest'ultimo può essere considerato formativo per l'*iter* pittorico del Caravaggio.

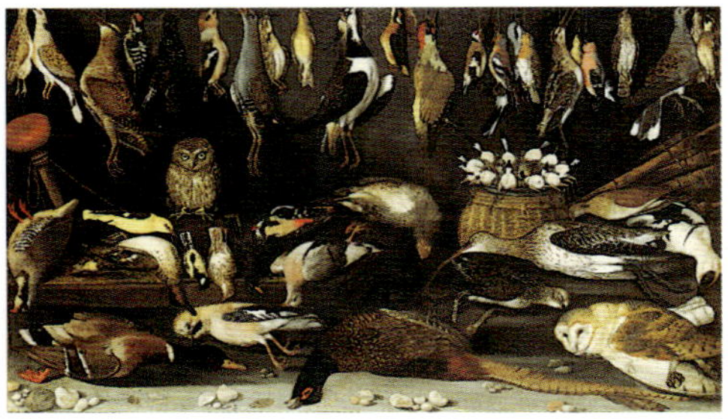

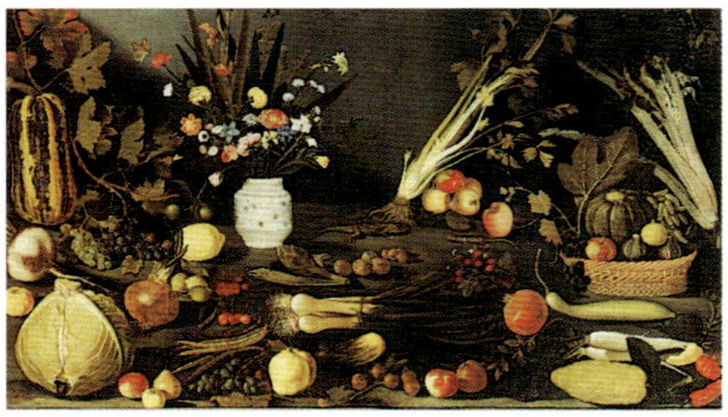

7. Ignoto maestro attivo a Roma, *Natura morta con uccelli*, *ante* 1607. Roma, Galleria Borghese.

8. Ignoto maestro attivo a Roma, *Natura morta con fiori, frutti e ortaggi*, *ante* 1607. Roma, Galleria Borghese.

– Lista 1607, n. 39. "Un altro quadro di diversi frutti et fiori senza cornici". Anche questo dipinto, un *pendant* del precedente, è stato collegato già da Zeri alla lista del sequestro del Cavalier d'Arpino[65] (fig. 8). In quest'opera è particolarmente evidente una relazione ancora da precisare con le prime opere del Caravaggio. Ma il confronto con il canestro di frutta del *Ragazzo*, certamente di Caravaggio e nella stessa Galleria Borghese, esclude che si possa trattare della stessa mano per evidenti schematismi nell'intreccio del cestino e un ordinato allineamento dei frutti che poco ha a che vedere con il tratto del Caravaggio nella copia naturale delle cose, con un respiro vitale diverso nel susseguirsi a onde dei grappoli d'uva, dei fichi, pomi o pere, dove nulla è allineato, pur essendo il tutto incluso nel bordo del canestro. Di tutt'altra efficacia è il gioco della luce che non aderisce agli oggetti, ma immerge il tutto in un drammatico fluire, risplendere o affogare nel buio. Il *Ragazzo con il canestro* del Caravaggio offre una sorta di sfida o risposta polemica rispetto alla maniera pittorica certamente virtuosa che distingue la natura morta di fiori, frutti e verdura. Certamente è di grande importanza che nella collezione del Cavalier d'Arpino il Caravaggio abbia potuto studiare da vicino le premesse per una nuova peculiare impostazione del tema della natura ora non più morta.

– Lista 1607, n. 40. "Un altro quadretto della Maddalena senza cornici vecchio". Potrebbe trattarsi del piccolo dipinto attribuito a D. Puligo, *La Maddalena che regge un vaso con unguenti* (inv. 328, cm 58 × 41)[66]. Il ritratto a mezzobusto di una santa con gli attributi in primo piano poteva aver avuto un riflesso sul dipinto del Cavalier d'Arpino, la *Maddalena penitente*, con gli attributi di croce e libro che però è inserita in un ambiente paesaggistico.

– Lista 1607, n. 41. "Un altro quadretto piccolo d'un Santo con una cornice indorata intorno". Opera non identificata.

– Lista 1607, n. 42. "Un Christo nudo tra ladroni non perfetto alla colonna senza cornice". Già riferito alla copia da Sebastiano del Piombo, *Cristo alla colonna* (inv. 133, cm 50 × 39, pittura murale eseguita tra il 1516 e il 1524 nella cappella Borgherini in San Pietro in Montorio a Roma; fig. 9), da Paola Della Pergola[67] che propone un'attribuzione a Taddeo Zuccari, sottolineando l'antica attribuzione al Cavalier d'Arpino nel libro di Montelatici, *Villa Borghese*, del 1700, p. 216. Un disegno – copia dello stesso *Cristo alla colonna* – del Crocker Art Museum è stato attribuito al Cavalier d'Arpino[68]. Non sembra escluso che la copia fosse eseguita nello studio del Cavalier d'Arpino. A prescindere dall'attribuzione nello stesso dipinto la scrivente ravvisa due mani differenti, una che dipinge con maggiore maestria nella figura centrale, mentre i manigoldi sono di resa più modesta sia nei panneggi che negli incarnati. Ancora nella tarda opera del Caravaggio, la *Flagellazione* in San Domenico a Napoli, l'invenzione di Sebastiano del Piombo nella versione originale[69] o in questa copia, posseduta dal Cavalier d'Arpino, ne costituisce il punto di partenza compositivo: vi appare la drammatica riduzione a poche figure in primo piano, il motivo del *pathos* del volto inclinato che guarda verso terra, mentre le braccia della vittima sono legate dietro la schiena e un grande vuoto verso l'alto si crea intorno alla colonna. Con l'attenzione su Sebastiano del Piombo il Caravaggio percorreva vie parallele a quelle del Cavalier d'Arpino, che nell'inclinazione del volto e del torace di Adamo, cacciato dal paradiso, rievoca l'esempio di Sebastiano[70].

– Lista 1607, n. 43. "Un quadro mezzano con una putta et un putto che piange". Il dipinto dovrà essere collegato all'invenzione di Sofonisba Anguissola del putto morso da un granchio uscito dal cestino che la sorella regge (fig. 11). Il disegno per questa famosa invenzione si trova al Museo di Capodimonte a Napoli e una versione dipinta alla fine del Cinquecento, proveniente da collezione romana, è stata recentemente pubblicata da Flavio Caroli[71]. Lo stesso dipinto della collezione d'Arpino risulta ancora nell'inventario del 1615-1630, "un quadro in tela del ritratto d'Anguisciola Soffonisba, sua figliola et il fratello, alto 5 largo"[72]. Negli studi su Caravaggio è stato da tempo sottolineata l'importanza di questa invenzione di Sofonisba Anguissola per i dipinti di Caravaggio *Ragazzo morso da un granchio* o *Ragazzo morso da un ramarro* nelle varie versioni pervenute. La rilettura dell'inventario del sequestro del Cavalier d'Arpino permette ora di precisare che era in casa Cesari a Roma e che il Caravaggio ebbe occasione di conoscere questo dipinto o analoga versione dipinta. La quadreria del Cavalier d'Arpino riveste anche in questo caso particolare importanza per l'*iter* artistico del Caravaggio.

– Lista 1607, n. 44. "Un quadro mezzano d'una Battaglia senza cornice". Il dipinto è stato riferito da Paola Della Pergola[73] al dipinto del Cavalier d'Arpino raffigurante la *Battaglia di Tullio Ostilio contro i veienti e i fidenati* della Galleria Borghese (inv. 391; fig. 10), riferimento cautamente accolto da H. Röttgen che dedica un'ampia analisi a questo modello, databile prima del 1595, per l'affresco della grande *Battaglia* nella sala degli orazi e curiazi del Palazzo dei Conservatori in Campidoglio[74].

– Lista 1607, n. 45. "Un quadro d'una santa che sona la lira senza cornice". In via ancora ipotetica si propone di riferire questa notizia a una versione della famosa invenzione di Bartolomeo Veneto, la *Suonatrice di liuto*, di cui esistono ancora trentuno redazioni tra copie e originali, di cui tre versioni a Milano[75] (fig. 12) e una di qualità notevole al museo di Boston proveniente da Roma[76]. Certamente nel caso del dipinto di Bartolomeo Veneto[77] non si tratta di una lira, bensì di un liuto, ma l'inesattezza nella descrizione di strumenti musicali da parte dei redattori di liste inventariali è alquanto frequente. D'altra parte, come ebbe a osservare Winternitz[78], ritratti di musici con la lira (viola da braccio) nel Cinquecento erano inusuali[79], ancora più rare sono immagini di sante che li suonano. Nell'ipotesi che una *Santa suonatrice* di o da Bartolomeo Veneto fosse indicata nella notizia della lista del 1607 si tratterebbe di un importante precedente conosciuto dal Caravaggio attraverso la quadreria del Cavalier d'Arpino[80].

Infatti per i *Suonatori di liuto* del Caravaggio dell'Ermitage di San Pietroburgo o di New York[81], nella *Santa suonatrice* di Bartolomeo Veneto è avviata la composizione di una figura a mezzo busto in primo piano e l'appoggio casuale del libro di musica con le note ben precise, che aspettano ancora una loro identificazione, mentre Camiz aveva individuato nel madrigale di Arcadelt il riferimento musicale per il dipinto del Caravaggio[82].

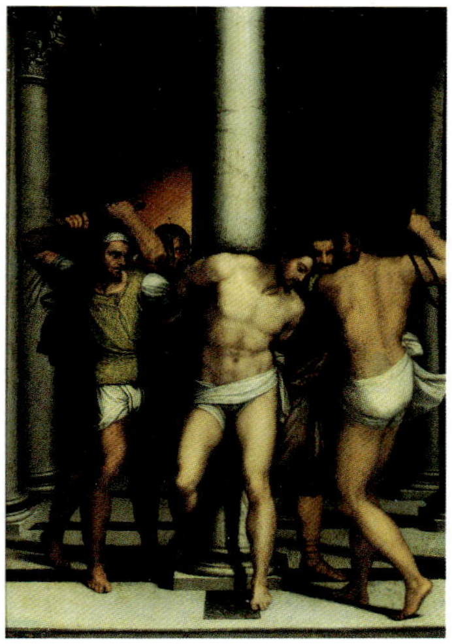

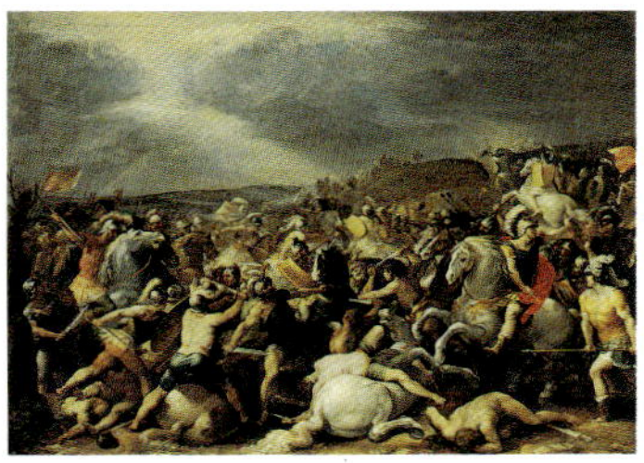

9. Artista romano del XVI secolo, copia da Sebastiano del Piombo, *Cristo alla colonna*. Roma, Galleria Borghese.

10. Giuseppe Cesari, detto il Cavalier d'Arpino, *La battaglia di Tullio Ostilio contro i veienti e i fidenati*, bozzetto per l'affresco nel Palazzo dei Conservatori, *ante* 1595. Roma, Galleria Borghese.

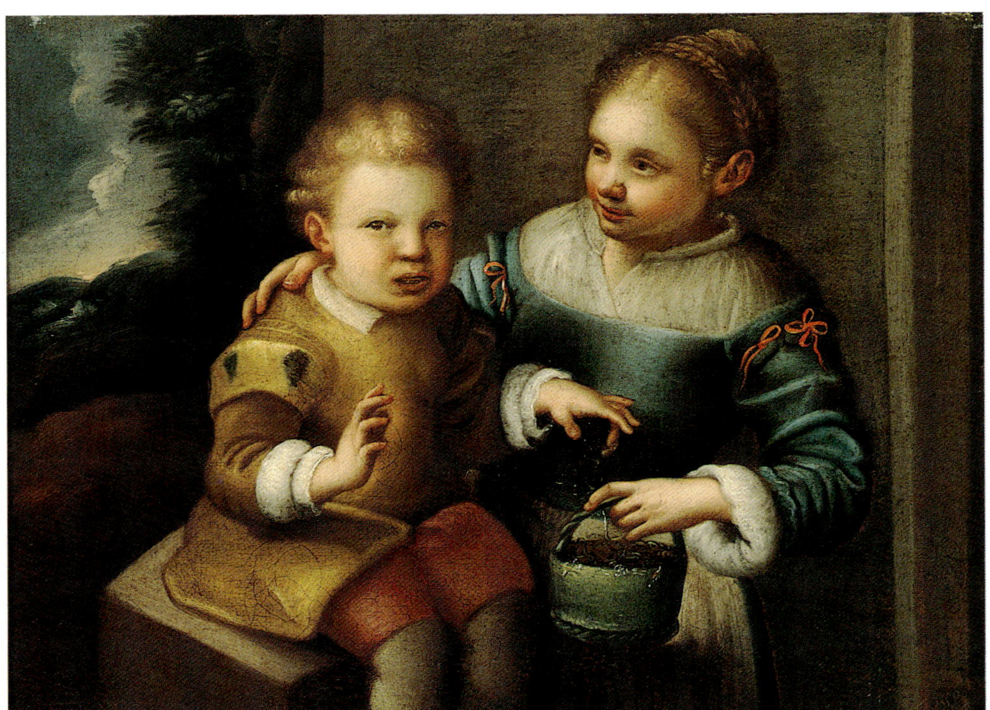

11. Copia da Sofonisba Anguissola, *Fanciullo morso da un granchio*, fine del XVI secolo. Milano, collezione privata.

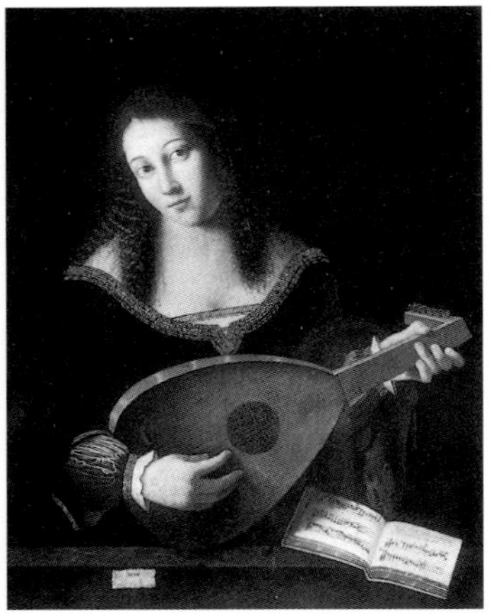

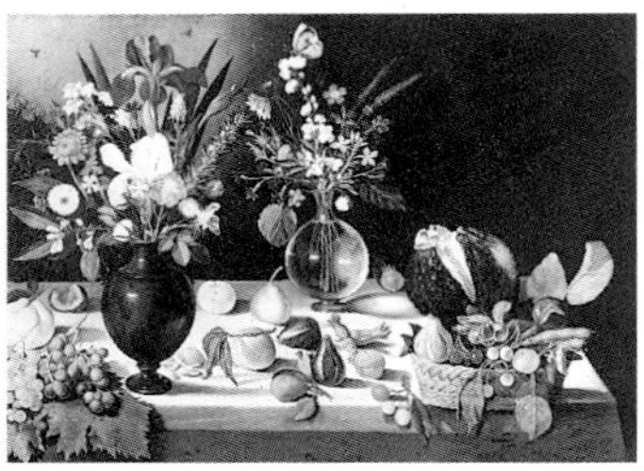

12. Bartolomeo Veneto, *Santa che suona il liuto*, 1526. Milano, Pinacoteca di Brera.

13. Maestro di Hartford, *Natura morta con frutti, fiori e due caraffe*, 1592 circa. Hartford, Wardsworth Atheneum.

In ambedue i casi si tratta di figure giovani illusionisticamente apparse davanti al parapetto o tavolo con gli oggetti disposti, in atto di toccare le corde e guardando direttamente verso chi ascolta con garbata inclinazione del volto. Alle spalle delle figure non viene descritto più nulla, ma un'oscurità generale fa emergere con più risalto il rilievo delle figure memore dell'insegnamento di Leonardo. La citazione davanti al ritratto di elementi illusionistici, come il libro di note, che sembrano invadere lo spazio dell'osservatore e d'altra parte la rinuncia completa a descrivere il luogo nello sfondo alle spalle della figura collegano in maniera intrinseca le due opere. La resa del sottile cerchio di gloria che sovrasta il volto della santa e arde in alcuni tratti colpito dalla luce, ma affonda nell'oscurità dello spazio, sarà sviluppata dal Caravaggio nei futuri dipinti di storia sacra, per esempio nella *Santa Caterina*[83], che ha una certa affinità fisionomica e appare in un vestito guarnito di poche ma preziose bordure ricamate nella finezza della tradizione lombarda. Nodi leonardeschi nelle bordure ornano anche il ritratto di Fillide di Caravaggio che costituisce occasione di confronto con la *Suonatrice di liuto* di Bartolomeo Veneto nella simile esposizione verso la luce che viene da sinistra e l'accentuazione della mano rilevante in primo piano[84].

A prescindere dall'inventario del 1607, a parere di chi scrive, in ogni caso l'opera di Bartolomeo Veneto è uno dei dipinti di maggior stimolo della tradizione figurativa cinquecentesca per il Caravaggio e certamente anche a Milano il pittore poteva aver visto una versione dell'opera.

– Lista 1607, n. 46. "Un altro quadretto con doi teste di huomo et donna senza cornice".

– Lista 1607, n. 47. "Un quadro pieno di frutti et fiori con due Caraffe con le cornici nere". Il dipinto è stato riferito alla *Natura morta* di Hartford Wardsworth Atheneum da Federico Zeri e costituisce il dipinto di riferimento al cosiddetto "Maestro di Hartford", generalmente accettato dalla critica[85] (fig. 13). La presenza di quest'opera e le altre affini nella collezione del Cavalier d'Arpino stimolavano Caravaggio a sviluppare la sua nuova visione del tema della natura morta – secondo Ferdinando Bologna – in cui apparivano "frutti come mondi, addirittura, non solo come 'figure'"[86].

– Lista 1607, n. 48. "Un altro quadretto di paesi con S. Giovanni con le cornici noce dorata". Longhi (1928) aveva già riferito il piccolo sentimentale dipinto su lavagna con *San Giovanni Battista* alla lista del sequestro, attribuendolo al Cavalier d'Arpino (inv. 229; fig. 14)[87]. Per il Caravaggio costituiva motivo di porre il tema in chiave diametralmente opposta nel dipinto grande del *San Giovanni Battista* del 1609 della Galleria Borghese nelle precedenti versioni della Galleria Capitolina e Doria Pamphilj, databili al 1597-1598, mentre l'anello di congiunzione tra queste opere potrebbe essere un dipinto dello stesso tema in collezione romana reso noto con attribuzione al giovane Caravaggio da L. Grassi[88].

– Lista 1607, n. 49. "Un quadro di Rosa Solemana con le cornici di noce". Il dipinto della Galleria Borghese (inv. 154, cm 34 × 25) costituisce una copia del ritratto di Laura Dianti eseguito da Tiziano, come riconobbe Longhi nel 1928 (fig. 15); fu ritenuto da Paola Della Pergola una versione misera, databile comunque ai primi anni del Seicento, che sarebbe entrata in Galleria Borghese all'epoca del Fidecommisso (1833) in sostituzione di un dipinto con misure ben maggiori (palmi 4 e 3 2/3), documentato ancora nell'inventario Borghese del 1725[89]. Un esame del bordo frangiato del dipinto, che sembra aver subito una storia violenta, non esclude per la scrivente che il quadro fosse quello della lista del sequestro, ridotto nell'Ottocento alla misura attuale e coperto con una vernice molto oscura nell'adattamento al nuovo formato. Una datazione alla fine del Cinquecento sembra preferibile per l'esecuzione lenticolare di alcuni dettagli che in nessun caso potevano essere presenti in un dipinto di Tiziano e pertanto andrebbe riesaminata l'indicazione nel testo di Manilli (1650) che Bartolomeo Spranger sarebbe stato l'autore di una copia del dipinto "della Sultana Rosa, moglie di Solimano" di Tiziano in collezione Borghese[90]. Quanto al

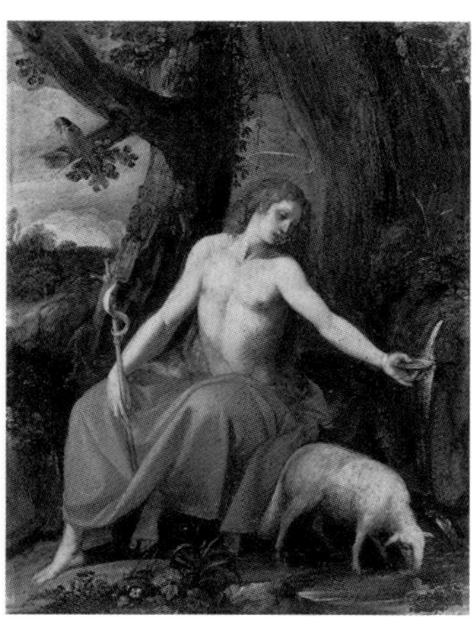

14. Giuseppe Cesari, detto il Cavalier d'Arpino, *San Giovanni Battista*. Roma, Galleria Borghese.

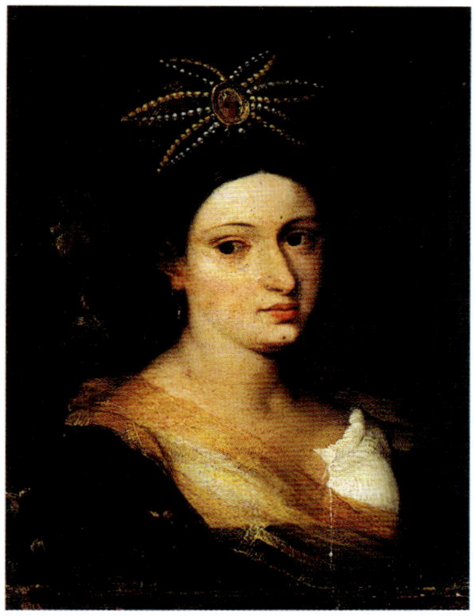

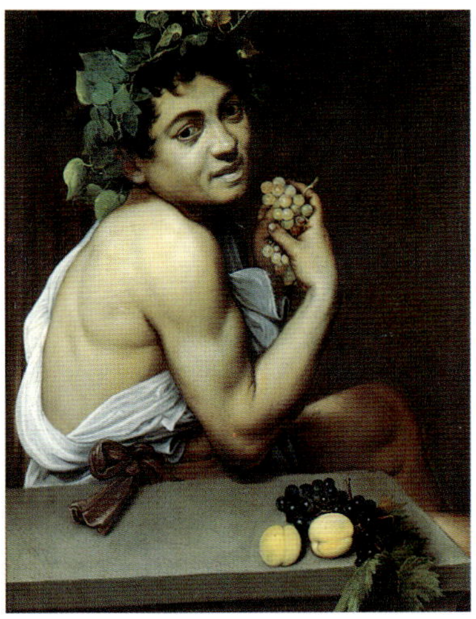

15. Copia da Tiziano, *Ritratto di Laura Dianti*, fine del XVI secolo. Roma, Galleria Borghese.

16. Michelangelo Merisi, detto il Caravaggio, *Bacchino malato*. Roma, Galleria Borghese.

Caravaggio, questa copia modesta, ora in uno stato penoso di conservazione – o il prototipo di Tiziano – erano certamente di interesse; infatti l'invenzione del velo trasparente che attraversa in diagonale l'ampio e ondeggiante *decolleté* della donna orientale, chiamata anche la Schiavona o la Turca, viene adottata e trasformata dal Merisi nella *Madonna dei Palafrenieri* della Galleria Borghese o nella tragica *Salomè* del Museo del Prado[91].
– Lista 1607, n. 50. "Un quadretto con un Crocefisso senza cornici et con altre figure". Longhi rivalutò questa "opera assai fine della bottega di Paolo Veronese" (inv. 107, cm 76 × 56) come riconosciuto da Paola Della Pergola che ne appurò la presenza nell'inventario del 1693[92]. Il fatto che le tre figure a piè della croce non vengano indicate nella lista lascia un margine di incertezza nell'ipotesi di riferimento, comunque dei quadretti tuttora in Galleria Borghese il dipinto sarebbe l'unico raccordabile alla breve indicazione del soggetto nella lista del 1607.
– Lista 1607, n. 51. "Un altro quadretto di un Dio Padre senza cornice". Potrebbe trattarsi del dipinto del Cavalier d'Arpino menzionato da Manilli 1650[93].
– Lista 1607, n. 52. "Un quadro di un paesetto con una barchetta senza cornici".
– Lista 1607, n. 53. "Un'altra simile con una mola senza cornice".
– Lista 1607, n. 54. "Un altro quadretto con un giovinotto con la Ghirlanda d'hellera intorno, et rampaccio d'uva in mano senza cornice". Il dipinto assegnato da Longhi al Caravaggio, seguito dalla critica successiva, riguarda il *Bacchino malato* (inv. 534, cm 67 × 53; fig. 16)[94].
– Lista 1607, n. 55. "Un quadretto con tre figure di Baccanali senza cornici". Paola Della Pergola propose di riferire il dipinto a quello delle *Tre Grazie* di Rutilio Manetti[95], ma elementi bacchici particolari non sembrano presenti in quell'immagine. Si propone di considerare la possibilità che si tratti di una variante o replica del dipinto dei *Musici* del Caravaggio, conservato al Metropolitan Museum, dove Amore alato o il genio bacchico è alle prese con l'uva accompagnando i tre ragazzi nel concerto del baccanale[96]. L'ipotesi potrebbe trovare sostegno per la posizione nella lista di questo dipinto tra gli altri due dipinti del giovane Caravaggio, il *Bacchino malato* e il *Ragazzo con canestro di frutta*.
– Lista 1607, n. 56. "Un quadro di un Giovane che tiene un Canestro di frutti in mano senza cornice". Corrisponde, come è noto, al dipinto della Galleria Borghese (inv. 136, cm 70 × 67), il *Ragazzo con canestro di frutta*[97] (fig. 17).
– Lista 1607, n. 57. "Un altro quadretto con una Battaglia ad acquetta con la cornice nera".
– Lista 1607, n. 58. "Un quadretto in carta Azzurra di diversi figure fatti a pastilli con le cornici nere".
– Lista 1607, n. 59. "Un altro quadretto di un giovane che tiene una banda che tieni diversi fiori senza cornice". Il controllo del manoscritto originale della lista del sequestro (Fondo Borghese I, 27 cc. 329 sgg.) non trascritto da de Rinaldis in tutti i particolari, evidenzia che si tratta di una annotazione quasi distratta tra la menzione della banda e quella dei fiori. In via ipotetica si propone di riferire il testo al dipinto giudicato da Paola Della Pergola come variante da Francesco Melzi, raffigurante la *Flora* (fig. 18). Recenti radiografie hanno rilevato una veste diversa con colletto aperto in una prima stesura dell'opera. Il tipo androgino della figura con una banda ornata di fiori in testa e con altri fiori in mano sembra compatibile con il soggetto della lista. Il dipinto risulta peraltro incluso nell'inventario Borghese del 1693[98].

La conoscenza di questo dipinto da parte del giovane Caravaggio poteva aver assecondato le sue invenzioni di mezzi busti di giovani in presenza di fiori in primo piano come i ragazzi con le caraffe di rose e di altri fiori; anche nell'immagine della cosiddetta "Fillide", già a Berlino, il Caravaggio mette in risalto la giovane bellezza umana e quella dei fiori colti.
– Lista 1607, n. 60. "Un quadro di paese con capanne con alcuni pastori et animali senza cornice". Il dipinto è il primo di un gruppo di paesaggi dell'ambito di Paul Bril che

per la genericità delle indicazioni della lista del 1607 (cfr. anche i nn. 61-71, 75-78, 82, 90, 93) sono soltanto in parte riferibili alle singole opere, tuttora conservate in Galleria Borghese, come già notato da Paola Della Pergola. In tutti questi dipinti emerge un'attenzione spontanea alla raffigurazione della natura selvaggia dei boschi, e dei paesaggi agresti nel genere di questi dipinti, ricercato dal collezionismo italiano intorno al 1600.

– Lista 1607, n. 61. "Un quadro mezzano di paese con San Gironimo et un leone appresso senza cornice".

In questo caso, per la presenza del santo, già Paola Della Pergola riferì il quadro al dipinto inv. 20 (cm 89 × 90) di Paul Bril[99].

– Lista 1607, n. 62. "Un quadro di Sodoma e Gomorra che s'abbruciano". Nella collezione Borghese esiste tuttora un dipinto su diaspro duro (inv. 487, cm 17 × 9) raffigurante *Loth e le figlie fuggono da Sodoma*[100], che potrebbe essere inteso nella lista del 1607, ma la particolare piccolezza del dipinto e la lontananza dell'incendio di Sodoma e Gomorra nella composizione consigliano di considerare la questione ancora aperta.

– Lista 1607, n. 63. "Un quadro di Paesi con un Santo Antonio senza cornici". Potrebbe riferirsi a un dipinto di ignoto romano della seconda metà del XVI secolo, raffigurante le tentazioni di sant'Antonio, dipinto su alabastro (inv. 474, cm 18 × 13), ma anche in questo caso tale ipotesi di riferimento potrà essere corroborata soltanto con ulteriori elementi.

– Lista 1607, n. 64. "Un quadro mezzano con un paese et Christo in Emau senza cornice". Il titolo del dipinto nella lista consente in questa sede di identificarlo con l'opera dello Scarsellino che dipinge *Cristo coi discepoli sulla via di Emmaus* in aperta campagna (inv. 226, cm 98 × 117; fig. 19)[101]. È notevole in quest'opera originale la vicinanza delle grandi figure, il movimento non convenzionale degli umili discepoli, distinti dai cappelli gagliardi, la retorica gestualità delle mani e i drappeggi colpiti dalla luce, mentre sono nascosti nell'ombra due dei volti. Il dipinto è di interesse per le nuove scene drammatiche monumentali di Caravaggio per esempio in San Luigi dei Francesi[102].

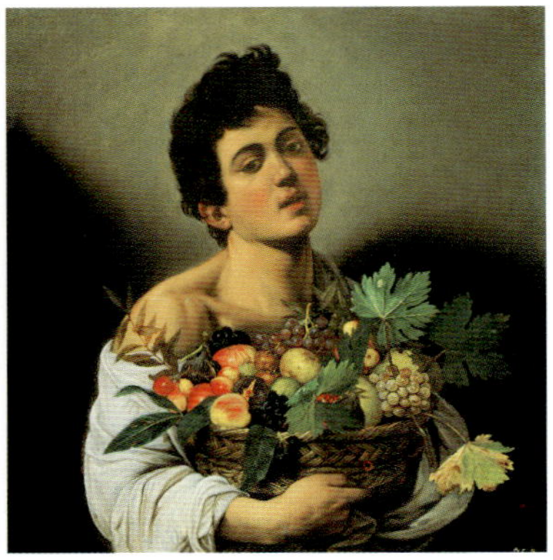

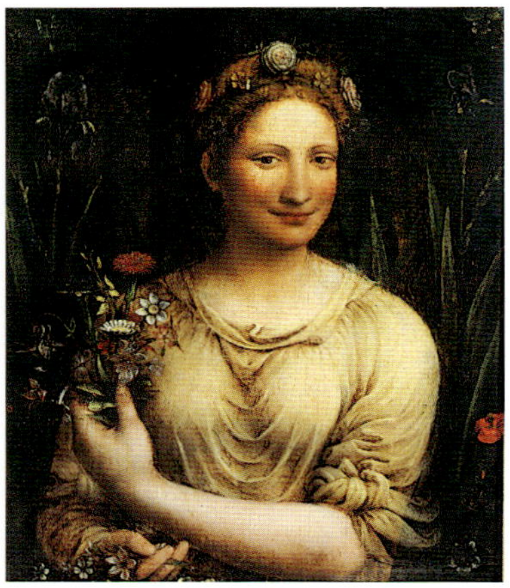

17. Michelangelo Merisi, detto il Caravaggio, *Ragazzo con canestro di frutta*. Roma, Galleria Borghese.

18. Seguace di Leonardo da Vinci, variante da Francesco Melzi, *Flora*, XVI secolo. Roma, Galleria Borghese.

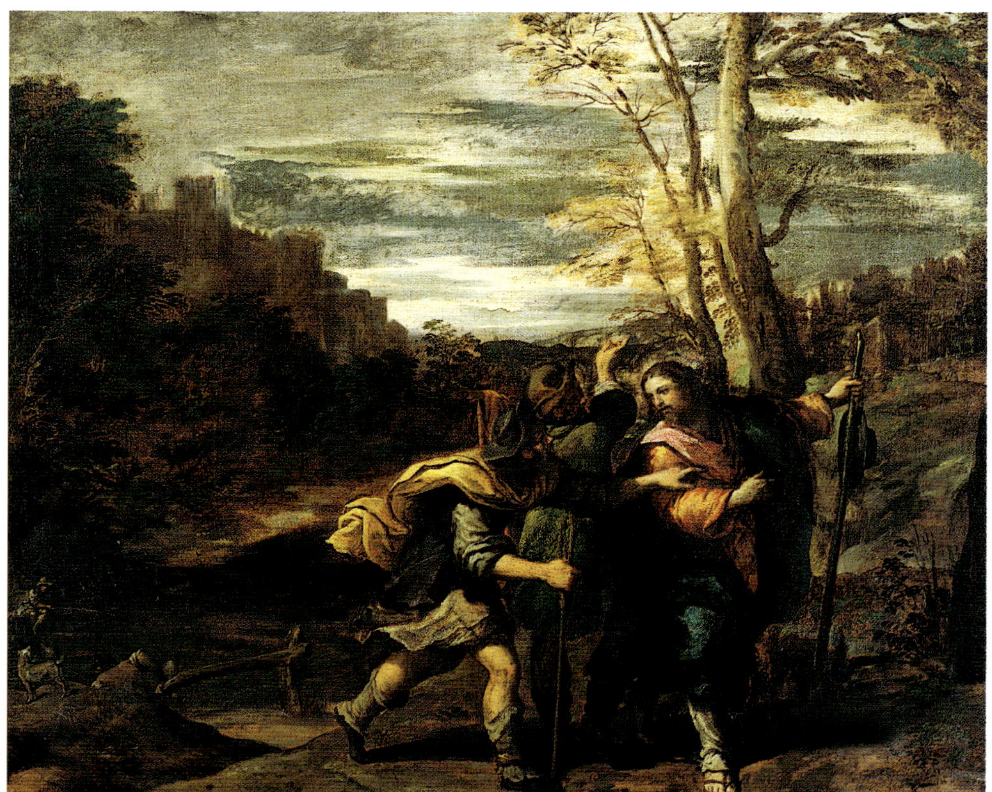

19. Ippolito Scarsella, detto lo Scarsellino, *Cristo coi discepoli sulla via di Emmaus*, 1590. Roma, Galleria Borghese.

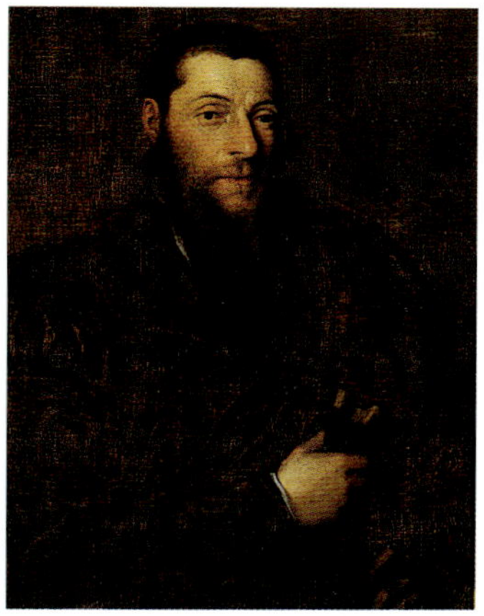

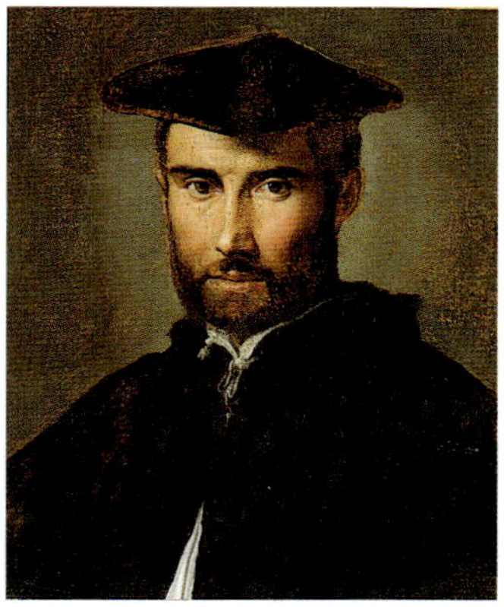

20. Girolamo da Carpi, *Ritratto d'uomo con guanti in mano*, secondo terzo del XVI secolo. Roma, Galleria Borghese.

21. Francesco Mazzola, detto il Parmigianino, *Ritratto di uomo vestito di nero*, 1527 circa. Roma, Galleria Borghese.

– Lista 1607, n. 65. "Un quadro mezzano con paesi, arbori et verdura et animali senza cornici". Probabilmente, per la menzione degli animali, riferibile al dipinto di Paul Bril e aiuti inv. 21 (cm 66 × 90)[103].
– Lista 1607, n. 66. "Un altro quadro mezzano con paesi, arbori et verdure senza cornice". Probabilmente riferibile all'opera di Paul Bril e aiuti, inv. 18 (cm 66 × 90)[104].
– Lista 1607, n. 67. "Un altro quadretto di verdura con le cornici di noce".
– Lista 1607, n. 68. "Un altro quadretto mezzano di paesi con una cascata d'acqua senza cornice".
– Lista 1607, n. 69. "Un altro quadretto di verdura con quattro bovi et un Pastore".
– Lista 1607, n. 70. "Un quadro mezzano con paesi et anticaglia senza cornici". Riferibile al dipinto di un pastore, cinque capre e rovine antiche nello sfondo, inv. 19 (cm 66 × 90)[105].
– Lista 1607, n. 71. "Un quadro mezzano con l'incendio di Troia".
– Lista 1607, n. 72. "Un quadro d'un ritratto d'un Dottore con li guanti in mano senza cornice". Riferito già da Paola Della Pergola al dipinto di Girolamo da Carpi, *Ritratto d'uomo con guanti in* mano (inv. 8, cm 110 × 159; fig. 20)[106].
– Lista 1607, n. 73. "Un ritratto piccolo d'una donna grassa con un pomo in mano".
– Lista 1607, n. 74. "Un altro ritratto mezzano d'un'huomo vestito di negro". Un uomo vestito di nero in un dipinto di formato medio prima del 1607 in Galleria Borghese potrebbe riguardare il ritratto virile a mezzobusto del Parmigianino (inv. 85, cm 52 × 42; fig. 21)[107].
– Lista 1607, n. 75. "Un quadro di Paesi con un barcone et una Torre senza cornice".
– Lista 1607, n. 76. "Un quadro mezzano di verdura con un arbore grande senza cornice".
– Lista 1607, n. 77. "Un quadro mezzano di paesi con un fontanino un campanile et altri edifitii senza cornice". Probabilmente riferibile al dipinto di Paul Bril e aiuti, inv. 13 (cm 78 × 106)[108].
– Lista 1607, n. 78. "Un altro quadretto di paesi con doi arbori rotti senza cornice".
– Lista 1607, n. 79. "Un altro quadro di un ritratto di Papa con le cornici di noce, et coperta di taffettano rosso".
– Lista 1607, n. 80. "Un quadro di ritratto d'un Cardinale in tavola con le cornici di noce".
– Lista 1607, n. 81. "Un quadro della Visitazione di Santa Elisabetta senza cornici grande". Il grande dipinto copia da Sebastiano del Piombo (inv. 17) della Galleria Borghese è già stato collegato da Paola Della Pergola alla lista del sequestro d'Arpino[109] (fig. 22). Nell'inventario Borghese del 1693 viene attribuito al Pomarancio, Venturi (1893) lo attribuisce alla scuola di Sebastiano del Piombo, mentre Longhi lo data al 1533-1538, la Della Pergola infine propone Vincenzo Tamagni come copista e pertanto una data precedente al 1530. La conoscenza di quest'opera poteva servire a Caravaggio per ritrarre le grandiose donne della storia sacra su una specie di palcoscenico vicino, collegate in una visione d'insieme, viste dal basso, che al contempo sono caratterizzate nel loro ruolo e comportamento individuale. Per esempio nella *Madonna dei Palafrenieri* le forme fiorenti della Madonna contrastano con quelle fragili della vecchia Anna, avvolta in un ampio panneggio che richiama le statue antiche; il contrasto fra le diverse età delle donne è ancora reso nel confronto tra le due figure femminili nella scena della *Decollazione*, conservata nella cattedrale di San Giovanni alla Valletta.
– Lista 1607, n. 82. "Un altro quadro di Paesi grande con una tempesta senza cornici".
– Lista 1607, n. 83. "Un disegno d'Atteone in carta Reale". Probabilmente si trattò di un disegno di uno dei fratelli Cesari per le loro redazioni del tema di *Diana e Atteone*[110].
– Lista 1607, n. 84. "Un quadretto con cinque teste di morti senza cornice".
– Lista 1607, n. 85. "Un quadretto d'un Christo in carta Turchina colorito con le cornici nere".

22. Copia da Sebastiano del Piombo, *La Visitazione*, secondo terzo del XVI secolo. Roma, Galleria Borghese.

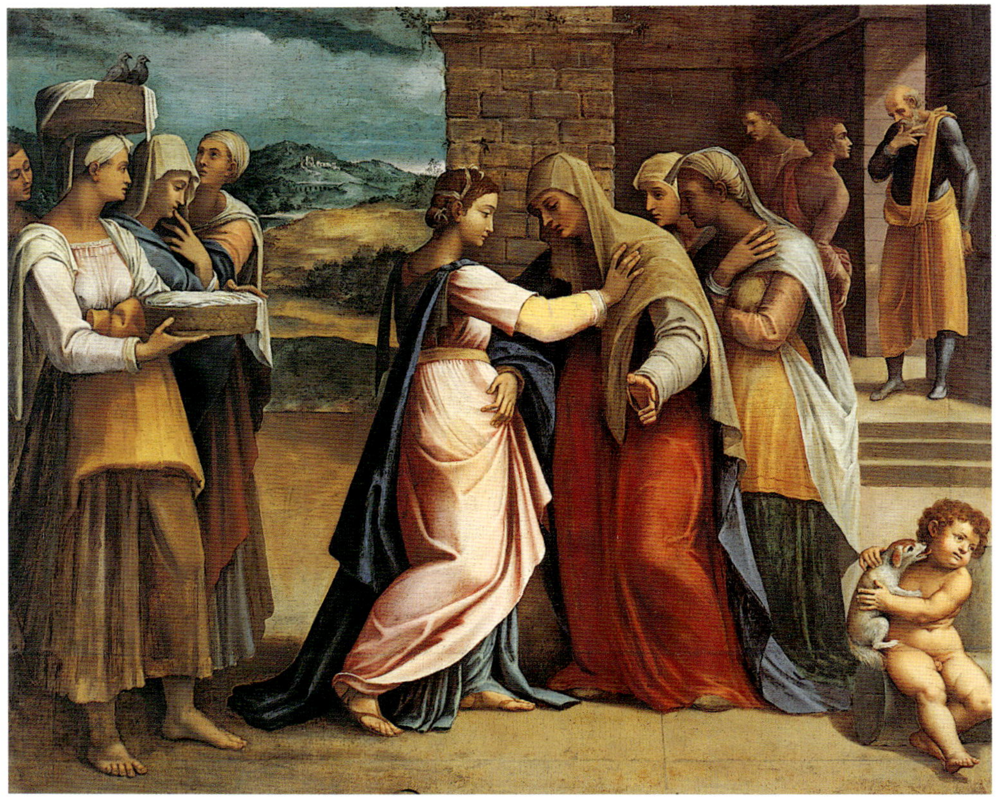

– Lista 1607, n. 86. "Un quadretto mezzano di San Francesco con un Christo in tela senza cornice". Il dipinto fu ritenuto da Paola Della Pergola come corrispondente "con molta probabilità" all'opera attribuita ad Annibale Carracci, *San Francesco* (inv. 290, cm 48 × 42; fig. 23)[111]. Vi appare il santo che include da vicino nel suo braccio un teschio accanto a un crocifisso e stringe una perla del rosario tra le sue dita, mentre in profonda meditazione, lo sguardo prossimo allo svenimento, appoggia il volto all'altra mano davanti allo sfondo oscuro. L'ardita composizione del *San Francesco* ritratto a mezzobusto con il crocifisso che sembra uscire dallo spazio pittorico potrebbe aver suggerito al Cavalier d'Arpino di collocare in maniera illusionistica il crocifisso in primo piano nel suo dipinto della *Maddalena penitente*[112]; per il Caravaggio questo piccolo quadro poteva indurre a meditare sul tema di san Francesco in termini di contatto fisico con il teschio, risolto poi in una chiave esistenziale che rimanda ad Amleto nel dipinto della chiesa dei Cappuccini o nella versione di Palazzo Barberini[113], ma anche l'idea dell'abbraccio della croce vicino al petto e lo sguardo rivolto in alto furono sviluppati, certamente in termini del tutto diversi dal Caravaggio nell'opera della collezione Johnson a Princeton[114].
– Lista 1607, n. 87. "Un quadretto d'una testa d'una Santa senza cornice". Si propone di riferire la notizia al piccolo dipinto di un maestro toscano che raffigura una monaca con l'attributo del giglio (inv. 153, cm 46 × 38)[115].
– Lista 1607, n. 88. "Un quadretto d'una Testa in tavola con mezzo busto senza cornice".
– Lista 1607, n. 89. "Un putto in tavola con un pomo in mano". Il dipinto (fig. 24) è stato ipotizzato come opera forse di Caravaggio da parte di de Rinaldis (*Documenti inediti della R. Galleria Borghese in Roma, Le opere sequestrate al Cavalier d'Arpino*, in "Archivi d'Italia", serie II, III, 1936, p. 115, n. 11); Maurizio Marini (*Caravaggio. Michelangelo Merisi da Caravaggio "pictor prestantissimus"*, Roma 1987, II ed. riveduta e aggiornata Roma 1989) ha proposto di riferirlo a un dipinto su tela di collezione romana, incorniciata con lo stesso tipo di cornice, come anche il *Davide con la testa di Golia* della Galleria Borghese. In questa ottica l'indicazione "in tavola" non si riferirebbe al supporto del dipinto, bensì indica che il ragazzo opera a tavola[116].

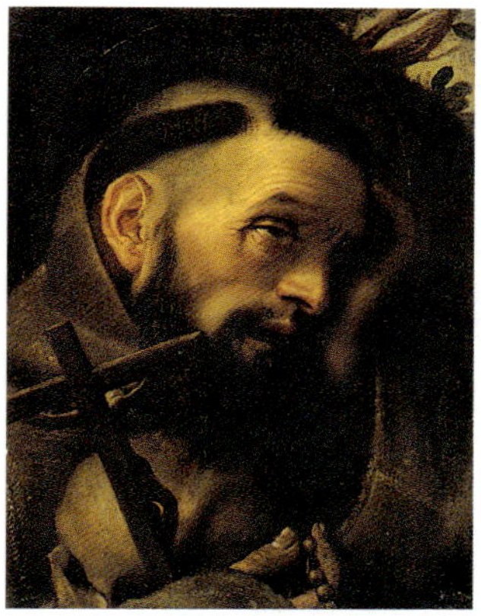

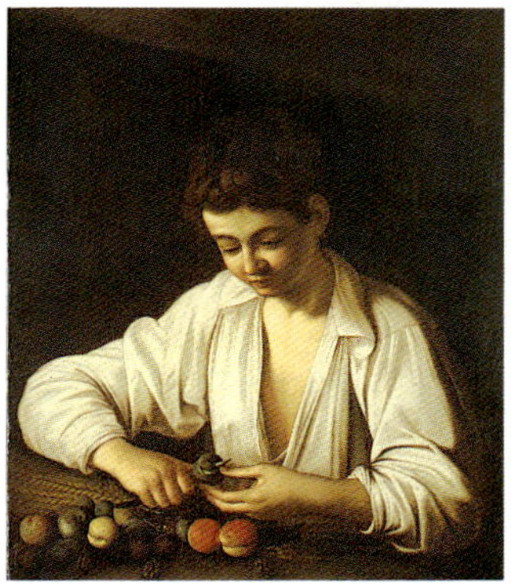

23. Annibale Carracci, *San Francesco*, fine del XVI secolo. Roma, Galleria Borghese.

24. Michelangelo Merisi, detto il Caravaggio (attr.), *Ragazzo mondafrutto*, 1593. Roma, collezione privata.

– Lista 1607, n. 90. "Un quadretto di un paesino con Anticaglia di Campo vaccino senza cornice".
– Lista 1607, n. 91. "Un disegno del ratto delle Sabine in carta incollata sopra tela".
– Lista 1607, n. 92. "Un quadro mezzano d'un abozzo della presa di Christo in tavola di noce".
– Lista 1607, n. 93. "Un quadro con un paese con la cascata di Tivoli et anticaglie in tela senza cornice". Riferibile all'opera di Paul Bril e aiuti (inv. 12, cm 84 × 111), raffigurante un paesaggio con le cascate e il tempio della Sibilla di Tivoli[117].
– Lista 1607, n. 94. "Un disegno di una donna che tiene un puttino et un agnello in carta grande disteso sulla tela".
– Lista 1607, n. 95. "Un altro disegno di un Angelo in carta disteso su tela".
– Lista 1607, n. 96. "Un quadro con una caraffa di fiori, et altri fiori non compito". Ritenuto da Paola Della Pergola di possibile riferimento al dipinto di Jan Brueghel il Vecchio detto dei Velluti (inv. 362, cm 28 × 21; fig. 25)[118], citando de Rinaldis che ipotizzò "forse un'opera del Caravaggio", memore della notizia di Bellori (1672, p. 202): "Dipinse per il Cavalier d'Arpino una caraffa di fiori con le trasparenze dell'acqua e del vetro, e coi riflessi di freschissime rugiade"[119].
– Lista 1607, n. 97. "Un quadretto d'una testa di Papa Gregorio in tela".
– Lista 1607, n. 98. "Un tondo con il mondo, due figure, et un puttino In tela grande".
– Lista 1607, n. 99. "Un quadro di ritratto d'una donna con una caraffa di fiori in un tavolino". Il dipinto di una donna con pesca e caraffa di gelsomini in collezione privata romana (fig. 26) è stato attribuito al Caravaggio da Longhi (1967); Marini invece tende a vedervi un'opera di Giuseppe Cesari con eventuale partecipazione parziale del Caravaggio[120]. La questione della divisione delle mani in questo caso è particolarmente interessante per la prima attività del Caravaggio nello studio di Cesari, dove ebbe il compito di dipingergli soltanto fiori e frutti, mentre aspirava anche alla figura umana.
– Lista 1607, n. 100. "Un ritratto dell'Infante di Spagna con la cornice di noce con coperta di Taffetta rosa".
– Lista 1607, n. 101. "Un disegno di un Tondo con molte figure cornici di noce intagliate".
– Lista 1607, n. 102. "Un quadretto di ritratto d'un Giovane francese in tela senza cornici".
– Lista 1607, n. 103. "Un altro ritratto d'un huomo di mezzo tempo piccolo senza cornici".
– Lista 1607, n. 104. "Un quadretto con tre pernici senza cornici".
– Lista 1607, n. 105. "Un quadretto di ritratto di Papa Paolo V con le cornici nere".
– Lista 1607, n. 106. "Una testa di Cicerone in gesso".
– Lista 1607, n. 107. "Un'altra testa di Michel'Angelo buona Rota di gesso".
– Lista 1607, n. 108. "Un Gallo d'India disteso sopra una tavola in carta".
– Lista 1607, n. 109. "Un disegno in Cartone Turchino con quattro teste et mezzi busti".
– Lista 1607, n. 110. "Un altro disegno in Carta Torchino d'un ragazzo et un huomo della Tavola di San Pietro Montorio".
– Lista 1607, n. 111. "Alcune stampe in carta bianca incollate in alcuni segni del Zodiaco".
– Lista 1607, n. 112. "Tre altre stampe incollate in cartone bianco de dedalo meridies et Vesperas descritte".
– Lista 1607, n. 113. "Un altro disegno. In carta Torchina grande con una donna grande inginocchioni della Tavola di S. Pietro Montorio". Trattasi certamente di un particolare della famosa *Trasfigurazione* di Raffaello, all'epoca nella chiesa di San Pietro in Montorio.
– Lista 1607, n. 114. "Un altro disegno grande di più figure della tavola di S. Pietro Montorio". Anche in questo caso (vedi numero precedente) la composizione del tardo Raffaello era oggetto di studio in casa Cesari.

25. Jan Brueghel il Vecchio, Una *caraffa di fiori*, 1593 circa. Roma, Galleria Borghese.

26. Giuseppe Cesari, detto il Cavalier d'Arpino, e Michelangelo Merisi, detto il Caravaggio (attr.), *Ritratto di dama con caraffa di gelsomini*, 1593. Roma, collezione privata.

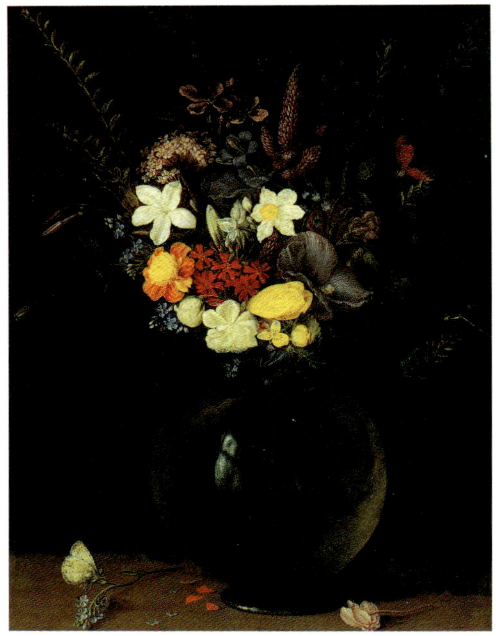

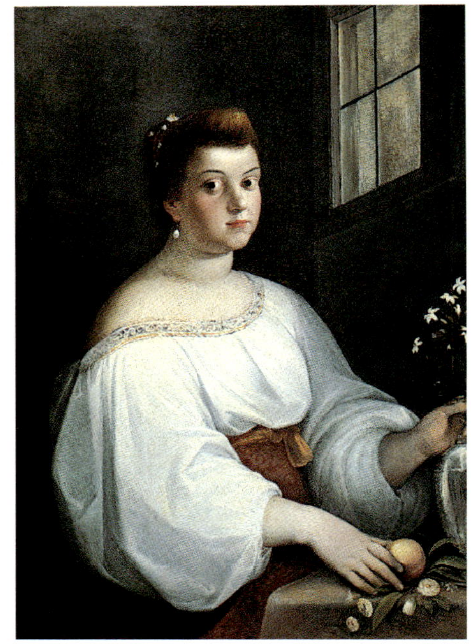

– Lista 1607, n. 115. "Un studiolo di noce dentro de disegni sigillato".
– Lista 1607, n. 116. "Una cassetta bianca alta un palmo lunga quattro pal. in c. piena di disegni, et libri descritti".
– Lista 1607, n. 117. "Un libro della Religione antica de Romani".
– Lista 1607, n. 118. "Un altro libro di ritratti de Cento Capitani illustri".
– Lista 1607, n. 119. "Un libro della vita, et miracoli di S. Benedetto".
– Lista 1607, n. 120. "Un altro libro chiamato Communes, et famigliares hebraicae linguae, di coperte rosse".
– Lista 1607, n. 121. "Un altro libro intitolato P. Tolomeis Arcesus Cum Tabulis veteribus ac novis, con coperchi di tavola et corame rosso".
– Lista 1607, n. 122. "Un altro libro intitolato franc: Tersii Bergomatis Ser.mi Card.lis Archiducis Austriae Coperto di carta bianca".
– Lista 1607, n. 123. "Poste nel studiolo di Noce trentadoi stampe de carte de paesi piccole".
– Lista 1607, n. 124. "Settantatrè carte stampate tra paesi et altre figure".
– Lista 1607, n. 125. "Una cassetta piccola con diversi segni di lunghezza di doi palmi, et quattro deti longa doi palmi manca un dito".
– Lista 1607, n. 126. "Un disegno di una testa d'un soldato, in carta disteso sopra una tavola".
– Lista 1607, n. 127. "Un altro disegno a penna in carta disteso sopra una tela di 3 huomini ignudi che fanno le forse con le cornici nere".
– Lista 1607, n. 128. "Una Statuina di bronzo d'una Donna mezza ignuda sopra un piede".
– Lista 1607, n. 129. "Un'altra più piccola vestita con un bastoncino per mano".

In conclusione, il percorso per immagini della quadreria del Cavalier d'Arpino può illustrare il carattere della raccolta: frequenti erano i dipinti di piccolo o medio formato, più rari i grandi. La maggior parte era priva di cornice. Tra i temi prescelti non si trovavano immagini della vita sociale di alto rango e di lusso sofisticato, come nei dipinti del contemporaneo Jacopo Zucchi. I soggetti erano soprattutto apparentemente quotidiani, opere sacre in cui il messaggio umano prevale sulla retorica, oppure le piccole meraviglie della vita di tutti i giorni come i fiori, le farfalle, o la vista su campagne e paesaggi selvaggi nonché ritratti a mezzo busto. Quest'ultimo genere, come è noto, era particolarmente sviluppato nella tradizione lombarda e veneta. Il giovane Caravaggio ebbe occasione di apprezzare questi esempi non soltanto durante il soggiorno milanese ma anche a Roma in casa Cesari nonché anche in altre collezioni in quella città, formativa per l'artista.

L'attenzione posta dagli artisti settentrionali riguardo alla descrizione del creato in tutte le forme vitali in cui questo si manifesta, dal più piccolo frutto alla complessità delle figure umane offriva a Caravaggio un esempio di soluzioni pittoriche atte a trasformare in immagini le osservazioni empiriche della natura. L'insegnamento di Leonardo aveva certamente introdotto un metodo particolare di questo approccio artistico nella pittura lombarda. La quadreria del Cavalier d'Arpino, ricca di tali opere, offrì uno stimolo permanente per lo sviluppo dello stile personale del Caravaggio durante gli otto mesi della sua permanenza nello studio di casa Cesari.

1 Cfr. S. Corradini, M. Marini, *The earliest Account of Caravaggio in Rome*, in "The Burlington Magazine", gennaio 1998, pp. 25-28, in particolare p. 27.

2 R. Longhi, *Il Caravaggio*, 1952, ried. Roma 1993, p. 9; M. Marini, *Caravaggio. Michelangelo Merisi da Caravaggio "pictor prestantissimus"*, Roma 1987, ed. 1989, pp. 14-25, pp. 14-25.

3 A. Morandotti, *Il Revival leonardesco di Federico Borromeo*, in *I leonardeschi a Milano. Fortuna e collezionismo*, atti del convegno (Milano 1990) a cura di M.T. Fiorio e P.C. Marani, Milano 1991, pp. 166-182; Z. Wazbinsky, *Peter Paul Rubens e il suo studio dell'Ultima Cena di Leonardo da Vinci: un contributo alla storia del tenebrismo in Italia intorno al 1600*, *ibidem*, p. 203.

4 H. Röttgen, *Il Cavalier d'Arpino*, catalogo della mostra, Roma 1973, p. 30.

5 M. Cinotti, *Michelangelo Merisi, detto il Caravaggio. Tutte le opere*, Bergamo 1983, Regesti pp. 233-248; M. Marini, *op. cit.*, pp. 13 sgg.

6 H. Röttgen, *Il Cavalier*, cit., p. 77.

7 I dati relativi alle singole opere si devono alle ricerche di H. Röttgen, *Il Cavalier*, cit.

8 H. Röttgen, *Il Cavalier*, cit., p. 29.

9 R. Spear, *The Raising of Lazarus: Caravaggio and the Sixteenth Century Tradition*, in "Gazette des Beaux-Arts", 65, 1965, pp. 65 sgg.; H. Röttgen, *Il Cavalier*, cit., p. 77.

10 H. Röttgen, *Il Cavalier*, cit., p. 84: "Questa è certamente una delle opere più significative del Cesari, che si oppone nettamente al *San Francesco sorretto da un angelo del Caravaggio* (Hartford, Wadsworth Atheneum) e al *Riposo durante la fuga in Egitto con l'angelo musicante* dello stesso Caravaggio (Roma, Galleria Doria Pamphilj). La diversità del Caravaggio consiste soprattutto nell'esaltazione religiosa e sentimentale di contro all'intimità veristica della sensazione psichica. Non c'è dubbio che il Merisi abbia avuto modo di apprendere, da quadri come questo, alcune qualità essenziali, quelle che riguardano l'imitazione della natura e soprattutto l'anatomia dell'angelo, quando, nel 1593 circa, fu per otto mesi nella bottega del Cesari".

11 H. Röttgen, *Il Cavalier*, cit., p. 46.

12 S. Corradini, *Un antico inventario della quadreria del Cardinale Borghese*, in *Bernini scultore. La nascita del Barocco in casa Borghese*, catalogo della mostra (Roma, Galleria Borghese) a cura di A. Coliva e B. Schütze, Roma 1997, pp. 449-456: "n. 13: Un quadro in tela di S. Caterina cornice negra et oro alto 5 largo 4, copia di Gioseppino"; (il dipinto sembra riferibile alla *Santa Caterina* da Dosso Dossi della Galleria Borghese, vedi A. Coliva, *I Dosso della collezione Borghese*, in *Dosso Dossi Pittore di corte a Ferrara nel Rinascimento*, catalogo della mostra a cura di P. Humphrey, M. Lucco e A. Bayer, Ferrara-New York 1998-1999, p. 73); "n. 37: Un quadro in tela dell'Aurora con doi altre figure una che beve l'altra porta un vaso in spalla cornice azzurra venata d'oro, alto 3 largo 2 Titiano copiato da Gioseppino"; "n. 38: Un quadro in tela d'una figura, che significa la Notte con un piede in una nube cornice azzurro venata d'oro alta 3 Titiano copiato da Gioseppino"; "n. 133: Un quadro d'una Venere con Cupido cornice dorata taffettano rosso, alto 3 largo 4 copia di Titiano fatta del Gioseppino" (si propone di riferire il dipinto al inv. 124, *Venere e Cupido con un Satiro nello sfondo*, copiato anche dal van Dyck come opera di Tiziano nel suo taccuino di disegni del 1621-1624, vedi P. Della Pergola, *Galleria Borghese. I dipinti*, I, Roma 1955, pp. 136-137, n. 244); "n. 206: Un quadro d'un Baccanale cornice dorata, alto 3 largo 4 Titiano copiato da Gioseppino"; "n. 244: Un quadro la Madonna, il figliolo, San Gioseppe et un San Francesco cornice negra profilata d'oro, alto 4 largo 3 2/3 copia del Correggio fatta dal Gioseppino".

13 S. Corradini, *op. cit.*, inv. 1615-30 (cit. in nota 12): "n. 5: un *Davit che suona l'arpa*", dipinto non pervenuto, ma a parere della scrivente riprodotto in una incisione di Egbertus van Pandere (vedi H. Röttgen, *Il Cavalier*, cit., p. 176, fig. VII); "n. 70: un quadretto in tavola d'una *Giovane sbracciata con veste rossa* cornice dorata, alto 2 largo 1 Giuseppino"; "n. 71: un quadretto in tavola d'un *Giovane e doi Amori* cornice dorata, alto 2 largo 1"; "n. 76: un quadro in tavola di *Venere rapita da Giove in forma di toro*, cornice di noce a frontespitio tocco d'oro, alto 2 largo 1 Gioseppino" (corrisponde al dipinto inv. 378, P. Della Pergola, *Galleria Borghese. I dipinti*, II, Roma 1959, pp. 61-62); "n. 120: Un quadro di una *Vergine con un Satiro et un altra Dea*, alto 4 largo 3 del Gioseppino"; "n. 164: Un quadro d'una *testa di femmina* con cornice negra alta largo 3/4"; "n. 134: un quadro del bagno di *Diana, et Atteone* cornice di noce tocca d'oro, alto 2 1/3 largo 3 taffettano rosso. Belardino d'Arpino" (corrisponde all'inv. 414, P. Della Pergola, *op. cit.*, II, pp. 88-89, n. 124); "n. 217: Un *quadretto di tutto disegno* cornice negra, alto e largo uno. Gioseppino"; "n. 259: Un quadro *la Madonna con il figliolo in braccio* cornice dorata con otto scompartimenti con fogliami il fondo torchino, alto 1 largo 1 poc. più mond. ne il loco della *depositione della croce* di Gioseppino donato al Principe d'Echenberg".

14 J. Manilli, *Villa Borghese fuori di Porta Pinciana*, Roma 1650, pp. 60-61, 98, 106, 110-113. Nel grande salone dell'ingresso si trovavano quattro dipinti, di cui per lo meno due di grande formato: l'allegoria della Fama, il grande dipinto di "Adamo e Eva", la grande "Allegoria di Roma" e il "San Francesco coll'Angelo che suona il violino". Nell'attuale stanza I vi era il dipinto di un "David coll'harpa", una "Venere che dorme con un amorino" in piedi, nella sala X la "Diana con due ninfe", una delle quali osservata da due satiri, stà bagnandosi, inoltre nella sala XX "un S. Giovanni Battista nel supplizio", e di Bernardino Cesari "Diana e Atteone", nella sala XII un "Dio Padre" e un "rapimento di Europa", nella sala XIII un "Salvatore con la Croce", mezza figura, e un "San Giorgio", inoltre ivi la presa di "Gesù nell'orto".

15 A. Negro, *Il giardino dipinto del Cardinal Borghese, Paolo Bril e Guido Reni nel Palazzo Rospigliosi Pallavicini a Roma*, Roma 1996, p. 15.

16 H. Röttgen, *Il Cavalier*, cit., p. 45.

17 G. Baglione, *Le Vite de' pittori, scultori ed architetti* (1642), commentati da J. Hesse e H. Röttgen, 3 voll., Città del Vaticano 1995 (Studi e testi, nn. 368-370).

18 G. Mancini, *Considerazioni sulla pittura*, ms. 1621, ed. a cura di A. Marucci e L. Salerno, I, 1956-1957, p. 237 (in H. Röttgen, *Il Cavalier*, cit., pp. 183-184).

19 H. Röttgen, *Il Cavalier*, cit., p. 46: G. Mancini, *op. cit.*, I, p. 239.

20 N. Pio, Bibl. Vaticana, ms. Capponiano 257, fol. 146, citato in H. Röttgen, *Il Cavalier*, cit., p. 189, e successivamente pubblicato da Engass.

21 V.E. Rossi, in "Roma", X, 1934, p. 78, dal ms. urb. lat. 1064, 18.5. 1596, cit. in H. Röttgen, *Il Cavalier*, cit., p. 33: "Quando fu fatto prigione in una casa di una donna maritata Gioseffino pittore assai famoso in questa città, et per ché vi era precetto di 500 scudi che non più dovesse trattare con essa donna, questa volta le costerà cara la dolcezza havuta"; sui rapporti tra Caravaggio in occasione del soggiorno in prigione a Milano e i fratelli Cesari, vedi anche M. Marini, *op. cit.*, p. 16.

22 A. de Rinaldis, *Documenti inediti della R.e Galleria Borghese in Roma, Le opere sequestrate al Cavalier d'Arpino*, in "Archivi d'Italia", serie II, III, 1936, pp. 110-118.

23 Vedi Mancini, passo citato alla nota 18.

24 Vedi H. Röttgen, *Il Cavalier*, cit., pp. 46, 48; nel 1604 acquisto del palazzo sul luogo dell'attuale Palazzo Rondini al Corso; 1636 trasferimento nella Suburra.

25 C. Acidini Luchinat, *Taddeo e Federico Zuccari, fratelli pittori del Cinquecento*, Firenze 1998-1999.

26 G. Baglione, *op. cit.*, citato in H. Röttgen, *Il Cavalier*, cit., n. 186.

27 F. Caroli, *Fede Galizia*, Milano 1989, p. 89, n. 36.

28 R. Longhi, *Precisioni nelle Gallerie Italiane. La Galleria Borghese*, Roma 1928.

29 I. Chiappini Di Sorio, *Cristoforo Roncalli detto il Pomarancio*, in *I Pittori Bergamaschi. Il Seicento*, I, Bergamo 1975.

30 H. Röttgen, *Il Cavalier*, cit., p. 160, n. 121.

31 Si veda la scheda sul dipinto in questo catalogo.

32 A. de Rinaldis, *op. cit.*, pp. 110-118, in particolare p. 112, n. 1.

33 A. de Rinaldis, *op. cit.*, p. 112, n. 4; P. Della Pergola, *op. cit.*, II, p. 63, n. 90.

34 S. Corradini, *op. cit.*, p. 449, n. 13 e A. Coliva, *I Dosso*, cit., p. 73.

35 A. de Rinaldis, *op. cit.*, p. 112 nota 3.

36 S. Corradini, *op. cit.*, p. 454, n. 206: "Un quadro d'un Baccanale cornice dorata, alto 3 largo 4 Titiano copiato da Gioseppino".

37 P. Della Pergola, *op. cit.*, I, p. 84, n. 150, Inv. Fid. 1833, p. 19.

38 H. Röttgen, *Il Cavalier*, cit., pp. 101-102, cat. 25: "Essenziale è il fatto che una sola idea compositiva serva qui per argomenti opposti, cioè compassione da un lato e tormento dall'altro".

39 H. Röttgen, *Il Cavalier*, cit., pp. 142 sgg., cat. 62.

40 K. Herrmann Fiore, *Caravaggio's "Taking of Christ" and Dürer's woodcut of 1509*, in "The Burlington Magazine", gennaio 1995, pp. 24-27.

41 D.A. Brown, *Andrea Solario*, Milano 1987, oa p. 113 ha già sottolineato l'importanza cruciale di Andrea Solario per il Caravaggio nel caso dell'*Ecce Homo* di Oxford, a p. 125 paragona il *Cristo portacroce* del Solario con l'*Ecce Homo* di Genova del Caravaggio accentuando l'illusionismo che coinvolge l'osservatore; a p. 171 indica la versione della *Salomè* di Andrea Solario come fondamentale per quella di Caravaggio; vedi anche p. 238.

42 Gli altri due riguardano il dipinto di Lorenzo di Credi, inv. 43, P. Della Pergola, *op. cit.*, II, p. 31, n. 36; e il dipinto del Franciabigio, inv. 458, P. Della Pergola, *op. cit.*, II, p. 26, n. 27; il dipinto di Piero di Cosimo (inv. 343) risulta anche nell'inventario Borghese del 1693, stanza IX, n. 31, vedi P. Della Pergola, *op. cit.*, II, p. 45, n. 62.

43 P. Della Pergola, *op. cit.*, II, p. 45, n. 62.

44 *Renaissance et Baroque. Dessins italiens du musée de Lille*, catalogo della mostra, Lille 1989-1990, n. 66, inv. P 1 169.

45 R. Longhi, *Precisioni*, cit., p. 127.

46 P. Della Pergola, *op. cit.*, I, p. 111, n. 199 cita l'inventario del 1693: "un Homo che tiene un ciufolo in mano et un Cane che gli appoggia le zampe al petto et un'altra figura del n. 550 con cornice dorata di Titiano".

47 P. Della Pergola, *op. cit.*, I, p. 52, n. 85.

48 P. Della Pergola, *op. cit.*, I, pp. 77 sgg., n. 138; M. Carminati, *Cesare da Sesto 1477-1523*, Milano 1994, pp. 187 sgg., cat. 13.

49 L. Traversi, *Il tema dei* due fanciulli che si baciano e abbracciano *tra leonardismo italiano e leonardismo fimmingo*, in "Raccolta Vinciana", XXVII, Milano 1997, pp. 373-437.

50 P. Della Pergola, *op. cit.*, I, p. 118, n. 211.

51 Giovan Battista Marino, *La Galeria*, a cura di M. Pieri, Padova 1979, I, p. 258, 4a.

52 P. Della Pergola, *op. cit.*, II, p. 42, n. 58.

53 A. Ottino della Chiesa, *L'opera completa del Caravaggio*, Milano 1967, p. 104, n. 80.

54 P. Della Pergola, *op. cit.*, II, p. 65, n. 94.

55 H. Röttgen, *Il Caravaggio*, Roma 1974.

56 K. Herrmann Fiore, in *Roma di Sisto V, le arti e la cultura*, catalogo della mostra a cura di M.L. Madonna, Roma 1993, pp. 332 sgg., cat. 4.

57 A. Pigler, *Barockthemen*, Budapest 1974, I, pp. 191 sgg.

58 R. Vodret, in *Caravaggio*, catalogo della mostra (Madrid-Bilbao) a cura di C. Strinati e R. Vodret, Madrid 1999, pp. 102-105.

59 A.R. Masetti, *Per una Giuditta di Raffaello*, in "La Critica d'Arte", 1970, pp. 72-80.

60 P. Della Pergola, *op. cit.*, II, p. 217, doc. n. 59.

61 H. Röttgen, *Il Cavalier*, cit., p. 98, n. 23.

62 F. Zeri, *Sull'esecuzione* di nature morte *nella bottega del Cavalier d'Arpino e sulla presenza ivi del giovane Caravaggio*, in "Diari di lavoro", 2, Torino 1976, pp. 92-103.

63 A. Coliva, scheda in *La natura morta al tempo di Caravaggio*, catalogo della mostra (Roma, Musei Capitolini) Roma 1995, cat. 19.

64 Vedi K. Christiansen, in *Michelangelo Merisi da Caravaggio. Come nascono i capolavori*, a cura di M. Gregori, Milano 1991, fig. a colori a p. 151.

65 A. Coliva, scheda 18, in *La natura morta*, cit.

66 P. Della Pergola, *op. cit.*, II, p. 47, n. 66.

67 P. Della Pergola, *op. cit.*, II, p. 136, n. 188; vedi anche scheda 42 in questo volume.

68 J. Ruda, *The Art of Drawing. Old masters from the Crocker Art Museum, Sacramento California*, The Flint Institute of Arts 1992, p. 172, n. 74; l'attribuzione del disegno al Cavalier d'Arpino però non viene condiviso da H. Röttgen, secondo una gentile comunicazione.

69 M. Hirst, *Sebastiano del Piombo*, Oxford 1981, p. 57, cat. 76.

70 Museo del Louvre, H. Röttgen, *Il Cavalier*, cit., p. 92, n. 19 con datazione intorno al 1597.

71 F. Caroli, *Aggiunte a Sofonisba Anguissola*, in "Arte Documento", 3, 1989, pp. 138-141 e in catalogo della mostra *Sofonisba Anguissola e le sue sorelle*, Cremona-Vienna-Washington 1994-1995, p. 308, cat. 55.

72 S. Corradini, *op. cit.*, p. 449, n. 9.

73 P. Della Pergola, *op. cit.*, II, pp. 64-65, n. 93.

74 H. Röttgen, *Il Cavalier*, cit., pp. 87-91, n. 17.

75 P.C. Marani, *Leonardo e i Leonardeschi a Brera*, Firenze 1987, pp. 195-198, cat. 35.

76 Ph. Hendy, *European and American Paintings in the Isabella Stewart Gardner Museum*, Boston 1974, p. 14, il dipinto su tavola di cm 66 × 50 è datato 1520 e fu acquistato a Roma dal conte Pio Resse nel 1891.

77 L. Pagnotta, *Bartolomeo Veneto, l'opera completa*, Firenze 1997, cat. 27.

78 E. Winternitz, *Musical Instruments and their Symbolism in Western Art. Studies in Musical Iconology*, New Haven-London 1979, pp. 86-98: *The Lira da Braccio*, in particolare p. 91.

79 Una delle rare eccezioni si trova nella Galleria Doria Pamphilj, la *Suonatrice di violino*, però senza nimbo, datata 1511, vedi E.A. Safarik, G. Torselli, *La Galleria Doria Pamphilj a Roma*, prefazione di F. Zeri, Roma 1982, n. 177/504, fig. 80.

80 Certamente non si può escludere che il Caravaggio avesse conosciuto questa invenzione anche durante il suo passaggio per Milano. In ogni modo l'importanza del prototipo di impronta leonardesca per il Caravaggio sembra palese.

81 Per il rapporto del dipinto di New York con quello di certa attribuzione di San Pietroburgo si rimanda allo studio di K. Christiansen nel volume *Michelangelo Merisi*, cit., pp. 138-151.

82 F. Trinchieri Camiz, *La Musica nei dipinti di Caravaggio*, in "Quaderni di Palazzo Venezia", 1989, 6, pp. 151-176.

83 J. Milicua, *Santa Catalina de Alejandra*, in *Caravaggio*, cit., pp. 98-101.

84 M. Marini, *op. cit.*, pp. 150-151, n. 23.

85 F. Zeri, *op. cit.*

86 F. Bologna, *L'incredulità del Caravaggio*, Torino 1992, capitolo sulla natura morta del Caravaggio, pp. 281-295, in particolare p. 295.

87 P. Della Pergola, *op. cit.*, II, p. 62, n. 89.

88 A. Ottino della Chiesa, *L'opera completa del Caravaggio*, Milano 1967, cat. 21. In tal caso il dipinto del Cavalier d'Arpino dovrebbe essere databile intorno al 1593.

89 P. Della Pergola, *op. cit.*, I, pp. 134 sgg., n. 240.

90 J. Manilli, *op. cit.*, p. 114. Citato in Della Pergola, *op. cit.*, I, vedi nota precedente.

91 Vedi le illustrazioni dei particolari a colori recenti nel catalogo della mostra *Caravaggio*, cit., fig. a p. 140 e copertina del catalogo.

92 P. Della Pergola, *op. cit.*, I, p. 137, n. 245.

93 Vedi sopra nota 13.

94 P. Della Pergola, *op. cit.*, II, p. 76- 78, n. 534; K. Herrmann Fiore, Il *Bacchino malato autoritratto del Caravaggio ed altre figure bacchiche degli artisti*, in *Caravaggio Nuove riflessioni*, "Quaderni di Palazzo Venezia", 6, 1989, pp. 95-34.

94 P. Della Pergola, *op. cit.*, II, p. 38, 51.

95 Vedi scheda 19 in questo volume.

96 M. Marini, *op. cit.*, pp. 374-381, n. 12, e F. Trinchieri Camiz, *Cantare con una voce sopra uno strumento: il Suonatore di liuto del cardinale del Monte e il suo contesto musicale*, *ibidem*, pp. 381-384; vedi anche S. Macioce, scheda a pp. 84-89 in *Caravaggio*, cit., con bibliografia.

97 P. Della Pergola, *op. cit.*, II, pp. 75, n. 111 e A. Coliva, scheda in *La natura morta*, cit., pp. 104, con bibliografia successiva.

98 P. Della Pergola, *op. cit.*, I, pp. 82-83, n. 147.

99 Vedi scheda 22 in questo volume.

100 P. Della Pergola, *op. cit.*, II, p. 163, n. 234; stilisticamente il dipinto finora considerato maniera di Elsheimer sembra in certa vicinanza a Jacques Stella.

101 P. Della Pergola, *op. cit.*, I, pp. 66-67, n. 116.

102 La datazione intorno al 1590 risale allo studio di M.A. Novelli, *Lo Scarsellino*, Milano 1964, p. 40, cat. 153 ripreso in K. Herrmann Fiore in *La Galleria Borghese al San Michele*, Roma 1993, parete 5, n. 9) e A. Coliva, in *Galleria Borghese*, a cura di A. Coliva, Enel 1994, didascalia n. 177.

103 P. Della Pergola, *op. cit.*, II, p. 152, n. 214.

104 P. Della Pergola, *op. cit.*, II, p. 153, n. 217.

105 P. Della Pergola, *op. cit.*, II, p. 153 n. 218.

106 P. Della Pergola, *op. cit.*, I, p. 47, n. 73.

107 P. Della Pergola, *op. cit.*, I, p. 59 n. 100.

108 P. Della Pergola, *op. cit.*, I, p. 153, n. 216.

109 P. Della Pergola, *op. cit.*, II, p. 134 s, n. 186.

110 Vedi H. Röttgen, Il *Cavalier*, cit., cat. 29, n. 30 con termine *post quem* 1600/1601.

111 P. Della Pergola, *op. cit.*, I, p. 22, n. 19.

112 Vedi H. Röttgen, Il *Cavalier*, cit., p. 72, n. 5, Roma, collezione privata, databile 1588-1589.

113 R. Vodret, scheda in *Caravaggio*, cit., pp. 118-120.

114 F. Bologna, *op. cit.*, pp. 247-262, figg. 67-70.

115 P. Della Pergola, *op. cit.*, II, p. 36, n. 47.

116 E. Fumagalli, *Precoci citazioni di opere del Caravaggio in alcuni documenti inediti*, in "Paragone" 1994, 535, pp. 101-117; S. Macioce, *Una nota per il mondafrutta*, in *Michelangelo Merisi da Caravaggio. La vita e le opere attraverso i documenti*, atti del convegno internazionale a cura di S. Macioce Roma 1995, pp. 123-135.

117 P. Della Pergola, *op. cit.*, II, p. 153, n. 215.

118 P. Della Pergola, *op. cit.*, II, p. 155 n. 221.

119 Vedi scheda 14 in questo volume.

120 Si rimanda a M. Marini, *op. cit.*, p. 25. Colgo l'occasione per ringraziare Flavio Caroli, Pietro Marani e Maurizio Marini per il loro generoso aiuto nel reperimento di materiale fotografico.

Caravaggio e le armi. Immagine descrittiva, valore segnico e valenza simbolica

Francesco Rossi

Il rapporto tra armi antiche effettivamente esistenti e quegli oggetti d'arte, dipinti e sculture, che in qualche modo ne contengono una rappresentazione è stato finora inteso a senso unico. Tra tutti gli studiosi d'armi antiche, infatti, è una metodologia consolidata istituire tali confronti finalizzandoli a una datazione delle armi, che sono in sé oggetti facilmente distribuibili in successioni tipologiche e tecnologiche e quindi in cronologie relative, ma sono assai raramente provvisti di una datazione assoluta; e viceversa negli storici dell'arte è assai rara l'attitudine a considerar l'arma come tale, elemento depositario di una sua valenza storica e culturale e quindi idoneo a contribuire alla comprensione di altri fenomeni culturali: comprensione tanto più difficile in quanto presuppone una serie di conoscenze in larga misura estranee a una cultura umanistica e visiva "alta", afferendo piuttosto alla cultura delle tecnologie e degli usi materiali.

In questa logica, non sorprende che al tema della rappresentazione delle armi nella pittura del Caravaggio sia stata dedicata, nonostante la documentazione visiva ampia e dettagliata, una attenzione marginale, riconducibile in buona misura a un interessante studio di Desmond Macrae[1], peraltro viziato da una informazione specifica incerta e, ora, scarsamente aggiornata, e ad alcune non sistematiche indicazioni di Maurizio Marini[2], validamente supportate da uno specialista come Marcello Terenzi ma troppo sporadiche e occasionali per costituire un vero repertorio di riferimento. In ogni caso, i contributi si limitano costantemente al solo dato descrittivo, non valorizzando le valenze culturali implicite in siffatte "presenze": sì che dalle susseguenti analisi del "caso" più clamoroso, che è quello della armatura *anacronistica* di Alof de Wignacourt, è possibile rinvenire in bibliografia interpretazioni anche sottili che hanno tuttavia il torto di prescindere da ogni reale comprensione del significato che all'armatura competeva, in quegli anni, e che a essa si attribuiva per comune sentire.

Il presente contributo è stato concepito come primo tentativo di conoscenza, nel senso che si è proceduto a una analisi descrittiva di tutte le armi – difensive e non – tuttora riconoscibili con una certa chiarezza nel repertorio caravaggesco di sicura autografia, a una loro corretta classificazione tipologica e funzionale, e a una prima apertura su un possibile sistema di relazioni con la iconografia generale dei dipinti stessi: e non a caso esso è stato concepito in occasione di una mostra che pone a confronto Michelangelo da Caravaggio e le sue radici culturali in Lombardia, una terra che godeva allora – tra Milano e Brescia – di una consolidata fama nella produzione di quelle armi di cui l'artista fece largamente uso a titolo personale[3] e che trasse a modello visivo, senza certo nulla ignorare sia della loro reale funzione sia di quelle valenze iconologiche che si è cercato qui di indagare.

Nel suo studio sulle armi bianche[4] nella pittura del Caravaggio, Desmond Macrae trae lo spunto dalla stretta corrispondenza tra alcune spade dipinte dall'artista – nella *Buona ventura* del Louvre e nella *Santa Caterina* Thyssen – e il disegno delle armi sequestrate dai Birri allo stesso Caravaggio[5] (fig. 1): e avverte correttamente che, in quest'ultimo, alla spada propriamente detta si associa una "dagger ... held in the left hand ... used for defense"[6]: e in effetti si tratta di una spada da lato del tipo detto "a tre vie"[7] per la particolare conformazione dell'elso, e di una daghetta di accompagno (o "manosinistra")[8], una sorta di pugnale che veniva utilizzato per il cosiddetto "duello all'italiana"[9] le cui regole schermistiche erano abbondantemente codificate nella trattatistica italiana e germanica[10] (fig. 4): armi di questo tipo sono tutt'altro che infrequenti nelle armerie (se ne fornisce qui una ricostruzione plausibile assemblando una spada da lato del castello di Monselice[11] e una daghetta della Wallace Collection di Londra[12]; figg. 2-3), e l'insieme è del tutto compatibile con quella che possiamo immaginare fosse la dotazione da duello di un personaggio come il Caravaggio, certo agiato ma non in grado di permettersi un equipaggiamento di gran lusso.

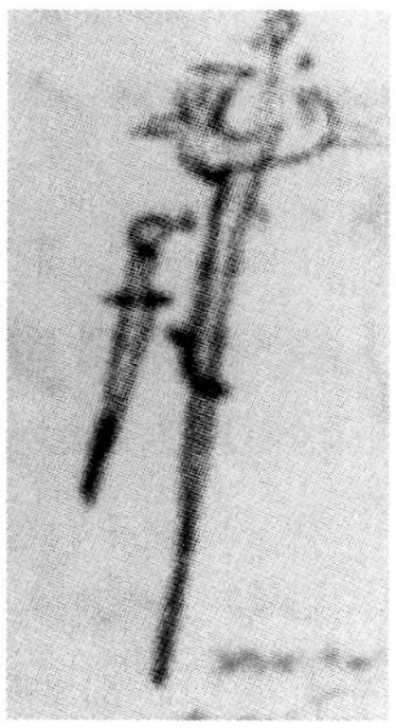

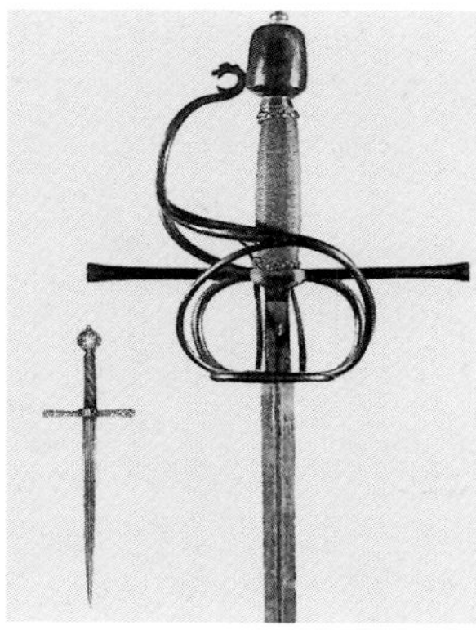

1. Spada da lato e daghetta manosinistra sequestrate al Caravaggio dal capitano Pino il 28 maggio 1605. Roma, Tribunale criminale del Senatore, Relazione dei Birri, 1604-1606, Registro 327, f. 145v.

2. Manifattura italiana, daghetta manosinistra, 1600 circa. Londra, Wallace Collection.

3. Manifattura italiana, spada da lato, prima metà del XVII secolo. Monselice, Armeria del Castello.

È altresì plausibile che il Caravaggio si valesse proprio di queste armi di sua proprietà, e per così dire d'uso, come modelli per le sue creazioni artistiche. La *Santa Caterina* Thyssen, che per altri versi si presenta con un "apparato" di tutto prestigio (la camicia ricamata, il fantastico scialle di una ricchezza cromatica che evoca Manet...), impugna tuttavia una spada da lato[13] di fattura assai corrente (fig. 5), priva di ogni pompa e, viceversa, assai simile a quella che, di lì a qualche anno, risulterà in possesso del Caravaggio: arma per la quale segnalo qui un fedelissimo riscontro presso il Museo Poldi Pezzoli di Milano[14] (fig. 6), e che è quasi certamente la stessa che figura, in primissimo piano, al fianco del giovane che assiste, di spalle, alla *Vocazione di san Matteo* in San Luigi dei Francesi.

E tuttavia sarebbe erroneo seguir ulteriormente Macrae nei suoi accostamenti, senza tener conto del fatto che il repertorio di armi bianche è, nell'opera del Caravaggio, straordinariamente ampio e assai sensibile a variazioni che possono anche apparir marginali a un occhio non esperto ma che, viceversa, risultano essenziali per una corretta identificazione dell'arma e del suo uso specifico: e basti segnalare che la bellissima spada che brilla al fianco del giovane, nella *Buona ventura* del Louvre (fig. 7), non è affatto omologa a quelle fin qui analizzate trattandosi, invece, di una spada da cavallo[15] di tipologia ben più nobile, priva di guardia e invece strutturata su due ponti paralleli (ne fornisco una analisi strutturale per confronto con un'altra arma del Museo Poldi Pezzoli[16]; fig. 8).

Mi sembra quindi più opportuno, in questa sede, limitarmi a fornire una serie, il più possibile corretta e completa, di dati descrittivi sulle armi bianche effettivamente rappresentate nei dipinti del Caravaggio: salvo poi aggiungere qualche considerazione in merito alle più evidenti relazioni con le tematiche dei dipinti stessi, e proporre qualche interrogativo cui non mi sento, a oggi, di dare una risposta univoca.

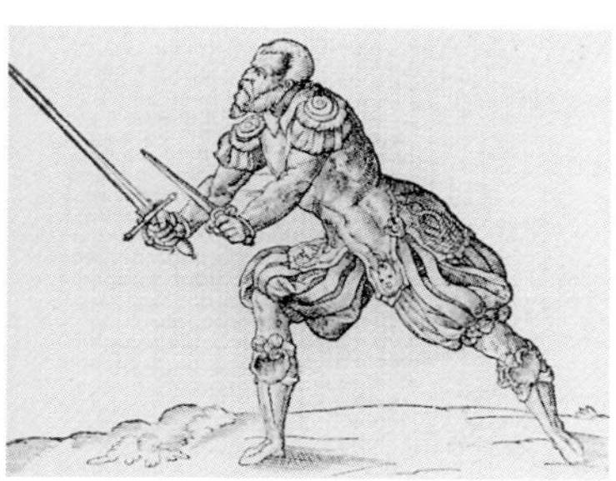

4. Duello con spada e daghetta manosinistra (da J. Meyer, *Gründtliche Beschreibund der freyen ritterlichen und adelichen Kunst des Fechtens*, Strassburg 1570).

Le armi bianche sicuramente identificabili, disposte nell'ordine cronologico dei quadri in cui figurano, sono dunque le seguenti: 1594, la *Buona ventura* (Parigi, Louvre), spada da cavallo, a due vie; 1594, la *Buona ventura* (Roma, Pinacoteca Capitolina), spada da lato, a tre vie[17]; 1595, i *Bari* (Fort Worth, Kimbell Art Museum), stiletto[18]; 1599, *Santa Caterina d'Alessandria* (Madrid, Museo Thyssen-Bornemisza), spada da lato, a tre vie; 1599, *Giuditta e Oloferne* (Roma, Galleria Nazionale di Palazzo Barberini), storta[19]; 1600, *Vocazione di san Matteo* (Roma, San Luigi dei Francesi), spada da lato, a tre vie; 1601, *Martirio di san Matteo* (Roma, San Luigi dei Francesi), spada da lato, a due ponti[20]; 1601, *Martirio di san Matteo* (Roma, San Luigi dei Francesi), stocco (del carnefice)[21]; 1601, *Conversione di san Paolo* (Roma, Santa Maria del Popolo), spada da cavallo[22]; 1606, *Salomè con la testa del Battista* (Londra, National Gallery), spada da fante[23]; 1607, *David con la testa di Golia* (Vienna, Kunsthistorisches Museum), daga[24]; 1607, *Ritratto di Alof de Wignacourt* (Parigi, Louvre), spada da cavallo[25]; 1607, *Ritratto di un cavaliere di Malta* (Firenze, Pitti), spada da cavallo[26]; 1609, *David con la testa di Golia* (Roma, Galleria Borghese), spada da lato[27].

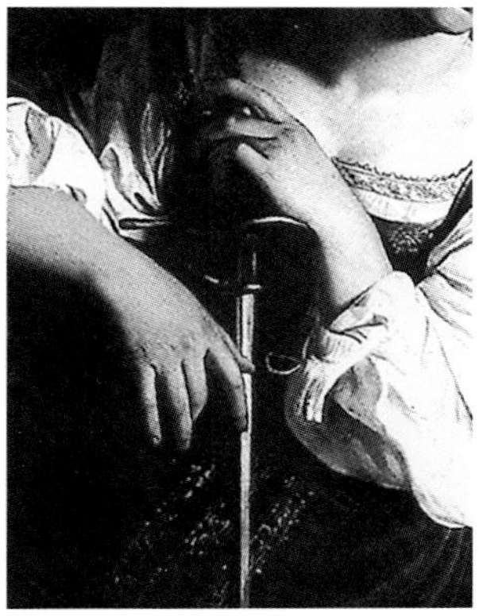

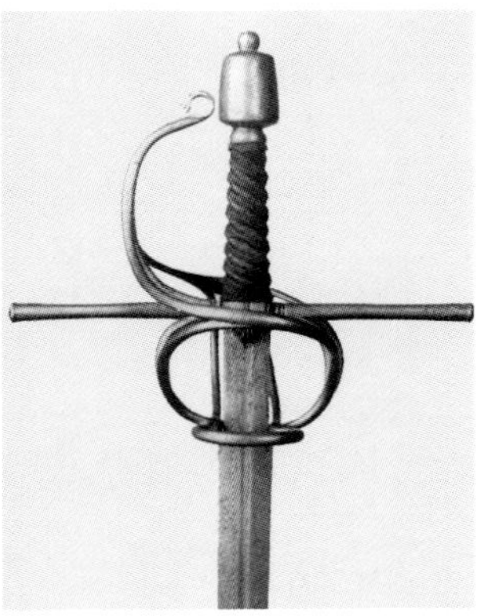

5. Spada da lato, particolare da Michelangelo Merisi, detto il Caravaggio, *Santa Caterina d'Alessandria*. Madrid, Museo Thyssen-Bornemisza.

6. Manifattura italiana, spada da lato, primo quarto del XVII secolo. Milano, Museo Poldi Pezzoli.

In questo quadro di riferimento, appare a me chiaro che il Caravaggio, che era esperto di armi e che si rivolgeva a una committenza verosimilmente altrettanto esperta, operò anche in questo ambito un processo di selezione iconografica del tutto funzionale alle esigenze della rappresentazione e della sua significatività. Così, per esempio, i due ritratti di *Alof de Wignacourt*, al Louvre, e del *Cavaliere di Malta*, a Pitti, ostentano una spada da cavallo che è simbolo trasparente e immediatamente comprensibile della loro condizione militare e sociale; il baro di spalle, nella tela di Fort Worth, reca al fianco non un generico pugnale o una "manosinistra", armi bianche corte finalizzate al duello, ma uno stiletto, che è arma "insidiosa" e largamente vietata, più adatta a un "irregolare" che a un gentiluomo; e Saulo caduto da cavallo, nella tela di Santa Maria del Popolo, indossa sì una improbabile armatura carnicina con spalletti in ferro che è una evidente concessione al manierismo "classicista", ma si caratterizza anche per una borgognotta di tipo tardocinquecentesco e una spada da cavallo, che sono immagini "parlanti" della sua condizione di soldato e di "ufficiale": e si vedrà più avanti come il Caravaggio avesse affrontato una identica problematica, ma con soluzione più esplicitamente descrittiva, nella versione Odescalchi dello stesso tema.

E affiorano inoltre, dall'analisi, alcuni quesiti cui non mi è possibile, ora, fornire una risposta certa, ma che hanno come punto di riferimento appunto la rappresentazione delle armi.

Desmond Macrae, per esempio, osserva che le due versioni della *Buona ventura*, a Roma e a Parigi, differiscono tra l'altro per la tipologia della spada[28]: più precisamente, l'arma riprodotta nella tela parigina sarebbe "painted from an actual model" in quanto il fornimento è "too intricate to have been recorded from memory", mentre la rappresentazione dell'altra, più simile a quella della *Santa Caterina* Thyssen, sarebbe più imprecisa e forse indizio della non autografia del dipinto. Ora, è facile dimostrare che le differenze sono dovute precisamente al fatto che il Caravaggio muta, nelle due versioni, i modelli sia delle figure che della spada, e nella versione capitolina sostituisce una spada da lato, in dotazione praticamente a chiunque, a una spada da cavallo, che designa un cavaliere: visto che è stato osservato come il "furto con destrezza" dell'anello, descritto da Mancini[29], è verificabile nella sola versione del Louvre[30], è pensabile che il Caravaggio abbia voluto introdurre una nota di criptica ironia, attribuendo al solo "gentiluomo", tra l'altro in età più giovanile, la dabbenaggine di farsi derubare dalla zingara-maga?

Sempre restando in tema di confronti, non posso non sottolineare la radicale differenza tra le "armi bianche" impugnate da David nelle due tele di Vienna, ove egli brandisce una daga a lama larga idonea a colpire prevalentemente di taglio, e della Galleria Borghese, in cui il giovane eroe pone in bella mostra una spada da lato, evidenziando anzi quelle lettere che, qualunque sia il loro significato specifico nel contesto del quadro[31], erano tuttavia una caratteristica "visiva" delle sole spade da duello[32]. È mia convinzione che la differenziazione non sia casuale, e risulti

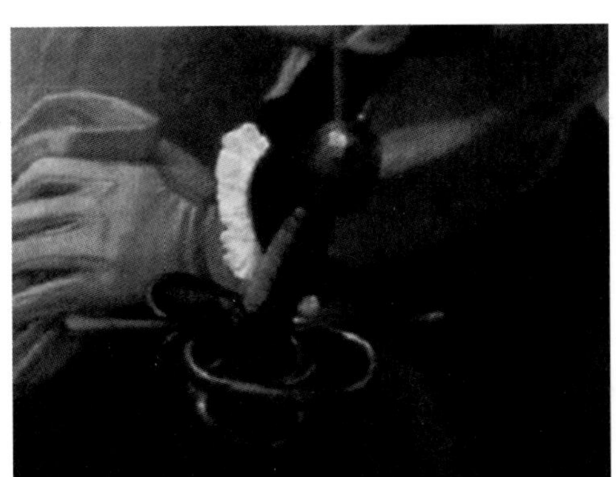

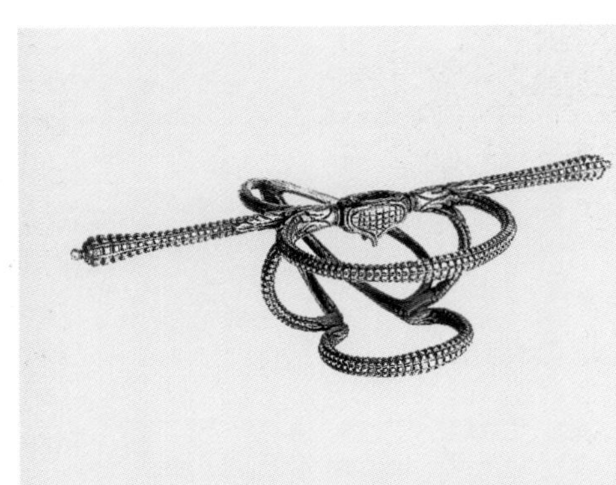

7. Spada da cavallo, particolare da Michelangelo Merisi, detto il Caravaggio, *La buona ventura*. Parigi, Musée du Louvre.

8. Manifattura italiana, fornimento per spada da cavallo, ultimo quarto del XVI secolo. Milano, Museo Poldi Pezzoli.

invece funzionale alla comprensione della azione rappresentata e del significato che il Caravaggio a essa attribuiva.

Nel *David* Borghese la spada, per la quale fornisco un riscontro assai interessante in un esemplare del Museo Poldi Pezzoli[33] (figg. 9-10), è posta in primissimo piano come segno "parlante" dell'omicidio avvenuto e della morte procurata, e la sua tipologia allude implicitamente al duello e cioè a uno scontro "nobile" e "alla pari": una interpretazione che non può che supportare l'individuazione di un significato autobiografico del dipinto, nel senso che il Caravaggio, se veramente egli si autorappresenta non solo nella testa di Golia ma anche nella figura di David, avrà voluto sottolineare l'implicita "nobiltà" della sua condotta disperata.

Ciò non può accadere nel *David* di Vienna (fig. 11), cui tali implicazioni autobiografiche sono, almeno apparentemente, estranee. Viceversa la tipologia della daga, larga e idonea a colpire solo di taglio, non può che evocare l'arma impugnata da *Giuditta* nella tela Barberini (fig. 12), che giustamente Macrae identifica come un "falchion"[34] (storta, nel lessico italiano) chiarendone altresì l'assetto orientaleggiante ("turkish scimitar") e dunque la omogeneità al tema biblico, conforme a una tradizione consolidata nell'iconografia rinascimentale italiana[35] (fig. 13). L'arma impugnata da David, dunque, non è – come più volte proposto – la spada sottratta a Golia, ma precisamente la daga utilizzata dall'eroe per decapitare il gigante, in una azione che – per il gesto come per la tipologia dell'arma – ha un preciso significato rituale e "sacrificale": diversamente che nella più tarda tela Borghese, l'attenzione dell'artista si concentra non sul fatto cruento in sé ma sulle implicazioni che da esso derivano, in prima istanza per il popolo ebraico e più in generale come *immagine* della libertà riconquistata.

In questo caso dunque la spada, o meglio la tipologia di spada prescelta, assume di fatto un significato simbolico: in altri, come nel *Martirio di san Matteo* a San Luigi dei Francesi, è forse intuibile invece una sottile connotazione narrativa. Il carnefice al centro, che col suo gesto domina la scena in modo tale che la prospettiva obliqua della sua arma costituisca quasi il fulcro dell'azione, non impugna una spada di giustizia, come sembrerebbe logico, ma uno stocco (fig. 14), che è arma di aggressione: e la scena ne viene connotata, anche per l'intricato affollarsi dell'azione, più come una rissa da strada che come una scena di martirio; in questa logica da episodio di vita violenta, ha un significato il fatto che i due giovani sulla sinistra abbiano la spada al fianco, e che una di esse si caratterizzi, per l'andamento sinuoso dei due bracci dell'elso, come di fabbricazione tedesca?[36] (fig. 15).

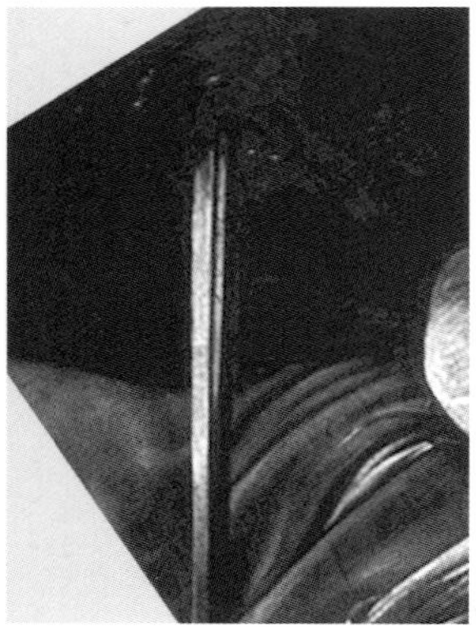

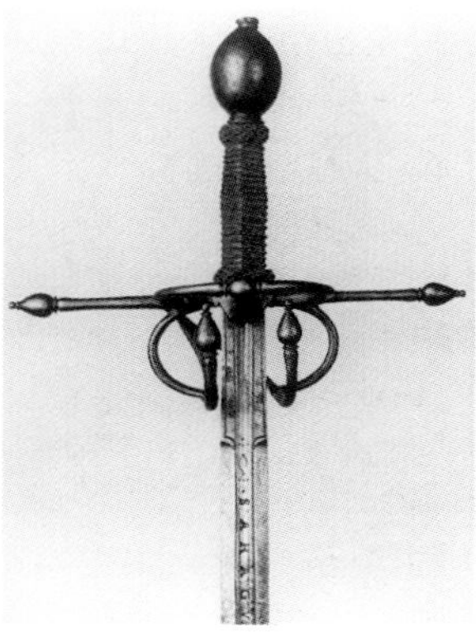

9. Spada da lato da duello, particolare da Michelangelo Merisi, detto il Caravaggio, *David con la testa di Golia*. Roma, Galleria Borghese.

10. Manifattura tedesca, spada da lato, fine del XVI secolo. Milano, Museo Poldi Pezzoli.

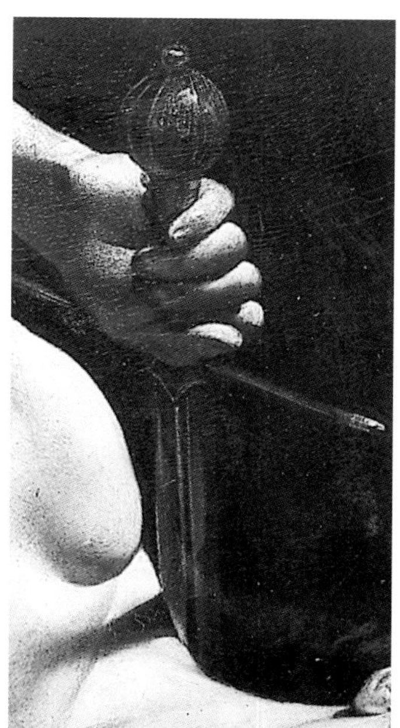

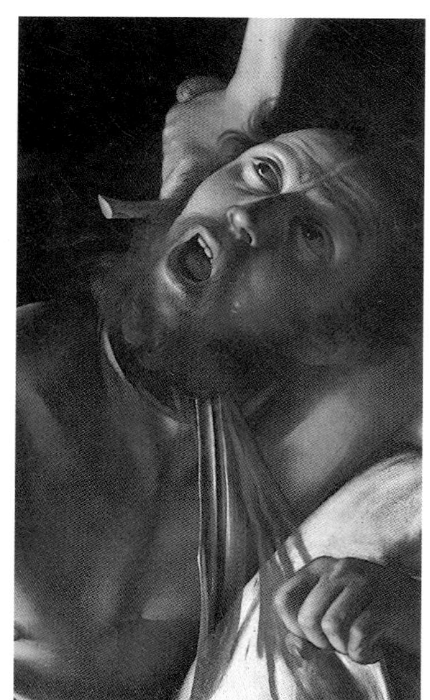

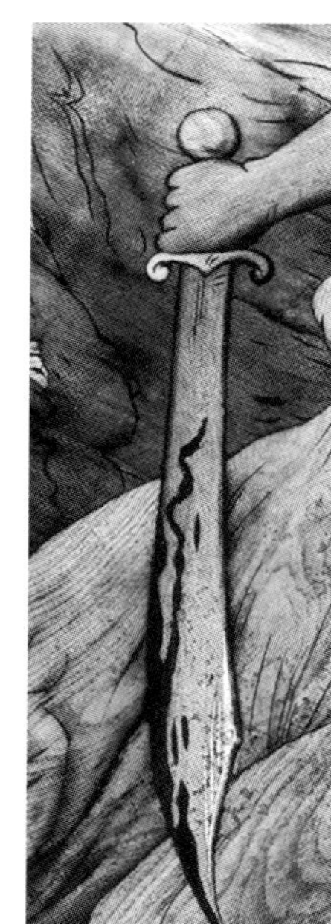

11. Daga, particolare da Michelangelo Merisi, detto il Caravaggio, *David con la testa di Golia*. Vienna, Kunsthistorisches Museum.

12. Daga, particolare da Michelangelo Merisi, detto il Caravaggio, *Giuditta che taglia la testa a Oloferne*. Roma, Galleria Nazionale d'Arte Antica, Palazzo Barberini.

13. Lorenzo Lotto, tarsia di *Giuditta e Oloferne*, particolare. Bergamo, basilica di Santa Maria Maggiore.

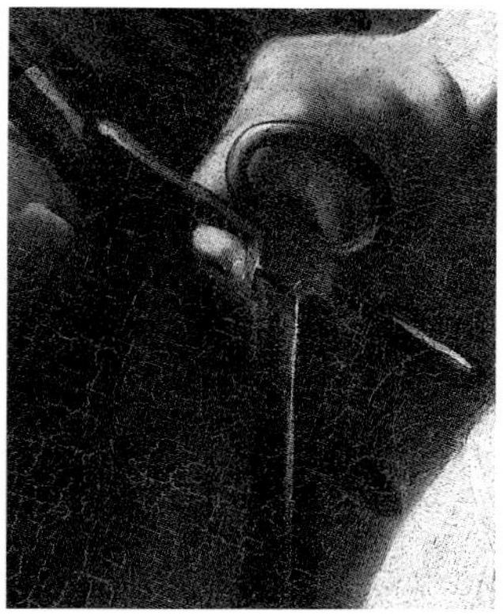

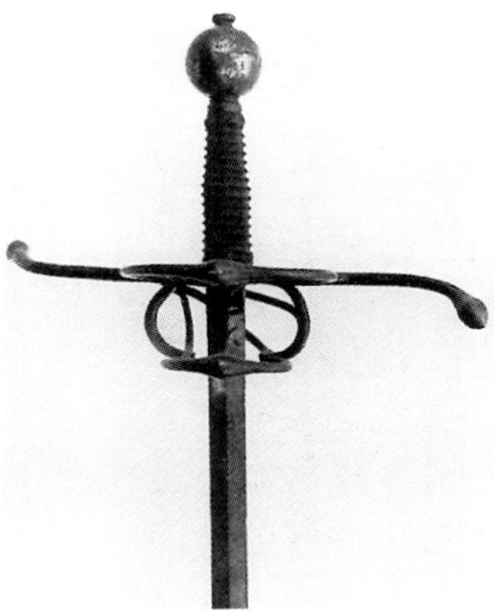

14. Spada da lato, particolare da Michelangelo Merisi, detto il Caravaggio, *Martirio di san Matteo*. Roma, chiesa di San Luigi dei Francesi.

15. Manifattura tedesca, spada da lato, fine del XVI secolo. Milano, Museo Poldi Pezzoli.

Relativamente più scarna, ma non meno significativa, appare l'analisi della rappresentazione delle cosiddette "armature", o per meglio dire delle varie "pezze" difensive[37], per le quali è comunque possibile, limitandosi alle opere caravaggesche di sicura autografia[38], redigere un elenco ragionato parallelo a quello già presentato per le armi bianche: 1600, *Conversione di san Paolo* (Roma, collezione Odescalchi), corsaletto da picchiere[39]; 1600, *Conversione di san Paolo* (Roma, collezione Odescalchi), borgognotta[40]; 1600, *Conversione di san Paolo* (Roma, collezione Odescalchi), manopola[41]; 1601, *Conversione di san Paolo* (Roma, Santa Maria del Popolo), borgognotta[42]; 1602, *Amore vincitore* (Berlino, Staatliche Museen), corsaletto da fante, da munizione[43]; 1602, *Coronazione di spine* (Prato, Cassa di Risparmio), goletta[44]; 1604, *Cattura di Cristo* (Dublino, National Gallery of Ireland), corsaletto da cavaliere[45]; 1604, *Cattura di Cristo* (Dublino, National Gallery of Ireland), borgognotta[46]; 1606, *Flagellazione* (Vienna, Kunsthistorisches Museum), corsaletto da fante, da munizione[47]; 1607, *Crocifissione di sant'Andrea* (Cleveland, Museum of Art), corsaletto da cavaliere[48]; 1607, *Ritratto di Alof de Wignacourt* (Parigi, Louvre), armatura da cavaliere[49]; 1607, *Negazione di san Pietro* (New York, Metropolitan Museum), celatina alla veneziana[50]; 1608, *Sepoltura di santa Lucia* (Siracusa, Santa Lucia), corsaletto da piede[51]; 1610, *Martirio di sant'Orsola* (Napoli, Banca Commerciale Italiana), corsaletto da piede, di lusso[52]; 1610, *Martirio di sant'Orsola* (Napoli, Banca Commerciale Italiana), corsaletto da piede[53].

Dal prospetto cronologico mi sembra risulti innanzi tutto chiaro che, nella pittura del Caravaggio, la rappresentazione delle armi "difensive" si colloca quasi esclusivamente negli anni della maturità, iniziando significativamente con quella *Conversione di san Paolo* Odescalchi che è la sua prima prova "narrativa", finalizzata alla definizione di una azione scenica: mentre le armi bianche trovarono facilmente luogo, come episodi descrittivi e significativi ma tutto sommato marginali, anche nelle immagini giovanili, viceversa una "armatura" – che è un sistema complesso a livello visivo ma soprattutto narrativo – doveva rivelarsi maggiormente funzionale alla nuova ricerca figurativa, in quanto più idoneo a una completa caratterizzazione ambientale.

Si è già osservato come, nella versione finale della *Conversione di san Paolo* per Santa Maria del Popolo, il Caravaggio affidi ad alcuni elementi dell'"abbigliamento" del santo, la borgognotta e la spada da cavallo, la funzione di una caratterizzazione militare e sociale del personaggio; viceversa, nella versione Odescalchi il sistema di segnali appare più complesso in quanto a Saulo, ancora caratterizzato da una borgognotta e da una spada, si contrappone la figura di un picchiere, che indossa una corazza liscia e il tipico taschetto[54] e impugna un spiedo da guardia[55] e una rotella in legno[56].

Si tratta di un armamento per così dire standard che, unito ai falcioni da guerra[57] visibili nello sfondo, giova a visualizzare la presenza di una vera e propria scorta[58] al servizio dell'ufficiale caduto. Ora, se si tiene conto che negli *Atti degli Apostoli*[59] si parla costantemente di "compagni" di Saulo nel suo viaggio verso Damasco, mai di una "scorta", appare chiaro che il Caravaggio tentò una sorta di estensione del testo evangelico, poi abbandonata nella versione finale, interpretando il viaggio come una vera "missione punitiva" comandata da Saulo: e in questo ordine di idee finì per caratterizzare in senso orientaleggiante anche l'armamento della scorta (il taschetto, la rotella[60] con una falce di luna), secondo un processo di assimilazione Israele-Oriente cui si era assuefatto, del resto, anche nella citata *Giuditta* Barberini. In ogni caso, risulta chiara anche in questo particolarissimo contesto la profonda diversità della invenzione delle due *Conversioni di san Paolo*, la prima più esplicitamente narrativa e mirata alla descrizione dell'ambiente e dell'azione, la seconda più sintetica e incentrata sul tema "simbolico" della luce.

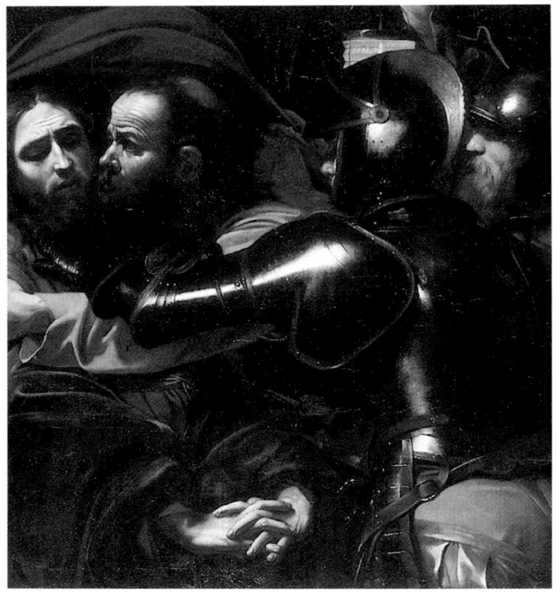

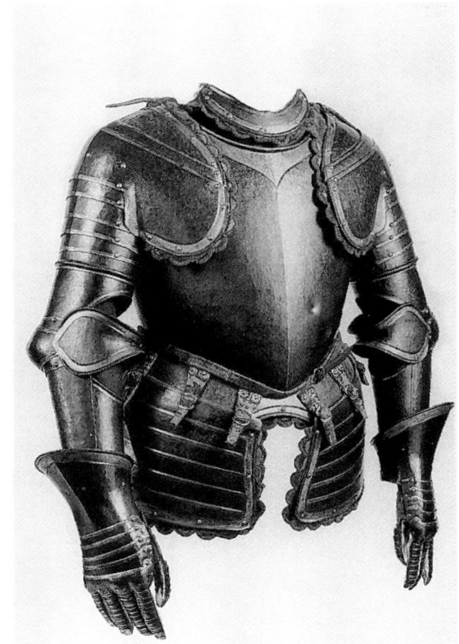

16. Armatura da cavaliere, particolare da Michelangelo Merisi, detto il Caravaggio, *Cattura di Cristo*. Dublino, National Gallery of Ireland.

17. Manifattura bresciana, corsaletto da fante di Francesco Duodo, 1570-1580. Vienna, Kunsthistorisches Museum, Waffensammlung.

Un secondo ordine di considerazioni riguarda la tipologia delle "armature", che il Caravaggio sembra selezionare in relazione al ruolo – da protagonista o da spettatore – che l'armato svolge nella economia della "storia": e tenendo ben presente, esattamente come per le armi bianche, il tipo di "messaggio" che le singole tipologie potevano indirizzare a uno spettatore esperto.

Nella *Conversione di san Paolo* Odescalchi, nella *Flagellazione* di Vienna e nella *Crocifissione di sant'Andrea* a Cleveland, le figure di armati svolgono certo una funzione scenica ben definita (e anzi il fatto che essi indossino quella che veniva già sentita come una "uniforme" è un preciso segnale visivo della esistenza e della influenza sull'azione di un "potere costituito") ma non assumono ruolo di protagonista: nella *Conversione di san Paolo* si tratta di un picchiere di scorta, nella *Flagellazione* come nella *Crocifissione di sant'Andrea* di un sottufficiale garante della esecuzione della condanna. In questi casi l'artista utilizza come modelli quelle che erano allora armature d'uso corrente, di finitura modesta e di scarsa efficacia bellica: in particolare le cosiddette armature "da munizione" che costituivano propriamente, in origine, l'armamento delle truppe territoriali venete ("cernide")[61] ma che erano poi divenute d'uso comune per i servizi di guardia e di scolta. E c'è motivo di ritenere che proprio a questa "anonimità" si debba la scelta di un'armatura dello stesso tipo per l'*Amore vincitore* di Berlino, ove parti di un corsaletto "da munizione", di nessuna nobiltà, figurano come simboli del potere militare esattamente come un liuto e un violino fuori uso rappresentano la Musica[62].

Affatto diversa è, nel Caravaggio, la scelta dei modelli per l'armamento di personaggi che svolgono un ruolo centrale nella azione rappresentata. Nella *Cattura di Cristo* di Dublino il comandante del drappello indossa una armatura "nera ed oro" incisa con grande raffinatezza in sottili liste che bordano le singole lame (l'insieme è assai prossimo al corsaletto di Francesco Duodo, a Vienna[63]; figg. 16-17), e reca in capo un elmetto a guardacollo che lo individua come un cavaliere, quindi come un ufficiale: i due soldati accanto a lui hanno entrambi una borgognotta a cresta, e si identificano quindi come la scorta. Analogamente, è un cavaliere l'uomo armato che, all'estrema destra, ordina il *Seppellimento di santa Lucia*, a Siracusa, e che indossa una nobile armatura nera che la forma degli spallacci e della goletta, del tipo "a padiglione", individua come di probabile fabbricazione tedesca.

Mi sono chiesto se si debba attribuire un qualche significato al fatto che in questi dipinti le armature dei protagonisti "negativi" potessero essere viste, da un artista operante a Roma o a Napoli, come sostanzialmente "straniere" (bresciana la pri-

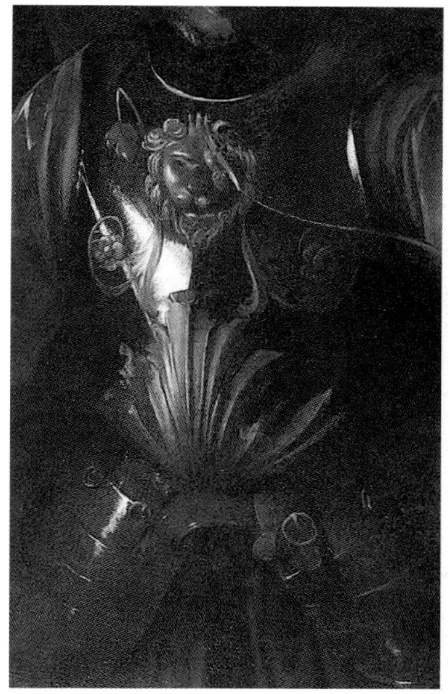

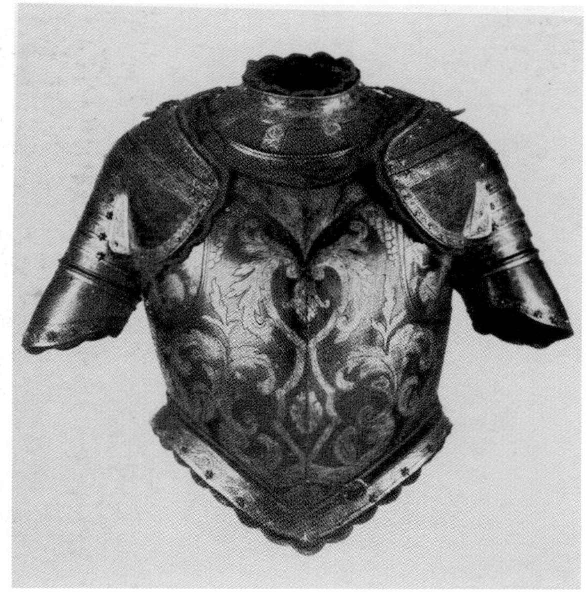

18. Armatura da guardia papale, particolare da Michelangelo Merisi, detto il Caravaggio, *Il martirio di sant'Orsola*, 1610. Napoli, collezione della Banca Commerciale Italiana.

19. Manifattura bresciana (?), armatura da guardia papale, 1580 circa. Brescia, Museo L. Marzoli.

ma, germanica la seconda): la cosa non mi sembra improbabile, e l'ipotesi si rafforza ove si consideri il tardo *Martirio di sant'Orsola*[64], in cui è inequivocabilmente tedesco (e bastino la tipologia della borgognotta a punta e la superficie nera di tutto l'insieme) il corsaletto indossato dal soldato sulla destra, la cui *immagine* doveva essere colta, da uno spettatore napoletano del primo Seicento, come quella di un *Landskenecht*[65]. Si tratta in questo caso di un dato descrittivo funzionale alla storia, in cui introduce una nota a suo modo "barbarica" che si ripercuote in tutto il contesto.

Hibbard[66] ha infatti chiarito le relazioni esistenti tra l'invenzione caravaggesca e il racconto fornito dalla *Légende Dorée* di Jacopo da Varagine, ed evidenziato quindi come il supposto carnefice di sant'Orsola sia in realtà il re degli unni che, respinto dalla giovane, la trafigge con una freccia in una reazione di rabbia: nell'immaginario collettivo cui lo stesso Caravaggio non poteva essere insensibile, egli doveva quindi concentrare in sé i segni visivi della violenza barbarica ma anche del potere riconosciuto, ed è in questa logica che trova motivazione la singolarissima armatura con cui egli si presenta.

Su indicazione di Marcello Terenzi, Marini vi ha riconosciuto una armatura del tipo detto "da guardia papale", espressamente citando un riscontro tra quelle conservate al Museo Marzoli di Brescia[67] (figg. 18-19): una indicazione visivamente plausibile ma non pienamente convincente in quanto tale tipo di armamento era caratteristico (e anzi esclusivo) di truppe di bassa forza, incaricate più che altro di un accompagnamento "di parata" ai dignitari papali: circostanza che non poteva rimanere ignota a chi – come il Caravaggio e la sua committenza – operava a Roma e appunto nell'ambiente pontificio, e che è evidentemente incompatibile con la condizione regale del "carnefice". Mi sembra quindi assai più probabile che l'artista abbia tratto ispirazione da opere coeve di ambiente tedesco come questa delle armerie londinesi, realizzata ad Augsburg nel 1591[68] (fig. 20), che oltre a essere visivamente altrettanto plausibile poteva più agevolmente essere associata, in continuità con il corsaletto del soldato sulla destra, a un ambiente straniero e poco noto, dunque "barbarico", anche se con evidenti connotazioni principesche.

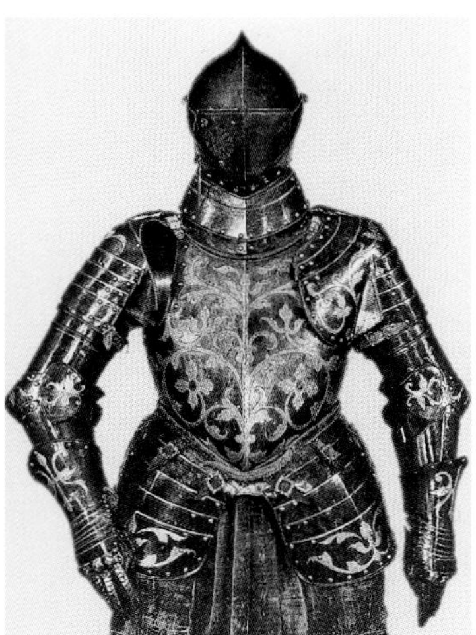

20. Anton Peffenhauser, armatura da torneo a piedi di Cristiano I di Sassonia, 1591. Leeds, Royal Armouries.

Si tratta d'altra parte di uno spunto visivo, non di una vera e propria assunzione di modello, dal momento che non è possibile ignorare il fatto che, mentre la decorazione delle armature citate a riscontro è realizzata per incisione e doratura, nel dipinto caravaggesco il re unno indossa una armatura nera con pesanti "incrostazioni" in metallo dorato, rame o bronzo, per la quale non esiste un riscontro a me noto e che va sicuramente interpretata come una trasformazione da parata, quali ampia-

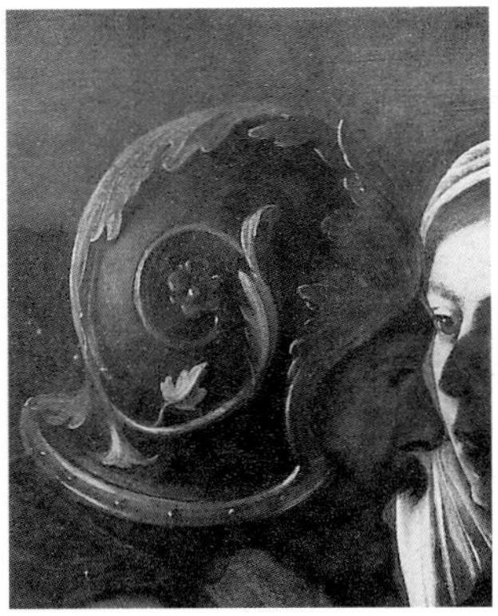

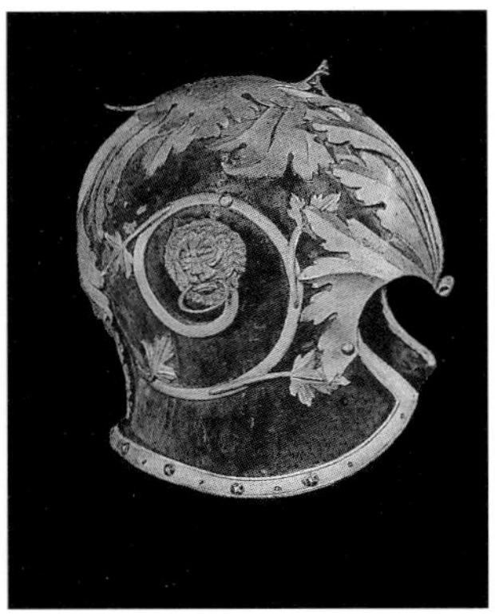

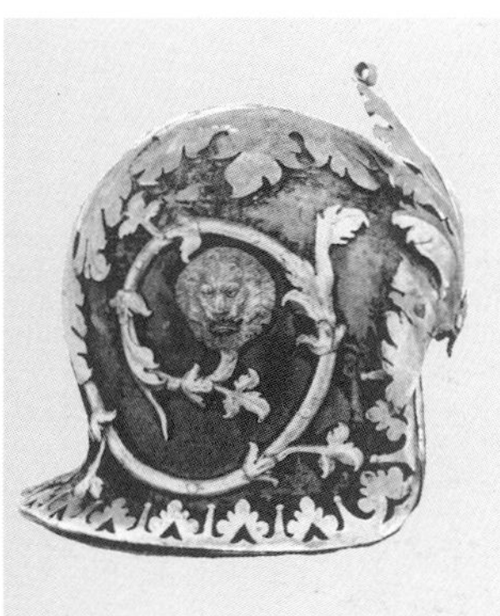

21. Celatina alla veneziana, particolare da Michelangelo Merisi, detto il Caravaggio, *Negazione di san Pietro*. New York, The Metropolitan Museum of Art.

22. Maestro A della Mandorla (Milano, 1470 circa) e manifattura veneziana (1600 circa), celatina fornita alla veneziana. Firenze, Museo del Bargello.

23. Manifattura milanese (1480 circa) e manifattura veneziana (XVII secolo), celatina fornita alla veneziana. Roma, Museo di Palazzo Venezia, raccolta Odescalchi.

mente documentate all'epoca in occasione di giostre, tornei, processioni e occasioni consimili. Lo stesso Caravaggio conosceva bene tale genere di "forniture", dato che in un dipinto sostanzialmente coevo, la *Negazione di san Pietro* ora al Metropolitan di New York, riproduce con estrema precisione una celatina alla veneziana che ha ben due fedelissimi riscontri, al Bargello di Firenze[69] e nella raccolta Odescalchi in Roma[70] (figg. 21-23): e ritengo anzi che lo stesso Caravaggio, rileggendo in questa logica scenografica e d'apparato il possibile modello germanico dell'armatura del re unno, avesse ben presente che, così operando, finiva per recuperare per sé e per lo spettatore una dimensione mitica e diastorica dell'episodio in qualche misura prendendo le distanze dalla sua stessa natura cruenta. Non è questa del resto la finalità della "impossibile" sintesi spaziale dell'azione?

Mi sembra lecito concludere, insomma, che il Caravaggio tende sempre più esplicitamente ad associare alla armatura un "valore" che travalica l'esigenza esclusivamente descrittiva, di "rappresentazione", per evidenziarne la funzionalità propriamente narrativa, attinente alla "azione": e in questo senso supera i limiti del naturalismo giovanile. Ed è in questa logica che è possibile rileggere ora la vicenda, complessa e per certi aspetti sorprendente, della armatura "da cavallo" di Alof de Wignacourt, nel ritratto del Louvre (fig. 24).

Tale armatura è stata analizzata nel dettaglio, anche in relazione con l'esemplare ancora esistente nell'Armeria dei Cavalieri di Malta, anche da specialisti come Maindron[71] e Sammut[72] che hanno chiarito, con qualche variante ma senza effettivi margini di dubbio, che si tratta di una armatura composita con decorazione "alla pisana[73]", originariamente da fante, databile intorno al 1570 e attribuibile alla bottega milanese di Pompeo della Cesa (fig. 25): circostanze che, ampiamente riprese nella bibliografia caravaggesca[74], valgono da sole a dissociare l'armatura dalla personalità storica di Alof de Wignacourt[75], nato nel 1547 e gran maestro dell'Ordine di Malta dal 1601.

Occorrerà aggiungere che, a un esame dettagliato, sia l'esemplare dell'armeria che la sua rappresentazione pittorica presentano talune incongruenze che non solo ne compromettono l'assetto funzionale ma ne escludono un utilizzo effettivo da parte di un personaggio altolocato come il gran maestro: l'elmetto a guardacollo non è appartenente, la resta è stata aggiunta goffamente forando il petto ma senza modificare lo spallaccio corrispondente, le gambiere sono aggiunte non corrispondenti né col profilo delle scarselle né con la decorazione del resto dell'armatura... L'assetto originario complessivo doveva essere assai simile a un corsaletto da ufficiale di fanteria che si conserva nel Museo Marzoli di Brescia[76] (fig. 26) e, a un pubblico che dobbiamo immaginare esperto ed esigente come i Cavalieri di Malta, doveva apparire sostanzialmente anacronistica, strutturalmente antiquata quanto povera a livello ornamentale.

A tali incongruenze la critica ha cercato di fornire motivazioni diverse, che vanno dalla pura e semplice negazione della autografia del dipinto sino alla ingegnosa proposta di Maurizio Calvesi[77], che vi ha scorto un richiamo "emblematico" alla battaglia di Lepanto (1571) cui il Wignacourt aveva partecipato: ipotesi che ha il merito di intuire il valore "simbolico" dell'armatura (e del ritratto) ma che resta improponibile in quanto la battaglia di Lepanto non vide, naturalmente, l'impiego di cavalleria...

A mio modo di vedere, la spiegazione più plausibile è nelle particolari circostanze in cui il ritratto fu realizzato a Malta, tra il 1607 e il 1608. Assumendo alla lettera quanto riferito da Baglione[78], il dipinto fu la prima commissione concesssa al Caravaggio dal gran maestro: e nella sua idea doveva risultare un ritratto di gran pompa, recante l'armatura personale a oro e argento, opera del milanese Gerolamo Spacini, che il pontefice aveva destinato a Wignacourt e che in effetti si conserva presso l'Armeria dei Cavalieri. Conseguentemente, il Caravaggio dovette ritrarre subito,

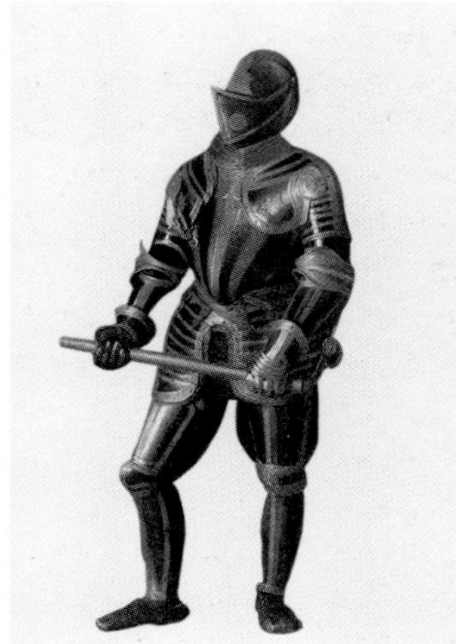
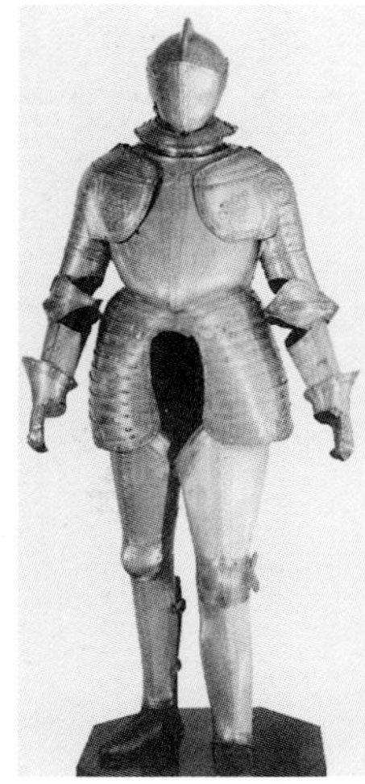
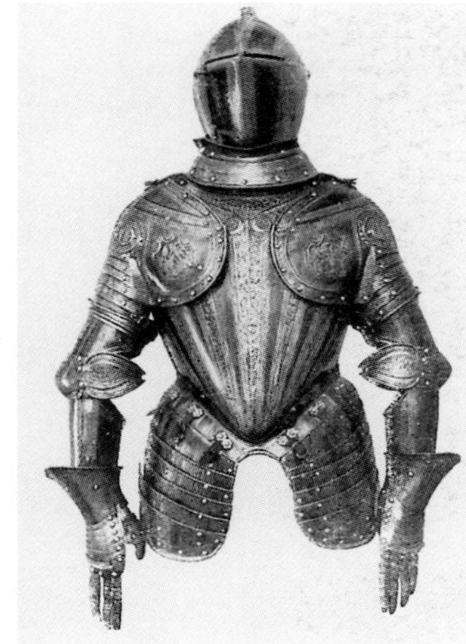

24. Ricomposizione dell'armatura da cavallo di Alof de Wignacourt, da Michelangelo Merisi, detto il Caravaggio, *Ritratto di Alof de Wignacourt*. Parigi, Musée du Louvre.

25. Bottega di Pompeo della Cesa, armatura cosiddetta di Alof de Wignacourt, 1580 circa. La Valletta, Armeria dei Cavalieri di Malta.

26. Manifattura milanese, corsaletto da fante, 1580 circa. Brescia, Museo L. Marzoli.

già nel 1607, il volto del gran maestro riservandosi di aggiungere più tardi l'armatura, come del resto d'uso nelle botteghe: e di questa "prima stesura" potrebbe restare traccia nella copia già Moussalli di Parigi.

A fronte del ritardo nella consegna della nuova armatura, che giunse a Malta solo nel 1608, il Caravaggio poté trovarsi nella necessità di completare il ritratto, con urgenza ma nel rispetto di quella esigenza di magnificenza e di pompa esteriore che una immagine del genere non poteva non riassumere in sé: impresa tanto più difficile in quanto il gran maestro era notoriamente di statura piccola e di forte corporatura... In tale stato di urgenza, l'artista non poteva che assumere a modello una armatura già esistente e che si prestasse a un tale tipo di presentazione, indipendentemente dalla sua reale appartenenza al Wignacourt: ma è impressionante come egli sia intervenuto sul modello in modo da celarne i difetti e mimetizzarne il sostanziale anacronismo.

L'elmetto a guardacollo, non appartenente e in realtà sproporzionato, è sorretto dal paggio a una distanza, e in una angolazione, tali che l'incongruenza non venga visivamente avvertita; la spalla destra è proiettata all'indietro, nel gesto di impugnare il bastone di comando, in modo che lo spallaccio non ricada sulla resta e dunque non ne riveli il carattere posticcio; la posizione delle gambe è tale da evitare ogni allineamento con la differente decorazione delle scarselle; perfino la superficie dei campi tra le liste, che nell'originale è liscia e polita come nelle comuni armature "alla pisana", nel ritratto appare brunita in modo da evocare quel gioco di nero e oro che risultava, nell'anno di grazia 1607, esattamente alla moda.

Quasi miracolosamente, quello che era un modello goffo, sgraziato e anacronistico diviene, nella pittura del Caravaggio, immagine solenne e magniloquente di un condottiero forte e sicuro di sé, quale il Wignacourt voleva certo apparire: e ciò è precisamente possibile non solo per forza di puro magistero artistico, ma in virtù di quella sensibilità alla funzione materiale e al valore semantico dell'arma che il Caravaggio aveva acquisito, nel tempo e nella frequentazione di chi le armi era avvezzo a utilizzarle, non solo a guardarle.

1 D. Macrae, *Observations on the Sword in Caravaggio*, in "The Burlington Magazine", 738, 1964, pp. 414-416. Assumendo come punti di riferimento la spada del giovane nella *Buona ventura* al Louvre, che egli giudica tratta dal vero in quanto "the pattern of the hilt is too intricate to have been recorded from memory", e quella della *Santa Caterina* Thyssen, che è anch'essa una "naturalistic representation", Macrae ritiene che quasi tutte le armi bianche rappresentate dal Caravaggio vadano fatte risalire a una sola tipologia base, che egli chiama "proto-rapier" e su cui l'artista opererebbe per successive fasi di semplificazione: una tale interpretazione è insostenibile in quanto, come si vedrà in seguito, si tratta in realtà di tipologie e sotto-tipologie assai ben caratterizzate e documentate, sulle quali il Caravaggio opera costantemente con assoluta fedeltà al modello.

2 Per una informativa generale, cfr. M. Marini, *Caravaggio. Michelangelo Merisi da Caravaggio "pictor praestantissimus"*, Roma 1987, *passim*; e anche M. Cinotti, *Michelangelo Merisi detto il Caravaggio*, in *I Pittori Bergamaschi. Il Seicento*, I, Bergamo 1983, *passim*.

3 Si veda anche, in questo stesso volume, il nuovissimo contributo documentario di Sandro Corradini: per il resto, il costante uso di armi bianche, da parte del Caravaggio, e le sue conseguenze a livello penale e sociale è troppo noto per dover essere recuperato sistematicamente in questa sede.

4 Traduco con "armi bianche" il termine "sword", che è correttamente utilizzato da Macrae in relazione alla terminologia anglosassone, ma che non può essere tecnicamente tradotto con il termine italiano "spada": la bibliografia italiana infatti, diversamente da quella inglese, dà al lemma "spada" una connotazione specifica, alternativo per esempio ad altre armi bianche lunghe come la striscia, la storta ecc., e anzi tende a costruire sottotipologie ancora più specifiche come la spada da lato, la spada da cavallo, e così via.

5 Roma, Tribunale criminale del Senatore, Relazione dei Birri, 1604-1606, Registro 327, f. 145v, in data 28 maggio 1605.

6 D. Macrae, *op. cit.*, p. 416.

7 Spada da lato: pomo ovoide, impugnatura diritta, bracci diritti, elso con guardia risalente al pomo, archetti e ponticello; lama a doppio filo, costolata.

8 Daghetta manosinistra: pomo sferico, impugnatura diritta, bracci corti e diritti; lama robusta, corta e costolata, a doppio filo.

9 Nel duello "all'italiana", lo schermitore assumeva una posizione quasi frontale, impugnando nella destra la spada e nella sinistra la daghetta (o anche un panno o un piccolo scudo), con la quale effettuava le parate ora dette "di seconda" e "di quarta". Una variante è il duello "alla spagnola", in cui si fa uso di una spada "a tazza" più protettiva per la mano: e solo nella seconda metà del Seicento si impone il duello "alla francese", in cui lo schermitore si pone quasi di pieno profilo, per offrire un bersaglio più ristretto all'avversario, e impugna la sola spada che, per la diversa conformazione del fornimento, gli consente ogni tipo di parata.

10 Cfr. per esempio Joachim Meyer, *Gründtliche Beschreibung der freyen ritterlichen und adelichen Kunst des Fechtens*, Strassburg 1570, da cui è tratta l'immagine esemplificativa (*Duello con la "manosinistra"*).

11 J. Hayward, *L'Armeria del Castello di Monselice*, Venezia 1980, inv. 172.

12 J. Mann, *Wallace Collection Catalogues, European Arms and Armour. II, Arms*, London 1962, inv. A 805.

13 Spada da lato, con fornimento "a tre vie". Pomo a sfera, impugnatura a fuso rivestita in pelle. Guardia risalente al pomo e biforcata in due rami, il primo raccordato agli archetti; bracci diritti orizzontali, ponticello. Lama con forte ricasso, poi costolata a doppio filo. Il tipo risulta entrato in uso verso il 1575 (e fino al 1600 circa).

14 L.G. Boccia, *Museo Poldi Pezzoli. Armeria*, II, Milano 1986, n. 628 (inv. 1799).

15 Spada da cavallo, con fornimento "a due vie". Pomo ovoide faccettato e bottonato, impugnatura a fuso rivestita di fili d'acciaio tra teste di moro. Ramo di guardia assente; bracci orizzontali diritti, in tondino, raccordati al centro nel massello; due ponti sovrapposti, raccordati da archetti. Larga lama per spada da cavallo, entro fodero. Il tipo è quello classico della spada di fine Cinquecento: la mancanza del ramo di guardia conferma l'uso da cavallo e non da duello.

16 L.G. Boccia, *op. cit.*, n. 595 (inv. 2575): la fotografia è tratta da L.G. Boccia, E.T. Coelho, *Armi bianche italiane*, Milano 1976, fig. 466.

17 Spada da lato, con fornimento "a tre vie". Pomo ovoide, impugnatura a fuso rivestita di fili d'acciaio. Braccio di guardia risalente al pomo, raccordato al massello con gli archetti e i rami di gabbia; ponticello inferiore. Lama con forte massello, del tipo "a striscia", per spada da lato.

18 Stiletto. Pomo a palla, impugnatura a fuso rivestita di fili di acciaio; corti bracci non ben leggibili. Lama sottile, entro fodero.

19 Storta. Pomo rotondo; impugnatura non visibile; elso a bracci diritti, piegati sul piano della lama e finiti a ricciolo, forse con difesa ad anello (non visibile); larga lama ricurva a filo e costola, sgusciata e innervata a tutta lunghezza, piegata in sguscio sul debole.

20 Spada da lato del tipo detto "a due ponti", in uso dal terzo quarto del XVI secolo (specie nel mondo germanico). Pomo a sfera, impugnatura a fuso rivestita di treccia di acciaio. Elso privo di guardia; due bracci orizzontali lievemente piegati a S sul piano della lama; due ponti paralleli, l'inferiore rivelato dalla posizione del dito indice. La lama, non ben leggibile, sembra del tipo da duello ("striscia"): esistono spade di questo tipo, con lama più larga e a uso di cavalleria ("squadrona"). Per un'arma di questo tipo probabilmente di fabbricazione tedesca, conservata al Poldi Pezzoli di Milano, cfr. L.G. Boccia, *op. cit.*, n. 597, inv. 1793.

21 Stocco. Pomo sferico, impugnatura non visibile. Bracci orizzontali, leggermente piegati sul piano della lama, in tondino come il grande anello di guardia; non sono visibili gli archetti. Lama a sezione di rombo, lunga e sottile ma robusta, con forte cappetta al tallone. Non mi sono noti esemplari a riscontro, se non nella prima metà del Cinquecento: e mancano dettagli importanti. In ogni caso si tratta di uno stocco, arma destinata a colpire solo di punta.

22 Spada da cavallo. Pomo sferico, bottonato, e impugnatura a fuso rivestita di fili di acciaio. Bracci diritti, orizzontali, in tondino ingrossato alle estreme: al massello di raccordo si innesta il ponticello unico (il superiore), apparentemente senza archetti. Il tipo è anomalo, privo di riscontri a me noti: la tipologia generale si colloca nell'ultimo quarto del Cinquecento.

23 Spada da fante (?). Pomo ovoide, impugnatura a fuso rivestita di pelle chiara; bracci orizzontali in tondino, leggermente incurvati; il resto del fornimento non è leggibile.

24 Daga. Pomo ovoide, bottonato, impugnatura a fuso rivestita di filo di acciaio. Bracci diritti, orizzontali, in tondino, raccordati in scudetto al massello. Lama robusta, a doppio filo, sgusciata al forte. Tipologia priva di riscontri sicuri; il modulo scorre in tutto il Cinquecento ma pomo e bracci sono di fine secolo.

25 Spada da cavallo. La visione dall'alto consente di distinguere solo il pomo, bottonato, i bracci diritti (forse lievemente piegati a S sul piano della lama) e un ponticello. Non è possibile individuare riscontri certi.

26 Spada da cavallo, a un solo ponte. Pomo ovoide, bottonato, e impugnatura a fuso rivestita di pelle. Manca il ramo di guardia; bracci in tondino, piegati a S sul piano della lama, raccordati sul massello agli archetti che reggono l'unico ponte inferiore. Lama non leggibile, con tallone ben rilevato su cui insiste il dito indice della mano. Il tipo è tardocinquecentesco, testimoniato in prodotti di lusso già dal 1560.

27 Spada da cavallo (?). La lettura è difficile, comunque si distinguono il grande anello, i due bracci orizzontali (il sinistro finito a pomo), il ricasso e la lama, che è costolata e provvista al forte di uno sguscio recante alcune lettere: l'identificazione è ipotetica, ma sembra chiaro che non vi sono né il ramo di guardia né il ponticello.

28 D. Macrae, *op. cit.*, p. 415.

29 G. Mancini, *Considerazioni sulla pittura*, 1619-1621, ed. critica a cura di A. Marucchi, I, Roma 1956, p. 109.

30 M. Cinotti, *op. cit.*, pp. 486, 520.

31 Si leggono chiaramente le lettere: H-AS OC. D. Macrae, *op. cit.*, p. 415, asserisce trattarsi di "five marks, four of them apparently letters of the alphabet"; aggiungendo in nota che "it is very likely that they have always been ambiguous"; per una loro possibile interpretazione come acrostico *Humilitas Occidit Superbiam*, cfr. M. Marini, *op. cit.*, p. 322.

32 Nelle spade "da striscia", finalizzate al duello e dunque provviste di una lama assai lunga e costolata, idonea a colpire di punta, è assai comune rinvenire alcune lettere punzonate nella scanalatura, come appunto nel dipinto in esame: non si tratta di una marca dello spadaro, che è generalmente punzonata al tallone, ma le lettere possono di volta in volta interpretarsi come una firma "per esteso" (per esempio TOMASO DAIALA), un motto che designa la bottega (MI SINAL EL GALO), una invocazione protettiva (VIVA MARIA), una dichiarazione moralistica (RESPICE FINEM). In altri casi, la successione delle lettere punzonate non dà senso apparente: in ogni caso si tratta di una caratteristica costante delle sole spade da duello, specie di fabbricazione milanese.

33 L.G. Boccia, *op. cit.*, n. 599, inv. 2028.

34 D. Macrae, *op. cit.*, p. 416.

35 Ai "precedenti" indicati da Macrae (Donatello, Mantegna, Correggio, Tintoretto) aggiungerei, come opera più probabilmente conosciuta dal Caravaggio, la tarsia di Giuditta di Lorenzo Lotto, nel coro di Santa Maria Maggiore a Bergamo, ove l'eroina impugna una storta straordinariamente simile.

36 Come termine di confronto può valere una spada da lato, di produzione tedesca e databile intorno al 1570, del Museo Poldi Pezzoli di Milano (cfr. L.G. Boccia, *op. cit.*, n. 597, inv. 1793).

37 Il termine "armatura" è lemma generico, che può essere utilizzato in senso proprio solo nel caso di armamento completo, inclusivo della protezione di braccia e gambe, e con specifiche connotazioni d'uso ("da campo aperto", "da giostra" ecc.): in questo senso, può essere classificata come "armatura" solo quella indossata da Alof de Wignacourt, nel ritratto del Louvre, mentre in tutti gli altri casi si tratta di "corsaletti" o di parti di essi.

38 Per citare solo il caso più clamoroso, il carattere non autografo della tela con l'*Amor Divino che sottomette l'Amor profano* di collezione privata (cfr. M. Marini, *op. cit.*, n. 14) è denunciato anche dalla assoluta improponibilità strutturale del "petto con panziera" indossato dal giovane di profilo.

39 Corsaletto da picchiere. Taschetto: coppo tondeggiante, con pennacchio policromo, bordato di ribattini lungo la tesa, che è piatta e finita a tortiglione; petto in forte imbusto, costolato, finito in sporgenza con coietti per le scarselle, scollo e guardascella rilevati e finiti a tortiglione; rotella in legno, circolare e fortemente bombata, con lista esterna dorata e grande falce di luna nel campo.

40 Borgognotta: coppo tondeggiante con alta cresta e pennacchio policromo, orecchioni incernierati al coppo e finiti a fibbia.

41 Manopola destra: manichino corto; dorso di sette lame articolate, l'ultima su tutte e modellata alle nocche; pollice fissato al dorso; dita in lamine.

42 Borgognotta: coppo tondeggiante, con cresta finita a tortiglione e pennacchio; tesa e orecchioni (incernierati) finiti in lista dorata.

43 Corsaletto da fante. Petto costolato, in forte imbusto, con guardascelle listati a cordoncino e sporgenza su cui si agganciano (con coietti a fibbia) le scarselle di sei lame articolate su coietti; il tutto in lamina di ferro liscia, non decorata, del tipo "da munizione".

44 Gola di tre lame articolate su ribattini, con padiglione rettangolare, per corsaletto da fante alla tedesca.

45 Armatura da cavaliere. Elmetto a guardacollo: coppo emisferico con alta cresta, con pennacchiera e guardacollo di tre lame, visiera e ventaglia imperniate e sollevate, barbozza chiusa. Goletta di due o tre lame, schiena modellata con scollo finito a tortiglione e lama di batticulo: è agganciata con una cinghia al petto che sostiene le scarselle di sei lame, articolate su coietti e bordate di lista incisa e dorata. Spallacci avvolgenti, il sinistro di due lame con tre lame di bracciale; bracciale completo, con cannone superiore rotante su canale, cubitiera ad ala, cannone inferiore in due lame chiudibili a scatto, manopola a lamine con manichino fortemente svasato. Superficie nera, con bordure incise e dorate su ogni lama.

46 I due soldati indossano solo due borgognotte, prive di caratteristiche specifiche. Nel primo la punta non è visibile, ma il profilo superiore è ben leggibile: assai evidenti gli orecchioni. Del secondo è visibile solo la tipica terminazione a punta ("tesa").

47 Corsaletto da fante. Goletta. Petto e schiena in lamine sovrapposte e fissate con coietti a fibbia; il petto sostiene, su sporgenza e con coietto a fibbia, la scarsella di più lame articolate su coietti; la schiena ha scollo finito a tortiglione e lama di batticulo. Spallaccio destro (visto posteriormente) ad ala avvolgente e quattro lame di spallaccio, finito a tortiglione, con bordura ribassata e bordata di ribattini; bracciale completo: cannone superiore di una lama, innestato alle lame di spallaccio con canale di rotazione bordato a tortiglione; cubitiera ad ala avvolgente, segnata a tortiglione alla piegatura; cannone inferiore di due lame longitudinali con chiusura a scatto. Superficie in lamina liscia, priva di decorazioni, del tipo "da munizione".

48 Corsaletto da piede o da cavaliere. Goletta di due lame, la prima finita a tortiglione. Spallaccio sinistro di tre lame articolate e sovrapposte, la prima su tutte è fissata alla goletta con coietto a fibbia, con quattro lame di bracciale, l'ultima finita a tortiglione; bracciale completo, costituito dei due cannoni e della cubitiera, che è monca (priva di ala) e finita a torciglione sulla piegatura. Superficie liscia, apparentemente polita.

49 Armatura da uomo d'arme, completa ma non omogenea, costituita da: Elmetto a guardacollo con coppo tondeggiante con cresta incisa e gronda non visibile, coronato da alto pennacchio in piume policrome, vista non visibile, ventaglia fortemente appuntita e rialzata, con rosetta di fori sul lato sinistro (il destro è coperto), barbozza non visibile, finita in guardacollo di tre lame articolate, l'ultima su tutte e finita a tortiglione. Petto costolato, in forte imbusto, con falda di una lama incavata alla forcata e reggente i coietti delle scarselle, cintura di fissaggio della schiena, non visibile, resta diritta, all'italiana, non originale e applicata posteriormente; decorazione in cinque liste incise con armi del tipo "alla pisana" e dorate, disposte a raggiera e alternate a liste annerite; al sommo del petto, lungo lo scollo rilevato, due medaglioni cordonati a sbalzo, incisi con teste di profilo e dorati; scarselle di otto lame articolate, l'ultima su tutte e stondata; decorazione in liste incise e dorate, come sul petto, scorrenti ai margini (leggermente ribassati) e in liste orizzontali su ogni lama; spallacci simmetrici di sette lame, la terza su tutte e formante ala tondeggiante, l'ultima finita a canale per l'innesto del bracciale, decorazione in liste orizzontali, come sulle scarselle, e in una lista ribassata scorrente al margine dell'ala e risalente sulla spalla a formare voluta e medaglione; nel campo dell'ala, grande fiorone inciso. Bracciali completi: cannone superiore di tre lame, la prima a canale e agganciata allo spallaccio; cubitiera costolata, con larga ala avvolgente chiusa, articolata su lamelle; antibraccio in due piastre incernierate; manopole con manichino allungato, dorso di cinque lame articolate, e dita a scaglie; decorazione come per gli spallacci. Gambiere complete, non omogenee: cosciali aperti, con coietto passante dietro l'arto; ginocchielli senza ala, articolati su tre lame; schiniere aperte, con due coietti di fissaggio al polpaccio; scarpe non valutabili.

50 Celatina alla veneziana. Celatina all'italiana di tipo tardoquattrocentesco, con coppo emisferico e gronda sporgente, guarnita "alla veneziana" con lamine di bronzo dorato (cresta e frontale in foglie da cui si diramano girali sul coppo, barretta di arresto con ribattini su guanciali e gronda).

51 Corsaletto da piede (o da cavaliere). Goletta di tre lame, del tipo "a padiglione"; Schiena segnata a V presso lo scollo e finita in sporgenza per la cintura; spallaccio sinistro fortemente bombato, di due lame sovrapposte e tre lame di bracciale; bracciale completo, costituito dei due cannoni e della cubitiera, che è ad ala; manopola a lamine, con manichino fortemente svasato; si intravede anche la cubitiera destra; superficie polita, nera, priva di decorazioni. Il personaggio è armato di pugnale alla cintura e di spada.

52 Corsaletto da piede, di lusso. Petto costolato, in forte imbusto, con scollo e guardascelle rilevati e lama di sporgenza cui sono fissate, con quattro coietti a fibbia, le scarselle di quattro lame articolate, l'ultima su tutte è stondata. Superficie nera, con ricca decorazione in bronzo dorato (testa di leone da cui si diramano girali a foglie d'edera, e raggi nella parte inferiore).

53 Corsaletto da piede. Borgognotta aguzza: coppo ogivale con apice all'indietro, corta tesa diritta, orecchioni a cerniera. Petto non visibile; spallaccio sinistro di sette lame, la seconda su tutte e formante ala sul petto, l'ultima finita a canale per l'innesto del bracciale; bracciale completo: cannone superiore di due o tre lame, cubitiera ad ala crestata bordata a tortiglione, cannone inferiore di due lame incernierate, manopola completa con manichino, dorso a lamine e dita articolate.

54 Il taschetto è un tipico elmetto di derivazione orientale, diffusosi in Europa occidentale soprattutto in occasione delle guerre contro i turchi: la versione "da picchiere", comune nella prima metà del Seicento, è priva dei caratteristici "orecchioni".

55 Ispirato allo spiedo quattrocentesco, da guerra e da caccia, lo spiedo da guardia è tipica arma da scolta, affine alla partigiana.

56 La rotella è una tipologia specifica di scudo, realizzata in legno e priva di umbone, spesso caratterizzata da un vano per la lanterna che ne chiarisce la finalizzazione specializzata a uso di scolta: le due rappresentate nel quadro del Caravaggio trovano un riscontro assai simile nel Castello di Monselice (cfr. J. Hayward, *op. cit.*, n. 65).

57 Le due armi in asta che si scorgono in alto a sinistra sono certamente due falcioni, nella forma arcaica del coltello inastato: la versione più comune alla fine del Cinquecento prevedeva anche un becco laterale e due denti di arresto.

58 A tale scorta appartiene naturalmente anche il soldato, non altrimenti visibile, cui appartengono la manopola e la seconda rotella riconoscibili sulla sinistra.

59 *Atti degli Apostoli* 9, 7 e 22, 9.

60 Credo che il richiamo alla "mezzaluna", sovente presente sulle armi orientali, sia la più corretta (e semplice...) interpretazione della falce di luna che compare sulla rotella, in cui viceversa A. Moir, *Caravaggio*, Milano 1982, p. 104, vede una allusione alla famiglia Crescenzi, e M. Marini, *op. cit.*, p. 448, un simbolo eretico.

61 Per il tema in generale, cfr. F. Rossi, *Le armature da munizione e l'organizzazione delle cernide del bresciano*, in "Archivio Storico Lombardo", Milano 1971, pp. 1-20.

62 Per l'interpretazione degli strumenti musicali, cfr. F. Trinchieri Camiz, A. Ziino, *Caravaggio: aspetti musicali e committenza*, in "Studi musicali", 1983, 1, p. 72.

63 Vienna, Kunsthistorisches Museum, Hofjagd- und Rüstkammer, inv. A 1043 (ripr. in M. Pfaffenbichler, in *Palmanova Fortezza d'Europa 1593-1993*, catalogo della mostra, Venezia 1993, n. 114.

64 Per una prima analisi, più avanti discussa, delle armi rappresentate nel quadro, cfr. M. Terensi, in M. Marini, *op. cit.*, p. 559.

65 L'armatura detta "da Landskenecht" (da cui l'italiano Lanzichenecco) è propriamente il corsaletto da piede "alla tedesca", che si distingueva per la borgognotta a punta, la gola a padiglioni, il petto a scollo quasi diritto e, soprattutto, la caratteristica alternanza tra liste polite e bande verniciate in nero; questa tipologia, definitasi nella prima metà del Cinquecento, si diffuse successivamente anche nell'Italia del nord e si impose come la più tipica alternativa, di produzione anche bresciana, alla tipologia "alla pisana" caratteristica delle botteghe milanesi: essa mantenne comunque sempre una connotazione esplicitamente "nordica", oltre che un livello qualitativo complessivamente modesto.

66 H. Hibbard, *Caravaggio*, London 1983, p. 253.

67 M. Marini, *op. cit.*, p. 559, note. Per l'esemplare riprodotto, cfr. F. Rossi, N. Di Carpegna, *Armi antiche dal Museo Civico L. Marzoli*, catalogo della mostra, Brescia 1969, n. 35.

68 Ora a Leeds, Royal Armouries, II.186: cfr. A.R. Dufty, *European Armour in the Tower of London*, London 1968, tav. LIV.

69 Firenze, Museo del Bargello, C 1634: cfr. L.G. Boccia, E.T. Coelho, *L'arte dell'armatura in Italia*, Milano 1967, n. 124: nella riproduzione è stato "cancellato" il piccolo cimiero con una protome leonina.

70 N. Di Carpegna, *Le armi Odescalchi*, catalogo della mostra, Roma 1969, n. 88 (inv. 1660). Si noti che, in entrambi i casi, il coppo delle celatine è adorno di una testa leonina in tutto analoga a quella visibile sulla corazza dipinta dal Caravaggio.

71 M. Maindron, *L'arsenal des chevaliers de Malte au Palais de la Vallette*, in "Révue de l'art", 1907, p. 236.

72 E. Sammut, *The Armory of Valletta and a letter from sir Guy Laking*, in "Scienthia", 1959, pp. 7 sgg.

73 Nella terminologia corrente, si designa come decorazione "alla pisana" un tipo caratteristico di ornamentazione incisa all'acquaforte (liste con armi disposte alla rinfusa, medaglioni con teste di profilo): l'esecuzione è molto ripetitiva e spesso dozzinale, tanto che nel mondo anglosassone questo tipo di ornamentazione era designato con il termine "brooms and dusters" ("scope e strofinacci").

74 Cfr. in particolare F. Rossi, *Catalogo delle opere del Caravaggio*, in *Immagine del Caravaggio*, catalogo della mostra, Milano 1973, p. 102; e M. Marini, *op. cit.*, pp. 525-526, che si vale della collaborazione di uno specialista come Marcello Terenzi.

75 Del resto, è stato notato come la stessa armatura venga riprodotta nel più tardo *Ritratto di Jean Jacques de Verdelain*, ancora nella Quadreria dei Cavalieri di Malta. L'ipotesi del Maindron che si tratti della armatura del gran maestro Jean Parisot de La Vallette (1557-1568) è cronologicamente plausibile ma assai poco probabile perché, come si vedrà in seguito, improponibile per ragioni di qualità e di finalizzazione bellica.

76 F. Rossi, N. Di Carpegna, *op. cit.*, n. 12.

77 M. Calvesi, *Caravaggio*, in "Art e Dossier", 1986, p. 55.

78 G. Baglione, *Le vite de' pittori, scultori et architetti dal pontificato di Gregorio XIII del 1572 fino a' tempi di papa Urbano VIII nel 1642*, Roma 1642, ed. critica a cura di V. Mariani, Roma 1935, p. 138.88.

Pittura e rappresentazione: Caravaggio e il teatro della crudeltà

Silvia Danesi Squarzina

A Luigi

È stato più volte sottolineato come, nonostante l'impatto modificante con il composito ambiente romano, in Caravaggio permanga la matrice padana di origine. In particolare, si notano le tracce, nel modo di articolare luce e colore sulla figura umana e nel *pathos* a essa conferito, del suo maestro Peterzano; alcuni dipinti che Merisi esegue a Roma molti anni dopo l'alunnato hanno una sorprendente rispondenza con certi disegni dell'antico maestro conservati nel cospicuo fondo del Gabinetto dei Disegni presso il Castello Sforzesco a Milano[1]; circa milleottocento fogli del Peterzano, una massa di materiali che lascia perplessi se confrontata con la notoria assenza di disegni di Caravaggio; non si può certo dire che gli fosse mancato questo fondativo ammaestramento, e guardando la *Deposizione di Cristo* (fig. 3), un tempo nella chiesa di Santa Maria in Vallicella a Roma e oggi ai Musei Vaticani, e confrontandola con i disegni di Peterzano per il *Cristo* della chiesa di San Fedele a Milano (figg. 1-2), si ha l'impressione che Caravaggio tenesse questi ultimi ben chiari nella memoria.

Intrecciata con le caratteristiche originarie possiamo leggere la familiarità con la cultura europea non solo attraverso incontri avvenuti nella bottega del Cavalier d'Arpino, i cui echi si colgono in van Mander[2], non solo nei contatti, filtrati attraverso il cardinale Federico Borromeo, con Jan Brueghel dei Velluti[3] e con il gusto del naturale, ma in senso più vasto nella ricerca di stimoli stratificati e complessi di cui vorremmo decifrare la provenienza e a cui certamente non è estranea la Lombardia, terreno di transito di situazioni extra italiane.

Un fondamentale saggio di Wittkower[4] proponeva nel 1957 una lettura del linguaggio dei gesti di El Greco. Era un primo consistente segno di attenzione al riflesso sull'artista del mondo culturale e sociale, ed era come riconoscere la presenza della teatralità individuale nella pittura. Nel Seicento in Olanda pittori, letterati e autori drammatici sedevano in una unica camera di retorica[5]: se ne può dedurre consapevolezza della unitarietà fra immagine e parola.

Per quanto riguarda Caravaggio e il senso di quanto gli atteggiamenti dei suoi personaggi volevano comunicare, benché molto sia stato fatto in questo senso, qualcosa si può tentare di aggiungere, anche in una prospettiva di intertestualità[6].

È necessario togliere per un attimo il pittore alla storia dell'arte e prestarlo alla letteratura, alla musica e al teatro. Se non ci risultano sconfinamenti di Merisi verso le Muse sorelle, certamente gli possiamo ascrivere una folgorante capacità di sintesi di quanto lo circondava e di intuizione delle inclinazioni della sua committenza, espressione di una cerchia che, negli anni romani dell'artista, era più filofrancese che filospagnola, con qualche eccezione che vedremo più avanti.

Il papa e la Curia, alla fine del Cinquecento, avevano preso le distanze dal grande potere internazionale della Spagna e avevano scelto di sostenere l'ascesa al trono di Francia dell'ugonotto convertito Enrico di Navarra favorendo le sue nozze con Maria de' Medici. Alcuni mercanti-banchieri genovesi, tradizionali alleati della Spagna, si erano rivolti verso la Francia. Il cardinale Benedetto Giustiniani (effigiato in un perduto ritratto di Caravaggio, 1601 circa), importante committente di Merisi[7]

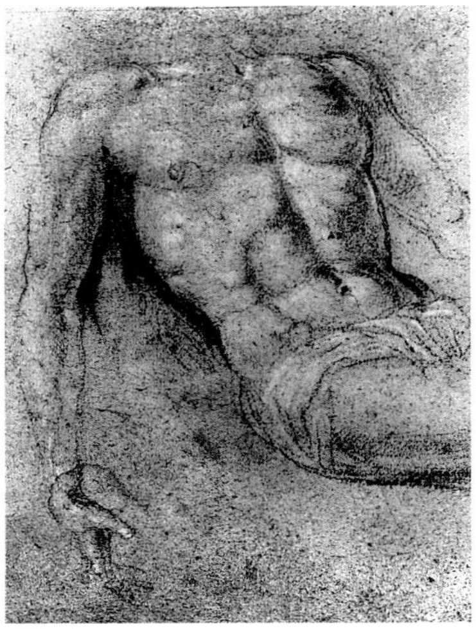

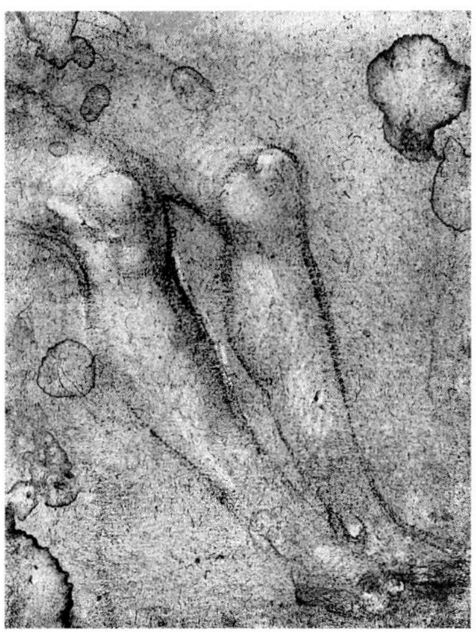

1. Simone Peterzano, *Disegno per il "Cristo" della chiesa di San Fedele*. Milano, Civico Gabinetto dei Disegni del Castello Sforzesco.

2. Simone Peterzano, *Disegno per il "Cristo" della chiesa di San Fedele*. Milano, Civico Gabinetto dei Disegni del Castello Sforzesco.

tanto quanto il fratello marchese Vincenzo[8], aveva svolto un ruolo di primo piano nello scioglimento delle prime nozze di Enrico IV re di Francia; la lettera con cui Henri esprime la sua gratitudine per l'aiuto ricevuto[9], chiamando il cardinale "mon cousin", è un indizio molto significativo di un clima mutato in cui centrali sono gli alti prelati appartenenti al partito filomediceo, come Francesco Maria del Monte[10], fondamentale *patron* di Caravaggio. Certo Roma si presentava a Merisi come una realtà complessa e dialettica, meno orientata, rispetto alla Lombardia, verso il potere spagnolo.

È inoltre opportuno sottolineare che, rispetto ai due grandi blocchi politico-culturali rappresentati da Francia e Spagna, gli ordini religiosi pauperisti (francescani, agostiniani, domenicani, filippini), occupavano uno spazio autonomo e facilitavano alleanze trasversali. E se anche non riusciva a esercitare un controllo sulle alte gerarchie ecclesiastiche spagnole di nomina regia, la Curia romana aveva invece un rapporto organico con il clero minore[11].

Inoltre i santi protettori costituivano vere e proprie alternative al potere pontificio e regio; le cerimonie di beatificazione erano, come riscontriamo anche oggi, momenti di raduno e di dimostrazione della consistenza numerica di una specifica tendenza; tale fu la cerimonia di canonizzazione di san Diego di Alcalá, 2 luglio 1588[12], il religioso a cui il re di Spagna attribuiva un ruolo miracoloso per la salute di don Carlos, e a cui un personaggio come Juan Enriquez Herrera (socio, come già risaputo, di un noto committente di Caravaggio, il banchiere ligure Ottavio Costa[13]), dedicherà una cappella in San Giacomo degli Spagnoli, segno di affermazione della comunità spagnola a Roma e di supremazia dei francescani minori osservanti iberici; san Diego di Alcalá è raffigurato nella pala della cappella Herrera (Annibale Carracci e aiuti) col saio francescano; egli, come indicato nella relazione di canonizzazione, mentre "gode in cielo la beata visione", raccomanda a Cristo un fanciullo, probabilmente proprio il figlio minore di Juan Herrera, di nome Diego. Avevo già segnalato che un Herrera abitava in una casa di cui era comproprietario Benedetto Giustiniani[14]; ora il ritrovamento del contratto di affitto e la significativa connessione con due grandi committenti di Caravaggio, Giustiniani e Costa, mi induce a un breve *excursus* che dia ragione della presenza a Roma di questo spagnolo. Se Caravaggio ebbe un effettivo rapporto con la committenza spagnola è assai probabile che siano stati proprio i due banchieri Juan Henriquez Herrera e Ottavio Costa (e alle spalle di questi l'onnipresente Vincenzo Giustiniani) ad aprirgli la strada. Dai contratti di affitto[15] accompagnati da inventari, si evince che proprio nella già ricordata casa di proprietà dei Giustiniani e dei Bandini gli Herrera tenevano il loro Banco. Si chiarisce così la stretta relazione di amicizia e collaborazione fra queste famiglie, tutte dedite, Bandini compresi, ad attività di tipo bancario e finanziario; un *milieu* tradizionalmente incline a investire in opere d'arte "mobili" ossia dipinti su tela e sculture antiche e moderne. Il Banco in origine doveva essere di proprietà solo dei Bandini. L'inventario ci presenta un arredo prestigioso e ricco di marmi, compreso un *Orfeo con la lira* con una attribuzione a Michelangelo (non verificabile ma non improbabile dato che i Bandini, nel loro giardino di Montecavallo, tenevano la *Pietà* incompiuta che Michelangelo aveva intrapreso per il proprio progetto, poi mutato, di essere sepolto in Santa Maria Maggiore a Roma) e una copia dello *Spinario*, arredo dato in locazione a Juan Herrera, prima, e poi al figlio, banchiere anch'esso e anch'esso socio di un Costa. La locazione, da accenni contenuti nell'atto qui riportato in nota, doveva risalire a molto tempo prima, almeno fino all'agosto 1590. Di estremo interesse la descrizione inventariale, in quanto ci restituisce l'assetto interno del Banco, dei suoi annessi e della parte residenziale a esso contigua; si intravedono un agio e una signorilità che fanno capire a che livelli vivessero e operassero gli Herrera a Roma; anche l'uccelliera completa di bacchette per la sosta degli uccelli e delle cassette per il cibo è un particolare significativo delle abitudini domestiche.

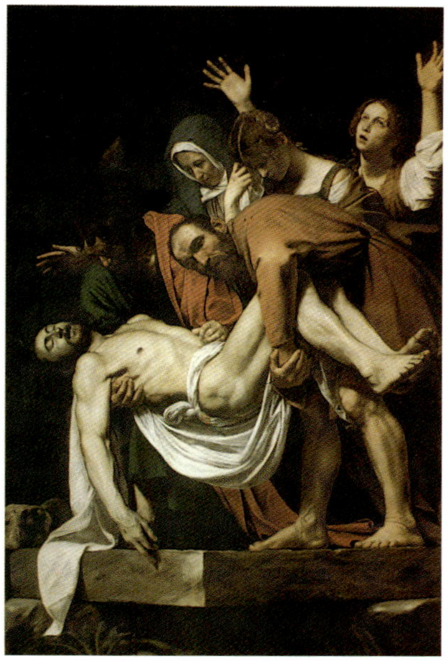

3. Michelangelo Merisi, detto il Caravaggio, *Deposizione*. Città del Vaticano, Musei Vaticani (già Roma, chiesa di Santa Maria in Vallicella).

Gli amichevoli scambi sul terreno artistico fra gli Herrera e i Giustiniani sono testimoniati dalle quindici tele di Francesco Albani appartenenti a Benedetto e Vincenzo, da me ritrovate[16], e dagli stretti rapporti iconografici di esse con la decorazione della smembrata cappella Herrera, di cui ben due delle tele ritraggono parti. La famiglia Herrera andrebbe considerata con attenzione anche per quanto riguarda un possibile rapporto con Caravaggio. Giulio Mancini[17] scrive circa uno spagnolo che, avendo conosciuto Merisi durante la sua degenza presso l'ospedale della Consolazione, ne avrebbe acquistato delle opere; andrebbe meglio indagato il nome di Johannes Enriquez che appare nelle carte dell'ospedale conservate presso l'Archivio di Stato di Roma; potrebbe essere una menzione lacunosa che sta per Johannes Enriquez de Herrera. Proprio nel contratto di affitto qui riportato in nota troviamo la stessa forma abbreviata.

Non ci sono più dubbi ormai sul ruolo svolto da una committenza legata agli oratoriani di san Filippo Neri[18] e, in senso più lato, connessa agli ordini religiosi pauperisti dell'area della cosiddetta "Riforma" cattolica, ovvero alla religiosità borromaica[19], nel far vibrare in Caravaggio la corda intensamente religiosa, tutta fondata su alternanze di chiari e di scuri, di luce e di ombra, profondamente diversa dalla corda laica, più colorata, più edonistica benché anch'essa pregna di contenuti e di intenzioni.

Tranne un semplice accenno[20] manca un confronto fra la pittura di Caravaggio e la vita teatrale italiana e europea del suo tempo; certamente alla estesa conoscenza dei testi drammatici di cui disponiamo non si accompagna una altrettanto sistematica conoscenza delle attività dello spettacolo, a causa della natura effimera di esso, riscontrabile soltanto sulla scorta di notizie frammentarie, né di come i testi venivano agiti, rappresentati; abbondanti, ma discontinui e incompleti, sono i documenti della storia dello spettacolo, una scienza importante quanto relativamente recente che possiamo dire induttiva e che dobbiamo distinguere dagli studi sulla letteratura teatrale.

Non è stato approfondito il rapporto di contemporaneità fra il sangue che la Giuditta di Caravaggio[21] fa schizzare dal collo di Oloferne e quello che i personaggi di Kyd, Marlowe, Shakespeare versavano sulla scena elisabettiana, di cui abbiamo certezza grazie alle didascalie tramandate dalle edizioni londinesi delle tragedie fra il 1590 e il 1630[22].

Un teatro definito "della crudeltà" si affaccia in Europa alla fine del Cinquecento con spettacoli di enorme successo popolare, come *The Spanish Tragedy* di Thomas Kyd, che nel 1592 ebbe una ventina di repliche al Rose di Londra[23]; in questo fosco dramma una lettera scritta col sangue sembra profetica della firma di Caravaggio tracciata col sangue del Battista nella *Decollazione* della Valletta. Un tipo di teatro che tramonta negli anni trenta del Seicento, proprio quando anche il caravaggismo esaurisce del tutto il suo seguito. Esso ha dei precedenti nel culto delle tragedie senechiane, in Giraldi Cinzio (l'*Orbecche* del 1541) certo noto a Shakespeare; si pensi inoltre alla uccisione in scena di Oloferne nella *Judith* del gesuita Stefano Tuccio rappresentata a Roma nel 1564 e più volte replicata[24], testi che costituiscono una caratteristica, fondamentale chiave per qualsiasi discettazione sul tema: il fatto orroroso non viene solo "raccontato" come imponevano i canoni classici e come lo era in Seneca, esso accade lì, ora, davanti agli spettatori, con la stessa violenza visiva delle grandi esecuzioni pubbliche, delle impiccagioni volute dal duca d'Alba nelle Fiandre, della decapitazione di Beatrice Cenci decretata dal pontefice e del rogo di Giordano Bruno. È ben noto l'aspetto fra espiatorio, circense e mondano delle esecuzioni di criminali e di accusati di stregoneria.

Ci sono pervenuti documenti grafici sui meccanismi con cui le compagnie di comici inglesi simulavano la decapitazione in scena; da una incisione (fig. 10) che ci è stata tramandata vediamo come la testa del Battista poteva essere offerta su un piatto, non finta, ma vera grazie al foro praticato nel piano del tavolo e all'arredo di scena che nascondeva al pubblico il vero corpo dell'attore e ne presentava un altro apparentemente privo del capo[25]; anche il braciere che figura nell'incisione posto sul tavolo a illuminare la scena evoca luci e ombre caravaggesche. Qualcosa di analogo in area continentale segnala Walter Benjamin nel suo studio sul *Trauerspiel* barocco dove parla di "un trucco italiano che Harrsdörfer e Birken raccomandano. Attraverso un buco praticato sul piano di un tavolo la cui tovaglia cadeva fino a terra, compariva la testa di un attore"[26].

Negli anni a cavallo fra Cinque e Seicento, in questa fase che a Roma coincide col papato di Clemente VIII Aldobrandini (1592-1605) e che sarebbe improprio definire barocca, l'obbedienza al vero, alla natura, anzi, secondo un termine in questi anni molto usato, al "naturale", è un imperativo che permea e informa ogni campo della cultura europea, la scienza per prima (Galileo Galilei, Federico Cesi e la nascita dei Lincei), e poi la pittura con consapevole, teorizzata adesione, come si rileva della fonti seicentesche, non ultimo il già citato Pacheco.

Una famosa battuta di *Hamlet* (1600-1601) consiglia all'attore di non superare la modestia della natura, bensì di esserne lo specchio, mostrando alla virtù il suo volto, al vizio la sua immagine, al tempo il suo corpo, la sua vera età, la sua forma[27].

Se l'Europa è ormai spaccata dalle guerre di religione, la sua *intellighenzia* è protesa a dimostrare da quale parte stia il giusto attraverso il vero.

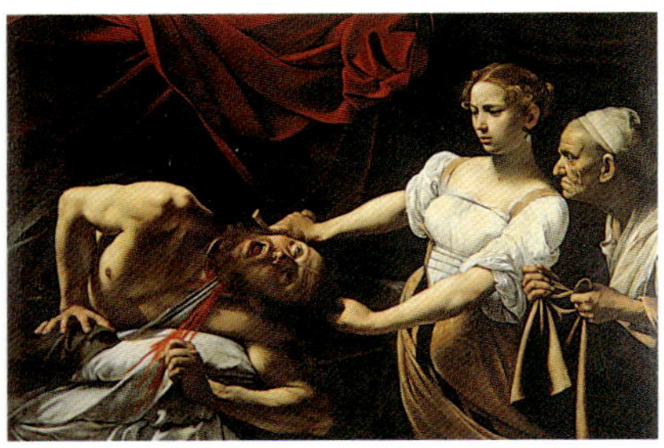

4. Michelangelo Merisi, detto il Caravaggio, *Giuditta che taglia la testa a Oloferne*. Roma, Galleria Nazionale d'Arte Antica, Palazzo Barberini.

Il teatro inglese e quello spagnolo, più liberi dalle convenzioni aristoteliche accettate da quello francese meno emancipato dai canoni classicisti, avevano un pubblico vasto e popolare, in cui i ceti sociali erano mescolati, da ben distinguere da quello di corte; anche in Italia il pubblico e i suoi gusti avevano articolazioni multiformi.

I diversi "generi" praticati dal teatro barocco sono noti e studiati, per elencarli possiamo rifarci a un'altra battuta di *Hamlet*, quella in cui Polonio loda la bravura degli attori: "for tragedy, comedy, history, pastoral, pastoral-comical-historical-pastoral: scene individable cannot be too heavy, nor Plautus too light. For the law of writ and the liberty, these are the only men"[28].

Quello fra tali generi che a noi qui interessa evidenziare e confrontare con alcuni dipinti di Caravaggio è, come ho già detto, il "teatro della crudeltà", seppure come tale non esplicitamente nominato da Polonio, forse in quanto non abbastanza aristocratico per le corti, tuttavia agito nel dramma in cui la battuta si trova.

Shakespeare stesso, giovane, era sembrato assecondare il gusto dell'orrore nel *Titus Andronicus* (1589-1593)[29] dove si succedevano esecuzioni, smembramenti, roghi, mutilazioni, decapitazioni, compiute fuori scena senechianamente ma con le conseguenze più che evidenti sul palcoscenico, fino al momento in cui il protagonista, amputato di una mano, deve uscire di scena portando via le teste di due figli; Titus ne affida una a un suo fratello, una la porta lui, mentre la sua mano è portata via fra i denti dalla figlia Lavinia già amputata di entrambe le mani nonché della lingua.

Gli aspetti selvaggi che assumevano sia le rivalità personali che la lotta politica e religiosa sono riflessi in Marlowe (nel *Jew of Malta* recitato nel 1591/1592 Barabba era fatto precipitare in un calderone bollente e da lì inveiva contro i suoi nemici; il *Massacre at Paris* del 1592/1593 vedeva andare in scena la strage degli ugonotti e le vendette conseguenti; fra l'altro il corpo di un ammiraglio era appeso a un albero, il duca di Guisa – che aveva comandato l'esecuzione a vista di "cinque o sei Protestanti" inermi – veniva pugnalato e il fratello, cardinale di Lorena, strangolato)[30].

Un raro scenario francese, cronologicamente successivo, citato da Giovanni Macchia[31], elenca fra i materiali di trovarobato necessari per rappresentare Alexandre Hardy "un lict bien paré avec des draps et du sang", che ci fanno tornare agli occhi le bianche lenzuola e il rosso del sangue dell'Oloferne di Merisi (fig. 4).

Oltre alla cruda rappresentazione della realtà, un altro punto di contatto del teatro col pittore, finora non rilevato dagli studiosi, eppure fondamentale, è l'anacronismo, riscontrabile sia nei costumi di scena sia nelle scene sacre dipinte da

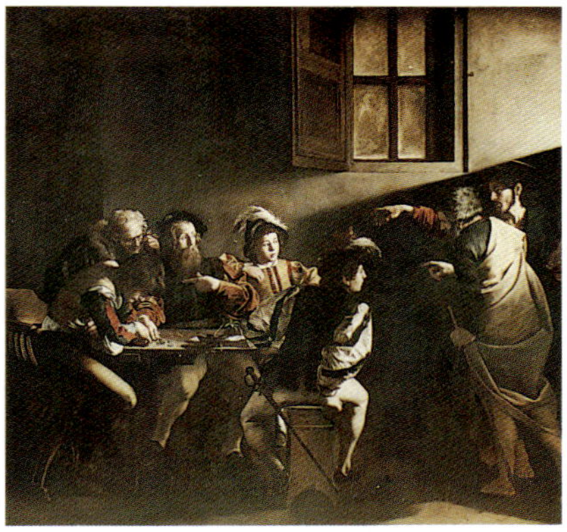

5. Michelangelo Merisi, detto il Caravaggio, *Vocazione di san Matteo*. Roma, chiesa di San Luigi dei Francesi, cappella Contarelli.

Michelangelo da Caravaggio. Ad esempio nella *Vocazione di san Matteo* (fig. 5) della cappella Contarelli in San Luigi dei Francesi vediamo il "pubblicano" Matteo seduto al tavolo e circondato da vari personaggi, tutti vestiti con abiti moderni, ossia degli anni a cavallo fra Cinque e Seicento; le figure di Cristo e san Pietro, dritte in piedi sulla destra, sono avvolte in ampie vesti togate, all'antica. Il divario cronologico tra l'abbigliamento dei due gruppi aumenta la miracolosità dell'apparizione, la tensione emotiva, rende spettacolare un evento interiore, spirituale; l'opera non è drammatica bensì epica, i personaggi sono immobili, folgorati dal gesto imperioso di Cristo che chiama a sé Matteo, quel gesto che trova la sua matrice nella volta michelangiolesca della cappella Sistina, nel braccio di Adamo che viene creato da Dio Padre[32]; l'immobilità è quella congeniale a Caravaggio, che preferisce l'attimo sospeso carico di contenuti alla concitazione manieristica dei corpi, prova del sofferto rapporto con l'eredità manierista e del rifiuto degli stereotipi esteriori, di membra in torsione in funzione più ornamentale che concettuale, e ciò lo misuriamo dalle prime due tormentate e superate versioni sottostanti all'altro laterale della cappella Contarelli col *Martirio di san Matteo*. L'anacronismo in funzione epica lo troviamo in uno dei rarissimi documenti visivi del teatro elisabettiano; un disegno[33] (fig. 6) che offre uno squarcio di conoscenza sull'effimero teatrale europeo, ci mostra Titus Andronicus vestito all'antica attorniato da personaggi in abiti moderni; l'anacronismo delle vesti di Titus sembra essere lo stratagemma che fa emergere la terribile valenza e il destino atroce del personaggio. Mentre aver dato abiti moderni a Matteo sottolinea l'attualità della sua conversione, tema quanto mai scottante in anni di Controriforma, l'uso di abiti contemporanei per togliere un personaggio alla storia e darlo al presente è tuttora in uso e diviene talvolta invenzione registica nel nostro teatro odierno[34]. Certamente nel tracciare ipotesi di relazioni fra mondo dello spettacolo e linguaggio caravaggesco non possiamo qui dimostrare nessi puntuali, ma solo parlare di *Zeitgeist*, di spirito del tempo, e finora se qualche studioso di storia del teatro si è avventurato a fare il nome di Caravaggio per offrire un equivalente visivo al naturalismo teatrale esasperato fino al delitto, non altrettanto hanno fatto gli storici dell'arte, meno curiosi di affrontare approfondimenti interdisciplinari.

"Totus mundus agit histrionem" era la scommessa globale e internazionalistica del teatro di cui stiamo parlando, scommessa vinta dalla pittura di Merisi, che riuscì nel giro di pochi anni a trovare fama e seguaci anche fuori d'Italia, al pari, si potrebbe dire, di quanto veniva agito nel Globe di Shakespeare.

Gli scambi e i contatti tra il mondo letterario italiano e quello internazionale vanno retrodatati, come è noto, alla novellistica del Tre e Quattrocento che fa da fonte alla drammaturgia europea in una sorta di doppio scambio, con andata e ritorno;

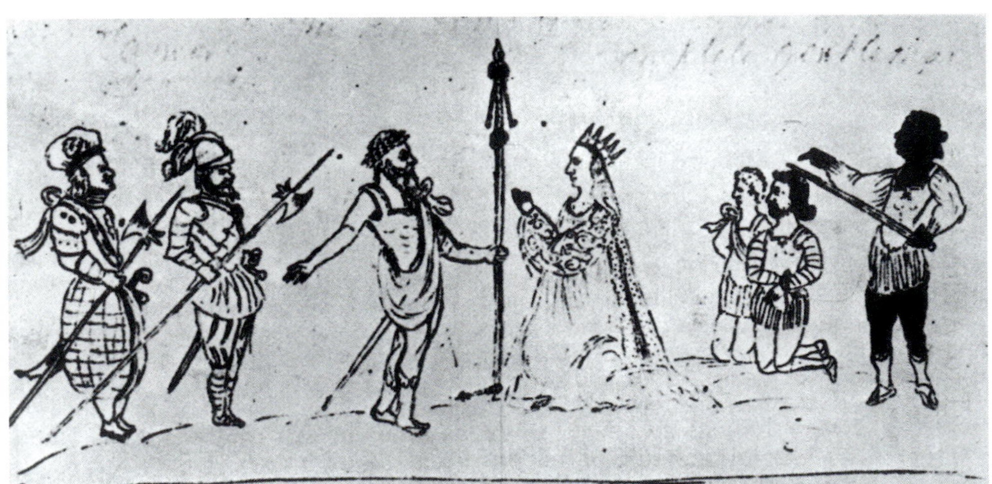

6. Henry Peacham (attr.), *Disegno di una rappresentazione di "Titus Andronicus" di W. Shakespeare*, 1595 circa. Collezione marchese di Bath.

ma per quanto concerne la messa in scena, ossia i modi di rappresentazione, ipotizzando influssi veicolati dalla curiosità dei viaggiatori e dal reticolo di relazioni internazionali degli aristocratici non è difficile immaginare nel Seicento una osmosi per la cultura artistica europea pari almeno a quella scientifica[35].

Caravaggio aveva committenti che si erano dotati di un loro spazio teatrale, frequentava personaggi di cultura cosmopolita come il letterato Giovanni Battista Marino, o autori di teatro come Giulio Strozzi[36], esponente della svolta verso la Commedia Pastorale voluta da Ferdinando de' Medici per soppiantare la Commedia dell'Arte.

Ma più che dar peso alle difficoltà di una dimostrazione filologica dei possibili scambi fra scena e dipinto, vorrei ricordare l'esistenza di un altro ricco filone espressivo di grandissima importanza come *humus* culturale. Le Sacre Rappresentazioni nate nel Medioevo come espressione di una religiosità popolare non avevano mai cessato di svolgere la loro funzione urbana; ritualità conservate intatte all'interno delle corporazioni e delle relative confraternite costituivano un contrappeso di libera vitalità inventiva nei confronti dei canoni teatrali ereditati dalla classicità latina e greca; proprio nei luoghi ove la Sacra Rappresentazione aveva mantenuto la sua continuità e forza espressiva il teatro aveva trovato maggiore autonomia di linguaggio e una grande presa popolare.

Possiamo sostenere che questo tipo di teatro, che abbiamo definito "della crudeltà", che fa da specchio a un'epoca inquieta come quella dei primi due o tre decenni del Seicento e che si attua e si diffonde con modalità omologhe al caravaggismo, è resa possibile, nel suo rifiuto della tre unità aristoteliche, e nel suo sensazionalismo veristico, dalla persistenza di altre forme di comunicazione spettacolare, come appunto la Sacra Rappresentazione.

Cosa era la Sacra Rappresentazione e cosa restava di essa nel Seicento, come veniva agita? La letteratura critica in proposito è assai vasta. Basti ricordare che agli attori, agli istrioni erano date solo le parti minori, seppure fondamentali per il successo, i lazzi di contorno, le sfide fra diavoli e angeli, mentre i protagonisti, Cristo, Madonna e santi non erano impersonati da attori professionisti bensì da membri della confraternita o corporazione, vestiti opportunamente; lo scopo era l'edificazione, la catarsi del pubblico popolare che poteva identificarsi con i patimenti di Cristo, con la semplicità dolorosa della madre di Dio, con la forza d'animo dei martiri, con i piedi nudi dei pellegrini.

È anche con questa ottica che dobbiamo guardare ai quadri di Caravaggio; così ci spiegheremo perché san Gerolamo[37] (fig. 7) ha una abbronzatura da tagliapietre, perché san Pietro[38] (fig. 8) si adagia sulla croce per essere crocifisso con la disinvol-

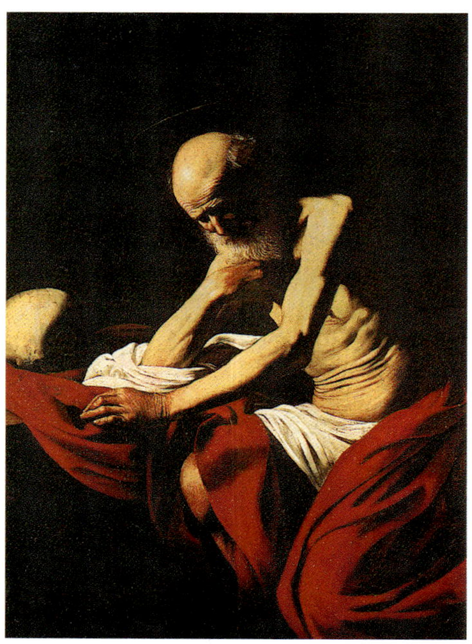

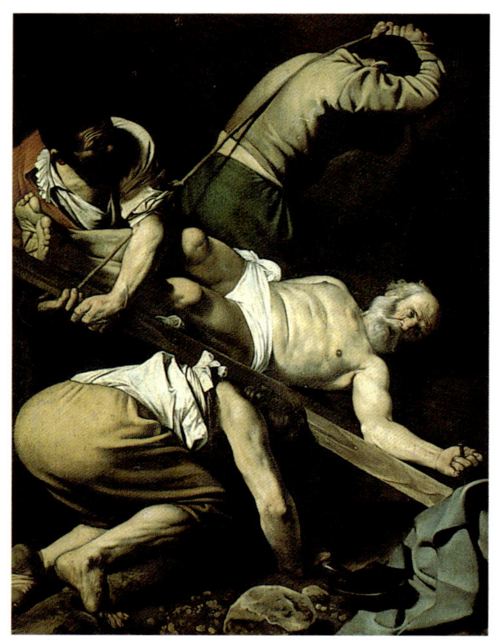

7. Michelangelo Merisi, detto il Caravaggio, *San Gerolamo*. Barcellona, monastero di Santa Maria di Montserrat, pinacoteca.

8. Michelangelo Merisi, detto il Caravaggio, *Crocifissione di san Pietro*. Roma, chiesa di Santa Maria del Popolo, cappella Cerasi.

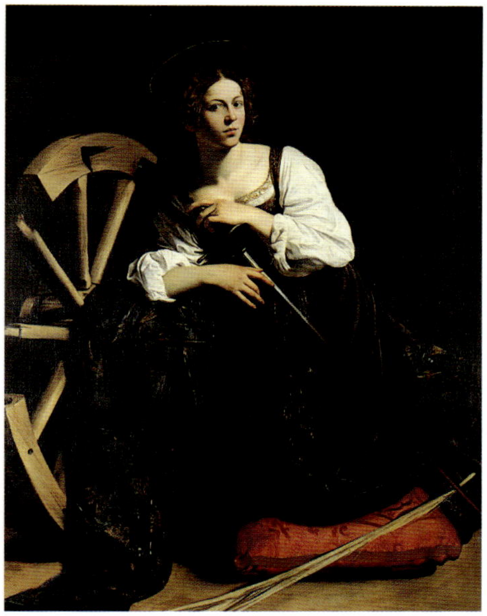

9. Michelangelo Merisi, detto il Caravaggio, *Santa Caterina*. Madrid, Museo Thyssen-Bornemisza.

tura di un figurante, e perché santa Caterina[39] (fig. 9) regge la ruota del suo martirio con tanto corposo realismo e tanto sereno distacco; i ceffi che attorniano Cristo la notte della sua cattura potremmo averli incontrati in una delle Sacre Rappresentazioni tuttora agite in quelle parti d'Italia dove una situazione culturalmente appartata ha consentito la conservazione di tradizioni, intatte anche nei tipi fisici, nei costumi conservati con cura per generazioni. Sapremmo così come Gentileschi si era procurato il paio di ali prestate a Merisi che figurano nell'interrogatorio del 1603[40].

All'effetto di straniamento, di apparizione subitanea della *Madonna dei Pellegrini*[41], alla evidenza, frutto della efficacia del linguaggio di Caravaggio, contribuisce forse anche l'esistenza e la conoscenza di matrici antiche della ritualità popolare.

E come la superficialità fastosa della festa barocca, calata dall'alto, e finanziata dai vertici sociali, decreta il superamento di forme più colloquiali, più profonde della comunicazione teatrale, così sembra per lo stesso mutamento del quadro ideologico concludersi l'onda lunga del caravaggismo.

È giusto che l'opera di Caravaggio sia stata reinterpretata e filtrata attraverso la religiosità della Riforma cattolica; manca però finora una attenzione circostanziata alle ritualità spettacolari che in questi anni cruciali potevano mediare fra sentimento religioso e mondo delle immagini. Gli importanti e relativamente recenti risultati della storiografia teatrale non sono stati presi in considerazione per interpretare Merisi.

È stato qui accennato agli studi sul rapporto fra Caravaggio e l'oratorio dei filippini, legati alla *Deposizione* che l'artista dipinse per la cappella Vittrice in Santa Maria in Vallicella a cui era annessa l'attività dell'oratorio. Non è però mai stato rilevato, in questa ottica, che alle prediche di san Filippo Neri e dei suoi confratelli seguivano sovente Sacre Rappresentazioni[42]. Vale la pena di rammentare che un comico dell'Arte come Giovanni Battista Andreini metteva in teatro *La Divina Visione, in soggetto del Beato Carlo Borromeo, cardinale di Santa Prassede e arcivescovo di Milano* (Firenze 1604) e una Sacra Rappresentazione dal titolo *La Maddalena*[43].

Del resto anche gli studi sulla storia dello spettacolo nel Seicento hanno privilegiato il fenomeno dirompente della commedia dell'Arte e delle sue maschere, mentre per la Sacra Rappresentazione nelle sue varie forme si è data maggiore importanza alle sue fasi medievali e tardomedievali.

Molti altri aspetti della teatralità prebarocca e barocca sono stati oggetto di fruttuosi approfondimenti negli ultimi decenni.

La *Rappresentazione di anima e corpo* di Emilio de' Cavalieri[44] eseguita a Roma nell'oratorio della Vallicella nel febbraio 1600 (data e luoghi a ridosso della *Deposizione* di Caravaggio) alla presenza di quindici cardinali, coincideva con la svolta impressa alla vita di corte fiorentina da Ferdinando de' Medici, il granduca che per ragioni dinastiche aveva lasciato Roma e la porpora e aveva voluto, proprio attraverso la personalità di Emilio de' Cavalieri, innovare lo spettacolo fiorentino. Appassionato di musica e di danza era il cardinale Francesco Maria del Monte[45], ambasciatore culturale a Roma della corte medicea e grande committente di Caravaggio e in particolare del *Concerto di giovani* (citato nei suoi inventari con il titolo *Una musica*).

Abbiamo detto che non è forse possibile trovare precisi nessi filologici, ma i dati quantitativi che emergono dai documenti circa lo svolgimento delle Sacre Rappresentazioni, ciascuna ripetuta con cadenza annuale secondo precise festività e ricorrenze, sono rilevantissimi e le numerose descrizioni che ci restano accendono più di un lume su queste attività nelle grandi città in cui Merisi ha più a lungo soggiornato: Milano, Roma, Napoli.

Fra le più importanti e fra le più impastate di equivalenze al già citato "teatro della crudeltà" e alle sue macchine, la Sacra Rappresentazione per la festa di san Giovanni Battista, il santo a cui era legata la comunità dei fiorentini a Roma.

Una rara incisione del primo Seicento (fig. 13) ci restituisce la scena della decollazione; sullo sfondo, dietro una inferriata, osservatori-*voyeurs* contemplano la scena che si svolge in un tetro carcere[46] con una forse casuale ma certo sorprendente affinità con l'opera di Caravaggio conservata a Malta (fig. 11).

Le Confraternite di San Giovanni Battista e la relativa festività e Sacra Rappresentazione (fig. 12) avevano largo piede in molte città in quanto assolvevano il compito della assistenza ai carcerati e ai condannati a morte. A Napoli ad esempio, legata all'insediamento del viceré, una ne veniva quasi annualmente replicata con gran de fasto e ce ne sono pervenute sporadiche quanto ripetitive descrizioni (1583, 1614, 1617, 1624) che ci dimostrano la varietà nella continuità; sorprendente è notare come la festa faccia da grande contenitore fastoso alla ritualità più profonda e composta della Sacra Rappresentazione, che viene a costituire una della tappe a maggior valore devozionale ma anche sensazionale.

La descrizione dell'episodio del Battista (Marco 6, 17-29) ha le seguenti declinazioni: "In un talamo si celebrava la crudeltà di Herodiade contra il Santo Precursore, con tanta efficacia rappresentata, che come rallegrava quella moltitudine, così potea anche muovere a pietà e dimandar lacrime"[47], "È solito qui appresso con molte finzioni rapresentarsi l'istoria della decollazione di San Giovanni Battista e concorre allo spettacolo infinita gente che così rimane sodisfata di quel che vedi, come anco si scorge in loro grandissima divozione, che perciò vi si fa festa d'apparati e di piacevolissime musiche"[48], "Poco più innanzi si ritrovò il bellissimo palco, nel quale si rappresentava con vive azioni da varii personaggi il sacrilego fatto della morte del glorioso precursore di Christo Giovanni santo"[49].

Altri inserti nello sfolgorio barocco della festa mostrano di essere lacerti di Sacra Rappresentazione, come il *Sacrificio di Abramo*, scena che veniva sovente rappresentata a breve distanza da quella della *Nascita del Battista*[50].

La brevità di questo scritto non consente un *excursus* esauriente sulla materia che si rivela vastissima; basti ricordare la forma popolare della *Deposizione di Cristo* che aveva luogo il Venerdì Santo ed era appunto nella forma non liturgica, gestita dalle corporazioni[51].

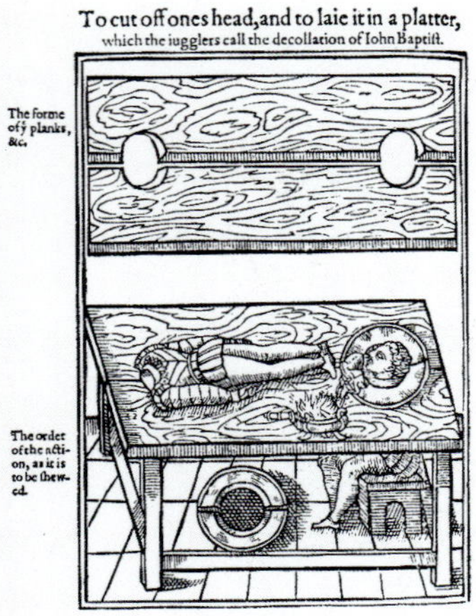

10. Trucco di scena *per la decapitazione di san Giovanni Battista*, xilografia, da Reginald Scott, *Discoverie of Witchcraft* (1584).

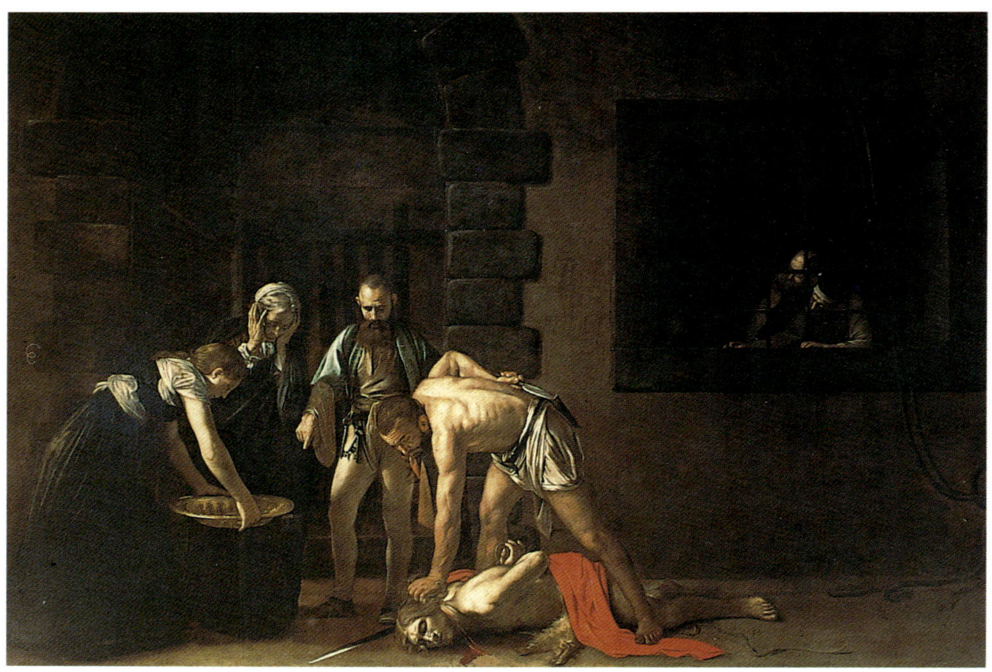

11. Michelangelo Merisi, detto il Caravaggio, *Decollazione di san Giovanni Battista*. La Valletta, oratorio di San Giovanni Battista.

12. *Decollazione di san Giovanni Battista*, da una raccolta di *Sacre Rappresentazioni* del XVIII secolo.

13. Frontespizio del manoscritto con le regole della Confraternita di San Giovanni Decollato, Milano s.d. Milano, Biblioteca Ambrosiana.

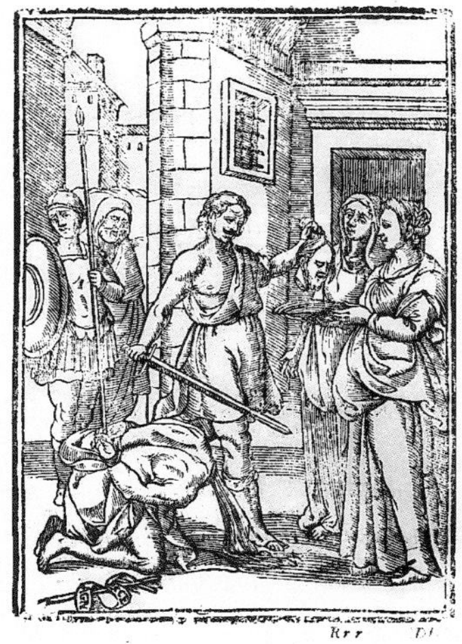

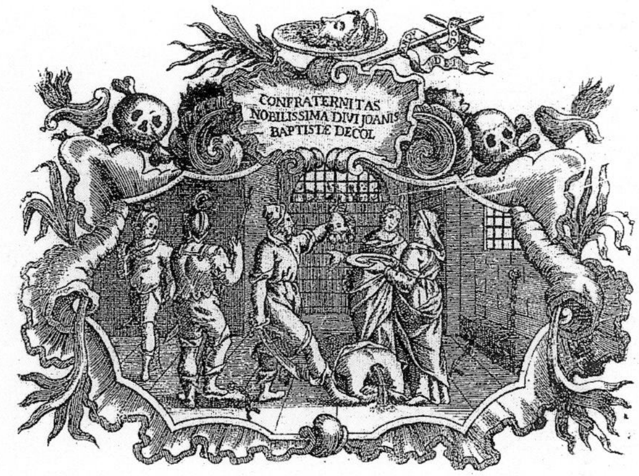

Il rituale popolare della deposizione troverà forme aristocratiche nella processione dell'*entierro* praticata dalla Congregazione del Santissimo Entierro, fondata nel 1633 a Milano e aperta solo ai nobili italiani e spagnoli.

La circolazione delle idee nell'Europa del Seicento è testimoniata in infinite occasioni: per quanto riguarda il mondo del teatro va segnalato che il testamento del padre di Shakespeare si ritiene fosse esemplato su quello spirituale di san Carlo Borromeo, il cui testo circolava in Inghilterra fra le famiglie nobili inglesi filocattoliche già alla fine del Cinquecento[52]. È stato scritto che *Hamlet* e *Measure for measure* sono commedie che risentono della cultura cattolica. In *Hamlet* vi è la famosa apparizione in scena del teschio di Yorick che può essere accomunata in generale alla simbologia della *vanitas* e in particolare ai teschi fra le mani delle Maddalene e dei san Gerolamo caravaggeschi. Non manca, in questo autore considerato più che laico, la presenza di angeli con ali e di entità celesti "ministri di grazia"[53].

Il problema dei contatti fra Italia e Inghilterra, veicolati dal cattolicesimo borromaico, sembra qui di qualche rilevanza in quanto, com'è noto, Caravaggio ebbe come committente il cardinale Federico Borromeo, erede del pensiero di san Carlo[54].

Note al testo

1 In corso di studio da parte di Maria Teresa Fiorio, che ringrazio per avermi agevolata nella consultazione dei disegni. Da segnalare M.T. Franco Fiorio, *Nota su alcuni disegni inediti di Simone Peterzano*, in "Arte Lombarda", 40, 1984, pp. 87-100. Vedi anche E. Baccheschi, M. Calvesi, *Simone Peterzano*, in *I pittori bergamaschi dal XIII al XIX secolo. Il Cinquecento*, IV, Bergamo 1978, pp. 473-474, 482, 486, 488-489, nonché M.T. Fiorio, *Peterzano Simone*, in *Dizionario della Chiesa Ambrosiana*, IV, 1990, pp. 2712-2715, in cui la studiosa chiarisce molti aspetti dell'attività del Peterzano e in particolare la matrice veneta degli esordi dell'artista, fase a cui apparterrebbe la *Deposizione* di San Fedele.

2 K. van Mander, *Schilder-boeck* [1603-1604], ed. anastatica, Utrecht 1969, f. 191a; ora in ed. critica a cura di H. Miedema, Doornspijk 1994. L'informatore di van Mander era Floris Claesz van Dijck (Delft, 1575 circa - Haarlem, 1651) il quale era presente nella bottega del Cavalier d'Arpino intorno al 1600, cfr. G. Capitelli, in S. Danesi Squarzina, *Natura morta, pittura di paesaggio e il collezionismo a Roma nella prima metà del Seicento. Italia, Fiandre, Olanda. Il terreno di elaborazione dei generi*, Roma 1996, p. 172.

3 S. Danesi Squarzina, *I Giustiniani e l'Oratorio dei Filippini*, in "Storia dell'Arte", 85, 1995, atti del convegno *Filippo Neri nella Roma della Controriforma*: nell'inventario della *Guardarobba* di Benedetto Giustiniani, 1600 sgg., figurano sei rametti di Jan Brueghel; M. Calvesi, *La "Caraffa dei fiori" e i riflessi di luce nella pittura di Caravaggio*, in S. Danesi Squarzina, *Natura morta*, cit., pp. 77-89; vedi anche S. Bedoni, *Jan Brughel in Italia e il collezionismo nel Seicento*, Firenze-Milano 1983.

4 R. Wittkower, *El Greco's language of gestures*, in "Art News", 56, 1957, p. 44.

5 W.S. Gibson, *Artists and Rederijkers in the age of Bruegel*, in "The Art Bulletin", 1981, pp. 426-446; S. Alpers, *L'officina di Rembrandt*, Torino 1990, p. 46; G. Capitelli, *Gerrit Dou fra pittura di genere e significati morali*, tesi di laurea, rel. S. Danesi Squarzina, Università La Sapienza, Roma 1990; M. Westermann, *Steen's comic fictions*, in *Jan Steen painter and story teller*, catalogo della mostra (National Gallery of Art), Washington 1996, pp. 53-67.

6 Qui si intende un ampliamento interdisciplinare del concetto introdotto da J. Kristeva, *Recherches pour une sémanalyse*, Paris 1969.

7 S. Danesi Squarzina, *The Collections of Cardinal Benedetto Giustiniani. Part I, Documents for the History of Collecting, Published with assistance from the Provenance Index of the Getty Information Institute*, in "The Burlington Magazine", 1136, 1997, pp. 766-791; Idem, *The Collections of Cardinal Benedetto Giustiniani. Part II*, in "The Burlington Magazine", 1139, 1998, pp. 102-118: "Un quadro del Cardinale Giustiniano naturale a sedere di mano del Caravaggio", databile poco dopo il settembre 1601.

8 L. Salerno, *The Picture Gallery of Vincenzo Giustiniani, I: Introduction*, in "The Burlington Magazine", 682, 1960, pp. 21-27; Idem, *The Picture Gallery of Vincenzo Giustiniani II: The Inventory, part I*, in "The Burlington Magazine", 684, 1960, pp. 93-104; Idem, *The picture Gallery of Vincenzo Giustiniani III: The Inventory, part II*, in "The Burlington Magazine", 685, 1960, pp. 135-148.

9 ASR, Fondo Giustiniani, busta 103 [documento n. 91, mia numerazione].

10 Z. Wazbinski, *Il Cardinale Francesco Maria Del Monte 1549-1626*, 2 voll., Firenze 1994.

11 L. von Pastor, *Storia dei Papi dalla fine del Medio Evo*, XI, Roma 1929, p. 163.

12 Biblioteca Apostolica Vaticana, Vat. Lat. 10740, relatore è il cardinale Marc'Antonio Colonna. Il codice contiene: Orazio Gervasio Venosino, *Vita, morte, miracoli et canonizatione di S. Diego*, poema in ottave dedicato a papa Sisto V. Dopo aver narrato la vita e alcuni miracoli di Diego di Alcalá, parla della guarigione di Carlo, figlio di Filippo II, che poi, per gratitudine, chiese al pontefice di canonizzare Diego. Descrive la cerimonia con gli apparati della festa. BAV, Racc. I: IV. 1257 (int. 4): *Relatione della canonizatione di San Diego di Alcala di Henares. Del Ordine di S. Francesco della Osservanza, che fece la Santità di N.S. Papa Sisto V alli 2. di Luglio 1588. Con la Relatione dell'Illustrissimo & Reverendissimo Sig. Card. Marco Antonio Colonna sopra di ciò fatta avanti a Sua Santità nel Concistoro celebrato alli 20 di Giugno 1588. Et Oratione di Pompeo Arigone Avvocato Concistoriale publico alli 25. Del istesso mese, con la risposta di Antonio Boccapadule Secretario di Sua Santità.* In Roma, per Francesco Zannetti, in Piazza di Pietra, 1588, p. 5: "in vita & in morte Dio onnipotente per la intercessione di questo Santo operò in molte persone oppresse da diverse infermità infiniti e nobilissimi miracoli, & tuttavia ne và facendo, rendendoci certi che il Santo Diego gode in cielo la beata visione, fra li quali uno delli molto meravigliosi è stato quello del Serenissimo Don Carlo alhora Principe di Spagna, il quale trovandosi in Alcala di Henares l'anno 1562 amalato à morte, & abandonato dalli medici per una gravissima percossa che ebbe nella testa, essendosi per ultimo rimedio condotto il corpo del Santo Diego, in poco spatio di tempo per sua intercessione recuperò intiera sanità. Onde mossa la Maestà del Catholico Re Philippo, & il principe suo figliuolo, & rendendosi gratissimi à così gran benefitio che haveano ricevuto da Dio per intercessione di questo Santo, con lettere particolari del 28 di Febraro del 1563 ne certificorno la santa memoria di Pio IIII. & insieme humilmente supplicorno sua Beatitudine, che per glori della Maestà divina & di questo Santo lo Canonizzasse". Segue la narrazione di tutto l'*iter* intrapreso dal re per ottenere la canonizzazione, la commissione cardinalizia e la sua relazione, il voto del Concistoro, i preparativi per la cerimonia, a p. 27 tra i quaranta cardinali presenti alla cerimonia è citato il Giustiniani: "Diaconi Cardinali ... Benedetto Giustiniani Genovese". Seguono le relazioni del cardinale Marc'Antonio Colonna e di Pompeo Arigonio, avvocato concistoriale e del re cattolico; il responso di Antonio Boccapaduli, segretario apostolico; una *Cancion A San Diego d'Alcalá*.

13 L. Spezzaferro, *Detroit's "Conversion of the Magdalen" (The Alzaga Caravaggio), 4. The documentary findings: Ottavio Costa as a Patron of Caravaggio*, in "The Burlington Magazine", 859, 1974, pp. 579-586, nota 12 p. 581; Giovanni Enriquez de Herrera era nato a Bezerril nella diocesi di Valencia da Pietro Herrera e Ines Enriquez; iniziò la sua carriera a Conches, fu poi chiamato a Savona da un omonimo suo parente, dove continuò la sua attività e dove sposò Paola di Ottavio Ferreiro dalla quale ebbe Francesco e Pietro, nati a Savona, e Diego, nato a Roma (questi dati si ricavano da: ASR, not. A.C.L. Persicus, vol. 5704, ff. 383 sgg.); si cita inoltre un altro figlio, Nicolò (nota 15, p. 581); Giovanni Enriquez de Herrera morì il 1 marzo 1610, come risulta dalla *Costitutio hereditatis* (ASR, Not. A.C. Amadeus, vol. 94, ff. 8 sgg.), senza aver fatto testamento (ASR, Not. A.C. Amadeus, vol. 95, ff. 413 sgg.: inventario dei beni con l'elenco dei quadri, fra i quali non compare *Marta e Maddalena* di Caravaggio). Vedi inoltre L. Spezzaferro, *Ottavio Costa e Caravaggio: certezze e problemi*, in *Novità sul Caravaggio*, Milano 1975, pp. 103 sgg.; L. Salerno, *Detroit's "Conversion of the Magdalen" (The Alzaga Caravaggio), 5. The Art Implication of the Detroit's Magdalen*, in "The Burlington Magazine", 859, 1974, pp. 586-593.

14 La notizia si ricava dall'elenco dei beni redatto alla morte (1621) del cardinale Benedetto Giustiniani, ASR, Notai del Tribunale AC, Ufficio 8, vol. 1302, Rainaldo Buratti, "Una rata cioè li quatro dicessectesimi de un palazzo posto in Banchi dove habitava ultimamente marchese Herrera et alcune casecte e bocteghe unite con detto palazzo". S. Danesi Squarzina, *The Collections of Cardinal Benedetto Giustiniani. Part I*, cit., p. 791. I restanti tredici diciassettesimi erano di proprietà dei Bandini, anch'essi banchieri e imparentati con i Giustiniani (la sorella di Benedetto e Vincenzo aveva sposato Orazio Bandini, figlio di Pietrantonio il quale, banchiere a Roma, era fallito ed era stato aiutato finanziariamente dai Giustiniani).

15 Della locazione del Banco Herrera abbiamo ritrovato i contratti con la descrizione di quanto contenuto nel palazzo nonché nel Banco; il 10 dicembre 1612 il cardinale Benedetto costituì suo procuratore il canonico della Chiesa cagliaritana Salvatore Isquierdo al fine di affittare "Palatium... quod ad presens inhabitant heredes bonae memoriae illustrissimi Domini Ioannis Henriquez de Herrera, et Illustrissimus Dominus Octavius Costa ... situm Romae in via Bancorum ... affictandum Illustrissimo Domino Petro Henriquez de Herrera ... pro annua pensione scutorum nonigentorum monetae". Il palazzo era stato precedentemente affittato da Benedetto e Caterina Giustiniani e da Pietro Antonio Bandini a Giovanni Enriquez de Herrera e Ottavio Costa, ASR, *Segretari e Cancellieri* RCA, D. Ferrini, prot. 711, a. 1612, ff. 605r sgg., documento in cui si fa anche riferimento ad atti del 14 agosto 1590, 6 febbraio 1591 e 22 dicembre 1605. ASC, *Archivio Urbano*, sez. I, prot. 327, notaio Demofonte Ferrini, a. 1613-1614, f. 477r, *Inventarium bonorum relictorum in palatio per Illustrissimos dominos Benedictum Cardinalem et Catherinam de Iustinianis locato Illustrissimo Petro Enriquez Die 16 septembris* 1613: "Inventarium rerum, et bonorum relictorum in possessione Illustrissimi Petri Henriquez de Herrera ... [il palazzo era stato affittato attraverso il procuratore Salvatore Isquerdo, canonico cagliaritano, dal cardinale Benedetto e dalla sorella *b.m.* Caterina Giustiniani Bandini per gli atti del notaio della Camera Apostolica Pirro Pallutio] Nella Cantina sotto il banco ... A pie' della scala che scende nel primo piano ... Nella stanza sopra detta scala ... Sopra la porta grande de banchi un'arme di papa Urbano con il suo festone ... Dentro nel andito il Cancello Con le sue serrature, et chiave.

Nel banco vi sono doi armarij di noce con le sue serrature, et chiave per lun [f. 477v] ghezza con le loro spalliere, et cornice pur di noce. ... Nella loggia al principio della scala sopra la porta che va alla Cantina una statua d'un marforio, et una testa con il suo busto di terra cotta et il suo busto colorito di torchino piccola.

Nel primo Cortile verso banchi sono quattro nicchie dove sono quattro mascheroni di marmo antichi, et sopra le due porte che sono in mezo di detto Cortile dui teste con il lor busto e posame di marmo di ***

Nel secondo Cortile le due statue di marmo con le loro braccia tutte intiere [f. 478r] moderne sopra un'rocchio di Colonna che vi sono in piedi doi draghi che gettano l'acqua della fontana.

Nelle stalle ... Nella Camera della suddetta loggia del primo Cortile ...

Nella dispenza ... [f. 478v] ... In piedi della scala grande principale in terra una testa di marmo con il suo busto, et posame senza naso di ***

A metà scala avanti si arrivi al Cancello due statue di marmo nelle due nicchie senza bracci

Al fin della scala vi è il Cancello di noce con le sue serrature doppie, et due teste nere con le barbe di legno attaccate insieme

A ricetto di Capo di scala vi e una porta Con la sua cornice che vi è sopra un'nicchio una testa di marmo di *** con il suo busto, et posare la quale è messa in mezzo da doi medaglioni assai grande di stucchо fatte per l'impronta di ***

In detto annito da una banda, et l'altra di detta porta doi busti di statue di marmo senza testa con doi Capitelli sotto di marmo che li reggono e nel cantone di detta loggia verso il Cortile due statue di marmo una senza testa, et l'altra con la testa di ***

In detto annito al incontro di detta porta un'orfeo Con la lira che si crede che sia di Mano di Michel'angelo Bonarota. [f. 479r] In detto andito sopra la porta della sala minore una testa di marmo con il suo busto, et piede di ***

In detto andito che và alla porta della sala grande sopra essa testa di marmo con il suo busto et posare di ***

Et detto dentro un'altra testa con il suo busto et posare di marmo.

Et sopra il Camino di detta Sala un'quadro antico di marmo, et sopra le tre porte della Camera tre altri quadri murati fra quali un'tondo di marmo con le lor cornici di stucco tutti di mezzo di ***

Sopra il Camino due statuette di marmo di ***

Due palle grande di porfido con il lor posare di legno tutto sopra la cornice di detto Camino, et nel mezzo delle dette due palle e una testa di marmo Con il suo piede, et busto di ***

A piano di detta sala due teste grande di marmo di *** Con li lor busti et posare una di quà et l'altra di la dal Camino. ... [f. 479v] ... Nella Sala minore verso il vicolo accanto al Camino in terra due teste di marmo con il lor busto, et piedi che mettono in mezo al Camino

Sopra le cornice del Camino di detta sala due statuette intiere una de quali senza un'braccio con un'cagnolo alli piedi pur di marmo.

Due palle grosse di porfido con il lor posare di legno.

Un'altra testa in mezo a detto Camino di marmo Con il suo posare et busto.

Sopra la porta di detta sala che va in saletta un'altra testa di marmo con il suo busto, et piedi ch'è d'un'Consolo.

Sopra l'altra porta in testa della sala che và nella Camera sopra il vicolo un'altra testa di marmo con suo busto et piedi di ***

Nel Cantone fra le sopradette due portein detta sala una colonna di marmo nero con il suo piede et capitello di marmo bianco con l'arme de Bandini sopra la quale vi è un'ragazzo di marmo che si leva una spina dal piede.

In la saletta seguente sopra la porta in testa che entra nel altra Camera una testa di marmo con il suo busto, et posare di ***

Nella Camera seguente del Cantone di dentro sopra le due porte vi [f. 495r] sono per ciaschuna una testa di marmo con il lor busto. ... Nella Cappella il suo altare d'Albuccio à credenza che s'apre con la sua serratura con la predella per sotto alli piedi al prete, quando dice la messa, con la sua ferrata et finestra di vetro con un'pettorale di rete all'imagine della madonna con l'ornamento di pietra di porta santa ... [f. 495v] Nella loggia più alta verso il cortile de Ghisi ... nell'uccelliera, nella quale vi sono le bacchette di legno con le cassette da dar mangiare all'uccelli la sua porticella serratura et chiave et la rete di ferro in faccia con una poi sopra nel scoperto à uso di tempietto dove è un'vaso di marmo da lavar panni che con l'acqua piovana si può empire con le sue chiavi che pigliano l'acqua dal tetto.

In detta loggia coperta vi è una tavola in'ottangulo di pietra di Genova di lavagna con li suoi piedi di legno.

Nella Cucina grande ... [f. 496r] ... [Pietro si impegna a conservare diligentemente i soprascritti beni nel periodo della sua locazione e poi a restituirli al cardinale Benedetto ed agli eredi di Caterina Giustiniani Bandini]".

L'inventario qui riportato è stato rinvenuto nel corso della ricerca sui documenti Giustiniani che sta per essere pubblicata in volume a cura di chi scrive e di L. Capoduro, che ringrazio. Da notare l'omissione del cognome Herrera. Certo va detto che gli Herrera erano di Valenza e non si ha notizia di un ritorno in Spagna. Nei registri 1602-1603 degli *Stati delle Anime* della parrocchia di San Giovanni dei Fiorentini, f. 32, anno 1602 (Archivio Storico del Vicariato, Roma), troviamo descritta la famiglia di Giovanni Enriquez de Herrera: "Appresso vi è la casa de Bandini dove adesso abita il Sig. Giovanni Errinques de Herrera spagnolo mercante di anni 60 incirca con la moglie Paula Ferrera savonese di anni 42 incirca. Hanno 4 figliuoli; l'uno si chiama Francesco Gesuita l'altro Pietro di anni 16 incirca; il 3° Nicolo di anni 15; il 4° Diego di anni 5. Hanno con esso loro il Sig.r Diego Erriques canonico di Palenza di anni 30 incirca. (partito)

La lor gente di casa è

Giacomo Sella spenditore di Piamonte di anni 40 incirca.

Marco Antonio Prucca di anni 26 incirca. (partito)

Stefano Vinazza Piamontese di anni 30 incirca. (partito)

Giovanni coco Francese di anni 40 incirca.

Giacomino guattaro di anni 30 incirca.

Giulio Fiongo da Camerino cocchiero di 50 anni incirca. (partito)

Maurizio Mainiero Genovese cassiere di anni 56 incirca.

Gio: Antonio Verde Genovese di anni 23 incirca.

Serve.

Isabella Merega savonese di anni 40 incirca.

Caterina di Arezzo di Toscana di anni 50 incirca".

Anche la famiglia Costa figura nei medesimi registri degli *Stati delle Anime* della parrocchia di San Giovanni dei Fiorentini, al f. 33, anno 1602-1603: "Ottavio Costa di Albenga di anni 47 incirca con la moglie Laura Spinola genovesa" e con i nove figliuoli "nella retroscritta casa dei Bandini", citato in M. Gallo, *Orazio Borgianni pittore romano (1574-1616) e Francisco De Castro Conte di Castro*, Roma 1998, p. 181.

I registri degli *Stati delle Anime* di San Giovanni dei Fiorentini sono lacunosi e mancano gli anni dal 1590 al 1601 e dal 1604 al 1633; grazie ai contratti d'affitto sopra citati possiamo ora retrodatare al 1590 la presenza nella parrocchia di Giovanni Enriquez de Herrera nonché di Ottavio Costa, strettamente legato agli Herrera sia attraverso il Banco, sia attraverso matrimoni tra i figli (nel 1615 Luigia Costa sposerà Pietro Enriquez Herrera): per le cerimonie nuziali vedi M. Gallo, *op. cit.*, p. 180.
Dal registro degli *Stati delle Anime* di San Giovanni dei Fiorentini, f. 33, ricaviamo la composizione della famiglia; esso ci consente di calcolare che Luigia, al momento delle nozze aveva sedici anni:
"Nella retroscritta casa de Bandini vi sta Il Sig. Ottavio Costa di Albenga di anni 47 incirca com[unicato] par[tito 1603] con la moglie Sig.ra Laura Spinola Genovesa di anni 29 incirca com[unicata]. Hanno 9 figliuoli.
La prima si domanda Violante di anni 10 incirca par[tita 1603]
Il 20 Giovanni Antonio di anni 9 chr[esimato]
Il 30 Pietro Francesco di anni 8
La 4a Bianca di anni 7
Il 50 Alessandro di anni 6
Il 60 Valerio di anni 5
La 7a Luiggia di anni 3
La 8a Aurelia di 20 mesi
Il 90 Silvestro di 3 mesi
Il Mastro de putti si domanda Bernardo Buttafoco di Montefalco prete da Messa
Servitori
par[tito] Nicolo Capponi spenditore da Cramagnola di Piemonte di anni 60 incirca
Giovanni Coco francese di anni 42 incirca
Nicolo Borgognone di anni 28 incirca p[]
Carlo Perticone di Spoleti di anni 36 (?) incirca
Giulio Cocchiere Sanese di anni 34 incirca
Salvatore Guattaro di Cocina di anni 20 incirca
Giovani del banco
Giovanni Battista Ranieri Fiorentino di anni 45 incirca
Francesco de Ventimiglia di anni 25 incirca [seguono i nomi delle serve e delle balie]".

Nel 1589 il banchiere Pietro Antonio Bandini risulta risiedere ancora nella casa "in Banchi", che poi locherà, nel 1590, a Giovanni Enriquez de Herrera e a Ottavio Costa, trasferendosi nella zona di Montecavallo. Sono registrati insieme a lui (f. 73v del Registro degli *Stati delle Anime* di San Giovanni dei Fiorentini) sua moglie Cassandra, suo figlio Orazio con la moglie Caterina Giustiniani, sua figlia Cassandra, il signor Cesare Benetti e tre giovani del Banco.
Nel libro dei battesimi (f. 60v) della stessa parrocchia troviamo la data del battesimo, 4 dicembre 1596, di Didacus, ossia Diego, il figlio di Giovanni Enriquez de Herrera, ritratto bambino nella pala carraccesca della cappella Herrera già in San Giacomo degli Spagnoli. Cfr. D. Baldascini, *Stati d'Anime: artisti italiani e stranieri a Roma dal 1600 al 1650 censiti attraverso lo spoglio dei documenti delle parrocchie del rione Ponte*, tesi di laurea, rel. S. Danesi Squarzina, correl. L. Capoduro, Università La Sapienza, Roma 2000.
A. Vannugli (*Enigmi caravaggeschi: i quadri di Ottavio Costa*, in corso di pubblicazione in *Storia dell'arte*), presenta nuovi dati ricavati dal libro dei battesimi 1591-1599 di San Giovanni dei Fiorentini: i nomi più interessanti sono quello di "Rugerius Tritonius Abbas Pinerolus (1594), Petrus Franciscus Costa de Burgo (1595) Horatius Spinola Dorius (1597) Cardinalis Saulus (1598) Paulo Emilio Cardinal [Sfondrato] (1602) Artemio Vannini, R. mo Card. Pinelli (1603) D. Silvius Spinola, Valerij Spinolae (1608)" che risultano padrini o madrine dei vari figli di Ottavio Costa.

16 S. Danesi Squarzina, *Dipinti inediti di Francesco Albani*, in "Ars", 6 (7), 1998, pp. 78-87; Idem, *The Collections of Cardinal Benedetto Giustiniani. Parte II*, cit.

17 G. Mancini, *Considerazioni sulla pittura*, a cura di L. Salerno e A. Marucchi: I, Roma 1956, p. 225 (Costa) e II, Roma 1957, pp. 104, 113; ASR, Ospedale della Consolazione, 3, f. 162.

18 W. Friedländer, *Caravaggio studies*, Princeton 1955, ried. 1969.

19 M. Calvesi, *Le realtà del Caravaggio*, Torino 1990; A. Zuccari, *La politica culturale dell'Oratorio romano nella seconda metà del Cinquecento*, in "Storia dell'Arte", 41, 1981, pp. 92 sgg. e A. Zuccari, *Arte e committenza nella Roma di Caravaggio*, Roma 1984.

20 G. Rousset, *La littérature de l'âge baroque en France: Circe et le Paon*, Paris 1953, ed. it. Bologna 1986; Idem, *Fine e persistenza del teatro barocco in Francia*, in *Chiarezza e verosimiglianza. La fine del dramma barocco*, a cura di S. Carandini, Roma 1997, p. 26.

21 Roma, Galleria Nazionale d'Arte Antica, Palazzo Barberini.

22 W. Shakespeare, *Teatro completo*, a cura di G. Melchiori, Milano 1977; si ritiene che l'attività di Shakespeare sia compresa fra il 1588 e il 1616, anno della morte.

23 M. D'Amico, *Dieci secoli di teatro inglese*, 970-1980, Milano 1981, pp. 64-68; D'Amico definisce *The Spanish Tragedy* un dramma seminale, per l'influsso che ebbe sul teatro elisabettiano.

24 F. Doglio, *Il teatro tragico italiano*, Parma 1960, p. LXI.

25 A. Gurr, *The Shakespearian Stage 1574-1642*, Cambridge 1980, pp. 166-167.

26 W. Benjamin, *Ursprung des Deutschen Trauerspiels*, Frankfurt am Main 1963 (trad. it. di E. Filippini, *Il dramma barocco tedesco*, Torino 1971, p. 238).

27 "Suit the action to the word, the word to the action – with this special observance: that you o'erstep not the modesty of nature. For anything so o'erdone is from the purpose of playing; whose end, both at the first and now, was and is to hold, as 'twere, the mirror up to nature – to show virtue her own feature, scorn her own image, and the very age and body of the time his form and pressure". W. Shakespeare, *Teatro completo*, cit., III, p. 168.

28 "Nel genere tragico, nel comico, nel dramma storico, nel dramma pastorale, nell'istorico-comico-pastorale, nel tragico-istorico, nel tragico-comico-istorico-pastorale; nelle tre unità come nel dramma libero; Seneca non è troppo pesante, né Plauto troppo leggero per loro; sia sul testo che improvvisando, sono più unici che rari". W. Shakespeare, *Teatro completo*, cit., III, p. 138.

29 W. Shakespeare, *Teatro completo*, cit., III, p. XXVII.

30 Ch. Marlowe, *The plays of Christopher Marlowe*, London 1914.

31 G. Macchia, *La letteratura francese. Dal Rinascimento al Classicismo*, Milano 1997, pp. 192, 196.

32 Le radiografie eseguite dall'Istituto Centrale del Restauro di Roma nel 1950 mostrano che nella prima stesura del dipinto di Caravaggio il braccio di Gesù era più nudo che nella versione definitiva e assolutamente identico all'affresco di Michelangelo, non tanto al braccio di Dio Padre quanto a quello di Adamo; ciò fa pensare a una visione di Cristo come nuovo Adamo, cfr. L. Venturi, *Studi radiografici sul Caravaggio*, in "Atti della Accademia Nazionale dei Lincei. Memorie. Classe di Scienze morali, storiche, filologiche", serie VIII, vol. V, Roma 1952.

33 Il disegno fa parte del *Manoscritto di Longleat* (1595), collezione del marchese di Bath, cfr. G. Melchiori, *op. cit.*, p. 2.

34 Vedi lo spettacolo *Troilo e Cressida* di Shakespeare nella regia di Luigi Squarzina, Teatro Stabile di Genova, 1964, in cui i soldati greci vestivano le divise dei marines americani; L. Squarzina, *Da Amleto a Shylock. Note di regia*, Roma 1995, pp. 43-50. In Italia l'uso dell'anacronismo è stato riproposto in seguito da Luca Ronconi in regie verdiane e wagneriane.

35 B. Bizoni, *Diario di viaggio di Vincenzo Giustiniani*, a cura di B. Agosti, Porretta Terme 1995. Lord Arundel, mecenate dell'architetto e scenografo Inigo Jones, venne a Roma e fu in contatto con un grande committente di Caravaggio come Vincenzo Giustiniani, cfr. J. Hess, *Lord Arundel in Rome*, in "English Miscellany", I, 1950, pp. 197-220; D. Howarth, *Lord Arundel and his circle*, New Haven-London 1985. Henry Peacham (vedi qui fig. 6) nel suo *The compleat gentleman* (1634) parla di Arundel che porta statue dall'Italia.

36 S. Danesi Squarzina, *The Collections of Cardinal Benedetto Giustiniani. Part II*, cit., p. 114. Il ritratto di Fillide della collezione Giustiniani era stato dipinto per Giulio Strozzi; lo dichiara Fillide nel suo testamento; S. Corradini, *Caravaggio. Materiale per un processo*, Roma 1993, pp. 111-112; R. Bassani, F. Bellini, *Caravaggio assassino*, Roma 1994, p. 76 e *passim*; voce *Strozzi Giulio*, in *Enciclopedia dello spettacolo*, XI, Firenze-Roma 1962, coll. 515-516.

37 Barcellona, monastero di Santa Maria di Montserrat, pinacoteca.

38 Roma, chiesa di Santa Maria del Popolo, cappella Cerasi.

39 Madrid, Museo Thyssen-Bornemisza.

40 S. Samek Ludovici, *Vita del Caravaggio dalle testimonianze del suo tempo*, Milano 1956, p. 159; M. Marini, *Caravaggio. Michelangelo Merisi da Caravaggio "pictor praestantissimus"*, Roma 1987, ed. 1989, p. 459.

41 Roma, chiesa di Sant'Agostino, cappella della Madonna di Loreto.

42 Vedi la fondamentale voce *Oratorio*, in *Enciclopedia dello Spettacolo*, VII, Firenze-Roma, 1960, coll. 1380-1382.

43 *Comici dell'arte, corrispondenze*, a cura di C. Burattelli, D. Landolfi, A. Zinanni, sotto la direzione di S. Ferrone, Firenze 1993, p. 71.

44 N. Pirrotta, voce *Cavalieri Emilio de'*, in *Enciclopedia dello spettacolo*, III, Firenze-Roma 1954, coll. 256-258; S. Carandini, *Teatro e spettacolo nel Seicento*, Roma-Bari 1990, pp. 70-73.

45 Z. Wazbinski, *op. cit.*, *passim*.

46 Vedi in M. Calvesi, *La realtà del Caravaggio*, cit., p. 389, quanto scriveva il Borromeo.

47 T. Megale, *Gli apparati napoletani per la festa di San Giovanni Battista tra Cinque e Seicento*, in *Aspetti della teatralità a Milano nell'età Barocca*, a cura di A. Cascetta, in "Comunicazioni sociali", XVI, 1-2, gennaio-giugno 1994, p. 193.

48 *Ibidem*, p. 197.

49 *Ibidem*, p. 201.

50 *Ibidem*, pp. 191-213.

51 C. Bernardi, *Il tempo sacro: "Entierro". Riti drammatici del Venerdì Santo*, in *La scena della gloria. Drammaturgia e spettacolo a Milano in età spagnola*, a cura di A. Cascetta e R. Carpani, Milano 1995, pp. 585-620; a p. 608, Bernardi riferisce che "l'età barocca creò un nuovo dramma sacro composto da suoni, azioni, immagini in cui venne esclusa solo la recitazione di dialoghi da parte di attori. Nell'Archivio Parrocchiale di Oleggio, sez. *Confraternite*, tra i fogli sparsi della Confraternita della B.V. Annunziata, si conserva un promemoria della *Regola che tiene il RR.P. della Aracelli di Roma nell levar Gesù dalla croce*. La chiesa dell'Aracoeli era officiata dai francescani osservanti. La parte centrale della funzione è così presentata dal manoscritto: '8 Si farà la dorazione all piè de la Croce. 9 Si leverà dui di quelli vestiti all'ebrea con gran riverenza e se ne mandarano sopra le scale a fasar Gesù. 10 Si leverà il Chiodo de piedi, 11 quello delle mani. 12 Si leverà uno di queli vestito alla ebrea con scalla apogata al tronco della croce'"; vedi inoltre C. Bernardi, *La drammaturgia della settimana santa in Italia*, Milano 1991; S. Corbin, *La déposition liturgique du Christ au vendredi saint. Sa place dans l'histoire des rites et du théâtre religieux (Analyse de documents portugais)*, Paris-Lisbonne 1960.

52 Vedi E.A.J. Honigmann, *Shakespeare: the lost years*, Manchester 1985, p. 117; G. Melchiori, *Shakespeare, genesi e struttura delle opere*, Bari 1994, p. 15. Ringrazio Giorgio Melchiori per i chiarimenti che amichevolmente mi ha dato.

53 W. Shakespeare, *Teatro completo*, cit., III, pp. 80, 322.

54 Questo saggio riflette, con qualche modifica, quello apparso con il titolo *Pintura y representación: Caravaggio, valiente imitador del natural*, in *Caravaggio*, catalogo della mostra (Madrid-Bilbao) a cura di C. Strinati e R. Vodret, Madrid 1999.

Roma 1605: lo strano furto di "... una lama di spada ... di m[aestro]. Michelangelo da Caravaggio Pittore"

Sandro Corradini, Maurizio Marini

Il documento che segue, rintracciato nel "mare magnum" delle *investigationes* criminali del governatore di Roma[1], non si discosta troppo dalle numerose querele intercorse quasi quotidianamente nel tormentato contesto sociale dell'epoca. Tuttavia, la sua singolarità consiste nell'argomento del contendere: un furto di armi bianche e il particolare è che una di queste appartiene al Caravaggio, per cui l'istruttoria apre un ulteriore spiraglio sulla biografia del grande artista nel maggio del 1605. Vale a dire nel pieno del suo successo artistico e della sua crescente insofferenza esistenziale: questo furto precede di un anno il noto fatto di sangue (28 maggio 1606)[2] in Campo Marzio, che l'avrebbe costretto a un esilio senza ritorno.

Nel 1605, nei giorni 21 e 23 maggio, il fiscale della Curia indaga sul reato attestato da una querela sporta dallo "spadaro" senese Giovanni Ducci, con bottega d'armaiolo all'"Immagine di Ponte" (vedi oltre).

Oggetto della denuncia è Flavio "burgundum"[3], cuoco del marchese Antonio de Tassis[4], abate di Toledo. La vicenda ha inizio nello stesso anno, nei giorni di "sede vacante", cioè durante il conclave che (morto il 27 aprile Leone XI Medici) avrebbe eletto (16 maggio) al pontificato Paolo V Borghese. Il periodo è alquanto breve e, quindi, anche se il querelante non ne precisa la data (vedi oltre), il fatto è recente: il cuoco Flavio, accompagnato dall'"arrotatore" Lorenzo (Gatelletti), persona (anche per il mestiere praticato) conosciuta allo "spadaro", si reca da quest'ultimo, chiedendo il prestito di una spada e di un pugnale che, però, Ducci rifiuta. L'arrotino Lorenzo, quale garante, insiste perché il cuoco venga accontentato. Controvoglia lo "spadaro" cede e, in base alle regole di sicurezza vigenti (e proprie), prende ad annotare il prestito in un libretto distraendosi dai presenti.

Infatti è solo il giorno seguente che egli si rende conto che il cuoco ha lasciato la spada concessagli e, arbitrariamente, l'ha sostituita con un'altra, per quanto "vecchia", di maggior pregio: milanese, con fornimento intagliato e impugnatura d'argento, di proprietà di Orazio Lana, "maestro di casa" (cioè primo maggiordomo e amministratore fiduciario)[5] del cardinale Ferrante Taverna[6] (vedi oltre). Peraltro, contemporaneamente, Ducci scopre anche la mancanza di "due pugnali" (ambedue accuratamente descritti), dei quali uno, appartenente al "Caporione" (di Ponte) Napoleone Contestabile e l'altro, di manifattura spagnola, di proprietà di Roberto, "guardarobiere" del duca Altemps. "Due o tre giorni" dopo l'armaiolo scopre ancora che gli è stata sottratta un'altra arma (a differenza delle altre due non ancora riparata): una lama di spada, con l'impugnatura d'argento, mancante dei fornimenti e del bottone, le parti sono congiunte dal "puntale" (il pomo dell'elso), il tutto corredato dal fodero relativo. Una spada di valore, "quale era di m[aestro]. Michelangelo da Caravaggio Pittore".

L'armaiolo, chiamato qualche giorno dopo da Tassis per visionare una spada e un pugnale che necessitavano di riparazioni, aveva approfittato della circostanza per ingiungere al cuoco Flavio la restituzione delle spade, tra cui quella del Caravaggio (che, come visto, a differenza dell'altra, di Orazio Lana, era ancora da riparare ma vedi oltre), nonché dei due pugnali. Di questi il "burgundo" aveva asserito di non saperne nulla, mentre non intendeva restituire la spada (del Caravaggio) che, peraltro, aveva provveduto a fare rimettere in ordine ("acconciare"). Dopo l'esame delle armi di Tassis, motivo della chiamata, Ducci aveva sorpreso il cuoco col pugnale del "Caporione" tra le mani. Quindi (in attesa degli accertamenti legali che sarebbero seguiti alla querela che intendeva sporgere) aveva affidato il pugnale in custodia al figlio del Tassis, ripromettendosi sia di ottenere anche la restituzione delle altre "robbe mancanti" e sia la punizione del reoflagrante.

Il 23 maggio viene interrogato Lorenzo Gatelletto, garante del prestito iniziale. Questi è un piemontese ("sabaudus") e, a Roma, pratica il mestiere d'arrotino. Lo stesso Ducci, a seguito del furto subito, gli aveva descritto le armi mancanti e lo aveva invitato a dargliene conto qualora il cuoco ne avesse ostentata qualcuna. L'arrotino (in base alla descrizione) aveva riconosciuto il pugnale di Orazio Lana al fianco del cuoco al quale, nella circostanza, aveva esternato la disapprovazione di Ducci perché si era appropriato di una spada diversa da quella che gli era stata concessa. Il cuoco non aveva solo confermato l'accaduto, ma candidamente, aveva ammesso la sostituzione in quanto quella prestatagli non gli piaceva (!).

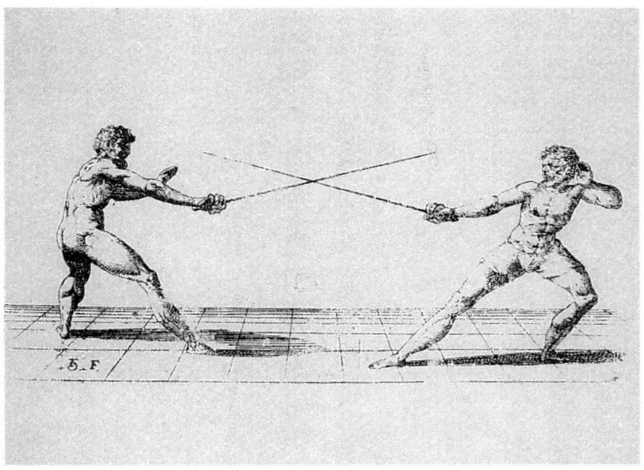

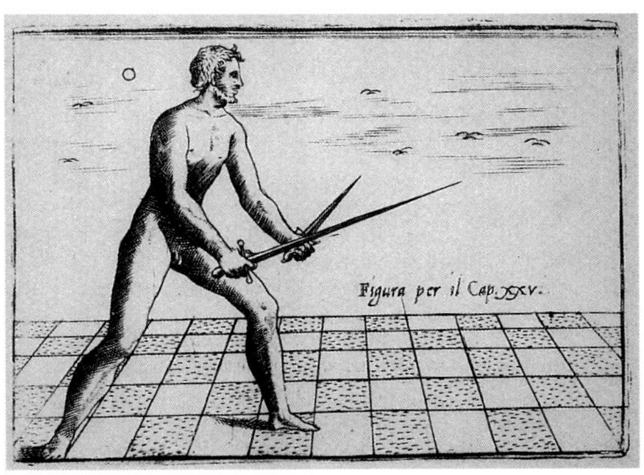

1. Da Nicoletto Giganti, *Scola di spada*, 1606.

2. Da Camillo Agrippa, *Trattato di scienza d'arme*, 1604.

È l'arrotino a precisare che i fatti si sono svolti nel trascorso giorno di "Santa Croce" (3 maggio[7]), quando il cuoco Flavio "borgognone"[8] gli aveva chiesto, solo in prestito, in quanto (avendo pagato "la piggione all'hora") non disponeva di denaro, una spada e un pugnale. Non avendo tali armi l'arrotino lo aveva accompagnato da Giovanni Ducci, "spadaro" con bottega a San Salvatore in Lauro, pregando questi d'esaudire la richiesta del cuoco Flavio. Tuttavia, una volta ottenuta la spada, costui aveva asserito di non volere più il pugnale. Al che, nel mentre Ducci (come visto) annotava il prestito, l'arrotino "garante" era uscito all'aperto. Quest'ultimo riferisce all'autorità di avere appreso del baratto non autorizzato dallo stesso "spadaro", il quale gli aveva altresì confidato la scoperta del furto di un pugnale sul quale (descrivendolo) lo pregava d'indagare se fosse in mano al suddetto cuoco Flavio.

L'arrotino conferma poi, sostanzialmente, quanto asserito dal querelante circa il possesso del pugnale da parte del cuoco che, tuttavia, affermava di averlo comperato. Peraltro lo "spadaro" Ducci aveva riscontrato che il pugnale in oggetto si trovava in giacenza presso un vecchio "spadaro", la cui bottega era adiacente alla casa di Antonio de Tassis, dove (come visto) egli si era recato per verificare la confidenza dell'arrotino piemontese. Recuperata l'arma, l'aveva affidata al figlio di Tassis: "Et questa è la verità".

Non conosciamo l'esito della querela, tuttavia il documento offre una significativa messa a fuoco dell'identità rionale.

La bottega d'armaiolo di Giovanni Ducci è a San Salvatore in Lauro, nei pressi della cosiddetta "Imaginem Pontis", cioè dell'edicola mariana (reputata miracolosa), sistemata architettonicamente da Antonio da Sangallo il Giovane, tuttora esistente, all'angolo tra il vicolo Domizio e la via (detta oggi) dei Coronari[9], nel rione Ponte. Per cui, dal contesto delle due testimonianze reperite, si evince comunque lo spazio urbano in cui si muovono i personaggi citati nell'episodio.

Gli artigiani piemontesi (tra i quali, in quegli anni, molti, vercellesi, erano arrotini) risiedevano in massima parte nei pressi di Tor Sanguigna (sulla quale, andando verso Sant'Agostino, immette via dei Coronari) e la loro parrocchia era la vicina chiesa di Sant'Apollinare[10]. Nonostante la zona abbia subito alcuni, parziali, sventramenti, ambedue sono tuttora esistenti e sulla piazza di Sant'Apollinare affaccia anche il palazzo del duca d'Altemps. Nella medesima linea d'aria Coronari-Sant'Agostino si trova anche Palazzo Medici detto "Palazzo Firenze", dove il cardinal del Monte, ambasciatore granducale, a suo tempo, ha ospitato il Caravaggio che, comunque, nel maggio 1605, vive nei pressi[11].

Flavio "burgundo", il ladro, presta la sua opera di cuoco in casa del marchese Antonio de Tassis, in piazza Navona, ossia nel caseggiato accosto alla chiesa nazionale iberica di San Giacomo degli Spagnoli[12].

Uno dei personaggi di spicco nominati nel documento è il cardinale Ferrante (o Ferdinando) Taverna. Infatti, fino al 9 giugno dell'anno precedente (quando Paolo V lo eleva alla porpora), questi (dal 30 aprile 1599) ha coperto l'incarico di governatore di Roma. Risiede "a Monte Giordano", nel palazzo (che era stato fortezza degli Orsini) a tutt'oggi detto Taverna (prospiciente via dei Coronari). Nei giorni di questa istruttoria il neocardinale milanese non doveva essere a Roma, in quanto nominato legato delle Marche e governatore di Ascoli Piceno da Paolo V[13] (l'ombra protettiva dell'alta carica di Taverna, tra il 1599 e il 1604, potrebbe essersi proiettata sulle intemperanze del pittore conterraneo "da Caravaggio")[14].Una qualche precisazione può essere avanzata circa il tipo delle armi trafugate a Ducci[15]. La spada di Orazio Lana (il nominato "maestro di casa" del cardinal Taverna) è di manifattura milanese: coi rami della guardia ("fornimenti") intagliati, impugnatura d'argento e lama di Serravalle ("vecchia", ma efficiente, probabilmente un'arma da duello; fig. 1).

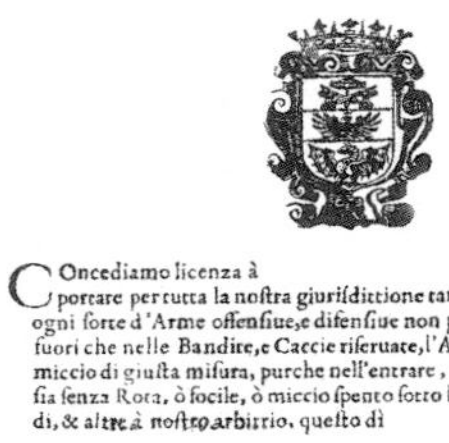
COncediamo licenza à di poter portare per tutta la nostra giurisdittione tanto di giorno come di notte ogni sorte d'Arme offensiue,e difensiue non prohibite,&in Campagna, fuori che nelle Bandite,e Caccie riseruate,l'Archibugio à Ruota,focile,ò miccio di giusta misura, purche nell'entrare, & vscire da luoghi murati sia senza Rota, ò focile, ò miccio spento sotto le pene contenute ne Bandi, & altre à nostro arbitrio, questo dì

3. Licenza di porto d'armi con arme del cardinale Scipione Borghese, incaricato della Giustizia pontificia. Si tratta dell'autorizzazione scritta che il Caravaggio non possedeva.

Il pugnale del "Caporione" Napoleone Contestabile si dedurrebbe essere anch'esso lombardo (?), col pomo sferoide e la guardia a mandorla ("a mandola").

Quello di Roberto, "guardarobba" del duca Altemps è, invece, spagnolo, dall'elsa con bracci dritti ("in croce") decorata con motivi "a onde". Quest'ultimo pugnale (forse una "daga da mano sinistra", idonea per duelli, ma in tal caso con funzioni "da parata"; fig. 2) è quindi alquanto caratterizzato, sì che viene facilmente riconosciuto dall'"arrotatore" Lorenzo "sabaudo".

La spada del Caravaggio, per quanto malconcia, è nondimeno di buona qualità, verosimilmente lombarda (non essendone specificata l'eventuale manifattura straniera): la lama (col fodero) si congiunge a un'impugnatura d'argento che manca della guardia; il tutto è appena tenuto insieme dal solo "puntale", cioè dal pomo a tronco di cono (?), che però è privo del bottone.

Il ladruncolo si è affrettato a farla riparare e il costo non deve essere stato scarso, visto che, proprio per ciò, intenderebbe tenersela. Pur ignorando il risultato della querela e la conseguente punizione comminata al reo (relativamente confesso), c'è, tuttavia, da credere che questi sia stato obbligato a restituire il maltolto e che, in tempi brevi, sia il Caravaggio che gli altri siano rientrati in possesso delle varie armi.

In base alla scarna testimonianza di Ducci l'individuazione della forma della "bella" spada dell'artista nei suoi dipinti (più o meno coevi) non è semplice. Si può presumere che si trattasse di uno stocco da duello, forse affine (se non lo stesso) a quello (assai elegante) il cui complesso fornimento s'intravvede tra le mani della *Santa Caterina d'Alessandria*, 1597[16] (Madrid, Museo Thyssen-Bornemisza): una lunga striscia sgusciata, con guardia a rami dritti, lombarda (?), databile, appunto, alla fine del XVI secolo, di notevole lunghezza (circa cm 120). In tal senso (ipotizzando un rapido recupero) potrebbe trattarsi della medesima arma disegnata dal cancelliere del bargello in occasione dell'arresto dell'artista effettuato sabato 28 maggio dello stesso 1605[17].

Se così fosse, a soli cinque giorni dalla deposizione dell'"arrotatore" piemontese, il Caravaggio avrebbe subito il sequestro della medesima spada, non avendo potuto esibire l'autorizzazione scritta del governatore[18] per portarla con sé. C'è però da considerare che nel successivo inventario dei beni del pittore (26 agosto) risultano in suo possesso "due spade" e tre pugnali, dei quali "due da mano". Nella fuga di quei giorni a Genova, questi doveva certamente recare come armi di difesa personale almeno un'altra spada e un altro pugnale "da mano": non risulta possedesse armi da fuoco.

Non sono note le cause del danneggiamento della spada rubatagli dal cuoco e, in assenza di documenti che attestino una qualche grave rissa o un accanito duello (ma, forse, proprio per ciò tali fatti, seppure effettivamente accaduti, dovettero rimanere coperti dall'omertà), non è possibile avanzare valide ipotesi.

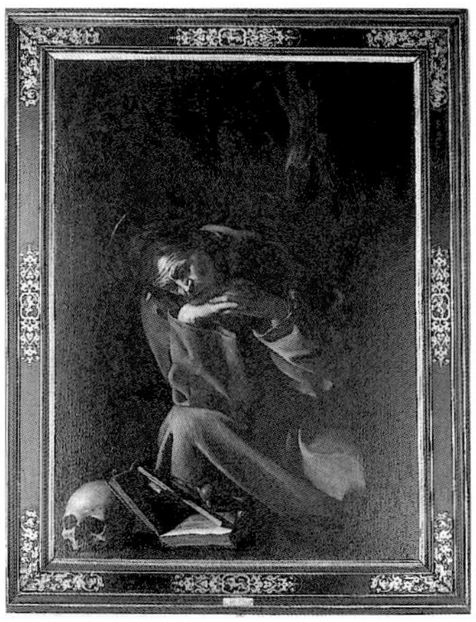

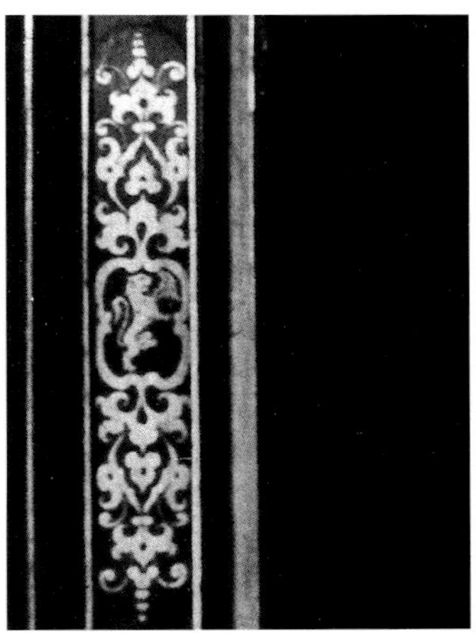

4. Michelangelo Merisi, detto il Caravaggio, *San Francesco in preghiera*. Cremona, Museo Civico Ala Ponzone.

5. Michelangelo Merisi, detto il Caravaggio, *San Francesco in preghiera*, particolare della cornice con l'impresa della famiglia Ala di Cremona. Cremona, Museo Civico Ala Ponzone.

Die 21 maii 1605

Investigetur ex officio Instante fisco et ad querelam D. Ioannis Ducci senen. spadarii ad Imaginem Pontis contra N. Flavium burgundum Cocum (in casa del Sr Abbate Tolledo) D. Antonii Tassi super eo quod vulgariter loquendo:

Nella sede vacante mi venne il detto querelato menato da Lorenzo Arrotatore a domandarmi una spada et un pugnale in prest.o et io gli dissi che non glielo volevo prestare, così Lorenzo arrotatore mi pregò che io gli prestassi la spada come gliela prestai, et mentre io stavo annotandola a un mio libretto, detto querelato lasciò quella che io gl'avevo data, et ne pigliò un'altra, che era del s.r Horatio Lana M.ro di Casa del sr Card.le Taverna ch'era lama di Saravalle vecchia buona con fornimenti intagliati di Milano et manico di argento; et con detta spada se n'andò via et io accorgendomi il giorno dopo che la detta spada m'era levata.

Cercando trovai anco che mi mancavano doi pugnali che uno era di Napolione Contestabile del Caporione con fornimenti a mandola et pomo tondo et l'altro di mes. Ruberto guardarobba di Altemps lama spagnola a onde et finimenti a croce, et di lì a doi o tre giorni trovai che mi mancava una lama di spada con manico di argento senza fornimenti solo col fodero et puntale senza bottone, quale era di m. Michelangelo da Caravaggio Pittore.

Et havendo io mandato secretamente detto Lorenzo a veder se a detto cuoco gli vedeva a canto uno di detti pugnali detto Lorenzo mi disse che glien' haveva visto uno conforme alli contrasegni che gli detti cioè quello di Napoleone, et detto Lorenzo gli disse ch'io m'ero lamentato con esso che m'haveva preso una spada in cambio di quella che io gl'havevo imprestata et che non era mia, et esso gli confessò che era vero che l'haveva presa, perché quella che io gl'havevo data non gli piaceva.

Et dopo alcuni giorni andando io in casa di detto Sr Antonio a trovare il detto cuoco et feci instantia di rihaver la mia spada, lui disse che non me la voleva rendere, et che l'haveva fatta acconciare. Et trovandomi io in collera gli dissi anco che voleva che me restituisse li pugnali quale negò sempre.

Et essendo menato io et andato di sopra per acconciare una spada et un pugnale al figliolo del sr Antonio, tornato a basso veddì il detto cuoco che haveva in mano un pugnale mio ch'era del d° Napolione; così io glielo tolsi et lo detti in mano al sr Cav.r figliolo del sr Antonio. Però si come mi ha tolto questi pugnali et spada così mi haverà tolto anco dell'altre robbe che mi mancano et glie ne dò querela et domando sia castigato. Tunc. (ASR, Tribunale del Governatore, *Liber Investigationes*, reg. 374 [1271], ff. 202v-204)

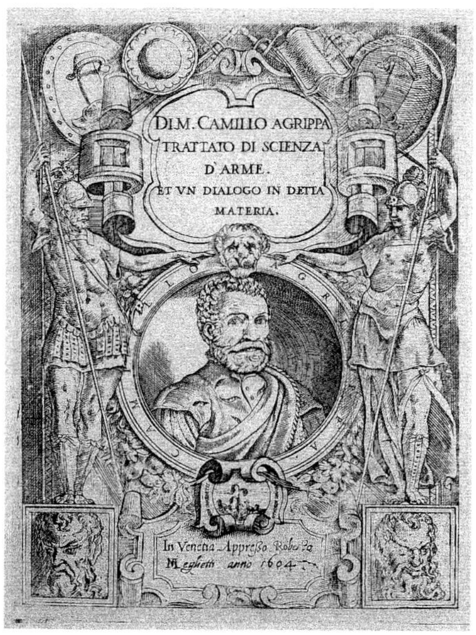

6. Da Camillo Agrippa, antiporta del *Trattato di scienza d'arme*, 1604.

Die 23 maii 1605

Ex.tus fuit pro Informatione Curiae in officio mei etc. Laurentius Gatellettus sabaudus arrotator in Urbe cui delato iuramento de veritate dicen. etc. tacto etc. ad instantiam dixit videlicet:

Il giorno di S.ta Croce proxima passata mi venne a trovare Flavio borgognone coco del sr Antonio Tasso et mi pregò che io gli facessi havere una spada et un pugnale et io gli dissi che non potevo farlo, esso mi replicò che di gratia glieli trovassi che haveria pagata la pigione all'hora.

Io lo menai da mes. Giovanni spadaro a S. Salvator del lauro et gli dissi che di gratia vedesse se poteva far servitio al detto Flavio di imprestargli una spada, et Flavio dopo che hebbe la spada dal detto Giovanni disse che non haveva più bisogno di pugnale, et mentre m.ro Giovanni scriveva la spada che imprestava al detto Flavio io me tirai fuori, che m.ro Giovanni poi me disse, che Flavio gl'haveva sbarattata quella spada anzi di più, che gli era stato levato un pugnale, et mi dette li contrasegni, pregandomi che io andassi a veder se Flavio l'haveva havuto.

Così io ci andai et veddi che Flavio portava il pugnale, la guardia del quale era come m.ro Giovanni mi haveva detto che era una guardia bianca a mandola, et dicendo io al detto Claudio donde haveva havuto detto pugnale; lui me disse che l'haveva comprato, così io lo refersi a m.ro Giovanni et gli dissi che il pugnale era quello che lui m'haveva detto, secondo li contrasegni, et m.ro Giovanni ci andò et trovò il suo pugnale in bottega di un spadaro vecchio che sta vicino al sr Antonio Tasso, così Gioanni lo repigliò et lo dette in mano del Cav.re figliolo d'Antonio Tasso et questa è la verità. Tunc... (ASR, Tribunale del Governatore, *Liber Investigationes*, reg. 374 [1271], f. 204r-v)

Note al testo

1 Archivio di Stato di Roma, Tribunale Criminale del Governatore, *Liber Investigationes*, reg. 374 (1271), ff. 202v, 204r-v.

2 Sull'omicidio commesso dal Caravaggio nella persona di Ranuccio Tomassoni "alla Pallacorda", in Campo Marzio, cfr. M. Marini, *Caravaggio. Michelangelo Merisi da Caravaggio "pictor praestantissimus"*, Roma 1987, ed. 1989, pp. 55-56. Rilevo che il 28 maggio 1605, con l'accusa di porto abusivo d'armi, vengono sequestrati al Caravaggio una spada e un pugnale (vedi oltre, nota 14).

3 All'epoca, per estensione storica, "burgundus" intende "borgognone" (francese della Borgogna), vedi il successivo interrogatorio del 23 maggio.

4 Al di là delle origini la famiglia de Tassis (o Tassi) è comunque in stretti rapporti con la Spagna. Infatti, in seguito, si unirà con l'altrettanto illustre famiglia filospagnola dei Vitelleschi tramite il matrimonio di Sulpitia, figlia d'Ippolito e di Lucrezia Bonadies, col marchese Antonio de Tassis (verosimilmente un omonimo nipote dell'abate citato nel documento in esame). Alla Spagna risultano inoltre legate (più o meno direttamente) alcune persone di fiducia della famiglia, come l'anziano maestro di casa Michelangelo Prioli, il quale, in precedenza, aveva svolto altri uffici in terra iberica. Ricordo che nell'inventario dei quadri dei de Tassis, accanto ai ritratti di vari membri della casa, si trovano quelli "ufficiali" di "Filippo Secondo Re delle Spagne con cornice nera mista, filettata d'oro, di palmi sei, e quattro. Un altro ritratto di Carlo quinto, cornice simile. Un altro di Filippo Terzo, cornice simile". Ringrazio per queste precisazioni il dottor A. Marchionne Gunter.

5 Al dottor Gunter debbo anche la segnalazione del ruolo filospagnolo tenuto dal maestro di casa Orazio Lana qualche anno dopo. Infatti, da una dichiarazione ufficiale rilasciata da Ferdinando Brandano (forse di nascita portoghese e identificabile tra i personaggi ritratti da Velázquez nel 1650) il 29 dicembre del 1645, si apprende che questi, qualche mese prima, su incarico di don Juan de Cordoba, ha interpellato il suddetto Orazio Lana, quale custode speciale dei beni del cardinale Emanuele Pio, a proposito della vendita al Viceré di Napoli di alcuni "panni d'Arazzi con Oro". Rilevo incidentalmente, a conferma della testimonianza del biografo Giulio Mancini, che anche il padre del Caravaggio, Fermo, ricopre l'incarico di maestro di casa presso la corte caravaggina del marchese Francesco Sforza (cfr. G. Mancini, mss. 1619-1625, ed. Roma 1956-1957, a cura di A. Marucchi, introduzione di L. Salerno, *Considerazioni sulla pittura*, II, *Vita del Caravaggio*, p. 223; vedi anche M. Marini, *Caravaggio*, cit., p. 10).

6 Ferrante (o Ferdinando) Taverna nasce a Milano nel 1558. Nel 1588 è nominato da Sisto V referendario di entrambe le Segnature. Clemente VIII, il 15 ottobre 1596, lo nomina collettore apostolico in Portogallo e, il 30 aprile 1599, governatore di Roma. Il 9 giugno 1604 lo stesso pontefice lo eleva al cardinalato con compiti di legato delle Marche e governatore di Ascoli Piceno. Ricordo che questi assunse quale giudice Prospero Farinacci e, per i loro ruoli, entrambi risultano connessi al processo contro i Cenci. Infine, nel 1615, Paolo V lo nomina vescovo di Novara, centro in cui muore il 29 agosto del 1619 (cfr. N. Del Re, *Monsignor Governatore* ["Serie cronologica dei Governatori di Roma"], Roma 1972, p. 97, n. 66 [vedi nota 14]).

7 In tale data la Chiesa celebrava l'"Inventione della Croce". Questa ricorrenza, oggi soppressa, era stata ribadita dal concilio di Trento.

8 Vedi nota 3.

9 La toponomastica più antica la indica come "via Retta".

10 Cfr. M.C. Terzaghi, *Quasi tutti li pittori di Roma: i piemontesi*, in *Percorsi caravaggeschi tra Roma e Piemonte*, a cura di G. Romano, Torino 1999, p. 23, con bibliografia precedente. Nel corso del 1604 viene eretta la chiesa nazionale del Santissimo Sudario (con riferimento alla Sindone di Torino), tuttora esistente, sulla via omonima, tra il teatro Argentina e l'abside di Sant'Andrea della Valle. La Confraternita dei Piemontesi aveva, invece, sede in Santa Maria in Campo Santo (cfr. A. Bertolotti, *Artisti subalpini in Roma nei secoli* XV, XVI *e* XVIII, Mantova 1884, p. 249).

11 Negli anni del soggiorno romano (tra la metà del 1592 e il maggio del 1606) il Caravaggio ha cambiato più volte di residenza (cfr. M. Marini, *L'ospite inquieto*, in "Art e Dossier", 42, 1990, pp. 89); è tuttavia probabile che, per gran parte degli anni tra il 1594 e il 1601, egli abitasse in Palazzo Firenze. Nel maggio del 1605, nei giorni cui si riferiscono i fatti in esame, l'artista deve essere già locatario di uno stanzone in vicolo dei Santi Cecilia e Biagio (sul lato destro di Palazzo Firenze), proprietà di Prudenzia Bruna (o Brunori). In tale ambiente (che gli serve da studio e da abitazione) lo troviamo, infatti, nello *Status Animarum* (parrocchia di San Nicola dei Prefetti) del 6 giugno 1605. Per accertare la presenza del Caravaggio in questa casa nel maggio precedente, ricorderò alcune delle vicende occorsegli in quello stretto giro di mesi. Il 29 luglio ha ferito il notaio Mariano Pasqualone (reo di galanterie nei confronti di "Lena" Elena che è la "sua donna") per cui deve fuggire a Genova, come attestato da una lettera del 24 agosto, ma, due giorni dopo, risulta a Roma dove formalizza la pace con Pasqualone. Tuttavia, quello stesso 26 agosto, la proprietaria della casa, la suddetta Prudenzia Bruna (o Brunori) creditrice di 80 scudi (tra l'altro comprensivi di quattro o sei mesi d'affitto), a nome dei figli ed eredi, fa mettere sotto sequestro tutte le proprietà dell'artista ivi conservate (cfr. M. Marini, S. Corradini, *Inventarium omnium et singulorum bonorum mobilium di Michelangelo da Caravaggio pittore*, in "Artibus et Historiae", 28, 1993, pp. 161-176, in particolare p. 162). Pertanto, computando a ritroso dall'agosto i sei (o quattro) mesi dei quali l'artista è moroso, si arriva al maggio o al marzo dello stesso 1605. Il Caravaggio nella denuncia del 16 febbraio contro Alessandro Ricci (che si è fatto dare a suo nome un tappeto dal losco Cosimo Cuorli, furiere pontificio) afferma: "Mandai uno di casa mia" (forse il garzone Francesco segnato nel menzionato "stato d'anime" del 6 giugno 1605). Qualora il pittore fosse stato ospite presso del Monte o altra personalità, non credo si sarebbe espresso in tal modo, donde è plausibile che avesse già affittato quale propria residenza gli ambienti di Prudenzia Bruna (cfr. A. Bertolotti, *Artisti lombardi a Roma, nei secoli* XV, XVI *e* XVII. *Studi e ricerche negli Archivi romani*, II, Milano 1881, pp. 69-70).

12 Nel 1881 la chiesa è stata ridedicata al Sacro Cuore di Gesù.

13 Vedi nota 6.

14 Al Taverna, il 15 giugno 1604 succede un altro lombardo, monsignore Benedetto Ala, nativo di Cremona, cioè della medesima diocesi d'appartenenza del Caravaggio, col quale condivide anche l'anno dell'arrivo a Roma, il 1592. Nel 1594 Clemente VIII lo nomina protonotario apostolico e referendario di entrambe le Segnature. Come detto, lo stesso pontefice lo costituisce governatore dell'Urbe; incarico ratificato il 4 aprile 1605 da Leone XI e il successivo 21 maggio da Paolo V, nonché ricoperto fino al 5 maggio del 1610, quando l'Ala diviene arcivescovo d'Urbino. Destinato a una nunziatura, è richiamato a Roma, ma vi muore improvvisamente il 27 aprile 1620 (cfr. N. Del Re, *op. cit.*, pp. 97-98, n. 67). Una conferma dei rapporti che potrebbero avere legato l'artista a questo "Monsignor Governatore" parrebbe venire da una risposta formulata dal Caravaggio nel corso dell'interrogatorio seguito al fermo e al sequestro delle armi che egli (non più "al ruolo" di del Monte) portava senza autorizzazione scritta del suddetto "Monsignore"; 28 maggio 1605: "Io non ho licenza nessuna di portar spada et pugnale in iscrittis, eccettuato a bocca il sig[no]r governatore di Roma haveva ordinato al barigello et ai suoi caporali ch[e] mi lasciassero stare: altra licenza non ho" (fig. 3) (cfr. A. Bertolotti, *Artisti lombardi a Roma*, cit., pp. 70-71). Questa apertura documentaria nei confronti di monsignor Ala m'induce a riconsiderare l'eventualità che questi possa avere fruito dell'opera del pittore conterraneo. Nondimeno, se i rapporti dei Merisi da Caravaggio (per esempio del fratello sacerdote dell'artista, Giovanni Battista, cfr. M. Marini, *Caravaggio*, cit., p. 10) con Cremona sono certi, non è stato mai rilevato che il *San Francesco in preghiera* della Pinacoteca Civica di Cremona reca, a tutt'oggi, la cornice originale (nera, con profili e decorazioni araldiche d'oro, d'ebanista romano, databile tra la fine del XVI e l'inizio del XVII secolo; figg. 4-5), ai cui angoli e ai quattro centri compaiono dei leoni d'oro stilizzati con, bene in evidenza, una sola "ala", che è, appunto, l'"impresa" tratta dallo stemma della famiglia Ala della quale è membro monsignor Benedetto. Peraltro gli Ala confluiscono successivamente nella famiglia, pure cremonese, dei Ponzoni, dal cui fondo (marchesi Ala Ponzoni) proviene il quadro in oggetto (ringrazio per le informazioni araldiche il duca Guglielmo de Giovanni Centelles). Pertanto, pur ripromettendomi di approfondire l'argomento in altra sede, reputo opportuno scindere il *San Francesco Ala* da una possibile committenza del banchiere genovese Ottavio Costa (con la conseguente caduta delle ipotesi inerenti a questi) e confermarne la cronologia al 1603 circa, deducendone una commissione al Caravaggio da parte del protonotario apostolico monsignor Ala (cfr. M. Marini, *Caravaggio*, cit., pp. 210-211, 467-468, n. 53).

15 Alcuni utili confronti possono essere reperiti in *Armi e armature*, a cura di D. Collura, Milano (Museo Poldi Pezzoli), 1980, *passim*; C. De Vita, *Armi bianche dal Medioevo all'Età Moderna*, Firenze 1983, *passim*; *Armi e armati*, Firenze (Museo Bardini), 1988, *passim*. Per una migliore conoscenza delle coeve tecniche di scherma, cfr. Camillo Agrippa, *Trattato di scienza d'arme et un dialogo in detta materia*, Venezia 1604 (fig. 6).

16 Cfr. M. Marini, *Caravaggio*, cit., pp. 156-157, 407-408 (in particolare p. 407 C), n. 26.

17 Cfr. M. Marini, *Caravaggio*, cit., p. 54.

18 Vedi note 14 e 17.

Catalogo

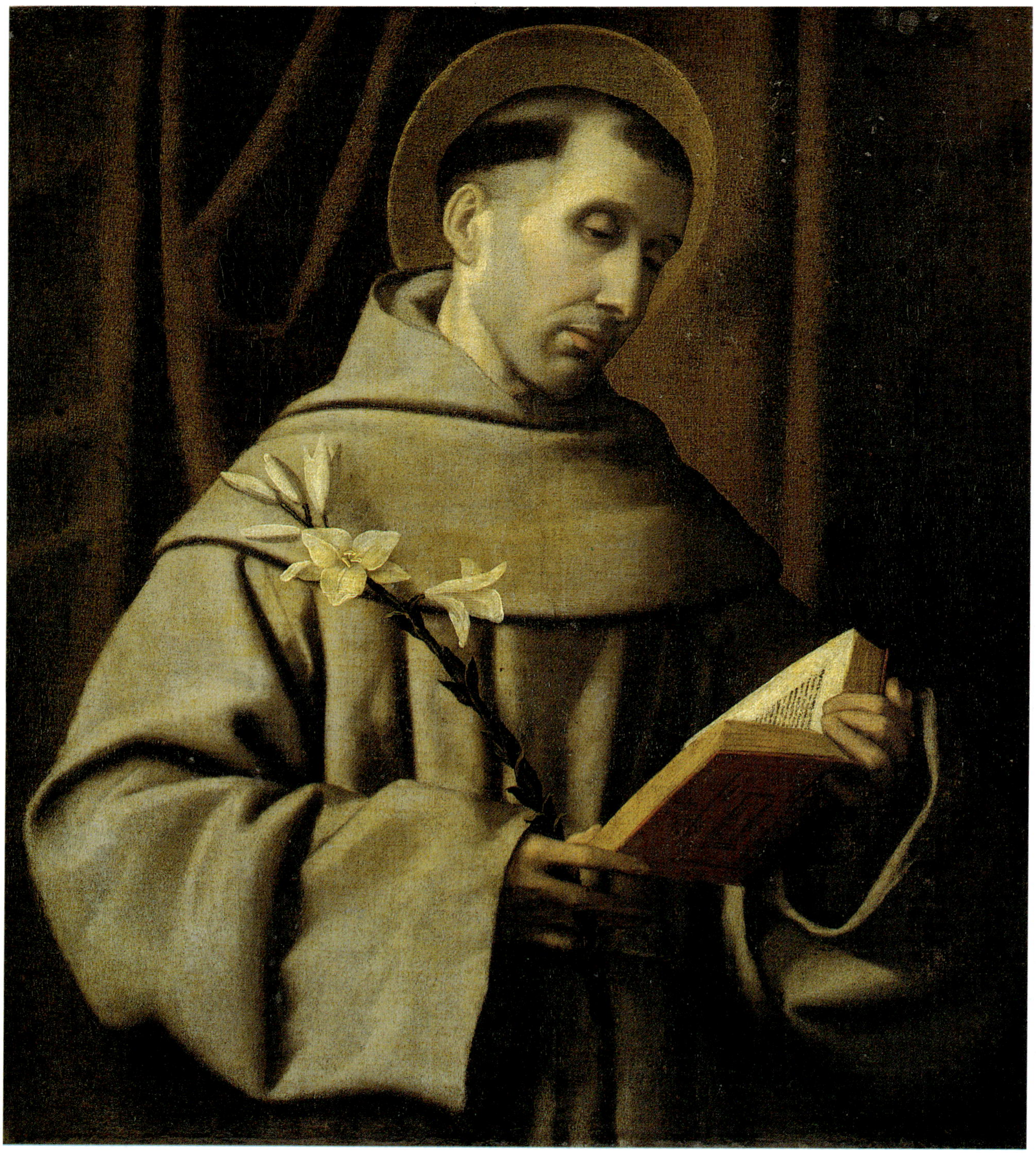

1. Alessandro Bonvicino,
detto il Moretto
Sant'Antonio da Padova
1530 circa

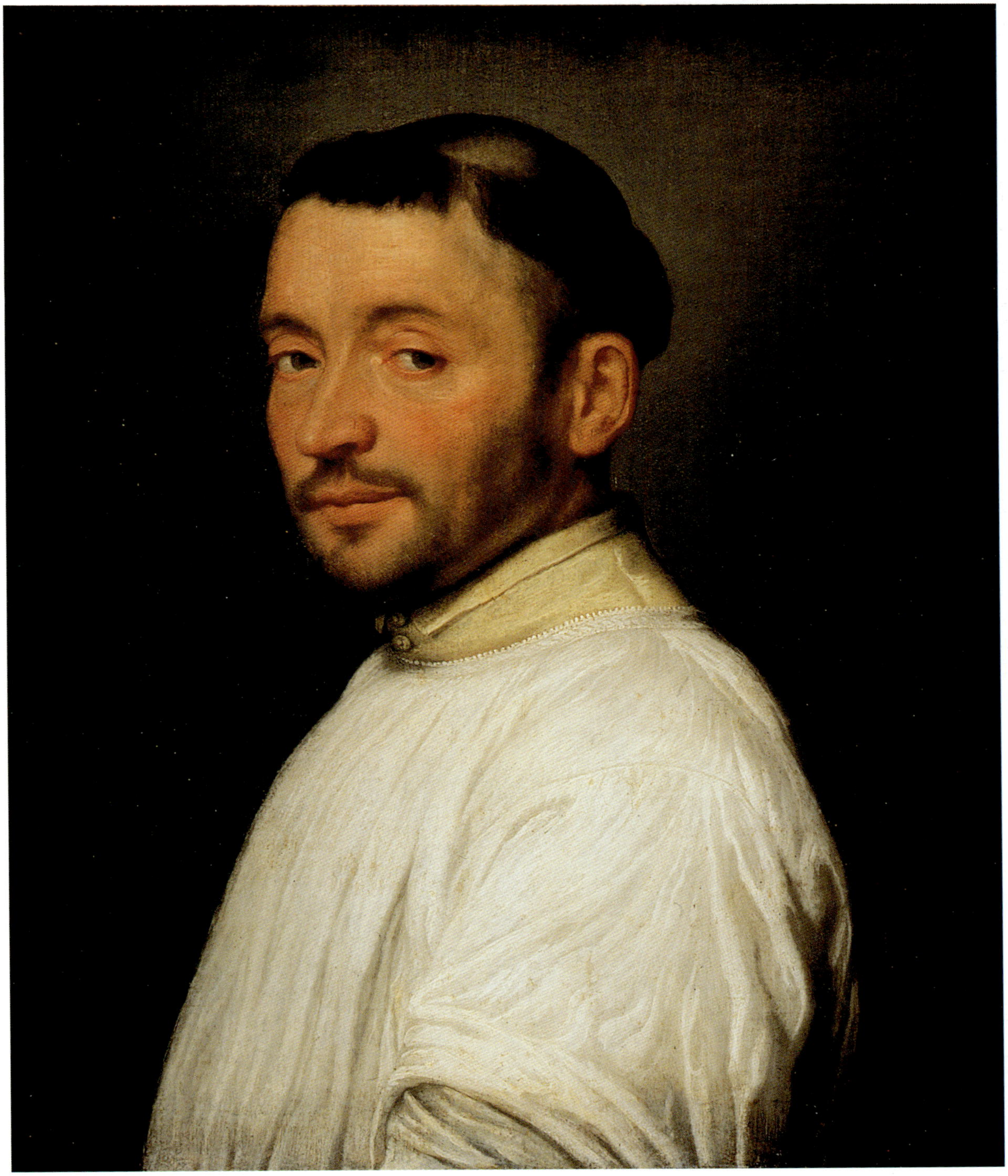

2. Giovan Battista Moroni
Ritratto di un frate
1561-1563

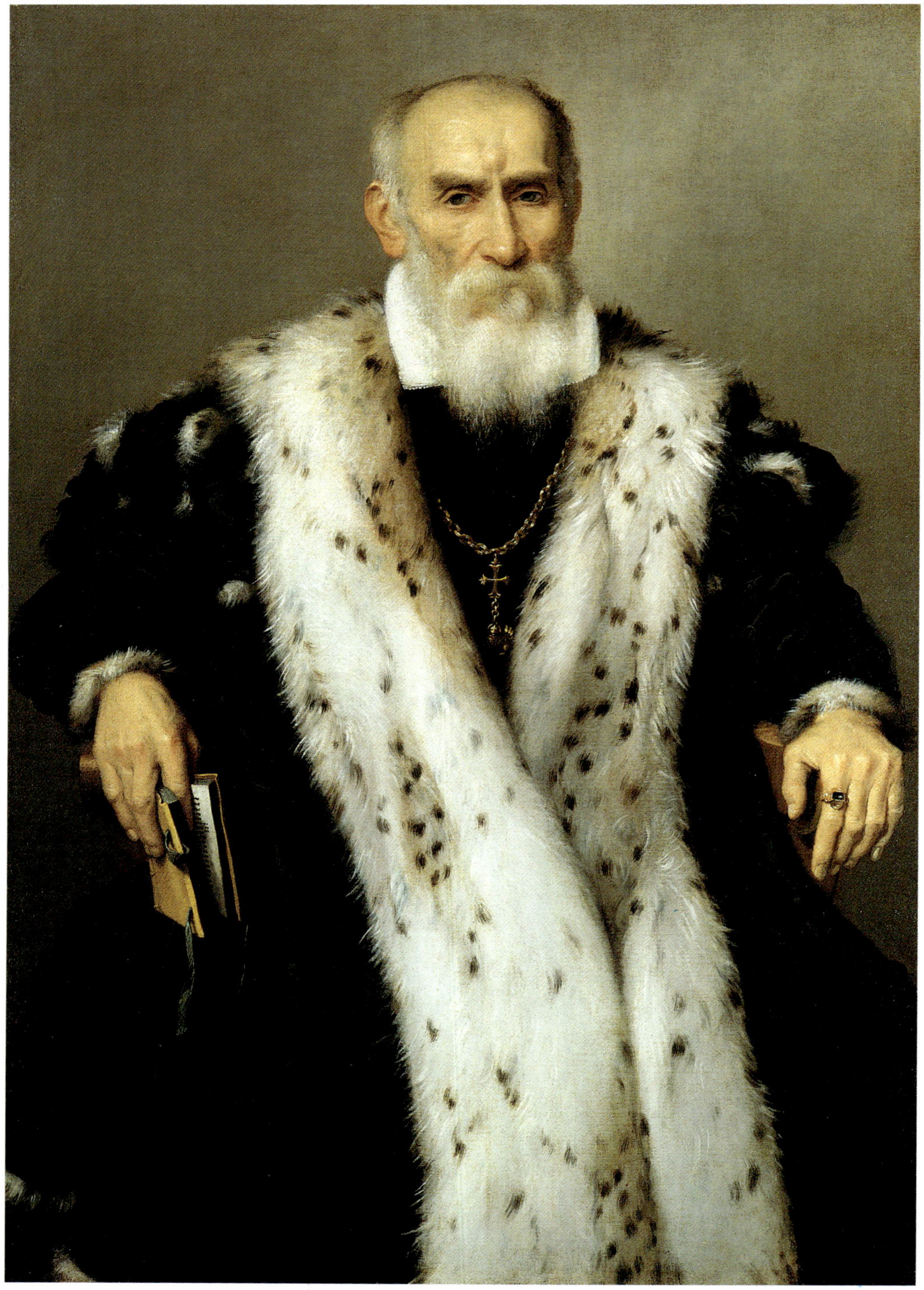

3. Giovan Battista Moroni
Ritratto di Gian Gerolamo Albani
1570 circa

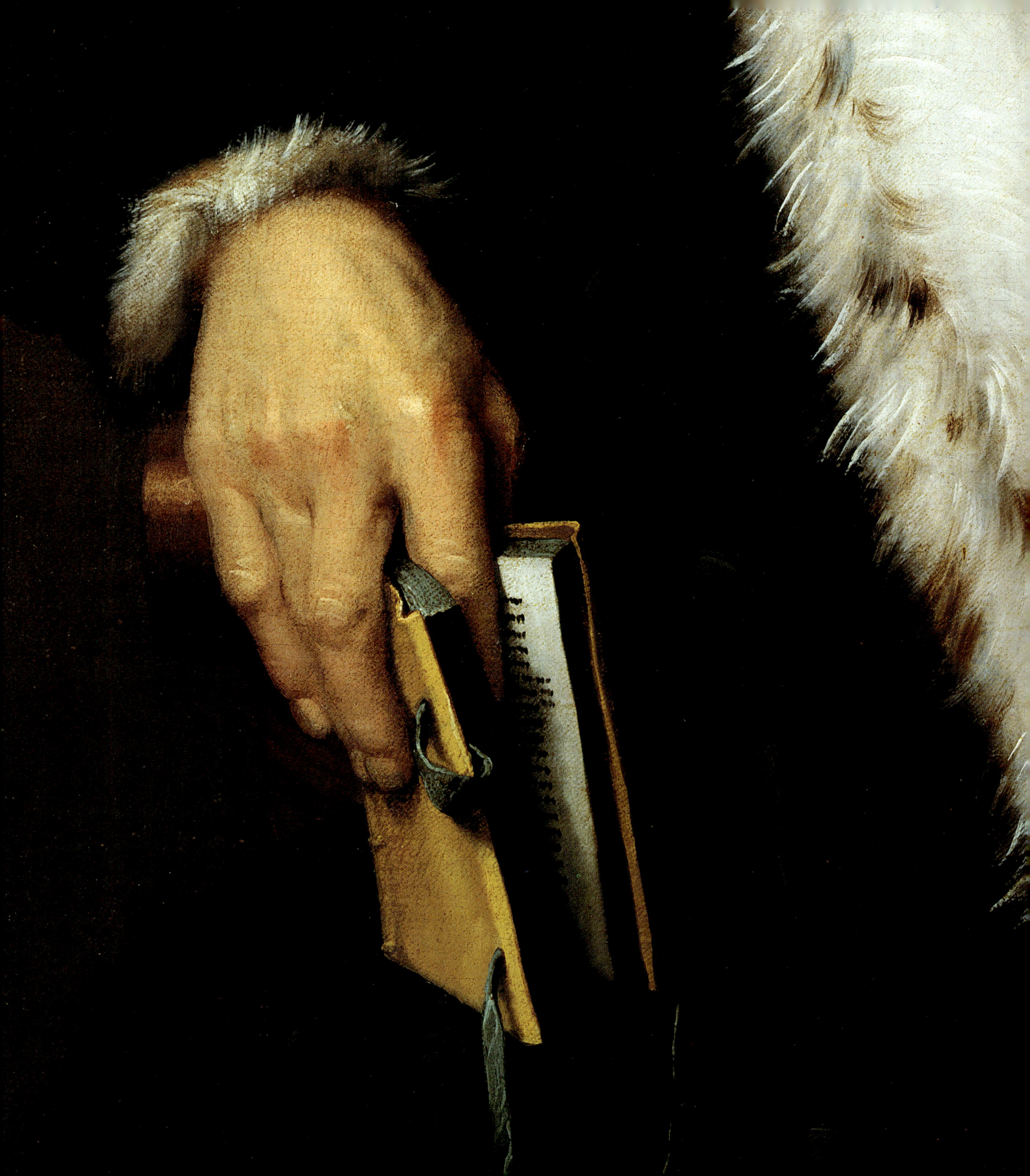

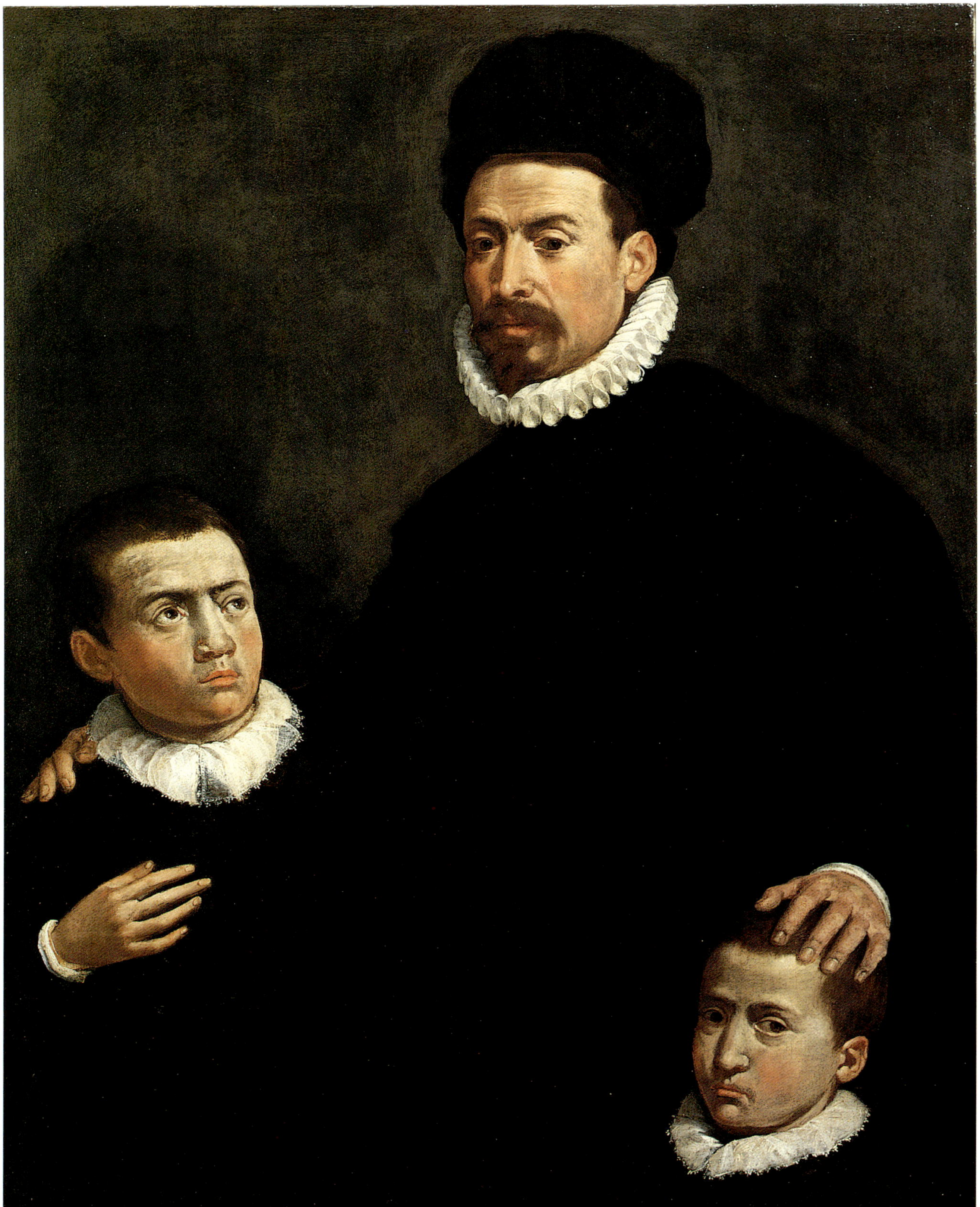

4. Giovan Paolo Cavagna
Ritratto di gentiluomo
con due figli

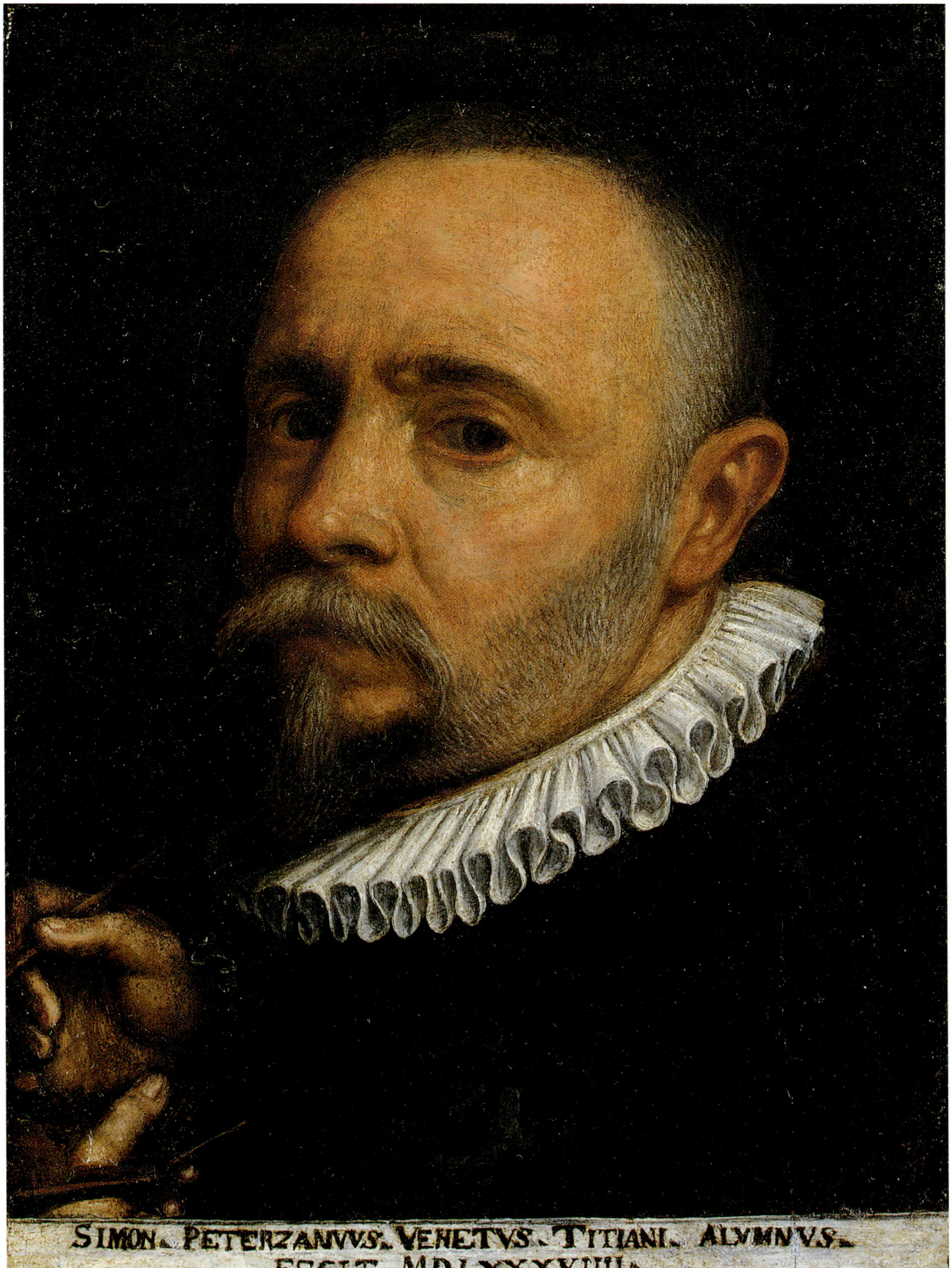

5. Simone Peterzano
Autoritratto

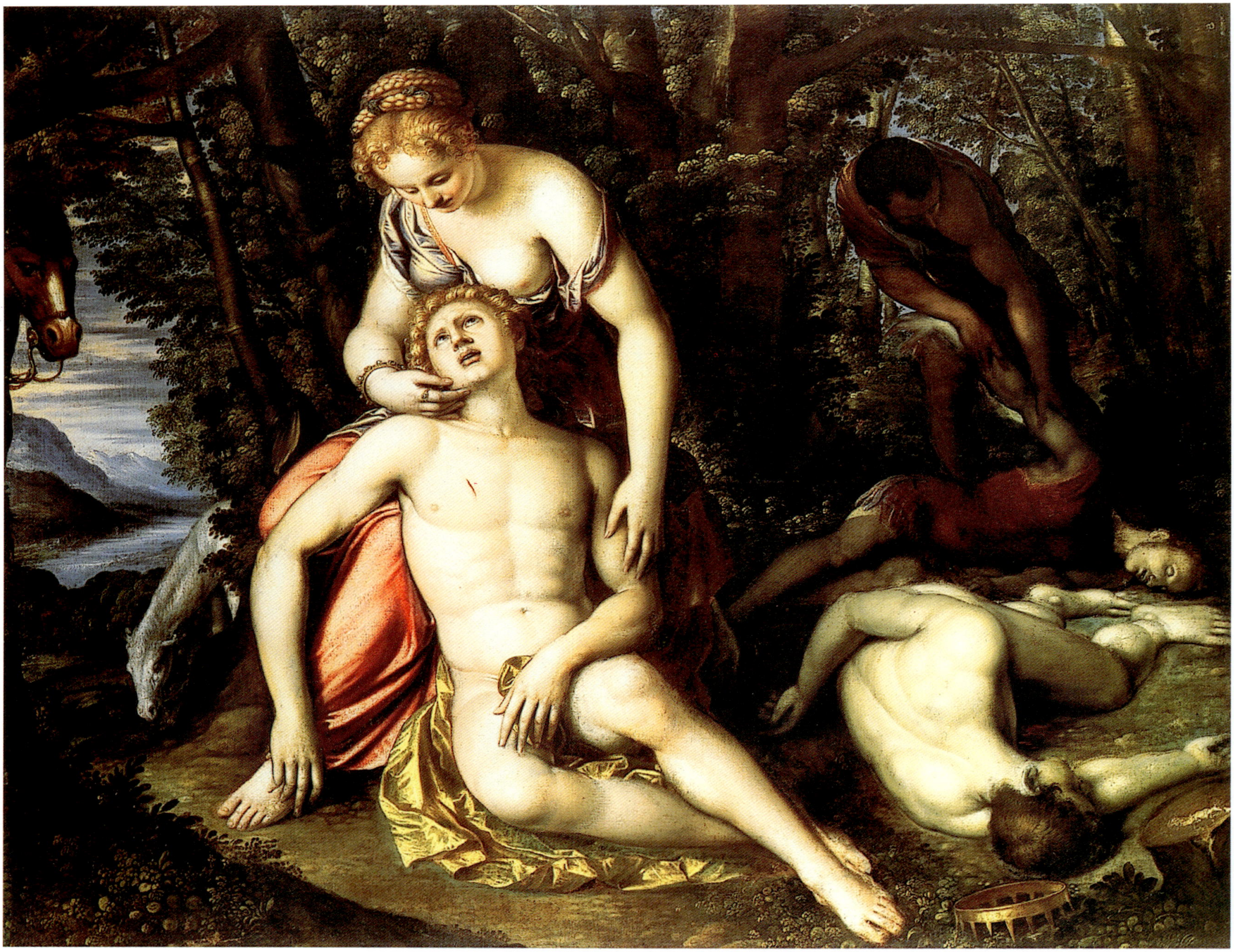

6. Simone Peterzano
Angelica e Medoro

7. Giovan Paolo Lomazzo
Autoritratto come abate dell'Accademia della Val di Blenio e come pittore
1568 (?)

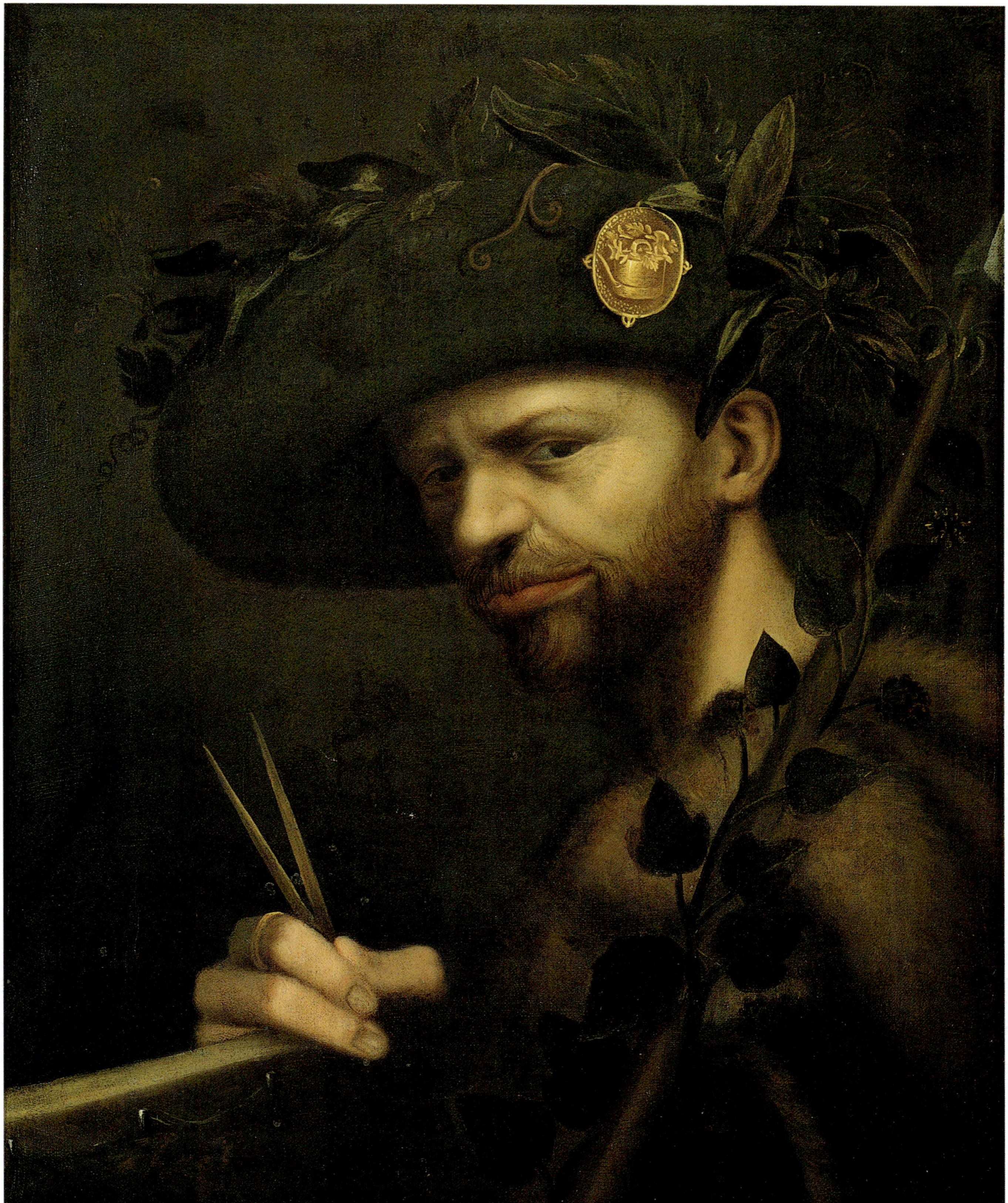

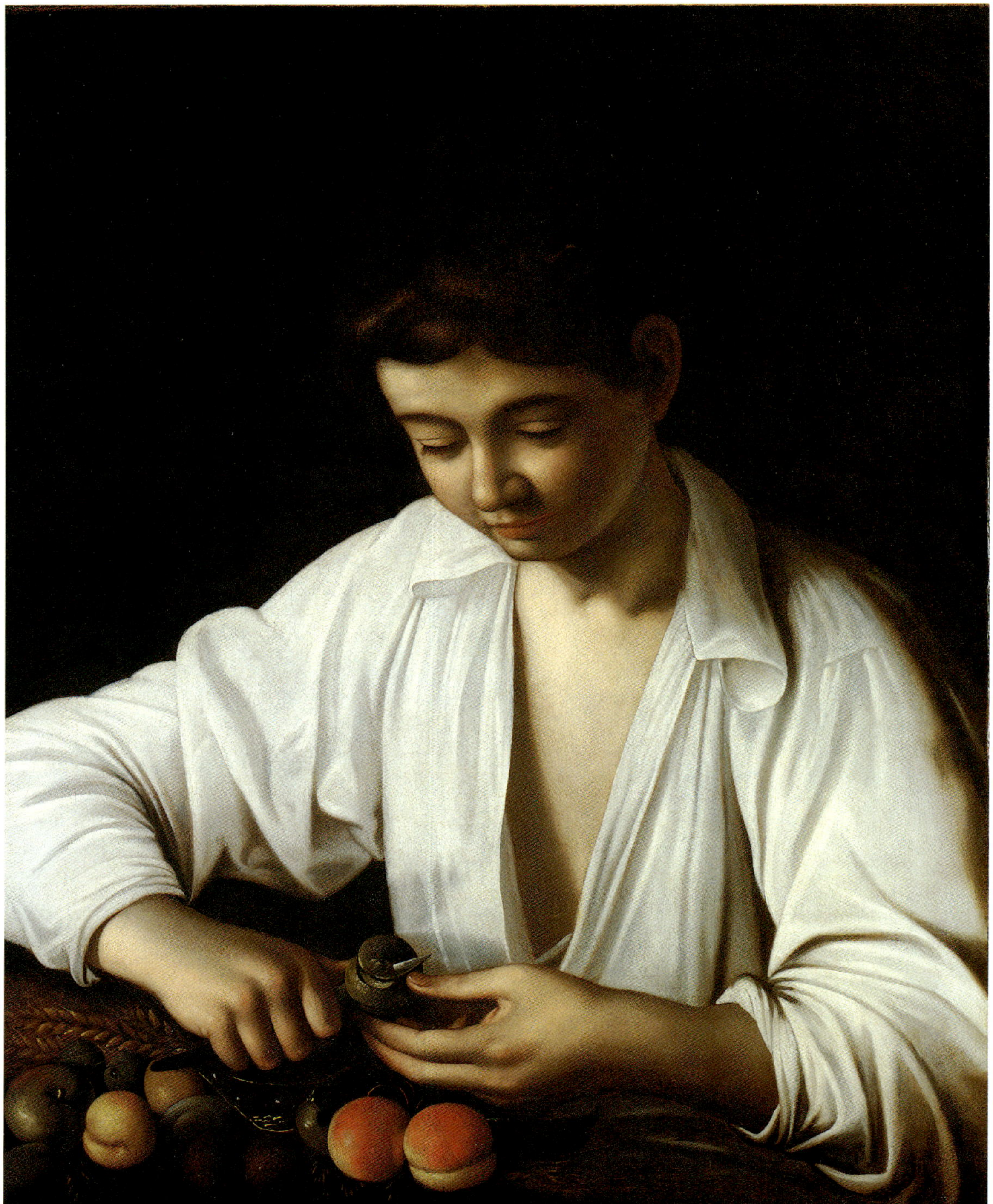

8. Michelangelo Merisi,
detto il Caravaggio
Ragazzo che sbuccia un frutto
1592

9. Michelangelo Merisi,
detto il Caravaggio
Ragazzo che sbuccia
un merangolo

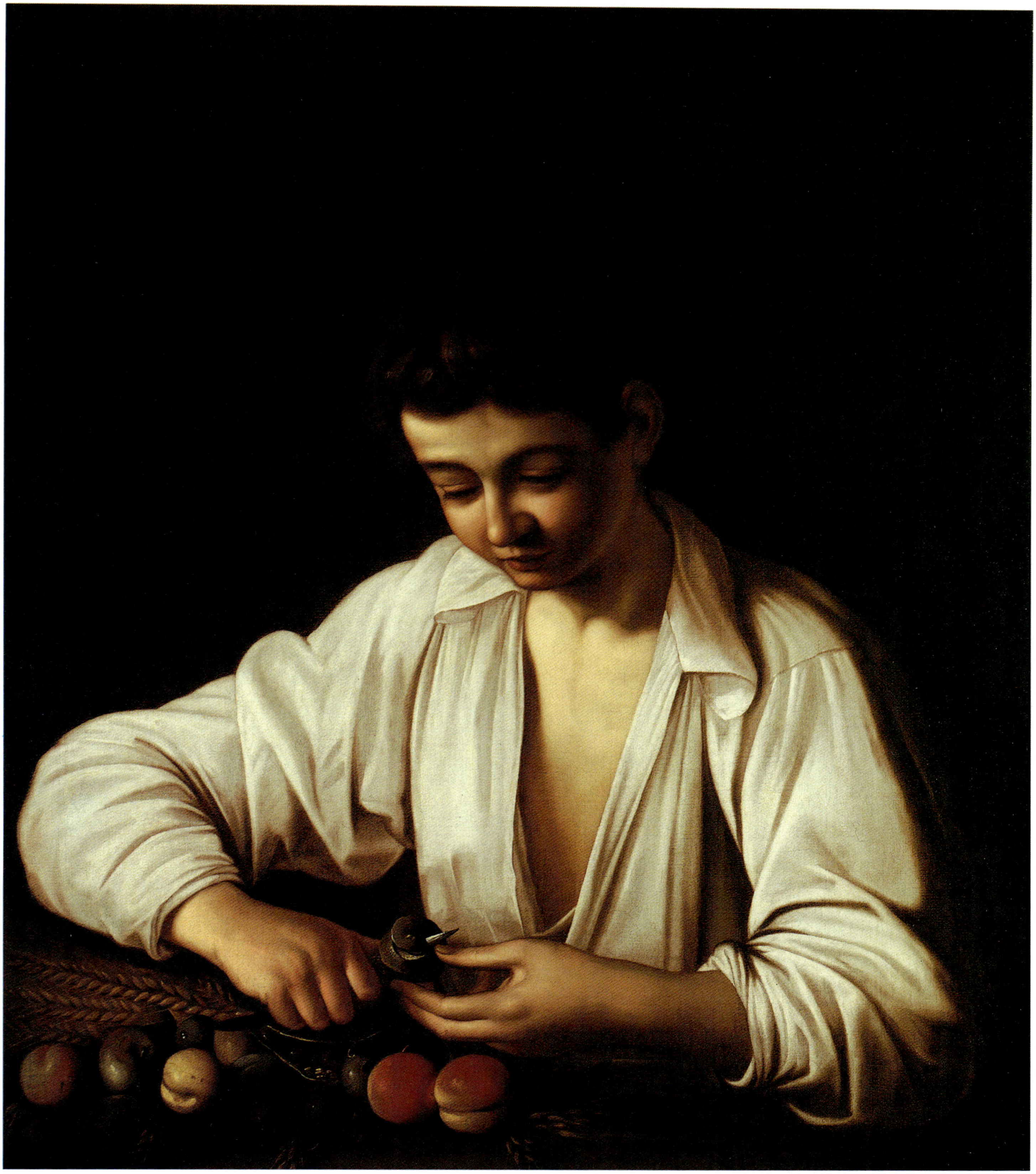

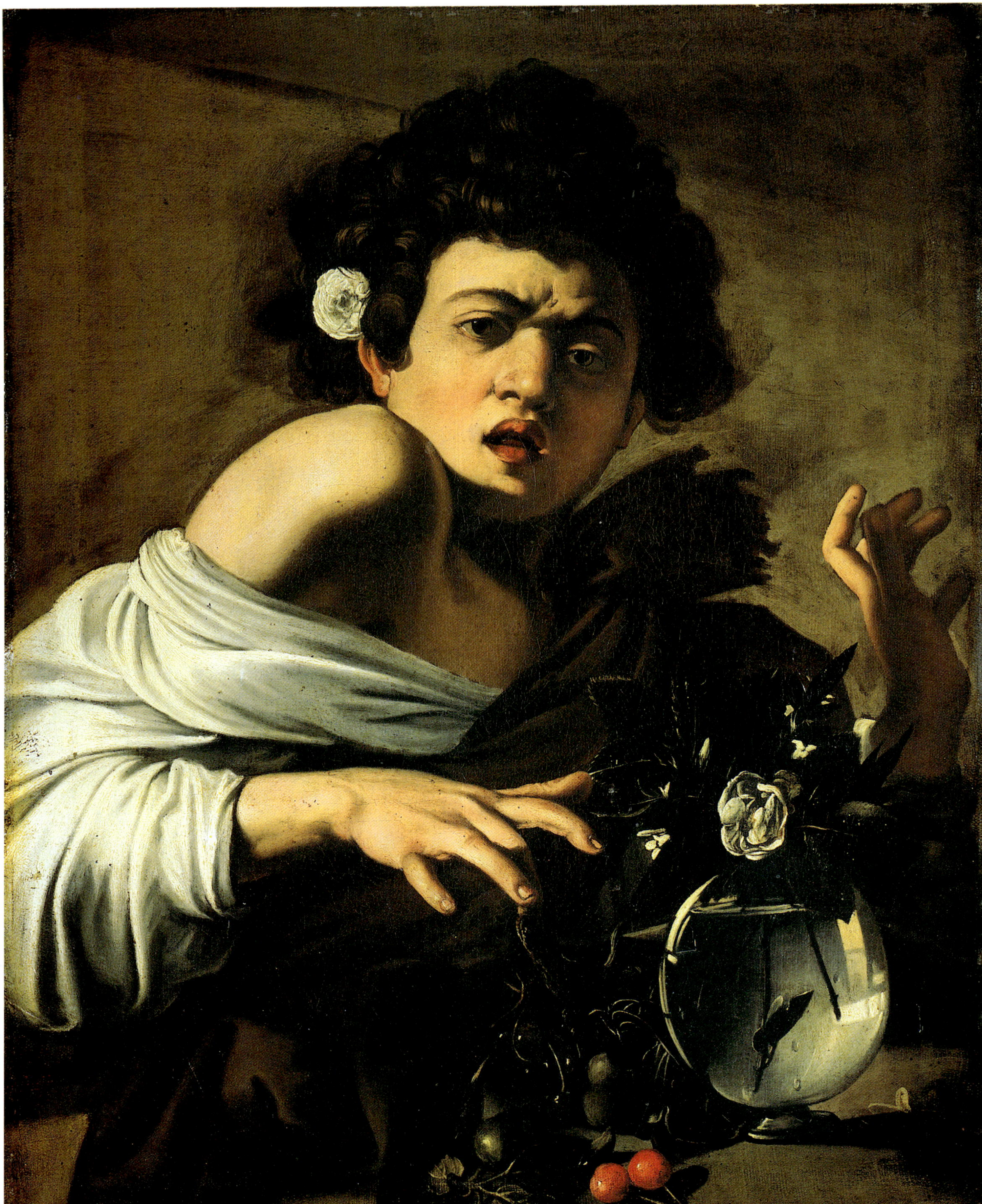

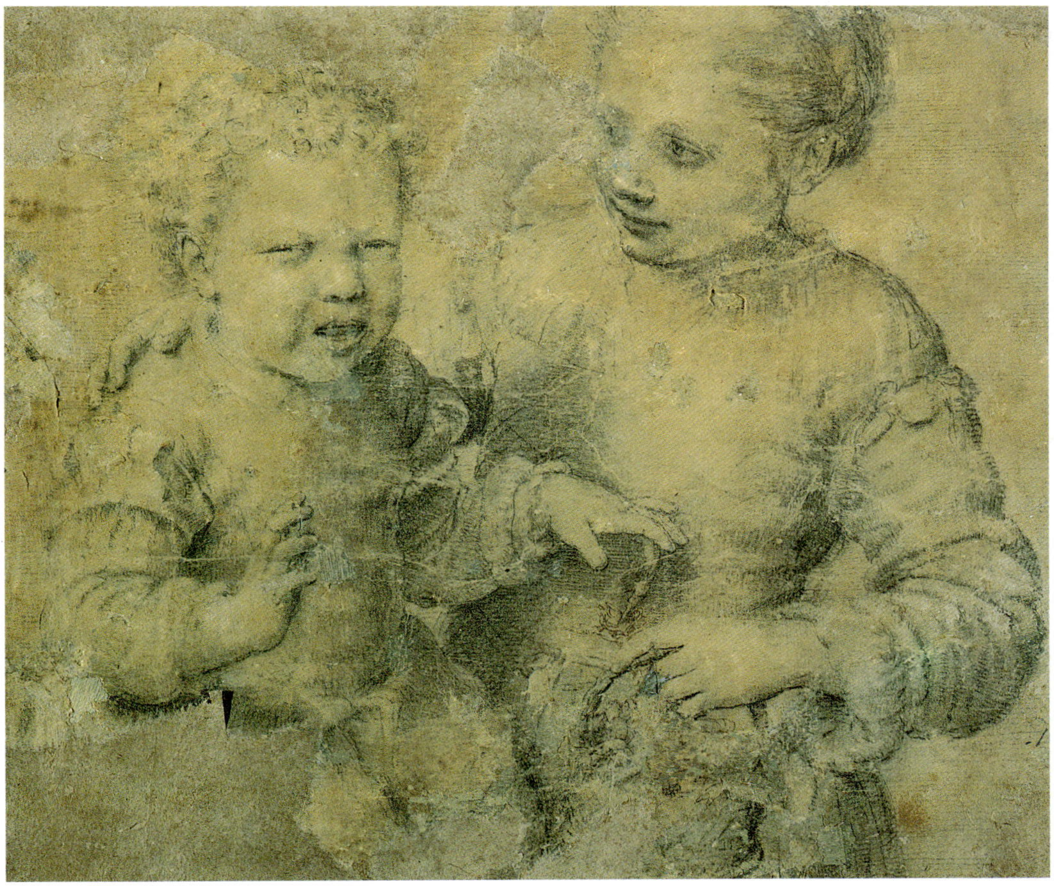

10. Michelangelo Merisi, detto il Caravaggio
Ragazzo morso da un ramarro
1595-1596

11. Sofonisba Anguissola
Fanciullo morso da un gambero
1554 circa

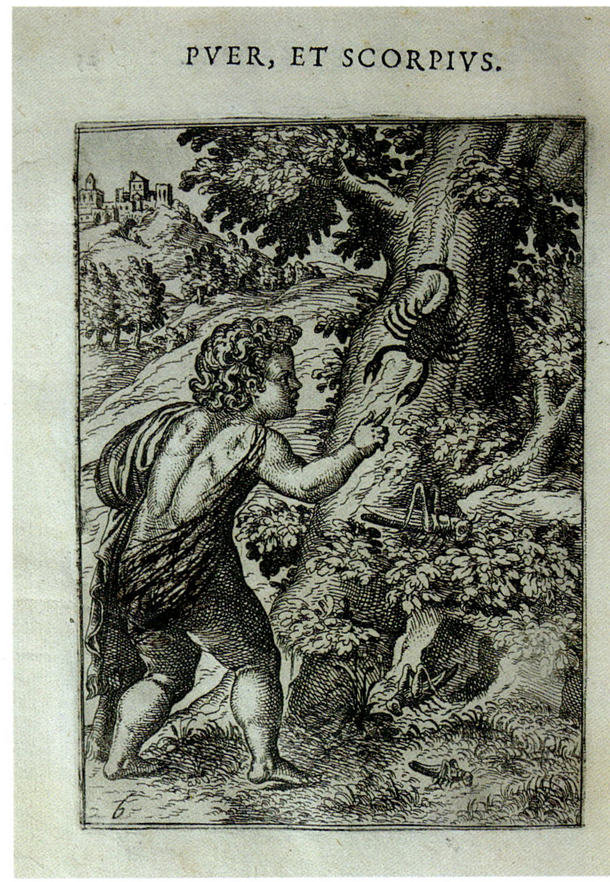

PVER, ET SCORPIVS.

12. "*Puer, et scorpius.*"

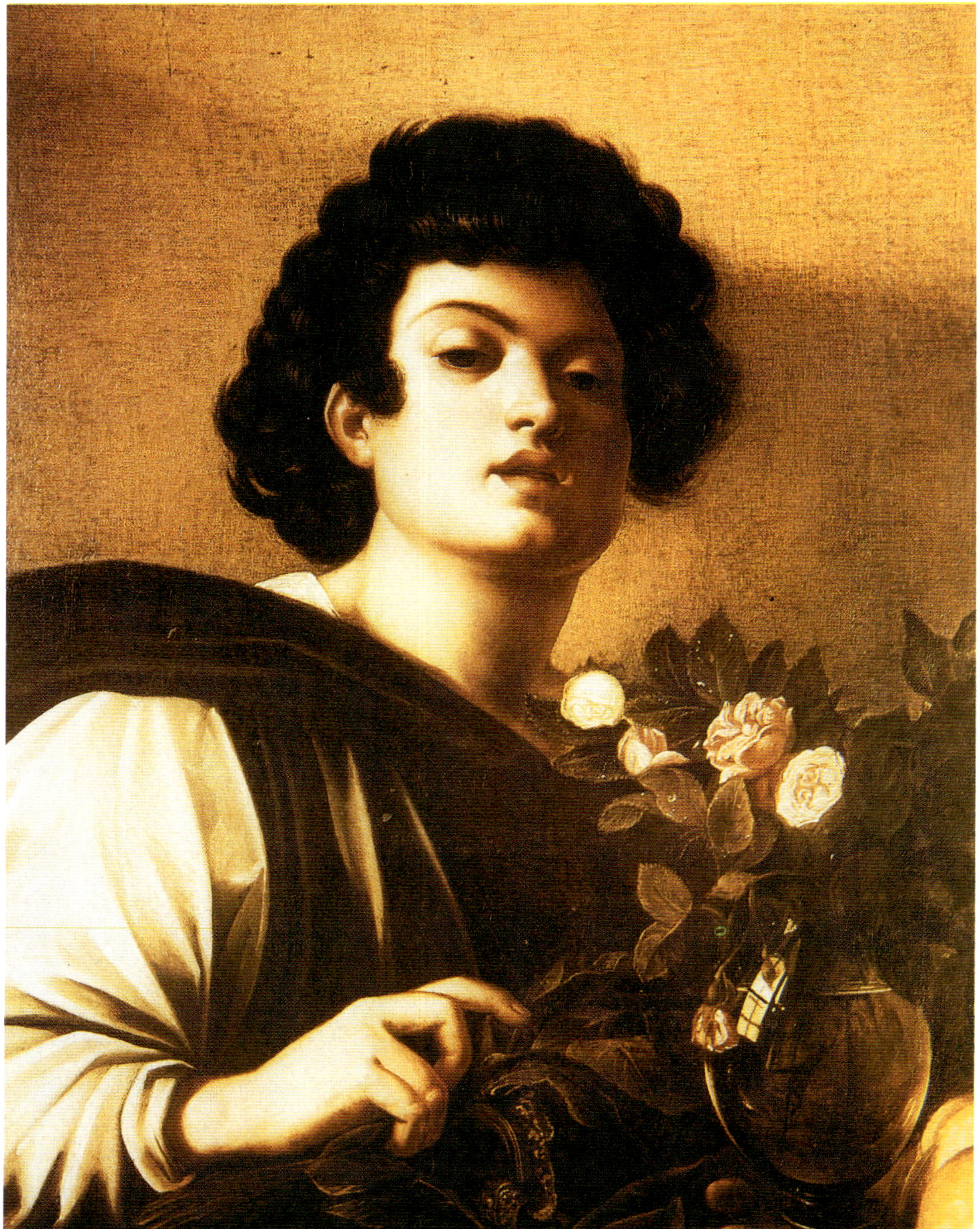

13. Copia da Michelangelo Merisi, detto il Caravaggio
Ragazzo con una caraffa di rose

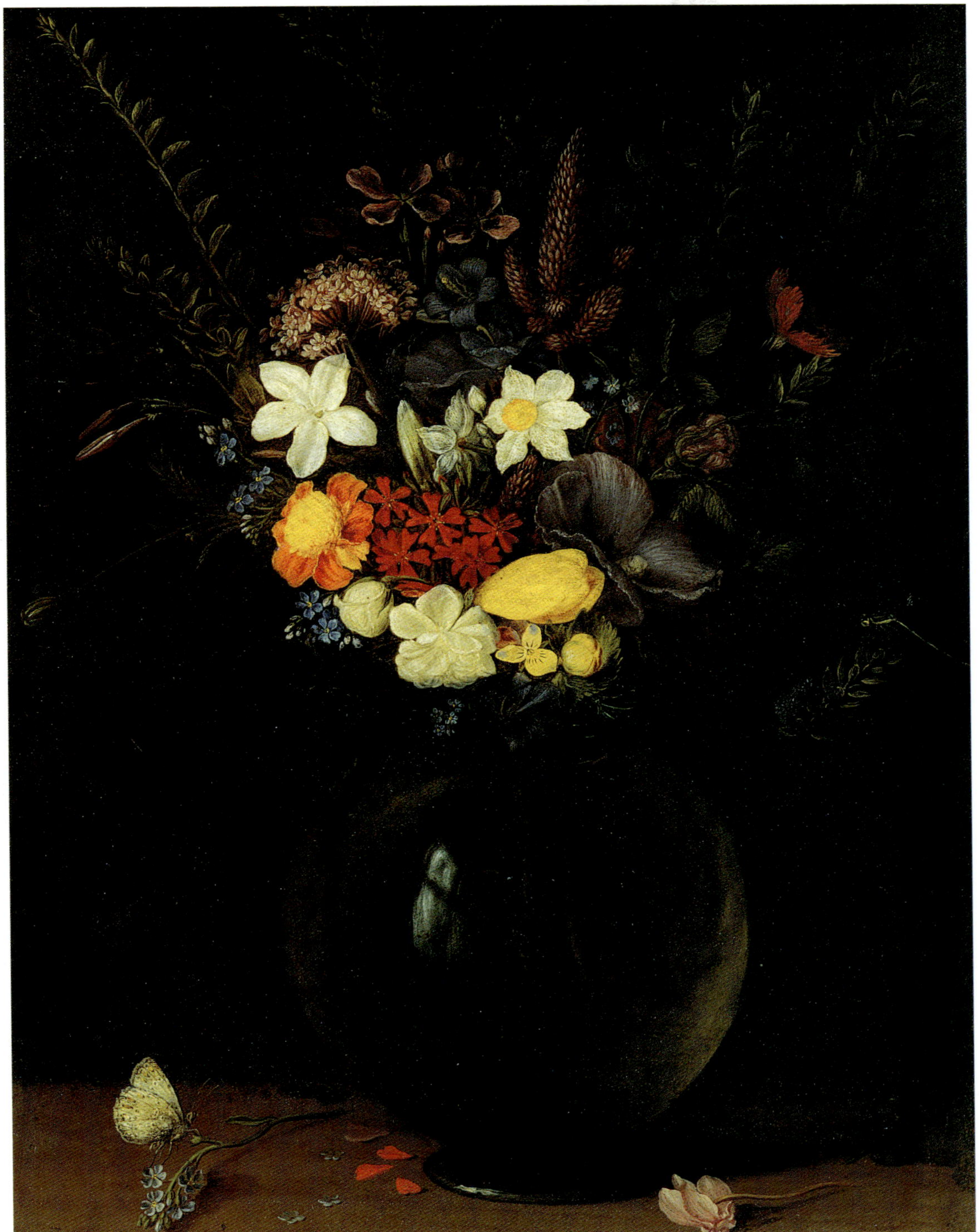

14. Jan Brueghel il Vecchio
Una caraffa di fiori
1593 circa

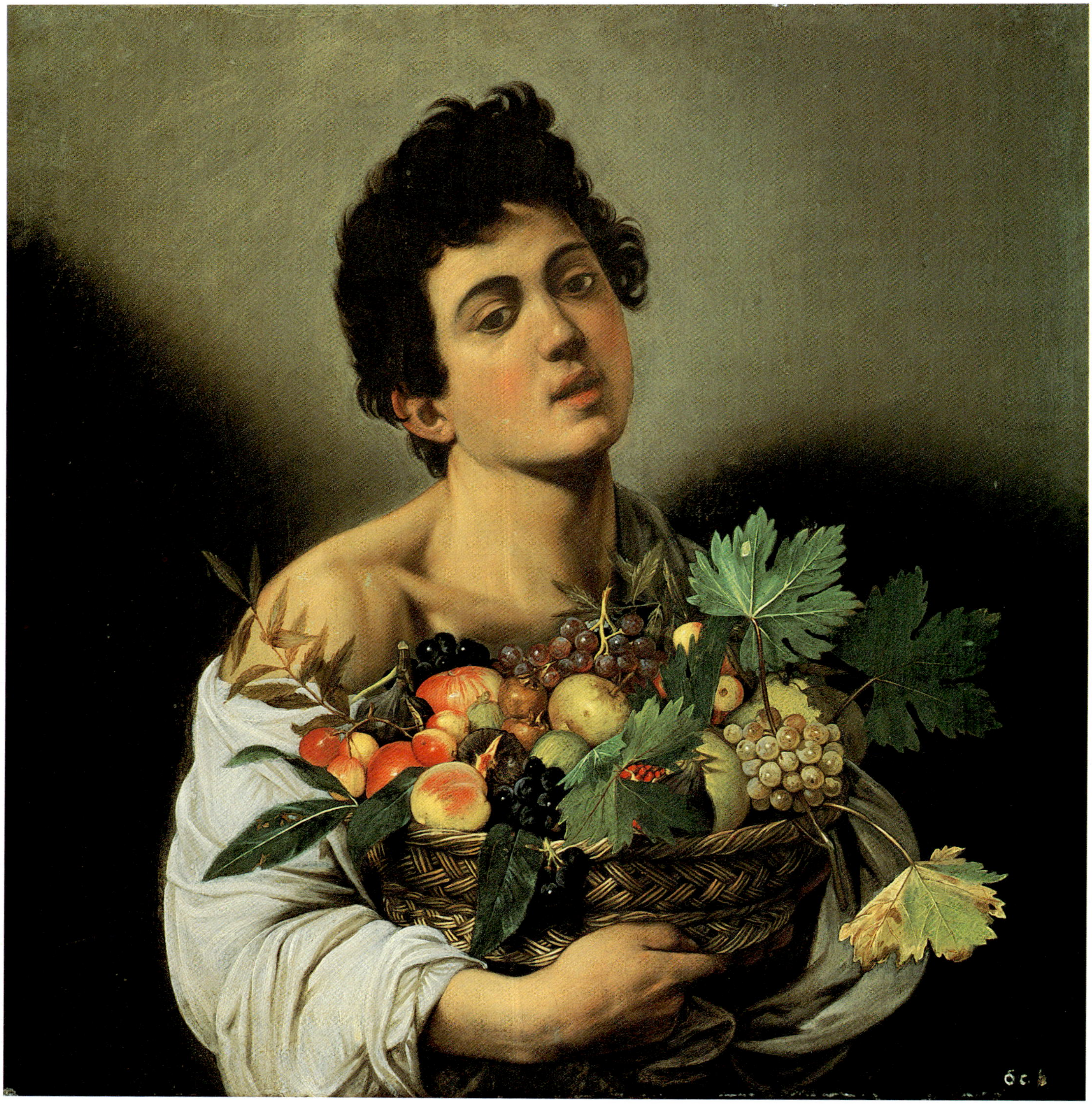

15. Michelangelo Merisi,
detto il Caravaggio
Ragazzo con canestro di frutta

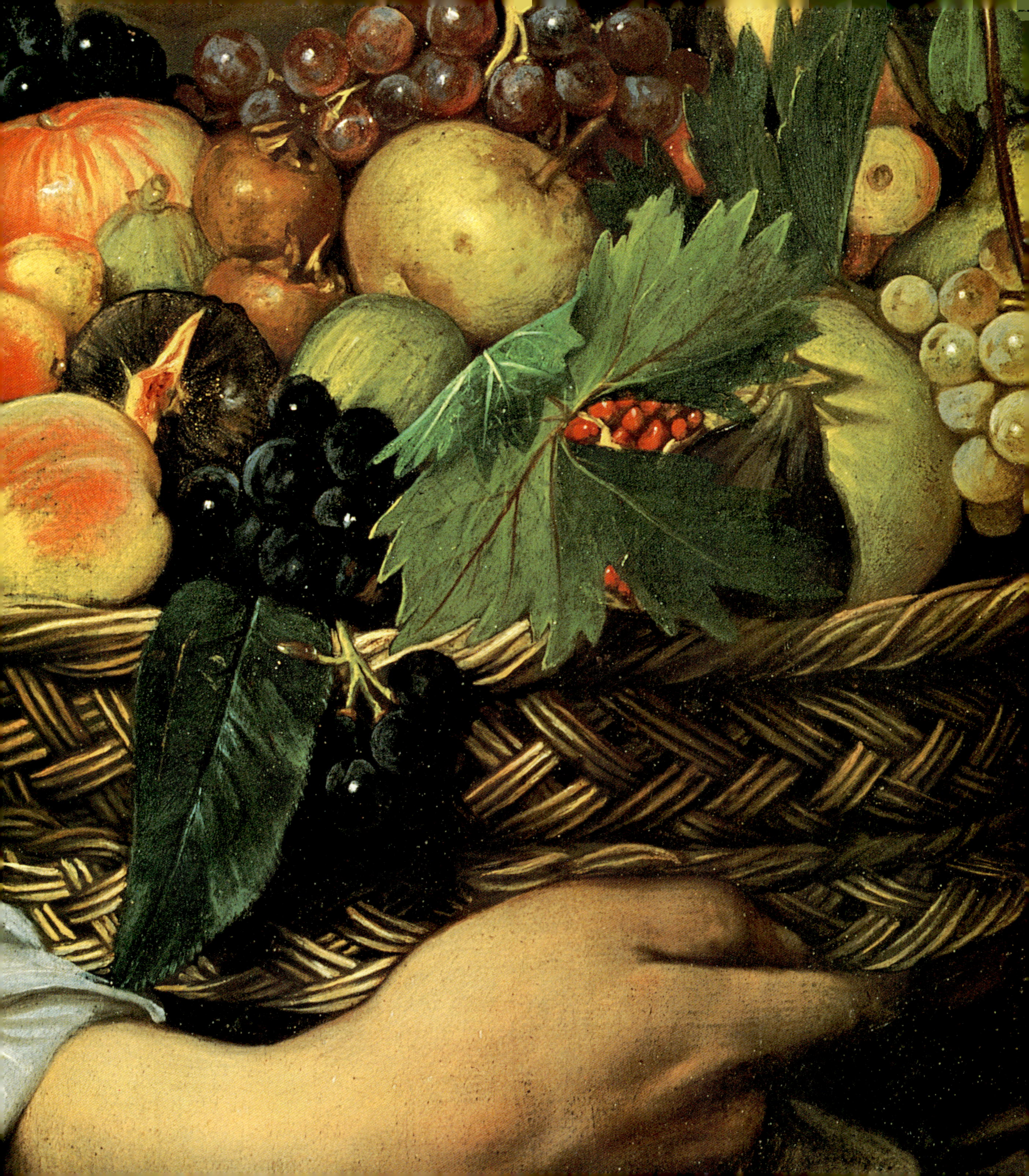

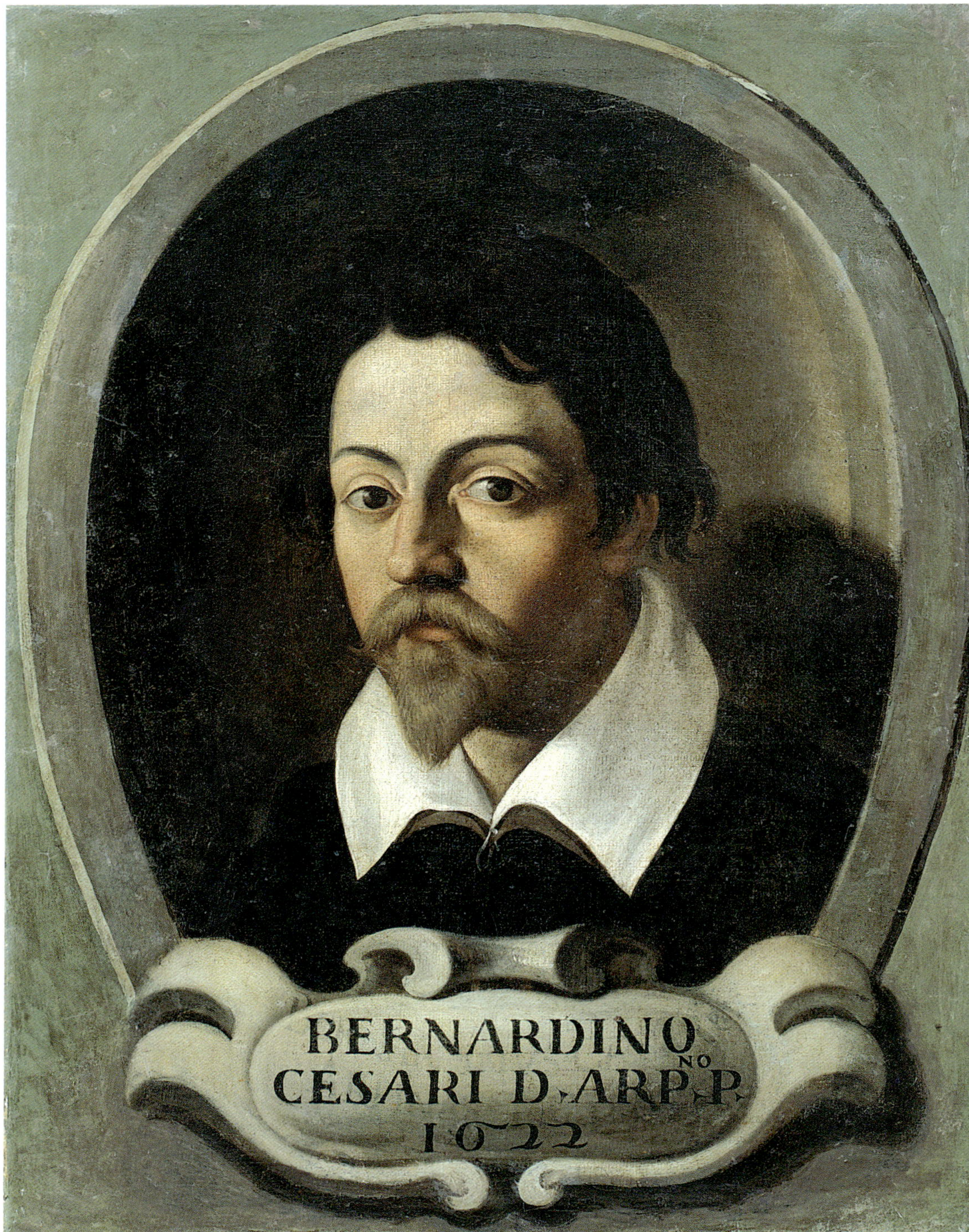

16. Michelangelo Merisi, detto il Caravaggio (attr.)
Ritratto di Bernardino Cesari

17. Giuseppe Cesari, detto il Cavalier d'Arpino
Cattura di Cristo

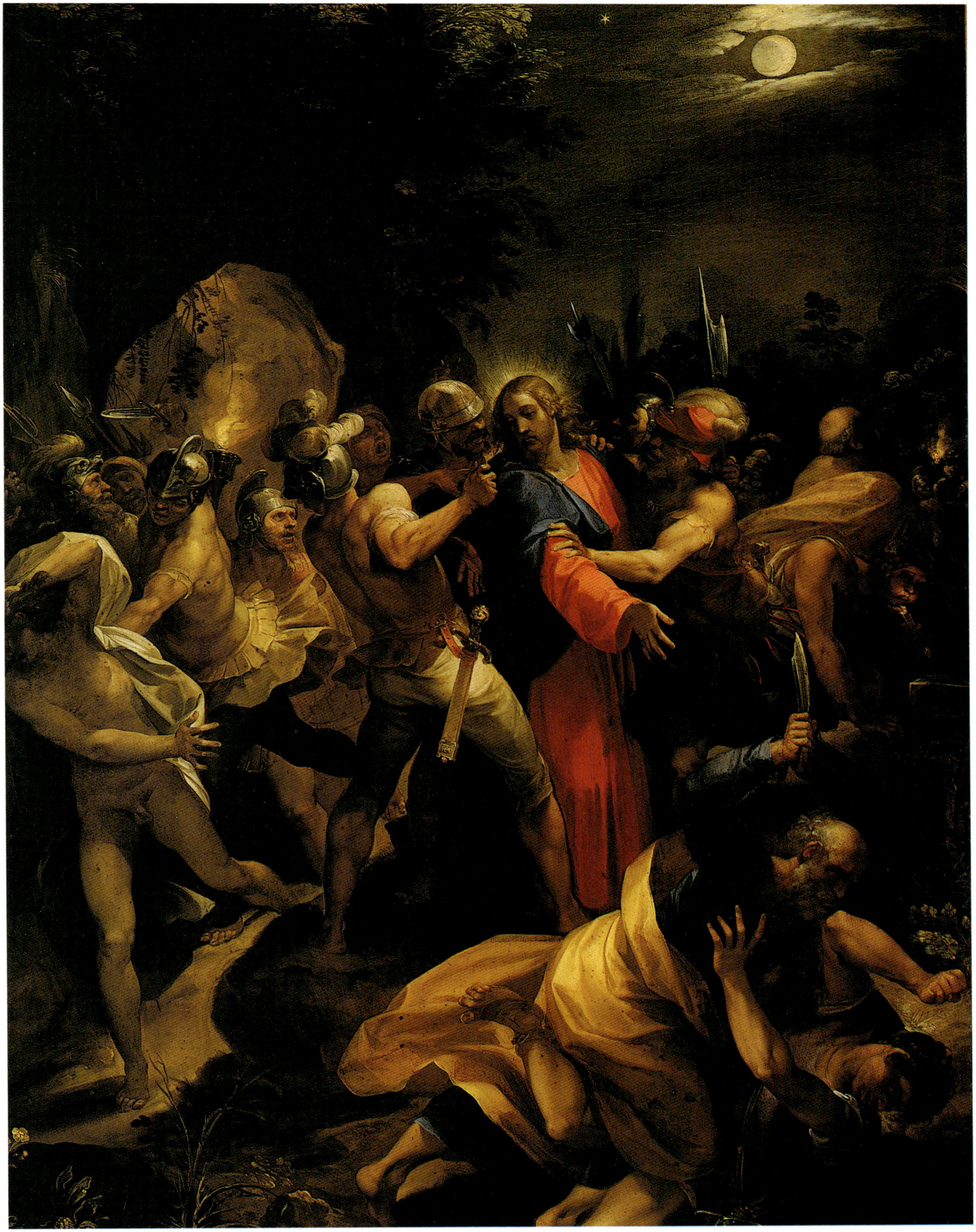

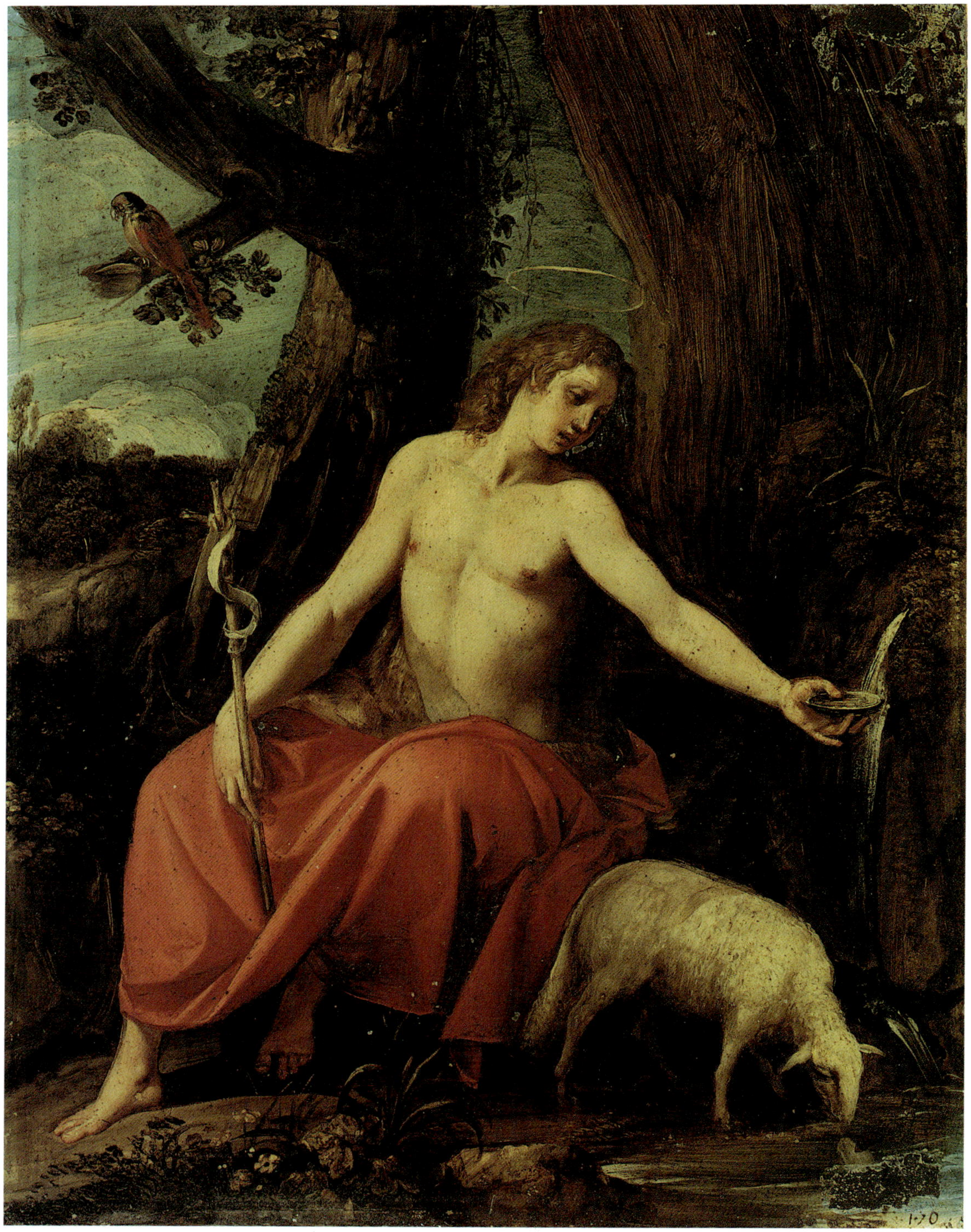

18. Giuseppe Cesari,
detto il Cavalier d'Arpino (?)
San Giovanni Battista

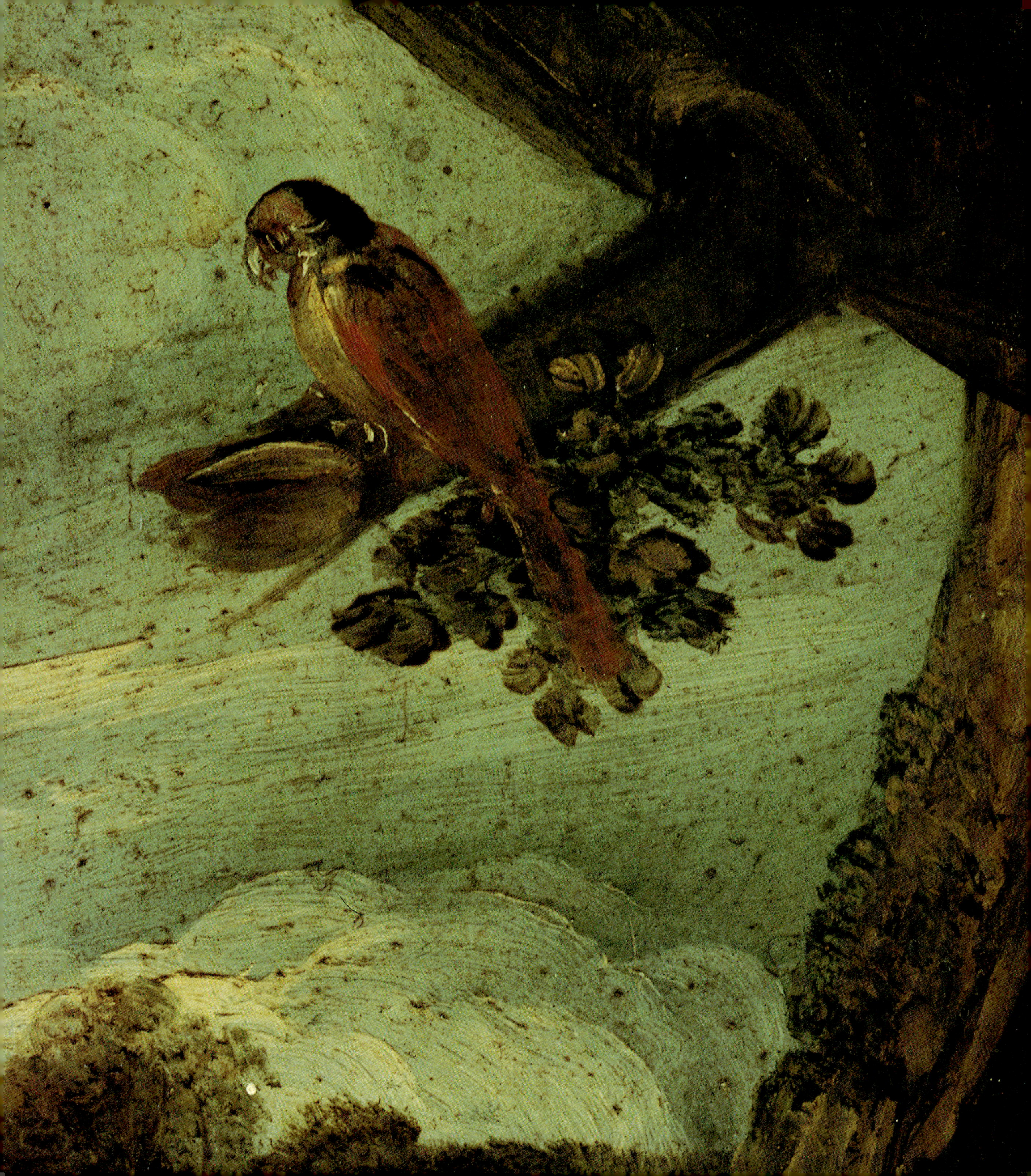

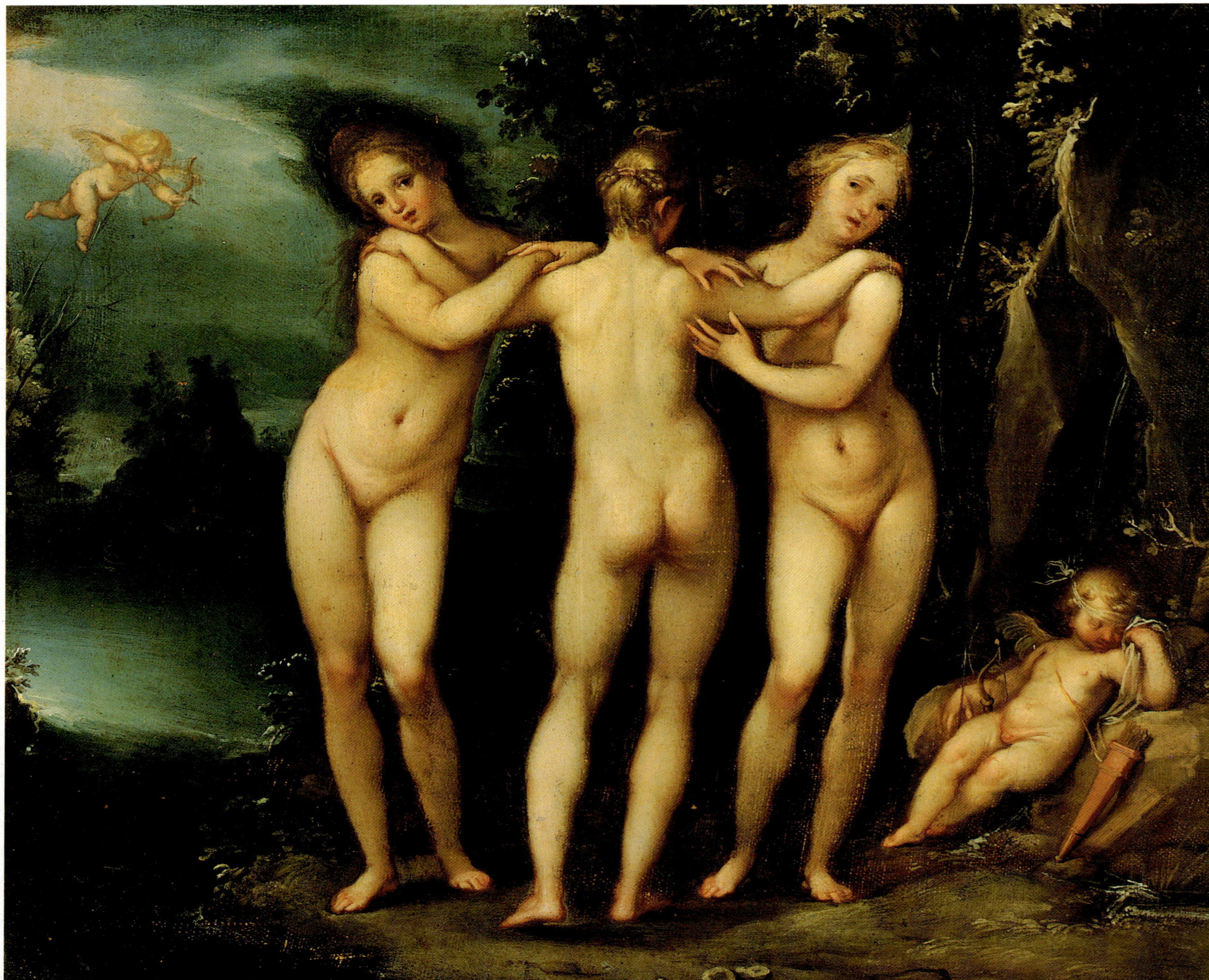

19. Rutilio Manetti
Le tre Grazie

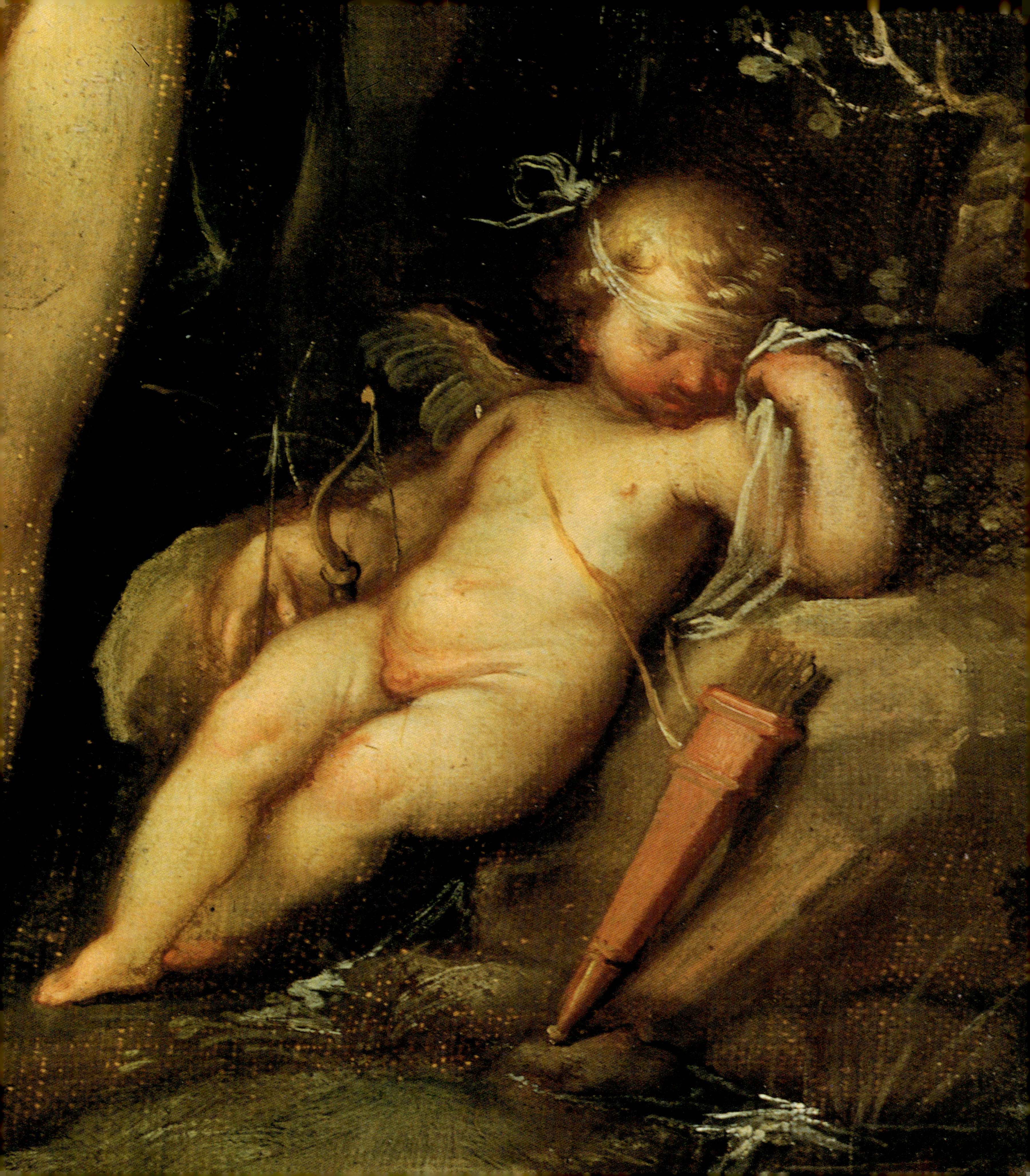

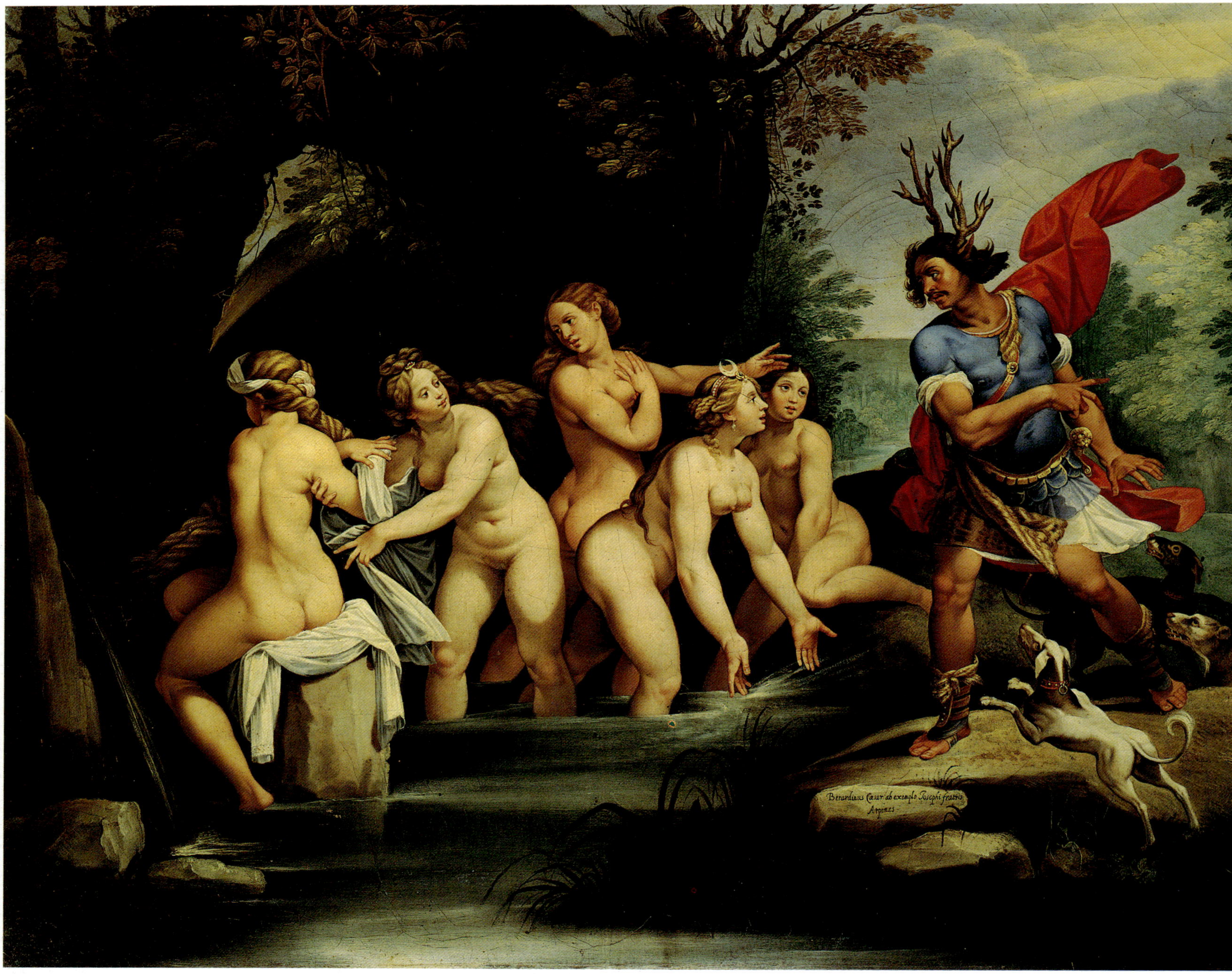

20. Bernardino Cesari
Diana e Atteone

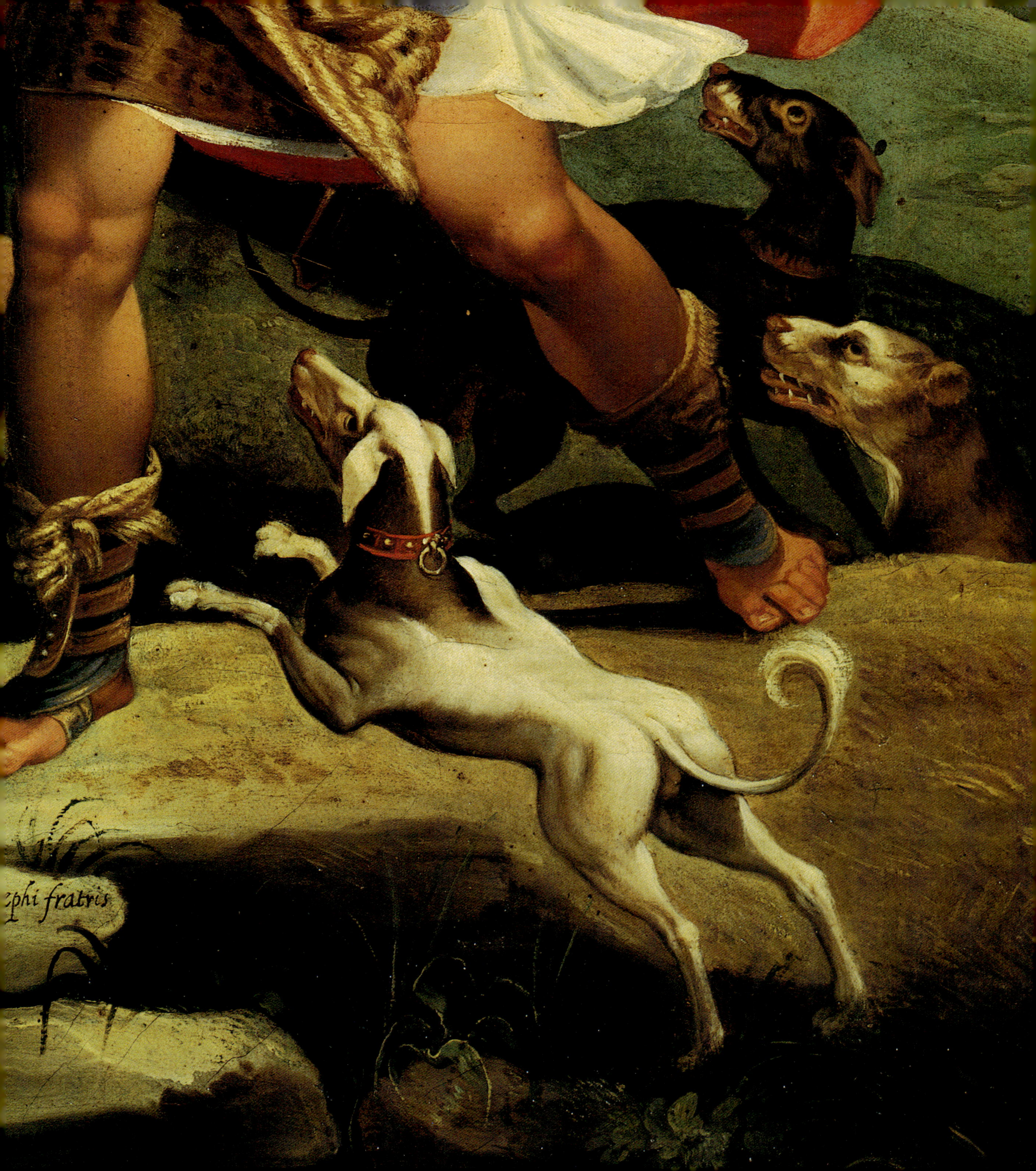
phi fratris

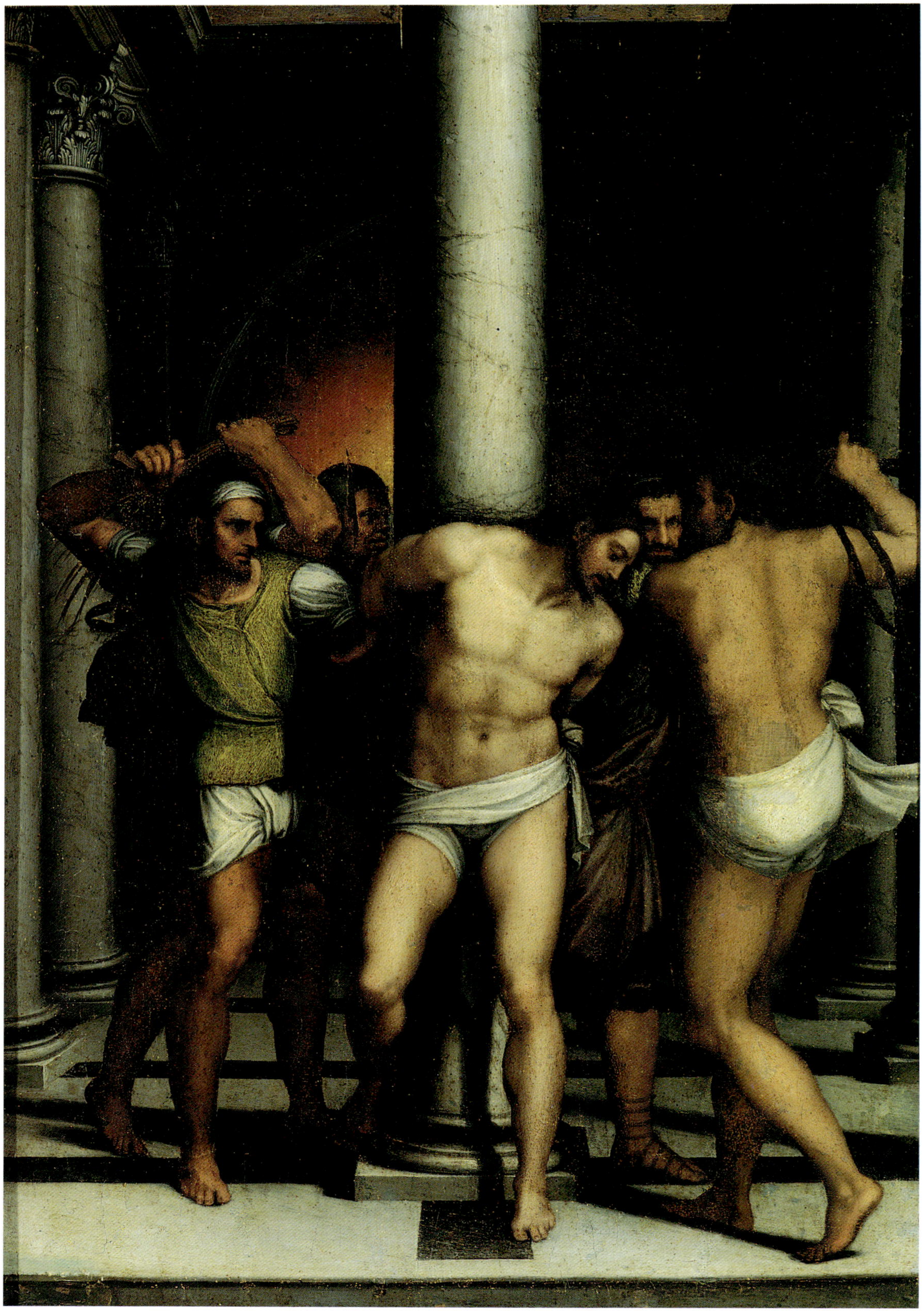

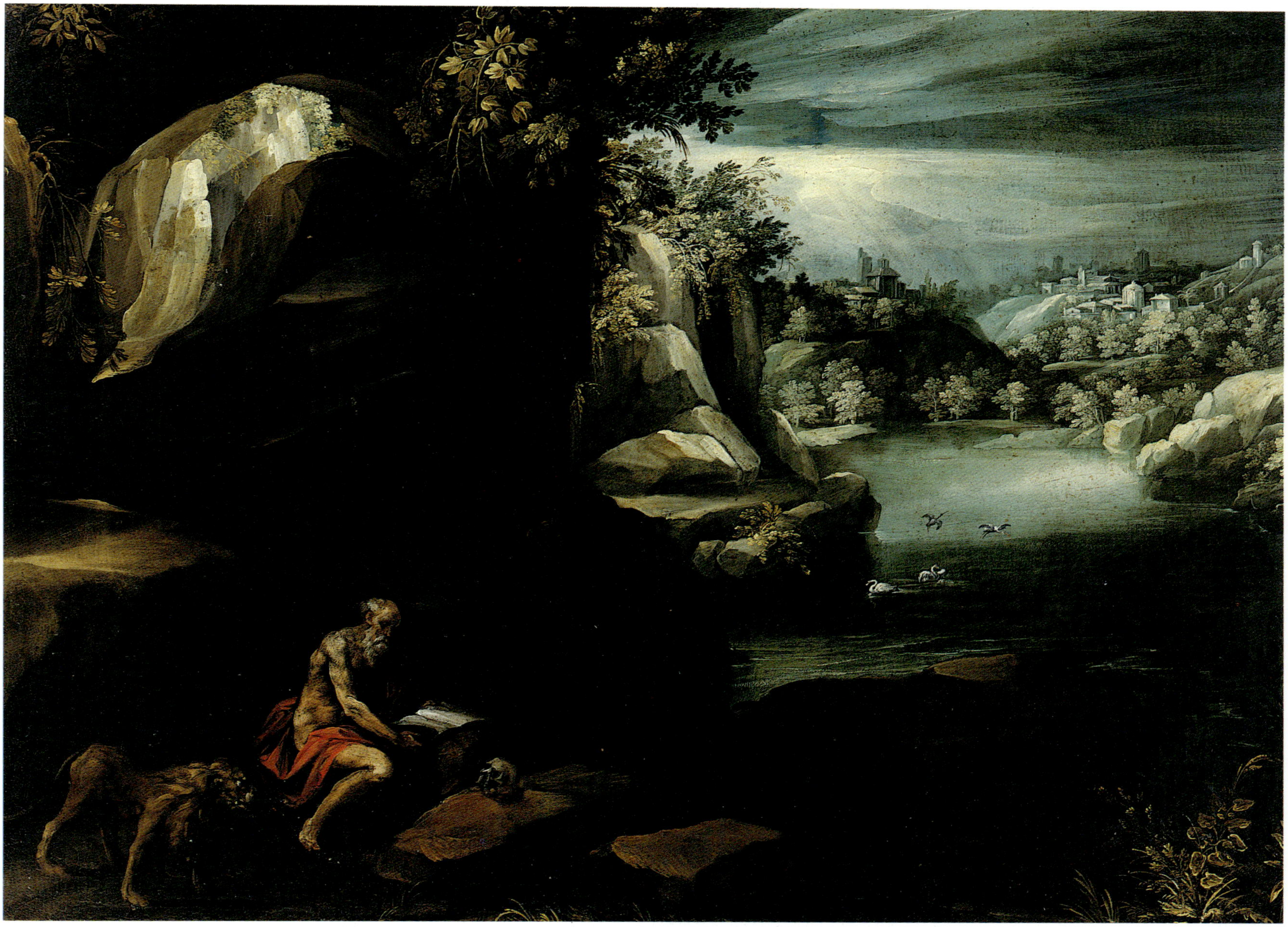

21. Artista romano
del XVI secolo, copia
da Sebastiano del Piombo
Cristo alla colonna

22. Ambito di Paul Bril
Paesaggio con san Gerolamo
1595-1605 circa

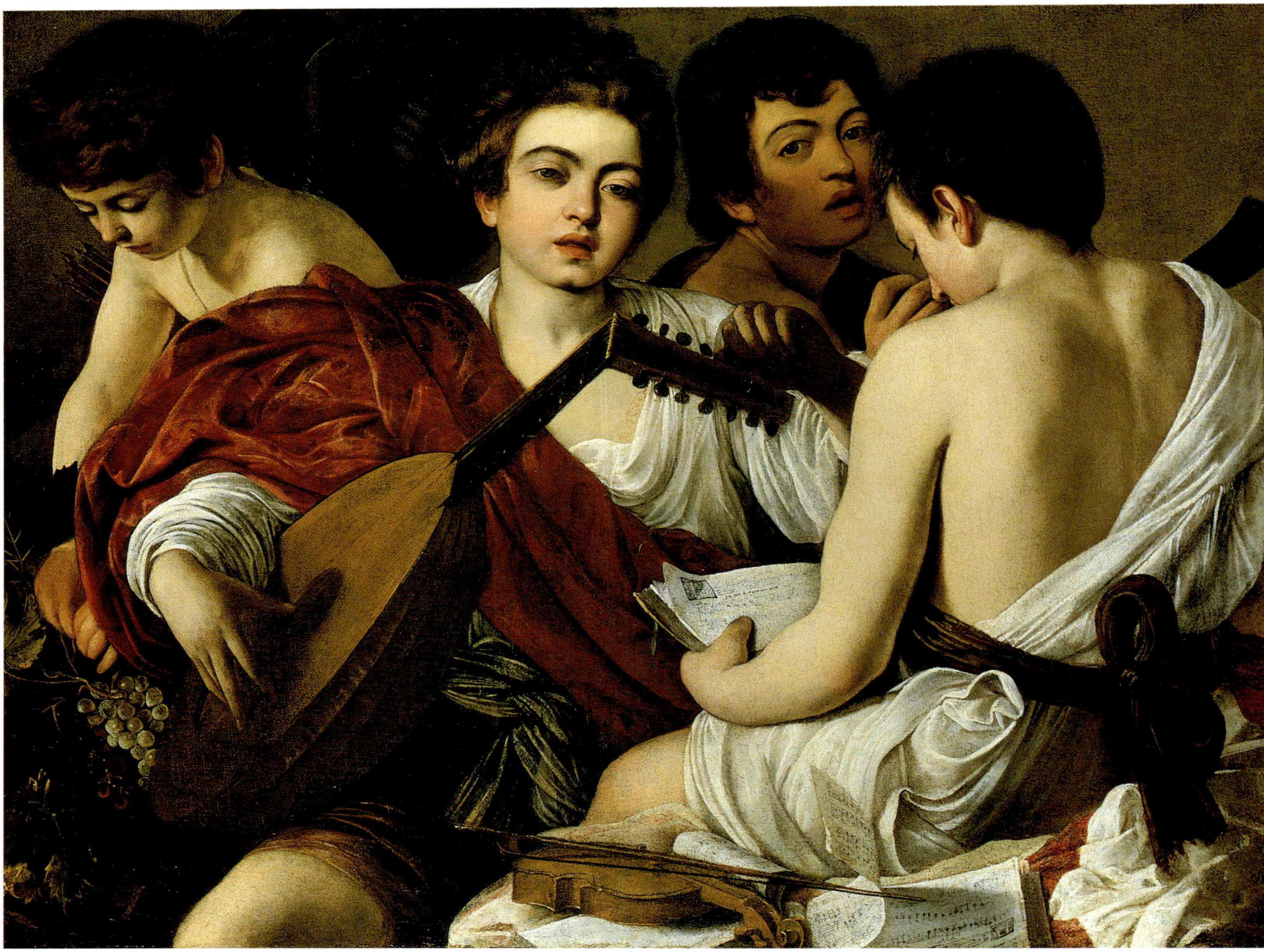

23. Michelangelo Merisi, detto il Caravaggio
I musici

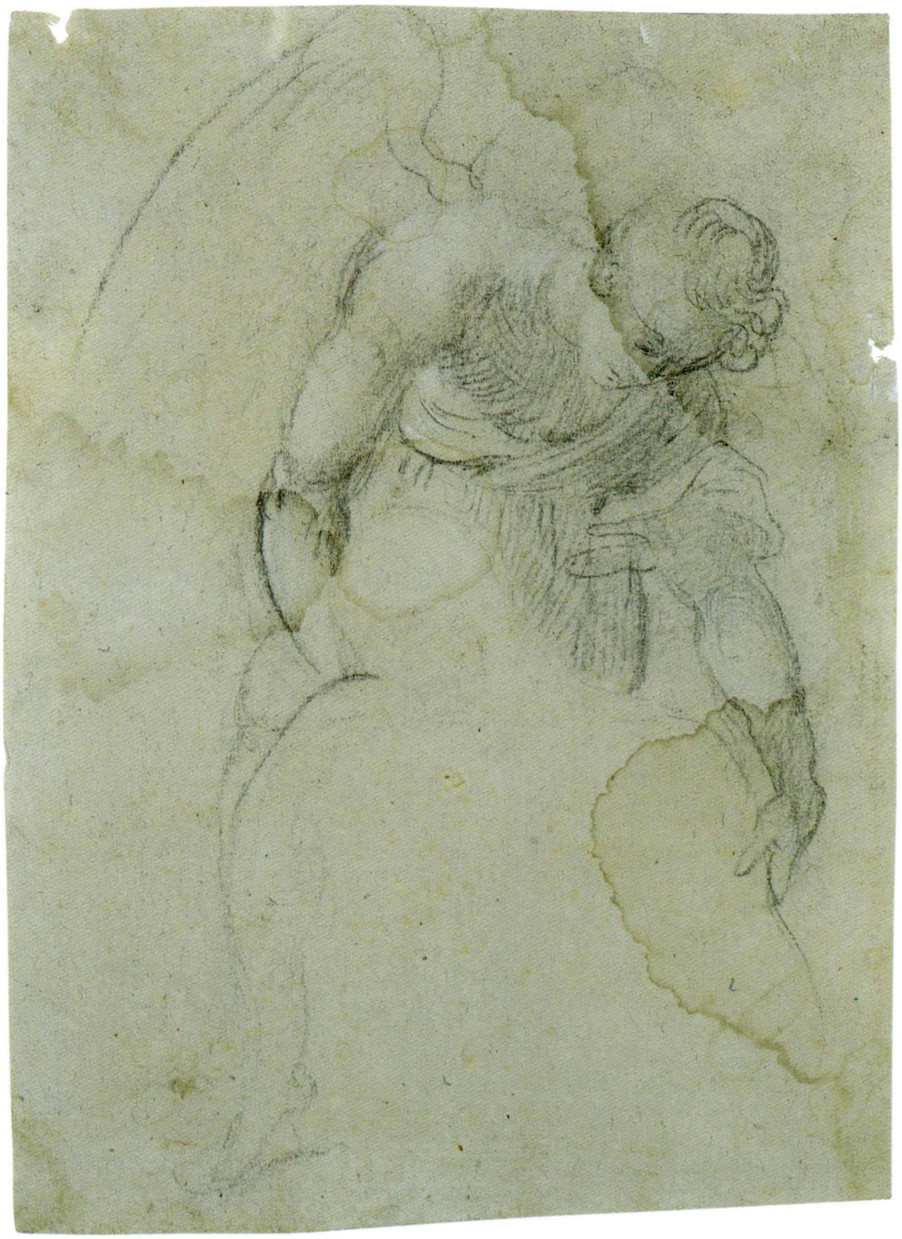

24. Simone Peterzano
Studio di angelo

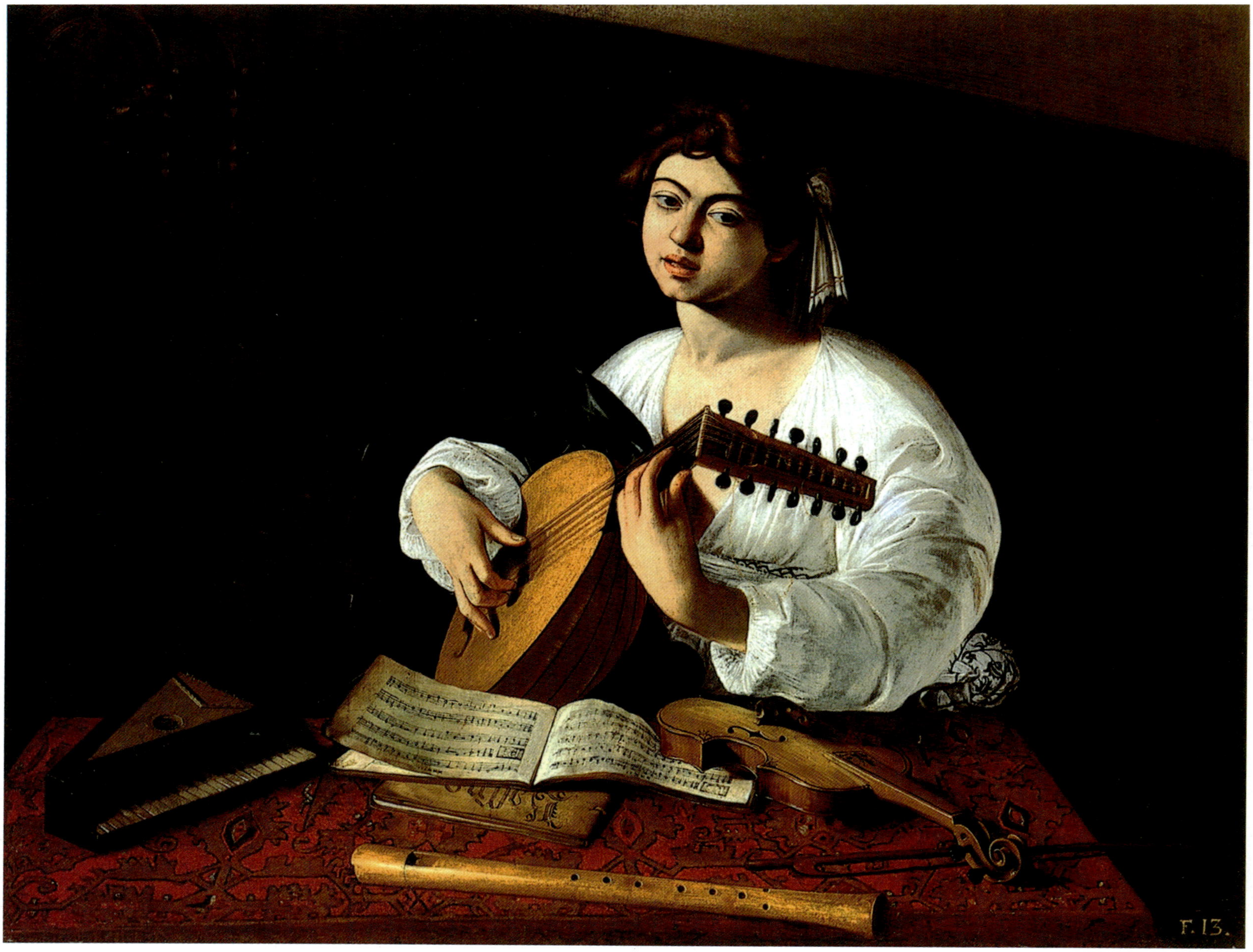

25. Michelangelo Merisi,
detto il Caravaggio
Suonatore di liuto
1597-1598 circa

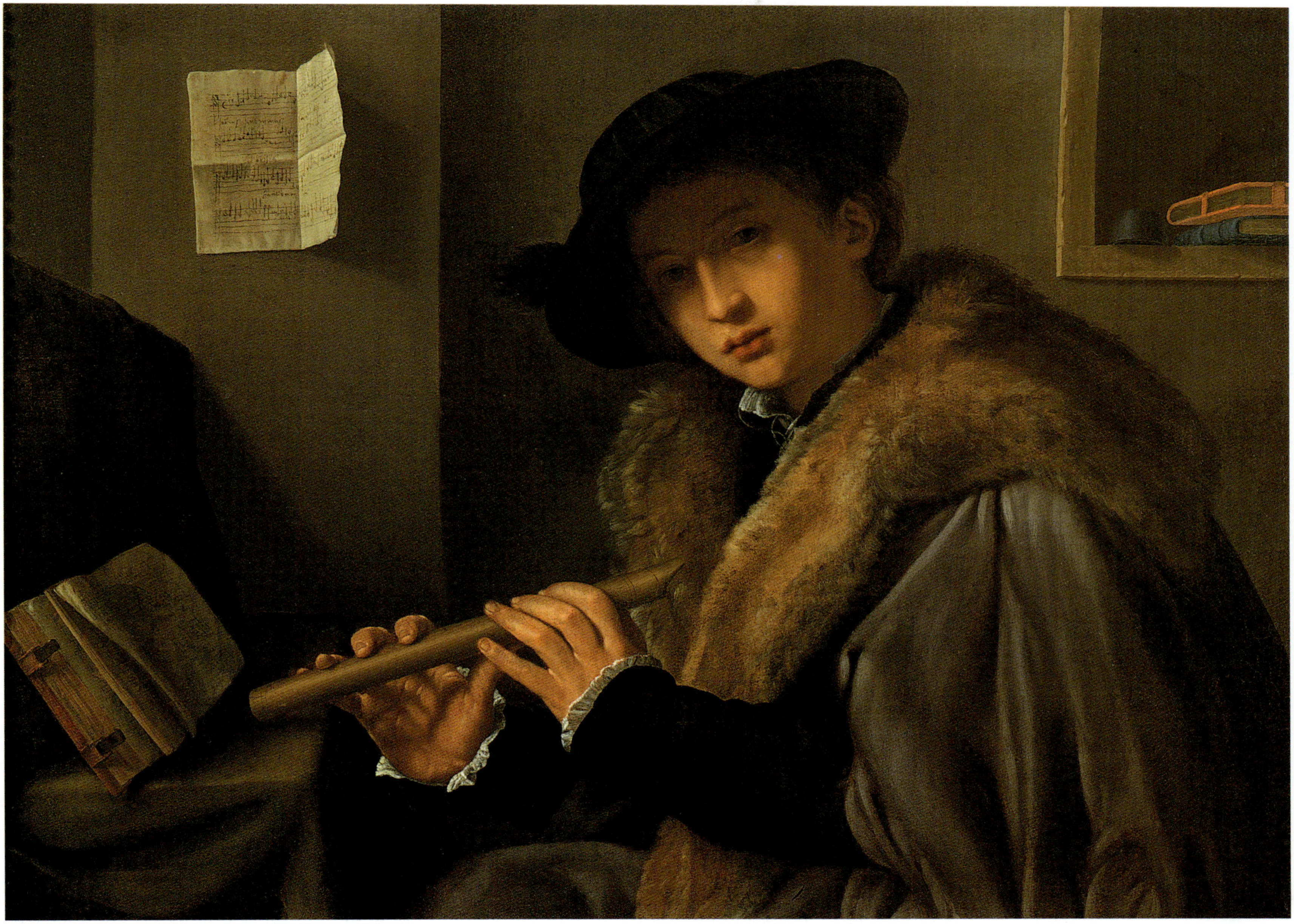

26. Gian Gerolamo Savoldo
Il flautista
1539

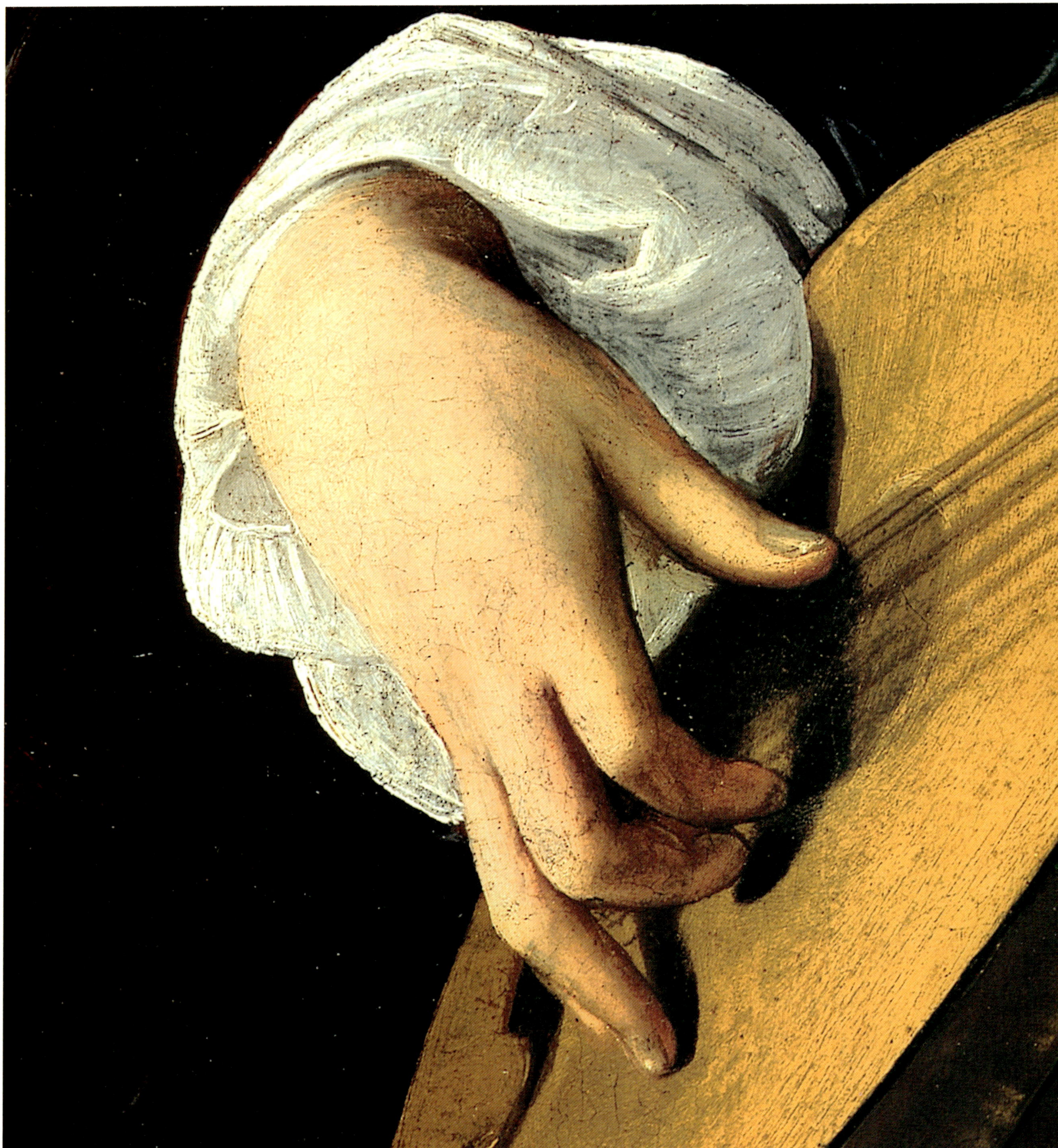

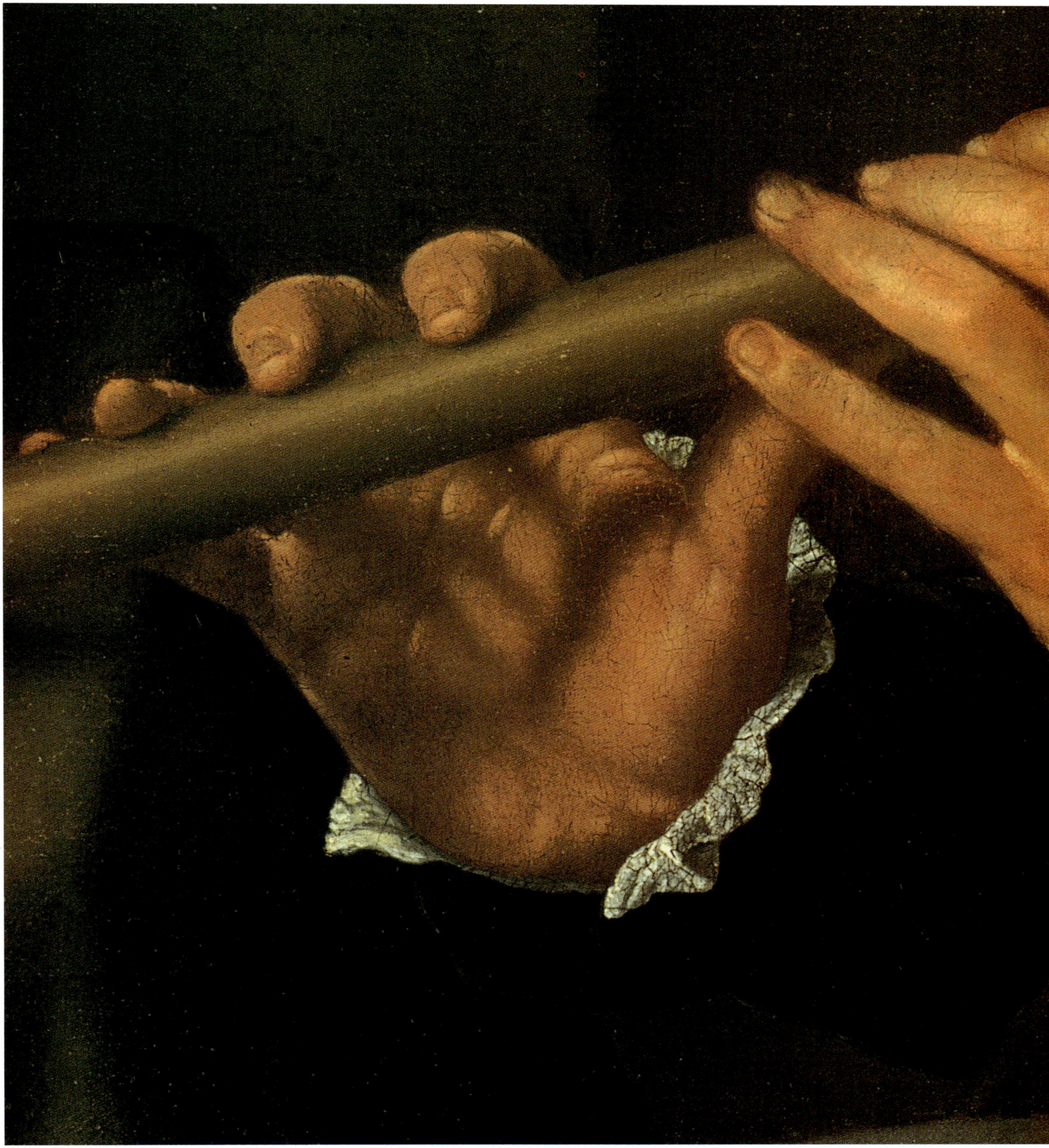

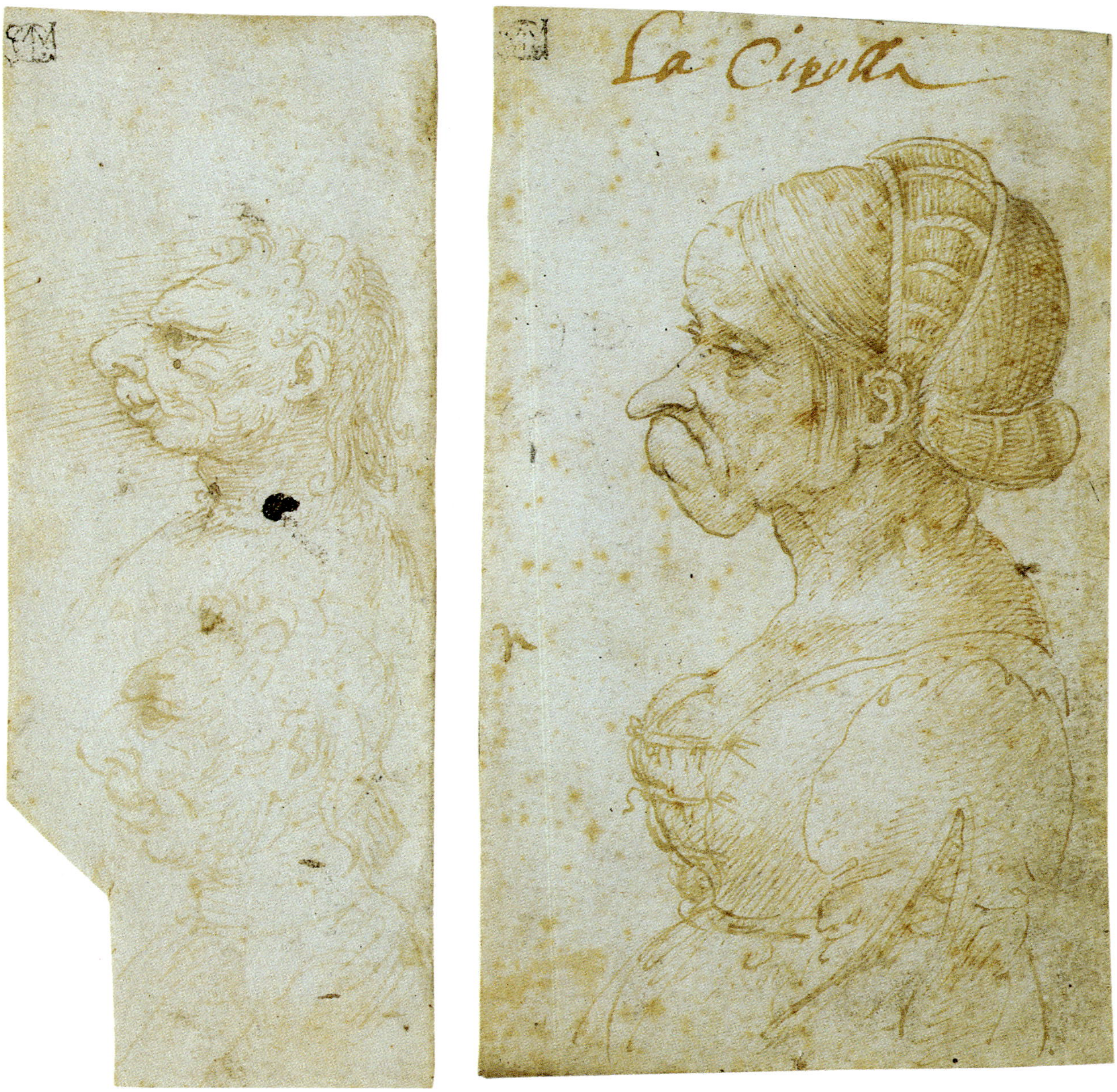

27. Artista lombardo
"La Cipolla"
XVI secolo

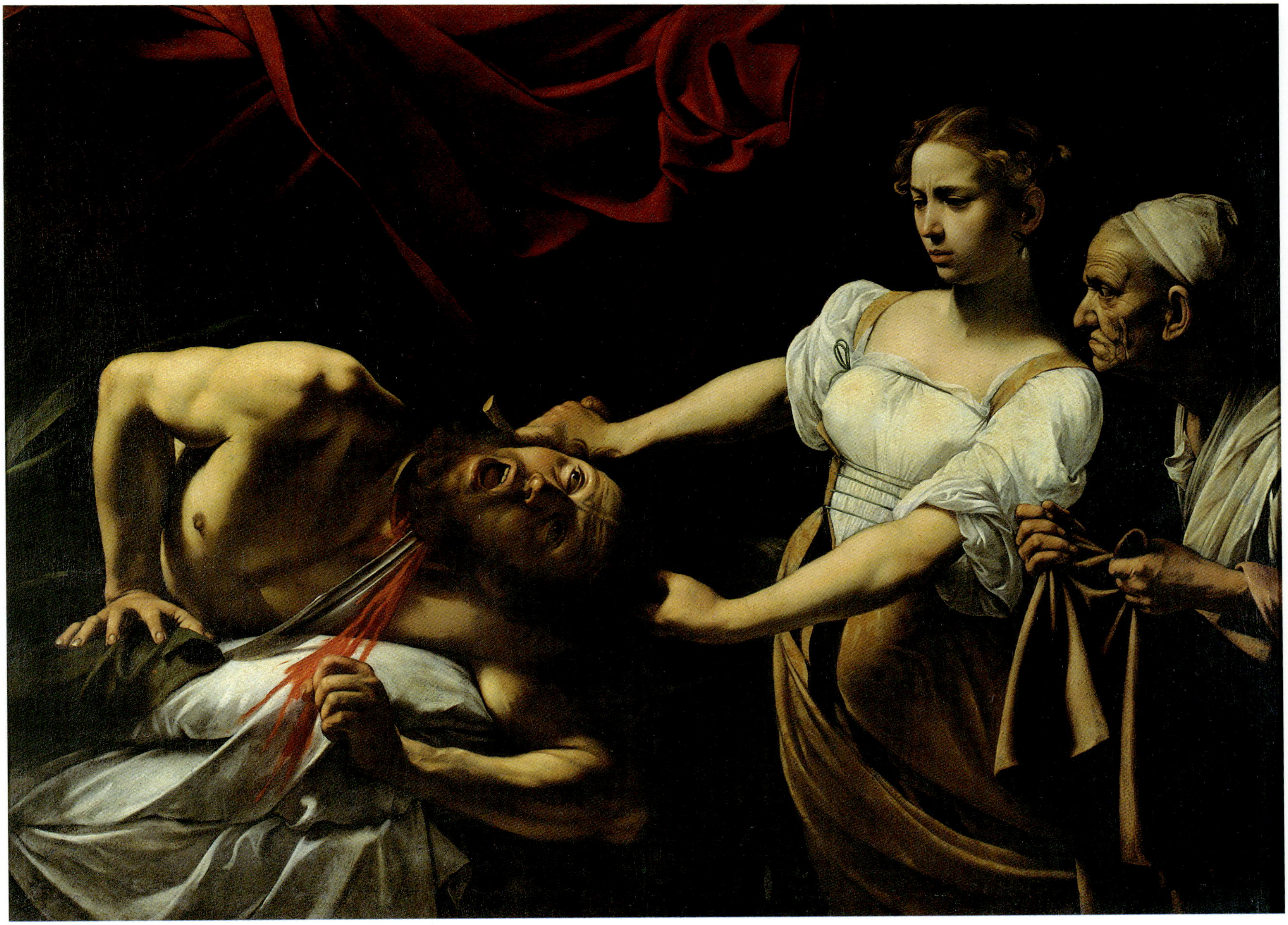

28. Michelangelo Merisi,
detto il Caravaggio
*Giuditta che taglia la testa
a Oloferne*

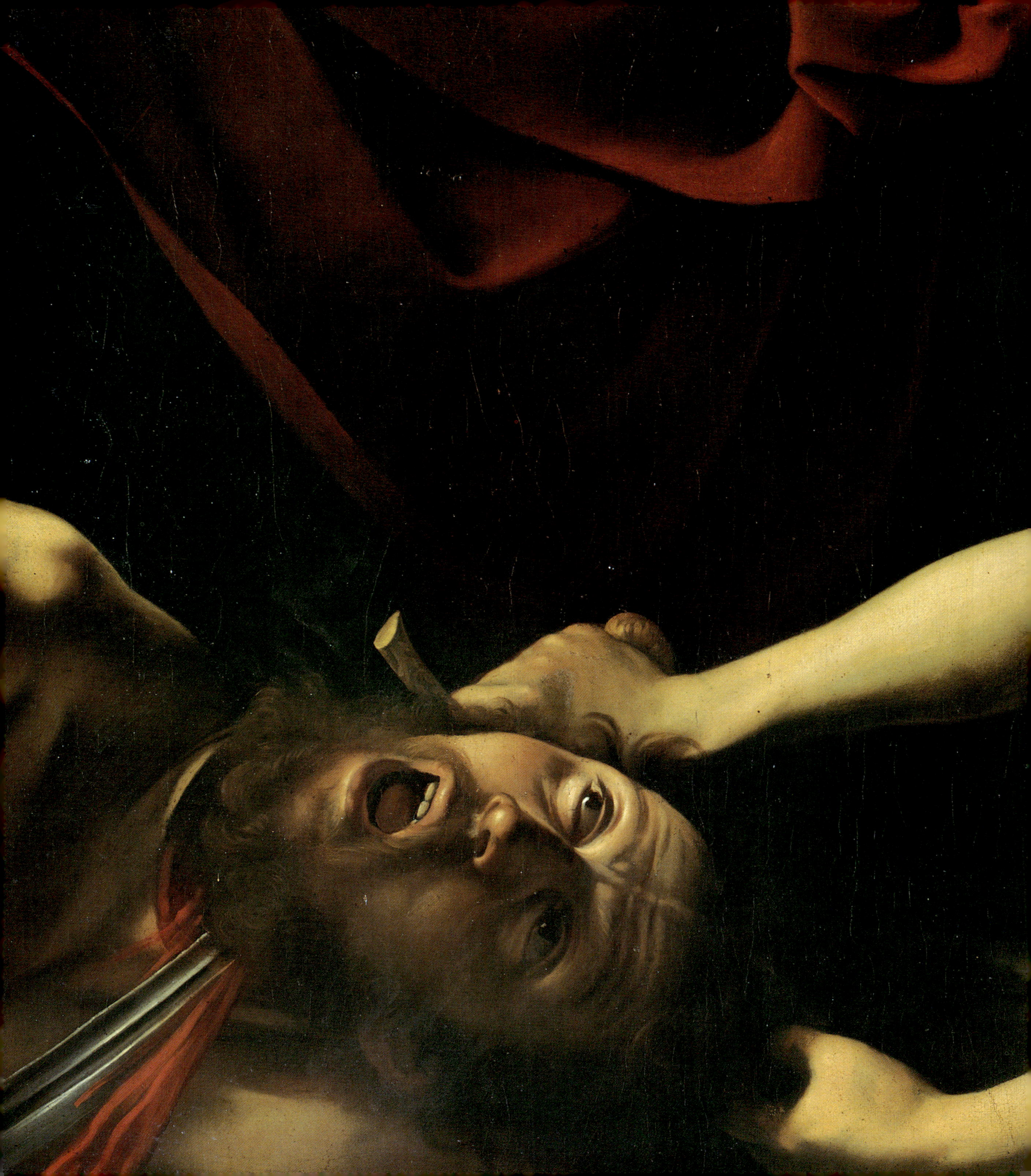

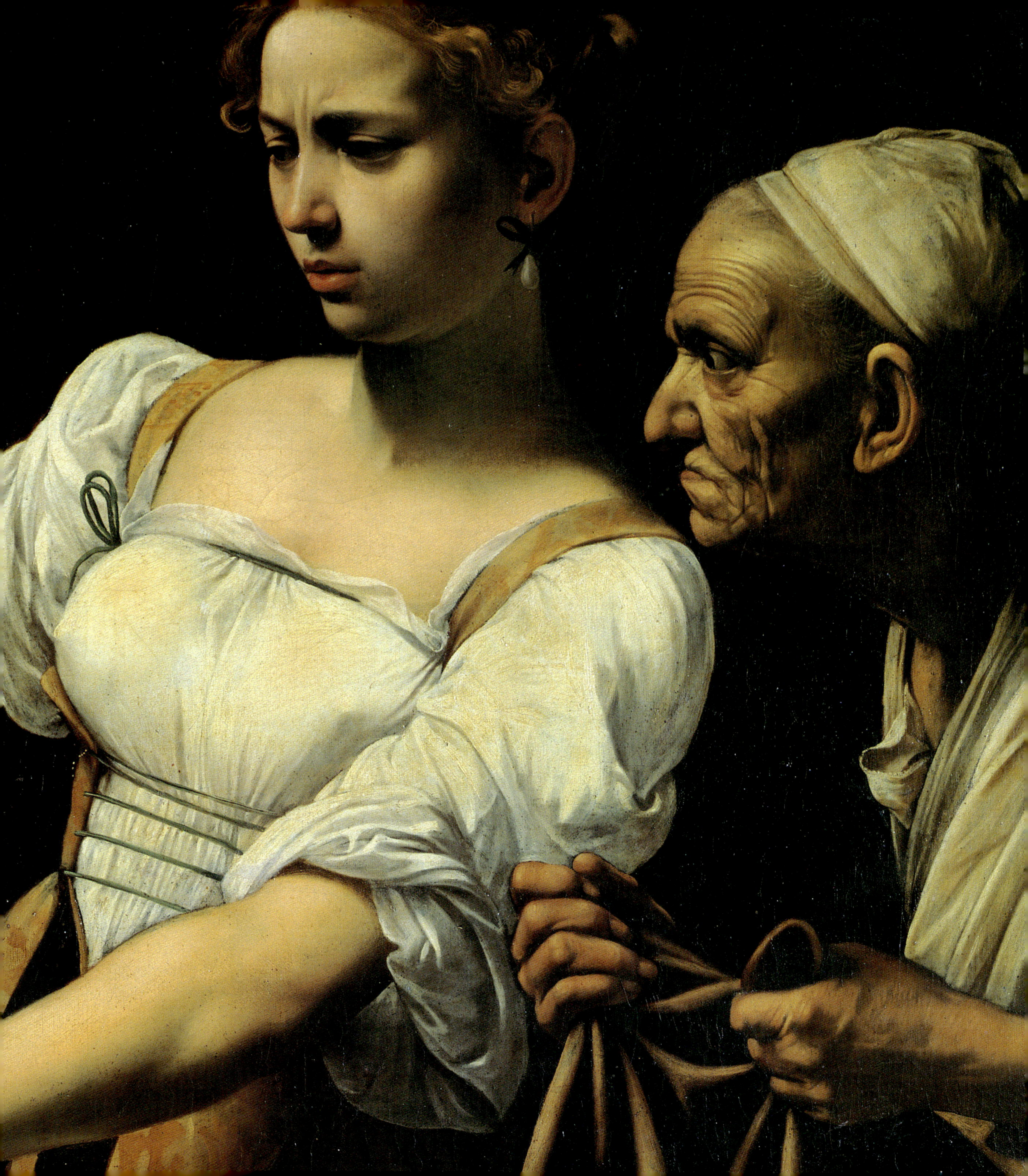

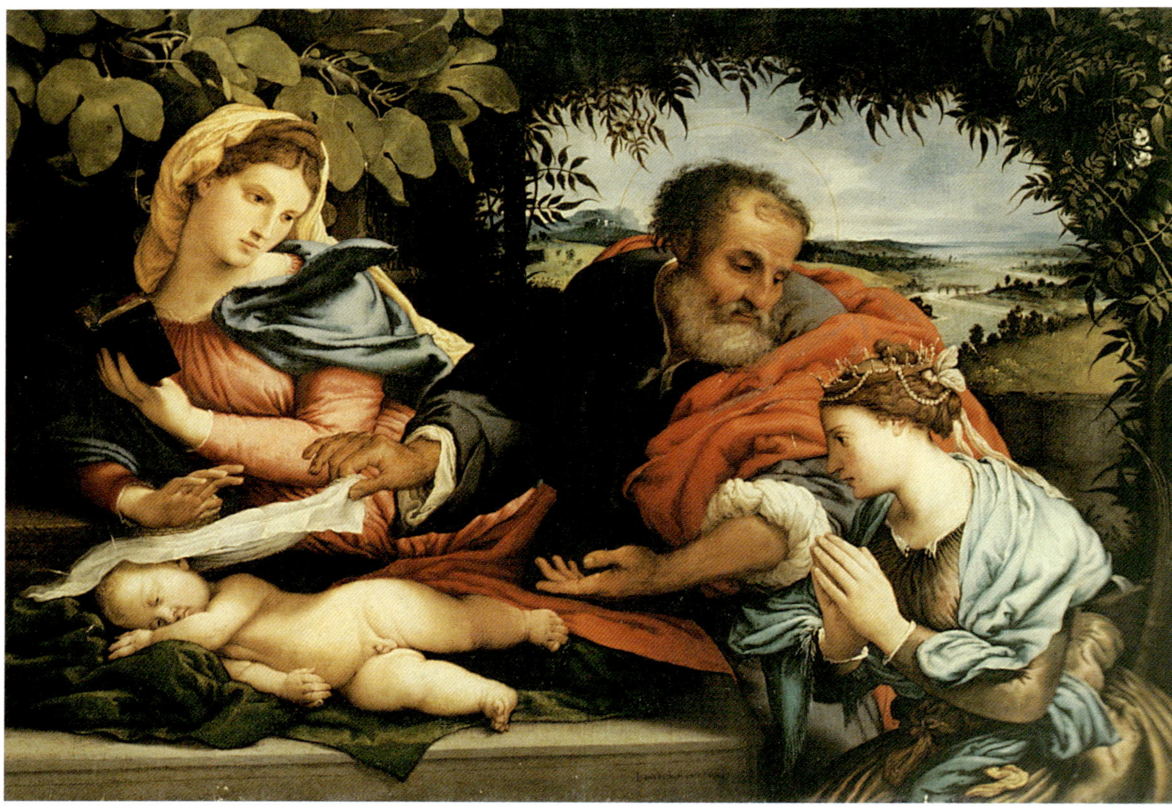

29. Lorenzo Lotto
Sacra Famiglia
con santa Caterina
1533

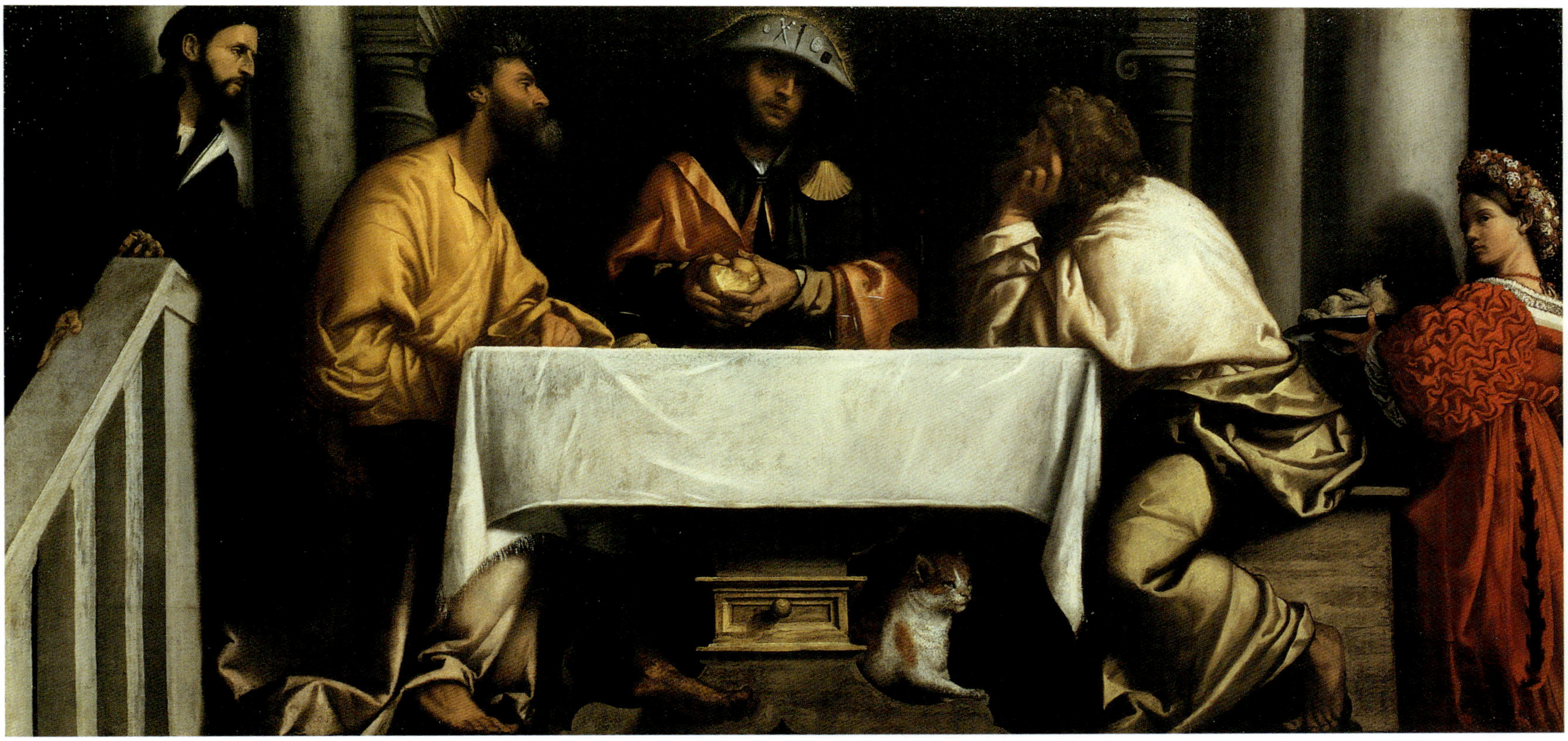

30. Alessandro Bonvicino,
detto il Moretto
Cena in Emmaus
1526 circa

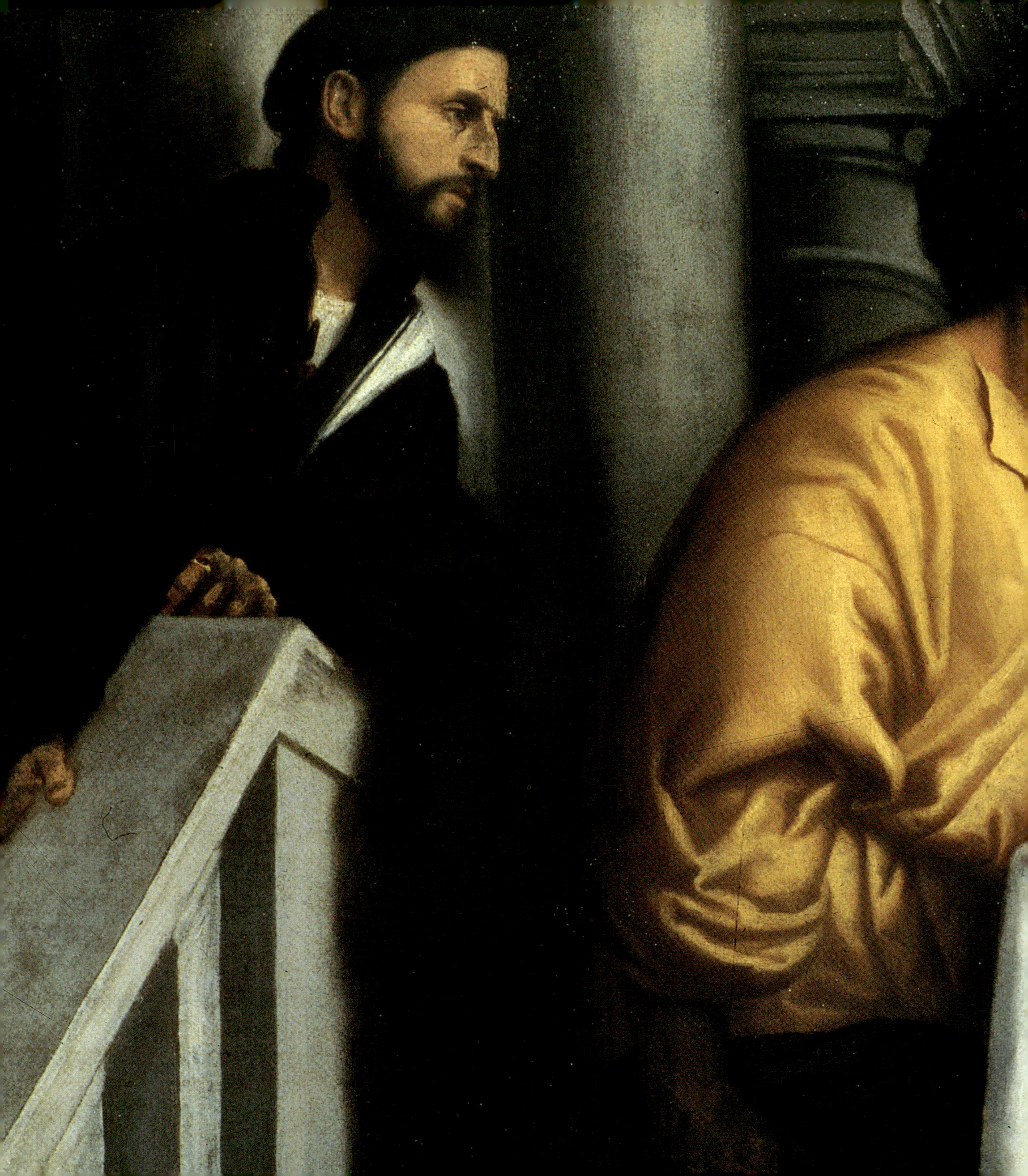

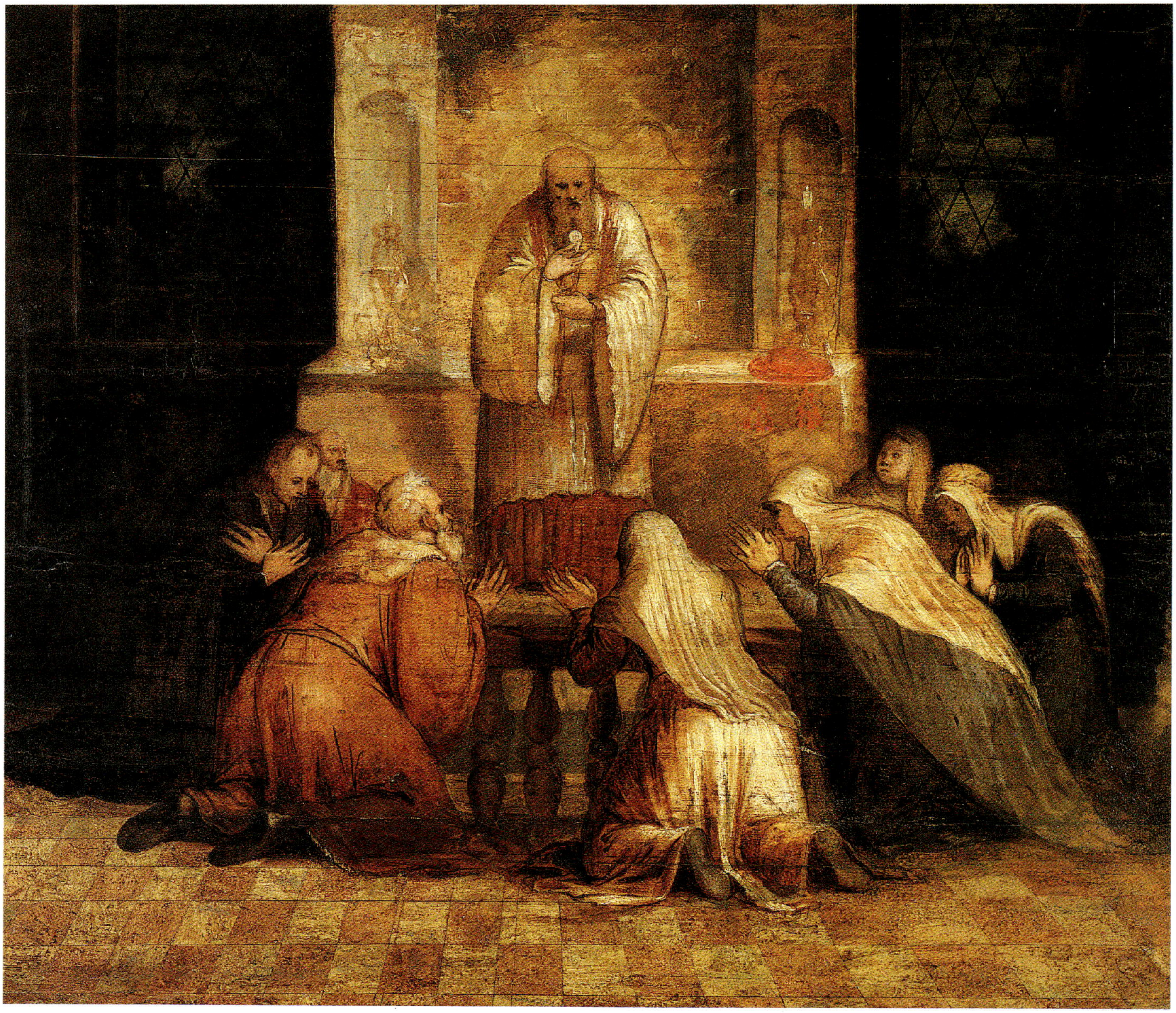

31. Gerolamo Romanino
Un cardinale celebra la messa
1550 circa

32. Antonio Campi
Agonia di Cristo nell'orto
1581

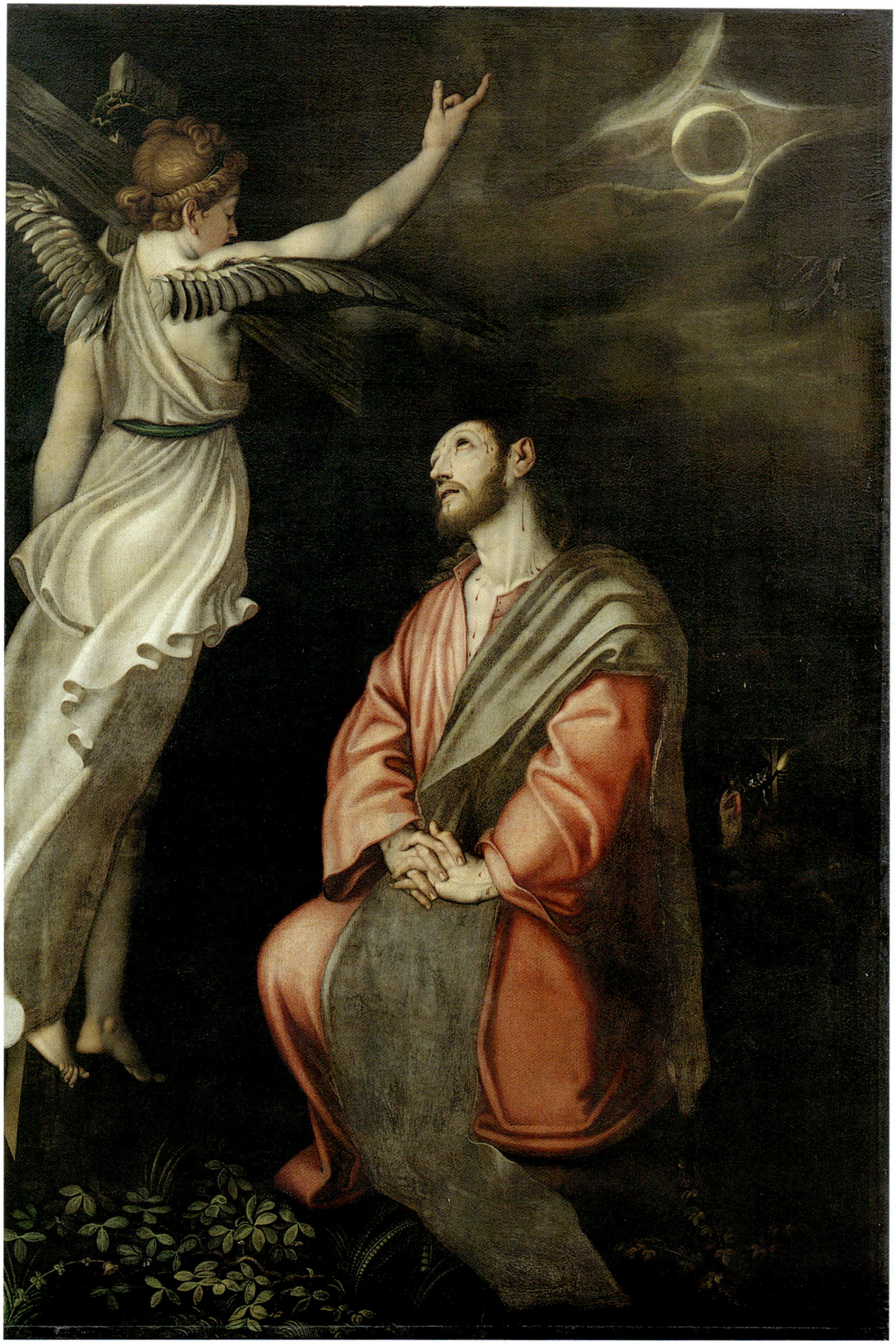

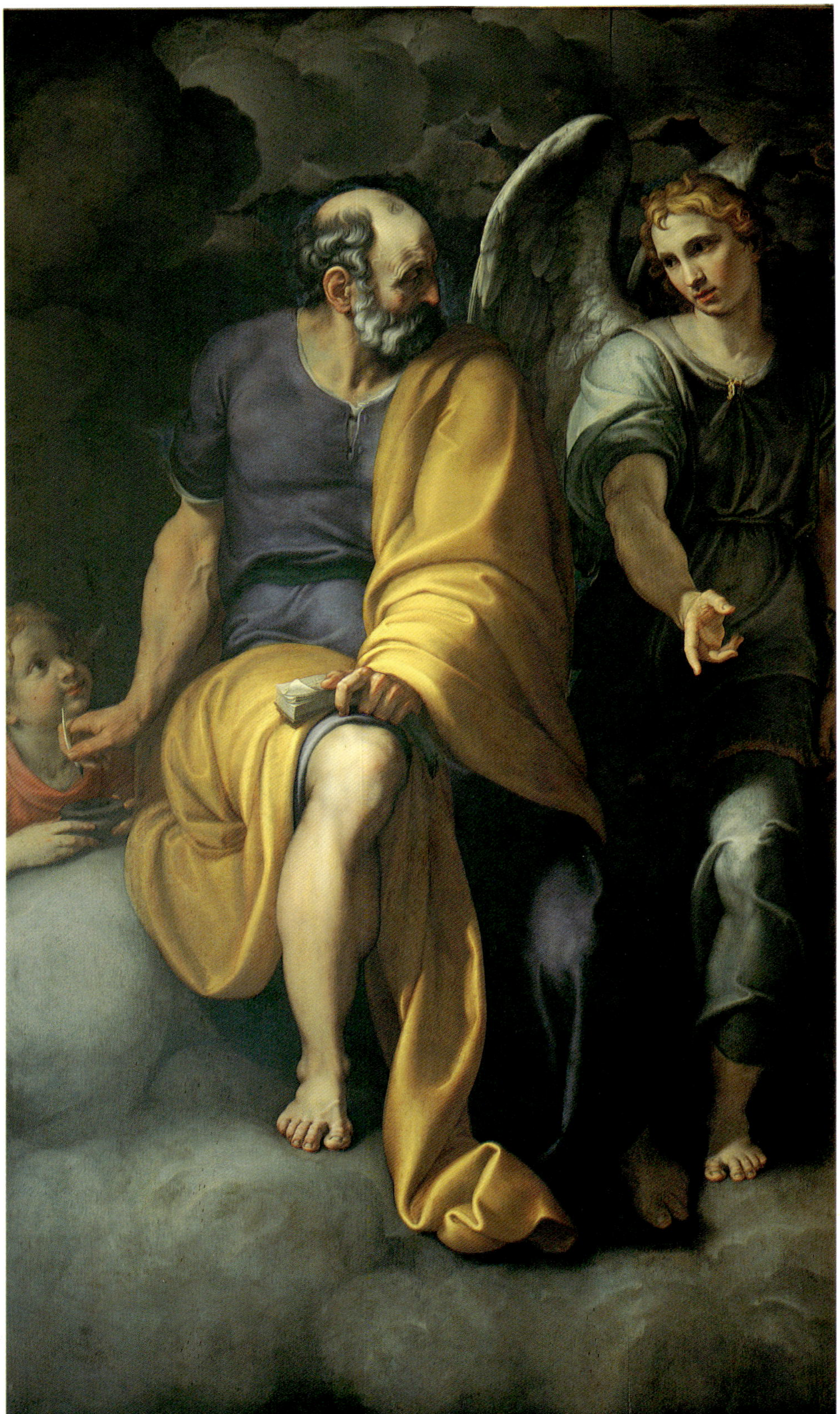

33. Giovan Ambrogio Figino
San Matteo e l'angelo
circa 1586-1588

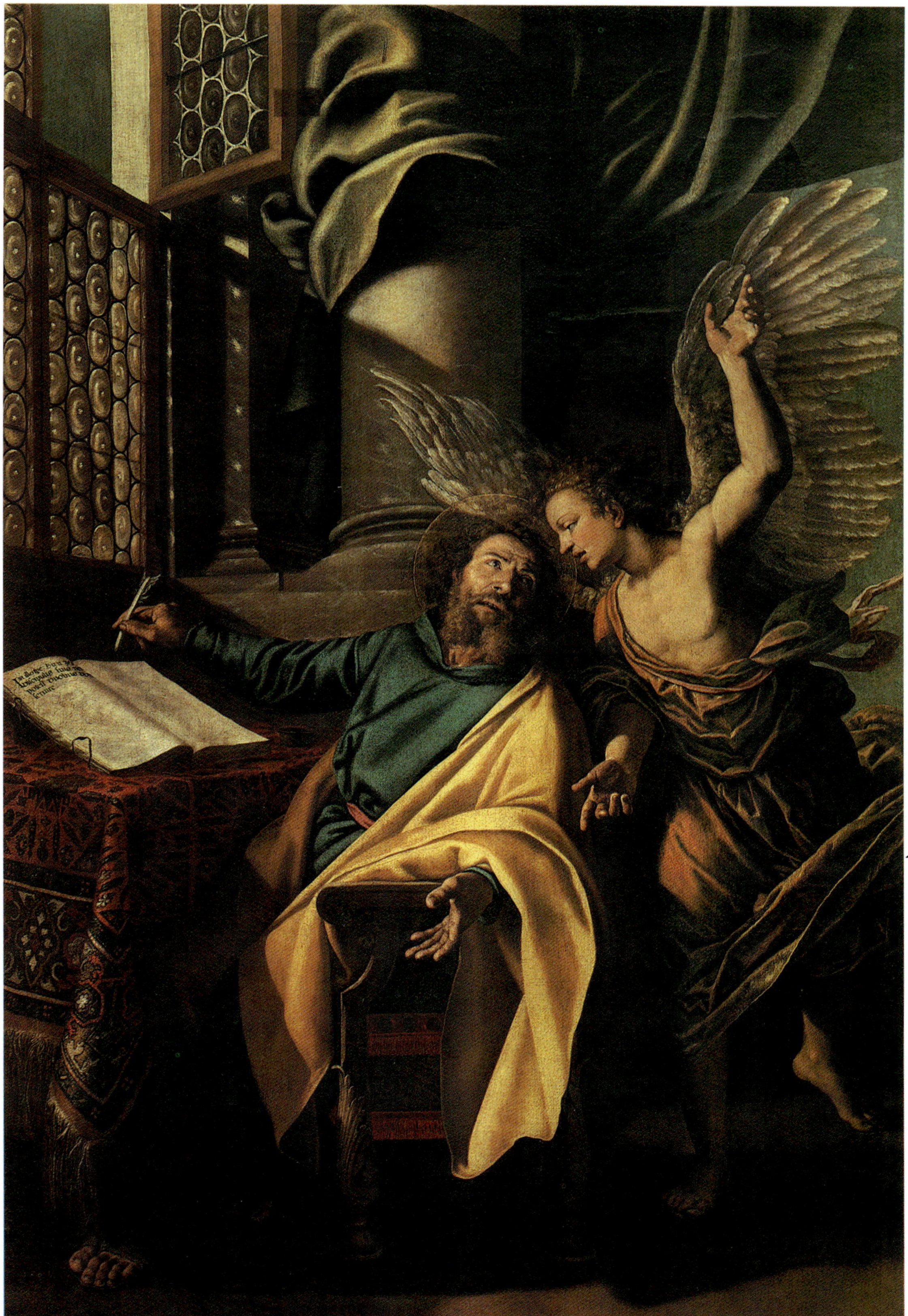

34. Vincenzo Campi
San Matteo ispirato dall'angelo

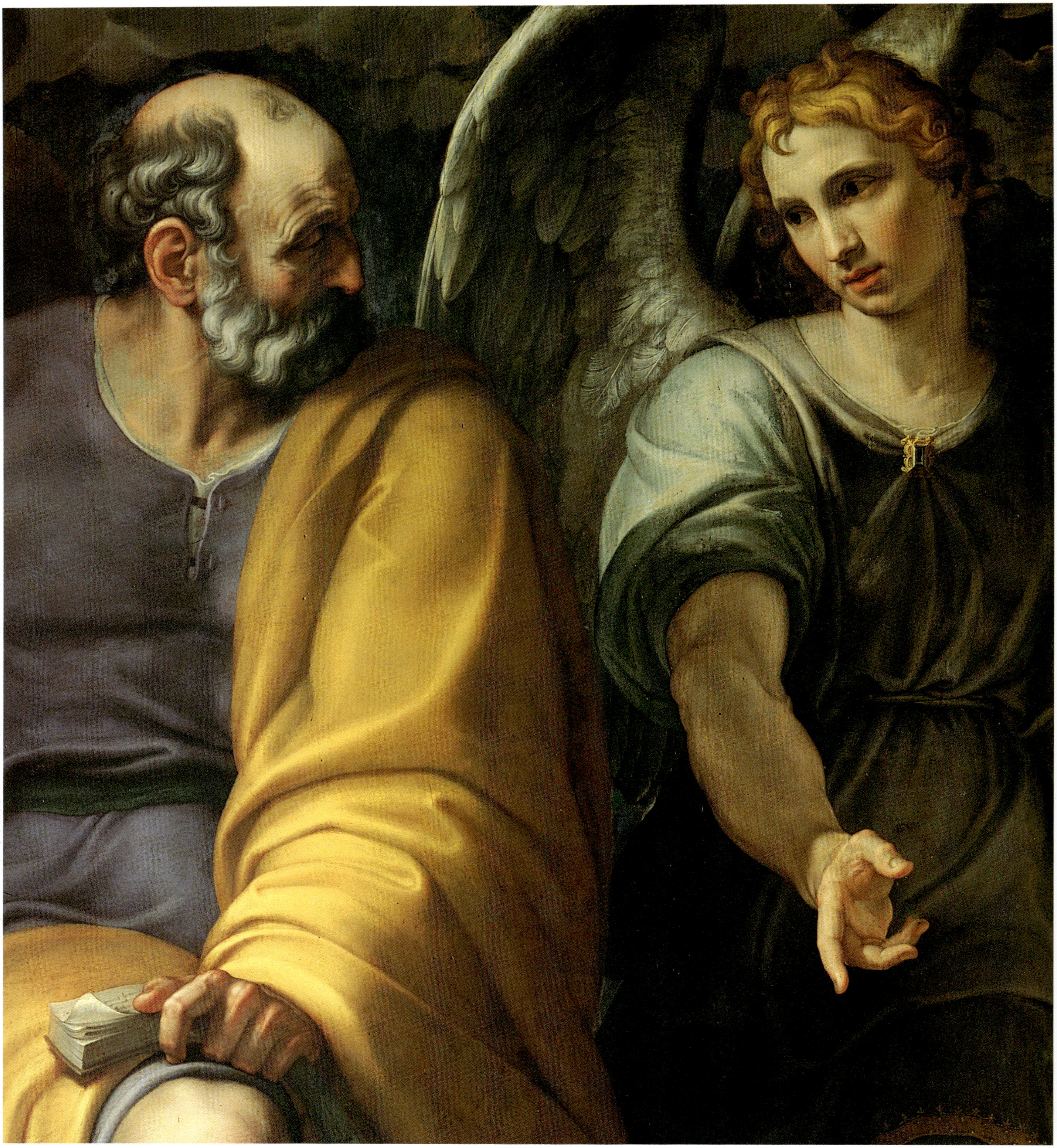

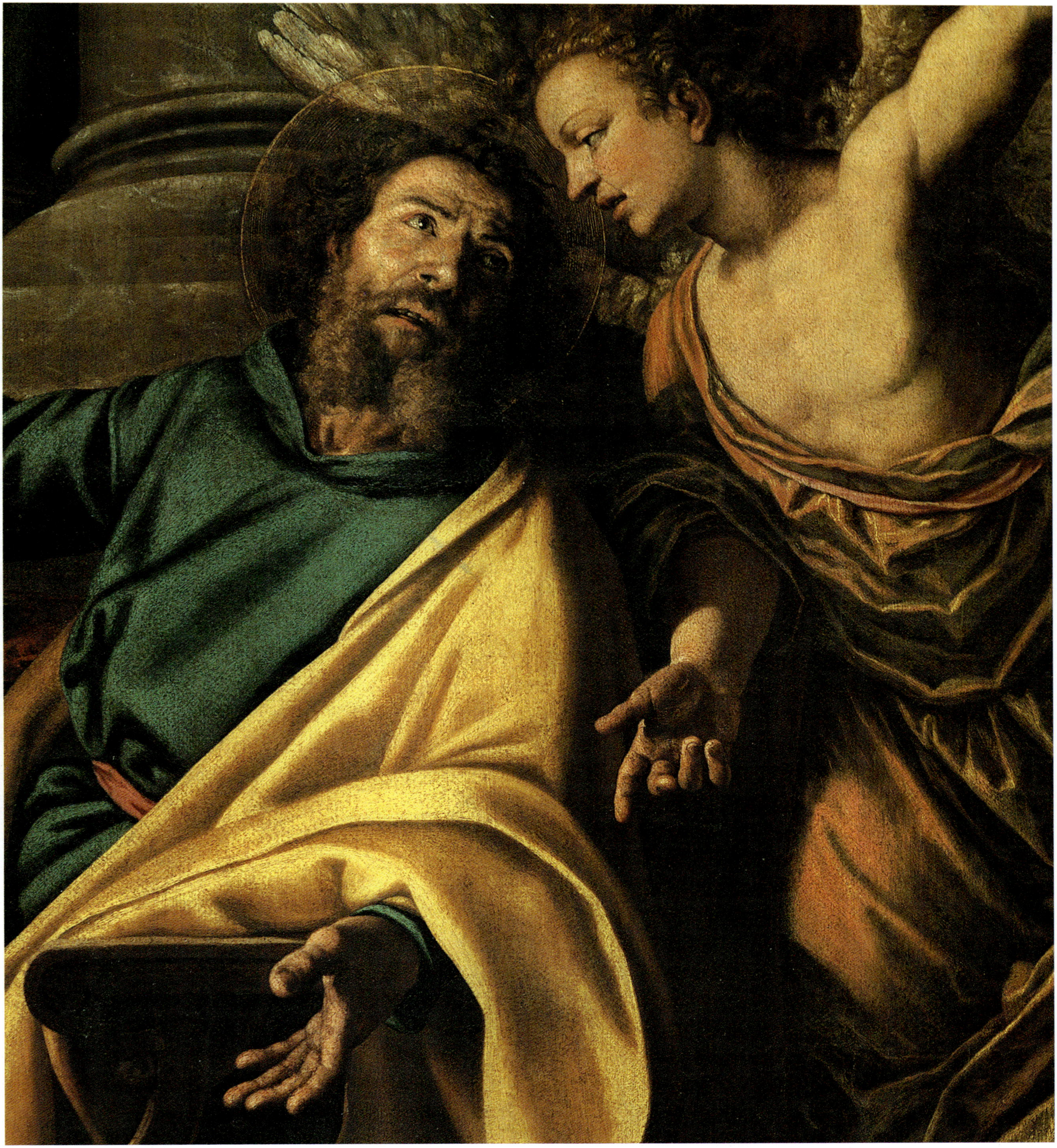

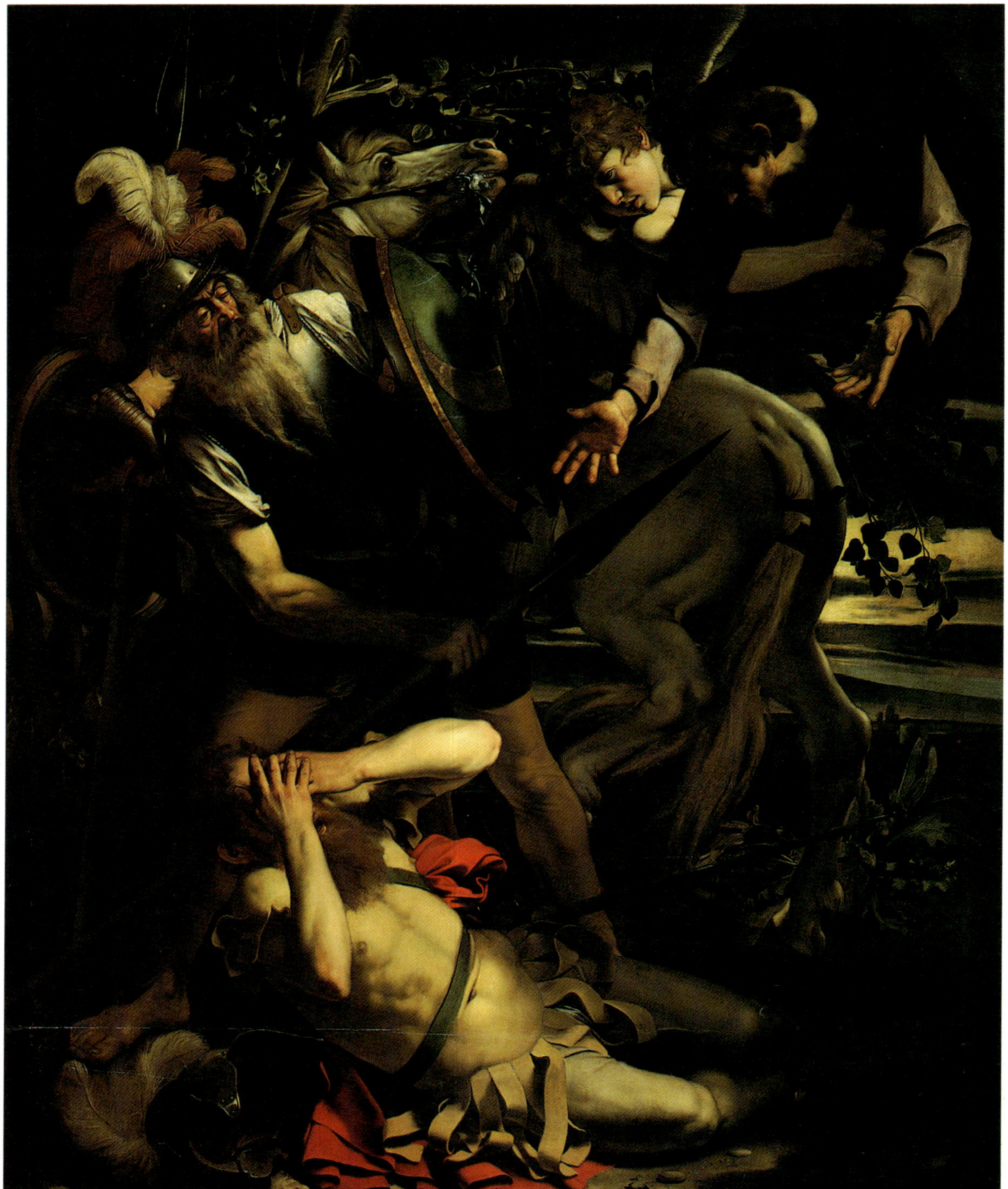

35. Michelangelo Merisi,
detto il Caravaggio
Conversione di san Paolo

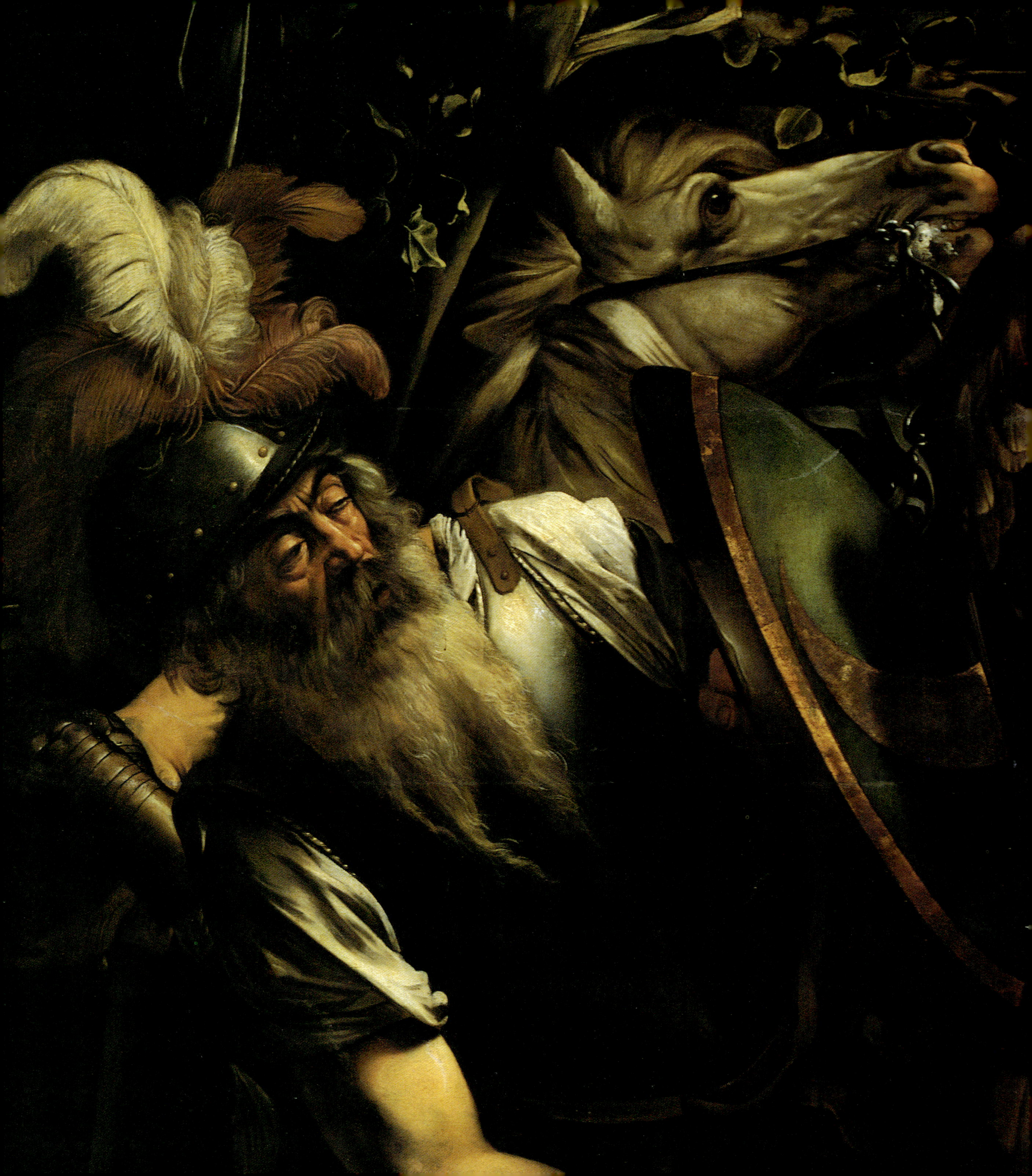

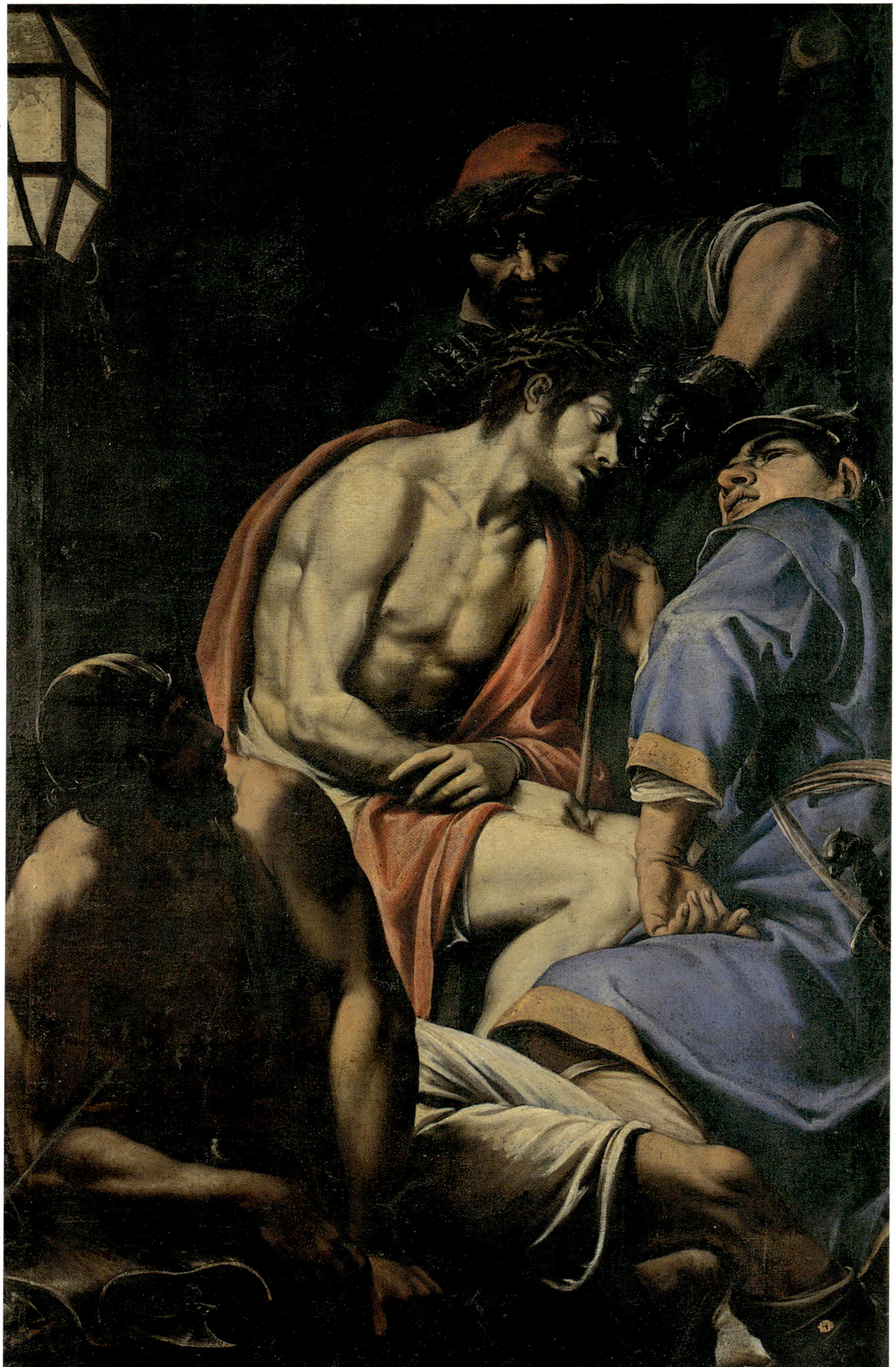

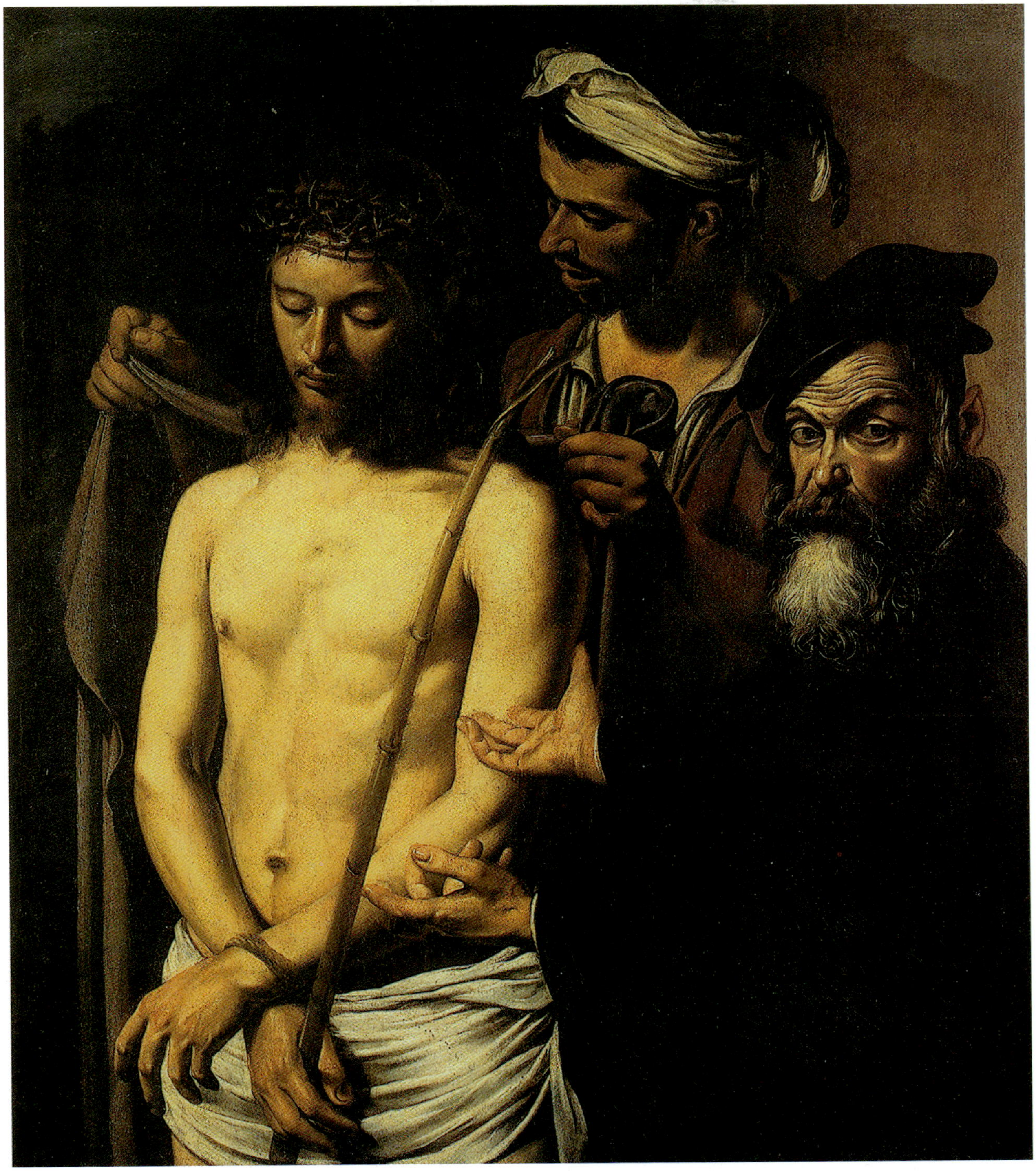

36. Giovanni da Monte
Incoronazione di spine

37. Michelangelo Merisi, detto il Caravaggio
Ecce Homo
1605

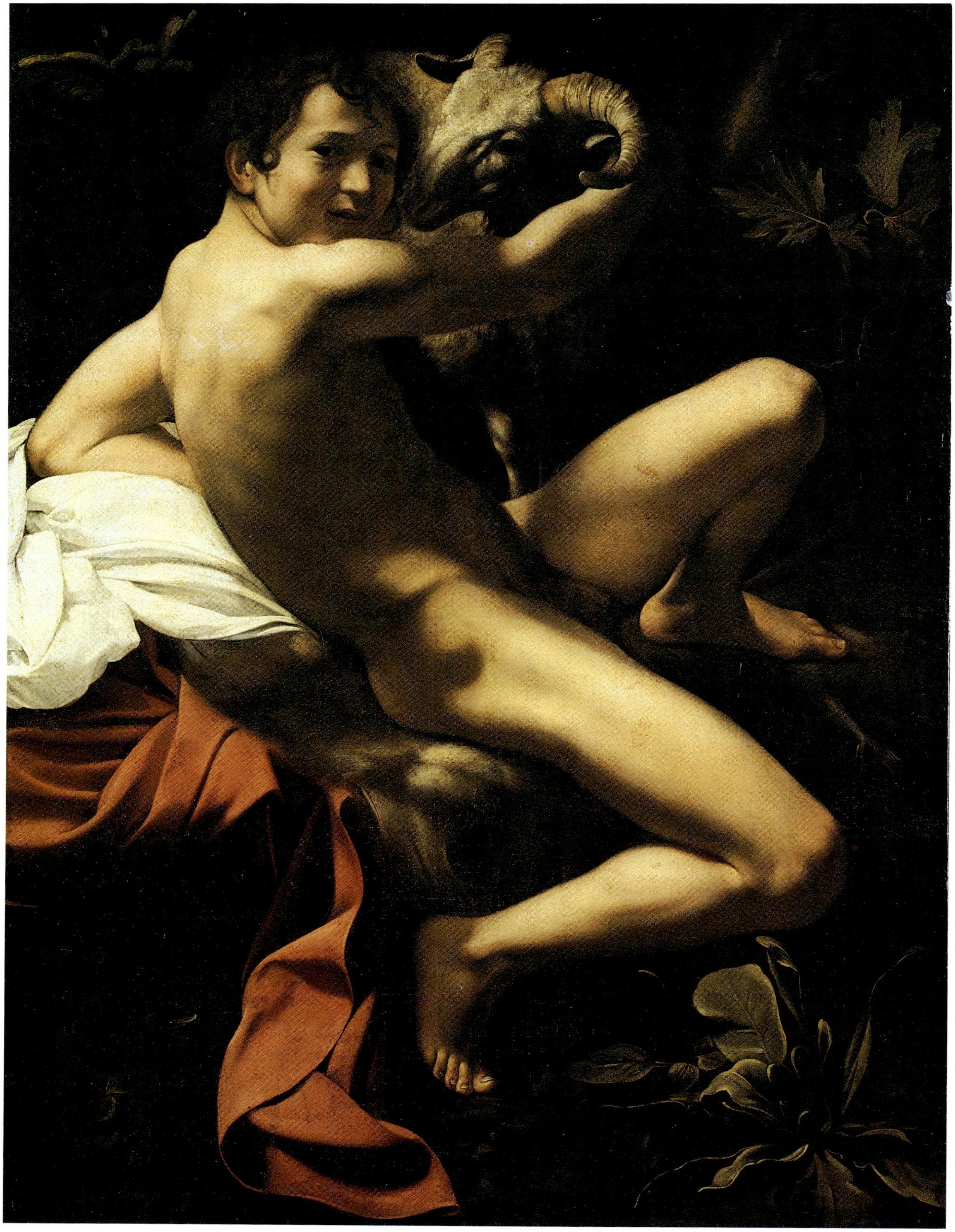

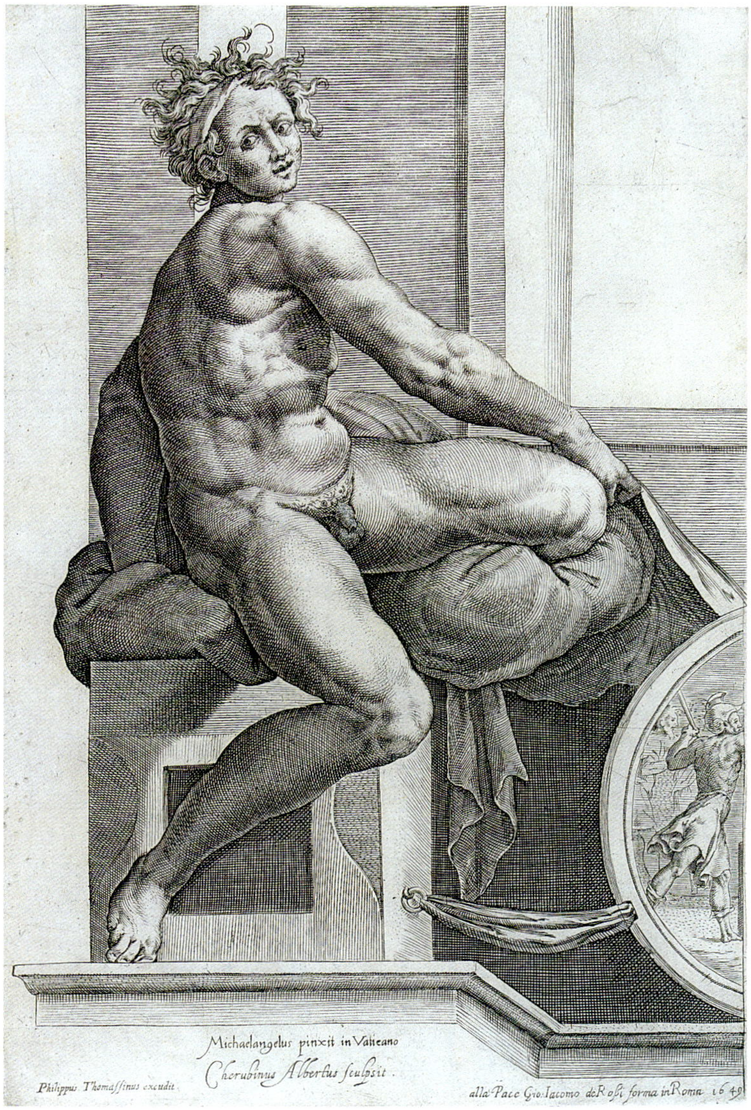

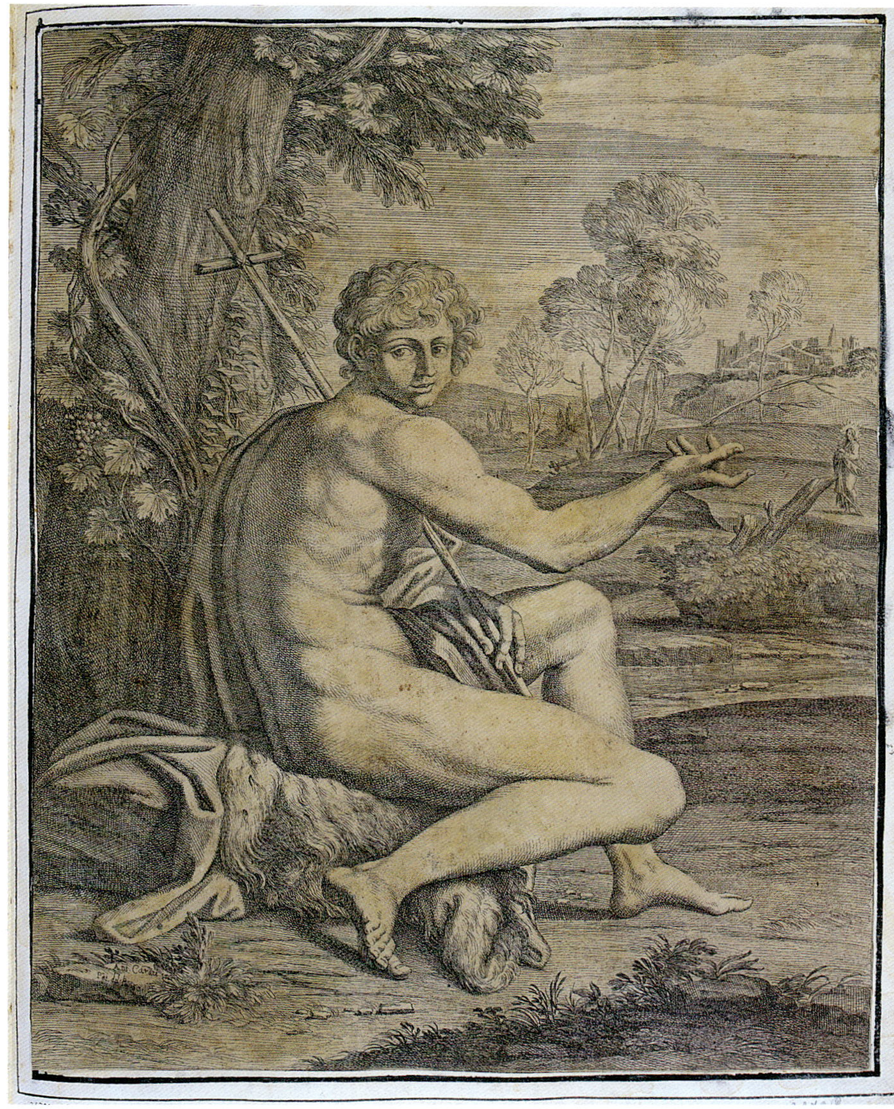

38. Copia da Michelangelo Merisi, detto il Caravaggio
San Giovanni Battista nel deserto

39. Cherubino Alberti
Ignudo (da Michelangelo)

40. Pietro del Po
San Giovanni Battista nel deserto (da Annibale Carracci)

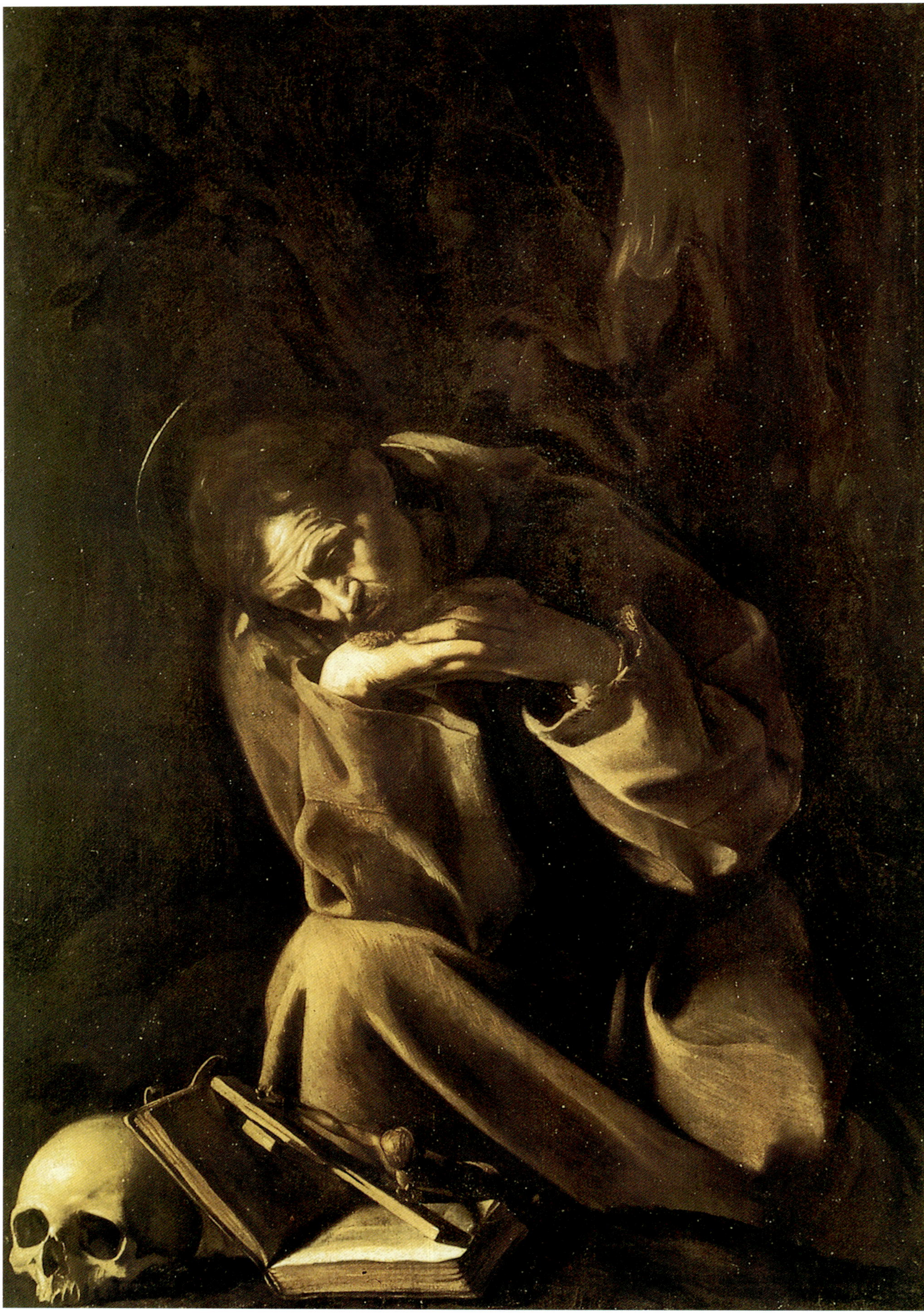

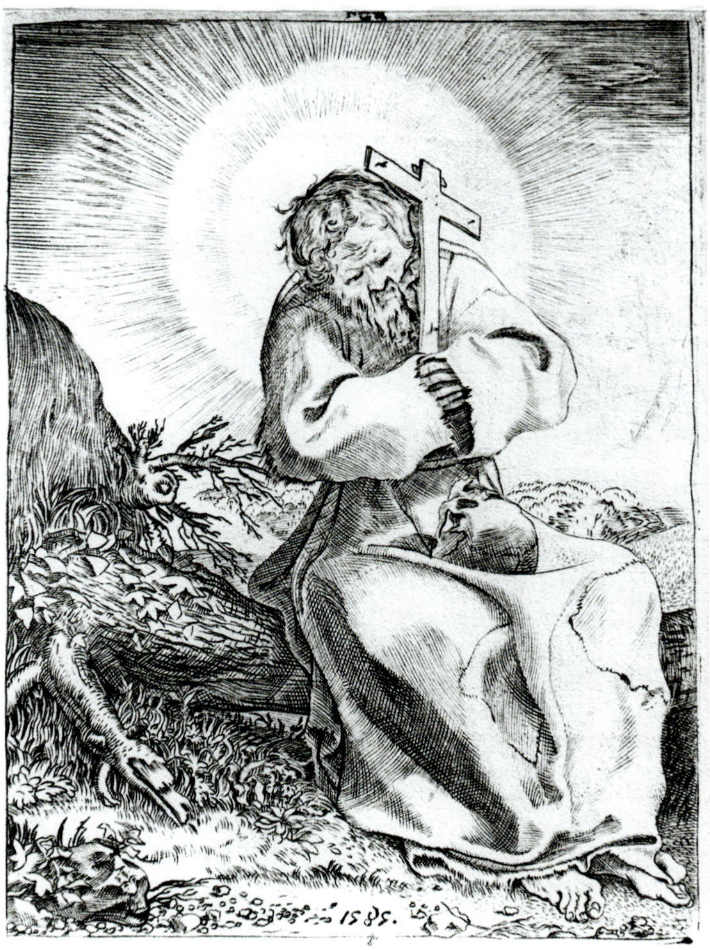

41. Michelangelo Merisi,
detto il Caravaggio
San Francesco in meditazione
1605 circa

42. Bartolomeo Passerotti
San Francesco in estasi
circa 1585-1587

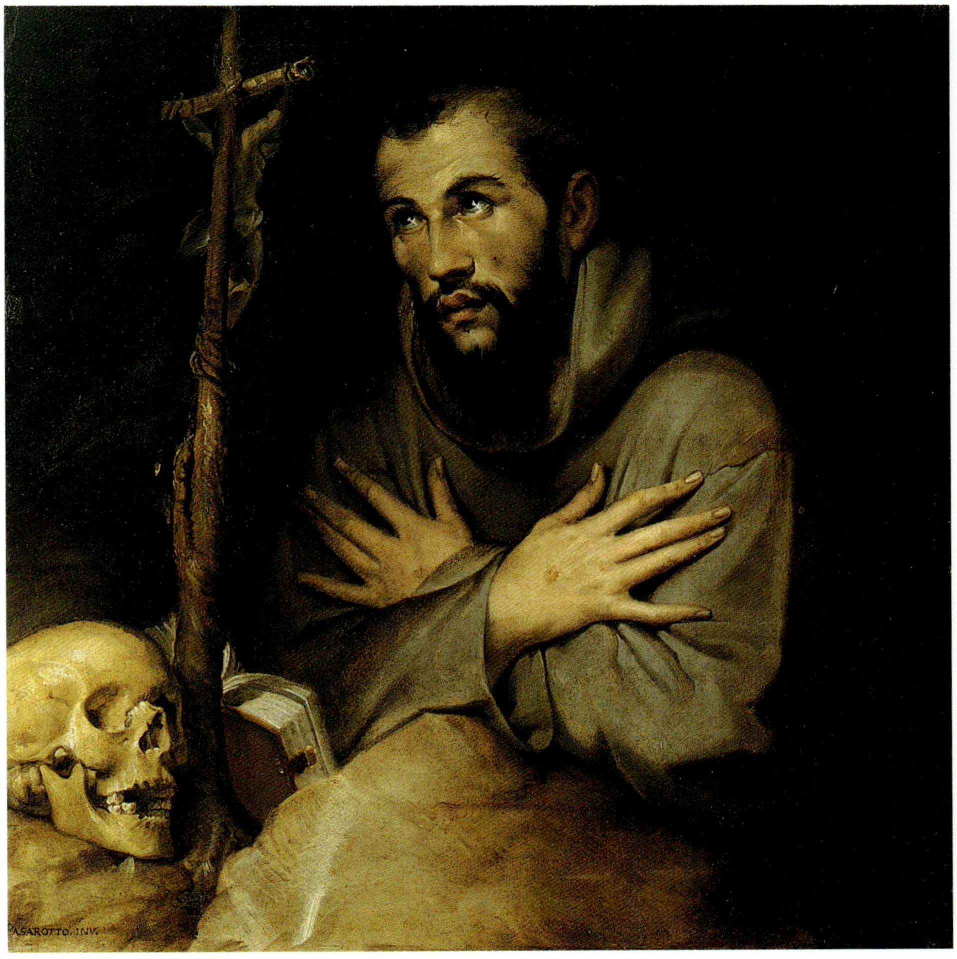

43. Annibale Carracci
San Francesco d'Assisi

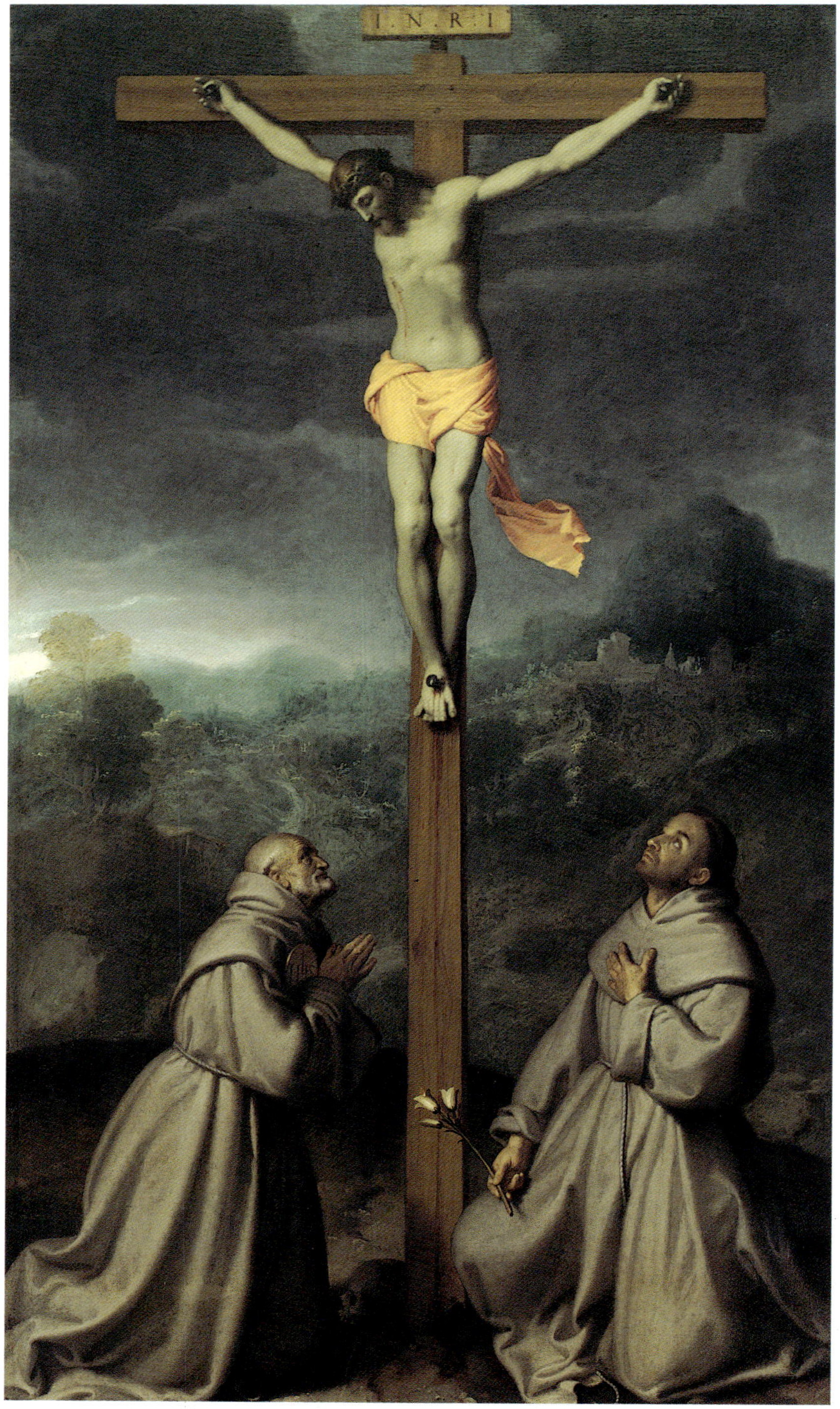

44. Giovan Battista Moroni
Crocifisso con i santi Bernardino da Siena e Antonio da Padova
1565 circa

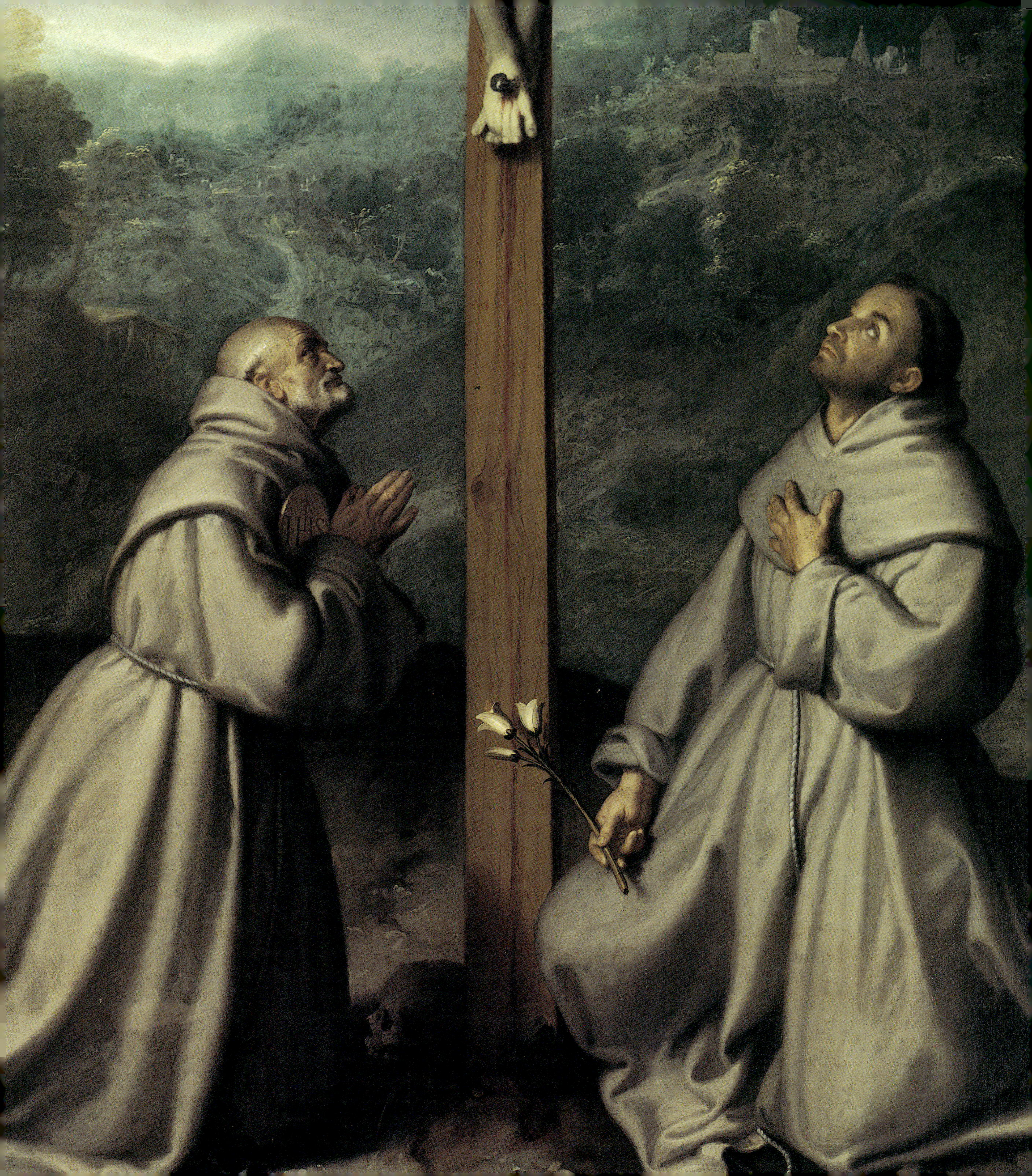

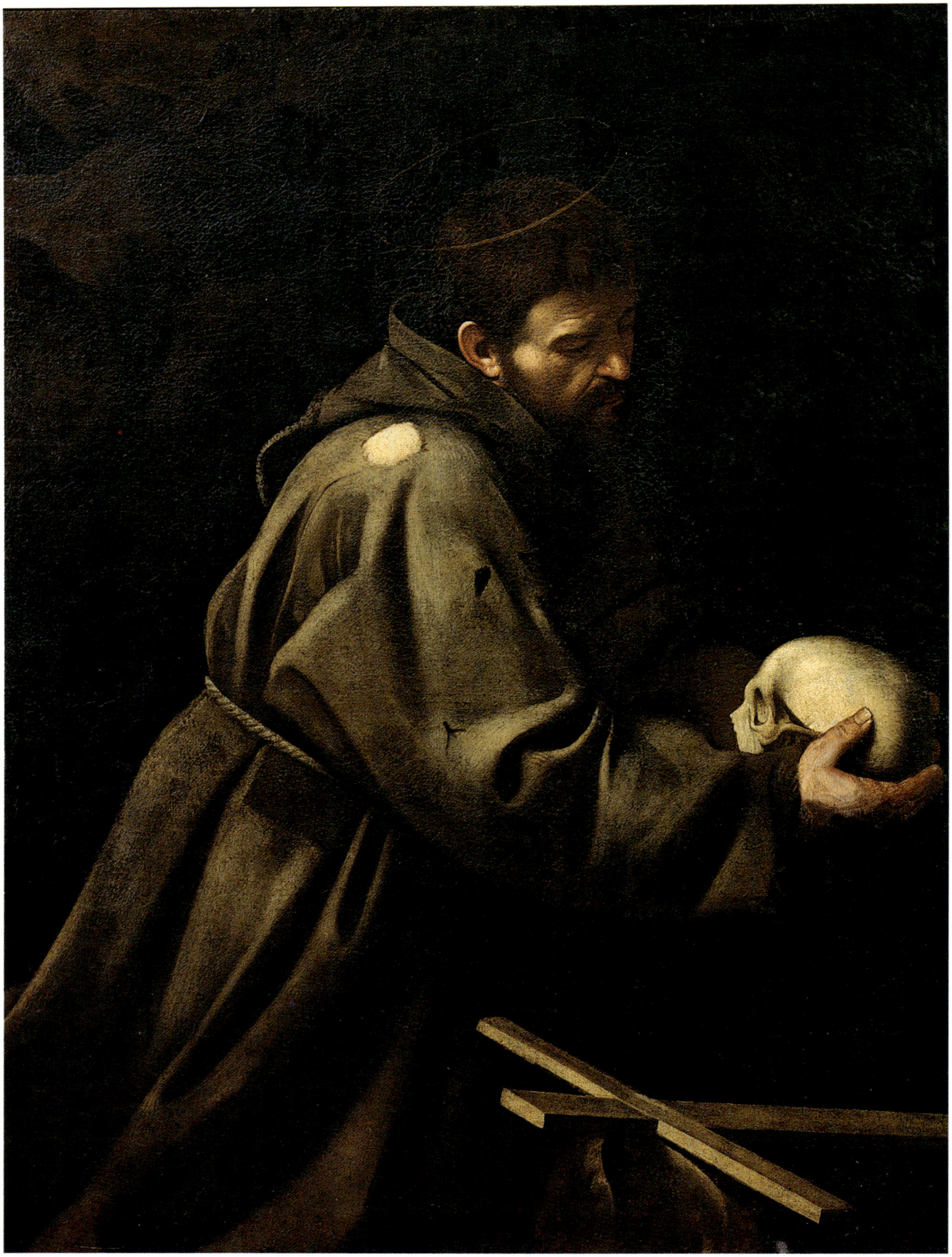

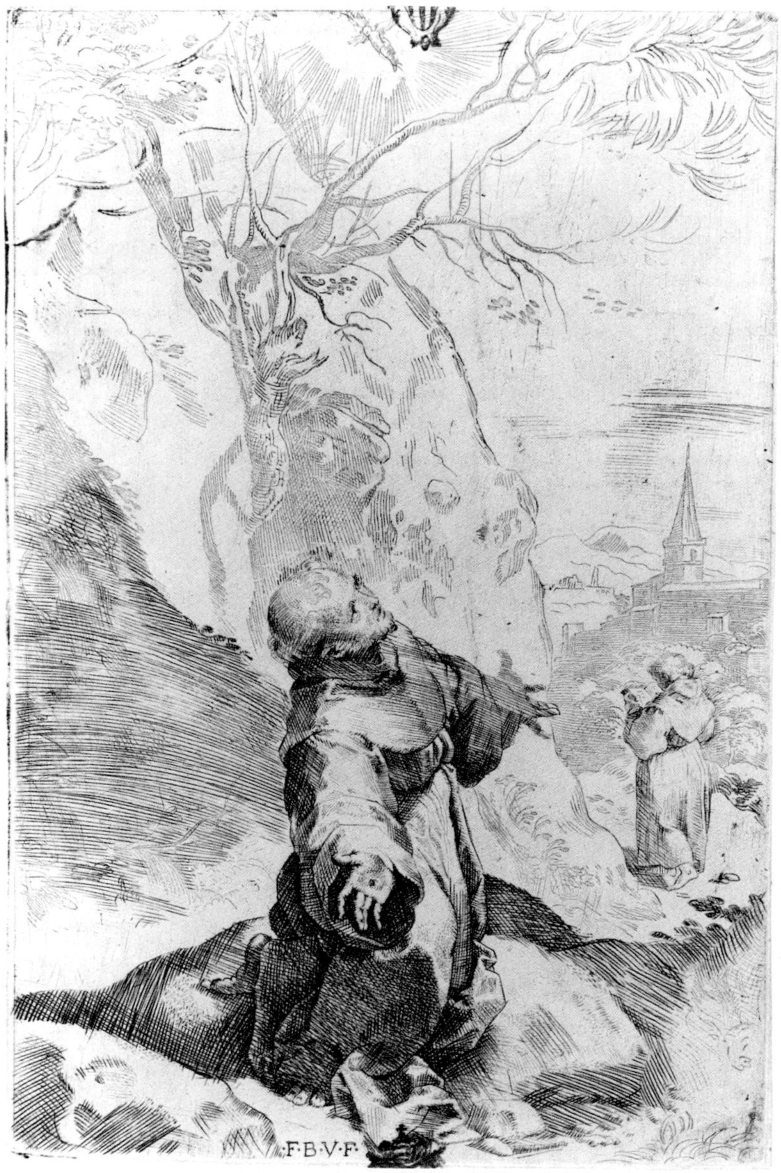

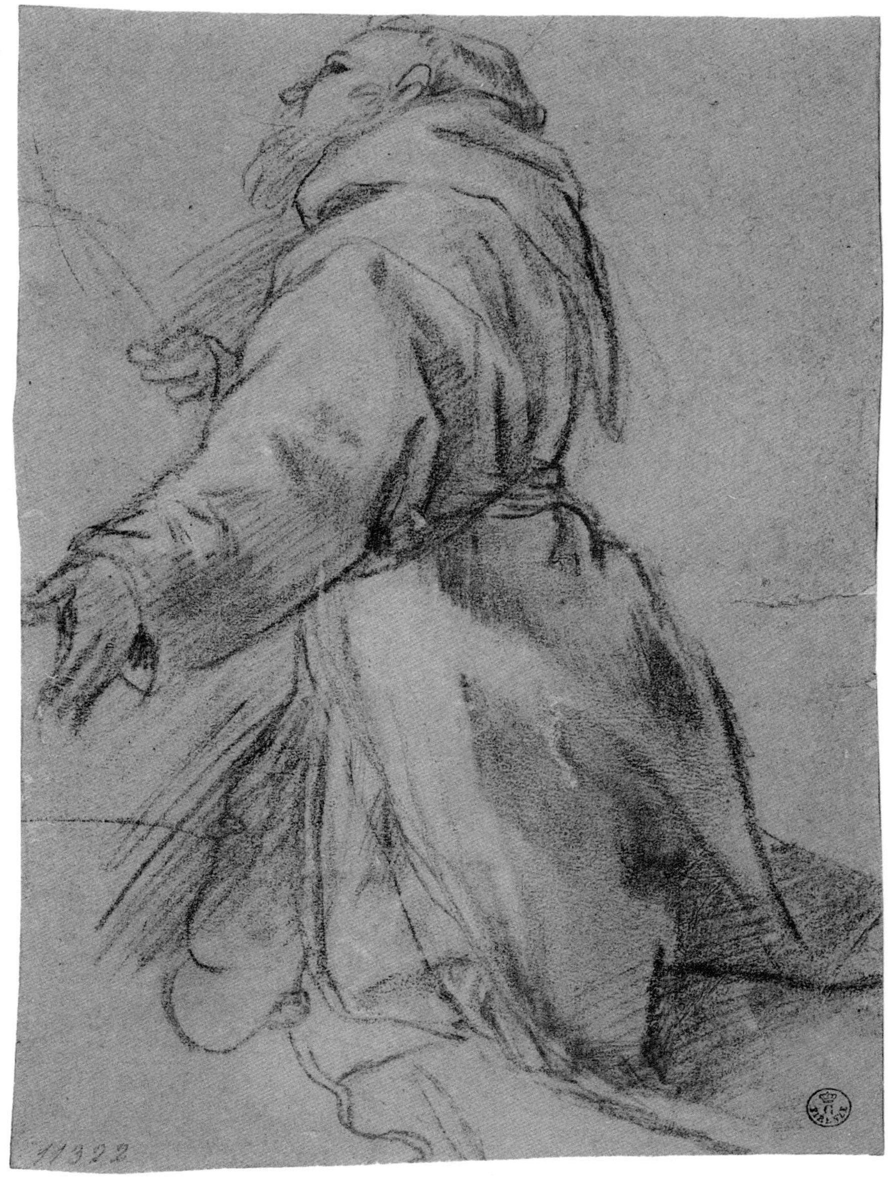

45. Michelangelo Merisi,
detto il Caravaggio
San Francesco in meditazione

46. Federico Fiori,
detto il Barocci
San Francesco riceve le stigmate

47. Federico Fiori,
detto il Barocci
Studio per san Francesco inginocchiato

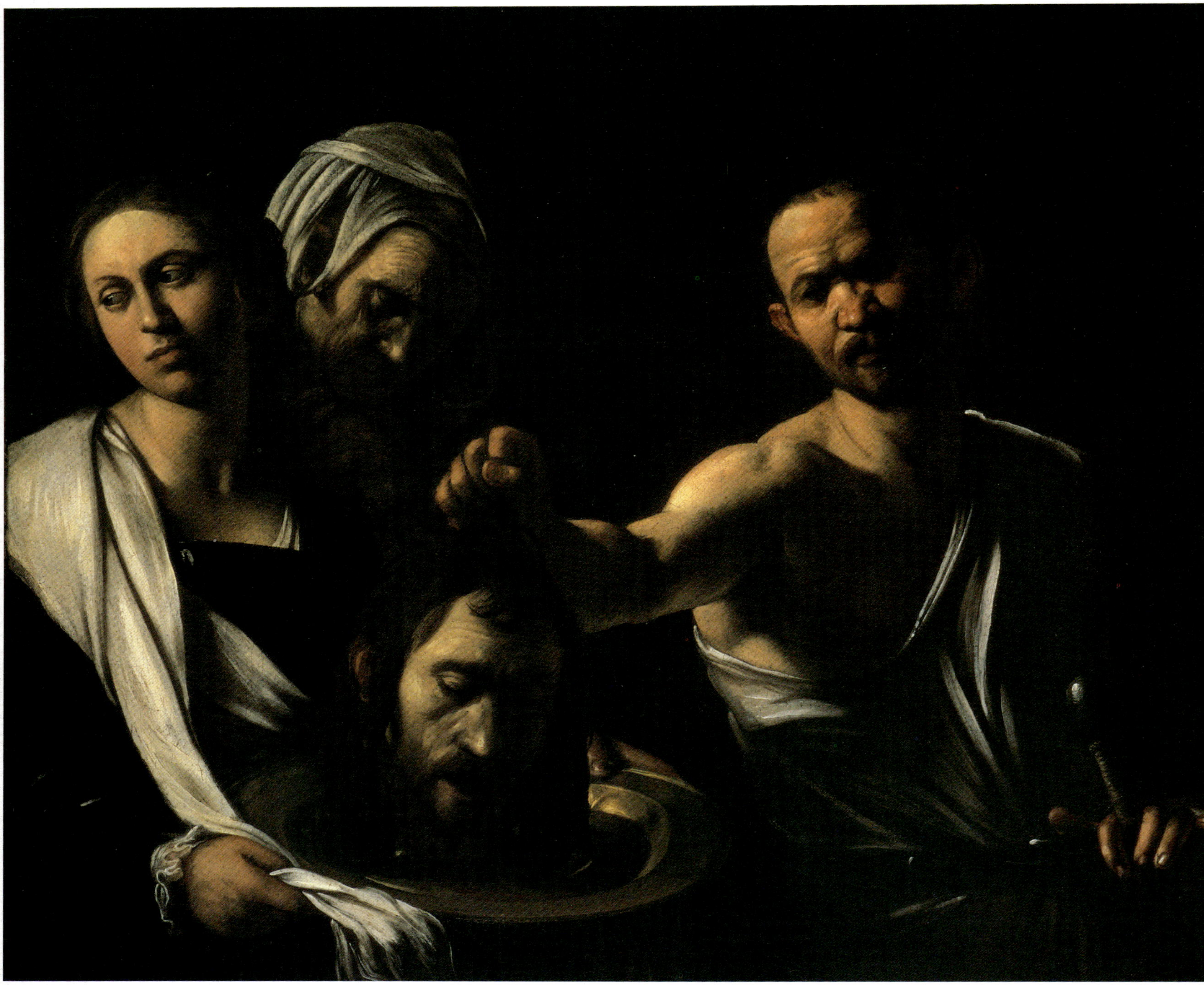

48. Michelangelo Merisi,
detto il Caravaggio
Salomè con la testa del Battista
1609-1610

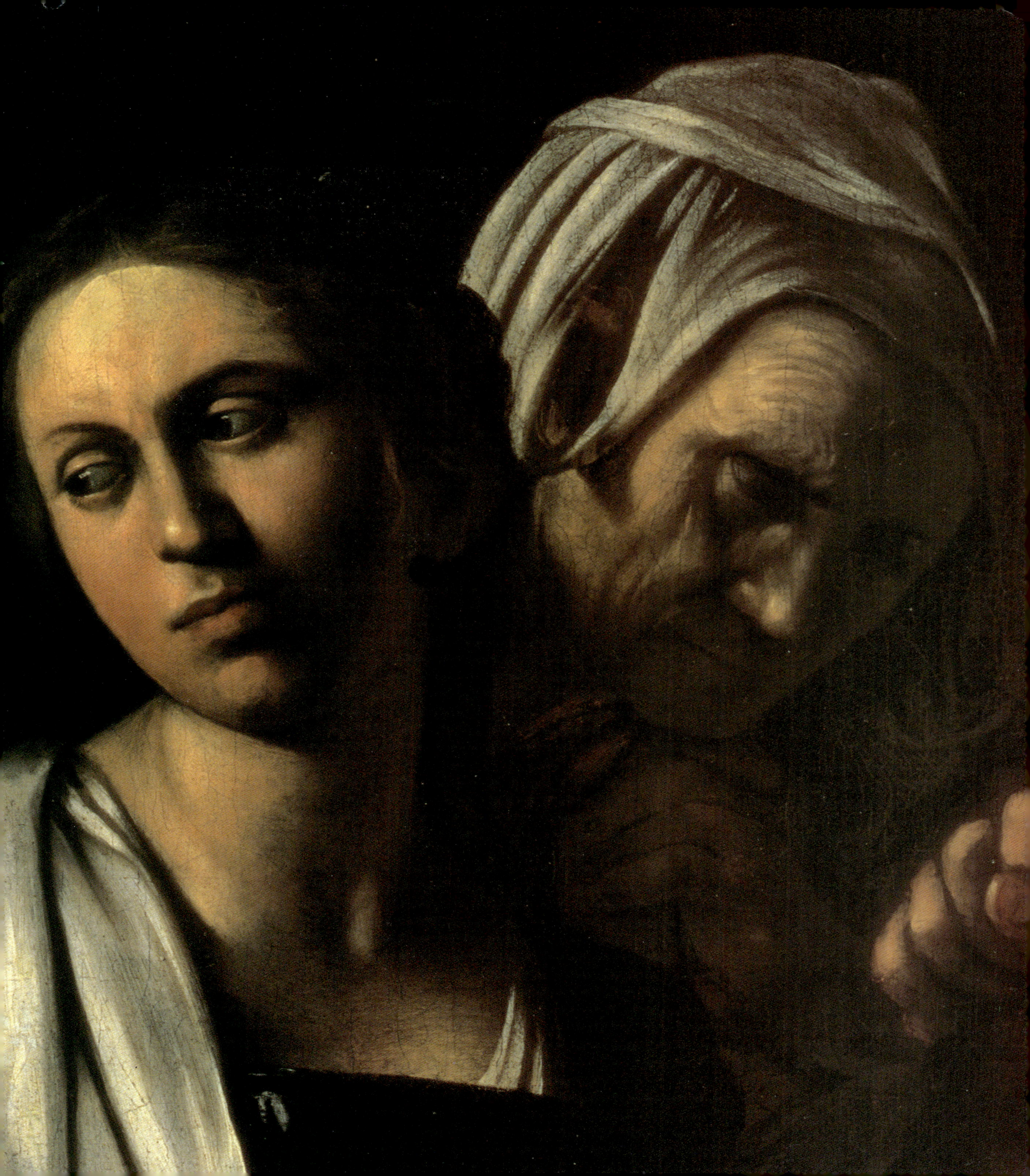

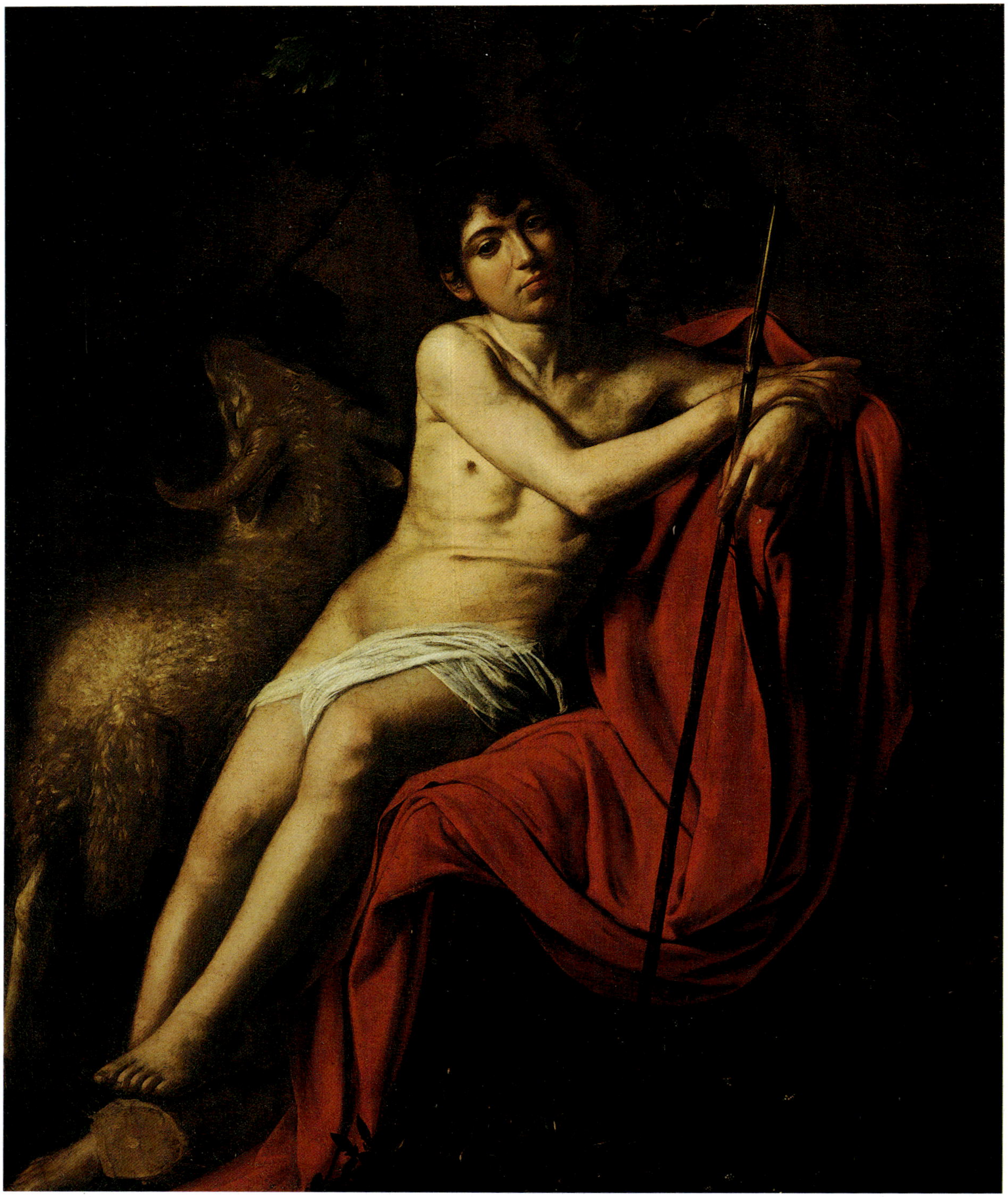

49. Michelangelo Merisi,
detto il Caravaggio
San Giovanni Battista

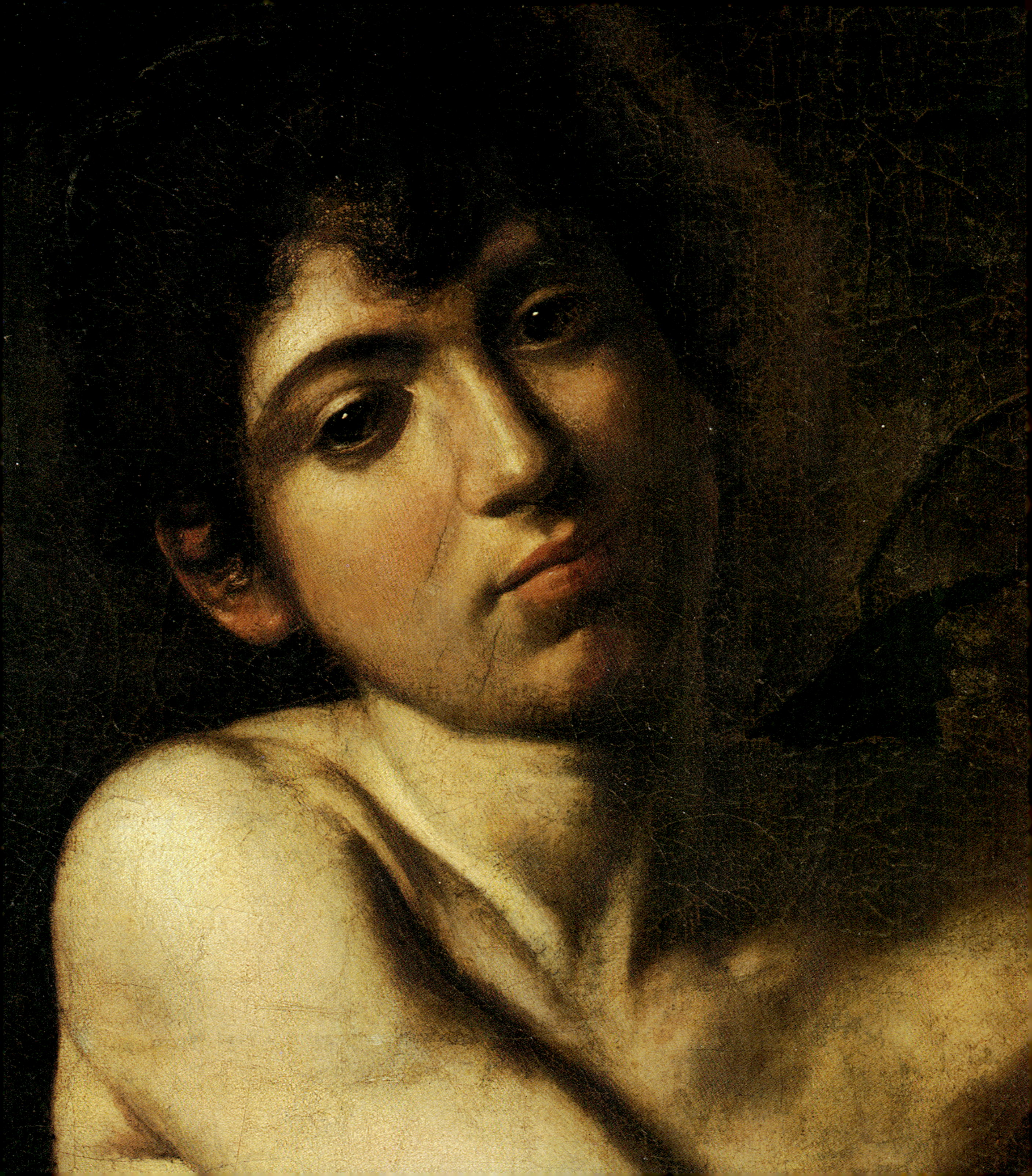

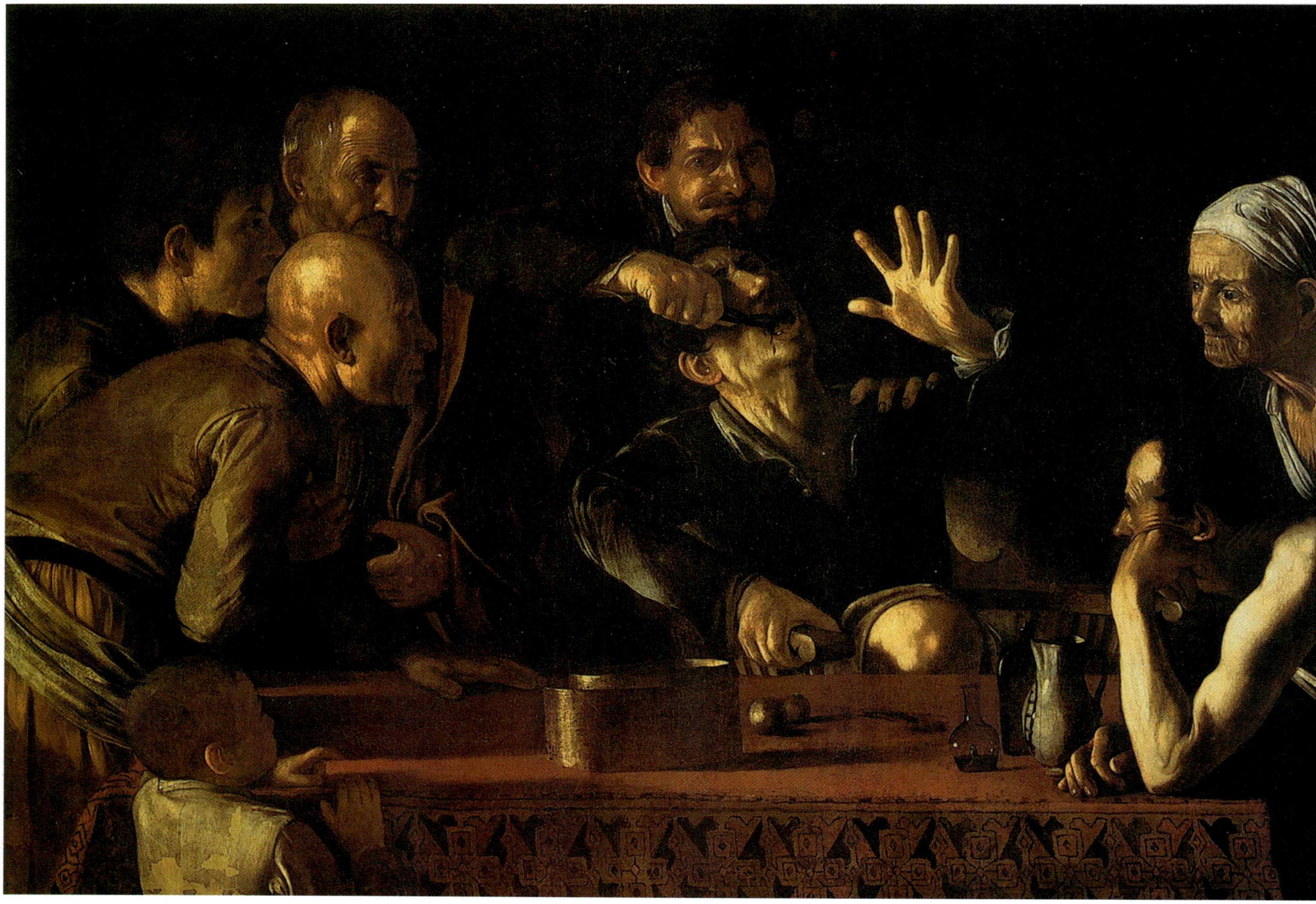

50. Michelangelo Merisi,
detto il Caravaggio
Il cavadenti

51. Michelangelo Merisi,
detto il Caravaggio
Il martirio di sant'Orsola
1610

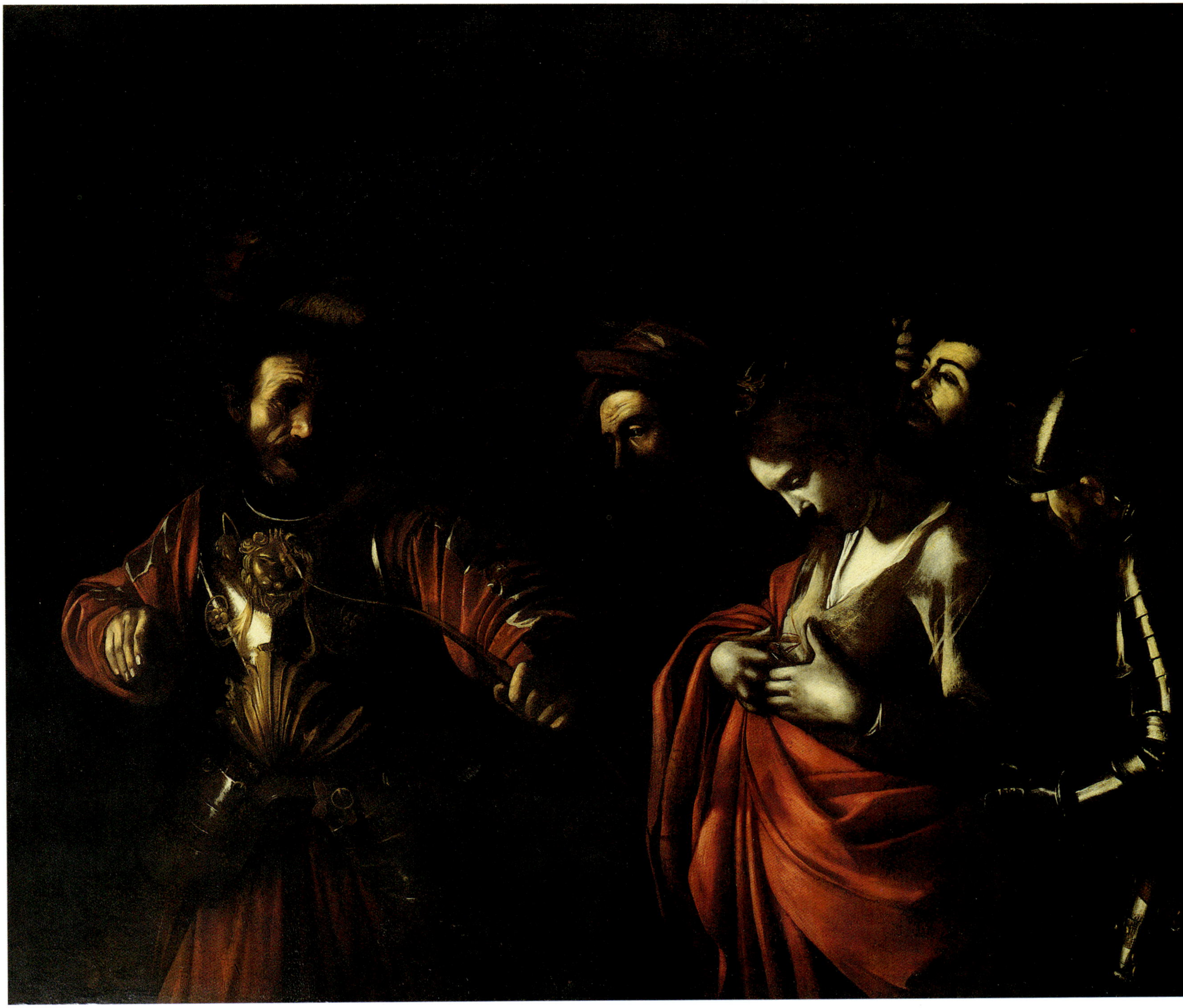

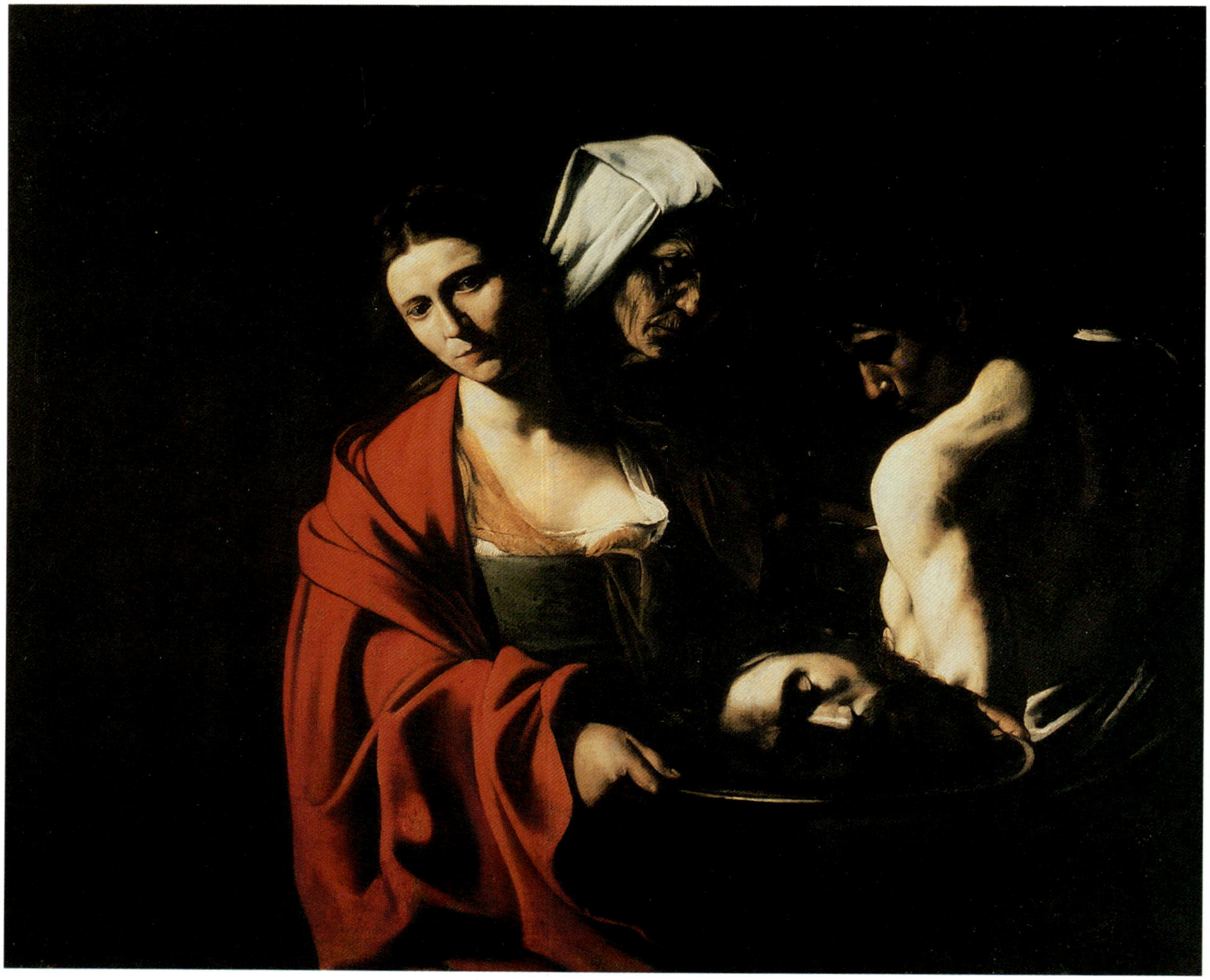

52. Michelangelo Merisi,
detto il Caravaggio
Salomè con la testa del Battista

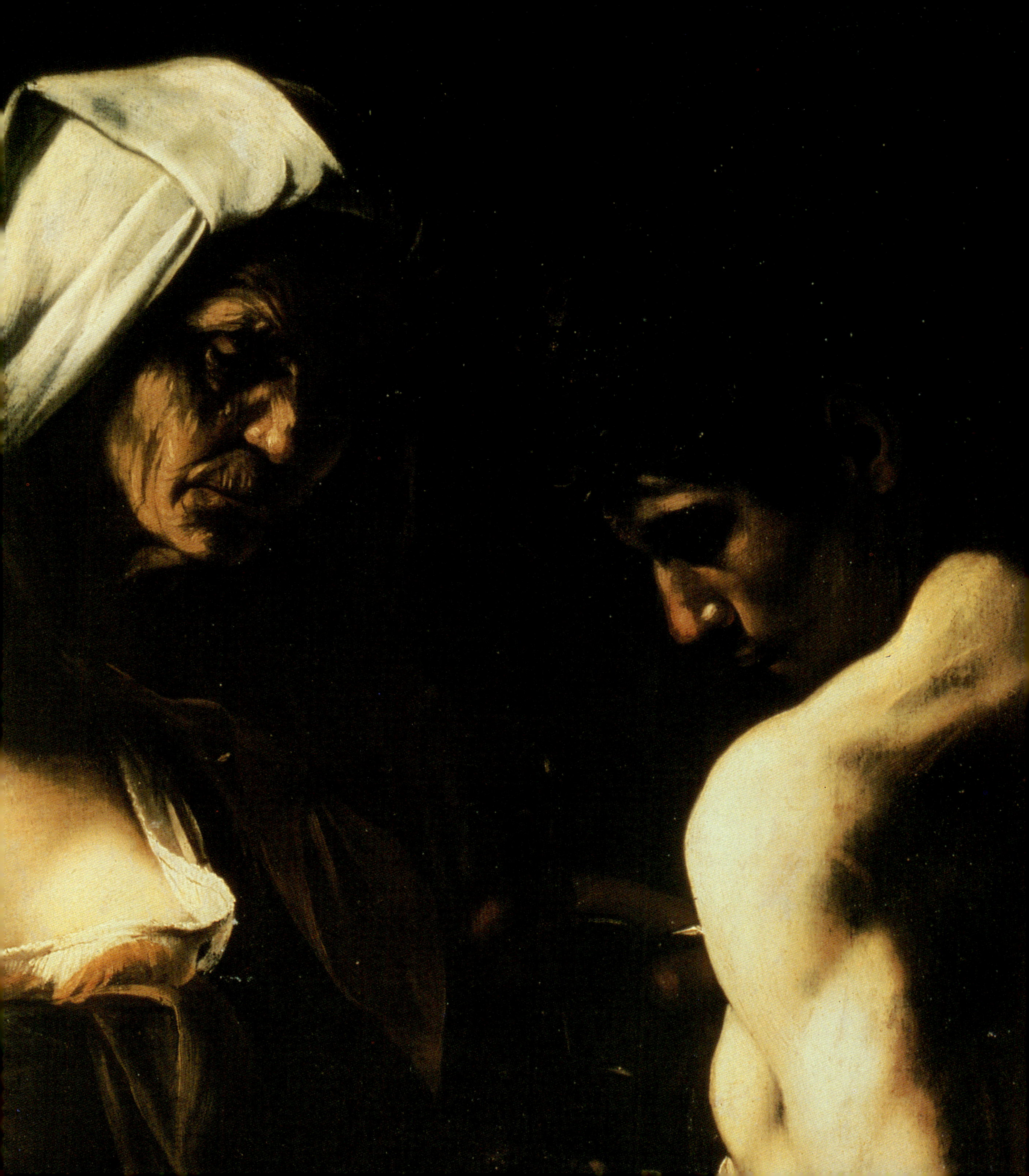

Regesto

Schede di

Laura Aldovini [LA]
Cesare Alpini [CA]
Sonia Amadio [SA]
Marco Bona Castellotti [MBC]
Giulio Bora [GB]
Maurizio Calvesi [MC]
Francesca Cappelletti [FC]
Cecilia Cavalca [CC]
Keith Christiansen [KC]
Beatrice Cirulli [BC]
Anna Coliva [AC]
Enrico De Pascale [EDP]
Clario Di Fabio [CDF]
Gabriele Finaldi [GF]
Maria Teresa Fiorio [MTF]
Giuseppe Fusari [GFu]
Marco Gallo [MGa]
Mina Gregori [MG]
Kristina Herrmann Fiore [KHF]
Stefania Macioce [SM]
Maurizio Marini [MM]
José Milicua [JM]
Francesco Porzio [FP]
Maria Cristina
Rodeschini Galati [MCRG]
Francesco Rossi [FR]
Donata Vicini [DV]
Rossella Vodret [RV]

1. Alessandro Bonvicino, detto il Moretto

(Brescia, 1498 circa - 1554)

Sant'Antonio da Padova

1530 circa

olio su tela, cm 74 × 64
Milano, Pinacoteca del Castello Sforzesco
(deposito Ospedale Maggiore), inv. 402

Santo a mezza figura, con tonsura e saio francescano: gli attributi del libro e del giglio consentono l'identificazione in sant'Antonio da Padova. Il taglio dell'immagine e lo scorcio dal basso farebbero pensare a un pannello del registro superiore di un polittico, ma non si ha notizia né di un possibile *pendant* (il cosiddetto *San Placido* dello Szépmüvészeti Múzeum di Budapest, accostatogli da Gombosi, 1943, non corrisponde né per le dimensioni né per la possibile cronologia) né dell'eventuale complesso di originaria appartenenza: in questo ordine di ricerca non è di alcun aiuto la ricostruzione della provenienza (Fiorio 1997), che consente solo di accertare la collocazione antica nella raccolta bresciana di Faustino Lechi (fine del XVIII secolo) e i successivi passaggi in proprietà del collezionista inglese Richard Pryor e del medico milanese Francesco Ciceri, dal quale il dipinto fu lasciato per testamento all'Ospedale Maggiore di Milano nel 1834 (il deposito presso la Pinacoteca del Castello Sforzesco è del 1903).

La cronologia della piccola tela, tra le meno studiate della produzione morettesca anche per le complesse traversie di conservazione (Fiorio 1997), è generalmente fissata intorno al 1530, soprattutto per la forte somiglianza fisionomica esistente tra questo *Sant'Antonio* e quello rappresentato, a figura intera e in coppia con san Bonaventura, nel pannello superiore sinistro del polittico di Gardone Val Trompia (ora al Louvre), che si data intorno al 1529; l'accostamento risale a Gombosi (1943) ed è accettato sia da Guazzoni (1981 e 1988) che da Begni Redona (1988a), che annota anzi come le varianti non siano "di rilievo", ma dovrebbe essere a mio parere maggiormente meditato.

Nel pannello parigino, infatti, i tratti fisionomici appaiono più sottili e come affilati, con una evidente intenzione ritrattistica, tanto è vero che Gombosi (1943) vi scorse l'immagine di un frate del convento di Gardone; nella tela milanese invece si avverte come una presa di distanza, una sorta di deriva verso una caratterizzazione tipologica invece che psicologica, tanto che Guazzoni (1981) vi scorge piuttosto, a mio avviso giustamente, una "immagine concreta della santità, un modello di raccoglimento devoto posto in maggior evidenza dagli indugi intimistici dell'ombra".

La stessa variazione del fondo, che nel pannello gardonese è chiaro di cielo e nella tela in esame è costituito da una tenda verde scuro (oltre tutto compatta, non aperta sul paesaggio come nel citato *San Placido* di Budapest), ha precisamente il significato di enfatizzare il carattere emblematico-devozionale dell'immagine in cui la luce – non a caso concentrata sul volto, i gigli e il libro – svolge una funzione potenzialmente simbolica di "rivelazione". E non è probabilmente un caso che appunto una identica funzione la luce svolga in talune composizioni sacre della tarda maturità del Moroni (per esempio nel *San Gerolamo* della pala del duomo di Bergamo, o nel *San Lorenzo* dello stendardo di Villa di Serio), che sono le più esplicitamente allineate sul rigorismo controriformato, tracciando così un *fil rouge* che giunge, inevitabilmente, a quelle tele di "azione sacra" del Caravaggio in cui la critica riconosce ora un consapevole tributo alla religiosità "lombarda".

Bibliografia: Gombosi 1943, p. 109; Guazzoni 1981, p. 336; Begni Redona 1988a, p. 286, con bibliografia precedente; Guazzoni 1988, p. 18; Fiorio 1997, p. 350.
[FR]

2. Giovan Battista Moroni

(Albino, Bergamo, 1523 circa - 1579)

Ritratto di un frate

1561-1563

olio su tela, cm 58 × 48
Rotterdam, Museum Boijmans
van Beuningen, inv. 2559

Il dipinto è pervenuto definitivamente al museo di Rotterdam nel 1958, dopo una complessa vicenda di passaggi di proprietà (ricostruita in Gregori 1979): la prima menzione risale comunque al XIX secolo, quando la tela apparteneva alla collezione milanese Bonomi Cereda, e solo un'ipotesi è che essa vada identificata – insieme al *Ritratto di frate* ora allo Städelsches Kunstinstitut di Francoforte – con una delle "quattro stupende teste" viste da Piccinelli in casa Tomini a Bergamo e passate a Milano con i beni di famiglia (sulla questione cfr. Rossi 1999). Non è finora nota l'identità del personaggio, che indossa il saio bianco-grigio dei cistercensi (si veda a riscontro il saio di san Bernardo nel polittico dello stesso Moroni nella omonima chiesa a Roncola presso Bergamo) e, al di sopra, una cotta bianca che indicherebbe la titolarità di funzioni sacerdotali.

In ogni caso, il ritratto si situa in una fase cruciale della ricerca ritrattistica di Moroni, quella in cui l'artista, superata l'ossessiva oggettività *nordica* delle prove giovanili e abbandonate anche – nell'isolamento provinciale di Albino – le tentazioni simbolistico-letterarie della ritrattistica più aristocratica, perfeziona le modalità del suo personalissimo approccio al dato ottico, la sua "capacità di indagare il vero con paziente fermezza" (Rossi 1977): che è la sua fase più tipica da "pittore della realtà", prima che prevalgano quelle istanze etiche da artista controriformato che motivano la disadorna austerità dei ritratti della tarda maturità.

È probabilmente questa la fase in cui il "ritratto naturale" di Moroni esercita una più profonda influenza sul giovane Caravaggio. Non a caso il *Monaco* di Rotterdam è precisamente coevo del celebre *Sarto* della National Gallery di Londra, evocato da Longhi come "il ritratto di un sarto dove si vestiva" a riscontro del ritratto caravaggesco di "un oste dove si ricoverava" (Longhi 1929, con riferimento a Mancini 1619-1621, ed. 1956, I, p. 224); e non si tratta solo di quella "ricerca della espressione istantanea" (Gregori 1979) che è quasi ovvio preludio alla messa a fuoco tipica del Caravaggio dei primordi.

A proposito del *Frate carmelitano* di Francoforte, per tanti aspetti *pendant* del dipinto in esame, Mina Gregori osservava infatti come "la percezione della giustezza tonale ottenuta attraverso la valutazione della componente luminosa raggiunge qui un momento di equilibrio che si impone con l'autorità di una scoperta destinata a fare storia. È questo il momento in cui i *valori*, esaltati nella testa costruita contro il fondo chiaro ... segnano il passaggio alla fase del giovane Caravaggio dei *Bari* e della *Buona ventura* e del primo Velázquez" (Gregori 1979, p. 266). È in questa doppia logica – di analisi naturalistica ma anche di percezione della luce – che si motiva la straordinaria somiglianza tra questo frate moroniano e l'oste caravaggesco della *Cena in Emmaus* di Londra: di più, l'omogeneità profonda che esiste tra questo volto asimmetrico e quasi ammiccante e la ricerca tipicamente milanese sulla espressione degli *affetti*, quale si delinea per esempio in Giovan Paolo Lomazzo, può suggerire una delle trafile di formazione del giovane Merisi, giunto alla riflessione su Moroni *attraverso*, e non *in contrapposizione*, la sua educazione milanese.

Bibliografia: Longhi 1929, ed. 1968, p. 121; Rossi 1977, p. 53; Gregori 1979, p. 301, con bibliografia precedente; Rossi 1999, p. 50.
[FR]

3. Giovan Battista Moroni

(Albino, Bergamo, 1523 circa - 1579)

Ritratto di Gian Gerolamo Albani

1570 circa

olio su tela, cm 107 × 75
Milano, collezione privata

Recentemente pervenuto nella collocazione attuale dalla raccolta dei conti Roncalli, e sottoposto a un intervento di pulitura (Minerva Tramonti Maggi) che ne ha restituito integra la straordinaria nitidezza cromatica e rappresentativa, il dipinto è al centro di una intricata discussione a proposito della identificazione del personaggio, tradizionalmente noto come il conte e cardinale bergamasco Gian Gerolamo Albani, e della cronologia, che Mina Gregori (1979) fissa al 1568 ma che per altre considerazioni potrebbe essere considerata di qualche anno più tarda (cfr. Rossi 1979).
L'identificazione del vecchio gentiluomo, che indossa un "robone" di velluto nero damascato con larga bordatura di pelle di lince e reca al collo una collana d'oro con una "insegna" del Leone di San Marco, risale a un brano dello storico settecentesco Francesco Maria Tassi (1793, I, p. 166), che vide il quadro in casa di Giuseppe Albani, a Bergamo, e lo ricollegò a un aneddoto risalente a Ridolfi (1648, I, p. 147): un gentiluomo di casa Albani residente a Venezia si sarebbe rivolto per un ritratto a Tiziano, il quale lo avrebbe invece indirizzato a Moroni come a pittore che, i ritratti, li sapeva far "naturali" (sul reale significato dell'episodio, da collegarsi con l'etica controriformistica sul ritratto, cfr. Rossi 1977, pp. 50 sgg.). In realtà lo stesso Tassi (1793, I, p. 169) cita in Bergamo un altro ritratto di Albani, eseguito "quando era collaterale" (cioè collaterale generale della Repubblica veneta, dal 1555 al 1563) e conservato in casa di Teodoro Albani; e l'iconografia sul gentiluomo risulta anzi tanto complessa da meritare una ricostruzione completa.
In grande sintesi, gli esemplari a me noti sono esattamente (in probabile ordine cronologico): 1. *Ritratto di Gian Gerolamo Albani "quando era collaterale"*: citato da Tassi tra le opere di Moroni e come tale perduto o non riconoscibile, ci è noto da una copia seicentesca di collezione privata bergamasca, in cui Albani è ritratto con una armatura da ufficiale delle truppe territoriali venete; 2. *Ritratto di Gian Gerolamo Albani in abito da cardinale*: non citato dalle fonti, è databile con certezza dopo il 17 maggio 1570 (data della nomina) e probabilmente, vista l'età del personaggio, intorno al 1580; il prototipo potrebbe essere una tela di proprietà del Comune di Bergamo, a figura intera e di gusto vagamente tizianesco, ma ne esistono due derivazioni seicentesche assai fedeli, limitate al solo busto, presso la Biblioteca A. Mai di Bergamo (ripr. in Rossi 1979, p. 337) e presso il Museo Diocesano (proveniente dalla sacrestia della parrocchiale di Villa di Serio); 3. *Ritratto di Gian Gerolamo Albani in età senile*: busto in abito da cardinale, databile verso il 1590 (la morte avvenne nel 1591, in età di ottantadue anni); è noto da una teletta in Accademia Carrara (olio su tela, cm 42 × 30, inv. 17; cfr. Rossi 1998, p. 44) e dalla riproduzione inserita nella *Scena letteraria degli scrittori bergamaschi* del padre Donato Calvi, Bergamo 1664, p. 244; 4. *Busto funerario di Gian Gerolamo Albani*: scultura di Giovan Antonio da Valsolda, sulla tomba del cardinale in Santa Maria del Popolo a Roma (ripr. in Venturi 1937, X/3, fig. 486).
In una tale abbondanza di riferimenti, va detto che un confronto a livello puramente fisionomico non appare decisivo a favore della identificazione del ritratto in esame, giustificando le perplessità espresse da studiosi come Previtali (1981), che addirittura colloca il dipinto verso il 1590 e lo assegna a Giovan Paolo Cavagna: diversa appare per esempio la forma della barba, che nelle versioni 2, 3 e 4 appare più rada e divisa al centro, assai differente è l'incarnato della versione 2, in cui il volto appare pieno e quasi rubicondo, privo dunque di quei segni evidenti della vecchiaia che caratterizzano il dipinto moroniano, e soprattutto la vistosa bozza frontale che tanto giustamente ha colpito la critica, e che rappresenta il più evidente segno di adesione dell'artista alla concezione "etica" del ritratto controriformato, nella versione 2 è del tutto assente e nelle altre risulta appena accennata. E d'altra parte la sicura provenienza da casa Albani (cfr. Rossi 1999), l'età avanzata del personaggio (inconsueta per il tempo...), la presenza di una altissima onorificenza veneziana (l'Ordine di San Marco?), l'abito stesso che non è religioso ma non propriamente laico, sono argomenti a favore che non è agevole rimuovere, tanto più che non esiste a oggi, per un personaggio di tale statura quale si intuisce, una alternativa plausibile.
Altrettanto problematica è la questione della cronologia, che la Gregori fissa come detto al 1568 ammettendo che il dipinto sia stato eseguito da Moroni a Lesina, ove Albani era stato esiliato dal 1563 per una cruenta faida familiare con i nobili Brembati, prima che il nobiluomo partisse per Roma (autunno 1568) ove intraprese la carriera ecclesiastica con la protezione del nuovo papa Pio V: argomento decisivo sarebbe il fatto che il personaggio non indossa un abito ecclesiastico e viceversa reca ancora una onorificenza veneziana, probabilmente la stessa conferitagli dal doge Gritti quando era collaterale.
Personalmente debbo dire che l'argomento mi sembra specioso, dal momento che Albani svolse, nei rapporti con Venezia, incarichi esclusivamente civili, e l'incarico di cardinale non comportò mai per lui un impegno ecclesiastico specifico: parendomi invece improponibile l'ipotesi di una viaggio a Lesina, in Dalmazia, per un pittore come Moroni che da Albino e Bergamo non sembra si sia mosso mai se non nella primissima giovinezza; e tanto più per ritrarre un esiliato... Assai più probabile è che il ritratto sia stato eseguito a Bergamo subito dopo il trionfale ritorno di Albani dall'esilio, dunque verso il 1570: in tutta la maestà di una vecchiaia sofferta e pur vigorosa, ma nel suo ambiente e nel proprio palazzo, dunque in abito laico rinunciando ai segni di quell'incarico ecclesiastico che rappresentava la vita "pubblica" del gentiluomo.
Ho già espresso in altra sede (Rossi 1979, p. 311) la mia convinzione che sia appunto la realizzazione di questo ritratto una sorta di chiave di volta della vicenda professionale di Giovan Battista Moroni, "ritiratosi" ad Albino proprio in coincidenza con la caduta in disgrazia del suo protettore Gian Gerolamo Albani, e rientrato in auge nel capoluogo appunto in coincidenza con il suo ritorno. Certo, il violento e dichiarato naturalismo di questa immagine non potrebbe meglio illustrare il noto insegnamento del cardinale Paleotti quando prescriveva, a giustificar la moda encomiastica del ritratto ma per "allontanarsi da ogni ombra di vanità", che il pittore almeno "non si scosti punto dalla verità, servendo in questo la regola dell'istorico, che narra il fatto come è stato" (Paleotti 1582, ed. 1960, II, p. 344): immagine esemplare, dunque, di una ritrattistica "etica" che anticipa le forme ufficiali della trattatistica controriformata, e che in ciò si contrappone a quella ritrattistica idealizzata "con certa discretezza per levar la bruttezza, acciò che sempre il ritratto sia bello" che negli stessi anni continuava a prescrivere Lomazzo (1584, p. 454); e che perfettamente si attaglia al più diffuso ritratto "tizianesco" di Albani, sopra descritto come versione 2.
In questa contrapposizione è agevole comprendere l'importanza che questa tipologia di ritratto (non necessariamente questo quadro, che era verosimilmente ben custodito in Palazzo Albani) poteva assumere per il giovane Caravaggio. Merisi non rimase, beninteso, insensibile alla ritrattistica intellettuale e cifrata di un Lomazzo, e di fatti sono state più volte rilevate le affinità profonde tra l'*Autoritratto* del maestro milanese, a Brera, e il *Bacchino malato* della Galleria Borghese (cfr. Porzio 1998, p. 180); e tuttavia assai più profonda dovrebbe essere stata la suggestione della acribia naturalistica di un Moroni, quella stessa che emerge per esempio in una invenzione così "estremistica" come l'*Incredulità di san Tommaso* di Potsdam, o della sua capacità di fissare l'istantaneità di un gesto o di una espressione, come nel *Ritratto di Maffeo Barberini*. E soprattutto ritengo debba essere adeguatamente approfondita, al di là degli aspetti propriamente linguistici, l'influenza profonda, formatrice di una reale comprensione della matrice *etica* del naturalismo moroniano: ché l'idea della polvere sui piedi dei pellegrini, con la sua carica sostanzialmente eversiva *de pictura sacra* non può nascere che dalla stessa istanza morale che aveva suggerito a Moroni di evidenziare nel *Ritratto di Gian Gerolamo Albani* le rughe e la bozza frontale e le venuzze delle mani dalla pelle sottile, segni della vecchiaia.

Bibliografia: Tassi 1793, I, p. 166; Gregori 1979, p. 299, con bibliografia precedente; Rossi 1979, pp. 311, 316; Previtali 1981, pp. 24-31; Gregori 1983, p. 190; Rossi 1991, p. 106; Rossi 1998, p. 44; Rossi 1999, p. 54; Gregori 2000.

[FR]

4. Giovan Paolo Cavagna

(Bergamo, 1550 circa - 1627)

Ritratto di gentiluomo con due figli

olio su tela, cm 94,5 × 73,5
Bergamo, Accademia Carrara
(deposito Credito Bergamasco)

5. Simone Peterzano

(Bergamo, notizie 1573-1596)

Autoritratto

olio su tavola, cm 23 × 16,5
firmato e datato in basso:
"SIMON PETERZANNUS VENETUS
TITIANI ALUMNUS FECIT MDLXXXVIIII"
Roma, collezione privata

Approdato all'Accademia Carrara in tempi recentissimi (1998), il dipinto costituisce un raro esempio della ritrattistica del pittore, personalità di spicco nel panorama artistico bergamasco tra Cinquecento e Seicento, nonché principale "erede" di Giovan Battista Moroni. Formatosi a Bergamo nel terzo quarto del Cinquecento, dopo un'iniziale attività di frescante accanto al conterraneo Giovan Battista Guerinoni d'Averara, dal 1580 Cavagna si volge alla produzione di pale d'altare caratterizzate da un profondo sentimento religioso e da una peculiare adesione ai valori della realtà di derivazione moroniana. Rispetto a Moroni, tuttavia, del quale fu forse allievo diretto ("apprese da Giambattista Moroni l'impasto de' colori", Tassi 1793, p. 207), Cavagna accentua l'attitudine, che era già stata dei bresciani Moretto e Savoldo, a interpretare il fatto sacro come un'esperienza viva e diretta, coinvolgendo i fedeli in rappresentazioni di sorprendente immediatezza e altissima tensione morale e religiosa. I suoi dipinti per le chiese della città e della provincia bergamasca si aprono alla realtà in modo semplice e colloquiale sino a includere gli stessi devoti (mendicanti, confratelli, disciplini, gruppi famigliari, orfani, religiosi) che il pittore fa sfilare al cospetto di Dio, della Vergine e dei santi assiepandoli in primo piano e caratterizzandoli in senso acutamente ritrattistico. L'eccezionalità di queste immagini, valga per tutti il *San Rocco e i disciplini verdi* (1591, Bergamo, chiesa di San Rocco) che stupì Longhi (1953, p. 35) "per la sorprendente naturalezza con cui la conversazione religiosa si trasforma in conversazione popolare" e che Testori (1953, p. 19) ebbe a definire "date alla mano, stupefacente, continuando la trasformazione moroniana dell'iconografia religiosa in iconografia mondana", deriva dall'immediatezza comunicativa e dal tono di semplice e accostante umanità che unisce il santo ai devoti nel tradizionale tema dell'intercessione. "Lo squarcio storico è suggestivo e ci fa percepire lo slancio riformatore che in questi decenni investe il mondo dei sodalizi laicali, delle discipline, dei luoghi pii, che pure contavano a Bergamo una tradizione molto antica e per certi versi unica" (Guazzoni 1989, p. 111).

Celebrata già dalle fonti settecentesche (Tassi), la ritrattistica del Cavagna (comprensiva sia dei rari ritratti autonomi che di quelli incastonati nelle opere sacre) costituisce ancora oggi la principale ragione della notorietà dell'artista oltre i confini locali nonché la spia più rilevante della sua peculiare inclinazione ai valori della realtà. La sua riscoperta "moderna", nel contesto della storica mostra "I pittori della realtà in Lombardia" (Milano 1953), si deve a Roberto Longhi, secondo il quale le propensioni naturalistiche del pittore emergono in modo perfettamente compiuto proprio "nella preferenza ritrattistica che circoscrive così esattamente le parti più riuscite in opere di soggetto chiesastico". Nel sottolineare la peculiare capacità dell'artista a stabilire una diretta comunicazione con l'osservatore, quasi costretto a identificarsi col suo modello, lo stesso Longhi, analizzando lo straordinario *Flautista* oggi al museo di Algeri (Bandera 1974), così carico di suggestioni savoldesche e moroniane maturate alla luce delle nuove mode veneziane (Bassano), giudicava Cavagna ritrattista "un indipendente, naturale parallelo con il Caravaggio giovane" e la sua intera produzione come "una spia per comprendere l'ambiente da cui era appena uscito il Caravaggio".
Databile all'ultimo decennio del Cinquecento, il *Ritratto di gentiluomo con due figli* dell'Accademia Carrara si inserisce pienamente nella tradizione del ritratto borghese di famiglia, che in Italia ebbe una notevole diffusione a partire dai primi decenni del secolo, specie in area emiliana, veneta e lombarda (lungo l'asse Lotto, Moroni, Anguissola). Un genere "domestico" ben distinto dagli aulici modelli dello *State Portrait* internazionale, che si affermò soprattutto in provincia riscuotendo una particolare fortuna nel periodo della Controriforma, quale riflesso dei "nuovi e umanissimi temi" scaturiti in quel clima morale e religioso "rivelando il volto e i sentimenti segreti della società italiana del Cinquecento, al di fuori di quella sfera aulica alla quale anche i ceti medi cercavano di adeguarsi" (Gregori 1979, n. 65).
Il dipinto raffigura uno sconosciuto gentiluomo di circa quarant'anni affiancato dai suoi due figli: il maggiore a sinistra, di circa dodici anni, il più piccolo, di sette-otto anni, nell'angolo in basso a destra. Come in quasi tutti i ritratti del pittore, e come già nel Moroni tardo, il gruppo è presentato sullo sfondo di un muro uniformemente grigio, in un interno disadorno e privo di indicazioni ambientali o d'arredo, che valorizza la studiata architettura compositiva del gruppo e l'intensa e realistica indagine dei volti.

La posa austera e impettita del gentiluomo, cui corrisponde l'espressione concentrata dello sguardo puntato sull'osservatore, trova riscontro nella severa eleganza del costume, privo di ornamenti e completamente nero, che riflette il gusto spagnolesco in auge anche a Bergamo nella seconda metà del Cinquecento. L'uomo indossa un'alta berretta "a tozzo" e un ampio mantello nero annodato sul petto da cui fuoriesce il solo braccio sinistro vestito di un serico tessuto nero a piccoli disegni "nero su nero". La candida gorgiera incannucciata isola e valorizza il volto virile incorniciato dai baffi e dalla barba a punta che preannunciano la moda seicentesca. Gli abiti dei due fanciulli replicano con minime varianti quello paterno di cui riprendono sia il colore che il tipo di tessuto. Il fascino del dipinto, carico di domestica e pungente verità, è focalizzato nel complesso nodo psicologico che lega e stringe i tre individui in una rete di saldissime corrispondenze e dipendenze affettive, in un contesto di eccezionale immediatezza espressiva. Il fiero cipiglio dell'uomo, che manifesta una volontà di identificazione di sé come severo e vigile *pater familias*, si prolunga nella energica presa delle mani posate sulle spalle dei due fanciulli, che al tempo stesso esprimono protezione e sottomissione, tenerezza e volontà di controllo. Il background emotivo del gruppo, che sul piano iconografico sembra dipendere da celebri modelli moroniani quali il cosiddetto *Vedovo* (1565 circa, Dublino, National Gallery of Ireland) emerge con particolare forza, nonostante le vistose svelature presenti nella pellicola pittorica, dalle eloquentissime espressioni dei due fratellini: il maggiore sinceramente preoccupato e come in cerca di approvazione, il più piccolo immusonito e con lo sguardo puntato verso l'esterno del quadro.
La condotta pittorica, che nei volti e nelle mani "costruiti dal naturale" è realizzata a sciolte stesure di colore intriso di luce, è una spia del mutamento stilistico in atto nella pittura cavagnesca, allorché influenze cremonesi e venete (Anguissola, Malosso, Bassano e Veronese) si intrecciano e si sovrappongono al severo naturalismo moroniano degli esordi.

Bibliografia: Bandera 1978, p. 188; De Pascale 1989, p. 683; De Pascale 1998, pp. 5-20.
[EDP]

Il volto austero di una nobile e intensa umanità, reso con nutrita forza plastica, ci fa conoscere le fattezze del maestro di Michelangelo da Caravaggio. Quello infatti cui Simone Peterzano appose la sua firma nel 1589 è un autoritratto, come mostrano il classico atteggiamento del volto che si gira verso il riguardante (verso lo specchio), nonché il pennello nella mano destra e la tavolozza infilata nel pollice sinistro.
Il dipinto rivela le eccellenti qualità del pittore come ritrattista, che già del resto l'impronta naturalistica del suo pennello lasciava intuire in altre opere (un ritratto di altrettanto puntuale e parlante osservazione del naturale è, ad esempio, il chierico effigiato in alto a destra nella pala dell'Ambrosiana). Il risalto luminoso della gorgiera contro il fondo scuro, accostato alle modulazioni in grigio del vestito, è un tratto che anticipa la sensibilità del Caravaggio, fondendo la ricerca volumetrica all'energia dei contrasti e alla severità "lombarda" del colore.
L'opera consente di appurare che è un ritratto anche la testa maschile che si affaccia al centro della metà destra della grande tela raffigurante i *Santi Pietro e Barnaba a Listri*, nella omonima chiesa milanese, guardando verso lo spettatore: uguale è la foggia dei baffi, del pizzetto e dei capelli che si prolungano nella barba incorniciando il viso, il quale non appare dissimile nella forma larga, nella fronte alta, nel naso regolare, nel colore degli occhi, nella forma dell'orecchio. Anche il modo di vestire, con la gorgiera bianca, è lo stesso.
Nel nuovo dipinto, Simone appare più vicino ai sessanta che ai cinquanta, il che – per quanto la valutazione dell'età resti problematica – indurrebbe a spostare verso i primi anni trenta la sua nascita, che era stata ipoteticamente collocata intorno al 1540. All'epoca del precedente autoritratto sopra descritto, che è del 1573, il pittore avrebbe avuto circa quarant'anni, età a cui si addicono i primi capelli bianchi che spuntano sotto al berretto.
Non è escluso che nel 1589 il Caravaggio continuasse ancora a frequentare la bottega del Peterzano (lasciò Milano solo tra il 1592 e il 1593) e possiamo comunque pensare che abbia conosciuto questa piccola tavola. In quale occasione Simone l'abbia eseguita non sappiamo, ma può darsi che fosse entrato a far parte di qualche accademia, o avesse assunto nel suo ambito una particolare carica, il che avrebbe richiesto il dono di un autoritratto.

6. Simone Peterzano

(Bergamo, notizie 1573-1596)

Angelica e Medoro

olio su tela, cm 155 × 194
Londra, Wellington Gallery,
collezione privata

In effetti è probabile (vedi Ciardi 1973, I, p. XIX, n. 43) che il pittore fosse membro dell'Accademia della Val di Blenio, che nel 1568 risulta presieduta dal suo ammiratore e certamente amico Lomazzo: all'epoca quest'ultimo aveva eseguito per l'appunto il ben noto autoritratto destinato a questa associazione di artisti, autoritratto che è dello stesso taglio e posa di quello di Peterzano, con lo scettro di "abate" dell'accademia (avvolto nell'edera di "Bacco ispiratore", secondo il motto dell'accademia stessa). Essendo noto il suo interesse per la figura di Bacco, si è pensato che anche il Caravaggio abbia frequentato questo ambiente e abbia visto la tavoletta in oggetto, le cui piccole dimensioni si spiegano con il fatto che doveva entrare a far parte di una serie; ciò potrebbe indiziare che il suo maestro era effettivamente socio di quell'accademia, o che nel 1589 fosse stato addirittura chiamato a presiederla.
Nella firma, il "Peterzannus" afferma di essere veneto, nonché allievo di Tiziano. Tali qualifiche già ci risultavano, ma separatamente, da documenti o da un'altra firma, quella apposta alla *Deposizione* di San Fedele a Milano: "SIMON PETERZANUS TITIANI ALU(MNUS). Venetus" il pittore è poi detto in un documento del 1576, mentre in un altro del 1585 è chiamato "Simon venetiano".
In realtà doveva essere bergamasco, come risulta da altri documenti del 1577 e del 1580 ("Simone Petrazana Bg.co", "Simone Petroianne bergomate"). Evidentemente a Venezia aveva trascorso alcuni anni della sua giovinezza, gli anni appunto in cui frequentò la bottega di Tiziano. E a tale frequentazione rinviano ancora diversi documenti: nel 1578 è chiamato "Simone Peterzanno de Ticiano pictor", nel 1589 "Simon Petrazanus de Titiano", mentre nel 1592, 1594 e 1596 è detto "Simone Petrazanus de Ticianis", "Simon Peterzano de Ticiani pittore", "Simone Peterzano de' Tiziani pittore".

Bibliografia: Calvesi 1999, pp. 84-88; Calvesi, in *Caravaggio* 1999, p. 15.
[MC]

Il quadro raffigura un episodio dell'*Orlando furioso*: l'incontro tra Angelica e Medoro nella foresta dopo una sanguinosa battaglia tra cristiani e saraceni nel corso della quale il giovane era stato gravemente ferito. La principessa cristiana soccorre il bellissimo guerriero nemico sorreggendogli la testa mentre i loro sguardi si incontrano: supplice quello di Medoro, intenerito quello di Angelica. Sullo sfondo accorre un soldato, che si avvicina agli altri due corpi senza vita: uno è quello di Clorindo, l'altro, riconoscibile dalla corona scivolata sul terreno, è quello di re Dardinello.
È un'opera che vanta una letteratura antica e di grande prestigio: Lomazzo le dedica infatti un breve componimento poetico, un *Rabisch* dal titolo *In rod d'ona pinciura / faccia dar Simogn Petrezagn/ ar signò Gerollem Legnan / in rengua toscana*. L'identificazione dell'opera di Peterzano con quella citata si deve a Edoardo Arslan, che la pubblicava nel 1959: una vera scoperta, visto che il quadro era scomparso dal circuito degli studi e dopo l'antica menzione lomazziana se ne erano completamente perse le tracce.
Dai versi di Lomazzo, che lo descrivono puntualmente, si ricava anche il nome del committente, quel Gerolamo Legnani che compare come garante del pittore nel contratto stipulato nel 1572 per gli affreschi della controfacciata della chiesa milanese di San Maurizio al Monastero (Miller, in corso di stampa).
Questa circostanza fa pensare che Simone, forse da poco giunto a Milano, fosse già riuscito a introdursi nell'ambiente intellettuale cittadino più esclusivo, come è quello rappresentato da Lomazzo e dagli accademici della Val di Blenio, quel circolo di pretesi "facchini" che sotto la finzione vernacola raccoglieva invece i migliori ingegni della città e gli artisti più in voga. Tra gli accademici si annoverano infatti Aurelio Luini, Camillo Procaccini, Annibale Fontana.
La tela in esame appartiene certamente agli esordi milanesi di Peterzano, arrivato in città forte di quell'alunnato presso Tiziano di cui menava gran vanto e che, proprio per questo, aveva suscitato i sospetti di Longhi (1929, ed. 1968, IV, pp. 130-132). L'attendibilità di questa affermazione è ormai pienamente riconosciuta, benché ancora ci sfuggano molti elementi del tirocinio veneziano: la sua durata in primo luogo, e poi se si sia innestato o meno su una precedente educazione avvenuta magari nella nativa Bergamo.
Quest'ultima ipotesi sembra avvalorata proprio dall'*Angelica e Medoro*, dove Peterzano riesce a fondere il linguaggio veneziano con elementi naturalistici ricollegabili proprio a una formazione lombarda. Se il taglio compositivo utilizza uno schema divulgato da Tiziano e la figura di Angelica è studiata sugli esempi di Paolo Veronese, il languido abbandono di Medoro rivela un patetismo che si aggancia al filone espressivo di ascendenza lombarda, nella direzione di Moretto e Savoldo. Allo stesso clima naturalistico appartiene l'episodio nello sfondo, con il soldato che rivolta il cadavere timoroso di riconoscere nel caduto un suo compagno di battaglia.
Gli accenti veneti appaiono comunque preminenti e ben si legano ai modi della *Venere con satiri* oggi nelle raccolte di Brera, dove la figura della dea ricalca prototipi tizianeschi come la *Danae* e la *Venere* del Prado. Ma quello che accomuna i due dipinti – presumibilmente databili allo stesso giro di anni – è il fatto che si tratta in entrambi i casi di opere d'argomento profano, un genere sulla cui frequentazione da parte del pittore occorre approfondire le indagini. La notorietà di Peterzano è infatti ancorata a una vasta produzione di dipinti religiosi del tutto allineati con i precetti tridentini in materia d'arte sacra. Il rigore formale, l'aderenza al testo sacro, il racconto piano e didascalico, sono tratti caratteristici della sua pittura e hanno indotto la critica a considerarlo un tipico rappresentante della religiosità borromaica.
L'*Angelica e Medoro*, insieme alla *Venere* di Brera, ci svela invece un aspetto inconsueto o almeno poco noto dell'artista: quel lato secolare e colto che ben si giustifica considerando l'inserimento del Peterzano nel sofisticato *entourage* che faceva capo a Lomazzo.
La cronologia del dipinto, di cui sono noti tre studi preparatori conservati nel Gabinetto dei Disegni del Castello Sforzesco (Fiorio 1998, pp. 285-286), può forse essere precisata proprio attraverso un'attenta rilettura del passo lomazziano. La descrizione dell'episodio è infatti molto precisa ed è così sensibile agli effetti luministici ("la man bianca tenea sopra il lui collo ...; gl'arbor dal sol tinti") che non sembra pensabile senza una visione diretta dell'opera. Sappiamo però che Lomazzo divenne cieco nel 1571 e dunque, se vide l'*Angelica e Medoro* in casa di Legnani, il dipinto entro quella data doveva essere già stato realizzato. È vero che altre opere di Peterzano sono ricordate nelle *Rime* di Lomazzo, ma in quei casi i versi non si soffermano sugli aspetti compositivi o cromatici, limitandosi a riferirne il soggetto.
Se questa osservazione è esatta, sia l'*Angelica e Medoro* che la *Venere con satiri* verrebbero a collocarsi all'inizio dell'ottavo decennio, costituendo così le prove più precoci dell'operosità di Peterzano a Milano. La scoperta da parte di Maurizio Calvesi di un autoritratto datato 1589 che raffigura l'artista circa sessantenne, potrebbe anche far anticipare di qualche anno la data di nascita del pittore, solitamente orientata verso il 1540. Le opere qui ricordate verrebbero così a porsi in una fase di piena maturità.
Forse il successo di queste composizioni profane – le uniche note al momento – favorì la rapida affermazione dell'artista, sfociata nella commissione degli affreschi di San Maurizio nel 1572 e, l'anno dopo, dei teleri di San Barnaba. Conquiste importanti per un pittore forestiero: nel primo caso veniva infatti chiamato a dipingere in un vero e proprio mausoleo di famiglia, legato ai potenti Bentivoglio, nel secondo il committente era un altro influente nobile milanese, Gian Giacomo Trivulzio conte di Melzo.
Nel 1584 il giovanissimo Caravaggio entrava nella bottega di Peterzano: come abbia saputo genialmente elaborare spunti offerti dal maestro è un tema sul quale la critica si è a lungo soffermata, individuando in una delle *Sibille* della volta della certosa di Garegnano lo schema del *Bacchino malato*, nel *San Matteo* pure alla certosa quello della figura dell'evangelista della tela un tempo a Berlino, negli affreschi di San Maurizio un suggerimento per il *Martirio di san Matteo*. Ma è probabile che anche sulle opere non religiose del maestro il Caravaggio si sia fermato a riflettere, cogliendo proprio lo spirito raffinato e sottilmente intellettuale che ritroviamo nella sua prima produzione e apprezzando quella materia luminosa e cromaticamente ricca di cui pure emerge un ricordo in opere giovanili come il *Riposo durante la fuga in Egitto* Doria Pamphilj.

Bibliografia: Lomazzo, 1587, ed. 1993, pp. 153-154; Arslan 1959, pp. 195-197; Longhi 1968, IV, pp. 130-132; Fiorio 1974, pp. 88-89; Baccheschi, Calvesi 1978, IV, pp. 476, 480, cat. 20; Gregori 1991, p. 62; Gregori 1992, pp. 263-269; Bracken 1993, pp. 26-29; Bora 1998, p. 276; Fiorio 1998, pp. 284-285; Miller, in corso di stampa.
[MTF]

7. Giovan Paolo Lomazzo

(Milano, 1538-1600)

Autoritratto come abate dell'Accademia della Val di Blenio e come pittore

1568 (?)

olio su tela, cm 56 × 44
in basso la scritta: "ZAVARGNA. NABAS. VALLIS. BREGNI. ET. IPL. [MONOGRAMMA] PI[C]T[O]R, 15"
Milano, Pinacoteca di Brera, Reg. Cron. 112
Provenienza: acquistato nel 1821 a Milano al pittore e scenografo Pasquale Canna

Chiarite le vicende relative alla sua acquisizione per la Galleria degli Autoritratti di Brera (Porzio 1989) e fugato ogni ragionevole dubbio sull'autografia grazie agli studi di Lynch (1964) e alla individuazione del monogramma (Porzio 1989), il dipinto è stato riferito al 1568 (Porzio 1989, Isella 1993): nel ferragosto di quell'anno Lomazzo, trentenne, assume la carica di abate dell'Accademia della Val di Blenio, ed è verosimile che il quadro sia stato eseguito in un momento di poco successivo. Del resto l'estensore dell'*Inventario generale* (*ante* 1847) leggeva ancora nella data un otto finale, e lo stile non impedisce una collocazione accanto alle opere eseguite nello scorcio del decennio.
Lomazzo replicò almeno una volta questa immagine "affumicata e carnevalesca" (Venturi 1934). Nelle *Rime* descrive una variante del tutto simile, salvo che nel medaglione d'oro appuntato sul cappello. Mentre qui vi è raffigurato il "galigliogn" (galeone), il recipiente ricolmo di vino e ornato di foglie di vite che Lomazzo e soci celebrano più volte nei *Rabisch* e associano alla galea di Bacco (cfr. Isella 1993, pp. XXII sgg.), nell'*Autoritratto* ricordato nelle *Rime* il cappello recava il sigillo d'argento di Blenio realizzato da Annibale Fontana, anch'esso utilizzato nell'Accademia e ispirato all'iconografia bacchica (Isella 1993, pp. XX sgg.). Impossibile stabilire se è quest'ultimo dipinto, o quello di Brera, a potersi identificare in uno dei due autoritratti – quello "come Abbate dell'Accademia nostra della Valle di Bregno" – che Lomazzo dice di avere donato a Carlo Emanuele di Savoia (1590, ed. 1973, I, p. 364).
Il dipinto vale come doppio autoritratto. La restituzione più verosimile della scritta nella parte finale è "pictor"; Lomazzo si è dunque raffigurato nel contempo come abate (*nabas*) dell'Accademia poetica e come pittore, riaffermando un legame (*ut pictura pöesis*) che occupa una posizione centrale nei suoi scritti. I riferimenti simbolici relativi all'Accademia sono stati chiariti da Isella (1993) nei minimi dettagli. Zavargna è il nome accademico di Lomazzo (dal milanese *zavajà*, cioè canzonare, burlare o scioperare). Il suo abbigliamento è una versione semplificata del costume facchinesco descritto minuziosamente nei *Rabisch* (*ibidem*, pp. 60-66).
Del medaglione si è già detto; il cappellaccio di paglia e la pelle di capretto (il mantello di pelliccia) significano umiltà; la corona di alloro e di vite significano il dominio perpetuo dell'abate e il furore poetico ispirato dal vino; la bacchetta avvolta d'edera con la punta aguzza di ferro, che ricorda il tirso di Bacco, è anch'essa simbolo della perpetua signoria dell'abate, e forse rinvia più segretamente alle vittorie riportate dall'Accademia nei confronti dei suoi nemici (per una disamina di tutti i significati secondari e correlati; cfr. Isella 1993, pp. XVIII sgg.). Il costume facchinesco prevedeva anche il sacco, la corda e la fusella, il grembiule, la fiasca di vino rosso e la guaina con i coltelli.
Riguardo al modo non meno insolito in cui Lomazzo si rappresenta come pittore, è stata suggerita di recente una possibile interpretazione (Porzio 1998). Nella destra l'artista regge un compasso, attributo più consono a un architetto; porta una grossa vera all'indice e appoggia la mano su un quadro (già interpretato come un libro, o una cartella di disegni). La tela però è rovesciata: si nota la piccola striscia d'aggancio fissata sui due chiodi centrali del telaio. In un contesto così denso di riferimenti simbolici, la presenza dell'anello non può essere casuale. Lomazzo a quel tempo era scapolo e il dito prescelto non è quello usuale, quasi a indicare un altro genere di matrimonio. Il tema dell'"unione e accoppiamento" fra la teoria e la pratica (1584, ed. 1973, II, p. 243) occupa una posizione così importante negli scritti di Lomazzo (cfr. 1590, ed. 1973-1974, I, pp. 271 sgg., 329 sgg.), da suggerire una possibile spiegazione di questa triade di simboli. L'attività dell'artista "prattico per teorica" (*ibidem*, p. 330), unita e contrapposta a quella dell'abate poeta, sarebbe qui raffigurata mediante l'unione necessaria delle due parti contrapposte della pittura. Il compasso sostituisce i pennelli perché indica la parte speculativa connessa al disegno (proporzione, prospettiva ecc.); il quadro esibisce il telaio perché non rappresenta il risultato finale (che conterrebbe anche la parte teorica), ma soltanto la "virtù della prattica"; le due parti, "anima" e "corpo" della pittura (Lomazzo 1590, ed. 1973-1974, I, p. 249), corrispondono alla suddivisione fondamentale del *Trattato*, forse già impostato all'epoca del ritratto (sul rapporto fra teoria e pratica come nodo centrale degli scritti lomazziani sull'arte cfr. Klein 1974, II, pp. 484-491). Del resto l'insistenza sull'unione fra le due parti dell'attività creativa è già presente in Leonardo e Dürer, fonti importantissime per Lomazzo.
L'artista tedesco aveva rappresentato questo rapporto nella celebre incisione *Melencolia I*, sottolineando piuttosto il carattere problematico dell'accoppiamento (cfr. Klibansky, Panofsky, Saxl 1964, trad. it. 1983, pp. 318 sgg.). Il richiamo alla stampa düreriana, già avanzato da Lynch (1964), è rafforzato dal fatto che essa si basa su presupposti culturali familiari al pittore milanese (Ficino, Agrippa) ed esprime lo stato del *furor* creativo *melancholicus*, tradizionalmente associato agli effetti del vino e qui richiamato dalle foglie di vite e dai tratti del volto, di tipo malinconico e saturnino. Del resto lo stesso tipo umorale, accompagnato dalla complessione secca del busto e dalla tunica annodata alla moda dei filosofi antichi, si ritrova nell'incisione che accompagna i diversi libri dei *Grotteschi* e nella medaglia di Annibale Fontana che ne servì da modello.
Il dipinto di Brera si appoggia a una precisa fonte iconografica. Lomazzo si è ispirato certamente a un prototipo di matrice giorgionesca, il *Pastore con flauto* noto in numerose versioni e attribuito almeno in un caso a Sebastiano del Piombo (cfr. Lucco 1980, p. 93, n. 12). Il riferimento a questo prototipo – da cui Lomazzo deriva puntualmente la composizione, la forma del cappello e la foggia dell'abito di pelliccia – giustifica la somiglianza fra il nostro dipinto e un disegno dell'Ambrosiana (Cod. F 271 Inf. n. 47), già ritenuto preparatorio da Bora (1971), e spiega la curiosa miscela, notata da molti commentatori, di elementi stilistici veneti e leonardeschi. Rimane però da spiegare l'adesione dell'artista a questo ombroso modello, che probabilmente riconduce al primitivismo arcadico di ambito giorgionesco; in tal caso, la scelta di Lomazzo sarebbe molto significativa.
L'inquietante espressione dell'abate Zavargna, che fa pensare a uno stato di ebbrezza, richiama anche il cosiddetto *Busto di Bacco* riferito al Boltraffio della Biblioteca Reale di Torino (inv. 15587), un disegno che Lomazzo poteva conoscere. Quanto all'eventuale influsso esercitato a sua volta dal dipinto di Brera, i tratti saturnini del volto e il clima dionisiaco sembrano preparare, com'è già stato notato più volte (Lynch 1964; Spear 1984; Bertelli 1985; von Lates 1995; Berra 1996), l'*Autoritratto come Bacchino malato* del Caravaggio.

Bibliografia: Lomazzo 1587, p. 119; Lomazzo 1590, ed. 1973-1974, I, p. 364; *Inventario Napoleonico* 1808-1842, pp. 892, 923; *Guida* 1838, n. 314; *Catalogue* 1841, n. 314; *Inventario Generale ante* 1847, p. 480; *Pinacoteca* 1877, n. 150; Malvezzi 1882, p. 210; Casati 1884, p. 83; *Pinacoteca* 1887, n. 154; *Catalogo* 1892, p. 57, n. 154; Berenson 1896, p. 198; Carotti 1901, p. 106, n. 154; *Elenco* 1904, n. 354; Malaguzzi Valeri 1908, n. 354; Thieme, Becker 1929, XXIII, p. 338; Venturi 1934, p. 510, fig. 281; Modigliani 1935, p. 100, n. 354; Morassi 1945, pp. 18, 38, n. 354; Modigliani [1950], p. 75, n. 354; Stefani 1963, p. 47, fig. 2; Lynch 1964, pp. 189-197; Bora 1971, p. 41, n. 49, fig. 49a; D'Angelo 1972, p. 25, fig. 1; Onesti 1972, p. 60, fig. 1; Klein 1974, pp. 771-772, n. 1; Matalon 1977, p. 73; Marani 1978, p. 66; Martinelli 1983-1984, pp. 142-158; Porzio 1984, p. 268, fig. 289; Spear 1984, p. 165, fig. 44; Bertelli 1985, pp. 60-62, n. 5; Marani 1987, pp. 242-245, n. 48; *Effetto Arcimboldo* 1987, ill. a p. 181; Moro 1988, II, p. 750; Bora 1989, p. 86, fig. 5; Herrmann Fiore 1989, pp. 99-101, fig. 24; Porzio 1989, pp. 254-256, n. 143; Bologna 1992, p. 142; Isella 1993, pp. XV sgg., fig. I; Porzio 1993, p. 40, fig. 10; Cardi 1994, pp. 182-193; von Lates 1995, p. 57, fig. 2; Paliaga 1995, pp. 156-157, fig. 28; Venturelli 1996, pp. 21-22; Berra 1996, p. 117; Porzio 1998, pp. 179-180, n. 27; Isella 1999, p. 4, fig. fra le pp. 40-41.
[FP]

"... un putto che mondava una pera con il coltello...": uno, nessuno, centomila

8. Michelangelo Merisi, detto il Caravaggio
Ragazzo che sbuccia un frutto
1592

olio su tela, cm 65 × 52
Tokyo, collezione privaIta

L'esistenza di un dipinto giovanile di Caravaggio, raffigurante un fanciullo in atto di sbucciare un frutto (pera, mela, merangolo o bergamotto che sia) è testimoniata da Giulio Mancini nel 1616, in una nota peraltro assai tormentata: e dopo che il tema fu associato a un'immagine da Isarlov (1935) con riferimento a una tela a Hampton Court, la critica ne ha fin qui individuato dodici esemplari (Cinotti 1983), per nessuno dei quali si ha documentazione certa anteriore al XVIII secolo, per ognuno dei quali il giudizio di autografia è stato affermato, o negato, quasi esclusivamente su base stilistica. Anche il recente studio di Stefania Macioce (1995) non risulta conclusivo su questo specifico tema.
Era quasi patologico che, in una tale situazione, affiorassero a livello critico discordanze anche rilevanti tra gli specialisti di Caravaggio, e che tali discordanze riemergessero in occasione della mostra, anche a livello di comitato scientifico: sì che la prudenza avrebbe forse consigliato di escludere, per dovere di filologia, ogni rappresentanza del dipinto.
E tuttavia in una mostra come questa, che ha come suo assunto principale l'indagine sulla formazione lombarda di Caravaggio, una tale rappresentanza era necessaria: se c'è un'invenzione caravaggesca che, per l'arcaismo della struttura e anche per la superstite inesperienza di condotta pittorica oltre che per l'evidenza del testo manciniano, può essere collocata nei primissimi tempi dell'esordio romano dell'artista, questa è appunto il *Ragazzo che monda un frutto*... E la stessa frequenza degli esemplari, autografi o repliche o varianti o copie che siano, è la miglior prova dell'importanza del modello, cui artisti e collezionisti assegnavano un'importanza eccezionale, superiore a quella riconosciuta a nessuna delle altre opere di Caravaggio.
Mancando quindi ogni certezza, si è deciso di presentare comunque il tema, selezionando le due tele che, nel dibattito critico, risultano per così dire le più "accreditate", le cosiddette versioni Sabin e Borghese. L'intento non è evidentemente quello di fornire risposte conclusive ma piuttosto di creare l'occasione per un approfondimento attraverso il confronto diretto, riservando alla scheda illustrativa, e alla responsabilità scientifica dei singoli autori, la discussione critica e le relative argomentazioni.

La più antica menzione di un dipinto caravaggesco di questo soggetto si fa risalire al verbale del sequestro effettuato nel 1607 dal fiscale di papa Paolo V Borghese nella bottega del Cavalier d'Arpino, ove al n. 89 figura "Un putto su tavola con un pomo in mano"; menzione tuttavia assai generica, che non reca (come del resto per tutti gli altri dipinti del Sequestro) indicazione di autore, e che se interpretata alla lettera escluderebbe tutte le "versioni" fin qui riconosciute come identificabili in quella documentata, che è detta "su tavola" (ma si veda in Salerno 1984, l'ingegnosa proposta di riferire l'indicazione alla positura del ragazzo, "a tavola", e non al supporto, "su tavola").
D'altra parte, a un dipinto di uguale tematica, e di sicura autografia caravaggesca, fa riferimento Giulio Mancini (1619-1621, ed. 1957, p. 224) quando riferisce che l'artista nei primissimi tempi del soggiorno romano (1592?), quando era ospite di monsignor Pandolfo Pucci da Recanati, eseguì "per vendere, un putto che piange per essere stato morso da un racano che tiene in mano, e dopo pur un putto che mondava una pera con il coltello". E tuttavia anche il testo di Mancini si presta a una interpretazione non univoca, dal momento che quanto al soggetto esiste una contraddizione tra le due versioni delle *Considerazioni sulla pittura* (il giovinetto reca in mano "una pera" secondo il ms. Marciano, e invece "una mela" secondo il ms. Palatino) e che riesce difficile immaginare una perfetta contemporaneità tra questo originale caravaggesco e il *Ragazzo morso da un ramarro*, che sembrerebbe opera più matura.
La rilettura delle fonti, del resto ampiamente discusse dalla critica, non consente quindi certezze. Al più, è lecito concludere che Mancini avesse cognizione della esistenza di un dipinto di tale tema dipinto dal Caravaggio ma non possedesse dati certi né sui dettagli iconografici né sulla esatta collocazione del prototipo: e nulla vieta del resto di pensare che egli ne conoscesse *de visu* una delle tante versioni (o addirittura più di una, il che spiegherebbe la diversa identificazione del "frutto"), senza essere in grado di individuare con sicurezza il dipinto originale. E d'altra parte la versione oggetto del sequestro, ammesso che possa identificarsi per "diritto di provenienza", benché non citato nell'Inventario Borghese del 1693, con il dipinto recante il sigillo settecentesco di Tiberio Borghese (Marini 1987, ed. 1989, n. 4), nel documento non è esplicitamente indicata come opera del Caravaggio, ed è anzi quanto meno lecito dubitarne.

Il testo di Mancini è equivoco e impreciso, e la lettura che ne fa Marini (1987, ed. 1989, p. 14), propenso ad assumere come precisa successione cronologica l'indicazione "e dopo", mi sembra difficilmente compatibile con una logica lettura dello sviluppo linguistico dell'artista: preferirei leggere l'espressione con valore di "e inoltre", ammettendo dunque che la versione originale del *Mondafrutto* sia stata venduta dal Caravaggio già nel 1592; e dunque essa non potrebbe identificarsi con quella pervenuta nello studio del Cavalier d'Arpino (ove il giovane artista giunse solo anni dopo, al tempo, questo sì, del *Ragazzo morso da un ramarro*) e ivi rimasta fino al sequestro del 1607.
In ogni caso, dopo che Isarlov (1935) ne ebbe riconosciuto come "caravaggesca" la versione di Hampton Court, ora considerata unanimemente una copia, e Longhi (1943, p. 10) ne ebbe illustrato una seconda copia in suo possesso, l'invenzione caravaggesca è stata oggetto di discussioni critiche assai approfondite, attinenti sia alla individuazione delle altre numerose copie o varianti (almeno dodici ne elenca la Cinotti 1983) e al riconoscimento del prototipo, su cui torneremo più avanti, sia alla esatta lettura iconografica del soggetto e a una sua possibile interpretazione iconologica.
Per quanto riguarda la lettura iconografica, fulcro della discussione è certamente il frutto in mano al ragazzo, la cui specifica natura è sostanzialmente indifferente per chi, come Longhi e anche la Gregori (1985), ritiene che il dipinto debba considerarsi espressione di un interesse per la "pittura di genere", e anche per chi ne colloca l'ideazione nell'ambito di una supposta serie dei "Cinque sensi" come *immagine* del gusto (Bauch 1956, p. 260; Costello 1981, p. 375): essa è invece centrale per chi scorge nel dipinto implicazioni allusive o addirittura simboliche. In questo ordine di idee, è indubbio che la possibile identificazione del frutto come un agrume, dolce come un merangolo (Marini 1978-1979, sulla base dell'esemplare Borghese) o amaro come un bergamotto (Nicolson 1979, sull'esemplare Sabin), non può che rafforzare l'ipotesi di una lettura cristologica dell'immagine, individuata da Calvesi (1971-1972), con riferimento al frutto del Peccato Originale: ipotesi poi ripresa da Marini (1987, ed. 1989) e rafforzata dal riconoscimento di una "variante" assai tarda, caratterizzata da un piccolo angelo in atto di incoronare il capo del ragazzo.

A mio modo di vedere, tuttavia, tale tipo di discussione (per la quale rimando soprattutto alla limpida scheda di Mina Gregori, 1985) risulta per certi aspetti marginale rispetto al problema della cronologia della invenzione, che non trova concorde la critica e una cui risoluzione univoca mi sembra invece determinante anche per la interpretazione del tema. Non è escluso, cioè, che il Caravaggio abbia effettivamente pensato al *Ragazzo che sbuccia un frutto* come a un allegoria del Gusto: ma ciò non poté avvenire che al tempo del suo supposto *pendant*, il *Ragazzo morso da un ramarro* come allegoria del Tatto, cioè in una fase successiva del suo percorso artistico e professionale. Parallelamente, non è affatto da scartare l'ipotesi che il ragazzo sia *immagine* di Cristo, ma è plausibile pensare a una simile sottigliezza intellettuale in un artista che, a seguire Mancini, avrebbe realizzato il dipinto sulla spinta del bisogno immediato, "per vendere", in quella fase di nera miseria presso "monsignor Insalata" così struggentemente evocata da Roberto Longhi (1968, p. 9)? Preferirei pensare a una rielaborazione concettuale successiva, magari a opera dello stesso Caravaggio ma in tempi meno disperati...
Mi sembra sostanzialmente corretta, cioè, la considerazione di Mina Gregori, che nell'esemplare Borghese vede appunto una "riedizione" realizzata – a mio parere, dallo stesso Caravaggio – nella bottega del Cavalier d'Arpino: quindi allentata nel ritmo e come arricchita di sottili tributi all'elegante vena manieristica di Cesari, quali non si rinvengono nell'esemplare in esame. Quest'ultimo, che era nel Settecento di proprietà del pittore sir Joshua Reynolds e che è generalmente noto come "esemplare Sabin" (per i numerosi passaggi di proprietà rimando ancora alla citata scheda della Gregori, 1985), è universalmente riconosciuto come autografo del Caravaggio o quanto meno come la più qualitativa delle copie esistenti (Cinotti 1983): e all'ampia discussione in merito aggiungerei solo che sir Denis Mahon mi ha autorizzato a trascrivere la sua opinione in merito, del resto condivisa anche da altri (cfr. Gregori 1985, p. 202), secondo la quale "fin dalla prima presentazione del dipinto, a opera di Roger Hinks (1953), come possibile originale di mano del Caravaggio dell'opera assai giovanile tanto copiata, egli è sempre stato del parere ... che la conclusione di Hinks fosse assai probabile, nonostante il fatto che il dipinto abbia subito alcune perdite nella parte superiore, intorno alla testa del ragazzo" (perdite ben riconoscibili nella documentazione, fornita ancora dalla Gregori, sulle condizioni di conservazione del dipinto dopo la pulitura e prima del restauro).

9. Michelangelo Merisi, detto il Caravaggio
Ragazzo che sbuccia un merangolo

olio su tela, cm 75,5 × 64,4
Roma, collezione privata

Si tratterebbe dunque della prima redazione, autografa ed eseguita verso la fine del 1592, di una invenzione poi replicata dal Caravaggio poco tempo dopo (dopo il 3 giugno 1593, come giustamente classifica Marini riferendosi alla data di rientro a Roma del d'Arpino), ingrandendola e leggermente rivedendola in chiave manieristica: e la riprova è proprio nella analisi del dipinto che, rispetto all'esemplare Borghese, presenta caratteri lombardi assai più marcati, quali è legittimo aspettarsi da un giovane appena giunto da Milano e ancora privo di contatti importanti nell'ambiente romano.

Il taglio di luce per esempio, che nelle copie taglia in modo evidente la parte superiore del dipinto, qui è appena individuabile ma già sufficiente a evocare la profondità dello spazio, esattamente come accade nella ritrattistica del Moroni (ma anche nel celebre *Flautista* del Savoldo); e le mani hanno la struttura morbida e come disossata, si direbbe di sola pelle, di certe immagini di Simone Peterzano: penso soprattutto alla grande tela della *Vocazione dei santi Paolo e Matteo* nella chiesa dei Santi Paolo e Barnaba a Milano, nella quale è assai facile riconoscere anche la stessa tipologia di panneggio in stoffa ruvida e poco flessibile (già Longhi intuiva l'importanza dei "bianchi aridi, porosi, secchi" del maestro milanese) che non si ritrovano più tardi nell'opera del Caravaggio, e *in primis* proprio nell'esemplare Borghese; e la frutta in primissimo piano, la cui resa naturalistica sembrava alla Gregori così intrinsecamente lombarda da escludere l'intervento di un copista, ha appunto la materia pittorica di quella che Peterzano aggiungeva nel primo piano della *Venere con satiri* recentemente acquisita dalla Pinacoteca di Brera; e infine la stessa "amputazione" dell'immagine sulla sinistra, tale da escludere dalla visione una parte del braccio del giovane, è idea inconcepibile in ambiente romano, tanto meno da parte di un copista, sì invece in un'area come quella lombarda che, dal Moretto al Savoldo a Moroni, aveva ormai abituato il gusto a tali forme di "spiazzamenti" che traevano origine e motivazione da un approccio "naturale" al dato visivo.

Da questa invenzione dunque non possono che derivare tutte le repliche, varianti, copie e derivazioni fin qui riconosciute. Io non escluderei affatto che Mario Minniti ne abbia diffuso delle copie già in quella fase; né che, date le circostanze in cui l'opera fu realizzata (e alla fame non si comanda...), lo stesso Caravaggio ne abbia eseguito repliche di sua mano, anche prima della rivisitazione del tema documentata dall'esemplare Borghese; né infine che egli stesso ne abbia intuito (o non smentito) le potenzialità iconologiche e simboliche. Resta il fatto che una tale invenzione non può situarsi che nei primissimi tempi del soggiorno romano, ben prima del contatto con il Cavalier d'Arpino; e nulla lascia credere, allo stato attuale degli studi, che questa prima invenzione non coincida con l'esemplare già Sabin: autografo giovanile, anche se probabilmente non il solo autografo del Caravaggio su questo tema.

Bibliografia: Mancini 1619-1621, ed. 1957, p. 224; Isarlov 1935, p. 116; Hinks 1953, p. 42; Bauch 1956, p. 260; Calvesi 1971-1972, p. 95; Marini 1978-1979, p. 76; Nicolson 1979, p. 34; Costello 1981, p. 375; Cinotti 1983, p. 442, n. 20; Salerno 1984, p. 439; Gregori 1985, n. 61, con bibliografia completa; Marini 1987, ed. 1989, pp. 358-361, n. 4; Macioce 1995, pp. 123-135.
[FR]

Contrariamente a quanto da me ipotizzato in precedenza (1987, ed. 1989, pp. 112-113, 358-361, n. 4) questa tela non perviene alla raccolta del cardinale nipote Scipione Borghese dal sequestro attuato nel 1607 (1° maggio - 30 luglio) dal fiscale pontificio presso la bottega del Cavalier d'Arpino. Tra questi quadri, poi donati da Paolo V al suddetto Scipione, figurano, comunque, almeno tre autografi conclamati del giovane Caravaggio: il *Ragazzo con una caraffa di rose* (oggi perduto, ma noto da copie), l'*Autoritratto in veste di Bacco* e il *Vertunno con cesto di frutta autunnali* (il cosiddetto *Ragazzo con cesto di frutta*), gli ultimi due a tutt'oggi nella Galleria Borghese di Roma.

Il quadro in oggetto è invece (quasi certamente) acquistato nel 1608 dallo stesso Scipione, ma proviene da Perugia, dove era appartenuto all'erudito Cesare Crispolti, morto il 22 aprile di quell'anno. Il successivo 16 agosto il Borghese, come noto avido collezionista, riceve dal governatore perugino Lorenzo Sagredo l'elenco dei quadri migliori, già della "Bon. Me. del Sig.re Cesare Crispolti"; tra i quali c'è: "un quadretto di Michel Ang.o Caravaggio vivo, cioè una figura d'un giovane dalla cintura in sù che monda un persico à oleo" (nella *mens* il maestro di casa del cardinale Scipione, Pietro Campori, allude a una risposta di ringraziamento inviata il 23 agosto). È probabile che l'acquisto sia stato perfezionato in breve tempo. Infatti, dovendo saldare i debiti dello scomparso, il fratello ed erede Marcello si era attivato per sciogliere il fidecommesso e procedere alla vendita di alcune delle opere d'arte vincolate rivolgendosi proprio al cardinale Scipione. In tal senso questa proposta potrebbe essere stata accolta con la conseguente abbreviazione delle pratiche notarili. Nondimeno il quadro in oggetto ha fatto parte (fino a epoca recente) delle collezioni borghesiane dalle quali, peraltro, non era mai uscito. A conferma di tutto ciò, sul tergo della cornice originale si trovano due sigilli vescovili riferentisi a monsignor Tiberio Borghese (il primo, di ceralacca rosso-violacea, era applicato sulla cornice ed era congiunto al secondo, di carta vergata e ceralacca, da due funicelle – entrambi sono stati rimossi nel corso del consolidamento e delle sostituzioni del 1979-1980 – e riapplicati sul retro restaurato della cornice). Al pari di altri quadri di Scipione oggi non pervenuti (per esempio il menzionato *Ragazzo con una caraffa di rose* del Caravaggio), è possibile che questo quadro abbia seguito un differente percorso ubicativo. L'appartenenza nel XVIII secolo a monsignor Tiberio, del ramo senese della famiglia, potrebbe infatti indicare che il *Ragazzo che sbuccia un merangolo* non fosse tra quelli della raccolta romana (all'epoca ospitata, unitamente allo stesso Scipione, nel palazzo in Borgo di suo zio, Giovanni Battista Borghese, oggi Palazzo Torlonia) destinati a essere trasferiti nella nuova "Villa Pinciana", bensì tra quelli scelti per altre residenze, per esempio quella di Siena, centro d'origine del nobile casato. Se così fosse, troverebbero giustificazione le citazioni rintracciabili nei manoscritti del biografo-amatore senese Giulio Mancini (1619-1625) che, per quanto imprecise (forse a causa di una plausibile inaccessibilità), sono le sole che possano essere ricondotte a una simile invenzione iconografica del Caravaggio (vedi oltre). Circa monsignor Tiberio Borghese, ricordo che, oltre a essere membro della genealogia familiare senese, la sua carriera ecclesiastica comprende, nel 1762, il vescovato di Soana e, nel 1772, l'arcivescovato di Siena (cfr. Pignatelli 1970, XII, pp. 652-655; Fumagalli 1994, pp. 101-104, 113-114, ried. 1996, pp. 143-145, 149).

Come detto, l'unica testimonianza nelle antiche biografie è data da Mancini (mss. 1619-1625, ed. 1956-1957, II, p. 224), il quale asserisce che, "dopo" l'avvilente (ma breve) periodo trascorso presso il recanatese monsignor Pandolfo Pucci, il Caravaggio (poco più che ventenne), "per vendere", avrebbe dipinto, tra l'altro, "un putto che mondava una pera con il cortello" (ms. Marciano, Venezia). Il frutto è poi indicato come "mela" in un altro testo (ms. Palatino, Firenze). È noto che il Mancini, in quanto medico curante del cardinale del Monte, che ospita il Caravaggio nel palazzo detto "di Firenze", a Roma, ha confidenza anche con quest'ultimo e, pertanto, le sue testimonianze di quadri (e vicende) attinenti gli esordi romani (1592 circa - 1596/1597) dell'artista sono di "prima mano". Quindi anche il dipinto in oggetto deve rientrare tra questi, la cui memoria, inoltre – sia perché, come visto, l'originale doveva essere giunto assai per tempo a Siena (sua città natale, con la quale intrattiene continui rapporti) e sia perché ne circolavano molte copie (oggi ne conosciamo almeno una dozzina) – non doveva essersi smarrita. Tuttavia va altresì ricordato che, assente da Roma il prototipo, i biografi successivi (Baglione 1642; Bellori 1672), come di regola, non tengono alcun conto di testimonianze mediate da copie o "repliche" e, infatti, ignorano un quadro simile.

A ciò va aggiunto che il Caravaggio, constatato il successo di questa sua colta "inventione" iconografica (gradita a poeti e intellettuali dell'Accademia degl'Insensati di Perugia, di cui facevano parte, tra gli altri, il suddetto Cesare Crispolti, Gaspare Murtola e Aurelio Orsi), con tutta probabilità ne eseguì una seconda versione (olio su tela, cm 64,2 × 51,4, passata per una vendita Phillips, Londra, 10 dicembre 1996, n. 22), in cui il campo della tela (minimo su tre lati) concentra la fruizione sulla figura e sul suo gesto rituale, più ampio e "virtuoso" nel prototipo Borghese.

Caravaggio, *Ragazzo che sbuccia un merangolo*. Roma, collezione privata. Radiografia.

Sigilli di monsignor Tiberio Borghese sul tergo della cornice del *Ragazzo che sbuccia un merangolo*.

Vedi scheda 9

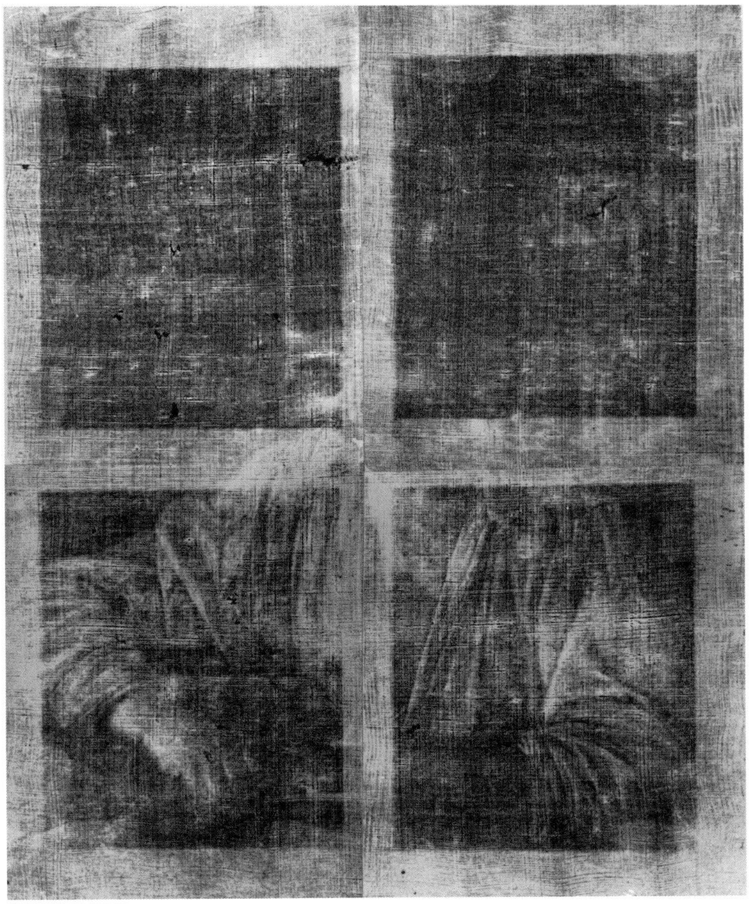

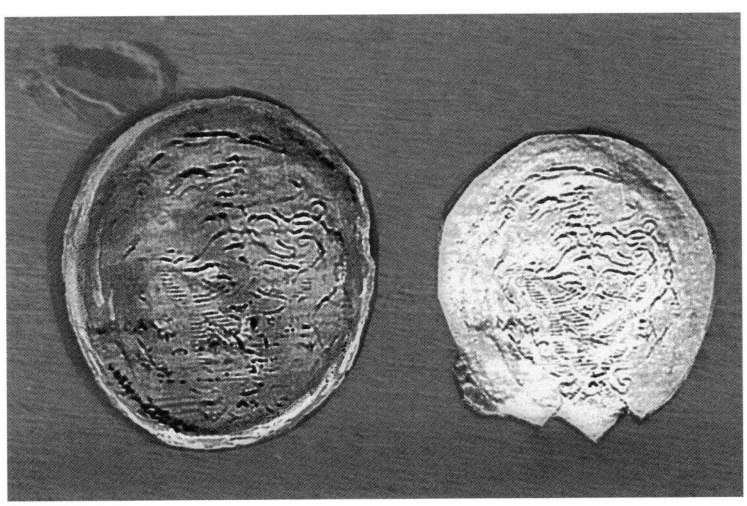

All'iconografia riassunta fanno capo le molte copie ridotte che, in prevalenza, derivano una dall'altra, più o meno come le due trascrizioni desunte dall'originale maggiore. Una sola di queste ultime presenta una qualità accettabile (nonostante il mediocre stato conservativo) e (a riprova del riserbo in cui sarà tenuto l'originale Borghese) un timbro stilistico precoce, che l'indica eseguita nella bottega del Cavalier d'Arpino (olio su tela, cm 68,5 × 67,5). Mi riferisco a quella ubicata in Firenze, presso la Fondazione Roberto Longhi. Per il dibattito critico circa iconografia e proposte d'attribuzione, rinvio a Marini (1987, ed. 1989). Ricordo, comunque, che l'avvio ha luogo con la copia (smarginata), di buona qualità, delle Royal Galleries di Hampton Court (cfr. Isarlov 1935, p. 116) e con quella (già ricordata) di formato maggiore, di Firenze (cfr. Longhi 1943, p. 10). Il dipinto di Roma è stato reso noto dallo scrivente (cfr. Marini 1978-1979, p. 76; 1980, pp. 4, 12, n. 1), confermatosi in studi successivi (1981-1983; 1987-1989). Hibbard (1983, pp. 16, 269, fig. 3) tende ad accogliere il quadro in oggetto come originale o, in alternativa, non avendone conoscenza diretta, come copia migliore (nel dubbio che il quadro proveniente dal sequestro Arpino fosse su tavola). La Gregori (1985, pp. 200-203) recupera quale possibile autografo la versione già Sabin (resa nota da Hinks 1953, sulla cui autografia erano convenuti Mahon e Nicolson 1979, p. 34, tav. 1). La studiosa sostiene che il prototipo non poteva essere troppo dissimile dalle copie note e, quindi, la versione di Roma (Marini, Hibbard) non può essere l'originale caravaggesco, in quanto non mostra l'assenza dei gomiti della figura e due frutta in meno, nonché un minore campo di sfondo, in minima parte schiarito da un riflesso luminoso obliquo. Per contro, Marini (1987, ed. 1989, p. 359) sottolinea come Caravaggio abbia concepito la composizione con proporzioni di spazio e figura il più possibile "al vero" (nonostante l'adozione di un formato "piccolo": con una "mezza figura" di gusto veneziano o lombardo).
Infatti, nel prototipo si avverte invece come, proprio nello sfondo, il pittore definisca finalità d'ordine atmosferico-percettivo: il campo è spartito gradualmente in ombra, semiluce (o penombra) e luce, secondo un'evidente indagine visiva prolungatasi da qui al *Vertunno con cesto di frutta autunnali*, al *Ragazzo con una caraffa di rose*, ma evolutasi in accordo dinamico nel *Ragazzo morso da un ramarro* e, da affermazione di principio tecnico, in etico, nella *Vocazione di san Matteo* che, nel 1599-1600, ne conclude l'esperienza.

Caravaggio si serve scientemente dei riflessi di luce diurna (mai notturna) per dare corpo alle ombre che scandiscono lo spazio scenico delle sue immagini. Il *Ragazzo che sbuccia un merangolo*, tra i quadri pervenutici, è il primo che affronti questo problema tecnico-intellettuale.
Tra le cause del successo iconografico di questo incunabolo di *docta religio* debbono essere valutate le componenti innovative della narrazione, nonché il supporto dato all'insieme dalle cromie brillanti (inedite a Roma) le quali ne sostanziano la resa secondo natura e propongono un gioco iconologico audace: una parabola pittorica in linea con le provocatorie "imprese" morali di poeti "georgici" e di prelati dalla sensibilità tardoumanistica.
La pur sintetica nota di Sagredo (1608) tradisce l'impatto emotivo nei confronti di questo quadro, piccolo, ma "vivo", dove protagonista appare solo "una figura d'un giovane dalla cintura in sù che monda un persico". Sagredo, accomunandolo alle pesche raffigurate in primo piano, fraintende il frutto e, conseguentemente ignora il valore di crittogramma cristologico dell'insieme e, probabilmente, aveva scarso interesse e dimestichezza con questo tipo di pittura che, comunque, per lui era "viva" (!). Non così il destinatario, cardinale Borghese, il quale, nel 1607, aveva acquisito gli *juvenilia* caravaggeschi dall'Arpino.
Un'intuizione di Calvesi (1971, pp. 95-96) vedrebbe nel ragazzo caravaggesco "che monda il pomo non ... altri che Gesù ... che riscatta l'umanità (con il martirio cui allude il coltello) dal peccato originale"; il termine usato da Mancini "mondare" assumerebbe un suo intrinseco significato purificatorio di etimologia evangelica (mela o pera parrebbero sinonimi del "pomo" riferentesi al "peccato originale"). L'identità del frutto come "merangolo" (o "arancio amaro"), definita dallo scrivente dopo il reperimento del prototipo borghesiano, permette di approfondire meglio la proposta di Calvesi peraltro dirottata da altri studiosi sulla simbologia della *vanitas vanitatum*).
A mio avviso (ma vedi Marini 1987, ed. 1989, p. 360, D. *Iconologia*), il possibile valore di *vanitas* è secondario rispetto a quello più strettamente pertinente al tema: "certamente Caravaggio ha scelto una forma di enigma religioso di timbro borromeo, secondo cui i simboli o geroglifici [rendono] più venerando il mistero". Infatti, solo alla luce di una decodificazione puntuale (estranea al "genere", peraltro, all'epoca in questione, del tutto inimmaginabile) del messaggio intimo del "mistero", cioè del significato crittato nell'iconologia, si può giustificare ulteriormente il diffondersi di una simile iconografia, dall'apparenza profana.

Indubbiamente la "parabola" deve essere stata decifrata da pochi eletti, ossia da eruditi, come Crispolti (e il poeta Aurelio Orsi, fratello di Prosperino delle Grottesche intrinseco del pittore), e dotti prelati contemporanei e, quindi, sotto questa angolazione, l'artista deve avere attuato una sollecitante conversione del tema in sapiente crittogramma sacro (con implicito spirito inventivo tra cristiano e neoplatonico). Gli elementi della *vanitas*, oltre il significato di disinganno (forse sottinteso dall'agrume amaro, la cui cromia acerba, connessa al tipo stesso del frutto, tra quelli base della specie, non avrebbe dovuto dare adito a dubbi) offrono significative aperture per giungere alla parziale focalizzazione del valore allegorico dell'insieme pittorico. Non va dimenticato che l'agrume allude generalmente alla "caduta dell'uomo" (ossia al "peccato originale"), ma, per traslato, l'agrume sbucciato, cioè traumatizzato (martirizzato) dal coltello, equivale a un emblema di redenzione e, come tale, è esplicitamente rappresentato nelle nature morte di cultura nordica. La declinazione cristologica, quale si profila sotto questo punto di vista, è dichiarato da una copia appartenente a un'antica collezione di Perugia (oggi a Todi). In questa copia (riferentesi all'immagine "decurtata") è stato aggiunto un angioletto che impone una corona regale al giovane che "monda" l'agrume. Il "rebus" viene, pertanto, a sciogliersi in una sofisticata raffigurazione ("tra il devoto e il profano") del Cristo adolescente e malinconico (alla "melancolia" si connette anche il melangolo o merangolo) che redime nel martirio la "caduta dell'uomo" (e della Natura). Egli stesso, figura del "custode del giardino" della "resurrezione", ci appare come "Redentore" per la sua natura divina e, nel medesimo tempo, "redento", per la sua natura di uomo: una perfetta simbiosi di concettismo pittorico controriformato tra *creato* e *creatore*.
Un ausilio per comprendere il processo di definizione dell'iconografia viene dalla recente (2000) indagine ai raggi X (vedi oltre).
La pulitura conseguente al restauro del 1979-1980 (in Roma, revisione febbraio 2000) ha evidenziato, oltre alla complessiva buona conservazione (cfr. Marini 1987, ed. 1989, p. 360), alcuni significativi "pentimenti": la testa risulta impostata più in alto e verso destra; tale stesura precedente coinvolge anche le spalle. La cancellatura degli esuberi è stata effettuata (in corso d'opera) con rapide velature brune. Ciò (a pigmenti freschi) ha comportato una maggiore intensità nelle ombre-portate sullo sfondo, nella zona destra. Tracce della precedente costruzione degli occhi e del naso sono leggibili anche allo stato attuale (in quanto solo parzialmente coperte nel restauro pittorico), in particolare nella palpebra a sinistra e nella narice a destra.

Altre autocorrezioni concernono la mano sinistra (le cui dita presentano in origine un andamento diverso delle ultime falangi) e la camicia (specie nell'apertura sul torace). Nel collo di questa, sulla spalla sinistra, si riscontra un graffito che ne ribatte la cucitura sottostante, un espediente tecnico (qui in embrione) in seguito ampiamente sfruttato a fini strutturali. I raggi X, oltre a rileggere in parte quanto detto, hanno palesato la complessa elaborazione del primo piano, denso di cancellature che coinvolgono tutto l'apparato naturamortistico (pesche, mele di vario tipo, prugne, sorbe, un baccello aperto, alcune spighe di grano), la mano e l'avambraccio sinistri. La traccia radiografica dei bianchi (a base di biacca) è molto evidente, mentre le parti rese con elaborazione pittorica "a velature" tendono a essere riassorbite nella preparazione scura (analogamente a quanto avviene nei raggi X dell'*Autoritratto in veste di Bacco* e del *Vertunno col cesto di frutta autunnali*, tutte tele coeve, 1593). Il testo originale permette inoltre l'analisi e il confronto di alcune valenze formali d'etimologia cromatica lombardo-bassanesca, contro un latente accento arpinesco che esprime la contingenza delle eleganti declinazioni di quest'ultimo: la morfologia dell'immagine trova, cioè, forza nella *mimesis* cromatico-atmosferica e, per lo più, elude l'onnipresente manierismo (e il suo dilavato colorismo da affresco) che, a tratti, riaffiora in molte delle copie pervenuteci. Si noti come nelle mani del prototipo il Caravaggio ha posto l'accento sull'arrossamento sanguigno della destra, sotto sforzo, mentre la sinistra mantiene un tono normale (connotati naturalistici assenti nelle copie) e, sempre in questa, sia assente l'irreale gonfiore nello scorcio del polso. Ancora la levità e la compiutezza della manica (e del gomito), nel braccio destro, conferiscono alla relativa piega sollevata l'aspetto estemporaneo della stoffa che sta per afflosciarsi, poiché è stato da poco compiuto il gesto di rimboccare questa come la sinistra che, invece, è rimasta più stabile (come detto la mano e l'avambraccio sinistri compiono un movimento minimo). Anche in questa parte la totalità del braccio e, conseguentemente, della manica caratterizzano moti (maggiori o minori) *in fieri* incomprensibili nelle copie. In queste sono inoltre equivocate la virgola d'ombra-portata di un ciuffetto di capelli, avvertibile sulla fronte del fanciullo (trasformata in un vero ciuffetto) e gran parte del complesso gioco di pieghe della camicia, i cui trapassi di chiaroscuro, tipicamente strutturali, nelle trascrizioni diventano scavi convenzionali in un contesto cromatico gessoso.

10. Michelangelo Merisi, detto il Caravaggio
Ragazzo morso da un ramarro
1595-1596

olio su tela, cm 68,5 × 52,3
Collezione privata

Sovente nelle copie anche gli elementi di natura morta risultano depurati dalle connotazioni veristiche dell'originale: intacchi dei vermi, effetto tattile della superficie delle pesche, scorza e polpa e l'agrume sbucciato, prugne e fava nel baccello quasi marcescenti, ombre allungate sul piano ecc. Lo stesso vale per l'anatomia; oltre a quella delle mani, già ricordata, si riscontrano l'assenza della costruzione dello sterno – tipica degli adolescenti – e la corsività di dettagli come l'epidermide delle labbra e l'incerta definizione delle ciglia e dei capelli.
L'autografia della tela di Roma è accolta da: Puglisi 1998, pp. 58-59, 395, n. 1, tav. 25; Wilson Smith 1998, p. 9, fig. 5; Zeri 1998, p. 42 (databile al 1593 circa, avvicinato iconograficamente all'Eros dei *Musici* del Metropolitan di New York e all'angelo dell'*Estasi di san Francesco* di Hartford, Wadsworth Atheneum).
Infine, una specifica valenza borghesiana potrebbe giungere dalla cornice (riccamente intagliata e dorata, con imprese e fogliami stilizzati), che correda *ab origine* il dipinto. Questa ha un puntuale riscontro in quella (d'intaglio a motivi affini) che orna il *David e Golia* (1609 circa, del Caravaggio), Roma, Galleria Borghese, la quale, in rapporto alle maggiori dimensioni del quadro che incornicia, ha una "fascia scolpita" più larga. La relativa ricevuta di pagamento per l'ebanista di Casa Borghese, Annibale Durante, datata 1613 (senza giorno o mese: "altra cornice per il quadro di David con la testa del Gigante Golia alt. p. 5 e 4 – b[ajocchi]. 50"), induce a credere che a questo eccellente artigiano si debba attribuire anche la manifattura dell'incorniciatura del *Ragazzo che sbuccia un merangolo* (restaurata nel 1980, in Roma, da Alterio). Questo, in tal modo, dopo l'acquisizione veniva omologato ad altri quadri della collezione. Nel tempo l'azione distruttiva degli insetti xilofagi, quella degli uomini e delle mode, hanno in gran parte sottratto le cornici originali ai quadri borghesiani, tuttavia, quelle superstiti di Durante (al quale si riferiscono altri pagamenti, per esempio 1612) attestano il gusto per motivi decorativi dai quali (come in quella del quadro in oggetto, forse preservatasi per essere ubicata in provincia) sembrerebbero leggibili in filigrana stilizzatissimi festoni d'alloro, nonché draghi e aquile araldici dorati.

Bibliografia: Calvesi 1971, pp. 95-96; Marini 1978-1979, p. 76; Marini 1980, pp. 4, 12, n. 1; Hibbard 1983, pp. 16-269, fig. 3; Marini 1987, ed. 1989, pp. 112-113, 358-361; Puglisi 1998, pp. 58-59, 395, n. 1, tav. 25; Wilson Smith 1998, p. 9, fig. 5; Zeri 1998, p. 42.
[MM]

Vedi p. 185 in questo volume.

Giulio Mancini (1617-1621 circa, ed. 1956-1957) ricorda che appena giunto a Roma il Caravaggio abitò in casa del monsignor Pandolfo Pucci e in quel periodo fece "per vendere, un putto che piange per esser stato morso da un racano che tiene in mano" ("ramarro" nel ms. Palatino 597). Sempre da Mancini (1617-1621 circa, ed. 1956-1957, I, p. 140) si apprende che lo vendette, riuscendo così ad affrancarsi da quel padrone. Un'altra descrizione più dettagliata e rispondente al soggetto è offerta da Baglione (1642) il quale scrive di come il Caravaggio, andato a vivere da solo, eseguì un *Bacco* (il dipinto della Galleria Borghese) e "fece anche un fanciullo, che da una lucerta, la quale usciva da fiori, e da frutti, era morso; e parea quella testa veramente stridere, e il tutto con diligenza era lavorato".
L'apparente discordanza sia descrittiva che cronologica delle due descrizioni ha fatto pensare che si trattasse di due opere diverse, la prima perduta. Denis Mahon e Luigi Salerno hanno pensato a una sola opera, identificabile col soggetto rappresentato nei due esemplari di Londra (già Korda) e di Firenze (già a Parigi presso D'Atri, poi in collezione privata romana e acquistato da Roberto Longhi; cfr. Longhi 1928 e 1929).
Nonostante l'interesse e la fama immediata del *Ragazzo morso da un ramarro* (Spear 1985) non sappiamo quali furono i primi possessori del dipinto, di cui non si trova traccia neanche negli inventari romani. Il tema è noto nelle due versioni citate, che per anni sono state oggetto di discussione tra i sostenitori dell'una o dell'altra redazione, ritenendo che il Caravaggio non avesse eseguito più versioni di uno stesso soggetto in considerazione del metodo del dipingere col modello davanti. La mostra milanese del 1951, quella di New York del 1985, dove il quadro Longhi non venne esposto, e infine l'acquisizione e l'intervento di restauro del dipinto Korda da parte della National Gallery di Londra, contribuirono ad alimentare le discussioni.

Nel 1986 Giovanni Testori e Giovanni Previtali difesero l'autografia dell'esemplare della Fondazione Longhi mentre Federico Zeri lo ritenne una copia antica, come anche probabilmente il quadro già Korda, pur notando in quest'ultimo una qualità assai alta. Si è fatta strada negli stessi anni l'ipotesi di due versioni autografe di un soggetto che dovette essere particolarmente apprezzato, ipotesi peraltro già avanzata da Salerno (1970) e da Mahon (1988 e 1990). La possibilità che il Caravaggio si sia ripetuto fedelmente è apparsa plausibile anche in considerazione del fatto che esistono casi di repliche per altri soggetti come la *Buona ventura* e il *Suonatore di liuto*.
La mostra fiorentina del 1991, occasione in cui le due opere sono state per la prima volta accostate, ha irrobustito l'opinione dell'autografia di entrambe. A favore della loro validità sono da considerare anche la qualità e le caratteristiche dell'esecuzione. Modifiche e pentimenti si riscontrano in entrambe le versioni, mentre la forte espressione mista di dolore e di rabbia che si legge nel volto del giovane sembrerebbe portare a una datazione più avanzata per la versione fiorentina, così come anche l'esecuzione rapida e non rifinita. Il pensiero di rappresentare la rifrazione della luce nella penombra che interessa quasi tutta la parte anteriore del busto del giovane provocando un'audace forma astratta analoga agli effetti sul nudo di Oloferne nella *Giuditta* Coppi, non è altrettanto sviluppato nella versione londinese. Denis Mahon (1988) data l'esemplare londinese posteriormente a questo della Fondazione Longhi, intorno al 1597-1598 mentre la Lapucci (1991 e 1997), in seguito al confronto radiografico fra le due versioni assegna la priorità cronologica al dipinto Longhi per la presenza di un abbozzo sottostante più rapido e corposo e per la sovrapposizione parziale delle stesure pittoriche.
Il tema va considerato come il risultato iconologico di elementi di cultura dell'Italia settentrionale e di stimoli del gusto antichizzante dell'ambiente romano (Acidini Luchinat 1980). Inoltre, derivazioni da temi nordici conosciuti attraverso le stampe sono stati indicati nella simbologia dei cinque sensi intrecciati ai quattro elementi (Heimbürger 1990). Anche gli effetti di luce, come hanno ricordato Bologna (1992) e Calvesi (1996), traggono origine dalla pittura fiamminga. Calvesi, in particolare, sottolinea che essi corrispondevano frequentemente più che al puro "interesse ottico-scientifico", a una "motivazione allegorica e religiosa".

Strette somiglianze anche tematiche si notano nel *Ragazzo con una caraffa di rose* di Atlanta (Art Association Galleries, The High Museum), un dipinto pesantemente restaurato che risulta essere una copia e dove la presenza del vaso di fiori con la trasparenza dell'acqua fa meglio intendere quali furono, nei primi anni romani del Caravaggio, i processi di elaborazione di un tema e di motivi che riscuotevano successo. Si tratta in ogni modo di un ulteriore avanzamento nella rappresentazione delle reazioni psicofisiche, studiate dal pittore in numerose altre occasioni.

Bibliografia: Longhi 1929, pp. 21, 275, 301 (ed. 1968, pp. 85-86 e 114, 124); Arslan 1951, p. 446; Baroni 1951, p. 18; Longhi 1951, p. 14, n. 4, fig. 4; Mahon 1951, p. 233; Venturi 1951, p. 61; Mahon 1952a, p. 8; Mahon 1953, p. 214; Wagner 1958, p. 19; Salerno 1970a, p. 235; Frommel 1971b, p. 18; Marini 1974, pp. 94-95 n. 7, pp. 339-342 n. 7; Röttgen 1974, p. 253; Acidini Luchinat 1980, pp. 270-272, n. 78, fig. 93; Posner 1981, p. 388; Cinotti 1983, pp. 435-437, n. 16; Gregori 1985, pp. 237, 240; Previtali 1985, p. 75; Previtali 1986, p. 3; Testori 1986, p. 4; Zeri 1986, p. 3; Marini 1987, ed. 1989, pp. 126, 372-374; Gregori 1991, pp. 124-130; Lapucci 1991, pp. 130-137; Bologna 1992; Milicua 1996, p. 138; Gregori 1997, pp. 64-71; Lapucci 1997, pp. 71-73; Gregori 1998, pp. 169-170.
[MG]

11. Sofonisba Anguissola

(Cremona, 1528 circa - Palermo, *post* 1624)

Fanciullo morso da un gambero

1554 circa

carboncino su carta, filigrana,
mm 333 × 385
Napoli, Museo Nazionale di Capodimonte,
Gabinetto Disegni e Stampe, inv. 1039

È alla sapiente e precoce tessitura critica di Roberto Longhi (1928, 1929) che si deve il primo rinvio a questo importante disegno di Sofonisba Anguissola, sagacemente individuato come uno dei più significativi precedenti degli esordi pittorici del Caravaggio. L'efficace rappresentazione di un'emozione umana ha d'altra parte radici profonde nella cultura cinquecentesca milanese nutrita dagli insegnamenti di Leonardo. "Non farai il viso di chi piange con eguali movimenti di quel che ride, perché spesso si somigliano, e perché il vero modo si è di variare siccome è variato l'accidente del pianto dall'accidente del riso, imperocché, per piangere, le ciglia e la bocca si variano nelle varie cause del pianto". L'argomentazione di Leonardo affidata alle pagine del *Libro di pittura* trova immediata ed esatta rispondenza proprio a Milano nell'affresco con *Eraclito e Democrito* realizzato da Donato Bramante per casa già Visconti poi Panigarola (oggi a Brera), così come in numerose prove di carattere grafico – tra le quali ricordiamo l'interessante disegno di impronta leonardesca ad opera di un artista lombardo, conservato all'Accademia Carrara (Gabinetto dei Disegni e delle Stampe, inv. 478) dall'indicativo titolo di *Homo ridiculo*. Toccherà al pittore milanese Gian Paolo Lomazzo nell'ambito del suo *Trattato dell'Arte della Pittura* edito a Milano nel 1584 vestire l'eredità leonardesca in merito alla espressione dei "moti dell'animo" e dunque la poco meno che ventenne primogenita di casa Anguissola assume con questo disegno, nelle file degli artisti lombardi di metà Cinquecento, un ruolo di decisa avanguardia culturale. E la conferma viene dalla constatazione che questo genere di disegni in cui precocemente si cimenta la giovane Sofonisba viene particolarmente apprezzato da esponenti di spicco del mondo dell'arte, come documenta la nobilissima, anche se non lineare, storia collezionistica del disegno in esame.

È Giorgio Vasari a documentare nella *Vita di Properzia de' Rossi* scultrice bolognese la trasmissione a Cosimo de' Medici di una "carta di mano di Sofonisba, nella quale è una fanciullina che si ride di un putto che piagne, perché avendogli ella messo inanzi un canestrino pieno di gambari, uno di essi gli morde un dito". L'invio del disegno al duca di Firenze si deve a Tommaso de' Cavalieri, gentiluomo romano amico di Michelangelo, che in una lettera del 20 gennaio 1562 sottolinea l'interesse suscitato in Michelangelo da soggetti di questo genere, interesse che avrebbe portato lo scultore a stimolare l'Anguissola a prodursi in un fanciullo in lacrime dopo aver felicemente realizzato una giovane donna che rideva.

Secondo Giorgio Vasari il disegno per mano di Cavalieri – che, educato all'arte del disegno da Michelangelo, dispose di una collezione grafica tra le più preziose e più frequentate di Roma, acquistata alla sua morte nel 1587 da Alessandro Farnese per la somma eccezionale di 500 scudi – fu inviato a Firenze al duca Cosimo per entrare a far parte del mitico *Libro de' disegni* vasariano. Il foglio che Roberto Longhi (1963, p. 51) ricordava di aver restituito all'artista cremonese sin dal 1928 riconoscendo in un disegno degli Uffizi attribuito a Santi di Tito quello citato da Vasari, non è oggi rintracciabile nella collezione pubblica fiorentina. Licia Ragghianti Collobi (1974, II, p. 196) nella sua ricostruzione del *Libro* vasariano pubblicava la versione oggi concordemente ritenuta dalla critica una copia del disegno di Sofonisba con ubicazione ignota.

Sbiadisce a questo punto il profilo del percorso collezionistico del disegno pazientemente riannodato attraverso l'analisi delle fonti documentarie, inventariali e critiche da Giulio Bora (in *I Campi* 1985, p. 301), Bram de Klerck (in *Sofonisba Anguissola* 1994, p. 274) e Rossana Muzii (in *Museo e Gallerie Nazionali di Capodimonte* 1994, p. 287) che concordano nel ritenere un originale dell'Anguissola l'esemplare conservato a Capodimonte, documentato nel 1600 tra i beni della collezione di Fulvio Orsini a Roma, bibliotecario e consulente per gli acquisti d'arte di Alessandro e Odoardo Farnese, destinatario quest'ultimo, oltre che del disegno in esame, di un *Autoritratto alla spinetta* di Sofonisba (oggi a Napoli, Musei e Gallerie di Capodimonte, inv. Q 358). La primogenitura di questa restituzione, supportata da solidi elementi di carattere documentario appartiene a Irene Kuhnel-Kunze (1962, pp. 88-91) che ha inoltre riconosciuto nel bambino che piange Asdrubale Anguissola, fratello di Sofonisba, dato questo che ha consentito alla studiosa di datare al 1554 il foglio, cronologia condivisa da tutta la critica.

Al di là del fatto che siano stati offerti suggerimenti eccellenti dal punto di vista iconografico, la scelta dell'artista di adottare per modelli due componenti del nucleo familiare assolve alla volontà di caratterizzare l'immagine in senso fortemente realistico: attraverso un *ductus* finissimo, sensibile ai valori di luce l'Anguissola rappresenta una situazione vera, efficacemente espressiva, calata nella quotidianità.

Il confronto con il disegno di identico soggetto pubblicato da Voss (1928, tav. 15; Berlino, collezione privata) fa emergere in tutta evidenza profonde disparità qualitative: quest'ultimo foglio rivela un segno impacciato, meccanico nella definizione dei contorni, debole nelle ombreggiature: elementi che permettono di riconoscervi appunto una copia. L'esemplare consente tuttavia di completare idealmente le parti d'immagine che nell'originale non sono più visibili, a causa della definitiva compromissione che l'accuratissimo recente restauro condotto in due fasi tra gli anni ottanta e novanta da Simonetta Funel ha potuto solo in parte risarcire.

Svolgono un ruolo altrettanto esemplare le due versioni dipinte rispettivamente conservate a Digione (Museo Magnin; lo si veda con i riferimenti bibliografici in Caroli 1987, p. 214, n. A24) e a Milano (collezione Flavio Caroli; si veda il dipinto pubblicato in *Sofonisba Anguissola* 1994, pp. 308-309), entrambe derivate dall'invenzione di Sofonisba e proprio per questo testimoni della fortuna del soggetto.

Sul giovane Caravaggio nutrito dalle immagine della realtà lombarda la "sottile rivoluzione" introdotta dall'artista cremonese attraverso i suoi disegni, da subito apprezzati nella loro novità tematica e interpretativa dall'ambiente artistico più aggiornato della capitale, dovette risultare una conferma della necessità di un nuovo corso.

In questo senso non solo le due versioni del *Ragazzo morso da un ramarro* di Firenze (collezione privata) e Londra (collezione privata), ma anche la prima redazione del *San Matteo e l'angelo* (andata distrutta a Berlino durante il secondo conflitto mondiale) destinata all'altare della cappella Contarelli in San Luigi dei Francesi con l'angelo che guida la mano dell'evangelista nelle vesti di un contadino analfabeta, per la forte tangenza con il motivo di un'altra magistrale prova grafica dell'Anguissola *Vecchia che studia l'alfabeto ed è derisa da una bambina* (Firenze, Galleria degli Uffizi, Gabinetto dei Disegni e delle Stampe) testimoniano l'esistenza più che fondata di un terreno culturale comune di pertinenza lombarda da cui prendere le mosse per sviluppare originali percorsi creativi.

Bibliografia: Museo e Gallerie Nazionali di Capodimonte 1994, p. 287; *I Farnese. Arte e Collezionismo* 1995, pp. 349-351; Caroli 1998, p. 140. [MCRG]

12. "*Puer, et scorpius*."

in G. Faerno, *Fabulae centum ex antiquis auctoribus delectae et carminibus explicatae*, Romae 1563
incisione, mm 200 × 145
Bergamo, Biblioteca Civica A. Mai,
inv. 2/1759

L'incisione figura nell'edizione postuma del testo *Fabulae centum*, cento brevi ed eleganti composizioni del letterato cremonese Gabriele Faerno. Dal 1549 impegnato presso la Biblioteca Vaticana, dove si dedicò principalmente a studi di letteratura latina, l'erudito lombardo morì a Roma nel 1561. Due anni dopo la sua scomparsa, per volere di papa Pio IV, suo protettore, vennero date per la prima volta alle stampe le sue *Fabulae*.

L'edizione dedicata a Carlo Borromeo e introdotta da Silvio Antoniano – romano d'origine, rappresentante del tardo umanesimo al seguito del cardinale a Milano e futuro autore del celebre trattato *De l'educazione cristiana e politica dei figliuoli* (Verona 1584) – interpreta la volontà di dare diffusione a un testo di sicuro valore pedagogico. Nel rivisitare la favolistica antica, Faerno dotò ciascuna composizione di un commento moralistico che all'atto della pubblicazione venne corredato da immagini ideate nella prima edizione romana da Pirro Ligorio, impegnato tra gli anni cinquanta e sessanta nella sua realizzazione più nota, il Casino di Pio IV nei giardini vaticani.

Tra le *Fabulae* figura anche quella intitolata *Puer et scorpius*, che racconta di un ragazzo il quale, impegnato nella caccia alle locuste, si imbatte in uno scorpione cui si avvicina con la mano destra. Stando alla datazione del disegno della Anguissola al 1554, data sulla quale tutta la critica conviene concordemente, l'invenzione dell'artista cremonese del *Bambino morso da un gambero* precede di quasi dieci anni la realizzazione di Ligorio. Da questa considerazione sono discese una serie di ipotesi ampiamente argomentate da Bram de Klerck (in *Sofonisba Anguissola* 1994, pp. 274-277) che opportunamente ritiene, al di là della individuazione di una primogenitura ideativa, che ciò che più importa è la probabile esistenza di una tradizione iconografica comune sostanziata dall'intento di suggerire un messaggio di natura morale.

Partecipe di questa *koinè* è un altro pittore cremonese, Vincenzo Campi, che nella opulenta messa in scena dell'animato banco di una famiglia di *Pescivendoli* (Milano, Pinacoteca di Brera), databile all'inizio degli anni ottanta, introduce anch'egli l'episodio del bambino morso da un gambero.

13. Copia da Michelangelo Merisi, detto il Caravaggio
Ragazzo con una caraffa di rose

olio su tela, cm 67,3 × 51,8
Atlanta, High Museum of Art

La fortuna goduta dal soggetto proposto precocemente dall'Anguissola, documentata dalle repliche sia grafiche che pittoriche dello stesso soggetto a cura di altri artisti, la diffusione in area veneta delle edizioni delle *Fabulae centum* di Faerno attraverso due nuove edizioni caratterizzate rispettivamente da un diverso corredo di immagini (Brescia 1591; Venezia 1592), la ripresa del tema da parte di Vincenzo Campi nei *Pescivendoli* di Brera in anni che di pochissimo precedono l'apprendistato del Caravaggio a Milano presso Simone Peterzano, sono tutti elementi che concorrono a definire un tessuto culturale ricco, proprio perché variegato, grazie alle diverse declinazioni proposte dai singoli artisti di volta in volta realistiche, moraleggianti, comiche, simboliche, tutte all'insegna di una originalità piena di cui Caravaggio farà tesoro negli anni della formazione lombarda per darne subito conto nelle prove romane dei primi anni novanta tra le quali spiccano per pertinenza le due versioni del *Ragazzo morso da un ramarro* (Firenze e Londra).

Bibliografia: *Sofonisba Anguissola e le sue sorelle* 1994, pp. 275-277, con bibliografia precedente.
[MCRG]

Considerando l'ambigua androginia del soggetto, l'originale s'individua nel n. 99 del fiscale di Paolo V (comprendente altri quadri del Caravaggio rimasti nella bottega del Cavalier d'Arpino, come l'*Autoritratto in veste di Bacco* e il *Vertunno con cesto di frutta autunnali*, il cosiddetto *Ragazzo con cesto di frutta*): "Un quadro di ritratto d'una donna con una caraffa di fiori in un tavolino" (1607, Roma, Archivio Galleria Borghese, Biblioteca Borghesiana I, 27, cart. 329: *Nota de' quadri portati a palazzo dalla casa del cav. Giuseppe d'Arpino, Presi dal Fiscale di Paolo V*). È, comunque, riconoscibile nell'inventario Borghese del 1693: "Stanza IV, n. 47. Tra le due finestre sotto al cornicione un quadro di due palmi con un ritratto d'un Giovane con un Vaso di rose in tela del N... con cornice dorata del Caravaggi" (Roma, Archivio Segreto Vaticano, Fondo Borghese, Busta 7504: *Inventario di tutti li Mobili che sono nell'Appartamento Terreno [del Palazzo Borghese in Campo Marzio] che gode il Sig.r Principe di Rossano. Adì 7 aprile 1693*; cfr. Della Pergola 1964b, p. 256 nota 1).
La versione in oggetto, attribuita al Caravaggio, perviene da una raccolta privata inglese alla Collection Moussali di Parigi, quindi, per acquisto, alla Wildenstein & Co. di New York, da cui alla sede attuale (1958) tramite The Great Painting Fund.
Il riferimento al Caravaggio del quadro di Atlanta si deve a Lionello Venturi (comunicazione scritta, Roma, 18 marzo 1949). Come autografo è pubblicato da Voss (1951b, pp. 410-412) e come tale confermato da Mahon (1952b), per il quale precede il *Bacco* (*Autoritratto in veste di Bacco*) e il *Ragazzo con cesto di frutta* (*Vertunno con cesto di frutta autunnali*), entrambi Borghese, quindi del 1591-1592. Non accolto da Longhi (1952, tav. VIII), Baumgart (1955) lo data al 1591-1593 circa, come originale del Caravaggio.
Non autografo per Wagner (1958), che rileva l'eccessiva secchezza metallica dell'impasto, e da Berne Joffroy (1959). Accolto dubitativamente da Jullian (1961), rilevato il carattere "metallico" di certi panneggi, peraltro imputabile al restauro; per la qualità della "natura morta" e per il rapporto armonico con la figura, è inserito fra le opere giovanili (1592) e identificato, ipoteticamente, con il quadro indicato da Bellori (1672) come "Caraffa di fiori". La riedizione (1963) del testo monografico di Venturi riporta il quadro in oggetto tra le copie di originali perduti.

La Della Pergola (1964) giustifica l'autografia (anche nelle carenze dovute al restauro) e l'individua nel ricordato n. 99 della lista del fiscale di Paolo V (in cui rileva l'equivoco, non infrequente, sul sesso del modello) e, quindi, nel n. 47 dell'inventario del 1693 (già menzionato). Catalogato come autografo da Hancock (1965). Moir (1967) vi riconosce una mano analoga a quella che ha dipinto *Frutti e caraffa di vino* (in realtà dell'anonimo "Pensionante del Saraceni") della National Gallery di Washington. Successivamente (1976) esclude che sia esistito un prototipo del Caravaggio. Per Spear (1971a, pp. 470-473), che propone una copia a suo dire più fedele, si tratterebbe di una copia da un Caravaggio del 1590 circa. Cinotti (1971) accoglie il quadro di Atlanta come copia più vicina al perduto originale del Caravaggio rispetto a quella proposta da Spear, in cui sarebbe poco pertinente "l'aumento dello spazio superiore rispetto alla figura". Zeri e Fredericksen (1972, *ad vocem*) ne accolgono l'autografia: Marini 1973-1974 (ribadito nel 1980, nn. 4/4a) lo presume copia (forse di Tommaso Salini), abbondantemente ridipinta, da originale del 1593. In seguito all'esecuzione di buone radiografie (1982) e al reperimento di altre due copie, che confermano le ridipinture della versione di Atlanta, lo stesso (1983, pp. 123-131, 149) ne auspica una pulitura che restituisca al dipinto la sua *facies* d'origine, da cui potrebbe dipendere la valutazione d'autografia. Hibbard (1983, p. 284) non lo ritiene copia dal Caravaggio e tende ad accogliere il suggerimento attributivo a Giovanni Baglione avanzato da Röttgen (1974, p. 253 nota 157, tav. 98). Mina Gregori (1985, pp. 203-205) conferma la versione di Atlanta copia "infedele" da originale "del primissimo tempo romano", precedente al *Ragazzo morso da un ramarro* per "l'impianto meno articolato rispetto" a quest'ultimo.
Marini (1973-1974 e studi successivi, cfr. 1987, ed. 1989, n. 8, pp. 120-121, 365-367) lo considera copia in quanto, comunque, ingiudicabile per la ridipintura pressoché totale della superficie. Tuttavia rileva il timbro elegiaco che traspare dall'invenzione e dai dettagli leggibili nelle versioni meglio conservate. A tal fine soccorrerebbero l'esplicito impiego di un modello dalla somatica vicina o adeguata all'Antinoo adrianeo: lo stesso tragico destino del giovane, oggetto del torbido amore dell'imperatore Adriano, miseramente annegato nei flutti del Nilo, potrebbe essere motivo plausibile per una scelta a emblema della fragilità della giovinezza. In tal senso, contro l'opinione di Spear (1971) che in questo e nel *Ragazzo morso da un ramarro* scorgerebbe iconografie riconducibili ai "cinque sensi" (l'"odorato" e il "tatto", per il secondo).

Marini (1987, ed. 1989) ribadisce come l'immagine in oggetto sia allusiva di una "allegoria della giovinezza" con le ovvie implicazioni di fugacità e d'invito a goderne: idea letteraria più volte trattata nel rinascimento e nel manierismo, da poeti quali Lorenzo il Magnifico, Poliziano, Ariosto, Tasso, in cui la metafora si giova dell'identificazione del deperire della giovinezza col rapido sfiorire della rosa. Caravaggio apparirebbe esplicitamente partecipe dell'oraziano *ut pictura poësis*. Il giovane che guarda con occhi eloquenti, velati di malinconia, indica con la destra una rosa che si disfa appena sbocciata, mentre punta l'indice sinistro (visibile nelle copie, ma camuffato da una ridipintura nella stesura di Atlanta) verso se stesso. Sembra fargli da contrappunto la musicale ottava di Giovanni Battista Marino (*Adone*, VII, 90): "Voi che scherzando gite, anime liete, / per la stagion ridente e giovenile, / cogliete con man provida, cogliete / fresca la rosa in su l'aprir d'aprile, / pria che quel foco che ne gli occhi avete / freddo ghiaccio divenga e cener vile, / pria che caggia le perle al dolce riso, / e com'è crespo il crin sia crespo il viso".
Resta urgente l'eliminazione delle devianti ridipinture che a tutt'oggi precludono ogni valutazione della tela di Atlanta.

Bibliografia: Voss 1951b, pp. 410-412; Longhi 1952, tav. VIII; Mahon 1952b, pp. 20-31; Della Pergola 1964b, p. 256, n. 1; Spear 1971a, pp. 470-473; Zeri, Fredericksen 1972, *ad vocem*; Röttgen 1974, p. 253 nota 157, tav. 98; Marini 1980, nn. 4-4a; Hibbard 1983, p. 284; Marini 1983, pp. 123-131; Gregori 1985, pp. 203-205; Marini 1987, ed. 1989, pp. 120-121, 365-367, n. 8.
[MM]

Vedi p. 191 in questo volume.

14. Jan Brueghel il Vecchio

(Bruxelles, 1568 - Anversa, 1625)

Una caraffa di fiori

1593 circa

olio su rame, cm 28 × 21
Roma, Galleria Borghese, inv. 362
Provenienza: sequestro dei dipinti del Cavalier d'Arpino, 1607, n. 96

L'attribuzione dellla *Caraffa di fiori* della Galleria Borghese è tuttora controversa, soprattutto in seguito alla monografia di Ertz (1979) che esclude l'opera dal catalogo del pittore, sicché anche per Marini (1981), Nappi (1993) e Guarino (1995) il dipinto va considerato con punto d'interrogazione o attribuito. D'altra parte Bedoni (1983), Bologna (1992), Calvesi (1995) hanno ribadito la paternità di Jan Brueghel il Vecchio introdotta nella critica da Paola Della Pergola (1959).

Il mazzolino di fiori, foglie ed erbe, descritte con cura lenticolare da un sottile pennello a punta, esposto nel vaso sferico di vetro con il riflesso della finestra a croce, è riferibile con molta probabilità all'inventario del sequestro del Cavalier d'Arpino del 1607 che elenca col n. 96 "un quadro di caraffa di fiori, et altri fiori non compito". La parte apparentemente non "compita" potrebbe riguardare un'area a sinistra del vaso dove alcune foglie delle rose sono contornate soltanto da piccoli tratti di lumeggiature, mentre al centro rimangono oscure e non modellate, pur trovandosi in una zona in chiara luce che caratterizza il piano d'appoggio sottostante.

Il dipinto ha suscitato da tempo l'interesse particolare della critica in rapporto a un noto passo di Bellori (Della Pergola 1959, II, p. 155): "[Caravaggio] dipinse [per il Cavalier d'Arpino] una caraffa di fiori con le trasparenze dell'acqua e del vetro e coi riflessi della finestra d'una camera, sparsi li fiori di freschissime rugiade".

In questi termini, usati da Bellori quasi a modo di *topos* per il pittore lombardo, affiora un giudizio di Vasari (ed. Milanesi, 1879, IV, pp. 24 sgg.) nei confronti di una delle più famose opere di Leonardo. Secondo Vasari: "Fece poi Leonardo una nostra donna che era appresso papa Clemente VII molto eccellente, e fra le altre cose che v'erano fatte contrafece una caraffa piena d'acqua con alcuni fiori dentro, dove, oltre la maraviglia della vivezza, aveva imitato la rugiadra dell'acqua sopra, sì che ella pareva più viva della vivezza".

Nel testo di Bellori il discorso sulla "rugiadra" è però correlato non più al vaso, ma ai fiori. Il dipinto di Leonardo era di tale fama ancora all'inizio del Seicento a Roma che il poeta Alessandro Tassoni (Herrmann Fiore 1996, p. 396) nel suo paragone dei maestri antichi e moderni lo addusse come esemplare per la superiorità della pittura post-antica. Secondo Pietro Marani una versione del dipinto di Leonardo, "dove la caraffa di cristallo è un brano memorabile di natura morta alla fiamminga" era già in possesso di Clemente VII, viene ancora nel 1804 segnalata a Palazzo Borghese ed è probabilmente identica al dipinto della *Madonna con la caraffa* conservato alla pinacoteca di Monaco (Marani 1995, pp. 27-34).

Un vaso a forma di boccia di vetro in quest'opera romana (come nella sua variante più piccola sempre nella collezione Borghese, inv. 516) è atipico nell'*œuvre* di Brueghel, che preferisce "tozze di legno, vasi di Delft, porcellane cinesi, ceramiche a rilievo" (Bedoni 1983, p. 53), ma potrebbe essere stimolato – a parere di chi scrive – proprio dal mito dell'esempio romano di Leonardo, che probabilmente stava anche alla base delle varie redazioni del maestro di Hartford e del giovane Caravaggio nei ritratti dei giovani con vasi vitrei di forma sferica. Gli effetti delle sfere nelle varie condizioni di luce, come la costruzione di specchi concavi e convessi, erano oggetto di studio scientifico e curiosità intellettuale all'epoca, come riferisce Alessandro Tassoni in occasione di un invito del cardinale Scipione Borghese al Vaticano (Herrmann Fiore 1994, p. 372). I complessi rapporti tra arte e scienza ottica agli inizi dell'*iter* del Caravaggio sono stati analizzati da Bologna (1992, pp. 138-190) nel suo studio sul naturalismo del Caravaggio.

Secondo Calvesi (1996), che sulla base di una serie di precedenti caraffe di fiori ha ribadito il carattere fiamminheggiante del dipinto Borghese e la sostanziale diversità delle sue minuzie dal linguaggio del Caravaggio, ha interpretato la perfetta forma sferica e la "croce" della finestra riflessa sullo stesso vaso nel contesto della tradizione figurativa delle sfere cristalline del mondo e della croce in opere di carattere sacro e profano.

La composizione e redazione fiamminga di questo *bouquet* di fiori quindi induce a non accogliere l'ipotesi che si tratti di un copia di Brueghel dal perduto originale del Caravaggio nella collezione del cardinale del Monte, come è stato suggerito nella critica (Nappi 1995, p. 124).

Non sembra però escluso alla scrivente che Brueghel abbia conosciuto la maniera innovativa del Caravaggio di trattare il chiaroscuro con una libertà artistica senza precedenti, liberato dalle rigorose logiche prospettiche, perché in questo piccolo dipinto il chiaroscuro invade il mondo dei fiori, della sfera e del tavolo, in maniera ad arte e difficilmente ricostruibile in un esperimento scientifico da studio.

La farfalla in primo piano, accanto ai nontiscordardime e ai rossi petali cuoriformi caduti e la violetta fuori dell'acqua, che appaiono sparse sul piano, nella generale contesa tra luce e ombra sulle superfici, invitano l'osservatore ad associazioni sulla fragilità dell'amore e della bellezza, elementi palesemente moraleggianti, particolarmente cari alla tradizione nordica.

Bibliografia: Della Pergola 1959, II, p. 155, n. 221, fig. 155; Zeri 1976, pp. 92-103; Ertz 1979, pp. 278-279, fig. 343; Bedoni 1983, p. 53, fig. 53; Marini 1981a, p. 358, fig. 30; Cottino 1989, pp. 655, 665, fig. 773; Bologna 1992, pp. 281-295, fig. 82; Guarino 1995b, pp. 108-109; Nappi 1995, pp. 124-126, fig. 46; Calvesi 1996, pp. 227-247.

[KHF]

15. Michelangelo Merisi, detto il Caravaggio

Ragazzo con canestro di frutta

olio su tela, cm 70 × 67
Roma, Galleria Borghese

La storia di questo dipinto è simile a quella dell'*Autoritratto come Bacco* (o *Bacchino malato*). Appartiene alla stessa fase cronologica e, come l'altro, rimase nella raccolta del Cavalier d'Arpino, molto probabilmente a seguito della breve attività del Caravaggio in quella bottega intorno al 1593 (ma Posner ipotizza che il Cavalier d'Arpino avesse comprato entrambi i quadri successivamente e con intento speculativo, quando il Caravaggio era già famoso e la sua opera molto ricercata). I quadri posseduti dal Cavalier d'Arpino eccitarono le brame collezionistiche del cardinale Scipione Borghese, al punto da farlo arrestare col pretesto del possesso illegale di una collezione di archibugi e la conseguente donazione alla Camera apostolica dell'intera quadreria, come pegno implicito per recuperare la libertà. Dunque, a seguito della cessione da parte del papa Paolo V, nel 1607 il cardinale Scipione entrò in possesso anche del *Ragazzo con canestro di frutta*. I vari inventari della collezione testimoniano che la nozione della paternità caravaggesca permane nel corso del tempo in casa Borghese, finché non viene messa in dubbio nel 1888 dal direttore della galleria, il pittore Giovanni Piancastelli, che degrada l'opera a copia, probabilmente indotto in dubbio dall'eccezionale stato di conservazione e dalla meravigliosa finitezza dei dettagli nella natura morta, diversamente dal resto della composizione. Già nel 1893, tuttavia, Adolfo Venturi, nel primo catalogo della galleria, recupera l'opera al Caravaggio consentendo alla storiografia successiva di considerarla costantemente uno dei riferimenti fondamentali della sua produzione giovanile. La rimozione della vernice ingiallita eseguita in una recente pulitura permette di eliminare qualunque dubbio sull'autenticità dell'opera, che era stata nuovamente messa in discussione da Arslan (1951), e di riconoscere che l'eccezionale precisione esecutiva della natura morta nel cesto è intenzionalmente ricercata dall'artista in contrasto con l'esecuzione più morbida della figura e del suo incarnato. Anche l'opinione di Friedländer (1955, p. 145) che la figura sia opera di un compagno entro la bottega del Cavalier d'Arpino si deve evidentemente alla mancata comprensione di questo intenzionale contrasto.

Copia da Caravaggio, *Ragazzo con una caraffa di rose*. Atlanta, High Museum of Art. Radiografia della zona in basso a sinistra in cui compare la mano destra allo stato attuale ridipinta.

Copia da Caravaggio, *Ragazzo con una caraffa di rose*. Atlanta, High Museum of Art. Radiografia della zona in basso a destra.

Vedi scheda 13

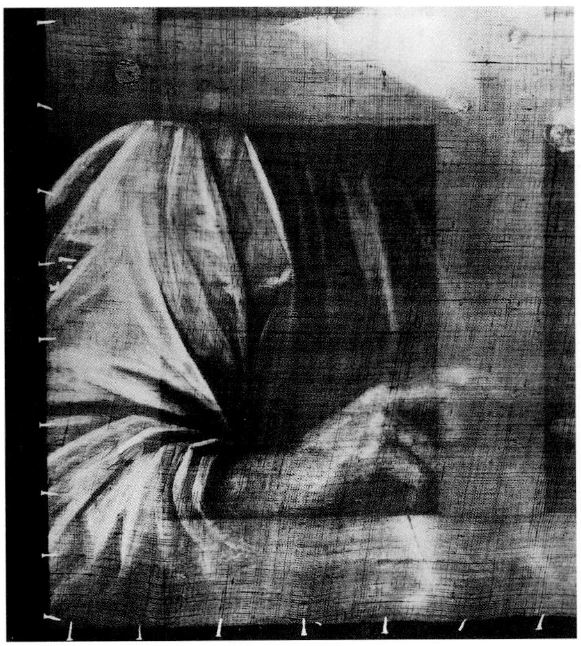

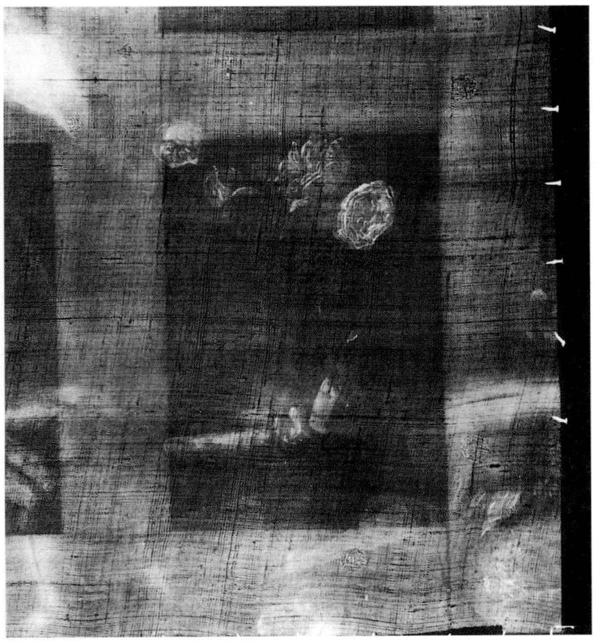

Bernardino Cesari (?), *Ritratto d'uomo* (*Autoritratto?*). Roma, collezione Patrizi.

Caravaggio (attr.), *Ritratto di Bernardino Cesari*. Roma, Accademia Nazionale di San Luca. Radiografia.

Vedi scheda 16

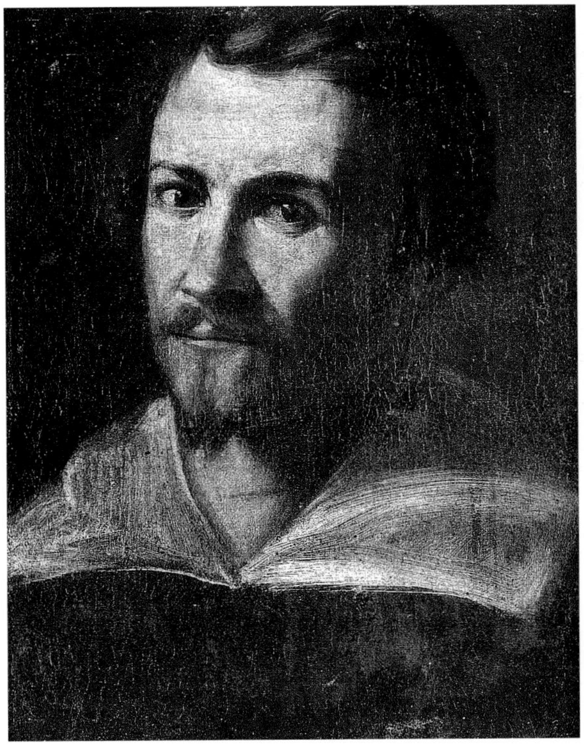

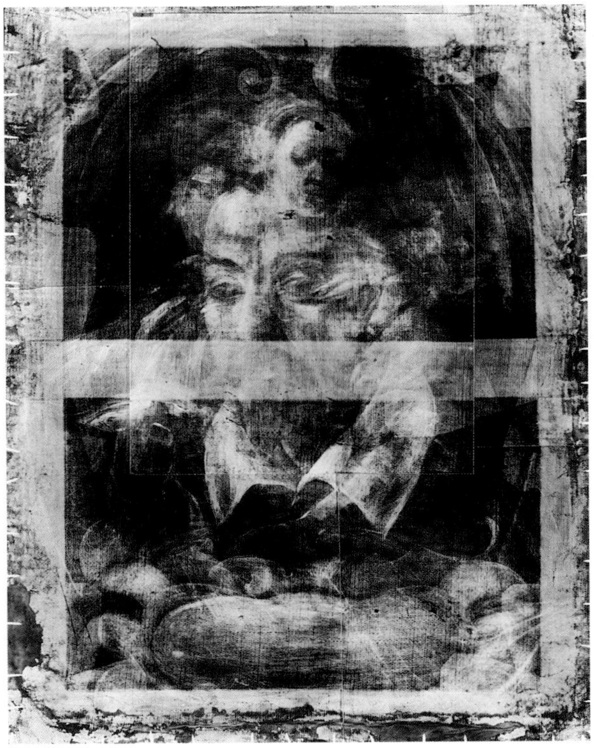

16. Michelangelo Merisi, detto il Caravaggio (attr.)
Ritratto di Bernardino Cesari

olio su tela, cm 63 × 46
Roma, Accademia Nazionale di San Luca

Unanimemente riconosciuta opera giovanile, la datazione ipotizzata dalla critica varia tra la fine degli anni ottanta e l'inizio degli anni novanta, a seconda delle diverse ricostruzioni del primo tempo del Caravaggio, per cui si oscilla dal 1589-1590 di Longhi (1951, 1952) al 1592-1594 di Mahon (1951, 1952). In base alle importanti precisazioni sulla biografia del pittore dovute alla Cinotti, l'arrivo a Roma del Caravaggio può essere stabilito al 1592 e l'esecuzione dell'opera al 1593, subito dopo l'*Autoritratto come Bacco* come immediato superamento della secchezza esecutiva di quest'ultimo (Cinotti 1971, Calvesi 1971, Frommel 1971, Marini 1974, Moir 1982).
Come per l'*Autoritratto come Bacco*, l'individuazione da parte di Roberto Longhi di una discendenza stilistica dalla cultura figurativa lombarda per questo genere di dipinti giovanili, raccoglie una generale concordanza ed è stata ulteriormente precisata da Mina Gregori (1973, 1985) che ha indicato il superamento del realismo lombardo-emiliano di origine fiamminga in una fusione di significati pittorici e qualità poetiche che richiamano la cultura veneto-giorgionesca. Confermano e approfondiscono i percorsi di questa tradizione gli studi di Calvesi (1954) sull'apprendistato presso Peterzano, di Wind (1975) che indaga le affinità con la pittura veneto-emiliana e la relazione tipologica e poetica con Dosso Dossi, e di Hibbard (1983) che conferma le generali fonti stilistiche leonardesche fino ai precisi precedenti in Vincenzo Campi. Le divergenze insorgono nell'interpretazione, tra chi, al seguito di Longhi, considera il tema come un'imitazione del reale, intenzionalmente priva di implicazioni simboliche (Gregori 1985) e chi indaga invece la presenza di contenuti traslati. Trascurando una vecchia ipotesi, in seguito decaduta, che il giovane raffiguri un autoritratto (Czobor 1955, Wagner 1958), Bauch, nel 1956, ipotizzava che, oltre a rappresentare l'Autunno, assieme ad altre tele dello stesso periodo, appartenesse a un ciclo allegorico dei cinque sensi dipendente dal modello iconografico di Frans Floris nella serie incisa da Cornelis Cort.

L'ipotesi di raffigurazione del Gusto sia proveniente da un disperso ciclo dei cinque sensi, sia rappresentato isolatamente è stata in seguito riaffermata da Costello (1981) e dalla Heimbürger (1990) la quale vi cumula anche l'allegorizzazione dell'Autunno e della Terra. Jullian (1961) evocava un generico collegamento con la tematica della *vanitas*, condiviso recentemente da Cottino (1996-1997) e precedentemente da Wind (1975) che interpretava la composizione contemporaneamente come Autunno e *vanitas*. Nel 1971, anno delle interpretazioni omoerotiche dell'opera giovanile del Caravaggio, Posner riteneva che questo giovane rappresentasse con evidenza l'offerta di se stesso e che il cesto di frutta fosse metafora di ghiottoneria erotica. Ma nello stesso anno, Maurizio Calvesi, basandosi su precedenti iconografici e su fonti biblico-religiose, affermava la pregnanza semantica dei dipinti giovanili del Caravaggio, quali opere che, tra il sacro e il profano, indagano sulla tematica dell'Amore. In particolare interpreta il *Ragazzo con canestro di frutta* come un'allegoria dell'Amore di Cristo che redime e dà la vita eterna. Anche per Marini (1987, ed. 1989) il tema è un'allegoria dell'Amore, ma piuttosto in un'accezione profana, e con l'intenzione di esprimerne la contradditorietà psicologica, sotto la guida di poeti erotici latini quali Ovidio e Properzio. All'influenza letteraria dell'antichità latina si erano riferiti, nel corso del tempo già Del Bravo (1974) che vi scorgeva la fascinazione della poetica di Orazio all'origine della semplicità e della frugalità della rappresentazione e Hibbard il quale, riferendosi all'archetipo, narrato da Plinio il Vecchio, del dipinto di Zeusi raffigurante un giovane che porta grappoli così realistici da ingannare gli uccelli che tentano di beccarli, poneva in evidenza il concetto della qualità illusiva dell'arte nell'imitare la realtà naturale. La perfezione mimetica e il nitore esecutivo della canestra di frutta va effettivamente interpretato nel senso del racconto pliniano di Zeusi e la diversità di stesura esecutiva della figura, più sfumata e imprecisa nella definizione, ha forse la sua fonte mitografica e tematica nel disappunto di Zeusi per non essere riuscito a essere altrettanto simile al vero nella raffigurazione dell'umano, visto che il volatile non si era spaventato per la sua presenza. Il contrasto tra la figura e il cesto della frutta, che tante difficoltà ha posto alla critica, causando le varie ipotesi di non autenticità o di doppia esecuzione, si deve all'intenzionale sfida a rappresentare con diversa capacità mimetica la contrastante natura della realtà viva, dotata di anima e quella morta degli oggetti inanimati.

Questa tematica, con le sue coesistenti implicazioni tanto teoriche che morali, trova molti confronti nel gusto intellettuale diffuso a Roma nei primi decenni del secolo e, con particolare magniloquenza e varietà di applicazioni, presso la corte di Scipione Borghese, dove come è stato recentemente dimostrato (cfr. *La Madonna dei Palafrenieri* 1998, pp. 389-422) viene trattata in infinite occasioni sia letterarie, che teatrali, che musicali, che poetiche, che pittoriche, che scultoree. Già Calvesi (1994) rilevava l'ardente desiderio di Scipione Borghese, nel comporre la sua galleria e la sua villa, di circondarsi di temi bacchici, che rinviavano a concetti d'amore a un tempo sacro e profano.

Bibliografia: A. Venturi 1893, p. 98; L. Venturi 1909, p. 39; L. Venturi 1921, ed. 1951, pp. 8, 12-14, 41, 47-48; Longhi 1927, p. 28 (ed. 1967, p. 301); Longhi 1929, pp. 17-33, 258-320 (ed. 1968, p. 131); Arslan 1951, pp. 444 sgg.; Mahon 1951, pp. 228, 233; *Mostra del Caravaggio* 1951, p. 13; Longhi 1952, pp. 14, 18; Mahon 1952a, pp. 1, 19; Calvesi 1954, pp. 129 sgg.; Czobor 1955, pp. 201-214; Friedländer 1955, pp. 145-147; Bauch 1956; Bialostocki 1956, pp. 591 sgg.; Arslan 1959, pp. 194 sgg., 211 sgg.; Della Pergola 1959, II, pp. 75-76; Posner 1971, pp. 301, 304, 307, 316, 318; Gregori 1973, pp. 17 sgg.; Del Bravo 1974, p. 1574; Wind 1975, p. 71; Zeri 1976, p. 101; Calvesi 1978, pp. 486 sgg., 489; Hibbard 1983, pp. 17-19; Gregori, in *The Age of Caravaggio* 1985, pp. 211-214; Marini 1987, ed. 1989, pp. 116-117, 363-364, n. 6, con bibliografia precedente; Calvesi 1990, pp. 6 sgg., 212 sgg.; Heimbürger 1990; Poseq 1990, pp. 114-116; Cinotti 1991, pp. 25-27; Cottino, in *La natura morta* 1995, p. 104; con bibliografia precedente; Milicua, in *Immagini del sentire* 1996, V.3, p. 136; Bona Castellotti 1998, pp. 3 sgg.; *La Madonna dei Palafrenieri* 1998, pp. 389-422.
[AC]

La prima menzione di un *Ritratto di Bernardino Cesari* del Caravaggio è reperibile nell'inventario del marchese Costanzo Patrizi (1624) stilato da Giuseppe Cesari, detto il Cavalier d'Arpino, fratello dell'effigiato. Questi, inoltre, era stato il tramite del sodalizio tra Giuseppe e il Caravaggio, il quale, dopo il 3 giugno del 1593 (per otto mesi) aveva frequentato la loro bottega "alla Torretta". È il biografo Giulio Mancini (mss. 1619-1625) a dare il ragguaglio più puntuale sui movimenti del giovane artista lombardo seguiti all'allontanamento dal taccagno monsignor Pandolfo Pucci, mentre sono Baglione (1642) e Bellori (1672) a ricordare (col più tardo Susinno 1724) il passaggio nella bottega del modesto "Lorenzo (Carlo) Siciliano" pittore "di teste" d'infimo valore (cfr. Pupillo 1999, pp. 117-121). In una postilla Mancini riassume lo stato di ristrettezze in cui il Caravaggio si era venuto a trovare: "Fra tanto comparisce malvestito ... lo ... trattien Bernardino [Cesari] alla Torretta [presso la bottega di Giuseppe e, sistematolo] in [un] palchetto in un pagliericcio, con questa occasione è preso in casa [da Giuseppe che] ... lo trattien 8 mesi". Da parte dell'Arpino sono pertanto implicite sia la conoscenza dell'identità del ritrattato e sia del suo autore. Nondimeno, al contrario di quanto antecedentemente ipotizzato (cfr. Marini 1987, ed. 1989, pp. 118-119, 364-365, n. 7), sembrerebbe che Giuseppe non rilevasse questo ritratto dagli eredi di Patrizi per farne di lì a breve (1624? 1628?) dono all'Accademia Nazionale di San Luca in memoria di Bernardino, scomparso nel 1622. Infatti il *Bernardino Cesari* del Caravaggio ricompare nei successivi inventari del 1654 (Mariano Patrizi) e del 1689 (Costanzo Patrizi), ma non è più reperibile in quelli successivi, anche se mancano notizie di una sua vendita (cfr. Pedrocchi 1999, pp. 114-117; Minozzi 1999, pp. 389, 394, 397, con bibliografia precedente). Nondimeno non è in alcun modo riconducibile al Caravaggio il *Ritratto d'uomo* (non finito, olio su tela, cm 43 × 31), Roma, collezione Patrizi, in quanto, ben oltre una certa disparità fisionomica, l'età del personaggio in oggetto non collima con quella di Bernardino (nato nel 1571, quindi esattamente coetaneo del Caravaggio), all'incirca ventiduenne nel 1593.

Proprio "l'aria familiare", ben sottolineata dalla curatrice, somma con le caratteristiche tecniche del quadro: non finito e concentrato nella messa a fuoco dei connotati, la dimensione "da testa", vale a dire simile a quella degli specchi usuali all'epoca, nonché (rispetto all'effigie di Bernardino dell'Accademia Nazionale di San Luca), pizzo e baffi meno folti e una scriminatura nei capelli che evidenzia una calvizie e quindi un'età maggiore indicano in questa teletta (per cui, seppur generiche, non mancherebbero tracce negli inventari suddetti) un eventuale "autoritratto" di Bernardino più o meno trentenne, qualora restasse valida la proposta d'identità (della quale mi sento di dubitare). Fermo restando che si tratta di un "autoritratto" d'artista, questi mostra un'educazione tosco-romana (ricordo, per esempio il lucchese Cavalier Guidotti) e un "naturalismo" connesso unicamente alle finalità ritrattistiche, estraneo alla matrice pittorica lombarda del Caravaggio. Inoltre, negli inventari Patrizi si fa sempre riferimento a un "ritratto" e non a uno "sbozzo" o a un "quadretto" piccolo e "imperfetto", cosa che (indipendentemente dall'autore) ne avrebbe escluso la stima di 25 scudi. Resta, per contro, il fatto che il quadro dell'Accademia romana è un "ritratto" a tutti gli effetti, cui l'analisi radiografica ha conferito la certezza di un'anagrafe presso la bottega dei Cesari ed escluso che si tratti di una copia. Travalicando le banali ridipinture accademiche e rivelando gli evidenti "pentimenti", negli occhi (dalla duplice impostazione) e nel collettone, i raggi X hanno permesso anche l'individuazione dell'abbozzo di una figura femminile (una Madonna?) dai modi stilistici affini a quelli del Cavalier d'Arpino. Tale caratteristica trova riscontro in altri abbozzi apparsi in radiografie di dipinti del Caravaggio degli anni novanta, come il *Cesto di frutta* (Milano, Pinacoteca Ambrosiana) e, soprattutto, la *Buona ventura*, appartenuta al cardinal del Monte (Roma, Pinacoteca Capitolina), e il *Ritratto di donna con collana d'oro* (San Diego, California, Museum of Art), in cui è evidente il riciclo di frammenti di tele scartati dall'attività della bottega dei Cesari d'Arpino. Resta così valida la provenienza del ritratto di Bernardino dalle raccolte di famiglia (e, forse, proprietà esclusiva dell'effigiato che l'avrebbe così sottratto nel 1607 al fiscale di Paolo V). Peraltro, Bernardino muore nel 1622 e suo fratello Giuseppe, per la seconda volta accertabile, è a capo dell'Accademia Nazionale di San Luca negli anni 1628-1629. In tale occasione egli, ormai in possesso dell'eredità di Bernardino (ritratto compreso), può avere deciso di commemorarlo con il dono (anche in ossequio allo "statuto") del quadro in oggetto alla confraternita dei pittori di Roma.
In tal senso sarebbero trascorsi sei anni tra la morte di Bernardino e la nuova elezione di Giuseppe a "principe" dell'Accademia (1628). Rilevo, tuttavia, che s'ignora chi ricoprisse tale carica nel 1622-1624, ma Giuseppe d'Arpino è accademico dal 1583 e, per certo, "principe" del sodalizio negli anni 1614-1615, oltreché, come detto, nel 1628-1629, per cui è possibile ipotizzare che, per l'alto prestigio goduto, possa avere comunque imposto fino dal 1622 (contestualmente alla scomparsa) l'inserimento del ritratto di Bernardino (il quale non ne era stato membro) tra quelli dell'Accademia (cfr. Marini 1984, pp. 71-79, in particolare pp. 73, 77, *passim*).
Nella biografia di Bernardino Cesari Baglione (1642) ricorda che "nell'Accademia di S. Luca il suo ritratto si conserva", ma non dà indicazioni circa l'autore. Una menzione più recente di questo dipinto è reperibile in Incisa della Rocchetta (1979, p. 37, n. 80, fig. 74), genericamente attribuito ad "Autore Ignoto del XVII secolo". Come possibile autografo del Caravaggio attorno al 1593 è indicato dallo scrivente (vedi 1984): "Uno spirito attentamente naturalistico ha costruito questo personaggio, osservandone con acume e interesse dettagli somatici come la cavità orbitale e la morfologia del naso e strutturando il forte contrasto chiaroscurale, fermo e radente, che sostiene tutta la forma e la rende compatta, ma densa di mobilità interna. Si vedano particolari come le ciglia, la cromia verdemuschio degli occhi, il nastrino del collettone, la massa vivace dei capelli castanoscuri, che risaltano, nel confronto, con il tono biondo scuro della barba e dei baffi. Un dialogo cromatico che, senza l'improvvida aggiunta della cartella funebre, doveva leggersi anche nella corposità della giubba nera, in vivida contrapposizione (oggi sperequata) con l'intenso luminismo del collettone bianco, percorso da strie d'ombra madreperlacee. Il fondo doveva presentarsi a campo chiuso, con effetti chiaroscurali sfumati, simili al *Ragazzo con cesto di frutta* ... che Caravaggio esegue nella seconda metà del 1593, quando è presso i Cesari. Ma, soprattutto, molti tratti stilistici dicono che questi ... ne sia l'autore. Il rimando a dipinti come il suddetto *Ragazzo con cesto di frutta* ... e l'apertura che si avverte verso quadri giovanili, ma di poco successivi come *Ritratto di donna con collana d'oro* (1594), il *Baro* (1594) e la *Buona ventura* capitolina (1594) appaiono determinanti".
Il rapporto con Caravaggio (da definire dopo il restauro se di originale o copia) è accolto da Mina Gregori (comunicazione scritta, 15 marzo 1986) e da Strinati (1999, p. 34).
Circa lo stato conservativo il dipinto si presenta a tutt'oggi abbondantemente offuscato da strati di vernice ossidata e annerita, nonché con ridipinture plurime, concernenti, in particolare, le zone laterali. Non escluderei una qualche minima aggiunta sui quattro lati. In precedenza la tela è inchiodata su tavola e presenta tracce di almeno due interventi di ridipintura che gli hanno sovrapposto inopportunamente l'ovale a cartocci che, sebbene (o purtroppo) lo accomuni alle altre immagini degli accademici, svilisce la prorompente carica vitale del ritratto e ne occlude il campo a tergo costruendo un'improbabile nicchia, con ombre del tutto arbitrarie rispetto a quelle strutturali che scorrono sul colore dell'incarnato (di timbro venetizzante) e sul resto del volto e dell'abbigliamento. Non escluderei che, in basso, possano essere nascosti la mano o altri dettagli caratterizzanti del personaggio. Fatta salva fotograficamente la documentazione pittorica accademica, reputo improcrastinabile la pulitura e il restauro che non solo restituiscano dignità a questo ritratto, ma ne permettano anche il definitivo (o meno) riconoscimento dell'autografia caravaggesca (accertando che la versione "Patrizi" sia ancora da ritrovare).

Bibliografia: Incisa della Rocchetta 1979, p. 37, n. 80, fig. 74; Marini 1984, pp. 71-79; Marini 1987, ed. 1989, pp. 118-119, 364-365, n. 7; Minozzi 1999, pp. 389, 394, 397; Pedrocchi 1999, pp. 114-117; Strinati 1999, p. 34.
[MM]

Vedi p. 191 in questo volume.

17. Giuseppe Cesari, detto il Cavalier d'Arpino

(Arpino, Frosinone, 1568 - Roma, 1640)

Cattura di Cristo

olio su rame, cm 77 × 56
Roma, Galleria Borghese, inv. 356

Il dipinto figura per la prima volta nell'inventario del sequestro effettuato nel 1607 dal fiscale di Paolo V nello studio del Cavalier d'Arpino, della sua collezione di quadri (Della Pergola 1959, II, p. 63, n. 91) e più tardi nell'inventario del 1693 (Della Pergola 1964a, p. 227, n. 165) nonché in quello del 1790 al n. 33.
Tra le fonti è menzionato da Mancini (1621, ed. 1956, I, p. 238) che riferisce di una "Presa di Cristo all'Orto che possiede l'illustrissimo Borghese", e successivamente da Manilli (1650, p. 113). Bellori – che non mostra mai un grande apprezzamento per il pittore arpinate – in una postilla alla *Vita* di Cesari scritta da Baglione (Baglione 1642, ed. 1935, p. 370) la definisce "la più bell'opera che facesse il Cavaliere". Citato ancora da Roisecco (1745, p. 158) e da Venuti (1767, 112, p. 410), viene poi studiato per la prima volta da Voss (1910, p. 218) seguito da Longhi (1928, p. 211) e da Venturi (1932, p. 938), menzionato poi da de Rinaldis (1936a, p. 580 e ancora 1936b, p. 112) e da Waterhouse (1937, p. 6) cui fecero seguito Faldi (1953, p. 537), Friedländer (1955, p. 174), Moccagatta (1966, p. 619) e soprattutto da Röttgen (1970, p. 14, fig. 10). Proprio Röttgen è lo studioso che ha condotto una compiuta ricostruzione critica della personalità pittorica del Cavalier d'Arpino in occasione della mostra a lui dedicata nel 1973.
Il dipinto in questione rappresenta l'aggressione notturna di Cristo (Marco 14, 46-52) e secondo Röttgen (1973, p. 91) è contemporaneo al modello della *Battaglia contro i veienti*, sempre di proprietà Borghese e riconducibile al 1596-1597 per alcune comuni caratteristiche compositive come la dinamica dei movimenti e l'inquieta distribuzione dei toni chiari e scuri. Tutta la composizione – nota lo studioso – sembra precipitare verso sinistra ed è soprattutto animata da un moto eccentrico in tutte le direzioni, provocato dai gesti dei personaggi in fuga. La figura di Cristo, isolato al centro anche dallo stato d'animo di profonda rassegnazione, è l'elemento drammatico principale sul quale secondo Röttgen ha avuto un influsso determinante il *Martirio di san Matteo*, che il Caravaggio dipinse nella cappella Contarelli di San Luigi dei Francesi. Nell'apostolo nudo che corre inseguito dai soldati sarebbero individuabili (Röttgen 1973, p. 91) precisi elementi correggeschi, tanto da ipotizzare un soggiorno di Cesari a Parma nella prima metà degli anni novanta del Cinquecento.

Oltre a ciò, tra i riferimenti stilistici Röttgen cita i precedenti affreschi di Taddeo Zuccari nella volta della cappella Mattei in Santa Maria della Consolazione e quello di Baglione alla Scala Santa. Faldi (1953, p. 53) rimanda all'affresco di medesimo soggetto realizzato secondo lo studioso da un allievo di Muziano nell'oratorio romano del Gonfalone, più recentemente riferito da Strinati (1982) – seguito da Vannugli (1984, p. 156) e da Macioce (1998) – a Marcantonio dal Forno.
Sotto il profilo iconografico sono stati precisati (Röttgen 1973, p. 92) evidenti suggerimenti tratti dai diversi cicli delle *Passioni* di Dürer, nel gruppo di Pietro che taglia l'orecchio a Malco, trasformati però in una immagine compatta e isolata. Sotto il profilo tematico è interessante notare l'assenza della figura di Giuda, forse individuabile nel guerriero di destra, atteggiato appena nel gesto di riconoscimento consueto all'apostolo.
Uno studio per l'apostolo in fuga si trova in Inghilterra, nella Rugby School, esposto con il n. 122. Esistono poi varie repliche del dipinto e copie di bottega, tra le quali Röttgen menziona come esemplare di indubbia autenticità e qualità l'esemplare di Kassel delle Staatliche Kunstsammlungen, ricordato da Voss (1920, p. 594) e citato da Vogel (1958, p. 43, n. 598); una replica di bottega è quella conservata a Roma nell'Accademia di San Luca, menzionata da Quadrini (1940, p. 52) e da Golzio (1964, p. 147) e un'altra proveniente da una collezione privata lombarda (Faldi 1953, p. 53 e ripr. Finarte, *Catalogo di vendita pubblica all'asta*, 23-24 novembre 1964, p. 80, n. 208). Un esemplare autografo dovrebbe essere giunto in Spagna, poiché se ne trova una copia nella cattedrale di Toledo e un'altra di formato più grande nel Museo de Encarnacion di Madrid. Un rame di questo soggetto fu segnalato da Salerno (1956, II, p. 138) nei depositi della Galleria Borghese.
Un documento pubblicato da Schwager (1961) attesta che Cesari si recò da Ferrara a Venezia il 4 luglio 1598: secondo quanto riporta Ridolfi (1648, ed. 1924, II, p. 222), in questa occasione l'arpinate avrebbe incontrato Palma il Giovane, e già Röttgen (1973, p. 367) poneva in evidenza i dipinti realizzati dal Cesari in occasione del suo viaggio al seguito del cardinale Pietro Aldobrandini in relazione alla devoluzione della città estense allo Stato Pontificio, citati da van Mander (1604).
Dati d'archivio di prossima pubblicazione (Macioce 1995) confermano la presenza del Cesari a Venezia ospite di Giovanni Cornaro. Rapporti stringenti sotto il profilo compositivo si possono evidenziare con il *Cristo che scaccia i venditori dal tempio* che Palma il Giovane realizzò per la chiesa veneziana dei padri crociferi, citato da Ridolfi (1648, ed. 1924, II, p. 182) e identificato da Röttgen (1992, pp. 57-58) con il quadro conservato nella Gemäldegalerie di Kassel, possibile modello ispiratore del Caravaggio alla Contarelli, e datato al 1595-1596, periodo cui risalirebbe il pagamento della tela; tale datazione non è però condivisa dalla Mason Rinaldi (1984, pp. 87-88, n. 118).
I rapporti con il dipinto di Palma – l'andamento eccentrico della composizione, il precipitare delle figure in corsa verso l'esterno, l'isolamento della figura centrale – sono comunque confermabili alla luce dei nuovi dati documentari, che suggeriscono di posticipare la *Cattura di Cristo* del Cavalier d'Arpino al suo viaggio a Venezia, non ancora compiuto nel luglio del 1598, un probabile *post quem* per il dipinto Borghese.

Bibliografia: Mancini 1621, ed. 1956, I, p. 238; Baglione 1642, ed. 1935, p. 370; Manilli 1650, p. 113; Roisecco 1745, p. 158; Venuti 1767, 112, p. 410; Voss 1910, p. 218; Longhi 1928, p. 211; Venturi 1932, p. 938; de Rinaldis 1936a, p. 580; de Rinaldis 1936b, p. 112; Waterhouse 1937, p. 6; Faldi 1953, p. 53; Friedländer 1955, p. 174; Della Pergola 1959, II, p. 63, n. 91; Della Pergola 1964a, p. 227, n. 165; Moccagatta 1966, p. 619; Röttgen 1970, p. 14, fig. 10; Röttgen 1973, p. 91.
[SM]

18. Giuseppe Cesari, detto il Cavalier d'Arpino (?)

(Arpino, Frosinone, 1568 - Roma, 1640)

San Giovanni Battista

olio su lavagna, cm 33 × 26
Roma, Galleria Borghese, inv. 229

Il dipinto proviene assai probabilmente dal sequestro effettuato dal fiscale di Paolo V nello studio del Cavalier d'Arpino nel 1607.
De Rinaldis (1936b, p. 115) per primo identificò il piccolo quadro con quello descritto nell'inventario del sequestro in questi termini: "Un altro quadretto di Paesi con S. Giovanni con le cornici noce dorate" e già in precedenza Longhi (1928, p. 198) lo aveva riferito al Cavalier d'Arpino. Il dipinto in questione recava il nome di Simone Cantarini, dovuto (Della Pergola 1959, II, p. 62) a un errore di scambio dei cartellini con il numero di inventario 357.
Tra le fonti più antiche Manilli (1650, p. 115) riferisce il dipinto ad altra mano: "Il San Giovanni nel deserto è de Cavaliere [Paolo] Guidotti" e tale attribuzione fu ripresa in seguito da Bertini Calosso (1931, p. 280), ma secondo la Della Pergola (1959, II, p. 62) l'analisi stilistica non consente un tale riferimento.
Nell'inventario del 1693 (Della Pergola 1964a, pp. 219 sgg.) la piccola lavagna è descritta come "un quadretto di un palmo e mezzo in circa di lavagna con S. Gio. battista che piglia l'acqua da uno scoglio et un Agnello del n. 170. Cornice dorata del Martiniani", nominativo quest'ultimo che appare spesso senza però alcun fondamento (Della Pergola 1959, II, p. 62); il n. 170 dell'antico inventario era ancora visibile nell'angolo a destra in basso del dipinto alla fine degli anni cinquanta. Il più tardo inventario del 1872 elenca il dipinto come di fattura appartenente alla scuola bolognese, mentre più tardi Venturi (1893, p. 131) lo assegna nuovamente al Cantarini, senza probabilmente essere a conoscenza dell'equivoco sopra riportato, attribuzione questa seguita anche da Cantalamessa (1912, p. 280), ma con qualche incertezza. Nuovamente Venturi (1932, IX, 5, p. 939), tenendo conto dell'opinione di Longhi, lo include nel catalogo del Cavalier d'Arpino.
Anche per la Della Pergola (1959, II, p. 62) l'opera presenta i caratteri stilistici propri di Cesari e propone come termine *ante quem* la data 1607, cioè quella del sequestro d'Arpino. Röttgen (1973 e 1980) non include il dipinto nel catalogo del pittore, tanto che, considerando certe rigidità del panneggio, quanto una sorta di corsività del *ductus* pittorico prossimi al metodo compilatorio con cui Bernardino Cesari utilizzava le invenzioni del fratello, il piccolo dipinto Borghese potrebbe essere ricondotto alla mano di quest'ultimo.
Si deve del resto tener conto anche della grande richiesta di opere di piccolo formato che evidentemente si vendevano bene sul mercato romano dell'epoca, elemento questo che portò alla frequente ripetizione di idee sia da parte del Cesari che della sua bottega, per motivi che possono essere ben spiegati da Baglione, che riferisce: "Il cavaliere era astuto et sapeva dar martello et vendere la sua mercanzia" (Bellori, postille manoscritte all'esemplare di Baglione nella Biblioteca dell'Accademia dei Lincei, inv. 31-E-15, p. 374).

Bibliografia: Manilli 1650, p. 115; Venturi 1893, p. 131; Cantalamessa 1912, p. 280; Longhi 1928, p. 198; Bertini Calosso 1931, p. 280; Venturi 1932, IX, 5, p. 939; de Rinaldis 1936b, p. 115; Della Pergola 1959, II, p. 62; Della Pergola 1964a, pp. 219 sgg.
[SM]

19. Rutilio Manetti

(Siena, 1571-1639)

Le tre Grazie

olio su tela, cm 33 × 38
Roma, Galleria Borghese, inv. 527

La prima menzione di questo dipinto, col n. 428 (di cui forse resta traccia nell'angolo inferiore destro) e con l'attribuzione ad Annibale Carracci, è in un inventario della galleria del 1693 ("un quadruccio in tela alto un palmo e mezzo incirca con tre Donne nude che si abbracciano con un Amorino per aria che gli tira la frezza et un altro Amorino che dorme, del n. 428. Cornice dorata, di Annibale Carracci"); un inventario del 1790 reca un'attribuzione a Domenichino (cfr. Della Pergola 1959, II, vedi oltre). La prima citazione a stampa è in un testo di Guglielmo Della Valle, che nel 1786, a proposito delle opere di Francesco Vanni, riporta che "alcune se ne vedono nella ... Galleria Borghesi, per la quale, siccome ad una delle più illus[t]ri famiglie derivate da Siena, volle dipingere con animo sensibile le Grazie dalle quali ebbe tanti favori". Lo stile "galante" e l'*allure* tardocinquecentesca del quadretto spiegano come l'attribuzione a Vanni, divulgata nelle guide di Roma, fosse accolta da Adolfo Venturi e da Brandi, che datò l'opera al 1603 circa. Nel 1932 Voss riferì al periodo giovanile di Manetti tanto le *Grazie* quanto l'*Andromeda liberata da Perseo*, pure alla Borghese (inv. 4, già attribuita al Cavalier d'Arpino), notando che un'incisione di Bernardino Capitelli tratta da quest'ultimo dipinto (o forse meglio da una sua variante molto prossima) ne indicava la paternità di Rutilio; peraltro già Longhi, nel 1926, aveva riferito le due opere a un anonimo manierista romano protosecentesco "in relazione col primo periodo del Baglione" (Longhi 1928). Subito dopo la proposta di Voss, Brandi ripristinò l'attribuzione a Vanni, mentre la Mirolli giudicò il dipinto "povera opera di secentista romano"; la paternità vanniana (frattanto riaffermata da Adolfo Venturi e Bianchi Bandinelli) fu rimessa in discussione solo nel 1959, sia da Scavizzi, che tentò un riferimento a Salimbeni, con datazione 1603 circa, sia dalla Della Pergola, che, riattribuendo l'opera a Manetti, circa la sua possibile provenienza ne ipotizzò cautamente l'appartenenza alla quadreria del Cavalier d'Arpino, sulla base della menzione, nell'inventario del fiscale del 1607, al n. 55, di un "quadretto con tre figure di Baccanali senza cornici" (trascritto in de Rinaldis 1936b, p. 114), non altrimenti identificato, supponendo quindi un termine *ante quem* per la sua realizzazione.
In quella stessa occasione la studiosa escluse che il n. 377 dell'inventario dei beni di Olimpia Aldobrandini *senior* del 1626 (le "robe" che, levate dalla Guardaroba di Roma, furono trasportate per ordine del cardinale Ippolito alla villa di Frascati), confluiti poi parte nella raccolta Borghese e parte in quella Doria Pamphilj, si riferisce al quadro di Manetti, identificandovi piuttosto le *Tre Grazie* di Raffaello, già appartenute a Scipione e ora al Musée Condé a Chantilly ("un quadretto con tre figure ignude senza numero"). Mutò idea tuttavia la studiosa poco dopo, nel pubblicare gli inventari degli Aldobrandini: dapprima, infatti, l'identificazione del n. 377 dell'inventario del 1626 col quadro di Raffaello si fa meno sicura (Della Pergola 1960, p. 443); più tardi, commentando l'inventario dei beni ereditari di Olimpia Aldobrandini *iunior* del 20 luglio 1682, compilato dietro istanza dei figli Giovanni Battista Borghese e Giovanni Battista Pamphilj, recante al n. 37 "un quadro in tavola con tre figure nude, con cornice nera alto palmi uno, e mezzo, come a detto inventario [della Guardaroba] a fogli[o] 233 n° 377, et a quello del Sig. Cardinale [Ippolito] ca[rta] 144", la studiosa afferma che l'opera (da identificarsi con la n. 377 del precedente inventario) "è probabilmente" quella del Manetti, benché non sia da escludere che possa trattarsi di Raffaello (Della Pergola 1962). Senza pronunciarsi sulla sua provenienza, Bagnoli, che ne rileva la "dipendenza molto stretta" dal modello delle *Tre Grazie* della Libreria Piccolomini ricavandone la conferma che l'autore fosse senese, riafferma, previa attenta analisi formale, l'attribuzione a Manetti con datazione al 1610-1613, dunque nel periodo in cui, prima del salto nell'orbita di attrazione del caravaggismo nella seconda metà del decennio, il pittore operò un effimero riaccostamento ai modi di Vanni (cfr. anche Bagnoli 1978a, p. 26).
Alcuni dubbi sulla provenienza del quadro possono forse essere chiariti. In un inventario della quadreria di Scipione Borghese databile al 1615-1630, nella "Gallaria dell'appartamento di mezzo" della villa, ai nn. 251 e 252 sono segnati rispettivamente "un quadro delle tre Gratie cornice d'ebano, alto 2/3, alto [*sic*] 2/3 Rafael in tavola" e "un quadro delle tre Virtù cornice d'ebano, alto et largo 2/3 Rafael in tavola" (Corradini 1998, p. 455); il primo è il quadro oggi a Chantilly, mentre il secondo è, indubbiamente, il cosiddetto *Sogno del cavaliere* della National Gallery di Londra, che rimasero presso i Borghese fino alla fine del XVIII secolo (ringrazio Laura Testa per avere cortesemente portato la mia attenzione sul documento): è dunque chiaro che l'opera menzionata più volte negli inventari Aldobrandini non era il dipinto delle *Tre Grazie* di Raffaello, che peraltro è ben più piccolo di un palmo e mezzo, misurando solo cm 17 × 17. La tavoletta di Raffaello è peraltro citata, nel secondo camerino al primo piano della villa, anche da Manilli nel 1650 (p. 11), laddove questi non menziona alcun dipinto in cui si possa riconoscere quello di Manetti: quest'ultimo, come si vedrà, a quell'epoca non era ancora pervenuto ai Borghese. Non pare infatti probabile che l'opera possa essere identificata col "quadretto con tre figure di Baccanali" citato nell'elenco dei quadri sequestrati a Cesari: intanto perché il soggetto non autorizza questa interpretazione: poi perché il "quadretto con tre figure ignude" di proprietà Aldobrandini compare con continuità negli inventari di quella famiglia dal 1626 per tutto il XVII secolo, come ha appurato la Testa nel corso dei suoi studi sugli Aldobrandini, di prossima pubblicazione: la studiosa mi ha cortesemente comunicato che quest'opera, che non è escluso debba identificarsi proprio con quella di Manetti, appartenne al cardinale Ippolito, e poté pervenire ai Borghese solo in occasione della spartizione dei beni di Olimpia *iunior* (dopo la sua morte avvenuta nel 1681) tra i suoi figli Giovanni Battista Borghese e Giovanni Battista Pamphilj: va però rilevato che il dipinto di proprietà Aldobrandini viene definito "su tavola", laddove quello di Manetti è una tela; infine perché nel già citato inventario di Scipione compaiono alcuni *Baccanali* i cui soggetti e le cui dimensioni non collimano con quelli del quadro di Manetti: "un quadro in [*manca*] d'una Baccanale con diverse figure, et una donna nuda a giacere, cornice dorata alta 4 1/2 larga 4 3/4, Sca[r]sellino" (n. 28); "un quadro in [*manca*] d'un Baccanale di tre huomini, doi donne, che cantano, et bevono cornice dorata, alto 3 1/3 largo 4" (n. 60); "un quadro d'un Baccanale cornice dorata, alto 3 1/4 largo 4. Titiano copiato da Giosseppino" (n. 206). Dal canto suo Manilli elencava in villa ben quattro *Baccanali* attribuiti a Tiziano, indicando tre di essi come copie eseguite dal Cavalier d'Arpino (pp. 65, 71, 98, 100), e segnalando poi nella stanza delle Tre Grazie al piano nobile (ov'era l'eponimo gruppo in marmo, ora al Louvre) un ulteriore "quadretto di tre figure, una Donna, un Moretto, & un Cupido ... copia di Tiziano fatta dal Cavaliere Giuseppe" (p. 109). Non è improbabile che quest'ultimo fosse appunto il piccolo *Baccanale* menzionato al n. 55 dell'inventario del fiscale del 1607, nel quale, oltre a quello, occorre peraltro solo un altro "quadro di Baccanali con le cornici indorate", al n. 7 (de Rinaldis 1936b, p. 112).
In un inventario della quadreria del palazzo in Campo Marzio, pubblicato da de Rinaldis, e da questi giudicato degli "anni primissimi del Settecento" (ma che forse risale agli ultimi anni del XVII secolo, quando quasi tutti i dipinti vennero appunto trasportati nel "Cembalo" presso Ripetta), troviamo la menzione di vari dipinti raffiguranti le Tre Grazie: uno di Tiziano, nella V stanza, che è in realtà la *Venere che benda Amore* (de Rinaldis 1936c, p. 202 nota 38, scrive che la denominazione di *Tre Grazie* fu mantenuta anche negli inventari posteriori); nella VI stanza c'erano sia "le *Tre Grazie* di Raffaello" (p. 203), sia "le *Tre Grazie* di Giulio Romano" (p. 202), che, verosimilmente, saranno state le *Tre Grazie* di Raffaello piuttosto che le *Tre Grazie* di Manetti, le quali forse non erano state ancora acquisite dai Borghese (per inciso segnalo che nella stessa stanza si trovava un'altrimenti ignota "*Andromaca* di Guido Reni" che forse sarà piuttosto l'*Andromeda* dello stesso Manetti: quest'ultima era segnata al n. 195 del già citato inventario di Scipione, nel Casino di Muro Torto: "un quadro di Andromeda legata allo scoglio cornice negra et oro alta 5 [palmi] largo 4 [palmi e] 3/4, Ventura Salimbene": cfr. Corradini 1998, p. 454). In un inventario del palazzo in Campo Marzio del 1760 (pubblicato in de Rinaldis 1937) sono citate, oltre a quelle di Tiziano: le *Tre Grazie* di Giulio Romano (nella stanza delle Veneri, p. 226, n. 28), quelle di Raffaello e "le *Tre Grazie* di Domenichino" (entrambe nel Gabinetto, p. 227, nn. 60 e 19; de Rinaldis riporta che tutti e tre i dipinti non sono pervenuti all'attuale galleria); come anche riteneva la Della Pergola, quest'ultimo deve essere proprio il quadro di Manetti, sia che derivasse dalla raccolta Aldobrandini, sia che fosse un'altra la sua provenienza.

Presenta qualche aspetto da chiarire anche la questione attributiva. In effetti, se da un lato le figure delle Grazie presentano, nelle fisionomie e nella concezione dell'impianto anatomico e tipologico, forti affinità con quell'*Andromeda* venduta nel 1931 a New York e pubblicata come opera di Manetti da Voss (1932, pp. 60-62), la quale poi Todini ha forse più correttamente ricondotto a Salimbeni (1978, p. 65), dall'altro stringenti appaiono i raffronti con le figure e col paesaggio, *à la* Bril, del *Gesù Bambino che benedice san Giovannino* di San Giovannino in Pantaneto a Siena, lo stendardo eseguito da Manetti tra il 1599 e il 1600, che dimostra l'ancora totale adesione ai modi baroccheschi mediati da Vanni; e peraltro la tipologia del Cupido dormiente in basso a destra sembra un po' lontana da quella del putto che appare nella *Decapitazione di san Giacomo* (Siena, San Giacomo in Salicotto, 1605), e rammenta piuttosto i due bambini della già citata tela di San Giovannino in Pantaneto nonché forse anche il più tardo *Riposo durante la fuga in Egitto* della Gemäldegalerie di Kassel: anzi la sua anatomia longilinea e afflitta da un'evidente microcefalia tardomanieristica, con i capelli biondi e fluenti sulla fronte e sulle tempie, si riscontra invece in alcune opere di Vanni (cfr. la *Madonna della pappa*, già a Berlino; o l'infante Gesù del cataletto della Compagnia di Santa Caterina in Fontebranda, del 1591), o, forse meglio, di Ventura Salimbeni (*Apparizione della Madonna col Bambino a san Rocco* del 1603, Siena, Museo della Contrada della Lupa). E se in confronto allo sfondo paesistico delle *Tre Grazie*, quello della lunetta con le *Tentazioni di sant'Antonio* (Siena, Sant'Antonio), il cui termine *post quem* è il 28 ottobre 1601 (Bagnoli 1978a, p. 25), appare più semplice e di taglio ancora muzianesco, ben più sviluppato, in chiave luministico-cromatica, si rivela invece il rigoglioso boschetto dell'*Apparizione dell'arcangelo Gabriele a san Galgano*, dipinto da Manetti all'inizio del secondo decennio (pubblicato in Bagnoli 1978b, p. 74, n. 9). Anche a causa del soggetto da *petit maître*, il quadro sembra poi estraneo alla temperie della pittura riformata cui Manetti sembra – seppure problematicamente – interessarsi tra la metà del primo decennio (in corrispondenza con gli affreschi in San Rocco a Siena) e gli inizi degli anni dieci. Sicché l'attribuzione a Rutilio sembra implicare la retrodatazione dell'opera almeno a prima del 1605, cioè a quello che Brandi, nella sua monografia sull'artista, definiva il "periodo decisamente provinciale del Manetti" (Brandi 1931a).

Va però notato che la scelta del soggetto (che rilega insieme il tema delle Grazie e quello di Eros e Anteros, come aveva già fatto Bocchi nel 1574: cfr. Panofsky 1975) e la diretta ispirazione al modello di proprietà Piccolomini (con la postura delle braccia ovviamente d'invenzione, ma divergente dalla tradizione della nota medaglia di Niccolò Fiorentino e di Raffaello) potrebbe ricondurre ancora una volta l'attribuzione del dipinto a Francesco Vanni, per i rapporti profondi – ma ancora da sondare – che legavano il pittore a quella famiglia.

Bibliografia: Della Valle 1786, III, p. 353; Longhi 1928, p. 224, n. 527; Brandi 1931a, p. 81 nota 15; Brandi 1932, p. 224; Mirolli 1932, p. 71 nota 1; Voss 1932, pp. 62, 64; A. Venturi 1934, IX-7, p. 1082; Bianchi Bandinelli 1943, p. 145 nota 3; Della Pergola 1959, II, pp. 38-39, cat. 51, con bibliografia delle fonti manoscritte e a stampa; Scavizzi 1959, pp. 124 nota 34, 134; Della Pergola 1962, pp. 319, 322 nota; Panofsky 1975, I ed. 1939, p. 235 nota 140; Bagnoli 1978b, p. 75, n. 10; Wegner 1987-1988, p. 66 nota 5.
[MGa]

20. Bernardino Cesari

(Arpino, Frosinone, 1571 - Roma, 1622)

Diana e Atteone

olio su tela, cm 52 × 82
Roma, Galleria Borghese, inv. 414

Bernardino Cesari si forma nella bottega del fratello maggiore Giuseppe Cesari, detto il Cavalier d'Arpino, e ne condivide gli orientamenti stilistici volti tuttavia verso una maniera più fredda, in cui spesso si ravvisano influssi di Roncalli e di Ricci, che lo fece apprezzare da Baglione (1642, p. 147) che di lui dice: "fu pittore e si portava nelle sue opere assai bene; ma in disegnare pulito, e diligente pochi gli furono eguali".

Menzionata per la prima volta in collezione Borghese nel 1613, la tela firmata "Bernardinus Caesar ab exemplo Josephi fratris Arpinas" copia fedelmente la composizione di Giuseppe Cesari (Röttgen 1973, pp. 168 sgg.) della quale sono pervenute due versioni autografe, una al Louvre di Parigi, l'altra conservata nello Szépmüvészeti di Budapest (Röttgen 1973, nn. 29-30) cui vanno aggiunte altre repliche di epoca successiva.

I dipinti del Cavalier d'Arpino dovrebbero essere ricondotti al termine *post quem* del 1600-1601, quando cioè il pittore, al seguito della legazione di Pietro Aldobrandini a Parigi, esegue quadri per Enrico IV. Nei dipinti in questione egli rimanda alla raffigurazione del *Fallo di Calisto* di Francesco Primaticcio nell'appartamento dei Bains di Fontainebleau, distrutto nel 1697. La composizione è tuttavia nota attraverso il disegno n. 8521 del Louvre, che mostra Diana e le sue ninfe con particolari che sembrano aver influenzato fortemente il Cesari, sia sotto il profilo compositivo che del gusto pittorico, di evidente impronta manierista. Entrambe le versioni possono essere ricondotte cronologicamente a date vicine agli affreschi della Villa Aldobrandini di Frascati, tra il luglio del 1602 e il febbraio del 1603.

La prima menzione della copia di Bernardino è in un poemetto di Francucci del 1613, quando cioè il dipinto era già in collezione Borghese. Secondo Röttgen (1973, p. 168) si tratta dell'opera base per la conoscenza della maniera di Bernardino Cesari, i dipinti del quale presentano una fattura molto più levigata e secca, dove il risultato finale è quello di una materia come smaltata (Röttgen 1973, p. 169). I volti risultano poco differenziati, un po' duri, e le palpebre hanno caratteristici contorni ritagliati: una tipologia che si riscontra in molte opere della bottega del Cesari, come negli affreschi di Villa Sora a Frascati o in quelli del salone del Palazzo Conti a Poli, fino a quelli menzionati da Baglione (1642, p. 148) come opera di Bernardino nel Palazzo Costaguti a Roma.

L'episodio raffigurato è tratto dalle *Metamorfosi* di Ovidio (III, 173-194), nel momento in cui Diana, contraddistinta dal diadema a mezzaluna sul capo, si appresta a schizzare con l'acqua Atteone, al quale stanno spuntando le corna di cervo mentre i cani da caccia lo aggrediscono abbaiando. Secondo il mito, infatti, il cacciatore Atteone – colpevole di essersi vantato della propria abilità nel tiro con l'arco – viene tramutato dalla dea in cervo. Nel testo ovidiano Diana appare adirata, ma nell'invenzione del Cavalier d'Arpino – e fedelmente nella copia di Bernardino – la dea accoglie con scherzosa sorpresa l'apparizione del cacciatore, dando inizio ad un gaio quanto frivolo gioco con l'acqua del ruscello. La vallata e la folta vegetazione, come la grotta, sono simili alla descrizione ovidiana, ma fanno anche parte di una nuova sensibilità nei confronti del paesaggio legata all'influsso dell'operato di Paul Bril; è da rilevare comunque che si tratta anche di costanti elementi di repertorio, propri alla pittura dell'arpinate, qui dedito per la prima volta, e probabilmente con grande successo, al genere mitologico-erotico. Viene infatti elaborata e diffusa una tipologia femminile infantile dal corpo tornito, secondo un gusto che si ritroverà più tardi nella gaia interpretazione del mito propria di pittori bolognesi come Domenichino e Albani (Röttgen 1973, p. 108).

Bibliografia: Della Pergola 1959, II, p. 88; Röttgen 1973, pp. 168-169, n. 51.
[SM]

21. Artista romano del XVI secolo, copia da Sebastiano del Piombo
Cristo alla colonna

olio su tavola, cm 57,6 × 39
Roma, Galleria Borghese, inv. 133
Provenienza: sequestro dei dipinti del Cavalier d'Arpino, 1607, n. 42

Il dipinto è una copia di dimensioni ridotte della grandiosa pittura murale eseguita da Sebastiano del Piombo tra il 1516 e il 1524 per la cappella Borgherini a San Pietro in Montorio. L'immagine costituisce un importante esempio della scuola di Michelangelo dello stesso periodo in cui nella stessa chiesa fu collocata la grande *Trasfigurazione* di Raffaello, dipinta dall'artista con la collaborazione degli allievi, tra i quali Giulio Romano.
Nel contesto storico della commissione, secondo Hirst (1981, p. 57, n. 76), la scena della flagellazione implicava un riferimento alla chiesa romana sottoposta al "flagellum Turcarum". L'importante opera di Sebastiano del Piombo orientò e condizionò la maggior parte delle redazioni del tema nelle raffigurazioni del Cinquecento e non cessò la sua attualità nei secoli successivi.
L'attribuzione della copia Borghese non è ancora sufficientemente chiarita. Paola Della Pergola la giudica un'opera non lontana dagli stilemi di Taddeo Zuccari, noto seguace e studioso degli esempi michelangioleschi (Della Pergola 1959, II, pp. 136-137). Dai tempi del Venturi (1893) è stato ipotizzato di assegnare l'opera a Marcello Venusti, ipotesi sostenuta da Bernardini (1908), D'Achiardi (1908), de Rinaldis (1939) e Dussler (1942). Tuttavia nella recente monografia su Marcello Venusti di Kamp (1993, p. 124) viene plausibilmente esclusa tale ipotesi in particolare per il confronto con una versione firmata e datata al 1552 dello stesso artista già nella collezione Harford, venduto in un'asta ad Amsterdam nel 1977. Cavalcaselle (1891), Cantalamessa (1912) e Longhi (1928) viceversa si sono astenuti da qualsiasi attribuzione.
Mentre il testo della lista del sequestro nel 1607 specifica "un Cristo nudo tra ladroni non perfetto alla colonna", fatto che potrebbe in parte motivare le divergenze stilistiche tra la figura centrale e le altre, Montelatici (1700, p. 136) annota: "Il Salvatore legato alla colonna, e battuto da Soldati, si giudica del Cavalier Gioseppe d'Arpino".
A questa nota si aggiunge la recente pubblicazione di un grande disegno, copia in matita grassa e sanguigna della figura centrale di Cristo alla colonna, attribuito al Cavalier d'Arpino e conservato nel Crocker Art Museum a Sacramento, California; il disegno ha vari elementi in comune con il dipinto Borghese come i tratti del volto, la resa di luce, l'ingrandimento del perizoma e un lembo in forma di lancetta (Ruda 1992, p. 172, n. 74). L'attribuzione del disegno al Cavalier d'Arpino non è tuttavia condivisa da Röttgen, pertanto una possibile collocazione del dipinto nell'ambito dello studio di Cesari non sembra per ora suffragata da ulteriori indizi (comunicazione orale, febbraio 2000).
Quanto alla stesura del dipinto si nota una chiara differenza qualitativa tra la figura centrale e gli altri quattro carcerieri. Questi appaiono piuttosto composti con elementi scolastici di braccia, gambe e torsi. Con sensibilità finissima sono descritti viceversa i particolari architettonici come i capitelli, le venature delle colonne marmoree e il fondo dorato dell'abside, mentre un cuneo ombroso in alto a destra nasconde ogni particolare. Le proiezioni delle ombre dei piedi, d'altra parte, seguono con minore coerenza, non reagendo a un'unica fonte di luce.
La presenza di questa copia nella collezione del Cavalier d'Arpino come opera originale di Sebastiano del Piombo aveva costituito una delle fonti della tradizione iconografica di rilievo, dalla quale per il Caravaggio traeva linfa vitale ancora nella sua tarda opera, la *Flagellazione* del Museo di Capodimonte a Napoli, proponendo certamente una immagine completamente nuova nella resa del tema (Gregori 1985, pp. 322-326, n. 93).

Bibliografia: Della Pergola 1959, II, pp. 136-137, n. 188, con bibliografia precedente; Gregori 1985, pp. 322-326, n. 93; Kamp 1993, p. 24.
[KHF]

22. Ambito di Paul Bril
Paesaggio con san Gerolamo
1595-1605 circa

olio su tela, cm 80 × 90
Roma, Galleria Borghese, inv. 20

Il dipinto, che raffigura san Gerolamo in un antro roccioso sullo sfondo di un ampio paesaggio che si distende sulla destra in profondità luminose, può dubitativamente essere identificato con uno di quelli provenienti dalla bottega del Cavalier d'Arpino nel 1607, fra i quali è elencato, al numero 61, e senza attribuzione, "un quadro mezzano di paese con S. Gironimo et un leone appresso senza cornice". La prima citazione certa nella raccolta Borghese va tuttavia fatta risalire all'inventario fidecommissario del 1833, dove viene ascritto a Giovan Battista Viola; la tela è stata poi riportata nell'ambito di Bril dai successivi interventi critici che hanno variamente sfumato, con riferimenti alla scuola o ai seguaci, l'autografia del pittore fiammingo, proposta per la prima volta dal Barbier de Montault nel 1870, quando vide il dipinto ancora nella dodicesima sala del Palazzo Borghese in Campo Marzio (Barbier de Montault 1870, p. 363: "n. 6: Paul Brill, S. Jerome dans une grotte"; Della Pergola 1959, II, p. 154, n. 219). Il tema del santo o dell'eremita nel paesaggio era praticato dai pittori nordici già prima della metà del Cinquecento; anche nella raccolta romana si trova tuttora un esemplare riferibile alla maniera del Civetta che rappresenta il santo, in abito monastico, alle prese con il leone (inv. 363; Della Pergola 1959, II, n. 257).
La consuetudine di animare i vasti paesi con minuscole figurine di santi annidati in grotte e recessi boscosi aveva tratto nuovo vigore e una originale, più monumentale impostazione, anche dalla fortuna delle incisioni che Cornelius Cort, fra il 1573 e il 1577, aveva realizzato dai paesaggi con eremiti di Muziano, le quali, secondo Van Mander, godevano di grande successo fra gli artisti e anzi si trovavano "poco nel gran pubblico, ma bensì presso i pittori" (Vaes 1931, pp. 193-208, 341-356, in particolare 341-342). All'apprezzamento dei fiamminghi per le novità nella pittura di paesaggio si aggiungeva – fra l'altro – in ambito italiano la riconsiderazione della figura di san Gerolamo, di cui il Concilio tridentino aveva riconfermato il ruolo decisivo nella lotta alle eresie, sottolineando l'autorevolezza della Vulgata, la traduzione latina del Nuovo Testamento a lui tradizionalmente attribuita e già attaccata con veemenza dai protestanti, ristampata sia nel 1589 che nel 1592 (Rice 1985). Proprio all'ultimo decennio del Cinquecento vanno collocate le sperimentazioni di Paul Bril sul tema del santo in meditazione nel paesaggio: il primo esemplare di pittura su rame a noi noto è proprio un *Paesaggio con san Gerolamo*, firmato e datato sul retro 1592, già in collezione Morris a Londra e poi segnalato in una raccolta romana (Salerno 1977-1978, I, p. 15, fig. 2.1); a due anni prima risale una incisione di Vorsterman, di cui Bril è considerato inventore, con *Le tentazioni di sant'Antonio*, che ripropongono la stessa formula compositiva. Ad almeno quindici anni dal suo arrivo a Roma Bril mostra ancora, in quest'epoca, i legami con il paesaggio di Anversa, definito già in antico "specchio dell'universo" per la tendenza a includere tutti i possibili aspetti ed episodi osservabili in un vasto panorama (Gibson 1989). L'irrealistico e scosceso paesaggio roccioso del *San Gerolamo* Morris, dalla vegetazione abbondante e descritta minutamente, nella quale si muovono gli esotici dromedari, è evocato con grande accuratezza; le stesse caratteristiche si possono riscontrare in un dipinto dell'anno successivo, il *Paesaggio con le tentazioni di sant'Antonio*, che ricalca, nell'impostazione dello sfondo, con la gola centrale, le montagne sulla destra e la radura sulla sinistra in cui è ambientata la scena, la partizione del quadro già Morris. Questo è l'aspetto più evidente dello stile di Bril sullo scorcio del Cinquecento che sembra emergere anche nel quadro della Borghese: il santo è raffigurato in primo piano ma nella zona di ombra sulla sinistra, mentre il resto del paesaggio si sviluppa, in profondità e in dettagli, sulla destra.
È presente, nella vegetazione lussureggiante che spiove dall'alto in rami fioriti, anche la conoscenza dei dipinti di Jan Brueghel, a Roma dal 1592 al 1595, anni in cui collabora con Bril nella realizzazione dei dipinti con gli eremiti, tratti dalle incisioni delle *Sylvae* di Sadeler, destinati a Federico Borromeo (Jones 1993, p. 231, nn. 16-17). È nell'ambito della cultura fiamminga italianizzata, di cui Bril è certamente in questi anni personaggio di spicco, ma certo non unico rappresentante, che va collocato l'autore del dipinto, forse inseritosi nella bottega del Cavalier d'Arpino, aperta agli innesti nordici e da cui sembra d'altra parte provenire la tela (si pensi all'interessante proposta di assegnare parte dei quadri nella Borghese tradizionalmente riferiti a Bril e già appartenenti alla raccolta del d'Arpino a Frederick van Valckenborch, cfr. Gerszi 1990, pp. 173-189). Il pittore si dimostra fedele al maestro fiammingo nel ripetere uno schema già di grande successo, modulato anche sugli esempi di Jan, e contemporaneamente ricettivo, nel raffigurare il santo panneggiato all'antica e possente, ai modelli "eroici" della tarda maniera italiana.

Bibliografia: Barbier de Montault 1870, p. 363; Venturi 1893; Longhi 1928; Della Pergola 1959, II, p. 154, n. 219, con bibliografia precedente.
[FC]

23. Michelangelo Merisi, detto il Caravaggio
I *musici*

olio su tela, cm 87,9 × 115,9
New York, The Metropolitan Museum of Art

La prima notizia documentaria di questo dipinto appare nell'inventario del cardinale del Monte (Frommel 1971b, p. 35), stilato nella primavera del 1627, dove viene riportata: "Una Musica di mano di Michelangelo da Caravaggio con cornice negra di palmi cinque in circa". Il medesimo dipinto viene successivamente liquidato dall'erede del cardinale, Alessandro del Monte, nella vendita dei mobili del Giardino di Ripetta effettuata l'8 maggio dello stesso 1627, per fare fronte ai debiti del defunto (Kirwin 1971, p. 55). Da questa risulta che per soli 142 scudi vennero alienati "un quadro di Giovani che cantano, una caraffa di fiori del Caravag.o, una Musica di Bordenone, una Prospettiva, et un Horologgio grande di legno cola palla che gira".
Secondo quanto riferisce Baglione (1642, p. 136) il dipinto fu il primo a essere realizzato in casa del Monte: "E dipinse per il Cardinale una musica di alcuni giovani ritratti dal naturale, assai bene"; ancora Bellori (1672, p. 204) si affianca a Baglione, precisando però: "Dipinse per questo signore una musica di giovani ritratti dal naturale in mezze figure".
Alla fine degli anni ottanta di questo secolo è stato possibile precisare un altro dato relativo al percorso dell'opera. Attraverso le ricerche di Boyer e Volf (1988, pp. 26, 31,36, 39) si può ritenere probabile che il quadro, sin dalla vendita del Monte, sia appartenuto al cardinale Antonio Barberini: risulta infatti che in data 8 luglio 1634 (Ademollo 1877, p. 202) questi abbia regalato al maréchal de Créquy "due bellissimi quadri, uno fatto dal Caravaggio, e l'altro dal Lanfranchi ambidue pittori più celebri di questa città"; I *musici* di Merisi compare infatti nell'inventario della collezione di Créquy risalente al 1638. Il dipinto passa quindi nella raccolta del cardinale Richelieu dove risulta nel 1643 e successivamente presso la duchessa d'Aguillon. Secondo quanto riporta un inventario del 1675 relativo alla collezione della duchessa, la tela era incollata sopra un supporto ligneo ed era possibile leggere una iscrizione in caratteri gialli: "... CHELANG. DA CARAVA/GIO", visibile ancora prima del restauro del 1983, nell'angolo inferiore sinistro della tela e qui apposta durante la permanenza del quadro nella raccolta di Créquy; una scritta assai simile compare nella *Cena in Emmaus* del Veronese al Louvre, a sua volta appartenuta al maresciallo (secondo l'informazione fornita da Lizzi Boubli a Christiansen 1990a, p. 57) il quale nutriva un evidente interesse per i quadri di Merisi, avendo tra l'altro tentato, ma inutilmente, di assicurarsi l'*Amore vincitore* del marchese Giustiniani, che lo aveva comprato per trecento scudi e a cui il maresciallo offriva "duemila duboli" (Wiemers 1986, p. 60).
Diverse le menzioni ottocentesche, ma resta il dubbio che non riguardino l'originale, ma qualcuna delle copie (Cinotti 1983, p. 477). Bertolotti (1877, II, p. 35) riporta fra le *Licenze* del camerlengo della Camera pontificia concernenti oggetti sottoposti "a dazio, gabella, passaggio e tasse varie", una licenza di esportazione del 1° luglio 1798 per una "Scuola di musica" del Caravaggio alto palmi 6 e lungo 7, richiesta dal principe Scipione Lancellotti, ma le misure risultano molto più grandi di quelle della tela di New York.
Il dipinto viene quindi ricordato da Moir (Cinotti 1983, p. 477), che cita un "Love and Harmony, a beautiful group of four figures, painted with great sweetness and delicacy" della vendita Christie's del 3 giugno 1815, ma con maggior convinzione in riferimento alla vendita Christie's del 20 giugno 1834 (eredità del defunto Henry Fulton) dove compare un "Concert of three figures with Cupid pressing grapes in the background; a capital picture in Guido's manner" (Moir 1976, pp. 84-85 n. 7, 123 nota 183). L'acquirente, Mr. Norton, comprerà nel 1839, un altro dipinto assai simile "Caravaggio. A bacchanalian concert; a grand composition" ritenuto originale da Busiri Vici (1971, pp. 330-331, 353), ma contestato da Haskell (1973).
In questo secolo la tela ricompare nella collezione di David Burns di Fernacre, Whitehaven, Cumberland; ne dava conto il figlio (Burns 1952), che aveva compiuto vari acquisti nel 1920-1930 all'asta di Whitehaven Castle (raccolta del conte di Lonsdale) e in varie aste a Edimburgo. Il quadro fu rivenduto dalla vedova alla fine della seconda guerra mondiale, o poco dopo, a un mercante (J. Cookson, Kendal), e passò poi al collezionista presso il quale fu scoperto (Cinotti 1983, p. 477). Presso la raccolta di W.G. Thwaytes di Maulds Meaburn Penrith, la tela viene infatti riconosciuta da David Carrit nel 1952. Nello stesso anno Mahon la pubblicherà (1952a e b), identificandola con l'originale menzionato dalle fonti antiche; nel 1953 l'opera viene acquistata dal Metropolitan Museum di New York, sua sede attuale.
Le copie antiche testimoniano la maggior estensione del dipinto, ma anche la presenza del Cupido con ali e frecce, come risulta per esempio nella copia edita da Volpe (1972, pp. 60-61) in raccolta privata di Firenze, e ivi citata anche da Scherliess (1973), segnalata poi da Spear a Londra (1971a), quindi pubblicata da Moir (1976, cat. 7b, fig.18) come presente alla Chelsea Antique Fair del 1955. Ali e frecce risultano anche nella copia individuata da Spear e riprodotta da Moir (1976, cat. 7a, fig. 17), che figurava nella vendita Lepke di Berlino del 1901 come Niccolò dell'Abate.
Come puntualizzò a suo tempo Spear (1971), il problema era stabilire se queste copie che Moir colloca nel Seicento – ma Volpe data la sua al Settecento – furono realizzate quando l'ignoto restauratore antico aveva già portato alla luce il supposto "pentimento" del Caravaggio. A tal proposito si segnala il dipinto del pittore toscano Pietro Paolini ispirato al prototipo del Monte (Marini 1974, p. 66) nel Paul Getty Museum di Malibu in California (Nicolson 1979, p. 154), nel quale compare un Cupido con le ali, probabile indicazione dell'originarietà del motivo iconografico, elemento su cui concordano recentemente un buon numero di studiosi. Marini (1987, ed. 1989, p. 128) pubblica inoltre una copia, di ubicazione ignota, che riproduce il dipinto con le misure precedenti ai tagli nei margini.
L'autografia della tela americana proposta da Malion (1952a), nonché la sua identificazione con il dipinto menzionato dalle fonti, trovano concorde la maggior parte degli studiosi, anche se tutti sottolineano la difficoltà del giudizio compromesso dallo stato di conservazione del quadro (Papi 1991, p. 110). La Cinotti (1983, p. 477) definisce il dipinto "una larva di un bellissimo originale", opinione accolta da Nicolson (1972, p. 113) che lo giudica molto guasto. Marini, che nel 1970 (e nel 1971 in Cinotti) lo riteneva copia molto pasticciata e trasformata, propende poi (1974) per un originale guasto e infine per un originale (1980, 1981a e 1989); la Gregori (1985, p. 234) e quindi Papi (1991, p. 111) sottolineano, a riprova dell'autografia, il rinvenimento dell'inventario Créquy e la possibilità che l'iscrizione, un tempo posta sulla tela, risalga alla permanenza in quella collezione.
La Borea (1972, p. 154) giudicava il quadro "guastissimo, inqualificabile" e Volpe (1972, pp. 60-61) vi rintracciava dettagli, del tutto indegni del maestro, come le foglie e il grappolo d'uva a sinistra, con "soltanto qualche breve tratto intelligibile a livello di un possibile originale danneggiato". Nel passato si distinse il giudizio di Longhi (1952, p. 19) che riteneva la tela, allora appena recuperata, autografa, ma non identificabile con il quadro menzionato dai biografi – seguito in ciò da Baumgart (1955) e Jullian (1961) –, aggiungendo che come per i *Bari* e per la *Buona ventura* si riproponessero dei "ritratti dal naturale".
La Gregori (1985, p. 228) ritiene che nella collezione del Monte la tela fosse collocata lontana dalle altre due opere, poste in una stanza diversa, come risulterebbe dall'inventario (Frommel 1971a, pp. 31, 35); il dipinto è per la studiosa "un'opera sofisticata e rievocativa della poetica di Giorgione" ed effettivamente sia la scelta tematica, il concerto, sia il formato orizzontale confermano questa indicazione.
Recentemente (Puglisi 1998, pp. 87-95) insiste su un riferimento di Merisi alla tradizione veneto-lombarda di dipinti con soggetto di concerto musicale, in particolare cita il *Concerto* di Callisto Piazza (1520-1530) conservato al Museum of Art di Philadelphia, il *Concerto* di Giovanni Cariani (1506-1510) conservato alla National Gallery of Art di Washington e naturalmente il *Concerto* di Tiziano (1510-1512) di Palazzo Pitti a Firenze.
Christiansen (1986, p. 423) ritiene che Merisi, anziché avere davanti a sé quattro modelli contemporaneamente, abbia utilizzato più volte uno stesso ragazzo, inserendo un personaggio dopo l'altro all'interno della composizione. Per Papi (1991, p. 111) tale procedimento costruttivo risulta logico, tenuto conto che il pittore aveva, sino a quel momento, dipinto quadri a mezza figura o al massimo due. Per Longhi (1952, p. 19) il liutista è identificabile con un autoritratto del Caravaggio, mentre per Frommel (1971a, pp. 32-39, 42; 1996, p. 22) il pittore utilizza uno stesso modello, probabilmente il pittore Mario Minniti, sia per il liutista che per il suonatore di corno e su questa linea si è espresso recentemente Robb (1998, p. 57); la Czobor (1955, pp. 206-210) considerava entrambe le figure autoritratti di Merisi. Brandi (1974, p.16) ritenne che il pittore avesse utilizzato il riferimento a un medesimo modello, con delle varianti fisionomiche, fino alla *Vocazione di san Matteo*.
Mahon (1952a) ha individuato affinità somatiche fra la figura del suonatore di liuto, il *Ragazzo con canestro di frutta* della Borghese e il *Bacchino malato*, operando inoltre significativi confronti compositivi tra il *Cupido* e il *Ragazzo che sbuccia un frutto*, tra il giovane che legge lo spartito nel quadro di New York e l'angelo del *Riposo* Doria. Evidenti per questo studioso le relazioni con la cultura formativa del pittore, quella lombarda: il cantore intento a leggere lo spartito deriverebbe infatti dal profeta *Michea* dipinto dal Moretto, nella cappella del Santissimo Sacramento in San Giovanni Evangelista a Brescia, come pure si paleserebbero nel quadro rievocazioni savoldesche. Hibbard (1983, p. 33) connette l'iconografia dell'opera con l'*Allegoria della Musica* realizzata da Paolo Veronese a Venezia, nella Biblioteca Marciana e tale connessione con modelli veneti, viene di recente sottolineata da Gilbert (1995, p. 120), che aggiunge un riferimento al *Concerto* Pitti di Tiziano. La Gregori (1985, p. 234) insiste in modo particolare sulle prove della formazione lombarda del pittore, evidenti specie nella mano che regge lo spartito "disegnata secondo una prassi risalente al Romanino e al Moroni".

Ancora Gilbert (1995, p. 120), partendo dagli studi sul costume condotti da Pearce (1953, pp. 174 sgg.) indica nel dipinto del Monte un generico e non letterale riferimento all'antichità.
Per quanto concerne la datazione, questa è indubbiamente legata alla indicazione fornita dal Baglione per il quale si tratterebbe del primo dipinto eseguito per del Monte: la proposta di Mahon che colloca la tela al periodo 1594-1595, è ritenuta da molti più che ragionevole e a essa hanno aderito Venturi (1951, ed. 1963 pp. 51-52), Spezzaferro (1971), Frommel (1971b), Gregori (1985), Papi (1991, p. 113). La datazione è leggermente avanzata al 1596 da Kitson (1969, p. 87), Rossi (in *Immagine del Caravaggio* 1973, p. 64), Posner (1971), Röttgen (1974), Marini (1987, ed. 1989, p. 375), Calvesi (1990, pp. 218-219) e Spear (1971) che propongono il periodo 1595-1596. Datazioni anteriori, scartate dalla critica successiva, furono suggerite da Hinks (1953) per il quale l'esecuzione del dipinto risaliva al periodo 1593-1594 e da Friedländer (1955); Wagner (1958) indicava il periodo 1590-1592 e Arslan (1959, p. 198) proponeva un periodo compreso tra il 1585 e il 1590.
Il cattivo stato di conservazione del dipinto è dovuto probabilmente a un restauro e a due rintelature antiche, ma parzialmente anche al restauro del 1951 effettuato da Sebastian Isepp sotto la direzione di Mahon cui si deve la descrizione dei vari interventi. A una prima rintelatura risalirebbe il riporto, sul davanti del dipinto in basso a sinistra, dell'iscrizione ora mutila, eseguita a foglia d'oro, più sopra riportata. Secondo Mahon (1952a, p. 3) essa fu realizzata nel secolo XVIII e per T. Rousseau jr. (in Mahon 1953, p. 45) forse trascritta da una indicazione che si trovava sul verso della tela originaria, prima di un rifodero settecentesco; opinione questa messa in dubbio da Marini (1987, ed. 1989, p. 376), ma che per Lapucci (1991, p. 114) risulterebbe plausibile, accettata l'ipotesi di un cambiamento di supporto da tavola a tela, in tal caso infatti l'iscrizione avrebbe potuto comparire sulla tavola. In una seconda rintelatura, probabilmente ottocentesca, il quadro fu tagliato in alto, in basso e sul lato sinistro e la scritta fu così mutilata. In particolare Mahon (1952a, p. 3) ha supposto che vi sia stata una decurtazione di circa 2 centimetri sul lato sinistro, e di misura minore in alto e in basso. È probabile che anche nel corso del Settecento il dipinto debba aver subito un restauro con un eccesso di pulitura, e di ridipintura.
Venne scoperto anche un "pentimento" del Caravaggio e cioè le ali e la faretra con frecce sulle spalle del giovinetto sullo sfondo a sinistra, che in un primo tempo il pittore aveva concepito come Cupido. Il restauro del 1951 ricoprì, in modo non irreversibile, tale particolare ritenuto un "primo stadio" che il Caravaggio stesso aveva poi cancellato.
Il recente ritrovamento di nuovi inventari (Volf, Boyer 1988, p. 31) ha avvalorato l'ipotesi (Christiansen 1990a, pp. 57-58) già avanzata da Mahon (1952a, p. 3) che in origine il dipinto fosse stato eseguito su una tela incollata a una tavola lignea, analogamente alla *Medusa* degli Uffizi. Il conseguente distacco dei due supporti avrebbe causato il danno che si osserva oggi sulla superficie pittorica del quadro. La preparazione bruna è lasciata in vista in un bordo che corre intorno agli incarnati secondo la caratteristica tecnica *en reserve* (Gregori 1991, pp. 24 sgg.), in particolare lungo il braccio e il dorso del Cupido, nel contorno del volto, del collo e della mano sinistra del liutista, lungo il profilo perduto e l'omero del giovane a destra, di spalle. Alcune riprese dei profili anatomici sono state eseguite sopra la superficie pittorica, con un pennello molto sottile, intriso di pigmento nero (Lapucci 1991, p. 117) e ciò è visibile lungo la spalla destra del suonatore di liuto, nella zona coperta dal manto, nel contorno degli occhi di tutte le figure, nonché nelle scritte presenti sugli spartiti musicali. Sono inoltre individuabili nel dipinto numerose incisioni: le più significative, a partire dal lato sinistro verso destra, si trovano nell'ala destra del Cupido e in particolare lungo il contorno superiore, nel manto rosso del liutista, lungo le pieghe principali che non sempre seguono il profilo della figurazione finale, nel bordo interno vicino al petto e in tutto il bordo esterno, lungo il profilo della superficie piatta del liuto, nel collo dell'omero sinistro del liutista. A sinistra, nel panneggio rosso lacca del suonatore di liuto, si evidenziano (Marini 1987, ed. 1989, p. 376) graffiti tipici forse sostitutivi del disegno, eseguiti col calcatoio sopra la materia pittorica ancora fresca.
Nel 1981 presso il Courtauld Institute of Art di Londra, è stata eseguita un'indagine radiografica che ha confermato la presenza delle ali e della faretra e di altri pentimenti (Cinotti 1983, p. 476) nelle mani del fanciullo di sinistra e nelle dita di quello di destra. Per Mina Gregori (1985, p. 234) i diversi cambiamenti messi in evidenza dall'analisi radiografica si spiegano in virtù del fatto che si tratta di una delle prime opere a più figure, realizzata agli inizi del periodo del Monte.
Le modifiche più rilevanti compaiono per la studiosa sul broccato, dipinto in una seconda fase sopra il braccio nudo, nella sciarpa e nella camicia del liutista e nella testa spostata del giovane in secondo piano. Attraverso la lettura delle radiografie anche Marini (1987, ed. 1989, p. 376) ha riscontrato la presenza di modifiche sia nel mantello rosso lacca damascato, dipinto in due riprese, che nella testa del giovane sul fondo a destra spostata verso il centro; riemergono anche la posizione del bocchino del cornetto e quella delle corde del liuto pendenti e arricciolate nel cavigliere. Un pentimento consistente riguarda la zona del violino che attualmente scorcia verso destra, mentre era più di profilo, e degli spartiti musicali al centro in basso, che a causa di numerose stesure sovrapposte non è possibile leggere.
Tra le nuove recenti osservazioni (Lapucci 1991, p. 119) si rilevano alcune incisioni in forma di solchi neri nel panneggio rosso del liutista, nonché linee dipinte e incisioni diagonali lungo l'ampio drappeggio del manto sul braccio destro, che indicano la presenza di una diversa redazione sottostante: l'omero destro del giovane di spalle era più ampio ed è stato successivamente ridotto. È emersa anche la tipica stesura delle campiture pittoriche dal fondo verso il primo piano (Gregori 1991, pp. 26 sgg.): il braccio nudo del Cupido risulta visibile per intero sotto l'ampio manto del suonatore di liuto, così pure il panneggio che passa diagonalmente davanti al petto, sormonta la camicia sottostante che è delineata nella sua interezza. In prossimità della spalla sinistra del liutista si è osservata la sovrapposizione progressiva degli strati pittorici a partire dalla prima stesura, più vicina al fondo, per proseguire con quelle a essa sovrapposte. È stato evidenziato dunque, che dapprima il pittore ha realizzato l'omero nudo del liutista, poi il drappeggio della figura sul fondo che prosegue parzialmente sotto le pieghe della camicia bianca e infine, il panneggio dello scollo della camicia. Le pieghe di questa sono parzialmente visibili sotto i cavicchi per accordare il liuto e in corrispondenza della gamba destra del suonatore; sotto il panneggio ocra prosegue il profilo del liuto, visibile anche a occhio nudo perché in parte svelato. La Lapucci (1991, p. 119) ha notato anche che la mano sinistra del giovane che accorda lo strumento è dipinta mediante l'utilizzo di un procedimento già riscontrato in opere giovanili, lasciando cioè *en reserve* una zona della preparazione.
Nel 1983 il dipinto è stato nuovamente restaurato da John Brealey con l'assistenza di Mark Leonard sotto la supervisione di Keith Christiansen, con la rinnovata scoperta degli attributi di Cupido, ali e faretra, ritenuti visibili quando il pittore licenziò il quadro (Gregori 1985, p. 228). L'esame radiografico ha evidenziato la presenza di numerose lacune, tra cui due di estese dimensioni sul foglio dell'album sollevato in primo piano nonché sul fondo a destra in alto. Ancora un'altra lacuna di rilevanti dimensioni interessa i grappoli di uva nella zona inferiore sinistra del dipinto. Nel suo complesso dopo questo restauro lo stato di conservazione del film pittorico è ritenuto soddisfacente, anche se il dipinto risulta assai svelato negli incarnati; sono state inoltre asportate numerose ridipinture.
Le letture interpretative del dipinto hanno spesso tenuto in rilevante considerazione il testo di Baglione: "Dipinse per il Cardinale una musica di alcuni giovani ritratti dal naturale, assai bene" (Baglione 1642, p. 136) e si sono indirizzate su una ricostruzione del raffinato clima culturale di casa del Monte, di cui la tela caravaggesca costituisce un significativo riflesso. L'interesse di del Monte per questo tema è confermato anche dalla presenza nella sua collezione di altri quattro dipinti intitolati *Musica* (Frommel 1971b, pp. 32, 36).
Una iniziale, ma generica proposta di Bauch (1956) di un rapporto del tema con qualcuno dei "cinque sensi" non sembra aver avuto molto seguito, poiché la critica si è più spesso orientata, se pur con sfumature assai diversificate, in direzione di un'allegoria amorosa, collegata alla musica, tema principale del quadro. Per Egan (1961) si tratterebbe di uno degli ultimi "concerti" rinascimentali (e di recente Frèches 1995, p. 29 propone il tema della "conversazione musicale"); su indicazione di Vasari, Egan collegava il tema di Amore senza le ali alla musica produttrice del vero Amore, che sempre si accomunano: tale lettura però è confutata dalla iconografia originaria del dipinto ove Cupido compare con le ali. Friedländer (1955, p. 148) seguito da Salerno (1966) definiva l'opera un'allegoria di amore e musica, dove la presenza dell'uva conferisce una temperie bacchica, elemento che ha suggerito un'altra frequentata linea interpretativa, quella dell'esaltazione del tema erotico in chiave omosessuale.
Dopo un accenno da parte di Spear, tale orientamento critico è seguito da Posner (1971, p. 306), Frommel (1971b, p. 23) e Röttgen (1974, p. 173, e come amore terreno 1996, pp. 62 sgg.), Hibbard (1983, p. 258): tale significato omoerotico sarebbe individuabile anche in altri dipinti del periodo del Monte.

Posner in particolare vedeva nel quadro di New York il riflesso di un atmosfera omosessuale in chiave di "tentazione amorosa" derivante dalle feste che si tenevano nelle case di certi prelati, con canti e danze di giovinetti vestiti da donna. Frommel indica nella tela l'esaltazione di una temperie lirico-erotica, legata alla vicenda esistenziale del pittore che ritrae spesso, identificandovisi, i suoi modelli-amici, ma lo studioso non manca di osservare un notevole realismo nella derivazione degli strumenti musicali rappresentati, dagli originali facenti parte della collezione del cardinale del Monte, documentati anche nell'inventario. Röttgen inoltre identifica il suonatore di corno con l'autoritratto del pittore, che fisserebbe narcisisticamente la propria età a uno stadio puberale.
Il carattere estetizzante di questo, come di altri dipinti del periodo del Monte deriva probabilmente da scelte precise operate dal cardinale con suggerimenti e indicazioni concreti: su questa linea si muove Spezzaferro (1971, pp. 75 sgg.) che però prescinde dalla omosessualità, ponendo l'accento sugli interessi scientifici e musicologici, in particolare l'adesione del cardinale alla "naturalezza" proposta dai fiorentini in polemica con i contrappuntisti. La figura centrale del dipinto, quella del liutista, sarebbe inoltre simbolo di una conciliazione tra natura e ragione collegabile non soltanto alla tematica della *concordia discors*, ma più nitidamente alla nuova forma d'arte musicale consistente nell'"imitar col canto chi parla", cioè la monodia fondata sull'armonia secondo gli insegnamenti degli antichi cui fa riferimento Jacopo Peri nella introduzione "Ai Lettori" nelle *Musiche sopra l'Euridice*, Fiorenza MDC. La monodia concertata diverrà, già dagli inizi del XVII secolo il nuovo mezzo espressivo cui aderiscono moltissimi compositori.
Calvesi (1971) mette in luce la derivazione compositiva e iconologica della tela di New York, dal tema del *Concerto* tizianesco del Louvre, escludendo la linea interpretativa precedente: l'idea di un riferimento dei dipinti caravaggeschi del periodo del Monte a tematiche omosessuali, è ricusata anche da Spezzaferro (1971), Marini (1987, ed. 1989), Gilbert (1995, pp. 194-195, 215), quest'ultimo attraverso un'attenta lettura delle fonti, specie Susinno. Il trio dei musicisti, per Calvesi, cela un'allusione trinitaria basata sulla mistica del numero tre, che ricorre anche negli spartiti musicali "omne trinum perfectum", con allusione al canone a tre voci all'unisono. La musica simbolo della natura divina perché basata sul numero, si collega al significato devozionale del dipinto, dove l'amorino a sinistra allude all'amore divino; la stessa androginia dei personaggi rimanda a una vagheggiata idea di perfezione, riscontrabile sin dall'antichità.
Su questa linea si è espresso anche Marini (1987, ed. 1989, p. 376) che si accosta all'*Iconologia* di Cesare Ripa (1603, pp. 344 sgg.): in essa si riscontrano annotazioni relative all'effetto positivo della musica sull'animo travagliato e sul suo fondarsi sull'armonia. Più di recente Calvesi (1990, pp. 270-271) sottolinea l'interesse per l'ipotesi avanzata da Marini (1987, ed. 1989, p. 380) che la tela facesse parte con il *Bacco* e il *Suonatore di liuto* di un piccolo ciclo "col sottinteso invito a partecipare all'ebbrezza dionisiaca creata dalla musica, quando sapientemente misurata e razionalizzata, e quindi senza concessioni all'orgia e al baccanale", opinione questa accolta anche da Gilbert (1983, p. 116). Circa la singolare atmosfera dell'opera, lo studioso chiama in causa la lettera del cardinale Parravicino a Paolo Gualdo (pp. 196 sgg.) che, nel 1603, definisce i quadri di Merisi "in quel mezzo fra il devoto e il profano". Ancora di recente (Puglisi 1998, p. 95) è stato sottolineato il legame tra il tema amoroso e la musica in riferimento all'*Iconologia*, pubblicata da Cesare Ripa nel 1593 specie nella connessione con la presenza nel dipinto dell'uva: Ripa infatti sottolinea come il vino rappresenti l'allegrezza generata dall'armonia musicale: "Molto aiuto dà alla melodia della voce il vino buono" (Ripa 1618, ed. 1987, pp. 72-73). Si può inoltre aggiungere che nelle diverse descrizioni della Musica Ripa propone vari elementi iconografici utilizzati dal Caravaggio in questo – "il giovinetto con l'ali alle spalle ... il qual rappresenta Zefiro ... un leggiero vento ... come i Musici che non sogliono volentieri cantare, se non spira qualche vento delle loro lodi, e appresso persone, che gustino la loro armonia" (Ripa 1618, ed. 1987, p. 72) – come in altri dipinti di soggetto musicale: per esempio la gabbietta col cardellino nel *Suonatore di liuto* del Monte potrebbe connettersi all'usignuolo citato da Ripa come simbolo della musica "per la dilettevole melodia della voce", o in entrambe le versioni la presenza degli spartiti, dello strumento in mano al suonatore, come ai caratteri femminei dello stesso; Ripa infatti prevede sempre una figura femminile come rappresentazione della Musica.
Il dipinto esalta plausibilmente il tema dell'armonia amorosa generata dalla musica: essa riflette quella del creato, in un amalgama filosofico e concettuale, denso di sensualità malinconica e di nostalgia nei confronti dell'antichità.
A tal proposito Posèq (1990, pp. 147 sgg.) sottolinea come è proprio Bellori (1671, ed. 1976, p. 201) a fare riferimento per quanto concerne questo tipo di soggetti nei dipinti del Caravaggio, alla scultura ellenistica e in particolare allo scultore Demetrio (IV secolo a.C.) che, in accordo con Quintiliano, raccoglie l'eredità naturalistica di Lisippo e Prassitele ove la nozione di bellezza corrisponde alla verosimiglianza. Più specificamente Posèq (1990, p. 116) per quanto concerne *I musici* fa riferimento ai ritratti di Antinoo di età adrianea, spesso rappresentato come Silvano, il dio romano della natura. Tra le fonti che potrebbero aver ispirato le sembianze "all'antica" dei quattro musici di New York, lo studioso cita anche il satiro con grappolo d'uva noto come *Ampelos*, presente a Villa Medici sin dal 1584, che forse Merisi potrebbe aver visto durante il suo breve soggiorno presso la bottega del Cavalier d'Arpino; lo stesso del Monte del resto era amico del cardinale de' Medici. Come Michelangelo nel suo *Bacco* anche il Caravaggio sembra guardare a prototipi antichi secondo un'accezione che nel caso de *I musici* rimanda a un passo di Lomazzo, amico di Simone Peterzano primo maestro di Merisi (1590, I, pp. 338-339), in cui si dice che le rappresentazioni di Apollo e Bacco "Richiedono le membra e i muscoli dolci e soavi accompagnati da una gravità leggiadra e delicatezza piacevole e molle, tuttavia Bacco debbe ancor eccedere un poco più come quello che mena la vita nelle delicie e nelle morbidezze in compagnia delle Muse ... et Apollo un poco più fiero per l'esercitio del saettare..." (Freeman Bauer 1993, pp. 228 sgg.). Più recentemente Marini (comunicazione orale) suggerisce un accostamento in termini stilistici e compositivi al celebre *Vaso Portland* (fine del I secolo d.C.) di cui il primo proprietario noto fu proprio il cardinale Francesco Maria del Monte (1549-1627) protettore di Merisi. Il vaso fu presto conosciuto da Rubens che, con il dotto de Peiresc, sperava di pubblicarlo nel 1624. Il permesso di pubblicazione fu ottenuto invece da Cassiano dal Pozzo i cui disegni passarono alla famiglia Albani. Il vaso non rimase a lungo a Palazzo Madama, residenza del cardinale del Monte, poiché i suoi eredi lo vendettero al cardinale Francesco Barberini dal quale, attraverso successivi passaggi, pervenne alla sede attuale presso il British Museum di Londra (*Vetri dei Cesari* 1988, pp. 59-65).
È da rilevare che, nonostante il soggetto delle scene rappresentate sul vaso sia stato oggetto di varie discussioni (Oceano-Teti; Doride-Nereo-Eaco; Teti-Peleo-Achille), l'accuratezza dello stile esecutivo ne fa un prototipo divenuto celebre sin dalla sua scoperta alla fine del Cinquecento; indubbiamente la morbida gestualità dei personaggi mitici effigiati sul vaso, le stesse posizioni delle teste, le capigliature suggeriscono confronti calzanti con i musici caravaggeschi, anche e soprattutto nella proposizione di un riferimento culturale a modelli della tarda antichità.
Chi scrive vuole inoltre porre in evidenza come la stessa disposizione delle figure nel quadro, ad andamento alternato e fortemente compresso verso il primo piano, rammenti le modalità compositive proprie dei sarcofagi classici; in particolare per quanto concerne il suonatore di corno appena prospiciente dal piano di fondo, che trova decise assonanze con sarcofagi di soggetto bacchico. Un esempio è il centauro rappresentato nell'atto di suonare, visibile nel sarcofago con processione bacchica oggi a Londra (British Museum, cat. 2298) anticamente a Santa Maria Maggiore poi nella Villa Montalto (Pray Bober, Rubinstein 1980, p. 117, n. 83), oppure nel prototipo raffigurante la scoperta di Ariadne oggi nello Oxfordshire (Pray Bober, Rubinstein 1980, p. 115, n. 80), che nel 1540 si trovava nel Palazzo della Valle e successivamente venduto al cardinale Medici nel 1584, presso il quale si trovava ancora nel XVII secolo. Un'analoga figura di suonatore di corno, appena aggettante dal piano di fondo, si trova oggi a Palazzo Rospigliosi, sede presso la quale pervenne nel 1611-1613 da San Lorenzo fuori le Mura (Pray Bober, Rubinstein 1980, p. 112, n. 77); un altro rimando può essere esteso all'analogo suonatore di corno posto al centro del sarcofago bacchico, oggi Bedfordshire Wobum Abbey proveniente dalla Villa Aldobrandini di Frascati (Pray Bober, Rubinstein 1980, p. 112, n. 78).
Tenuto conto del fatto che comunque l'iconografia del dipinto non si spiega compiutamente né come scena di genere, né come allegoria (Christiansen 1986, p. 423), di specifico interesse risultano le ricerche condotte dalla recentemente scomparsa Franca Trinchieri Camiz, che ha decodificato i titoli di alcuni madrigali leggibili nelle opere del Caravaggio (1983, p. 68), evocativi della raffinata atmosfera di casa del Monte.
La studiosa ha inoltre ipotizzato una elaborazione compositiva sulla base di modelli figurativi già esistenti e in particolare una incisione di Cornelis Cort, raffigurante l'*Allegoria della Musica* che confermerebbe l'assunto dell'iconografia caravaggesca; è da ricordare in proposito anche l'opinione della Cropper (1991, p. 196) che ritiene che il poeta Marino, che secondo Bellori introdusse il Caravaggio presso i Crescenzi, abbia fornito i testi sia per componimenti musicali che per l'iconografia di dipinti come quello in oggetto.

24. Simone Peterzano

(Bergamo, notizie 1573-1596)

Studio di angelo

matita nera e gesso su carta grigia,
mm 321 × 225
Milano, Civico Gabinetto dei Disegni
del Castello Sforzesco, inv. 4875/362 B
1802/236

È particolarmente rilevante notare che la Trinchieri Camiz porti alla luce il fatto che del Monte, in contatto con Emilio de' Cavalieri, ospitasse nella sua dimora alcuni cantanti, in particolare castrati, secondo la moda dell'epoca (Bianconi 1988). Tra questi compare lo spagnolo Pietro Montoya che nel 1599 risulta facente parte del coro della cappella Sistina (1990, p. 219), dove era giunto nel 1592. Non è noto esattamente in che anno Montoya abitì presso del Monte, ma di sicuro ciò significa che in questi anni il castrato è una importante figura di musicista, che probabilmente il Caravaggio ritrae anche in altri dipinti come il *Suonatore di liuto* (Puglisi 1998, p. 101); lo stesso Baglione inoltre nel dire "ritrasse dal naturale" forse non indica solo l'utilizzo di modelli, ma anche la possibilità di un ritratto reale. Altri cardinali e nobili del resto ospitano nelle loro dimore giovani castrati o *castratini*, e finanziano i loro intrattenimenti musicali con musica vocale e strumentale. Il prestigioso collegio gesuita tedesco dove Montoya canta nel 1600, è finanziato da del Monte e provvede alla rigorosa educazione musicale dei giovani (Cully 1970, p. 67).
I castrati in particolare esibivano i loro gradi di apprendimento con il maestro di musica, sia nei cori di chiesa che nei *camerini* così ben descritti da Giustiniani, del tutto simili al camerino del cardinale del Monte. È interessante notare che agli intrattenimenti musicali partecipavano anche cantanti donne (Newcomb 1988, p. 93) come la famosa Vittoria Archilei di cui parla Vincenzo Giustiniani nel suo *Discorso* e che il compositore Sigismondo d'India definiva "cantatrice eccellentissima ... per la dolcezza e soavità del suo canto" (Collisani 1998, p. 15). Alla luce di questi dati, l'ambiguità fisionomica o meglio l'androginia rilevata nei cantori del dipinto caravaggesco è spiegata senza il ricorso a una esaltazione di tematiche omosessuali, trattandosi infatti di una più che realistica raffigurazione di castrati, come ritratti durante un intrattenimento musicale. Un altro dato di notevole interesse in questa direzione si ricava dalle recenti ricerche sul carteggio familiare di Giulio Mancini (Maccherini 1997, pp. 71-92, in particolare p. 80 nn. 99-100) da cui emerge che Giulio Mancini spedisce al fratello a Siena in data 26 giugno 1615 una copia de *I musici* del Caravaggio ultimata il 13 marzo dello stesso anno; assieme al dipinto viene inviato "un rotolo che è la Musica di quei giovinetti". Alla luce di questo nuovo elemento appare più che plausibile ritenere che il dipinto del Caravaggio ritragga alcuni cantori nell'atto stesso di eseguire musica in una delle serate musicali nel *camerino* del Monte.
Si deve poi aggiungere che il tema della musica generatrice di armonia diviene presto simbolo dell'origine del dialogo amoroso, tematica che avrà una notevole risonanza nella cultura seicentesca, specie d'Oltralpe. In particolare nella produzione emblematica, come dimostrano i testi di Jacob Cats (*Sinnen Minnebeelden*, 1618) l'iconografia del suonatore di strumento a corda è quasi sempre arricchita da un altro strumento musicale effigiato in primo piano, a indicare che come negli strumenti musicali la sonorità genera altre sonorità, così il sentimento amoroso genera a sua volta amore; tale iconografia del resto, forse con lo stesso significato, è presente anche nel *Suonatore di liuto* caravaggesco.
L'indicazione implicita ne *I musici* di New York sembra confermare l'opinione di Calvesi (1990, pp. 271 sgg.) e di Marini (1987, ed. 1989); a tal proposito è utile aggiungere che recenti studi (Cerchio 1993) pongono in evidenza come per molto tempo la musica fosse considerata un antidoto alla malinconia assieme al vino, chiamando in causa anche la connessione con l'alchimia. Un'incisione tratta dal *Distillierbuch* di Braunschweig pubblicato a Strasburgo nel 1508 mostra un alchimista, nella consueta posa del melanconico, rallegrato da un giovane che suona l'arpa. Anche Robert Burton nel suo testo *Anathomy of Melancholy*, pubblicato a Londra nel 1621, consiglia ai melanconici musica, vino e allegra compagnia (II, p. 132). La terapia della musica e del vino – nel dipinto caravaggesco compare anche l'uva – era consigliata sin dall'XI secolo dal medico arabo Costantino l'Africano, il cui testo fu pubblicato a Basilea nel 1536.
Un'incisione tratta dall'*Amphitheatrum sapientiae aeternae* di Henricus Khunrath, pubblicato nel 1609, commenta con una iscrizione il gabinetto dell'alchimista melanconico, ove compaiono numerosi strumenti musicali, con la scritta: "Musica sacra tristitiae spiritumque malignorum fuga quia spiritu Jeovah (libenter?) psallit in corde gaudio pio perfuso" ("la musica sacra scaccia la tristezza e gli spiriti maligni perché lo spirito di Jeovah canta salmi nel cuore pervaso di devota gioia").
Tutto ciò sembra curiosamente rimandare ancora alla figura del cardinale del Monte, che si occupava di alchimia (Spezzaferro 1971, pp. 77 sgg.) nel suo apposito gabinetto alchemico (oggi Casino Ludovisi), le cui valenze alchemiche sono state esperite da Calvesi (1990, pp. 173-196) e di recente sottolineate da Gilbert (1995, p. 125).
[SM]

Nel 1924 venne acquistato per le Raccolte del Castello Sforzesco un fondo di disegni conservato presso l'archivio della chiesa di Santa Maria presso San Celso: una raccolta di oltre mille fogli indistintamente registrati come opere di Simone Peterzano. Per il santuario milanese l'artista aveva lavorato nel 1577, quando gli venne attribuito l'incarico di eseguire le ante d'organo, opere ricordate dalle guide milanesi fino al 1776 e poi perdute. Ne resta però traccia nei documenti pubblicati dal Pevsner (1928-1929, p. 288). Dell'impegno assunto dall'artista per la chiesa resta oggi solo un piccolo segno: una teletta raffigurante la *Madonna col Bambino*, opera di piccolo formato il cui interesse nasce dal fatto che si tratta della copia dell'immagine miracolosa della Vergine cui è legata la costruzione stessa del santuario (Fiorio 1989, pp. 62-63). Non conosciamo le ragioni per cui il ricco materiale di studio appartenuto al pittore, nel quale compaiono numerosi fogli non di sua mano e che vanno riferiti alla sua bottega, si trovasse nell'archivio di San Celso: la presenza di sue opere nella chiesa è però sufficiente a spiegarne il motivo.
Nel fondo proveniente da San Celso si trovano numerosissimi studi collegabili a opere realizzate dal Peterzano: in genere non si tratta di bozzetti o di studi d'insieme, bensì di studi di singole figure o anche di dettagli di figure. I primi studi su questi materiali furono condotti da Costantino Baroni cui si deve la pubblicazione di una serie di disegni preparatori per le opere più note dell'artista, dalla *Deposizione* di San Fedele ai teleri di San Barnaba, agli affreschi di Garegnano (Baroni 1940, pp. 173-188; Idem 1954, pp. 305-309). A questi si aggiunsero i disegni resi noti in seguito da Maurizio Calvesi (specie per quanto riguarda il ciclo di affreschi della chiesa di Sant'Antonio, cfr. Calvesi 1954, pp. 114-133), da Edi Baccheschi e da Giulio Bora.
Lo *Studio di angelo*, che pure fa parte del fondo già in Santa Maria presso San Celso, presenta qualche lacuna della carta sul margine superiore e sul lato destro, qualche macchia e soprattutto delle gore di umidità che il restauro eseguito nel 1983 non ha potuto cancellare. Queste ultime compromettono la lettura dell'opera, specie nella parte abbozzata del corpo sostenuto dall'angelo. Si può comunque individuare una prima stesura nella quale l'artista aveva impostato diversamente la parte inferiore di cui resta, in basso, la traccia di un piede; nella versione finale l'angelo sorregge il corpo abbandonato di un Cristo sommariamente indicato nelle linee di contorno della testa e delle braccia.
Nella produzione del Peterzano non si è al momento rintracciata nessuna opera che corrisponda puntualmente a questo studio. Si tratta però di un tema familiare al pittore che lo utilizza anche nella tela con *Angelica e Medoro* sopra commentata.
La prima segnalazione del foglio spetta a Maurizio Calvesi, che fin dal 1954 osservava come si avvicinasse in modo sorprendente all'angelo che sorregge san Francesco in estasi nella tela di Caravaggio oggi presso il Wadsworth Atheneum di Hartford. Anzi, la corrispondenza tra le due soluzioni veniva di recente ripresa ed evidenziata pubblicando il disegno del Peterzano in controparte.
Si tratta quindi di una prova ulteriore di quanto dell'insegnamento del maestro il giovane Caravaggio abbia fatto tesoro, riprendendo ed elaborando genialmente spunti tratti dalle sue composizioni. L'incidenza delle idee di Peterzano si coglie specialmente nella fase giovanile del Caravaggio e non è fuori luogo pensare che sulle opere del maestro l'allievo si sia esercitato nei suoi anni di apprendistato conservandone a lungo memoria. Forse è azzardato ritenere che nel materiale grafico del Castello Sforzesco si conservi qualche testimonianza di tali esercitazioni, ma uno studio attento dell'intero fondo sarebbe da riprendere, se non altro per distinguere la produzione del Peterzano da quella della bottega.

Bibliografia: Calvesi 1954, pp. 131, 133; Calvesi 1999, pp. 12-13.
[MTF]

25. Michelangelo Merisi, detto il Caravaggio
Suonatore di liuto

1597-1598 circa

olio su tela, cm 100 × 126,5
Collezione privata,
courtesy of The Metropolitan Museum of Art, New York

Sebbene la paternità di Caravaggio per questo importante dipinto sia stata riconosciuta solo nel 1990 da Mahon e Christiansen, la fama che accompagnò il dipinto durante il XVII e XVIII secolo offuscò quella del *Suonatore di liuto* dell'Ermitage, ora maggiormente apprezzato. L'opera viene descritta dai due principali biografi di Caravaggio, Baglione e Bellori, e, grazie a una serie di scoperte emerse da ricerche archivistiche, è possibile ricostruirne la storia in maniera continuativa, dal suo primo possessore, il cardinale Francesco Maria del Monte, sino ai nostri giorni. Al momento della morte, avvenuta nel 1626, del Monte era in possesso di otto dipinti eseguiti dal maestro lombardo, fra cui uno con un soggetto a questo collegato, I *musici* e due opere identificate come copie da altri dipinti realizzati dall'artista. Queste opere sono elencate in un inventario *post mortem* del 1627, pubblicato da Frommel, in cui il *Suonatore di liuto* viene descritto come "Una musica di mano di Michelangelo da Caravaggio". Secondo un'annotazione ritrovata da Wolf, nel maggio del 1628 Alessandro del Monte, nipote del cardinale, vendette il dipinto ad Antonio Barberini insieme ad altre tre opere: i *Bari* (Fort Worth, Kimbell Art Museum) e la *Santa Caterina d'Alessandria* (Madrid, Museo Thyssen-Bornemisza) di Caravaggio e un *San Gerolamo* di Guercino. Antonio Barberini apprezzò il dipinto a tal punto da commissionarne nel 1642 una copia a Carlo Magnone insieme a un'altra dei *Bari*, evidentemente allo scopo di farne dono (Magnone ricevette 22 scudi per entrambe le copie, vedi Lavin 1975, p. 9 doc. 78)[1]. Indubbiamente la presenza del *Suonatore di liuto* all'interno della prestigiosa collezione Barberini ne attesta in parte la sua celebrità; tuttavia la posizione di preminenza che quest'opera occupa nelle biografie di Baglione e Bellori è dovuta anche alla qualità, al carattere del dipinto, nonché al momento cruciale della carriera di Caravaggio che l'opera documenta.

Ricostruendo la storia del dipinto, risulta che verso il 1595-1596, poco dopo essere stato accolto dal cardinale del Monte in Palazzo Madama e forse ad alcuni mesi dall'esecuzione dei *Musici*, Caravaggio aveva iniziato a lavorare a quello che sarebbe stato il capolavoro dei suoi esordi nello stile del nord Italia (lo stile che Bellori acutamente descrisse come "quella schietta maniera di Giorgione, con oscuri temperati"): il *Suonatore di liuto* dell'Ermitage. Il dipinto fu evidentemente commissionato da Vincenzo Giustiniani, il quale viveva di fronte a Palazzo Madama, condivideva l'interesse di del Monte per la musica ed avrebbe raccolto uno straordinario gruppo di opere del pittore lombardo.

Questa tela, profondamente poetica, raffigura un cantante con indosso un'ampia e morbida camicia e un mantello, mentre la sua elaborata acconciatura è ornata da una fascia annodata, il classico costume teatrale, associato ai temi bucolici. Il giovane rivolge lo sguardo sognante all'osservatore mentre esegue un amoroso madrigale, le cui note sono raccolte in una partitura polifonica posta su una lastra di marmo dinanzi a lui. I quattro madrigali identificati nella partitura sono tratti da una raccolta di brani di un grande compositore fiammingo, Jacques Arcadelt, stampata a Roma da Valerico Dorico[2]. Questo tipo di madrigale a più voci era piuttosto popolare nell'ambito di incontri informali; Giustiniani stesso ricorda di averne cantati durante la sua giovinezza. Tuttavia, nel tardo Cinquecento si diffuse l'usanza di far eseguire questi madrigali come assolo da un cantante professionista, accompagnato di norma dal liuto o dalla spinetta. Il dipinto dunque rappresenta un'allegoria della musica e dell'amore – due temi strettamente collegati nella letteratura dell'epoca – sotto forma di una reale esecuzione, come quelle cui probabilmente si poteva assistere a Palazzo Giustiniani o a Palazzo Madama. La natura morta di frutta e il vaso di fiori sottolineano il tema dominante della natura fugace dell'amore, mentre il violino inutilizzato è un invito o un'esortazione rivolta all'osservatore. Bacchici grappoli d'uva, raccolti da Cupido, e un violino appaiono anche nei *Musici*, ma la centralità della natura morta nel *Suonatore di liuto* suggerisce più di una funzione poetico-iconografica: potrebbe anche riferirsi alla questione teorica riguardante i pregi del naturalismo e il genere nelle arti.

Com'è noto, nel XVI secolo le nature morte e i ritratti occupavano un posto secondario rispetto ai dipinti allegorici e storici, dal momento che i primi erano considerati il frutto di una mera imitazione della natura piuttosto che una riformulazione fantasiosa di un complesso tema figurativo. Giustiniani pubblicò un breve *Discorso sopra la pittura* in cui egli descrive una gerarchia ascendente di dodici livelli in cui suddividere quest'arte: la natura morta – "il saper ritrarre fiori, ed altre cose minute" – era stata relegata appena al terzo livello. Eppure – ancora secondo Giustiniani – fu la visione "eretica" di Caravaggio "che tanta manifattura gli era a fare un quadro buono di fiori, come di figure".

Questo giudizio – particolarmente significativo per chi, come nel caso di un pittore lombardo a Roma, era considerato privo di un'adeguata base teorica e in grado solo di copiare la natura – fu trasformato da Caravaggio in una polemica accusa rivolta verso l'arte dei suoi contemporanei romani. Non a caso, stando a Baglione, riferendosi a una natura morta con un vaso di fiori di proprietà di del Monte – assieme al *Canestra di frutta* nell'Ambrosiana l'unico quadro di Caravaggio ad avere come unica protagonista della composizione una natura morta – l'artista avrebbe dichiarato "che fu il più bel pezzo che facesse mai" (il cardinale Federico Borromeo, già protettore dell'Accademia dei pittori a Roma, era probabilmente a conoscenza di tali questioni teoriche quando ricevette in dono da del Monte la famosa *Canestra di frutta* che non esitò a definire "pulchritudinem, incomparabilemque excellentiam").

Il *Suonatore di liuto* qui esposto nasce come variante del dipinto Giustiniani e dedica un'attenzione ancora maggiore ai medesimi temi raffigurati in quell'opera, conferendo loro un'accentuata forza polemica. Del Monte forse volle il dipinto per affiancarlo ai *Musici*. Esami radiografici hanno rivelato che Caravaggio si servì di una tela di recupero, recante un'altra composizione di soggetto diverso. Tale pratica era piuttosto comune, ma probabilmente Caravaggio dipinse l'opera su una delle sue stesse prime composizioni a carattere religioso, simile alla *Madonna col Bambino, san Michele e due personaggi* del Moroni (Richmond, Virginia Museum of Fine Arts). L'idea iniziale alla base del dipinto del Monte si avvicinava particolarmente a quella del *Suonatore di liuto* Giustiniani. Vi ritroviamo la natura morta di frutta – ma non il vaso di fiori – e anche la collocazione del violino, dello spartito e del liuto sono ripetute in maniera simile. Possiamo supporre che Caravaggio abbia ricalcato il dipinto Giustiniani come spunto da seguire nell'abbozzare la nuova composizione. Tuttavia, le radiografie non hanno rivelato tracce di una trasposizione meccanica eseguita a penna o dell'eventuale mano di un copista che solitamente riproduceva l'originale ricopiandone una sezione dopo l'altra, quanto piuttosto una libertà nel tratto, antitetica a tale tipo di procedimento. Nel risvolto della manica sinistra si intravede il tipo di abbozzo veloce, rintracciato in tutte le opere autografe mature di Caravaggio per fissare la composizione; nella zona della spalla è visibile una serie di pennellate a zigzag che, ancora una volta, stanno a indicare un approccio completamente libero al processo dell'abbozzo.

Ciononostante, alcune varianti rispetto al progetto iniziale sono state individuate in taluni passaggi non rifiniti – in particolare le modifiche apportate alla mano sinistra, che avrebbe dovuto tenere il liuto in una posizione diversa. Allo stesso tempo, maggior attenzione è stata conferita a dettagli come gli strumenti e l'ombra proiettata dalla mano destra sulla superficie del liuto.

Sin dall'inizio, dunque, l'opera era stata progettata come variante e non come replica, essendo caratterizzata da una natura morta più elaborata, composta da strumenti musicali su un tavolo ricoperto da un tappeto, di cui l'artista ci offre una visione frontale piuttosto che angolare, e da una diversa raccolta di madrigali tratta da un'edizione del *Primo libro* di Arcadelt, pubblicato a Venezia da Antonio Gardane. Gli strumenti e il tappeto sembrerebbero provenire dalla collezione del Monte: il liuto è il medesimo strumento a sette corde doppie che appare nei *Musici* e lo "spinettino", sostituito dalla natura morta di frutta, è probabilmente lo stesso elencato nell'inventario del 1627 della collezione del Monte e descritto come "Un' cembalino all'ottava anche con cassa"[3]. Il cantante – la cui fisionomia è molto più individualizzata rispetto a quella ideale del *Suonatore di liuto* Giustiniani – ha in sé le caratteristiche di un ritratto e potrebbe forse raffigurare il castrato spagnolo al servizio di del Monte, Pedro Montoya (che sembra fosse solito indossare una parrucca teatrale)[4]. Questi elementi pongono l'accento sulla realtà di una esecuzione musicale piuttosto che su una rappresentazione allegorica. Il cardellino in gabbia (che il tempo ha scurito rendendone difficile la lettura) era stato inserito nel dipinto sia per definire lo spazio sia per contrapporre la musica della Natura (*musica naturalis*) a quella prodotta dalla voce del castrato (*musica artificialis*). L'enfasi sul ritratto e sulla natura morta in un contesto allegorico aggiunge risonanza a ciò che Giustiniani descrive come la più alta forma di pittura – "dipingere di maniera, e con l'esempio avanti del naturale". È un approccio che chiarisce gli esordi lombardi di Caravaggio e richiama alla mente il ritratto del *Flautista in un interno*, a opera di Savoldo, in cui tuttavia la premessa al dipinto di Merisi viene capovolta e il ritratto eseguito con l'intento poetico dell'allegoria.

Sebbene la composizione e il soggetto del dipinto siano strettamente legati al *Suonatore di liuto* Giustiniani, l'enfasi conferita a una somiglianza raffigurata, il singolare uso di una luce obliqua con i suoi conseguenti forti contrasti e le pennellate sciolte della camicia stanno a indicare un momento molto diverso nella carriera di Caravaggio. Il dipinto è probabilmente coevo alla *Santa Caterina* del Museo Thyssen-Bornemisza (un'altra opera del Monte), per certi aspetti paragonabile al ritratto caravaggesco di Maffeo Barberini (Firenze, collezione privata). Fu proprio nel *Suonatore di liuto* e nella *Santa Caterina*, entrambi in mostra all'interno di Palazzo Barberini, che Bellori evidenziò l'abbandono del primo stile giorgionesco di Caravaggio a favore di "un colorito più tinto, cominciando già Michele [da Caravaggio] ad ingagliardire gli oscuri".
Tutte le prove dunque sembrano suggerire che si trattava di un dipinto oltremodo personalizzato, destinato al mecenate cui Caravaggio dovette il suo iniziale successo a Roma. In effetti, considerate le informazioni di cui disponiamo, i dubbi espressi da alcuni critici in merito alla paternità dell'opera appaiono quantomeno insoliti. In parte queste opinioni sono il frutto di un inevitabile ma errato confronto stilistico fra il dipinto e la precedente versione Giustiniani, accanto alla quale il dipinto del Monte non può che apparire "più grezzo", e, sotto certi aspetti, persino "deludente" (Pugliesi e Spike). Per tale motivo occorre sottolineare il fatto che il raffinato quadro Giustiniani fornì solo il modello compositivo, da cui il secondo si distacca totalmente dal punto di vista stilistico e dell'intenzione poetica. Va inoltre ricordato che fu un sin troppo facile confronto fra i due dipinti ad aver inizialmente indotto gli studiosi a ipotizzare erroneamente che il dipinto Giustiniani, e non quello inserito nel presente catalogo, fosse stato descritto da Baglione e Bellori, i quali, come al solito, erano ben informati e conoscevano esattamente ciò di cui stavano scrivendo. Nel 1990 il Metropolitan Museum ospitò i due dipinti, che furono collocati l'uno accanto all'altro, gettando involontariamente ulteriori ombre sulla natura del loro rapporto, dal momento che la *Santa Caterina* – il vero termine di paragone stilistico per il dipinto del Monte – non era presente (fu forse per questo motivo che Gilbert affermò che il *Suonatore di liuto* del Monte era in realtà antecedente al dipinto Giustiniani – affermazione che, per ragioni già discusse, sembra implicitamente improbabile).

L'ipotesi sostenuta dallo scrivente, secondo cui Caravaggio utilizzò un ricalco per la stesura della composizione iniziale, ha dato adito a un'ulteriore incomprensione: che il dipinto dovrebbe essere considerato una copia di quello Giustiniani e dunque andrebbe collocato nella medesima categoria delle due versioni note del *Ragazzo morso da un ramarro* (Londra, National Gallery e Firenze, Fondazione Longhi). Quali che siano le conclusioni da trarre in merito a queste due opere – e personalmente ritengo che il dipinto Longhi sia una copia – non hanno alcun peso sui due esemplari del *Suonatore di liuto*. Nel 1992 Spike ha ipotizzato la possibilità di una "collaborazione di studio" per spiegare la realizzazione di queste "repliche". E due anni più tardi Zygmunt Wazbinski[5] sostenne l'esistenza di una bottega nel Palazzo del Monte, supervisionata da Caravaggio. Sebbene questa teoria sia stata ripresa da Pugliesi e Langdon, essa cozza con le prove esistenti. Esiste una poesia dedicata a "un giovenetto allevo del Caravaggio" e possiamo ritenere che di tanto in tanto l'artista si rivolgesse a un assistente (Cecco del Caravaggio era appunto uno di questi *giovinetti*). Il loro lavoro consisteva nel macinare i colori, preparare le tele e altri compiti minori. Ma tutte le informazioni di cui disponiamo circa il metodo di lavoro e il temperamento di Caravaggio sono in contrasto con un'eventuale rapporto di collaborazione all'interno di una bottega. In effetti, i tentativi intrapresi da alcuni studiosi contemporanei di ricondurre l'innovativa maniera di Caravaggio, che dipingeva direttamente dal modello in posa, in linea con la pratica accademica sottolineando l'utilizzo di elaborati disegni preparatori e cartoni, dovrebbero essere esclusi nel modo più assoluto[6]. Secondo il mio parere, le differenze qualitative rintracciabili nei dipinti di Caravaggio – in particolare in quelli destinati a collezionisti privati – riflettono il grado d'importanza che egli attribuiva al dipinto e la velocità con cui egli lavorava. Ogni opera deve essere valutata sulla base di ciò che sappiamo riguardo le circostanze della sua commissione. Nel valutare il *Suonatore di liuto* bisogna tenere conto anche del suo stato di conservazione, essendo il dipinto stato sottoposto in passato a pesanti interventi di ripulitura, e delle accentuate abrasioni presenti nella zona del volto e del collo del musicista e nella manica della camicia. Ma riesce impossibile ipotizzare chi altri, se non Caravaggio, avrebbe mai potuto dipingere la straordinaria e ben conservata natura morta di strumenti musicali, forse la più bella di questo genere, che prelude a quelle di un altro pittore lombardo, Evaristo Baschenis.

[1] Lavin 1975, p. 9, doc. 78. Marini 1987, ed. 1989, pp. 377-384, n. 13, pubblicò come originale del Monte quella che può risultare una copia di Magnone, ma allo studioso va il merito di aver spiegato per primo le apparenti discrepanze nel riferimento del Baglione al *Suonatore di liuto* del Monte.
[2] Si veda Trinchieri Camiz, Ziino 1983, p. 71.
[3] Si veda Frommel, p. 48, e Trinchieri Camiz, in Marini, p. 382. A tal proposito è opportuno ricordare che van Edwards ha notato alcune anomalie nel liuto dipinto da Caravaggio, soprattutto nel ponticello. Sebbene questa osservazione meriti seria considerazione, ritengo che altre puntualizzazioni di van Edwards siano errate e mi inducono a ricordare l'ammonimento di Apelle rivolto al ciabattino che trovò da ridire non solo sulle calzature dipinte dal grande pittore, ma anche sulle questioni artistiche delle quali egli non aveva alcuna conoscenza. Non vedo come la soluzione di van Edwards di attribuire il dipinto a un altro artista possa risolvere la questione, dal momento che del Monte, che nutriva un interesse professionale per la musica e suonava la chitarra, avrebbe sicuramente notato un simile dettaglio. Riguardo al tappeto, si veda Variano.
[4] Sull'identificazione e su tutti gli altri aspetti musicali del dipinto, si veda Trinchieri Camiz, in Marini 1987, ed. 1989, pp. 381-383 e, *ibidem*, 1988, 1989, 1991.
[5] Wazbinski sostiene l'interessante ipotesi che Mario Minniti fu uno degli assistenti di bottega. Tale affermazione è stata espressa sulla scia delle precedenti supposizioni di Marini (1987, ed. 1989, pp. 346-354), che tuttavia, secondo la mia valutazione, si basano su una tesi inesatta secondo cui Caravaggio avrebbe avuto una bottega che contemplava la produzione di copie e varianti delle sue opere autografe. Minniti era un contemporaneo virtuale di Caravaggio e un associato (non un allievo) a Roma. È molto improbabile che egli lavorasse come assistente e inoltre le sue opere tarde realizzate in Sicilia non provano in alcun modo una sua eventuale capacità di riprodurre le opere di Caravaggio che Wazbinski, invece, gli attribuisce (e che includono la *Buona ventura* capitolina). Da ricordare inoltre che Wazbinski ritiene – senza potersi fondare su una qualsiasi base documentaria – che il del Monte diede a Giustiniani la prima versione del *Suonatore di liuto*, e ad Alessandro Vittrici la versione del Louvre della sua *Buona ventura*, sostituendole con delle "copie". Purtroppo il volume di Wazbinski, peraltro frutto di vaste ricerche, spesso rivela una sconveniente tendenza a trattare i fatti e le congetture sullo stesso piano. In ogni caso, ora sappiamo che Alessandro Vittrici ereditò il suo dipinto dal padre, nel 1607.
[6] Calvesi 1998, pp. 45-47, ritiene che, come gran parte degli artisti del XVI secolo, Caravaggio facesse largo uso di disegni preparatori e cartoni e che le scalfitture visibili in molte delle sue opere siano tracce di ricalchi. Nella stessa pubblicazione (p. 72) questa ipotesi è confutata dai restauratori i quali, giustamente secondo la mia opinione, affermano che "la qualità e la tipologia differenziata dei tratti incisi nonché il loro carattere generalmente sintetico e non descrittivo escluderebbero la trasposizione di un cartone, che pure talvolta è stato ipotizzato per altre opere del maestro". È vero che Caravaggio ricorreva all'uso di disegni, ma nelle sue opere essi non svolgevano quel ruolo fondamentale che invece assumevano per gli artisti che si erano formati seguendo il metodo classico.

Bibliografia: Baglione 1642, p. 136; Bellori 1672, p. 204; Frommel 1971b, p. 36; Cinotti 1983, pp. 447-448, con bibliografia precedente; Wolfe 1985, pp. 450-452; Mahon 1990, pp. 4-20; Christiansen 1990a, pp. 28-49, 59-60, n. 5; Christiansen 1990b, pp. 21-26; Gilbert 1990, pp. 60-61; Cinotti 1991, pp. 38-40; Gregori 1991, pp. 138-151, n. 5; Bologna 1992, pp. 305, n. 19, 356-359 note 7-8; Calvesi 1993, pp. 29, 31-32; Spike 1992, pp. 276-277; Christiansen 1992, pp. 502-503; Mahon 1992, pp. 503-504; Variano 1992, p. 505; Wazbinski 1994, pp. 193-194; Gilbert 1995, pp. 114, 124; Pugliesi 1998, pp. 32, 47-48; van Edwards 1999, pp. 5-7; Langdon 1999, p. 112.
[KC]

26. Gian Gerolamo Savoldo

(Brescia, 1480 circa - Venezia?, *post* 1548?)

Il flautista

1539

olio su tela, cm 74,3 × 100,3
Brescia, Civici Musei d'Arte e Storia
(deposito BIPOP-CARIRE spa)

Noto dal 1894, quando era in proprietà a Lord Amherst di Sevenoaks ed era attribuito a Giorgione, il dipinto fu restituito al Savoldo dalla Ffoulkes (1894), che lesse sullo spartito, in alto a sinistra, la firma "IOANES JERONIMUS SAVOLDIS DE / BRIXIA / FACIEBAT"; la data 1539, che posticipa di almeno un decennio la cronologia in precedenza indicata su base stilistica, fu letta da Gilbert (1985) come *soluzione* di un crittogramma visibile sullo stesso spartito (in basso al centro). L'opera è generalmente conosciuta con riferimento al proprietario più celebre, Contini Bonacossi di Firenze, ed è stata acquisita dalla Banca Popolare di Brescia subito dopo la mostra monografica organizzata a Brescia nel 1990: sui diversi passaggi di proprietà, cfr. Begni Redona 1990.
La collocazione relativamente precoce dell'opera era generalmente motivata, dalla critica, con riferimento ai pronunciati caratteri lotteschi, in direzione della sua fase di "temperato e tardo palmismo intorno al 1525-1527" (Ortolani 1925), dunque in parallelismo con opere come il *Giovinetto* del Castello Sforzesco (Frangi 1986) che in effetti presenta soluzioni assai simili sia nel taglio del volto, in romantica obliquazione accentuata dalla luce, sia nell'atmosfera soffice e calda di un giorgionismo rivisitato, e un poco inquieto. D'altra parte, sia Venturi (1928) che Bossaglia (1962) e Ballarin (1966) hanno chiarito la sostanziale diversità, e la maggiore "modernità", dell'impianto luministico della composizione, costruito in modo da delineare non un semplice ritratto ma una vera scena d'interno: e più esplicitamente Christiansen (1985) vi ha individuato un autentico precedente al *Suonatore di liuto* di Caravaggio, sia per la collocazione della figura che per la soluzione della luce che entra da sinistra, secondo un procedimento che Mancini testimonia per Merisi giovane, e che rappresentava sicuramente una innovazione per l'ambiente romano.
Tale connessione tra le procedure "visive" dei due quadri (e dei due artisti) può d'altra parte estendersi alla loro ideazione concettuale. Lo stesso Christiansen, infatti, se da un lato richiama opportunamente un brano del *Cortegiano* di Baldassare Castiglione ("Signori, avete a sapere ch'io non mi contento del cortegiano, s'egli non è ancor musico") per chiarire le implicazioni intellettuali della presenza di strumenti musicali e spartito quali simboli di cultura, dall'altro conclude che la "naturalezza" della figurazione costituisce in realtà un superamento degli intenti propriamente allegorici (cioè dell'idea platonica – e giorgionesca – di musica come armonia equiparabile all'amore: cfr. Gentili 1995, pp. 90 sgg.); e una tale ambivalenza – o se vogliamo ambiguità – è quella che presiede alla invenzione del *Suonatore di liuto* del Caravaggio (e soprattutto della versione dal Monte assai meno connotata come quadro di "natura morta"), in cui l'evidenza naturalistica dell'immagine si sovrappone, non contraddicendola, a una ideazione che – in linea con le istanze concettuali del cardinale committente – risente del concetto pitagorico di musica come armonia matematica, dunque come espressione intellettuale e razionale.

Bibliografia: Ffoulkes 1894, p. 268; Ortolani 1925, p. 172; Bossaglia 1963, p. 1028; Ballarin 1966, tav. VIII; Christiansen 1985, pp. 79-81; Gilbert 1985, pp. 23-26; Frangi 1986, p. 192; Begni Redona 1990, p. 172, con bibliografia precedente.
[FR]

27. Artista lombardo

"La Cipolla"

XVI secolo

penna e acquerello bistro su carta bianca, mm 131 × 75
scritta in alto, con altro inchiostro: "La Cipolla"
Milano, Biblioteca Ambrosiana, Cod. F 274 Inf. n. 52

Il disegno che si presenta qui figura montato su uno stesso *passe-partout* assieme a un foglio con *Due studi di testa grottesca maschile di profilo* di analoghe dimensioni e tecnica (F 274 Inf. n. 51, penna bistro, mm 151 × 50, inedito) certamente di altra mano ma coevo e uscito verosimilmente dal medesimo ambiente milanese dei primi decenni del Cinquecento.
Il disegno con la figura grottesca di vecchia soprannominata "La Cipolla" è stato pubblicato per la prima volta da Malaguzzi Valeri nel primo volume dedicato a *La corte di Ludovico il Moro* (1913) a proposito dell'acconciatura caratteristica di una donna del popolo, accostato a un altro disegno analogo dell'Ambrosiana con testa grottesca di vecchia caratterizzata da diversa acconciatura. Entrambi questi fogli, certamente della stessa mano, fanno parte di una serie conservata nella medesima sede, del tutto omogenea anche relativamente alla paternità. Si tratta sempre di figure maschili e femminili a mezzo busto viste di profilo, alcune redatte sul verso degli stessi fogli e sempre diverse nella tipologia grottescamente deformata dei volti appuntiti, a "schiaccianoce" (secondo la definizione di Kenneth Clark), dal mento o naso prominenti e alcuni – come nel caso in questione – individuati con soprannomi per lo più indecifrabili, allusivi probabilmente a personaggi esistenti (sono tutti raccolti nel medesimo "codice" dell'Ambrosiana, F 274 Inf. nn. 37, 39, 40, 41, 42, 52: cfr. Bora, in *Rabisch* 1998, figg. 14-16). La loro impronta è, a tutta evidenza, di ispirazione leonardesca; si è d'altra parte a conoscenza di moltissimi altri esempi di analoghe teste grottesche, ma nella stragrande maggioranza dei casi si tratta sempre di repliche riproposte con insistenza dei medesimi modelli che lasciano intravvedere con certezza l'esistenza di prototipi leonardeschi. In questa serie dell'Ambrosiana si è quasi certamente di fronte a variazioni e a reinterpretazioni dei modelli del maestro fiorentino con alcune punte di originalità, soprattutto nell'invenzione dei curiosi copricapi, tanto da suggerire qui – per le caratteristiche grafiche del tutto simili – la mano di un unico artista verosimilmente milanese attivo nei primi tre decenni del Cinquecento. Anche il foglio con i due studi di testa grottesca di profilo presentato sulla stessa montatura con quello con "La Cipolla" non sembra derivare puntualmente da un'invenzione di Leonardo quanto piuttosto reinventata sulla base di un suo prototipo.
Ernst Gombrich (1986, pp. 80-106) ha indagato a fondo questo fenomeno di produzione disegnativa leonardesca volta a esasperare le anomale tipologie dei volti o dei costumi che l'artista andava indagando con la consueta curiosità, suggerendone delle seriazioni e rilevandone allo stesso tempo delle costanti, a conferma di un processo inventivo in buona parte avulso da modelli e scaturito piuttosto da una libera esercitazione ideativa e mentale.
La fortuna di queste invenzioni leonardesche è comprovata dal loro riutilizzo e dalle numerosissime copie e repliche realizzate nel corso del Cinquecento e spesso riunite assieme in serie di fogli quale repertorio specifico di un "genere" (cfr. Bora 1991). Un fenomeno del tutto particolare è suggerito dal loro recupero e reinterpretazione dal 1560 circa da parte dell'Accademia della Val di Blenio a Milano capeggiata da Giovan Paolo Lomazzo e a cui afferiva ampia parte della cultura più vivace e eterodossa di quei decenni (ancora ben attiva negli anni ottanta (cfr. *Rabisch* 1998). Al di là degli aspetti burleschi (le reinvenzioni di quelle teste grottesche alludevano spesso agli stessi componenti dell'Accademia o ad altre figure di contemporanei), era significativo il rinnovato interesse di ascendenza leonardesca per i tratti di crudo realismo fisiognomico e di impietosa indagine naturalistica.
Di questo fenomeno culturale il giovane Caravaggio doveva essere venuto bene a conoscenza durante il suo soggiorno milanese, tanto da ricordarsene forse poco dopo a Roma nel suo dipinto con *Giuditta e Oloferne* della Galleria Nazionale di Arte Antica: il volto della vecchia fantesca che assiste Giuditta viene indagato con brutale crudezza e caricato nella fisionomia espressiva per sottolinearne la malvagità del ruolo.

Bibliografia: Malaguzzi Valeri 1913, p. 262; Bora 1987, p. 182; Bora, in *Rabisch* 1998, pp. 46-47, 181.
[GB]

28. Michelangelo Merisi, detto il Caravaggio *Giuditta che taglia la testa a Oloferne*

olio su tela, cm 145 × 195
Roma, Galleria Nazionale d'Arte Antica, Palazzo Barberini, inv. 2533
Provenienza: collezione Ottavio Costa; collezione del Cinque Quintili; collezione Coppi, acquisto 1971

Identificato dalla critica con il quadro citato da Baglione (1642) dipinto per la famiglia ligure dei Costa ("Costi"), la *Giuditta* è ricordata, come opera di Caravaggio, nel testamento del banchiere di Albenga, Ottavio Costa, del 1632 (Spezzaferro 1974, pp. 579 sgg.) con la precisa disposizione di conservarne la proprietà, insieme con tutti i quadri di Caravaggio e di Guido Reni.
In un testamento più tardo del gennaio del 1639 (Spezzaferro 1975, pp. 109-110, 118), lo stesso Costa, morto il 18 gennaio di quell'anno, precisa che tutti i quadri di cui proibisce l'alienazione (alle opere di Caravaggio e Reni aggiunge anche quelli del Cavalier d'Arpino), vengano trasferiti dopo la sua morte ad Albenga, dove dovevano essere conservati "perpetuamente" per decorare "quelle habitationi et decoro de suoi successori". Nell'inventario allegato al testamento, redatto dal 18 al 24 gennaio dello stesso anno, è citata anche la *Giuditta* (Marini 1987, ed. 1989, p. 418).
Nonostante le disposizioni di Ottavio Costa non è tuttavia documentata la spedizione di quadri nella città ligure.
La diffusione del modello della *Giuditta* in ambito caravaggesco fino al 1630 circa e l'esistenza di una incisione ottocentesca (Roma, Calcografia Nazionale, n. 258) – databile tra il 1826 e 1834 (Mochi Onori 1989, p. 145) – derivata da un disegno con la scritta "Michel da Caravaggio dipinse, Conca disegnò", identificato da Faldi (in Faldi, Safarik 1972, p. 24) in Giacomo Maria Conca (1785-1858), entrambi segnalati da Salerno (in Moir 1972, p. 128, fig. 2), attestano la presenza a Roma del quadro nei primi decenni del Seicento e dal terzo-quarto decennio dell'Ottocento. Questo fatto ha spinto gli studiosi a ritenere che esso non si sia in realtà mai mosso da questa città.
Tuttavia, dal momento che non si conoscono documenti o passaggi di proprietà del dipinto fino al XIX secolo e si registra l'assenza di citazioni o testimonianze romane dalla seconda metà del Seicento e per tutto il Settecento, si potrebbe invece pensare proprio al trasferimento della tela in un altro luogo.
È ritenuta improbabile, per mancanza di conferme documentarie, la testimonianza dell'ex proprietario Vincenzo Coppi (in Marini 1973-1974, p. 379), secondo il quale la *Giuditta* pervenne alla sua famiglia nel 1640, in seguito a un matrimonio con i Costaguti, avvenuto in epoca imprecisata.
Safarik (Faldi, Safarik 1972, p. 24) ha ricostruito le vicende della *Giuditta* a partire dall'Ottocento, quando il dipinto risulta in possesso del marchese Ferdinando del Cinque Quintili. Alla morte del marchese (1873) passò alla figlia Matilde del Cinque Quintili, sposata Giannuzzi Savelli e da lei alla figlia Paolina Giannuzzi Savelli in Coppi, madre dell'ultimo proprietario (Safarik, in Faldi, Safarik 1972, p. 24).
Da ricerche effettuate nell'archivio della famiglia Coppi Ancaiani, in cui sono conservate le carte dei del Cinque Quintili (Mochi Onori 1989, pp. 145 sgg.), è emerso che non c'è traccia del dipinto nell'inventario annesso al testamento di Giovanni Paolo Quintili del 1704, pertanto la famiglia deve esserne entrata in possesso in un'epoca successiva a questa data. La stessa studiosa riporta, inoltre, che Ferdinando del Cinque Quintili, primo proprietario della *Giuditta*, dai documenti consultati, risulta essere tornato da un viaggio in Francia nel 1825, con un non usuale seguito di casse e che, proprio in quegli anni, la *Giuditta* viene incisa a Roma.
Solo come possibile ipotesi, che necessita di ulteriori verifiche, si potrebbe pensare che il quadro, trasferito effettivamente ad Albenga come disposto da Ottavio Costa, sia stato riportato a Roma da del Cinque Quintili, quando, al ritorno dalla Francia può essere passato proprio per Albenga, città di origine del banchiere Costa.
Il dipinto è stato reso noto nel 1951, quando Pico Cellini, incaricato dai Coppi di eseguirne il restauro, lo riconobbe come opera di Caravaggio. Esposto per la prima volta, fuori catalogo, nella mostra caravaggesca di Milano del 1951, è unanimemente considerato uno dei massimi capolavori del grande pittore lombardo.
La *Giuditta* è attendibilmente databile alla fine del XVI secolo (le datazioni proposte oscillano tra 1597-1600 (per un panorama riassuntivo si rimanda a Cinotti 1983, pp. 170-171 e Marini 1987, ed. 1989, pp. 418-419, n. 33) e, come altre tele eseguite negli stessi anni – per esempio la *Santa Caterina* Thyssen, dove tra l'altro compare la stessa modella della *Giuditta* – costituisce l'anello di congiunzione tra la chiara pittura giovanile e la nuova visione naturalistica, già compiutamente definita nelle tele della cappella Contarelli (1600).
La *Giuditta* è la prima tela in cui Caravaggio dipinge un soggetto di storia altamente drammatico e violento, anche se la tematica di rappresentare l'acme dell'azione era già stato sperimentato nel *Ragazzo morso dal ramarro* e nella *Medusa* (Gregori 1985, p. 256).
Nel soggetto raffigurato è stato individuato da Calvesi (1971, p. 111) il simbolo allegorico-morale della Virtù che vince il Male, mentre Marini propone un significato in chiave antieretica (1973-1974, pp. 26-27). Secondo la Gregori, invece, Giuditta, simbolo della Fortezza, "come salvatrice del suo popolo" prefigura la Madonna "invocata il giorno dell'Immacolata Concezione" (1985, p. 256).
Recentemente lo stesso Calvesi (1990, pp. 83 sgg.) ha proposto una fondamentale analisi del dipinto sottolineandone la precisa aderenza al racconto biblico (la posizione supina di Oloferne, il tipo di daga – Marini 1987, ed. 1989, p. 420 – vicino alle scimitarre medio-orientali, la presenza dei tendaggi che verranno travolti nella caduta del tiranno assiro, il suggerimento del seguito dell'azione nella figura della serva con la bisaccia, destinata a contenere la testa di Oloferne) e soprattutto enucleandone il profondo significato morale, pienamente aderente allo spirito controriformistico: Giuditta, ispirata da Dio (simbolizzato dalla luce) libera l'umanità (rappresentata dalla vecchia serva) dal male (Oloferne). O, più esplicitamente, Dio aiuta con la sua Grazia gli uomini umili e derelitti, ma non direttamente, bensì attraverso una intermediaria, Giuditta, che viene ad avere un ruolo molto simile a quello della Chiesa.
La ferocia della scena, che contrasta con l'elegante e distante bellezza di Giuditta, appena corrucciata, è condensata nell'urlo disumano e nello spasimo del corpo di Oloferne con cui Caravaggio è riuscito a rendere con eccezionale efficacia l'attimo più temuto e rimosso della vita di un uomo: il momento del trapasso tra la vita e la morte. Il gigantesco Oloferne infatti non è più vivo, come indicano gli occhi rovesciati all'indietro, ma non è ancora morto dal momento che la sua bocca urla, il corpo si contrae e le mani si attanagliano al letto, da cui si è appena alzata Giuditta. Il tema della raffigurazione dell'attimo della morte, come suggerisce la Gregori, era già stato affrontato dal pittore nella *Medusa* degli Uffizi.
La crudezza dei particolari e la precisione realistica con cui è descritta la terribile decapitazione, corretta fin nei minimi particolari dal punto di vista anatomico e fisiologico, compresa la violenza degli schizzi del sangue, ha fatto ipotizzare che il dipinto sia stato realizzato sotto l'impressione delle clamorose esecuzioni romane di fine secolo, soprattutto quelle di Petronia e Beatrice Cenci, l'11 settembre 1599 (Safarik, in Faldi, Safarik 1972, pp. 31-32).
Del resto la raccomandazione ai pittori di andare a vedere i gesti dei condannati a morte, già presente in Leonardo, era stata ripresa da Lomazzo nel suo *Trattato* (1584), uno dei testi più seguiti dagli artisti del tardo Cinquecento e del Seicento (Safarik 1972, p. 32; Gregori 1985, p. 256).
Secondo la Gregori (1985, p. 257) da un'altra ripresa letteraria, questa volta da *Figino*, trattato di Comaini edito nel 1591, che raccomandava l'accostamento dei contrapposti (e in particolare di avvicinare una bella giovane a una brutta vecchia), potrebbe provenire l'idea di accostare la bellissima Giuditta alla rugosa serva.
Considerata fino a oggi l'unica opera di Caravaggio rimasta in prima tela – cioè mai foderata – la *Giuditta che taglia la testa a Oloferne* era ritenuto un dipinto "intoccabile", quasi una reliquia, per preservare la sua particolarissima condizione. L'ultimo restauro risaliva, com'è noto, a Pico Cellini ed era stato eseguito nel 1951, quando il dipinto era ancora in casa Coppi, e subito prima della sua storica presentazione alla mostra longhiana del 1951.
Solo la minaccia di un grave deterioramento (la tela molto allentata aveva iniziato a deformarsi in basso con conseguenti problemi di adesione della superficie pittorica e pericoli di cadute di colore) ha reso necessario programmare un restauro. Per eseguire l'intervento sono stati chiamati due restauratori di grande prestigio ed esperienza, Carlo Giantomassi e Donatella Zari.
L'effetto eclatante dei primi saggi di pulitura – presentati in occasione della mostra "Caravaggio e i suoi" in Palazzo Barberini (febbraio-maggio 1999) – era reso ancora più evidente dal fatto che, oltre al normale offuscamento della superficie pittorica dovuto al tempo, i rapporti cromatici erano stati alterati dall'ossidazione delle vernici colorate applicate da Pico Cellini nel 1951 con l'intento di nascondere le disomogeneità dovute ai restauri e rendere uniforme la superficie pittorica.
Il restauro, completato subito prima della mostra monografica di Madrid e Bilbao (settembre 1999 - gennaio 2000), ha portato a una serie di interessanti novità.

La prima, emersa subito dopo aver tolto la cornice, è senz'altro il fatto che, contrariamente a quanto finora creduto, il quadro non era in prima tela, ma aveva subito una foderatura probabilmente nell'Ottocento. Il fatto che la tela sia stata ritenuta fino a oggi "in prima tela" si deve a una non corretta interpretazione di una frase contenuta nella relazione di restauro scritta da Pico Cellini nel 1951, all'epoca della sensazionale scoperta del dipinto: "Il dipinto è reso in condizioni di perfetta leggibilità, sì da essere presentato ... alla mostra milanese del 1951. Per tale motivo non è stato foderato e conserva il telaio originale".
Tolta la tela da rifodero si è avuta la seconda importante scoperta: sulla tela originale, in alto al centro, è apparsa la scritta "C.O.C (G?)" in caratteri capitali scuri dipinti a pennello, alti circa dieci centimetri, e un sigillo in ceralacca rossa, ormai illeggibile, in basso a destra. La scritta – un *unicum* tra le opere di Caravaggio conosciute – potrebbe forse essere interpretata come "collezione Ottavio Costa", dal nome del committente della tela, oppure, come mi ha suggerito di recente una discendente della famiglia Costa, "Comites Ottavio Costa", ma in assenza di confronti possibili con altre opere provenienti dalla stessa collezione, questa interpretazione si propone solo come probabile ipotesi.
Il sigillo non è identificabile, e non è possibile stabilire se esso sia stato applicato dai Costa o dai successivi proprietari della Giuditta, i del Cinque Quintili.
Altre preziose indicazioni, che modificano in parte alcune notizie riportate fino a oggi dagli studiosi (compresa chi scrive) sono venute alla luce con il progredire delle indagini e con le analisi eseguite nel corso del restauro. Ne riassumo qui i dati più interessanti, rimandando, per l'approfondimento tecnico, alla relazione di Giantomassi e Zari, nel catalogo della mostra di Madrid.
La cornice risale all'epoca in cui fu eseguita la tela, ma è stata riadattata alle misure della *Giuditta* con listelli distanziatori. Non è pertanto probabile che si tratti della cornice originale. Sul retro della cornice, in basso a destra, è il numero "36" in nero, mentre non è oggi visibile la scritta "D'Orazio" citata da Marini (1974, pp. 379 sgg.) e riportata da tutti gli altri studiosi. Secondo Marini (comunicazione orale, 1999) la scritta era visibile con le luci di Wood.
Il telaio è originale solo in parte, la traversa centrale è stata aggiunta in un momento successivo, probabilmente all'epoca della foderatura ottocentesca.
La pulitura del dipinto ha consentito di individuare con maggiore esattezza le incisioni eseguite da Caravaggio sulla preparazione, che appaiono più numerose di quelle già rilevate da Christiansen e Schneider (1992, p. 195) e coincidono in parte con quelle osservate dalla Lapucci (1991, pp. 195 sgg.). Rispetto ai grafici già pubblicati sono state rilevate nuove incisioni sulla tenda in alto a sinistra, lungo il braccio destro, la testa e l'inizio del braccio sinistro di Oloferne, sui capelli e la veste di Giuditta e sulla nuca di Abra (Giantomassi, Zari 1999, p. 79). La mappatura tuttavia non può essere considerata definitiva per essere difficilmente individuabili le incisioni coperte dagli spessori del colore. Il problema delle incisioni utilizzate da Caravaggio per definire sommariamente i profili della composizione necessita di chiarimenti e di un passo avanti degli studi dopo la fondamentale mostra curata da Mina Gregori nel 1991-1992 e gli ormai numerosi restauri su opere di Caravaggio eseguiti in questi ultimi anni. Sarebbe importante, in particolare, riuscire a capire *quando* e *come* il pittore utilizza questa tecnica e se essa sia effettivamente legata all'uso di un cartone, come recentemente proposto da Calvesi (1998, pp. 45, 46). Un altro problema legato alle incisioni, ancora in attesa di urgenti chiarimenti, è il fatto ormai acclarato che questa particolare tecnica – vicina a quella utilizzata per l'esecuzione degli affreschi ed evidente retaggio della formazione di Caravaggio nella bottega del Cavalier d'Arpino – non è esclusiva del grande pittore lombardo, ma venne utilizzata da alcuni dei suoi seguaci oltre che da altri artisti (vedi Vodret 1999, p. 77 nota 14).
L'analisi stratigrafica eseguita sul panneggio bisaccia che Abra tiene in mano ha dato risultati di grande interesse per la presenza di uno strato di lacca scura stesa direttamente sulla preparazione, *sotto* gli strati di colore. Questo strato scuro, lasciato in parte a vista, sembra essere stato più volte utilizzato da Caravaggio per definire i contorni (Cardinali, De Ruggeri, Falcucci, Giantomassi, Zari 1998, p. 72; Carità 1957, p. 43).
Nell'analisi della tecnica pittorica della *Madonna dei Palafrenieri*, dove compare lo stesso procedimento, lo strato di lacca scura è stato interpretato come una velatura bruna stesa sopra *tutta* la preparazione, su cui il pittore stende i colori più chiari per costruire le figure. L'ipotesi necessita tuttavia di ulteriori verifiche, volte ad accertare se lo strato scuro sia effettivamente diffuso su tutta la superficie oppure soltanto in alcune parti di essa (per esempio in corrispondenza delle figure). Non sono invece presenti gli abbozzi, individuati in altre opere di Caravaggio, mentre l'uso della preparazione "a risparmio", lasciata a vista come profilo degli incarnati è individuabile soprattutto lungo il braccio sinistro di Oloferne.
Le indagini radiografiche e riflettografiche hanno messo in luce, oltre ai pentimenti già individuati (vedi da ultimo Lapucci 1991, p. 192), l'aggiunta di un lembo di coperta verde sotto la mano destra di Oloferne, che copre parte del lenzuolo e del cuscino, e, soprattutto, il distanziamento tra i margini della ferita sul collo di Oloferne, che ha determinato il cambiamento di posizione di tutta la testa. In un primo momento i due margini della ferita erano più vicini e, di conseguenza, tutta la testa era più aderente al corpo. L'allargamento del solco prodotto dalla scimitarra, oltre a accentuare la drammaticità dell'evento, rende con maggior efficacia i movimenti di Giuditta, che non solo tiene la testa, ma sembra tirarla verso di sé, accentuando la fase del distacco. Con la correzione della posizione della testa di Oloferne, Caravaggio ha quindi scelto di rappresentare non una, ma due azioni di Giuditta assolutamente contemporanee: la decapitazione con la scimitarra e l'atto repentino di staccare la testa dal collo.

Questo lavoro è una sintesi della scheda sulla *Giuditta* e del saggio sul suo restauro pubblicati sul catalogo in lingua spagnola della mostra "Caravaggio", Madrid-Bilbao 1999-2000.

Bibliografia: Longhi 1951, pp. 10 sgg.; Faldi, Safarik 1972, p. 32; Cinotti 1983, con bibliografia precedente; Gregori 1985, pp. 256 sgg.; Mochi Onori 1986, p. 33; Schneider 1987, pp. 118, 126, fig. 5a; Marini 1987, ed. 1989, pp. 418-420, n. 33, con bibliografia precedente; Mochi Onori 1989, pp. 145-148; Calvesi 1990, pp. 83 sgg.; Gregori 1991, pp. 188 sgg.; Lapucci 1991, pp. 192 sgg.; Vodret, in Strinati, Vodret 1999, pp. 24-26, n. 1; Vannugli, in corso di stampa.
[RV]

29. Lorenzo Lotto

(Venezia, 1480 circa - Loreto, Ancona, 1556)

Sacra Famiglia con santa Caterina

1533

olio su tela, cm 81,5 × 115,3
Bergamo, Accademia Carrara, inv. 666

La tela, che reca in basso al centro la firma e la data "Laurentius Lotus 1533", è la versione più nota e qualitativa di un tema più volte replicato dal Lotto o dai suoi allievi e imitatori (per un elenco completo, cfr. Humfrey 1998): e non è improbabile si tratti anzi del prototipo, dal momento che la data 1529, visibile sulla versione di collezione privata pubblicata da Zampetti (1956), è risultata falsa. Anche la provenienza è tutt'altro che chiara. Più volte la critica ha fatto riferimento a due dipinti di soggetto analogo documentati in collezione Canonici a Ferrara (1632) e in proprietà di Ambrogio Bempo a Venezia (1663), ma non vi è motivo per non identificare in tali opere una qualunque delle sei versioni e tre varianti fin qui riconosciute: l'unico dato certo sembra la località di acquisto da parte di Guglielmo Lochis, cioè Milano (10 marzo 1829, da Tommaso Di Carli, con perizia di Protaso Tambucchi e Pelagio Pelagi: cfr. Accademia Carrara, Archivio Informatico, *Epistolario Lochis*, doc. NELF 0029).
In ogni caso il dipinto è agevolmente riconducibile alla fase veneziana del Lotto, ormai definitivamente distaccatosi da Bergamo e visibilmente influenzato sia dal genio conclamato di Tiziano che da un artista minore ma di gran successo come Paris Bordone: e la data 1533 indica appunto che l'opera fu realizzata a Venezia o subito dopo la partenza per le Marche, per esempio a Monte San Giusto al tempo della *Crocifissione* di Santa Maria di Telusiano; e c'è da chiedersi se un breve accenno del bergamasco Pietro Moroni, che il 6 aprile 1829 celebrava sul giornale cittadino l'acquisto del quadro "di mano di Lorenzo Lotto da lui condotto in Romagna", contenga un brandello di memoria di una provenienza a lui nota come amico di Lochis (beninteso, nella accezione estesa di *Romagna* quale si intendeva al tempo del papa re).

Una tale collocazione, comunque, pone alcuni delicati problemi in relazione a un possibile rapporto con l'opera del Caravaggio, quale già intuito da Roberto Longhi (1929) in relazione al *Riposo durante la fuga in Egitto* Doria Pamphilj; e anzi il fatto che un tale rapporto non si configuri solo nella forma di una similarità di atmosfera o di sentimento del sacro ("lo stesso modo di trasformare la Sacra Conversazione dei veneti in una riunione confidenziale"), come voleva Longhi appunto, lascia aperta la possibilità che il Caravaggio avesse davvero davanti agli occhi, o ben fissa nella memoria, una tela di Lotto assai simile a questa: per averla vista direttamente a Venezia, durante un viaggio giovanile che resta tuttavia ipotetico (Marini 1987, ed. 1989, p. 10), o in terra di Lombardia, magari su una prima invenzione lottesca di cui non abbiamo traccia.
È stato osservato per esempio che le mani callose di san Giuseppe falegname sono, in Lotto, della stessa materia di quelle del primo *San Matteo* per San Luigi dei Francesi, sì che lo stesso san Giuseppe del *Riposo durante la fuga in Egitto* Doria Pamphilj appare, nel confronto, più manierato; e aggiungerei che taluni giochi di foglie larghe ed espanse, in tele caravaggesche già mature come il *San Giovanni Battista* della Capitolina o di Toledo, hanno appunto la stessa materia e la stessa proiezione in primo piano ottico delle fronde di fico della tela lottesca. Né si vede in quali altri dipinti lotteschi a noi noti egli potesse trarre simili spunti di figurazione.
Inoltre, la Goffen (1978, pp. 36 sgg.) ha giustamente individuato nella *Sacra Famiglia* del Lotto il carattere di un *emblema* eucaristico, all'interno di una scena di *presentazione* cui assiste una santa (tradizionalmente individuata in santa Caterina, ma in assenza di prove iconografiche sicure); e il valore delle foglie di fico come segno visivo della Resurrezione è lo stesso nel dipinto lottesco e sullo sfondo della *Deposizione* vaticana del Caravaggio. Appunto l'individuazione di questa possibilità di lettura multipla è una delle acquisizioni più solide della critica caravaggesca più recente, e in questo ordine di idee il rapporto Lotto-Caravaggio finisce per assumere la forma di una assimilazione concettuale, oltre che di ricordo visivo, il che apre prospettive nuove per quanto riguarda la vera natura, culturale in senso ampio, della ancor misteriosa formazione lombarda di Merisi.

Bibliografia: Longhi 1929, ed. 1968, p. 117; Zampetti 1956, p. 185; Goffen 1978, pp. 36 sgg.; Humfrey 1998, p. 182, con bibliografia precedente.
[FR]

30. Alessandro Bonvicino, detto il Moretto

(Brescia, 1498 circa - 1554)

Cena in Emmaus

1526 circa

olio su tela, cm 147 × 305
Brescia, Civici Musei d'Arte e Storia, inv. 83

La grande tela, pervenuta ai Musei Civici di Brescia nel 1882, proviene dalla chiesa di San Luca, di spettanza dei frati umiliati di Quinzano, ove è ampiamente documentata dalla metà del Seicento (Begni Redona 1988). Originariamente in controfacciata, sopra la porta maggiore, fu rimossa nel secolo XVIII con la ricostruzione della chiesa e collocata in sacrestia, e in tale occasione potrebbe essere stata ridotta in altezza (Gombosi 1943), come si dedurrebbe dal confronto con il supposto disegno preparatorio (Copenaghen, Statens Museum for Kunst) e con una copia antica ridotta (cm 117 × 178) conservata presso la chiesa della Carità in Brescia (Begni Redona 1988, p. 557, n. 202): tuttavia l'ipotesi, accettata anche da Boselli (1954), è stata più recentemente respinta da Begni Redona (1988) adducendo l'apparente integrità della tela sul lato superiore, mentre la Lucchesi Ragni (1988) attribuisce l'evidente ampliamento della composizione, nel disegno, a una ipotetica "architettura affrescata" che avrebbe avuto la funzione di completamento-cornice del dipinto. La collocazione cronologica non è certa, oscillando tra l'inizio del quarto decennio (Gombosi) e la metà degli anni venti (Guazzoni 1981): l'analisi più circostanziata resta quella di Boselli (1977), che si orienta al 1526 per decisivi confronti con opere di sicura datazione come l'*Assunta* del duomo vecchio di Brescia e la pala di Pralboino (per una analisi completa della questione, cfr. Begni Redona 1988).
Quanto alla cifra stilistica, la critica si è progressivamente spostata da una analisi in chiave esclusivamente veneta (Frizzoni 1889, vi legge "un incanto poetico quasi giorgionesco") a un sempre più circostanziato riconoscimento della componente specificamente bresciana, tra Romanino, Savoldo (Venturi 1929) e Lorenzo Lotto (con il quale il Moretto era del resto in stretta relazione, se da lui viene chiamato "carissimo fratello" nella nota richiesta di collaborazione per il coro di Santa Maria Maggiore, l'8 dicembre 1528). Esattamente parallelo è il processo critico di caratterizzazione della scena, che dalla grandiosa strutturazione spaziale suggerita dal colonnato classicheggiante si appunta sempre più sicuramente sui brani di vivido naturalismo "lombardo", dalla fantesca che reca il vassoio di cibo (pollo arrosto) al gatto che si acquatta sulla base rustica del tavolo: sì che potrebbe estendersi a questa *Cena in Emmaus*, pur non esplicitamente citata, l'invito di Roberto Longhi a considerare "tali testimonianze di veracità pittorica" per "intendere l'opposizione del Moretto al classicismo dei veneti e il suo avviarsi deciso verso le soluzioni che saranno del Caravaggio" (Longhi 1929, ed. 1969, p. 113).
In questa logica, condivisa anche più esplicitamente da Panazza (1978), è interessante considerare le particolarissime soluzioni luministiche della scena, accentuate certo dalla decisa veduta dal basso (lo scorcio è senza dubbio riconducibile alla collocazione originaria) ma comunque costruite con una fonte di luce mirata che crea ombre portate e improvvisi risalti. Venturi (1929), equivocando, vi scorgeva una "tale giustezza di passaggi da mostrarci nel maestro bresciano un precursore potente del naturalismo bassanesco"; più correttamente Guazzoni (1981) analizza le motivazioni specificamente espressive della struttura luministica: "L'ampia tesa del cappello da pellegrino stende sul volto la sua striscia d'ombra, ma qui vi è una precisa ragione drammatica e la luce è allusivamente concentrata sul pane che sta per essere spezzato. Come altre volte in Moretto, l'oggetto della rappresentazione diviene il momento culminante di un evento sacro: ma, e non fa poca differenza, a determinare l'intensità emotiva è ora soprattutto la luce": ed è appunto questo il punto di massima confluenza con la ricerca del Caravaggio, non tanto nelle due *Cene in Emmaus*, di Londra e di Milano, che sembrano accostabili al dipinto morettesco per sole ragioni di contenuto, quanto nella meditazione sulla funzione della luce come strumento di guida alla comprensione della *azione*, per esempio nelle tele di San Luigi dei Francesi o di Santa Maria del Popolo.

Bibliografia: Frizzoni 1889, p. 29; Venturi 1929, pp. 147, 202; Gombosi 1943, n. 80; Boselli 1954, pp. 67-70; Boselli 1977; Panazza 1978, p. 164; Guazzoni 1981, p. 32; Frangi 1986, p. 183; Begni Redona 1988a, pp. 192-195, con bibliografia precedente; Begni Redona 1988b, p. 75; Lucchesi Ragni 1988, p. 232.
[FR]

31. Gerolamo Romanino

(Brescia, 1484/1487-1560)

Un cardinale celebra la messa

1550 circa

olio su tavola, cm 80,2 × 91,3
Bergamo, Accademia Carrara (deposito Credito Bergamasco), inv. D 189

La tavola, pervenuta in Accademia Carrara per deposito del Credito Bergamasco (1996), ha una storia critica relativamente breve, essendo stata resa nota solo nel 1961 da Maria Luisa Ferrari, su segnalazione di Roberto Longhi, quando si trovava in una collezione privata fiorentina: l'attribuzione al Romanino, proposta dalla studiosa con una datazione intorno al 1530 per affinità con gli affreschi di Pisogne, è stata successivamente confermata dal Nova (1994) e dal Frangi (1996) ma con una collocazione cronologica assai più tarda, "probabilmente già a ridosso degli anni cinquanta del Cinquecento". Confermata tale datazione, motivata dalla stesura pittorica "quasi filamentosa" e da talune inflessioni manieristiche inconcepibili in Romanino in anni più precoci, e rafforzata anche dalla singolarissima affinità di clima spirituale con la celebre *Presentazione al tempio* del Lotto a Loreto, resta ancora aperto il problema della iconografia, che appare abbastanza contraddittoria.
La Ferrari, infatti, propendeva per una lettura del dipinto come una *Messa di sant'Apollonio*, il vescovo bresciano che, secondo la quattrocentesca *Leggenda dei santi Faustino e Giovita*, celebrò la messa con un calice apparsogli miracolosamente, di notte: un soggetto assai popolare a Brescia, affrontato dallo stesso Romanino negli anni venti in una grande pala in Santa Maria in Calchera, e poi ancora nella chiesa dei Santi Faustino e Giovita; viceversa, Nova e poi più recisamente Frangi avanzavano dubbi sulla identificazione, per l'assenza dei santi Faustino e Giovita e, soprattutto, per il fatto che il celebrante è affiancato da un cappello cardinalizio, mentre sant'Apollonio era un vescovo. Tuttavia, va osservato che nelle due nicchie ai lati dell'altare sono certamente inserite due sculture con immagini di santi, non ben decifrabili per consunzione della pellicola pittorica ma per le quali non escluderei una possibile identificazione coi due santi bresciani che risulterebbero, quindi presenti in effigie: e la presenza del cappello cardinalizio, certo incompatibile con lo *status* di sant'Apollonio, potrebbe trovar motivazione come variante di studio se, come credo, il dipinto va letto come abbozzo per una composizione più grande, forse una pala d'altare non ancora nota o comunque non riconoscibile.

32. Antonio Campi
(Cremona, 1524-1587)
Agonia di Cristo nell'orto
1581

olio su tela, cm 184 × 120
firmato e datato in basso a destra:
"AN. CA. 1581"
Milano, Quadreria Arcivescovile,
inv. 217

Quest'ultima considerazione può divenire un ulteriore argomento di riflessione sulla possibilità di rapporti tra il Caravaggio e l'opera del Romanino, rapporti che sono stati fin qui esaminati quasi esclusivamente in relazione a opere relativamente giovanili del pittore bresciano, a principiare da quel *San Matteo* in San Giovanni Evangelista in cui si è visto, non a torto, uno dei modelli di memoria per l'immagine caravaggesca in San Luigi dei Francesi (Gregori 1986, p. 179; per una sintesi sull'argomento, cfr. Panazza 1975, p. 166). Ora, non vi è dubbio che la stesura rapida e quasi espressionista della tavola in esame ben difficilmente può trovar riscontro nell'opera del Caravaggio, e che la stessa "sensibilità luministica" nella definizione dello spazio, sulla quale insiste Frangi (1996) per coglierne l'affinità profonda con la *Presentazione al tempio* di Lotto a Loreto, si manifesta con una vibratilità e una sorta di incandescenza che ha ben poco di caravaggesco. E tuttavia, immaginando una simile invenzione "tradotta" nelle dimensioni di una pala d'altare, e realizzata con quella evidenza plastica che pur sopravvive in Romanino fino agli ultimi anni, risulterà chiaro che la scelta di una illuminazione "mirata" che focalizza l'azione lasciando in ombra le grate delle finestre (un ricordo della *Liberazione di san Pietro* di Raffaello?) è precisamente sulla linea che porta alle tele di San Luigi dei Francesi, e che l'anticonformistica invenzione dei fedeli che, di spalle, assistono al miracolo è quanto di più prossimo alla *Madonna dei Pellegrini* si possa rinvenire nella pittura cinquecentesca italiana.

Bibliografia: Ferrari 1961, tav. 87; Nova 1994, p. 337; Frangi 1996, pp. 35-36, con bibliografia precedente.
[FR]

Il dipinto era appartenuto al cardinale Cesare Monti e venne da lui donato nel 1650 – insieme all'intera sua collezione – all'Arcivescovado di Milano dove è tuttora esposto. Sulla base della precisa descrizione dell'*Instrumentum donationis* il dipinto è stato per la prima volta identificato correttamente da Dell'Acqua (1957) e analizzato da Valsecchi (1971) che vi ha individuato la firma e la data 1581. Non si conosce la sua originaria destinazione; si è invece in grado di stabilire che il dipinto dell'Arcivescovado risulta essere la replica pressoché identica di un'altra versione autografa conservata nella chiesa di Santa Maria della Noce a Inverigo, firmata "ANTONIUS CAMPUS CREMONENSIS FA. 1577" (Coppa 1993).
La fortuna di questo soggetto a Milano, strettamente legato al clima controriformato instaurato dall'arcivescovo Carlo Borromeo, è testimoniata dalle numerose versioni che vengono realizzate dalla fine del settimo decennio in poi e caratterizzate tutte dal contrasto luministico suggerito dalla scena di notte e basato sulla duplice fonte di luce, quella proveniente dall'angelo che irrompe fra le nubi e quella dei soldati che con le fiaccole avanzano in lontananza. Iconograficamente, si affermano due tendenze. Quella più legata a uno schema tradizionale tende a rappresentare la scena ponendo in primo piano le figure degli apostoli dormienti; la versione più significativa è rappresentata dalla versione conservata alla Pinacoteca Ambrosiana indicata dalle fonti di mano del fratello di Antonio Campi, Giulio, famosa perché tenuta in gran pregio da san Carlo quale immagine a cui egli – stando alla cronaca – avrebbe rivolto gli occhi in punto di morte, condotta con un linguaggio basato su un'aspra e efficace tensione devozionale. Giovan Paolo Lomazzo esegue ben due versioni, una conservata all'Ambrosiana e l'altra già in Santa Maria dei Servi e ora in San Carlo al Corso a Milano (1572), risolvendosi in entrambi i casi in un suggestivo gioco di accese lame di luce alternate a penombre e cupa oscurità; e su una linea non lontana si muove più tardi l'allievo Giovan Ambrogio Figino nell'esemplare in Santa Maria della Passione, puntando tuttavia su un più elaborato impianto disegnativo e costruttivo.
È Antonio Campi che, fin dalla sua versione già a Torre Pallavicina eseguita allo scadere del settimo decennio (Ferrari 1979, fig. 199), semplifica la composizione riducendola alle sole due figure di Cristo orante e dell'angelo e, accentuando – rispetto a Lomazzo – il contrasto luministico condotto sulla base di un'asciutta essenzialità, carica l'immagine di un patetismo severo.
Da questo momento Antonio avrebbe avviato quella serie di sperimentazioni basate sugli effetti di luce e ombra che avrebbero in qualche modo suggestionato il giovane Caravaggio e che nelle successive *Orazioni nell'orto* Campi avrebbe condotto su un piano di più attenta resa naturalistica (Calvesi [1990] accenna a proposito dell'esemplare dell'Arcivescovado ad aspetti "eloquentemente precaravaggeschi"). Forse almeno tre sono documentate nell'ambito ristretto di pochi anni, a testimonianza della fortuna di una sua invenzione. Oltre alle due versioni di Inverigo (1577) e dell'Arcivescovado (1581) si è infatti a conoscenza su base documentaria di una terza che Antonio avrebbe eseguito per la sagrestia di San Pietro al Po a Cremona entro la fine del 1579: a quella data risulta infatti che l'artista aveva realizzato per quella chiesa la decorazione ad affresco delle volte dei due transetti e, al di fuori del contratto, alcuni disegni preparatori per la cupola e, appunto, una *Orazione nell'orto* che i canonici non avevano intenzione di pagare e, forse, di accogliere (Bora, in *I Campi* 1985, p. 183). Non è nota la destinazione ultima di quel dipinto che, molto verosimilmente, poteva essere una replica di quella del 1577; ma un'altra ipotesi può essere avanzata e cioè che quella versione in realtà possa essere identificata con l'esemplare dell'Arcivescovado di cui non si ha alcuna notizia riguardo alla provenienza e che sarebbe stata forse completata dunque solo nel 1581 dopo essere stata rifiutata dai canonici di San Pietro al Po.
Come si è detto, la varianti tra le due versioni sono assolutamente minime, a riprova non solo dell'utilizzo del medesimo cartone (le misure per entrambi sono identiche) ma anche dello stesso modello per la definizione dei dettagli paesaggistici e naturalistici (il fogliame e la felce in primo piano). Antonio si allontana dalla consueta iconografia che propone l'apparizione dell'angelo inginocchiato entro un alone sfolgorante di luce mentre regge le croce e il calice: qui lo rappresenta eretto, appena sollevato da terra, con il braccio sinistro che stringe la croce con la corona di spine e il destro rivolto in alto a indicare Dio.
La figura si libra con snodata eleganza, sottolineata dalla sequenza ritmata delle volute delle pieghe della veste, retaggio della precedente esperienza manieristica dell'artista; a essa si contrappone quella più controllata del Cristo, colto in un'espressione estatica e dolente e la cui sofferenza è evidenziata da significativi elementi naturalistici, dal serrato intreccio delle mani (un suo disegno agli Uffizi è assai prossimo ma in controparte: cfr. Cirillo, Godi 1982), alle gocce di sangue che solcano il volto, il collo e il petto, ben rilevate nell'esemplare dell'Arcivescovado e invece appena accennate in quello di Inverigo che in genere appare un poco più appesantito nella resa. La soluzione "terrena" dell'angelo e la fonte di luce che proviene da sinistra sottolineano la direzione "naturalistica" intrapresa qui da Campi, che relega a ombre appena individuabili sulla destra un paio di apostoli dormienti e a un minuto episodio secondario l'arrivo dei soldati sul fondo.
Questo "notturno" figurava quale coronamento di una lunga serie di esperimenti luministici che il Campi aveva avviato fin dalla metà degli anni sessanta e che, a stretto contatto con la figura del Borromeo per il quale realizzava più di un dipinto, aveva condotto in funzione di una drammatizzazione della scena religiosa e allo stesso tempo di un'evidenziazione del dato naturale, rilevato spesso con singolare realistica crudezza. Anche il maestro del Caravaggio, Simone Peterzano, mostrava nei suoi disegni un'analoga attenzione, risolvendosi tuttavia nei dipinti in un linguaggio "riformato" assai più controllato, come dimostra la sua versione dell'*Orazione nell'orto* realizzata nei medesimi anni, anch'essa conservata all'Arcivescovado e pure proveniente dalla collezione Monti. Riproposto lo schema tradizionale dell'apparizione dell'angelo sulle nubi che proietta la luce soprannaturale, egli recupera tuttavia da Campi la soluzione della figura dominante del Cristo al centro e gli apostoli dormienti a destra appena visibili, in un'identica cupa atmosfera notturna appena illuminata dalla luna velata dalle nubi.

Bibliografia: Santagostino 1671, ed. 1980, p. 79; Torre 1714, p. 372; Latuada 1737, II, p. 85; Calvi 1880, p. 49; Calvesi 1954, p. 125; Dell'Acqua 1957, p. 713; Valsecchi 1971, p. 179; Coppa 1993, pp. 215-217; Cirillo, Godi 1982, p. 35; Calvesi 1990, p. 283, fig. 148; Frangi, in *Pittura in Brianza* 1993, p. 273; Bandera, in *Le stanze* 1994, pp. 175-176; Bandera, in *Quadreria* 1999, pp. 43-44; Tanzi, in *Disegni cremonesi* 1999, pp. 129-130.
[GB]

33. Giovan Ambrogio Figino

(Milano, 1548 circa - 1608)

San Matteo e l'angelo

circa 1586-1588

olio su tavola, cm 220 × 130
Milano, rettoria
di San Raffaele Arcangelo

La prima citazione del dipinto è registrata nelle *Rime* di Lomazzo (1587) che ricorda come "In Santo Rafael entro Milano / Disse il Figin che pingere volea / il buon Matteo che detti il vangel santo". Basandosi su questo testo Longhi (1954) riteneva che il dipinto fosse in procinto di essere eseguito alla data di pubblicazione delle *Rime*, proponendone come data di esecuzione il 1588. Ciardi (1968) fa tuttavia notare come – al di là del fatto che quel testo risulta la silloge di scritti redatti in tempi diversi – ci potesse comunque essere uno scarto fra la sua redazione e la pubblicazione e propone di anticipare la data al 1586, almeno come avvio di esecuzione del dipinto. Le ricerche archivistiche condotte da Robert Miller sul Figino non hanno purtroppo ancora prodotto esiti a proposito di quel quadro (comunicazione orale).
Fin dalle fonti più antiche il dipinto ebbe ampi riconoscimenti, a iniziare da Comanini che nel suo il *Figino* (1591) lo pone quale esempio di quell'unità di azione che si deve osservare nella pittura ("percioché l'angelo postovi appresso non toglie l'unità del soggetto, essendovi posto per simbolo di quel santo"), mentre Borsieri (1619) – acuto osservatore degli orientamenti di gusto a Milano nel secondo decennio del Seicento – ne registrava la fama ancora a quella data ("meraviglioso [lo] chiamano gli studiosi della pittura"), sottolineandone la nuova forza espressiva capace di rinnovare modelli già altamente autorevoli (sottintendendo i grandi maestri del Cinquecento).

Uno studio specifico di Philip Pouncey (1968) e le ricognizioni operate da Ciardi (1968) e da Perissa Torrini (1987) hanno consentito di ricondurre a questo dipinto un nutritissimo *corpus* di disegni preparatori che lasciano intravvedere una lenta e laboriosa gestazione da parte dell'artista. Assai significativo appare il gruppo conservato a Windsor Castle caratterizzato da una fittissima serie di minuti schizzi a penna che riempiono i fogli, secondo quel procedimento leonardesco della "invenzione" recuperato dagli artisti milanesi e dove, oltre alle numerosissime prove di pose e orientamento delle due figure, emerge anche chiaramente il punto di partenza per l'ideazione del *San Matteo*, e cioè la serie dei *Profeti* michelangioleschi della Sistina (il debito a Michelangelo era già rilevato qui da Pouncey che suggeriva come questa ascendenza fosse stata sottolineata dal Lanzi forse proprio tenendo conto di questo dipinto), ma anche Raffaello, come ha giustamente rilevato Ciardi (appare significativa la puntuale ripresa dal *Profeta Isaia* affrescato in Sant'Agostino che Figino copia sul foglio di Windsor inventario 6969 affiancato a diversi studi per il *San Matteo*: cfr. Ciardi 1968, fig. 75).
Una volta stabilita la soluzione pressoché definitiva del gruppo, in una serie successiva conservata a Oxford, Christ Church, all'École des Beaux-Arts di Parigi, a Besançon e all'Accademia di Venezia e realizzata con tecnica a sanguigna, matita nera e gesso bianco spesso su carta azzurra, Figino tende a definire i dettagli delle figure e dei panneggi studiandoli dal vero e rilevandoli mediante sottili suggerimenti luministici e chiaroscurali. Roberto Longhi (1954) ha posto questo dipinto quale importante precedente per l'analogo soggetto dipinto dal Caravaggio già al Kaiser Friedrich Museum di Berlino e andato distrutto. È in realtà certo che il pittore avesse ben conosciuto questo dipinto durante i suoi anni di apprendistato a Milano, ma è anche ipotizzabile che fosse venuto a conoscenza dei disegni preparatori di Figino, come ha indicato Friedländer (1955, ed. 1969) dato che in uno di questi (il citato foglio di Windsor, inv. 6969) appare un'idea della figura del santo con le gambe accavallate significativamente simile a quella che avrebbe poi realizzato Caravaggio. Lo stesso Friedländer suggerisce altre possibili fonti per il *San Matteo e l'angelo* già a Berlino, da quello di Romanino in San Giovanni Evangelista a Brera, a quello di Peterzano affrescato nella certosa di Garegnano, al *Giove e Cupido* di Raffaello alla Farnesina.

Le note di Longhi sugli elementi precaravaggeschi di questo dipinto ne sottolineano le novità, in particolare nella "nuova confidenza ... arrecata dal colloquio alla pari con l'angelo adolescente e ... nella forte 'incidentalità' luminosa che, dal contesto magniloquente, stacca la fronte corrugata del Santo". Entrambe le figure sono viste frontalmente e in torsione a suggerire il dialogo, il santo seduto su una roccia e l'angelo in atto di avanzare, studiatissime nella calibrata contrapposizione dei corpi e delle braccia (anche se, per esigenze di compattezza compositiva, l'angelo risulta abbondantemente sottodimensionato rispetto al santo). La robustezza michelangiolesca e tibaldesca viene dunque attenuata dalla ritmica articolazione raffaellesca; ciò che emerge tuttavia è soprattutto l'illusività naturalistica che nella figura di san Matteo è suggerita dallo scorcio della gamba e del braccio, ma soprattutto dall'indagine anatomica evidenziata dalla densa tecnica chiaroscurale che rileva i tratti del volto scavando le rughe della fronte. Appare ancora un lontano retaggio leonardesco l'esercizio disegnativo basato sullo studio dal vero di volti di vecchi visti nelle diverse angolazioni quale pratica per lo studio dell'anatomia facciale; e di questi esercizi Figino dà prova in una serie interessante di fogli di una sorprendente resa naturalistica e la cui produzione dovette sicuramente costituire la base per la restituzione del volto del *San Matteo* (in particolare in un disegno del Castello Sforzesco già nella collezione Morelli: cfr. Bora, in *Giovanni Morelli* 1994, p. 303).

Bibliografia: Ciardi 1968, pp. 50-52, 96-98, con bibliografia precedente; Pouncey 1968, pp. 253-254; Friedländer 1955, ed. 1969, p. 97; Perissa Torrini 1987, pp. 21, 115-118, 191-193; Calvesi 1990, pp. 50, 77 nota 106; Bora, in *Pittura a Milano* 1998, p. 281, tav. 115. [GB]

34. Vincenzo Campi

(Cremona, 1530/1535 circa - 1591)

San Matteo ispirato dall'angelo

olio su tela, cm 268 × 180
firmato e datato: "Vincentius Campus Cremonensis facie[bat] MDLXXXVIII"
Pavia, chiesa di San Francesco d'Assisi

Con la memorabile esegesi di Roberto Longhi del 1929 è dato interno alla fortuna critica del dipinto il precorrimento caravaggesco, percepibile nell'intonazione "quotidiana" e nell'effetto luministico, di resa spiccatamente empirica.
Longhi intuiva l'autore in Vincenzo Campi, della cui attività tarda riferiva poi l'iscrizione, rilevata nel 1942 da Cinquini, e tuttavia accolta con riserve, già nella mostra dedicata al Caravaggio del 1951, nella quale l'opera figurava esposta tra gli antecedenti. La data (1588) è parsa infatti avanzata (Puerari 1951; Zamboni 1965 e 1974) rispetto alla prossimità di redazione postulabile con l'*Annunciazione* di Busseto (1581), e dubitativa rimane la sua assunzione anche negli studi più recenti, fatta eccezione per Godi (1975), che induce a confronto la *Deposizione* di Diolo, assegnata agli anni estremi di operosità tra il 1588 e il 1591.
Esposto nella mostra di Cremona (1985), il *San Matteo e l'angelo* evidenziava, nella sequenza del periodo tardo milanese di Vincenzo, il portato maturo di ricerche espressive, fondate – per allineamento o adesione alle istanze controriformistiche di san Carlo Borromeo – sulla essenzialità degli impianti, privi di enfasi declaratoria, sul realismo icastico, originalmente attinto all'iconografia nordica fino al motto "visionario" (Gregori 1985) – e fiammingo per sfibratura di luci – del *Cristo che sta per essere inchiodato alla croce* del 1575, un dipinto anch'esso "pavese" ma di committenza e *pathos* certosini (Museo della Certosa). Nel *San Matteo e l'angelo* citazioni nordiche come la vetrata a tondelli, la rifrazione lenticolare della luce filtrante attraverso le antelle chiuse e l'ambiente-studiolo, assunti nella pacata solennità delle forme e nella sonora proprietà cromatica della pittura veneta e bresciana (del Savoldo, e del Moretto; Dell'Acqua 1957), implicano una vigorosa condotta naturalistica, accentata sul saldo costrutto della luce che enuclea, con materia e corpi, l'intimo proferire nel santo del dettato evangelico, e in misura così realizzata e compiuta da comprendersi nel fatto di preludio alla perduta pala d'altare del Caravaggio per San Luigi dei Francesi (Gregori 1985 e 1988; Bora 1990).

35. Michelangelo Merisi, detto il Caravaggio
Conversione di san Paolo

olio su tavola di cipresso, cm 237 × 189
Roma, collezione privata

Il dipinto è ricordato tra i migliori di Pavia dallo Scaramuccia (1674) che lo dice "de mano de Campi", attribuzione sciolta poi da Bartoli (1777), e dalle guide locali che dalla sua autorità dipendono, in favore di Bernardino. Memoria indiretta è però in Stefano Marini (*Beccariae Gentis Imagines* MDLXXXV, p. 40) che nella edizione accresciuta del 1598 (pp. 96-101) riferisce, con il testo delle due iscrizioni commemorative di Matteo Beccaria e della moglie Margherita Visconti Borromeo poste dalla figlia Bianca Maria, l'intitolazione a san Matteo (posteriore quindi al 1585) della cappella, ancora di Sant'Agnese nel 1576 e descritta dal visitatore apostolico in stato di abbandono, con l'icona d'altare pressoché sbiadita. Nel 1576 il patronato è di Gaspare del fu Bartolomeo e di altri Beccaria (non precisati) e 50 scudi d'oro sono lasciati per testamento (9 aprile 1576) da Gaspare all'erede per il restauro della cappella, eretta dai suoi antenati. Con atto notarile del 24 luglio 1696 i francescani concedono poi la cappella a Pio Beccaria di Baldassarre, riservandosi però la proprietà della "tabula picturata vulgariter quadro", esistente all'altare (Archivio di Stato di Milano, Fondo Religione p.a., cartt. 5731, 5735, 5742; Archivio di Stato di Pavia, Notarile Pavia, 11524 e Collegio dei Giudici, cartt. 10, 18). È probabile che allora sia stata tratta la copia per la "Chiesuola" di Lungavilla (Pavia), sede della Confraternita laicale dell'Immacolata dal 1688 e di *jus patronato* dei Giorgi (*Da Calcababio a Lungavilla* 1994), affini dei Beccaria e con eguale sepoltura elettiva in San Francesco.
La titolarità di Matteo Beccaria (1475-1547), feudatario di San Gaudenzio, marchese di Mortara e conte di Silvano, distintosi per virtù militari e, da governatore di Pavia, per il sontuoso convivio dato l'8 dicembre 1524, in pieno assedio francese e a sfida della resa per fame, è indicata dal sigillo terragno. Tuttavia il privilegio su altri consorti familiari si lega al generale rinnovo dei sacelli Beccaria in San Francesco dopo il 1576 a opera degli eredi: le figlie di Matteo (ancora nel 1666 figura, per parte di Antonia sposata Taverna, un legato inattivo di lire undici) e Gerolamo Cornazzano Beccaria, per linea materna (anche di Matteo, nella cui casa in parrocchia della Santissima Trinità abita nel 1561 con la moglie Camilla Giorgi), dotato di patrimoni cospicui, spesi a lustro dei famedi Beccaria con talune commesse artistiche (nel 1583 al pittore piacentino Angelo Cassani per la perduta pala della cappella in San Primo – Biblioteca Civica Pavia, Legato Marozzi: Beccaria; Marozzi 1899, ms.).
Il rango e il primato culturale dei Beccaria (basti citare Alfonso, protettore di Torquato Tasso e la stessa Bianca Maria, assidua dei più noti letterati lombardi del tempo) spiegano la scelta "milanese" di spicco, rispetto all'indirizzo locale, attestato entro mura e sul mediocrissimo Bernardo Cane, prima che con Federico Borromeo si determini la sensibile svolta in direzione della pittura romana e centro-italiana.

Bibliografia: Scaramuccia 1674, ed. 1965, p. 152; Bartoli 1777, p. 24; Malaspina di Sannazzaro 1819, p. 68; Natali 1911, p. 51; Longhi 1929, ed. 1968, p. 129; Perotti 1932, p. 59; Cinquini 1942, p. 13; Longhi 1951, p. 4; Puerari 1951, p. 91; Dell'Acqua 1957, p. 716; Zamboni 1965, p. 132; Zamboni 1974, XVII, p. 529; Godi 1975, IV, p. 93; Spike 1983, p. 22; Gregori 1985, p. 198; Sambo 1985, p. 206; Gregori 1988, pp. 250, 300; Bora 1990, p. 49, p. 278; Albertario 1995, p. 825.
[DV]

È Baglione (1642, p. 137) a dare notizia di due versioni di ciascuno dei laterali della cappella Cerasi in Santa Maria del Popolo: "Nella Madona del Popolo a man diritta dell'altar maggiore dentro la cappella de' Signori Cerasi su' i lati del muro sono di sua mano la Crocefissione di s. Pietro; e di ricontro ha la Conversione di s. Paolo. Questi quadri prima furono lavorati da lui in un'altra maniera, ma perché non piacquero al Padrone, se li prese il Cardinale Sannesio; e lo stesso Caravaggio vi fece questi che hora si vedono". Nell'inventario della collezione Sannesio del 19 febbraio 1644, reso noto da Spezzaferro (1982), sono effettivamente menzionati "due quadri grandi in tavola che rappresentano un San Pietro crocifisso e l'altro la convers.e di San Paolo corniciati e filettati d'oro". Non vi sono dubbi circa l'identificazione di tale prima redazione nel quadro qui esposto, mentre della *Crocifissione di san Pietro* non si possiede notizia. Per il problema del dibattuto riconoscimento e specialmente della cronologia si veda Cinotti (1983, pp. 540-541, ripreso in Papi 1991, p. 200); per uno studio sulle vicende del dipinto si veda Boccardo (1988, pp. 99-117). Oltre alle controversie destate in sede critica dalle particolarità di stile di un'opera "troppo antica" e non immediatamente collocabile fra il 1600 e il 1601 per l'affastellarsi di "ricordi" lombardi, specie nella figura di Saulo che riecheggia il *San Paolo converso* di Antonio Campi dell'omonima chiesa milanese, qualche enigma presenta il passo di Baglione che fa succintamente riferimento al diniego "del Padrone" che avrebbe rifiutato il dipinto per ragioni non esplicitate. Lo straordinario quadro è oggi inequivocabilmente attribuito al Caravaggio che l'avrebbe eseguito in un momento prossimo a quello delle due versioni definitive, realizzate su tela e non su tavola. Il supporto stesso potrebbe essere stato una delle cause se non proprio del rifiuto – visto che nel contratto era già specificato che fossero su tavole – almeno di un ripensamento del pittore stesso. Ma al di là del particolare tecnico, la composizione affollata, cui però conferisce respiro lo stupendo sfondo del cielo, è per così dire anacronistica, se messa a confronto con la seconda redazione, concepita con nuova e più sintetica monumentalità.
Nonostante l'impianto ancora manieristico, che dipende forse dal fatto che il Caravaggio si era volto a considerare modelli cinquecenteschi, come l'affresco di Michelangelo nella cappella Paolina, cui si era ispirato Federico Zuccari riproponendo lo stesso tema in San Marcello, il soggetto, narrato negli *Atti degli Apostoli*, viene reso con estrema tensione dinamica, benché la verità dell'episodio sia quasi trattenuta dagli effetti di luminosità visionaria che lampeggiano nello sfondo. "Il momento raffigurato è quello della folgorazione che precede le parole di Gesù" (Cinotti, p. 540). Gesù è partecipe della scena in rapporto diretto con Saulo, ma la presenza fisica del divino, nella sua consistenza fisica, come sostiene la Cinotti non può essere stata il movente del rifiuto, in quanto era già stata ampiamente sperimentata e del tutto ortodossa. Spezzaferro (1982) sostiene invece l'ipotesi di una certa effrazione da ravvisarsi proprio in quel rapporto diretto e fulmineo, cioè non mediato, da leggersi alla luce della morale "libertina" di monsignor Tiberio Cerasi, tesoriere di Clemente VIII, che avrebbe così inteso prendere le distanze dal rigorismo controriformistico. Il Caravaggio avrebbe di persona scartato la prima delle due versioni per non essere riuscito a interpretare i soggetti in termini di "storia". Già la Cinotti (p. 536) aveva respinto tale "pur affascinante" tesi, alla luce del fatto che nemmeno le due opere attualmente in Santa Maria del Popolo sono "storie"; piuttosto l'eccessiva umanizzazione dell'evento prodigioso della conversione, nella tavola rifiutata, doveva rappresentare un ostacolo insormontabile per gli eredi del Cerasi e per gli agostiniani che officiavano la chiesa di Santa Maria del Popolo.
La seconda redazione è decisamente più "moderna" e in linea con le altre opere del "periodo monumentale" del Caravaggio, come la *Deposizione nel sepolcro* e la *Cena in Emmaus* di Londra. La conversione ancora si attua nel rapporto diretto tra Dio e Saulo, il quale dà sfogo alla sua folgorazione interiore, spalancando le braccia in un impeto consapevole di ciò che gli sta succedendo. La figura di Cristo è assente; ciononostante il santo non interiorizza emotivamente l'esperienza salvifica, ma la traduce nella simultaneità di un gesto.

Bibliografia: Cinotti 1983, pp. 535-541, con bibliografia; Boccardo 1988, pp. 99-117; Papi 1991, pp. 200-205; Bologna 1992, p. 310; Bona Castellotti 1998, pp. 75-77; Puglisi 1998.
[MBC]

36. Giovanni da Monte
Incoronazione di spine

olio su tela, cm 180 × 115
Monza (Milano), Fondazione Collegio della Guastalla Onlus

Nel 1583 Giovanni da Monte rientrava in Italia, dopo lunghi anni di assenza, carico di esperienze nel Nord Europa e circondato di fama. Durante il soggiorno milanese presso la bottega di Simone Peterzano, il giovane Caravaggio deve aver guardato con molto interesse a questo artista rinomato, tenuto in grande considerazione da Lomazzo, e avrà atteso la realizzazione di qualche opera nuova, su cui verificarne l'evoluzione e le proposte più recenti, dopo le straordinarie ante d'organo di San Nazaro, il capolavoro lasciato a Milano dal pittore cremasco nei primi anni settanta. Giovanni da Monte non deluse le attese dell'ambiente milanese e del Caravaggio dipingendo, dopo tale anno e la sua sistemazione tra Milano e Crema, l'intensa e drammatica *Incoronazione di spine* per il collegio della Guastalla. Questa istituzione era sorta nel 1557 per volontà della contessa Ludovica Torelli, discepola di Antonio Maria Zaccaria e con lui fondatrice delle angeliche di san Paolo, il ramo femminile dell'ordine dei chierici regolari di san Paolo (i barnabiti). Il rapporto con le angeliche del monastero di San Paolo Converso e del collegio della Guastalla era già stato avviato da Giovanni da Monte negli anni settanta, quando l'artista cremasco dipinse una *Flagellazione* (un'opera questa di cui il Caravaggio sembra ancora ricordarsi nella pala omonima di Napoli), custodita assieme all'*Incoronazione di spine* nella sede di Monza del collegio e anch'essa eseguita, con ogni probabilità, per la Guastalla a Milano. La differenza stilistica rilevabile con l'*Incoronazione di spine* presuppone infatti tra queste due opere una certa distanza cronologica. La *Flagellazione* sembra legarsi meglio alle ante d'organo di San Nazaro e ai lavori collocabili tra la fine degli anni sessanta e gli inizi del decennio successivo, come la *Crocifissione* della collegiata di Bellinzona; quindi con le opere collocabili prima del 1571 quando Giovanni da Monte lascia Milano per un lungo servizio alla corte degli Asburgo, tra Vienna e Praga durato, sia pure con brevi interruzioni, fino al 1583.

La personalità e la cultura di Giovanni da Monte sono andate delineandosi solo negli ultimi anni e, anche se non tutti gli aspetti sono stati chiariti, ci è più facile seguirne gli sviluppi sulla base di un catalogo ricostruito con buon numero di opere.

L'artista nato a Crema o nel suo territorio (per alcuni storici locali da Monte non sarebbe il cognome, ma il paese di origine, Monte Cremasco) negli anni venti del Cinquecento, da un lato attinge, con un probabile viaggio a Roma, alla cultura centro-italica del Salviati, di Perin del Vaga, del Tibaldi e di Polidoro (un legame quest'ultimo forse instaurato tramite il cremasco Aurelio Busso, allievo e collaboratore di Caldara, e verosimilmente – a sua volta – maestro in patria di Giovanni da Monte), dall'altro da Tiziano (di cui fu secondo altre fonti discepolo), da Lotto, dallo Schiavone e da Tintoretto, durante sicuri periodi di residenza a Venezia. Un altro riferimento importante è infine l'interpretazione lombarda e in particolare quella bresciana di Savoldo, Romanino e Moretto e bergamasca di Moroni (con l'aggiunta di De Mio) della pittura veneziana, e quella cremonese e milanese dei Campi, di Carlo Urbino, di Lomazzo e di Peterzano della cultura manieristica centro-italica. Già nel 1557 Giovanni è però documentato a Vilnius, in Lituania, e nel regno di Polonia al tempo di Sigismondo Augusto; probabilmente in quegli anni era stato al servizio anche dell'imperatore Ferdinando I, in carica dal 1556 al 1564, e quindi ben presto a contatto con la cultura del Nord Europa. Nel 1571 ritorna presso gli Asburgo, come testimoniano i numerosi pagamenti della cassa della tesoreria imperiale al tempo di Massimiliano II e di Rodolfo II, nel 1571, nel 1574 (per lavori eseguiti anche l'anno precedente), nel 1577 per altre opere realizzate oltre che in quell'anno, nel 1575 e nel 1576. Il congedo dagli Asburgo risale al 1583, dopo dodici anni di servizio quale pittore di corte quando, con un documento dato in Vienna, Rodolfo II concede a Giovanni da Monte, per ragioni di salute e per l'età avanzata, di rientrare in Italia.

Un soggiorno continuativo denso di opere, testimoniate dai documenti, ma purtroppo perdute o non rintracciabili, comprendenti ritratti degli imperatori Massimiliano II, Rodolfo II e della loro corte, capricci e curiosità come una *Cucina*, anch'essa perduta, dipinta in *pendant* con l'*Agricoltura* di Arcimboldi, un amico col quale aveva addirittura coabitato, e decorazioni delle nuove residenze asburgiche, sparse nei domini imperiali, ricostruite o ristrutturate in quegli anni sugli esempi italiani con stucchi, affreschi e tele di soggetto storico e mitologico. Le trasformazioni barocche ci hanno privato, anche in questo caso, delle opere dell'artista cremasco.

Come confermano i raffronti stilistici, da Monte risulta profondamente inserito nel panorama culturale dei domini asburgici e in fecondi contatti con gli artisti più significativi ed emergenti al tempo di Rodolfo II, da Bartolomeo Spranger, all'omonimo e ancora troppo confuso scultore Hans Mont, al successivo scultore ufficiale Adrian de Vries, a David Hag, ai pittori Joseph Heintz il Vecchio, Hans van Aachen, Hans Vredeman de Vries, oltre che con quelli più anziani già operanti a corte come il citato Arcimboldi, Martino Rota, Giulio Licinio, Francesco Ricchino, Pietro Rosa e Francesco Terzi. Da questa esperienza, insieme a una rivisitazione in chiave manieristica delle stampe düreriane, da Monte trasse una resa ottica precisa, un realismo arricchito con annotazioni "espressionistiche" dalle vaste possibilità psicologiche, un raffinato manierismo esoterico ed erotico, particolari effetti di lume e una grande libertà nell'impaginazione compositiva. Tutte queste componenti confluiscono nella produzione tarda di da Monte e in particolare nell'*Incoronazione di spine* della Guastalla a Monza, presente in mostra. A esse si assommano le novità che la pittura lombarda, tra Cremona e Milano, stava approntando nella direzione di un sempre maggiore realismo e nello studio degli effetti di lume artificiale e notturno. In tale contesto va letta l'*Incoronazione di spine* della Guastalla. L'opera si lega all'ambiente gravitante intorno alla chiesa delle angeliche, San Paolo Converso a Milano, dove si ritrova a lavorare, dopo Giulio Campi, Antonio Campi con dipinti impostati sulla ricerca di una illuminazione notturna; inoltre Antonio e Vincenzo Campi vi realizzeranno tra il 1586 e il 1589 i successivi affreschi delle volte dagli arditi scorci prospettici e Peterzano una pala d'altare ormai "riformata". Un cantiere sperimentale, nel quale il rientrato Giovanni da Monte si inserisce da protagonista. L'*Incoronazione di spine* parte probabilmente dal prestigioso precedente di Tiziano in Santa Maria delle Grazie a Milano (una copia antica della pala conservata nel cremasco è stata avvicinata a Giovanni da Monte). Al grande maestro veneziano rimanda anche l'illuminazione del dipinto, qui ottenuta con la lanterna fissata in un angolo dell'atrio buio (Giovanni da Monte doveva forse aver visto pure la tarda versione dell'*Incoronazione*, conservata a Monaco, arricchita da un lampadario acceso). L'effetto della luce, in questo dipinto, è però simile anche a quello presente nel *Martirio di san Lorenzo* di Tiziano nella chiesa dei gesuiti a Venezia, una illuminazione che non riesce a sconfiggere le tenebre e mette con freddezza a fuoco solo uno spettacolo di umana ferocia. La luce infatti non squarcia il cielo e apre alla speranza o alla gloria futura, ma accentua la dimensione psicologica, l'angoscia del dramma in corso.

Forse va cercata proprio nella matrice tizianesca di Giovanni da Monte la diversità dai contigui notturni di Antonio Campi. Certamente Giovanni da Monte conosceva di Antonio Campi l'*Adorazione dei pastori* eseguita nel 1575 per Santa Maria della Croce a Crema, o la *Morte della Vergine* in San Marco, la *Decollazione del Battista* e il *Martirio di san Lorenzo* in San Paolo Converso a Milano degli anni successivi, così pure il naturalismo dei dipinti di Vincenzo Campi quali l'*Inchiodamento alla croce* alla certosa di Pavia (o i *Misteri del Rosario* di Busseto) e ne avrà tratto riflessioni e stimoli, ma l'*Incoronazione di spine* è un'opera differente, originale, con qualcosa in più che poteva interessare il giovane Caravaggio. La novità stava proprio nella dimensione psicologica, resa tramite le figure in primo piano e scalate in altezza a occupare quasi tutto il campo visivo (il poco che resta è come ingoiato dal buio) e creare un forte impatto sullo spettatore, esaltata dalla ferocia dei carnefici, brutali e sadici esecutori, ormai indifferenti al male che infliggono e come anestetizzati dalla sua quotidiana esperienza, con il loro scherno irriverente sottolineato dalla posa del corpo e del braccio, col particolare, che avrà una notevole fortuna proprio nei caravaggeschi, dei duri guanti di ferro con cui viene calcata la corona di spine sul capo di Cristo per accentuare, a livello sensoriale, l'impressione del dolore nel fedele. Il viso di Gesù per contrasto si carica di sofferenza paziente, suggerita dallo sguardo desolato, dalla bocca socchiusa, dai muscoli e dai nervi tesi del collo, dalle dita della mano che, come per reazione incontrollabile e istintiva al tormento, si sollevano. In aggiunta e a integrazione dell'interesse documentato a Milano per i moti dell'animo di Leonardo – un artista che Giovanni da Monte studia e recupera anche per l'impostazione delle ante d'organo di San Nazaro – la lunga esperienza nordica arricchisce la gamma delle espressioni possibili derivate sia dalle tipologie dei brutti ceffi nordici, di una umanità "barbara", sia dai sofisticati sentimenti, tra sensualità e mistero, inventati nella cerchia rudolfina. L'opera è un apporto originale alle sperimentazioni in atto in Lombardia, soprattutto quelle portate avanti da Antonio e Vincenzo Campi, e presenta una declinazione più complessa e abilmente composta, meno greve e provinciale, poiché supportata dalla conoscenza della raffinata cultura internazionale della corte di Rodolfo II.

37. Michelangelo Merisi, detto il Caravaggio

Ecce Homo

1605

olio su tela, cm 128 × 103
Genova, Galleria di Palazzo Bianco,
inv. P.B. 1638

I dipinti di Giovanni da Monte suscitarono un grande interesse anche presso i giovani artisti, cioè presso la generazione dei maestri del Seicento lombardo. Torre ricorda Cerano che ammira e studia le ante d'organo di San Nazaro (da Giovanni da Monte prenderà l'incastro delle figure e lo scalare in verticale dei corpi per i teleri della *Vita di san Carlo*) e Cairo che ne fa le copie. Anche Tanzio ne sembra avvinto poiché su di esse e sulla vetrata con la *Gloria di Maria* del duomo di Milano costruirà l'impalcatura della *Battaglia di Sennacherib* in San Gaudenzio a Novara; infine sensibili a da Monte si mostrano anche Morazzone e Giulio Cesare Procaccini. Molti aspetti rilevati nell'*Incoronazione di spine* saranno a loro volta di stimolo al giovane Caravaggio. La brutalità e la ferocia, il ghigno irriverente, la luce che esalta il nitore delle forme e dei colori, l'ambientazione notturna, la condizione psicologica fortemente interiorizzata, il collocare le figure in primo piano a occupare tutto, o quasi, lo spazio visivo e rovesciarsi sul fedele per un coinvolgimento emozionale, sono elementi determinanti per il Caravaggio. A conferma si possono citare proprio l'*Incoronazione di spine* di Prato o quella di Vienna e l'*Ecce Homo* di Genova, le *Flagellazioni* di Napoli e di Rouen. Ancora più esplicito è il confronto con l'*Incoronazione di spine* dei Valentin all'Alte Pinakothek di Monaco di Baviera, che forse deriva da un originale del Caravaggio (e sulla quale esemplifichiamo tutte le altre versioni dei pittori caravaggeschi), dove si verifica la stessa impostazione dell'*Incoronazione* di da Monte, le stesse pose, le medesime espressioni di sofferenza o di crudeltà e perfino il particolare dei guanti di ferro del carnefice che calca la corona di spine sul capo di Cristo. I riferimenti del Caravaggio al dipinto di da Monte sono però visibili soprattutto nelle opere giovanili. Nel *Bacchino malato* della Galleria Borghese troviamo lo studio attento del nudo anatomico, la visione del corpo presa da una spalla, la sofferenza suggerita dalla bocca semiaperta, la gamba piegata, la corona d'edera (invece di quella di spine) sulla testa, il fondo scuro, come nel dipinto di Giovanni. Nel *Ragazzo con canestro di frutta* sempre della Borghese si riscontra l'identica trattazione anatomica del collo e delle spalle con l'emergenza dei muscoli e dei nervi tesi, o delle ossa dai forti aggetti plastici tra zone d'ombra; una smorfia di dolore simile a quella del Cristo coronato si rintraccia accentuata nel *Ragazzo morso da un ramarro*, la posa arcuata di Gesù viene recuperata in quella della *Maddalena* Doria Pamphilj (e ritornerà come una costante nel Cristo dell'*Incredulità di san Tommaso* a Potsdam e poi fino alla Vergine nell'*Annunciazione* di Nancy); inoltre la figura di Isacco nel *Sacrificio di Isacco* di Princeton è modellata sul nudo uscente dell'*Incoronazione* di da Monte. L'interesse per la natura morta può essere collegato alle teste composte di fiori e frutta o ai festoni vegetali, di cui da Monte fece largo uso, dai particolari fortemente realistici, ma meno legati a una immagine inventariale come accade in Vincenzo Campi (va ricordato che anche l'altro cremasco Carlo Urbino nella *Vetrata degli apostoli* nel duomo di Milano inserisce una testa coronata di foglie e festoni di frutta). Tuttavia perfino nella fase matura emergeranno indelebili i ricordi dell'*Incoronazione di spine* di da Monte come nel *Martirio di san Matteo* a San Luigi dei Francesi, in quel nudo in primo piano che scivola verso lo spettatore o nell'ignudo di spalle delle *Sette opere di Misericordia* a Napoli, oppure la memoria di visi tenuti totalmente in ombra come nella testa di Marta nella *Maddalena* di Detroit, o profilati di luce come nella tarda *Resurrezione di Lazzaro* a Messina. Infine va segnalato che la prima versione della *Conversione di san Paolo* ora Odescalchi-Balbi pare una significativa meditazione delle ante d'organo del da Monte in San Nazaro a Milano, sia sull'omonimo episodio accaduto a Paolo, sia sul cavallo di San Nazaro o che, *in nuce*, una idea simile a quella poi sviluppata nella *Decollazione del Battista* a La Valletta si rintraccia in una della scene con le *Storie della passione di san Lorenzo*, affrescate dal pittore cremasco in San Lorenzo a Lodi. Il poco conosciuto, ma notevole, Giovanni da Monte è pertanto un ulteriore tassello e non certo il minore, nella ricostruzione dei precedenti caravaggeschi e uno dei punti di partenza dello stile così innovativo e personale di Merisi. Il riconoscimento di questa origine per molti particolari singolari delle opere del Caravaggio, potrà forse chiarire, confermando o smentendo, anche alcune interpretazioni che sui suoi dipinti sono state avanzate dalla critica moderna.

Bibliografia: Torre 1674, pp. 32-33; Alpini 1985, pp. 212-214; Alpini 1996, pp. 207-209, con bibliografia precedente.
[CA]

Mancano finora notizie precise sulla provenienza antica di questo dipinto, che, reperito nel deposito della Galleria di Palazzo Bianco, solo nel 1921 venne registrato in inventario, come copia di Lionello Spada da Caravaggio. Nel 1953 Caterina Mercenaro vi ravvisò un autografo del maestro lombardo e l'anno dopo Longhi, pubblicandolo, ne confermò l'attribuzione.
Superata dalle ricerche recenti è l'ipotesi che lo riconduceva al cosiddetto "concorso Massimi" che, secondo Baldinucci (1702, ed. 1846, pp. 266-267), avrebbe visto contrapposti Merisi, Cigoli e Passignano nel fornire un'opera di questo soggetto a un supposto "monsignor Massimi", mentre ben più circostanziata è quella (Barbiellini Amidei 1987, pp. 14-15) che, dimostrata l'infondatezza della precedente, ricollega al dipinto di Genova uno scritto con cui Caravaggio stesso, nel giugno 1605, promette a Massimo Massimi, esponente dell'aristocrazia colta romana più legata alle istanze controriformistiche, di consegnare entro il 1° agosto successivo "un quadro di valore e grandezza come quello ch'io feci già della Incoronazione di CriXto", riconosciuto in quello oggi a Prato. Una carta del marzo 1607 precisa poi che il Cigoli fu pagato dal Massimi per "un quadro grande compagno di un altro mano del sig.^r Michelangelo Caravaggio". La tela di Cigoli sarebbe, secondo Baldinucci, pervenuta alle collezioni granducali fiorentine (oggi a Palazzo Pitti) e l'esemplare caravaggesco sarebbe appunto la tela genovese. Lo scenario delineato avrebbe, tra l'altro, il vantaggio di spiegare anche l'eziologia del mito del "concorso Massimi", gara fra pittori in effetti mai avvenuta. Pesenti (1992, p. 77) ha proposto di identificare nella tela di Palazzo Bianco il "Cristo coronato di spine dai manigoldi; gran quadro di Caravaggio" ricordato da Ratti (1780, p. 121) nella collezione genovese di Pietro Gentile, ma tale descrizione, che sembra riflettere piuttosto il soggetto del quadro oggi a Prato, potrebbe invece concernere una buona copia antica di quest'immagine, ancora conservata nella sagrestia della certosa di Rivarolo. Senza contare che un raffinato collezionista genovese del primo Seicento, Gio.Vincenzo Imperiale, possedeva, nel 1648, appunto una *Coronazione di spine* riferita a Caravaggio (Martinoni 1983, pp. 278-279).

Senza dati certi sulla provenienza dell'opera ora in Palazzo Bianco, a tutte le proposte finora ricordate manca tuttavia l'anello finale; anche quella di Barbiellini Amidei si può accogliere solo come seria ipotesi di lavoro, ma a patto di non scartare, in questa logica, altre possibilità, purtroppo anch'esse deficitarie: nel 1630, per esempio, a Napoli, nel testamento del cittadino genovese Lanfranco Massa (in Delfino 1985, p. 95) compare "Un 'quadro Ecce Homo' con cornice del Caravaggio" fra una "S. Ursula" e un "Nostro Signore quando fu tradito da Giuda", riferiti anch'essi all'artista lombardo. Al suo nome, in questo caso, una qualche fiducia non può non accordarsi, visto che fu proprio Massa, fiduciario di Marcantonio Doria, a trattare col Caravaggio, nel 1610, l'acquisto della *Sant'Orsola confitta dal tiranno* e a curarne l'invio per nave da Napoli a Genova (cfr. Pacelli, Bologna 1980). È peraltro vero che, allo stato attuale, non si può affermare che i suoi dipinti siano finiti davvero a Genova (dagli esiti della sua eredità, in effetti, si potrebbe inferire di no) e nemmeno che il suo *Ecce Homo* sia una sola cosa con quell'"ecce homo con pilato que lo muestra al pueblo, y un sayon que lo viste de detras la veste porpurea quadro grande original del caravagio" che Juan de Lezcano, segretario dell'ambasciatore spagnolo a Roma fra il 1609 e il 1616, trasferitosi poi a Napoli, fece colà registrare nell'inventario della propria collezione, steso nel gennaio 1631, circa sei mesi dopo la morte del Massa. Antonio Vannugli (1988, p. 7) non ha mancato di riscontrare la puntuale coincidenza iconografica fra la descrizione d'inventario e la composizione di Palazzo Bianco (precisa anche nella colorazione *porpurea* del manto) e di ricollegare il tutto al passo in cui Bellori (1672, ed. 1976, p. 223) afferma che l'*Ecce Homo* Massimi "fu portato in Ispagna" e alla diffusione nella Sicilia "spagnola" (già Longhi ne aveva trattato) di copie di questa composizione, di cui sarebbe forse non illogico immaginare l'esistenza di due redazioni autografe. Resta comunque il fatto che, se in Spagna o in ambito siculo si hanno notizie documentarie e copie ma nessun originale resta, a Genova – dove uno ne esiste, sebbene privo di una storia certa – non vi è dubbio che la composizione caravaggesca fosse nota, stimata e utilizzata come fonte di ispirazione pittorica già nei primi decenni del Seicento, tanto che in opere di Strozzi (cfr. Mortari 1995, nn. 99 e 101), Luciano Borzone (cfr. Boggero, Manzitti, in *Van Dyck* 1997), Orazio De Ferrari (cfr. Donati 1998) e Antoon van Dyck (nel dipinto oggi a Birmingham: cfr. *Van Dyck* 1997) si ravvisa una conoscenza diretta e dettagliata del modello.

Si rafforzerebbe quindi la possibilità – già considerata dalla Gregori (1991) e di recente ripresa (Puija, in *Domenico Fetti* 1996) – che l'opera, impostata a Roma, sia stata compiuta da Caravaggio a Genova, in quell'estate del 1605 – proprio la data a cui la critica, pressoché unanime, lo riferisce, anche su base stilistica – che lo vide per alcune settimane ospite di Marcantonio Doria, ma accolto forse nelle dimore di suo fratello Gio.Carlo, strepitoso collezionista di pittura (Boccardo, in *Van Dyck* 1997), e dell'esponente di un altro ramo di quella stirpe, Andrea II principe di Melfi, sposato con la romana Giovanna Colonna, i nessi della cui famiglia con l'artista sono ben noti (cfr. Calvesi 1990). Proprio costoro possedevano il *Ritratto di Andrea Doria* di Sebastiano del Piombo (ora a Genova, Palazzo Doria Pamphilj), ritenuto (Marini 1979, p. 32) uno dei modelli per la figura di Pilato. E proprio i numerosi pentimenti rivelati dalle indagini radiografiche (Gregori 1991) nelle mani di quest'ultimo e nella testa e in altre parti del Cristo potrebbero confortare l'ipotesi di un'esecuzione "di getto" seguita da successivi ripensamenti e correzioni.

Con un'autorevole eccezione (Bologna 1992), dopo gli interventi di Mina Gregori (1985, 1991) e di Maurizio Marini (1979, 1987), confortati dal parere di altri studiosi, nessuno specialista discute più l'autografia dell'*Ecce Homo* di Palazzo Bianco, che, nonostante le svelature inferte in antico alla stesura pittorica e l'invecchiamento del restauro eseguito nel 1953-1954 da Pico Cellini, si presenta di una qualità e di un fascino tali da giustificare appieno l'influsso che esso esercitò sui pittori attivi a Genova. Sbalorditiva ai loro occhi per le scelte luministiche – caricate di evidenti valori simbolici, nella contrapposizione fra il luminoso chiarore del corpo del Nazareno e la coriacea oscurità di Pilato – e per la presenza di un Cristo (il cui "valore aggiunto" tizianesco Longhi identificò nel 1954) che – nella positura e perfino nella apollinea bellezza, resa dimessa da un atteggiamento di sofferta ma assoluta rassegnazione – si presenta come vero, puro *Agnus Dei*. La composizione, che illustra il passo di Giovanni 19, 5, è nutrita di ricordi dell'esperienza formativa lombarda di Caravaggio, avvenuta nel clima della Controriforma, da Moroni ai bresciani. Gli spettatori sono coinvolti nel sacrificio cruento che si sta preparando e di cui il manto purpureo è un simbolo e un presagio. Olocausto inevitabile nel disegno provvidenziale ma voluto e compiuto dagli uomini nella dimensione della storia: identificati con la folla degli astanti e relegati nel ruolo negativo dei "giudici", gli spettatori decretano il martirio del Giusto, in cui nemmeno il procuratore romano aveva ravvisato colpa. Il dipinto funziona come un'immagine devozionale, ma anche come un episodio di teatro moralizzante, capace, in virtù del suo realismo, di indurre il riguardante – rimasto al di là del parapetto dipinto ma convocato empaticamente nella scena dal gesto di Pilato e dall'*Ecce Homo* che ha appena pronunciato – alla confessione dei peccati e alla penitenza.

Bibliografia: Longhi 1954b; Cellini, in Longhi 1954b; Longhi 1954c; Cinotti 1983, p. 47, con bibliografia precedente; Gregori, in *Caravaggio e il suo tempo* 1985, pp. 303-306; Barbiellini Amidei 1987, pp. 14-15; Marini 1987, ed. 1989, pp. 232, 481, 484, n. 62; Barbiellini Amidei 1989, pp. 47-69; Calvesi 1990, pp. 322-324; Di Fabio 1991, pp. 72-74; Gregori, in *Michelangelo Merisi* 1991, pp. 248-261; Bologna 1992, p. XX; Pesenti 1992, pp. 109-110; Pujia, in *Domenico Fetti* 1996, pp. 79-80; Di Fabio, in *Van Dyck* 1997, pp. 156-157; Bona Castellotti 1998, p. 92 nota 68; Vannugli 1998, p. 7.
[CDF]

38. Copia da Michelangelo Merisi, detto il Caravaggio
San Giovanni Battista nel deserto

olio su tela, cm 132 × 98,5
Roma, Galleria Doria Pamphilj, inv. 349

Citato spesso dalle fonti con il riferimento a Caravaggio e a lui attribuito dalla letteratura novecentesca fino alla riscoperta, nel 1953, del quadro capitolino di analogo soggetto, il dipinto Doria è da allora al centro di una attenta riconsiderazione critica (Cinotti 1983, pp. 521-523, n. 59; Marini 1987, ed. 1989, pp. 349, 444; Varoli Piazza 1990 per la bibliografia completa). Come è noto Lionello Venturi lo identificava con il quadro menzionato da Bellori (Venturi 1910), seguito da Schudt (1942), da Sestieri (1942) e da Longhi (1952); Denis Mahon lo situava, nel percorso di Caravaggio, tra il 1599 e il 1600 (1952a, p. 19). Lo stesso Mahon, dopo aver riconosciuto invece l'originale di Caravaggio nel quadro della Pinacoteca Capitolina da lui individuato nello studio del sindaco (per le vicende del dipinto all'interno dei palazzi del Campidoglio si vedano Varoli Piazza 1990 e Guarino 1995), considerava la tela Doria, dubitativamente, una replica autografa forse deteriorata dalle vicende conservative (Mahon 1953, p. 213). Se l'analisi documentaria ha potuto confermare la provenienza dalle raccolte di Ciriaco Mattei del quadro capitolino, pagato probabilmente nel 1602 (Cappelletti, Testa 1990) e poi citato nell'inventario del figlio di Ciriaco Giovanni Battista nel 1616 consentendo di raccordare con più esattezza la storia del dipinto ai già noti passaggi in casa del Monte e Pio di Savoia, fino all'approdo, nel 1750, alla sede attuale (Guarino 1995 per il riepilogo completo delle vicende), le ricerche sulla provenienza del dipinto Doria non sono state altrettanto fruttuose. Elencato per la prima volta nell'inventario di morte di Camillo Pamphilj nel 1666 senza attribuzione e senza individuazione del soggetto religioso ma come "un quadro di un giovane ignudo che fa carezze a un castrato con panno bianco, e rosso sotto, ed erba a piedi di alto palmi 8 largo palmi 5" (Garms 1972), il quadro compare poi con regolarità e con riferimento al Caravaggio nelle successive descrizioni della raccolta ospitata nel palazzo al Collegio Romano a partire dall'inventario del figlio di Camillo, Giovanni Battista ("S. Gio. Batta. che tien uno montone a sedere alto palmi 7 e 5 in circa con cornice indorata liscia rabescata di nero del Caravaggio", cfr. Garms 1972, p. 319; Cappelletti, Testa, in *Identificazione* 1990). Sulle modalità d'ingresso nella collezione non si è potuti giungere a una definitiva chiarezza, anche se studi recenti sul mecenatismo di Camillo Pamphilj sembrano escludere la provenienza Aldobrandini dei quadri riferiti a Caravaggio (Capitelli 1996).

La tela potrebbe essere giunta al principe Pamphilj attraverso le acquisizioni sul mercato romano o grazie ai doni del pontefice: è stata segnalata la presenza di una coppia di dipinti, una "zingara" e un san Giovanni nell'eredità Filonardi, devoluta dalla Camera apostolica a Camillo nel 1644 (Cappelletti, Testa 1990, p. 81; Barbiellini Amidei 1990); inoltre nella raccolta Savelli, da cui Camillo compra dei quadri nel 1657, compariva nel 1650 un san Giovanni delle stesse dimensioni della coppia caravaggesca, attribuito allo "Spagnoletto" (Cappelletti, Testa 1990).

L'esistenza di questo dipinto e il suo riferimento a Ribera, pur non risolvendo assolutamente il problema dell'autografia del dipinto, introduce a un altro nodo critico, la possibilità di "riconoscere" i copisti di Caravaggio e trovar loro un nome. Per quanto riguarda la copia Doria, si registrano la proposta di Moir (1976, pp. 87, 125, 126) di riferirla ad Angelo Caroselli, per la nota attività di questi come imitatore e falsario, e quella di Marini, che dubitativamente avanza l'attribuzione a Mario Minniti, intorno al 1600 collaboratore di Caravaggio (Marini 1987, ed. 1989). La trattazione rigida del contorno della figura di san Giovannino, la maniera pedissequa in cui vengono eseguiti, quasi ricalcandoli, i dettagli decorativi, non consentono, a mio avviso, l'individuazione dell'autore della copia né una sua datazione precisa. All'inizio del Settecento va invece collocata un'altra versione dello stesso dipinto nella collezione Pamphilj, conservata negli appartamenti privati del palazzo, di lunghezza maggiore e con l'aggiunta di un brano di paesaggio.

Bibliografia: L. Venturi 1910, pp. 275-276; Voss 1924; Schudt 1942; Sestieri 1942, pp. 243, 244, n. 349, con bibliografia precedente; Longhi 1952; Mahon 1952a; Mahon 1953; Moir 1976; Safarik, Torselli 1982, p. 141, n. 229; Cinotti 1983; Marini 1987, ed. 1989; Barbiellini Amidei 1990, pp. 163-176; Cappelletti, Testa 1990, pp. 75-101; Varoli Piazza 1990; Guarino 1995a, pp. 120-123.
[FC]

39. Cherubino Alberti

(Borgo Sansepolcro, Arezzo, 1553 - Roma, 1615)

Ignudo (da Michelangelo)

bulino, mm 319 × 212, smarginata
in basso al centro: "Michaelangelus pinxit in Vaticano / Cherubinus Albertus sculpsit"
in basso a sinistra: "Philippus Thomassin excudit"
in basso a destra: "Alla Pace Gio: Iacomo de Rossi forma in Roma, 1649"
Roma I.N.G. / G.S., F.C. 30087, vol. 34 H.1
matrice: I.N.G. / C.L. 198/4
Roma, Istituto Nazionale per la Grafica

Individuazione degli stati: il I stato è un *ante litteram* (Firenze, Biblioteca Marucelliana, vol. XIII, n. 60, Borea 1980); il II stato presenta in basso a sinistra del piedistallo la data 1575, il nome del pittore più sotto, e a destra l'indirizzo del Lafréry; il medaglione, bianco nel primo stato risulta ora inciso (Buffa 1982); il III stato secondo la Moltedo dovrebbe portare le indicazioni di responsabilità dell'Alberti e del Thomassin, non se ne conoscono però esemplari; nel V stato sono state aggiunte le censure (I.N.G. / C.L., 2324/12257); esemplare di IV/V stato su carta del XVII secolo.

In una lettera del 1627 a Cassiano del Pozzo, Lattanzio Pichi genero di Cherubino Alberti afferma che farà di tutto – assieme agli altri eredi dell'artista di Sansepolcro – per pubblicare i rami lasciati inediti dall'artista sempre che l'erudito antiquario e collezionista riesca, con i suoi buoni uffici, a ottenere "amplissimo privilegio dal Papa, e, occorrendo, dal Serenissimo di Toscana". Sempre da questa lettera si apprende che gli eredi sanno di poter contare sull'appoggio del cardinale Francesco Barberini, ottenuto proprio grazie al sostegno di del Pozzo (Bottari, Ticozzi 1822, I, pp. 341-342). Il privilegio sarà accordato nel 1628. Vede la luce, in quest'anno, con dedica al principe Barberini, la serie di incisioni che Alberti aveva tratto dagli affreschi di Michelangelo della volta della Sistina raffiguranti i *Veggenti*. Già nel 1577 Cherubino aveva pubblicato un'incisione, il *Profeta Daniele e la Sibilla Libica*, dedicandola al granduca di Toscana (Bologna, Pinacoteca Nazionale, Gabinetto delle Stampe, inv. 224221; Borea 1980, n. 579). La prima di una serie di rami che Alberti aveva inciso a bulino tra il 1575 e il 1580.
Il suo era un progetto di completa riproduzione del capolavoro michelangiolesco, solo apparentemente simile a quello già dato alle stampe da Giorgio Ghisi negli anni quaranta, anzi forse ancora più ardito. Infatti nelle sue stampe Alberti comprende anche gli *Ignudi*, figure che peraltro l'artista aveva inciso poco prima della stampa dedicata al granduca di Toscana, in gran formato, con intenti diversi. Questa incisione, che raffigura l'*Ignudo* affrescato da Michelangelo in alto a sinistra rispetto alla *Sibilla Eritrea* e alla scena del *Sacrificio di Noè*, fa parte di questa serie di quattro tavole che venne pubblicata nel 1575 da Lafréry (Bartsch 1818, XVII, n. 149; Buffa 1982, n. 149 II, 105). La serie sarà poi riedita nel 1602 da Orlandi (Ilari 1990, p. 186).
I rami acquistati dall'incisore Thomassin furono poi modificati. Questi vi fece aggiungere, infatti, la sua firma e una quinta tavola. Così composta, la serie passò poi alla stamperia De Rossi (Grelle Iusco 1996, p. 258) e da questa nel 1823 a quella Camerale, che censurò i nudi.
Dell'incisione qui esposta è conservato a Firenze, nel Gabinetto delle Stampe degli Uffizi, il disegno preparatorio (395S), già attribuito a Marcantonio Raimondi e correttamente ricondotto dalla Moltedo alla mano di Cherubino Alberti (1991). L'opera grafica presenta un sistema di tratteggi curvi sovrapposti fino a tre strati con puntini inseriti nelle maglie grafiche. Tale trattamento prepara il lavoro a bulino ed è identico allo stato *ante litteram* e dà una perfetta idea del livello di compiutezza delle matrici di questa serie prima del loro ingresso nella bottega del Lafréry. Per le similitudini che presenta con il disegno raffigurante *San Giovanni Battista nel deserto* (Vienna, Albertina) datato all'ottavo decennio (Herrmann Fiore 1983, p. 41) e più in generale con l'intera sua produzione, anche il disegno degli Uffizi può essere considerato opera di quegli anni, cosa che bene si accorda con le date delle stampe.
Come ricostruito dalla Moltedo, nella bottega del Lafréry le lastre vennero in parte riprese a bulino prima di essere pubblicate. Nello stato *ante litteram*, infatti, come nel disegno preparatorio, il mezzo medaglione ai piedi dell'*Ignudo* è bianco, mentre nello stato di Lafréry presenta la scena con figure di soldati che compare nell'affresco. Thomassin, come si accennava, appose poi più tardi per la prima volta alla serie il nome dell'Alberti, il proprio e una quinta incisione (26/3, in Moltedo 1991).
Traducendo queste figure, estrapolate dal loro contesto, Cherubino ne sottolinea lo spiccato senso scultoreo che le caratterizza nell'affresco. Effetto che riesce a mantenere anche quando riprende i medesimi soggetti nelle tavole con i *Veggenti* che ovviamente descrive in secondo piano. In entrambi i casi, pur cambiando il tipo di tratteggio dal piccolo al grande formato, l'artista dà prova di grande capacità incisoria definendo le figure con delicatezza e precisione.
Evidente è poi in questa incisione e in tutta la serie la tendenza dell'artista a snellire e aggraziare le figure, messa in evidenza soprattutto dal particolare modo di usare il chiaroscuro.
Personalità versatile, pittore, architetto civile e militare, raffinato disegnatore, Cherubino Alberti occupa nella storia dell'incisione italiana un posto di rilievo. Egli è infatti considerato come uno dei più dotati seguaci di Agostino Carracci, forse perché allievo del celebre incisore fiammingo Cornelis Cort (1533-1578) al quale deve molto anche la tecnica incisoria di Carracci. Nelle sue incisioni, così anche in questa, l'artista di Sansepolcro, servendosi di intrecci vari a losanghe per rendere compatti gli scuri e luminosi i chiari, ottiene effetti pittorici e luministici affini a quelli di Agostino Carracci, che accorda però con un più rigoroso rilievo plastico, arrivando così a un classicismo accademico non privo di suggestioni.
Già Longhi nel 1927 (pp. 4-12) aveva avanzato l'ipotesi che la postura del *San Giovannino* Doria di Caravaggio, come quella del *Bacchino* Borghese, derivassero dagli *Ignudi* di Michelangelo. Lo studioso riteneva questa operazione "un'astuzia iconografica" a scopo programmatico o forse polemico, per riportare il modello michelangiolesco "a motivi di natura". Benkard (1928), forse indipendentemente da Longhi, individuò la fonte precisa nell'*Ignudo* in alto a sinistra rispetto alla *Sibilla Eritrea* nell'angolo sinistro al lato della scena con il *Sacrificio di Noè*. Si deve però a Moir (1969, pp. 354-372) la prima idea che tramite per la desunzione potesse essere l'incisione di Cherubino Alberti che qui si presenta. Caravaggio ben presto dovette accorgersi delle capacità del pittore di Sansepolcro tanto che lo incluse tra i suoi amici assieme a Prospero Orsi e Onorio Longhi. Gli effetti luministici e il vago classicismo di questa incisione non dovettero poi dispiacere al Caravaggio del 1602, anno in cui veniva pagato il *San Giovannino* Mattei (Roma, Pinacoteca Capitolina) e il pittore lombardo lavorava alla sua tela con la *Deposizione* della cappella Vittrice alla Vallicella (Roma, Pinacoteca Vaticana), forse la più "classicista" delle sue pitture.

Bibliografia: Bartsch 1818, XVII, n. 149; Ottley 1831, n. 52; Le Blanc 1850, I, p. 11, n. 124; Bruwaert 1876, nn. 368-371; Borea 1980, p. 240, n. 578; II; Buffa 1982, n. 149, II, 105; Ilari 1990, n. 62, pp. 186-189; Moltedo 1991, pp. 110-112, n. 26/1.
[BC]

40. Pietro del Po

(Palermo, 1616 circa - Napoli, 1693)

San Giovanni Battista nel deserto (da Annibale Carracci)

acquaforte e bulino
1. F.N. 2054 (35722), F. Pio, vol. XV
mm 425 × 322
in basso a sinistra su una pietra: "Ani. Caraci in./Pet. del Po sc."
I stato
2. F.C. 30929, vol. 34 H. 14
mm 427 × 337
stessa scritta dell'esemplare 1
Roma, Istituto Nazionale per la Grafica

Bellori (ed. Borea, 1976, p. 96) ricorda un quadro nella collezione di Flavio Chigi, dipinto da Annibale Carracci per Corradino Orsini, raffigurante "la figura di San Giovanni colorito al naturale, giovinetto nel deserto, il quale sedendo in terra sopra la pelle d'una tigre, con una mano tiene la Croce fatta di canna, con l'altra addita Cristo; dispostissimo è l'atto; poiché essendo veduto di profilo, volge la faccia avanti, cadendogli un panno rosso dalla spalla". La notizia, riportata sempre da Bellori secondo la quale "Ludovico Civoli vi aggiunse la figurina di Cristo in lontananza", viene confutata da Posner (1971, p. 59) che suppone una confusione sorta tra un'opera di uguale soggetto dipinta dal Cigoli per l'Orsini, di cui parla Baldinucci (p. 128).
Il dipinto, oggi perduto, è conosciuto attraverso una debole copia al Ringling Museum di Sarasota (inv. 114; cm 132 × 96,5), in controparte rispetto all'incisione di Pietro del Po. È assai difficile, quindi, datare il dipinto di Annibale, che viene collocato da Posner intorno al 1601-1602, per affinità stilistiche col *Domine Quo Vadis?* della National Gallery di Londra.
Come documenta Pascoli, suo principale biografo, Pietro del Po godette presso i contemporanei di buona fama, culminata con l'elezione a principe dell'Accademia di San Luca nel 1668, carica che però rifiutò. Va attribuito a Pérez-Sánchez il merito di aver ricostruito il suo catalogo pittorico (1965), che mostra una stretta dipendenza dal classicismo bolognese e in particolare dal Domenichino, di cui sembrerebbe essere stato allievo a Napoli (Prosperi Valenti Rodinò 1981). Anche a Roma, dove si trasferì nel 1646, stabilì contatti soprattutto con la cerchia dei pittori classicheggianti come Dughet, Cozza, forse Poussin. La formazione classicheggiante di del Po lo indirizzò nell'attività grafica alla scelta di soggetti di Raffaello, di Giulio Romano, dei Carracci, di Domenichino, di Lanfranco e di Poussin, fedelmente trascritti ad acquaforte e bulino combinati assieme. Raramente fu egli stesso l'ideatore dei soggetti incisi. Oltre al *San Giovanni Battista*, Pietro del Po incise da Annibale *Cristo e la cananea* (Parma, Palazzo Comunale) e la *Pietà* (Napoli, Capodimonte) documentando un grande interesse per il pittore bolognese da parte degli incisori, cominciato già quando egli era ancora in vita (Borea).
Di questa stampa il Bartsch (1990, 45, p. 209) registra un esemplare con l'indirizzo dell'editore "A Paris au quay de gesures chez le sieur Bertrand avev privil. du Roy 1663". La nostra stampa, priva dell'iscrizione, rappresenta quindi uno stato anteriore, per il quale il 1663 rappresenta il termine *ante quem* di esecuzione.

Il *San Giovanni* di Annibale mostra nella posa un evidente omaggio ai celebri *Ignudi* di Michelangelo, rivelando infatti strette affinità, secondo Posner, con quello in alto a sinistra del profeta Gioele, uno dei meno artificiosi in linea con il gusto classicista del pittore bolognese. Secondo la notizia tramandata da Bellori, l'ispirazione michelangiolesca della volta Farnese suona come una scelta programmatica di Annibale: "lasciando la maniera e le anatomie del Giudizio, si rivolse e riguardò li bellissimi ignudi de' partimenti nella volta di sopra e con egual lode gli espose nella galeria" (*op. cit.*, p. 90). I disegni di due lunette della Sistina conservati a Windsor Castle (inv. 2010 e 1997) confermano l'attento studio di Michelangelo da parte di Annibale.
I lievi passaggi chiaroscurali dell'incisione di del Po restituiscono chiari legami col *San Giovannino* di Caravaggio della Pinacoteca Capitolina di uguale ispirazione michelangiolesca (Longhi 1927, Moir 1969, 1976), databile oggi sulla base di due pagamenti al 1602 (Cappelletti, Testa 1990, p. 779). Rimangono però ancora da stabilire i rapporti iconografici tra i due dipinti, più o meno contemporanei, vista la difficoltà a stabilire una sicura datazione per il perduto dipinto del Carracci.

Bibliografia: Heinecken 1789, III, p. 655; Gori Gandellini, De Angelis 1815, XIII, p. 139, n. 1; Bartsch 1820, XX, p. 250, n. 16; Nagler 1841, II, p. 426, n. 16; Le Blanc 1856, III, p. 218, n. 14; Posner 1971, II, p. 59; Chappel 1981, p. 137; Prosperi Valenti Rodinò 1981, p. 178, n. 169; *The Illustrated Bartsch* 1982, 45, p. 209; Borea, Mariani 1986, p. 230.
[SA]

41. Michelangelo Merisi, detto il Caravaggio
San Francesco in meditazione
1605 circa

olio su tela, cm 310 × 90
Cremona, Museo Civico Ala Ponzone

Si ignora la provenienza di questo dipinto la cui attribuzione al Caravaggio, non sorretta da documenti, è affidata all'analisi stilistica. Fu donato alla città di Cremona da Filippo Ala Ponzone e la sola copia conosciuta è conservata nel Museo della Collegiata di Castell'Arquato (Piacenza). Su questa base la scrivente (1987) ha avanzato l'ipotesi che il *San Francesco* di Cremona si trovasse nel vicino convento minorita di Monte Oliveto e provenisse da una sede francescana di Roma o di Napoli. Un'altra ipotesi, proposta oralmente da Gianni Toninelli, considera la presenza sulla cornice, forse dall'origine collegata al quadro, dello stemma della famiglia Ala. Le lettere "M" e "DA", marchiate a fuoco anch'esse sulla cornice, potrebbero riferirsi a un marchese Daniele Ala, zio di Filippo (Gregori 1997).
In un'atmosfera notturna, il santo, inginocchiato e con la testa appoggiata sulle mani intrecciate, è assorto nella preghiera. Il santo d'Assisi in meditazione sul teschio e sul crocifisso, in un muto dialogo concentrato sul pensiero della morte, fu trattato da Merisi almeno in un'altra occasione, mentre nel dipinto giovanile di Hartford il pittore ha rivolto la sua attenzione al momento delle stigmate.
Il riferimento al pittore lombardo fu avanzato da Roberto Longhi, e registrato localmente da Cammelli (1930). Nel 1943 il dipinto fu pubblicato da Roberto Longhi come antica e buona copia dal Caravaggio, opinione che mantenne in occasione dell'esposizione milanese del 1951, mentre l'anno successivo ne parlò come di originale consunto o copia fedele. A favore dell'autografia del dipinto si è schierato Denis Mahon (1951) seguito da numerosi studiosi (tra cui Marini 1974, Röttgen 1974, Nicolson 1979 e Testori 1983). Dopo la mostra del 1985, dove fu presentato come originale del Caravaggio da chi scrive, hanno espresso opinioni favorevoli all'autografia, tra gli altri, Keith Christiansen (1986), J.T. Spike (1985) e Maurizio Marini (1987, ed. 1989). Come autografo del Caravaggio fu esposto a Cremona alla mostra di Bartolomeo Manfredi (1987), dove fu presentato dopo il restauro eseguito nel 1986 dal restauratore fiorentino Edo Masini.
Riguardo alla cronologia le ipotesi sono diverse: Longhi (1943) lo collocava nell'"ultimo e affannato tratto della vita del maestro" e più tardi (1952) precisò la cronologia situandolo tra le opere realizzate nei feudi dei Colonna, dopo il maggio del 1606. In un secondo momento, assieme al Mahon, lo ritenne del periodo napoletano, avanzando una possibile identificazione con il *San Francesco* citato nella distrutta cappella Fenaroli in Sant'Anna dei Lombardi a Napoli, mentre Marini (1974) ha proposto una datazione al 1603 collegando l'opera alla citazione al processo, svoltosi in quell'anno, di una veste di cappuccino prestata al Caravaggio da Orazio Gentileschi.
La pulitura e le radiografie hanno confermato l'esecuzione veloce e aperta, con pennellate veementi, propria del Caravaggio e già proiettata verso il suo stile tardo. Altri particolari conducono ai modi del pittore lombardo, come la barba rada aggiunta sul tono chiaro della mano, l'esecuzione della trama di rughe sulla fronte, l'affiorare della palpebra in luce nell'occhiaia scura e la descrizione del luogo selvatico con il tronco dell'albero che troviamo anche nelle due versioni del *San Giovanni* di Kansas City e della Galleria Corsini e gli oggetti della natura morta, collocati in una costruzione geometrica scorciata che ricorda gli strumenti musicali sovrapposti dell'*Amor vincitore* di Berlino (Gregori 1991). Al di là del modo di procedere e dello studio dell'incidenza della luce, a confermare la paternità caravaggesca del dipinto interviene la straordinaria forza d'introspezione propria del pittore e rispecchiante una situazione mentale nella quale Longhi (1943) ha visto "un pensiero tragicamente autobiografico".
Uno spostamento di data rispetto all'opinione più diffusa sembra oggi opportuno. Mentre la forte opposizione della luce e dell'ombra fa pensare a una data avanzata, l'ampiezza del saio che avvolge il santo, panneggiato a lunghe pieghe come si vede anche nella prima, rapida e sintetica impostazione rivelata dalla radiografia, mi sembra collocare questo pensiero negli anni che vanno dal 1603-1604 al 1606, cioè tra il *Sacrificio di Isacco*, che sviluppa le cadenze classiche del secondo *San Matteo*, e il *San Gerolamo* della Galleria Borghese. La pulitura ha messo in evidenza le qualità dell'esecuzione rapida e decisa e la presenza della luce che appare come un lampo sul saio dietro la testa del santo e sulla morbidezza del panno resa con una esecuzione vivace e sicura, ben leggibile grazie all'ottimo stato di conservazione della figura.

Bibliografia: Bertolotti 1881, II, pp. 62-63; Cammelli 1930, p. 786; Longhi 1943, p. 17, fig. 25; Longhi 1951, p. 47, n. 60; Mahon 1951, p. 234, nota 125; Longhi 1952, p. 42; Mahon 1952a, p. 19; Hinks 1953, pp. 79, 116-117, n. 56; Baumgart 1955, pp. 44-45, 109, n. 62; Wagner 1958, pp. 155, 156, 223 note 666-668; Longhi 1960, p. 36 nota 12; Dell'Acqua, Cinotti 1971, p. 156; Marini 1974, pp. 186-187, 401-402, n. 50; Röttgen 1974, pp. 208, 211, 213; Marini 1978, p. 36 nota 2, 74 nota 1, 76 nota 5; Nicolson 1979, p. 32; Testori 1983, p. XVI; Gregori 1985, pp. 310-312; Spike 1985, p. 417; Christiansen 1986, p. 436; Gregori 1987, pp. 52-57, n. 1; Marini 1987, ed. 1989, pp. 210-211, 467-468, n. 53; Schneider 1987, p. 120; Nicolson 1989, I, p. 79; Calvesi 1990, pp. 119-120, 156 nota 77; Gregori 1991, pp. 290-291; Lapucci 1991, pp. 102-105, 291-298; Bologna 1992, pp. 239 sgg.; Gregori, in *Cremona. Museo Civico Ala Ponzone* 1997, pp. 90-91; Gregori 1997, pp. 98-102; Lapucci 1997, pp. 102-105; Gregori 1999, p. 116.
[MG]

42. Bartolomeo Passerotti
(Bologna, 1529-1592)
San Francesco in estasi
circa 1585-1587

olio su tela, cm 81,5 × 79,5
Bologna, Pinacoteca Nazionale, inv. 485

Proveniente dalla collezione Zambeccari (Emiliani 1973), di cui conserva la bella incorniciatura, è ritenuta nella stima artistica del Masini (1871) una "discreta pittura, fondo annerito" e valutata 60 lire; compare successivamente nelle guide della Pinacoteca di Bologna a partire dal catalogo del 1899 del Guadagnini (Malaguzzi Valeri 1928; Mauceri 1935; Rodríquez 1957; Emiliani 1967; *La Pinacoteca* 1969; *La Pinacoteca* 1987; *La Pinacoteca* 1997). Restaurato nel 1980 da O. Nonfarmale, risulta complessivamente in buono stato di conservazione.
Firmato sulla sinistra a lettere capitali: "PASAROTTO INV.", il dipinto deve la sua fortuna critica al Venturi (1933) che correttamente ne sa cogliere il *pathos* caricato e di superficie nell'uso di un "chiaro-scuro che dilata gli occhi, contrae le labbra, stira la cute spasmodicamente", nel tentativo di dar forma a un'immagine capace di rispecchiare "una vita spirituale febbrile" quale la Controriforma chiedeva all'arte. Dopo le aperture di Bodmer (1932), Calvesi (1958, ripr. in Emiliani 1967) trovandosi ad affrontare, tra i primi, il complesso nodo della cronologia passerottiana, colloca il dipinto subito dopo la *Presentazione della Vergine al tempio* (Bologna, Pinacoteca Nazionale), datata 1583, in prossimità della *Crocifissione tra la Madonna e san Giovanni* (Bologna, Pinacoteca Nazionale) scorgendo analogie "nella marcatura delle luci e nella nuova scioltezza del pennello". La datazione proposta, intorno al 1583-1585, non contraddetta dalla letteratura successiva, ha trovato conferma nell'intervento di Winkelmann (1979), ed è stata protratta come probabile al 1585-1587 da Ghirardi (1990).
Si tratta dunque di un'opera della tarda attività di uno degli artisti più originali e meno facilmente classificabili della scena artistica bolognese tardocinquecentesca. Indicativa in tal senso la difficoltà che ancora oggi si avverte nel delineare una cronologia univoca per molte sue opere, nonostante il fatto che cospicui interventi della critica (si vedano in particolare: Benati 1981, Ghirardi 1986, Höper 1987, Ghirardi 1990), abbiano saputo tracciare una attendibile griglia di riferimento.
Pochissimi dati sicuri e una capacità pittorica in grado di tradurre in modo personale, spesso variando registro espressivo, le molteplici suggestioni offerte all'intelletto dall'instancabile verifica di quanto è dato al pittore osservare attorno a sé e che va rapidamente mutando con i tempi, non consentono di risolvere agevolmente il problema costituito dalla puntuale individuazione dei rapporti intercorrenti fra l'affermato maestro e i più giovani artisti presenti a Bologna, tra essi, innanzitutto, i Carracci (cfr. Benati 1996).
Creativo interprete del vitalismo enciclopedico e descrittivo dell'*Aetas Boncompagnia*, capace di esiti altissimi nella ritrattistica e nella scena di genere, ideatore di innovative pale d'altare (si veda l'*Ecce Homo*, a Bologna, nella chiesa di Santa Maria del Borgo), Passerotti stenta a trovare una propria convincente misura nella tarda produzione sacra. Pur impegnandosi attivamente nel confronto con il modello tridentino (Ghirardi 1990, p. 57) – semplificando gli schemi compositivi e cercando un *ductus* pittorico più morbido – il passaggio da una "immagine controriformata" ancora esemplata su modelli di maniera, a quella più intima e aderente al naturale, sollecitata dal rinnovato dibattito apertosi tra gli artisti e i committenti con la pubblicazione nel 1582 del *Discorso intorno alle immagini sacre e profane* del cardinale Paleotti, non pare essergli del tutto congeniale, facendo sortire effetti eterogenei e forse non sempre interiormente condivisi. Nondimeno, nel *San Francesco in estasi* qui esaminato, l'invenzione rimane originale. Lo sottolinea Strinati (1982) rilevando che "egli è tra i primi a trattare la figura del santo isolato, in atteggiamento tra l'ascetico e il meditativo" proponendo i "due argomenti concomitanti dell'Adorazione della Croce e della meditazione sulla morte", e già lo suggerisce Boschloo (1974), quando indica nella scelta tematica una possibile fonte d'ispirazione per il giovane Annibale Carracci. Studiata rappresentazione sostenuta dalla maestria di chi è educato, sulla scorta dell'esempio mai rinnegato del Tibaldi, al sicuro possesso dello spazio, il dipinto bolognese pare tuttavia risolversi in una composizione "a effetto": il santo è avvicinato all'osservatore; l'accentuata attenzione riservata alle mani, l'evidenza della bocca e degli occhi sul volto scarno conducono lo sguardo al fulcro dell'evento sacro: l'unione mistica con il Crocifisso. Particolare la suggestiva trattazione del flessibile ramo dell'alberello spoglio ma ben radicato che si fa giunco e si attorce a spirale al corpo del Cristo "vivente".
Lo scarto tra l'incombente fondo buio e la luce battente che illumina il teschio e la pietra in primo piano porta l'azione visiva a fissarsi sull'esibito "memento mori" (cfr. Boschloo; Höper; Strinati). L'opera del Passerotti cede inevitabilmente il passo nel confronto d'obbligo con quella di soggetto analogo di Annibale, conservata alla Pinacoteca Capitolina. La sensibile, familiare rappresentazione diurna del santo carraccesco e l'esasperata resa veristica dell'asceta passerottiano (Posner; Boschloo), sono immagini esemplari di due "mondi morali ormai divergenti" (Ghirardi 1990). Ne sono conferma il *Frate francescano in preghiera*, e il *Frate francescano in estasi* che Ghirardi (1990, p. 209, figg. 104a, 104b) restituisce "alla produzione tarda di Passerotti, con probabili interventi di bottega" e che danno efficacemente conto di come l'idea dell'anziano maestro, incapace di liberarsi dal retaggio manierista, rimanga imbrigliata in un appesantito naturalismo (cfr. Mazza 1984, p. 35, cat. 29).

Bibliografia: Masini 1871, c. 6, n. 13; Guadagnini 1899, I ed., p. 43; Malaguzzi Valeri s.d. [ma 1928], p. 29, n. 577; Bodmer 1932, p. 279; Venturi 1933, p. 740, Mauceri 1935, p. 131; Galletti, Camesasca 1950, p. 1870; Benézit 1953, p. 539; Rodríquez 1957, p. 88; Emiliani 1967, p. 250, n. 149; Ricci, Zucchini 1968, p. 247; *La Pinacoteca* 1969, p. 159; Posner 1971, I, p. 43; Emiliani 1973, pp. 148-149, n. 322; Boschloo 1974, p. 66; Winckelmann 1979, p. 231; Strinati, in *L'immagine* 1982, p. 76, cat. 16; Mazza 1984, p. 35, cat. 29 nota 2; Ghirardi 1986, p. 550; *La Pinacoteca* 1987, p. 116, n. 167; Höper 1987, II, pp. 40-41, n. G.25; Ghirardi 1990, p. 290, n. 105; *La Pinacoteca* 1997, p. 107, n. 169.
[CC]

43. Annibale Carracci
(Bologna, 1560 - Roma, 1609)
San Francesco d'Assisi

bulino, mm 138 × 102 (inciso),
mm 143 × 106 (lastra)
unico stato: in basso al centro la data "1585"; sul sasso in basso verso sinistra "Ani. Ca. / in. fe."
Bologna, Gabinetto dei Disegni
e delle Stampe della Pinacoteca Nazionale

Esemplari: Bassano del Grappa, Museo Civico (XIX. 525. 2352); Bergamo, Accademia Carrara (132); Berlino, Staatliche Museen, Kupferstichkabinett; Bologna, Pinacoteca Nazionale, Gabinetto dei Disegni e delle Stampe (P. N. 2057; P. N. 22391); Bologna, Collezioni d'arte della Cassa di Risparmio di Bologna (4740; 4741; 4742); Boston, Museum of Art; Brema, Kunsthalle; Bruxelles, Bibliothèque Royale (S. I. 9686); Cambridge, Fogg Art Museum; Dresda, Staatliche Kunstsammlungen; Firenze, Biblioteca Marucelliana (XIX. 71); Francoforte, Städelsches Kunstinstitut, Graphische Sammlung; Londra, British Museum, Department of Prints and Drawings (U1-160); Milano, Civica Raccolta delle Stampe A. Bertarelli (ART. PREZ. p. 169); New York, Metropolitan Museum of Art (26.70.4.21; 27.78.1 f. 44); Parigi, Bibliothèque Nationale, Département des Estampes et de la Photographie (Bd. 25 e f. 2); Parma, Biblioteca Palatina (2604); Pavia, Musei Civici, Castello Visconteo (St. Mal. 2440); Roma, Calcografia Nazionale (inv. 327); Roma, Istituto Nazionale della Grafica, Gabinetto delle Stampe; Stoccarda, Staatsgalerie; Torino, Biblioteca Nazionale; Città del Vaticano, Biblioteca Apostolica Vaticana (stampe V. 52, 7; V. 2, 17); Vienna, Graphische Sammlung Albertina (It. Sch. III. 17. 39. 2; HB XXXVI. 1. 74. 131).

La stampa, citata in primo luogo da Bellori e poi da Malvasia, che la credette erroneamente un'acquaforte ripassata a bulino, è la prima incisione datata da Annibale, ma difficilmente può essere considerata la prima in senso assoluto. L'evidente crudezza del segno si manifesta infatti anteriormente nel *San Gerolamo* (Bartsch, n. 14) e nell'acquaforte della *Madonna che allatta il Bambino* (Bartsch, n. 6). I segni graffiati nel saio e nel volto, così come lo sfondo con gli alberi tracciati in fretta mirano ad accentuare l'immediatezza della scena. Le mani nodose, il piede deforme, la veste lacera e rattoppata denotano l'ascetismo del santo amante della povertà. Il primo piano di sassi e foglie rivela evidenti affinità con la flora delle opere di Agostino, ma l'espressione intensa del volto di Francesco, affilato e assorto, accentua l'intenzione di Annibale di insistere sul contenuto dell'opera al di là del modo di delinearla, una subordinazione della finitura all'immediatezza e naturalezza espressive. Attraverso questo marcato naturalismo l'artista ha inteso mettere in evidenza l'aspetto più interiorizzato e sofferto della religiosità del santo.

L'interesse di Annibale per la figura di san Francesco è testimoniato anche dai dipinti eseguiti dall'artista intorno al 1585 (*San Francesco adora il Crocifisso*, Roma, Galleria Capitolina; *San Francesco in preghiera*, Roma, Galleria Borghese; *San Francesco adora il Crocifisso*, Venezia, Accademia), e fu probabilmente influenzato dall'elezione al soglio pontificio di un francescano (Sisto V), avvenuta nello stesso anno.
La lastra è conservata presso la Calcografia Nazionale di Roma (inventario 327) e presenta sul retro un'altra incisione di Annibale raffigurante una *Crocifissione* (DeGrazia Bohlin 1979, p. 434, n. 8), non finita, anzi annullata dall'artista.

Bibliografia: Bellori 1672, p. 100; Malvasia 1678, ed. 1841, I, p. 87; Oretti c. 1760-1780, III, p. 707; Gori Gandellini 1771, I, p. 224; Heinecken 1789, III, p. 651, n. 18; Huber-Rost 1800, III, p. 252; De Angelis 1808, I, p. 181; Bryan 1816, I, p. 231; Bartsch 1818, XVIII, p. 191, n. 15; Joubert 1821, I, p. 349; Nagler 1835-1852, II, p. 462; Le Blanc 1854, I, p. 606, n. 12; Nagler 1858-1872, I, p. 454, n. 1041(n. 2) e I, p. 952, n. 2266; Disertori 1923, p. 265; Pittaluga 1928, p. 352; Bodmer 1938, p. 108; Petrucci 1950, p. 138; Petrucci 1953, p. 36, n. 327; *Mostra dei Carracci* 1956, p. 76; Calvesi, Casale 1965, p. 60, nn. 193-193bis; Posner 1971, II, p. 12, n. 23; Bertelà 1973, nn. 322-322a; Boschloo 1974, II, p. 196 nota 16; Cooney, Malafarina 1976, p. 83; DeGrazia Bohlin 1979, p. 434, n. 7; DeGrazia Bohlin 1980, p. 402; Prosperi Valenti Rodinò 1982, p. 173, n. 102; DeGrazia, Boschetto 1984, p. 229, n. 7 [327]; Emiliani 1984, p. 61, nn. 60-61; Bohn 1996, p. 173, n. 7.
[LA]

44. Giovan Battista Moroni
(Albino, Bergamo, 1523 circa - 1579)
Crocifisso con i santi Bernardino da Siena e Antonio da Padova
1565 circa

olio su tela, cm 226 × 133
Albino (Bergamo), chiesa di San Giuliano

Eseguita per la cappella di Pietro Regazzoni nella chiesa di San Giuliano, a una data che per motivi stilistici la Gregori (1979) colloca "nel settimo decennio inoltrato", la pala fu a lungo assegnata a Moretto e restituita a Moroni solo da Gustavo Frizzoni (1897), che del resto recuperava una inascoltata intuizione di Francesco Maria Tassi (1793). I santi raffigurati ai piedi della croce, in saio francescano, sono san Bernardino da Siena e sant'Antonio da Padova (spesso segnalato a torto come san Francesco), rispettivamente in atto di devozione e di invasione mistica: la diversità e anzi la contrapposizione degli atteggiamenti è secondo la Gregori intenzionale, e riconducibile a una concezione sostanzialmente anacronistica di devozionalità pura, aliena da quegli intenti di persuasione che erano invece perseguiti in clima controriformato.
La lettura iconologica del dipinto è tuttavia verosimilmente più complessa, specie ove si tenga conto che il Cristo in croce è visibilmente sproporzionato rispetto alle due immagini dei santi, e che nel paesaggio del fondo, di un naturalismo sorprendente (Frangi 1978) è sicuramente riconoscibile una veduta dei dintorni di Albino, forse la stessa che era possibile cogliere dalle finestre della chiesa antica (la costruzione attuale è un rifacimento ottocentesco). La Gregori, infatti, giustamente osservava che il raggio di luce, che come un "faro luminoso ... sfora il cielo tempestoso per proiettarsi sul corpo di Cristo" facendo del perizoma arancio il vero fulcro emozionale della scena, è una forma di visualizzazione del brano evangelico descrivente lo spazio del Golgota al momento della morte di Cristo: ma il fatto che esso si concentri appunto sul solo corpo di Gesù, lasciando in ombra il paesaggio e sfiorando appena il saio di san Bernardino, e la assurda sproporzione della figura in croce indicano che l'evento miracoloso, la morte e il raggio che la rivela, appartengono a un'altra dimensione, a uno spazio *autre* cui il luogo geografico-umano resta estraneo e cui solo i santi possono attingere, o per forza di preghiera o per annullamento nella ascesi. Di conseguenza i santi stessi, la cui umana materialità è evidenziata sia dai volti che hanno caratteristiche di ritratto sia dalla ruvida evidenza materica dei bruni sai francescani, si pongono automaticamente come "modello" al fedele, in una situazione di esemplarità che è appunto inquadrabile nell'ambito delle finalità devozionali suggerite dalla trattatistica tridentina in tema di arte sacra; ed è in questo appunto che acquista pienezza di significato "questo attimale e lunghissimo mistero della natura che serra e lega il dramma sacro alla mansueta povertà delle cascine e delle stalle" (Testori 1978, p. 14).
È probabile che questa "semplicità che non è soltanto arcaismo o impoverimento bigotto" (Longhi 1968) in quanto non si tratta di un appiattimento su istanze ritualistiche popolari ma invece "risposta culta e intellettualmente vigilata ..., interpretazione letterale del dettato conciliare *nihil profanum nihilque inhonestum appareat*" (Rossi 1991) (e di qui l'apprezzamento del cardinale Carlo Borromeo: *icona pulchra*: cfr. Roncalli 1939, II, p. 582), non sia stato privo di conseguenze per il giovane Caravaggio. Mi sembra assai probabile, infatti, che il giovane Merisi abbia potuto meditare su questo quadro allora famoso durante le sue peregrinazioni lombarde, ricordandosi per esempio della figura di san Bernardino nelle immagini gemelle di *San Francesco* a Carpineto e in Santa Maria della Concezione; ma è soprattutto precaravaggesca quell'idea del raggio di luce che non solo rivela l'azione ma ne enuclea il centro emotivo in senso rigorosamente devozionale. E varrà la pena di ricordare che almeno in un altro caso, l'*Ecce homo* di Genova, il Caravaggio dimostra di avere ben compreso la sostanza controriformistica delle creazioni sacre di Moroni, in quella figura di Pilato che si rivolge all'esterno, dunque al "devoto", con un gesto perentorio di invito alla meditazione religiosa che ha un solo sicuro precedente cinquecentesco, il *Devoto che mostra il Crocifisso* di Moroni ora in Sant'Alessandro della Croce a Bergamo (Gregori 1985, p. 304).

Bibliografia: Tassi 1793, I, p. 165; Frizzoni 1897, p. 31; Roncalli 1939, II, p. 582; Frangi 1978, p. 30; Testori 1978, p. 14; Gregori 1979, p. 221, con bibliografia precedente; Olivari, in Rossi 1986, p. 74; Rossi 1986, p. 48; Rossi 1991, p. 27.
[FR]

45. Michelangelo Merisi, detto il Caravaggio
San Francesco in meditazione

olio su tela, cm 128,2 × 97,4
Carpineto Romano (Roma), chiesa di San Pietro (in deposito presso la Galleria Nazionale d'Arte Antica, Palazzo Barberini, Roma)
Proprietà del Ministero dell'Interno
Fondo Edifici di Culto

Il dipinto, raffigurante *San Francesco in meditazione*, proviene dalla chiesa di San Pietro di Carpineto Romano, da tempo è al centro di un complesso dibattito attributivo per lo strettissimo rapporto che lo lega a un altro *San Francesco*, conservato a Roma nel convento della chiesa cappuccina di Santa Maria della Concezione. Dal punto di vista compositivo le uniche differenze tra i due quadri erano, finora, il sasso in basso, intero nell'opera della Concezione e non completo in quella di Carpineto, e il braccio longitudinale della croce, più lungo nella tela della chiesa dei Cappuccini.
Per meglio inquadrare la complessa questione ritengo opportuno riportare nella scheda i dati essenziali di questo stimolante "caso" caravaggesco.
Occorre premettere che lo stato di conservazione delle due opere non ha consentito fino a oggi la loro piena leggibilità. La superficie pittorica di entrambe era infatti offuscata da uno spesso strato di vernici alterate, che impediva la corretta lettura della qualità esecutiva dei due dipinti.
Il contemporaneo restauro delle due tele, eseguito da Carlo Giantomassi e Donatella Zari tra gennaio e aprile 2000, ha rivelato nuovi elementi di grande interesse che saranno trattati in modo approfondito nel corso del convegno che si terrà a Caravaggio, in occasione della mostra di Bergamo.
Un primo fondamentale elemento di novità viene dal *San Francesco* di Carpineto, che finora risultava più piccolo dell'altro perché era decurtato sui quattro lati; nel corso del restauro è stato possibile accertare che una parte consistente di superficie pittorica originale era stata piegata sul telaio (complessivamente circa 4,6 centimetri in larghezza e circa 4,5 centimetri in altezza).
Recuperata con la nuova foderatura tutta la parte dipinta, tra cui il sasso in basso, e parte della croce a destra, il quadro, risulta avere misure sostanzialmente identiche all'opera della Concezione (cm 128,5 × 97,5).
Dopo la rimozione delle due vecchie tele di rifodero del quadro della chiesa della Concezione (risalenti rispettivamente ai primi anni del Novecento e la seconda agli anni cinquanta) è venuto alla luce, sul retro del dipinto, incollato in basso a sinistra, il cartellino cartaceo citato da Cantalamessa nel 1908 (pp. 401 sgg.), che per primo riferì il dipinto a Caravaggio.
Sul cartellino, che si riteneva perduto, è una scritta in nero con caratteri secenteschi, leggermente differente nella forma (ma non nel contenuto) da quanto finora riportato: "Il S.re francesco de Rustici da sto / quadro a i padri Capucini con talè /...nd... [comando?] ché n[o]n si possi darè a niscu".

È oggi definitivamente accettata l'ipotesi che Francesco de Rustici sia da identificare con un discendente della famiglia dei Rustici, morto a Roma a settantatré anni nel 1617 e non, come proposto, con il pittore caravaggesco senese Francesco Rustici detto il Rustichino (1592-1626), attivo a Roma tra il 1617 e il 1619 e, in seguito, nel 1626.
La conferma che Francesco de Rustici era effettivamente legato all'ambiente dei cappuccini e aveva una predilezione per la pittura naturalistica viene da una lapide posta sotto un bel dipinto su lavagna di ispirazione caravaggesca, citato da Mancini e Baglione come opera del frate cappuccino Cosimo Piazza (Paolo Piazza, detto Cosimo Cappuccino) raffigurante *Cristo morto con san Francesco in preghiera* (firmato e datato 1614), sull'argomento si rimanda a Pupillo 1997 e Zuccari 1990.
Secondo l'iscrizione riportata sulla lapide, risulta infatti che il dipinto – conservato ancora oggi nella sala dei Trionfi nell'appartamento dei Conservatori dei Musei Capitolini (Pietrangeli 1962, pp. 465 e 470) – fu eseguito a spese di alcuni nobili romani nel 1614: "FRANCISCO DE RVSTICIS / IVLIO DE MAGISTRIS COSS. / MARCELLO MVTO DE PAPAZVRRIS / PETRO LENO CAP. REG. PRIORE / SVMPTIBUS SVIS M. D. C. XIIII" (Forcella 1869-1884, I, p. 51, n. 114).
Il riferimento del dipinto di Santa Maria della Concezione a Caravaggio, proposto da Cantalamessa, è stata accettato da Posse (1911, p. 573), Longhi (1918, p. 239) e Marangoni (1922, p. 50); con il nome di Caravaggio il *San Francesco* è stato esposto alla mostra di Firenze (Palazzo Pitti) del 1922.
In seguito Pevsner (1928, p. 132) ha pensato di collegare all'esecuzione di questo dipinto la famosa "veste da cappuccino" e il "par d'ali" prestati da Orazio Gentileschi a Caravaggio e citati negli atti del processo del 1603 (Bartolotti 1881, pp. 62 sgg.; Cinotti, Dell'Acqua 1971, p. 156).
Negli stessi anni si registrano i primi dubbi sull'autografia caravaggesca del dipinto (Zahn 1928, p. 42), ribaditi da Voss (1951a, p. 168) e Hinks (1953, pp. 71, 88). Dopo l'esposizione del dipinto alla celebre mostra di Firenze del 1951 (*Mostra del Caravaggio*, p. 26, n. 28) si scatenò una serie di pareri decisamente negativi: tra questi Venturi (1951, p. 41), Mahon (1951, p. 234, che lo ritiene una copia riferibile al 1603-1605) e Friedländer (1954, p. 150), seguito da Moir nel 1967 (I, p. 19). Longhi ribadì tuttavia l'originalità della tela (1952, pp. 38-39) seguito da Wagner (1958, pp. 110-111).
Dal 1970, in seguito alla pubblicazione da parte della Brugnoli (1970, pp. 23-24) dell'altro *San Francesco* (in mostra) del tutto simile, ritrovato nel 1968 nella chiesa di San Pietro di Carpineto Romano (ora in deposito a Roma presso la Galleria Nazionale d'Arte Antica di Palazzo Barberini), ritenuto dalla stessa studiosa l'originale di Caravaggio, si è avviato tra gli studiosi un vivace e approfondito dibattito sull'autografia delle due opere, che, come si è detto, registra ancora oggi posizioni contrastanti.
La Brugnoli ha basato le sue convinzioni essenzialmente su due fatti: il primo è un importante pentimento nel cappuccio del saio, scoperto nel corso della pulitura sommaria del dipinto che ha seguito il ritrovamento; il secondo è legato alla ricostruzione delle vicende della committenza della tela.
Prima del restauro il cappuccio del saio era a forma arrotondata di mozzetta, tipica della veste dei frati minori riformati e nascondeva una prima versione "a punta", caratteristica dell'ordine dei cappuccini. La studiosa ha spiegato questo strano "pentimento" con il fatto accertato che il cardinale Pietro Aldobrandini, ritenuto il committente del quadro, e fondatore della chiesa e del convento di San Pietro a Carpineto (1609), aveva intenzione in un primo momento di affidare il convento di Carpineto ai cappuccini, ma, in seguito, lo affidò ai frati minori riformati osservanti. Tale decisione dovette precedere la fondazione del complesso, dal momento che la scelta del luogo di edificazione della chiesa e del convento fuori dal centro abitato risponde perfettamente ai criteri dell'ordine osservante (Campagna 1990, pp. 53 sgg.; ringrazio Maurizio Marini per questo suggerimento).
La Brugnoli data il dipinto di Carpineto nell'estate del 1606, epoca in cui Caravaggio, in fuga da Roma, si rifugiò presso i feudi Colonna, confinanti con quelli degli Aldobrandini, e, per giustificare la data del quadro anteriore a quella della fondazione della chiesa, ritiene che il dipinto sia da considerare una committenza privata, donata poi al convento di Carpineto.
Marini (1974) ha tuttavia contestato il fatto che il cardinale Pietro Aldobrandini fu lontano da Roma e dal Lazio dal 1606 al 1610 e non era quindi possibile una committenza diretta a Caravaggio da parte dell'alto prelato.
L'ipotesi della Brugnoli è condivisa da vari studiosi, tra i quali Salerno (1970a, p. 236) – che tuttavia propende a ritenere i due *San Francesco* entrambi originali, così come Ferrari (1978, p. 372) – Cinotti, Dell'Acqua (1971, pp. 127 sgg.; 1983, pp. 417 sgg., con datazione al 1606), Marini (soprattutto 1971, p. 58; 1989, pp. 549 sgg., con datazione 1609), Spezzaferro (1974, p. 585; 1975, p. 113, come probabile provenienza dalla collezione di Ottavio Costa), Nicolson (con riserva 1979, p. 32) e Calvesi (1990, pp. 39, 332 e 335 con datazione 1606-1608 e con significato di ammonimento, quasi una trasposizione del tema della *vanitas*). La proposta è accolta invece con dubbio da Brandi (1972-1973, pp. 87 sgg.) e Spear (1984, p. 165) e rifiutata da Moir (1976) e Gregori (1985, pp. 294-298).
L'intera vicenda è stata trattata approfonditamente da Claudio Strinati (1982, pp. 91-92) in occasione del confronto diretto delle due opere alla mostra sull'iconografia francescana nella Controriforma, e, più recentemente, con opposte conclusioni, da Mina Gregori (1985, pp. 294-298) e da Maurizio Marini (1987, ed. 1989, pp. 549-551, n. 97), ai quali si rimanda per la dettagliata analisi delle varie argomentazioni.
In estrema sintesi, al di là dell'esame dei dati storici, comunque non conclusivi, il contrasto tra i due studiosi si basa su una diversa lettura stilistica delle due opere. La Gregori ritiene di maggiore qualità, e quindi originale, l'esemplare dei cappuccini, con datazione 1603 circa, mentre Marini, dopo un analitico esame sulla resa esecutiva, pensa che il dipinto autografo sia la tela di Carpineto, datata dallo studioso al 1609.
L'ipotesi della Gregori è sostenuta da Keith Christiansen (comunicazione orale 1998) che ha potuto studiare a lungo i due dipinti esposti insieme alla mostra di New York del 1985.
Mentre il parere di Marini è condiviso da Calvesi, che nel 1990 ha ribadito l'autografia dell'esemplare di Carpineto, giudicando una replica di bottega o una copia il *San Francesco* della Concezione (p. 332).
A parte le posizioni nettamente divergenti di Marini e della Gregori, sospeso – soprattutto a causa del cattivo stato di conservazione dei due *San Francesco* – è il giudizio più recente dei più importanti studiosi italiani (in particolare di Calvesi), che hanno potuto rivedere insieme i due quadri nella mostra *Caravaggio e i suoi* (Roma, Palazzo Barberini) del 1999.
Nuovi interessanti elementi di valutazione vengono da due articoli apparsi di recente. Berra (1995, p. 101), sintetizzando l'intricata vicenda, ha analizzato dettagliatamente le varie copie conosciute del soggetto, giungendo sostanzialmente alla conclusione che tutte – per la presenza del sasso intero e del prolungamento del braccio longitudinale della croce – sembrano derivare dalla versione dei cappuccini, che quindi, secondo lo studioso, costituiva il prototipo originale a cui i copisti si riferivano.
Tale ipotesi viene ora a cadere per il recupero della forma intera del sasso e del prolungamento della croce anche nella versione di Carpineto.
Pupillo invece, in un articolo sui rapporti tra pauperismo e iconografia francescana nella pittura di Caravaggio (1997), ha evidenziato che all'Arciconfraternita della Trinità dei Pellegrini appartenevano tutti i committenti di Caravaggio (Mattei, Giustiniani, Costa, Cavalletti, Cerasi, Crescenzi, Massimo, Contarelli); il fatto che della stessa arciconfraternita sia stato membro anche Francesco de' Rustici, donatore del quadro dei cappuccini, confermerebbe indirettamente la sua autografia caravaggesca.
L'ipotesi dell'autografia del dipinto di Santa Maria della Concezione è condivisa da Vannugli (in corso di stampa).
Confrontando i due dipinti dal punto di vista stilistico, è chiaro che il quadro dei cappuccini presenta, in effetti, particolari esecutivi apparentemente di buona qualità (gli strappi del saio, la resa delle pieghe, la definizione del teschio ecc.). Una conferma dell'autografia caravaggesca del dipinto della Concezione potrebbe venire da un elemento emerso dopo la prima pulitura della superficie pittorica eseguita subito prima della esposizione del quadro nella mostra di Madrid (1999). In quella occasione è infatti apparsa, oltre all'incisione sulla croce già segnalata (Vodret 1999), una netta incisione dritta, del tutto simile a quelle utilizzate da Caravaggio, lunga circa 35 centimetri, che parte dall'aureola del santo e finisce 4 centimetri circa sotto il suo mento, seguendo l'inclinazione della testa (Vodret 1999, p. 120). Tuttavia, dalle nuove analisi radiografiche e dallo studio della tecnica esecutiva eseguiti nel corso del recente restauro appare evidente che la versione di Carpineto non può in alcun modo essere considerata una copia, seppure di alta qualità.
In attesa che il completamento del restauro riveli, come sembra, clamorose novità sull'autografia del dipinto, gli elementi più interessanti finora emersi del *San Francesco* di Carpineto sono senza dubbio i seguenti.

– La conferma di un pentimento sul braccio trasversale della croce, modificato di alcuni millimetri (Vodret 1999, p. 120).
– La conferma che il "pentimento" del cappuccio, in un primo momento dipinto a punta come quello della tela dei cappuccini, poi corretto nella forma arrotondata degli osservanti, è coevo alla realizzazione della tela. Può essere stato modificato dall'autore stesso o da un altro pittore, ma in tempi molto ravvicinati all'esecuzione del quadro.
– La scoperta che il colletto anteriore del saio è arrotondato, come nel saio degli osservanti, ed è diversa dal colletto anteriore "a punta" dei cappuccini, che compare nel *San Francesco* della Concezione. Dalla riflettografia è emerso tuttavia che sotto il colletto arrotondato esiste una forma abbozzata a punta cappuccina. La tessitura pittorica omogenea fa ritenere che il cambiamento sia stato eseguito dall'autore del dipinto.
Questi strani "pentimenti" o "correzioni d'autore" proprio sulla forma del saio che si trasforma da cappuccino a osservante potrebbero spiegarsi riprendendo in esame l'idea avanzata dalla Brugnoli, cioè il fatto che il cardinale Pietro Aldobrandini, fondatore nel 1609 della chiesa e del convento di San Pietro a Carpineto, aveva intenzione inizialmente di affidare il convento e la chiesa ai cappuccini, ma, in seguito, preferì consegnarlo ai frati minori riformati osservanti. In questo caso la modifica del cappuccio e del colletto dalla forma cappuccina "a punta" a quella osservante "arrotondata" potrebbe proprio essere una ulteriore conferma del cambiamento delle intenzioni del cardinale Aldobrandini.
Se i presupposti sono corretti, questa seconda ipotesi consentirebbe di datare precisamente il *San Francesco* di Carpineto. La correzione del cappuccio e del colletto sarebbe in questo caso la prova che, al momento del cambio di affidamento della chiesa, il quadro era in corso di esecuzione; il pittore aveva già eseguito il cappuccio (a punta) dei cappuccini, e abbozzato il colletto, corretto subito nella forma arrotondata degli osservanti.
Proseguendo su questa strada, dal momento che la chiesa e il convento sono costruiti secondo le regole osservanti, è evidente che la decisione del cardinale deve aver preceduto il 1609, data di fondazione della chiesa e che, di conseguenza, la tela di Carpineto deve essere stata eseguita in un momento anteriore (anche se non di molto) a questa data.
Questi nuovi elementi, che necessitano di ulteriori approfondimenti, porterebbero a una datazione tarda del quadro di Carpineto, coincidente più o meno con quella proposta da Marini per ragioni stilistiche.
Confrontando i due *San Francesco* sul piano stilistico emergono alcune considerazioni.
– Contrariamente a quanto accaduto in altri casi (per esempio il confronto tra il *San Giovannino* Doria e quello del Campidoglio) e nonostante il fatto che più di una volta i due quadri sono stati messi a confronto, tra i due dipinti non è mai emerso uno scarto qualitativo tale da consentire ai numerosi studiosi che hanno analizzato il problema di giungere a un verdetto unanime.
– Le differenze esecutive di cui si è parlato sono effettivamente spiegabili con un cambiamento stilistico che può essere dovuto a due momenti stilistici diversi di uno stesso artista, in questo caso Caravaggio.
– Oltre alle discordanze già riportate, la diversità più evidente tra i due *San Francesco* è soprattutto nell'uso della luce, più vicina alle opere romane nel quadro della Concezione (forte e chiara per esaltare saldamente le forme volumetriche), più simile ai dipinti dell'ultimo periodo nella tela di Carpineto.
– Un altro elemento di grande interesse, ancora da approfondire, ma che può essere qui anticipato è il fatto che la struttura compositiva della figura del santo nel quadro dei cappuccini – rilevata con carta da lucido da Carlo Giantomassi e Donatella Zari – non corrisponde affatto al *San Francesco* di Carpineto. I rapporti spaziali tra le varie componenti di ciascuna delle due singole figure (testa, braccia, teschio, croce, corpo del santo, sasso) sono completamente diversi (tra l'altro il santo della Concezione ha le braccia più stese rispetto all'altra versione). Malgrado numerosi tentativi, non è stato in alcun modo possibile far coincidere neppure un particolare dei due *San Francesco*.
Alcune importanti conferme sull'autografia caravaggesca della tela di Carpineto vengono dalle analisi radiografiche ancora in corso, e dall'esame della tecnica esecutiva e dal confronto con quelle, ormai numerosissime, eseguite su opere certe di Caravaggio.
Sono note numerose copie del dipinto, per le quali si rinvia a Berra (1995).
Da segnalare lo studio sulle tecniche esecutive dei due *San Francesco* coordinato da Maltese (1991, pp. 56 sgg.), che ha evidenziato differenze sostanziali tra le stesure pittoriche dei due quadri, entrambe estranee alla tecnica caravaggesca.
In occasione della sommaria pulitura della tela di Carpineto, eseguita da Sergio Donnini, nel 1969 furono eseguiti su entrambi i dipinti esami radiografici (a cura del Gabinetto Fotografico Nazionale) e stratigrafici (a cura dell'Istituto Centrale del Restauro) per i quali si rimanda a Brugnoli 1968, pp. 11 sgg.

Bibliografia: Cantalamessa 1908, pp. 401 sgg.; Posse 1911, p. 573; Longhi 1918, p. 239; Marangoni 1922, p. 50; *Mostra della Pittura* 1922; Pevsner 1928, p. 132; Zahn 1928, p. 42; Voss 1951a, p. 168; Hinks 1953, pp. 71, 88; *Mostra del Caravaggio* 1951, p. 26, n. 28; Venturi 1951, p. 41; Mahon 1951, p. 234; Longhi 1952, pp. 38-39; Friedländer 1954, p. 150; Wagner 1958, pp. 110-111; Moir 1967, I, p. 19; Brugnoli 1968, pp. 11 sgg.; Brugnoli 1970, pp. 23-24; Salerno 1970a, p. 236; Ferrari 1978, p. 372; Cinotti, Dell'Acqua 1971, p. 127 sgg.; Marini 1971, p. 58; Spezzaferro 1974, p. 585; Spezzaferro 1975, p. 113; Nicolson 1979, p. 32; Calvesi 1990, pp. 332, 425; Brandi 1972-1973, pp. 87 sgg.; Spear 1984, p. 165; Moir 1976; Strinati 1982; Cinotti 1983, pp. 417 sgg.; Gregori 1985, pp. 294 sgg.; Tempesta 1986, p. 42; Marini 1987, ed. 1989, p. 549, con bibliografia precedente; Calvesi 1990, pp. 332, 425; Berra 1995, pp. 101 sgg.; Pupillo 1997; Vodret, in Strinati, Vodret 1999; Vannugli in corso di stampa.
[RV]

46. Federico Fiori, detto il Barocci

(Urbino, 1535-1612)

San Francesco riceve le stigmate

acquaforte e bulino, mm 232 × 150
(filo margine)
siglato in basso al centro: "F.B.V.F."
Bologna, Gabinetto dei Disegni
e delle Stampe della Pinacoteca Nazionale,
inv. P. N. 21389

Probabilmente in coincidenza con l'incisione del *Perdono d'Assisi* (1581), il Barocci si impegnò nell'illustrazione di un altro tema francescano, le *Stigmate*, molto caro all'ambiente della Controriforma. Lo stesso artista tradusse in seguito in pittura la medesima composizione nel piccolo dipinto un tempo nella chiesa dei Cappuccini di Urbino (oggi al Museo Civico di Fossombrone), ritenuto dalla critica un bozzetto di eccezionale qualità.
Una serie di disegni, già resa nota da Olsen, documenta la genesi dell'incisione. La prima idea, sostanzialmente mantenuta nell'acquaforte, si trova in un rapido schizzo (penna, bistro e matita nera su carta bianca, mm 214 × 138) conservato agli Uffizi (inv. 11.500 F), nel quale è già dato grande rilievo al paesaggio aspro e alla folta vegetazione del monte La Verna (ulteriormente sviluppato in un altro disegno, pure agli Uffizi, inv. 418 P, rappresentante un blocco di tufo) entro il quale il santo, nella posa a braccia allargate, già utilizzata per il *Perdono* anche se in controparte, partecipa all'evento divino. Nel disegno, in alto a sinistra, si scorge il profilo del santuario della Verna, suggestione dovuta forse, secondo Emiliani (1985), a un pellegrinaggio dell'artista sul luogo, mentre nell'incisione il santuario è sostituito dalla chiesa di San Francesco di Urbino e spostato verso il basso a destra; allo stesso modo frate Leone, che nel disegno assiste alla scena come estraniato, nella versione definitiva è presentato di spalle.
Nell'incisione Barocci, grazie all'utilizzo di morsure diverse, approfondisce la ricerca atmosferica dei piani, dando allo sfondo, per la prima volta nell'acquaforte italiana, la consistenza evanescente e quasi allusiva di un prodigioso *en plein air* (Emiliani 1989), e allo stesso tempo costruisce una scena di profonda e calma religiosità.

Bibliografia: Olsen 1962, p. 161; Emiliani 1975, p. 101, n. 79; Pillsbury, Richards 1978, p. 102, n. 72; Bartsch 1982, p. 11, n. 3; Strinati, Prosperi Valenti Rodinò 1982, p. 171, n. 95; Emiliani 1985, pp. 118-119; Emiliani 1989, p. 233.
[GFu]

47. Federico Fiori, detto il Barocci

(Urbino, 1535-1612)

Studio per san Francesco inginocchiato

carboncino e gessetto bianco su carta azzurra, mm 229 × 166
Firenze, Galleria degli Uffizi, Gabinetto Disegni e Stampe, inv. 11322 F

Bellori ricorda che Barocci eseguì per la chiesa dei Cappuccini di Fossombrone una *Madonna sulle nuvole adorata da san Giovanni e san Francesco*. La pala venne rimossa dall'altare e portata a Brera nel 1811 ma, a causa del cattivo stato di conservazione, non venne mai esposta. In seguito fu considerata perduta da tutti gli studiosi fino a Emiliani, mentre Papi (in *Pinacoteca di Brera* 1992, p. 101) ritiene che la pala sia da identificare col dipinto, assai rovinato, dei depositi della Pinacoteca di Brera (*Elenco manoscritto depositi*, n. 280). Della pala si conservano, oltre a una mediocre copia ottocentesca del Bessi ancora *in loco*, diversi disegni preparatori tra cui il più importante, conservato al British Museum di Londra (penna, acquerello e matita nera con lumi bianchi, mm 379 × 249; inv. 1873-12-13-1937), che presenta l'intera composizione. Della figura di san Francesco si conserva, oltre a questo, un altro disegno oggi alla Yale University Art Gallery di New Haven, pubblicato da Pillsbury (1976, pp. 20-25), ma non ricordato dalla Prosperi Valenti Rodinò (1982); al contrario Emiliani (1985, p. 59) non menziona il disegno degli Uffizi ricordando solo quello di New Haven. L'elaborazione della pala, compiuta, secondo Emiliani, verso la fine degli anni sessanta del Cinquecento, è ben documentata dalla serie di disegni dedicati alla figura di san Giovanni e ai due studi del *San Francesco*, oltre che da una stampa, incisa dall'autore, del gruppo della Madonna col Bambino sulle nuvole.
Il disegno presentato non differisce di molto da quello londinese, che dovrebbe documentare una fase più evoluta dello studio; l'incisività del segno e l'accentuazione della volumetria ottenuta evidenziando i trapassi di luce con tratti decisi di gessetto bianco, fanno supporre che sia una delle prime idee per la pala cappuccina, risolta poi secondo l'usuale dolcezza del pittore. Caratteristica è la posizione del santo a braccia allargate, ripresa in molte altre opere baroccesche, non ultimo il *San Francesco stigmatizzato* del Museo Civico di Fossombrone o la celeberrima pala del *Perdono d'Assisi* della chiesa di San Francesco a Urbino di pochi anni più tarda, dove la retorica controriformata, recepita dal Barocci durante il soggiorno romano, mette in luce quella "crisi" che manifesteranno le opere a venire, soprattutto nel contesto della committenza cappuccina, la più avanzata nella ricezione della nuova spiritualità francescana nel XVI secolo, di cui la pala di Fossombrone è il primo e già compiuto esempio.

Bibliografia: Schmarsow 1909, p. 26; Olsen 1962, p. 151; Gaeta Bertelà 1975, n. 18, fig. 19; Strinati, Prosperi Valenti Rodinò 1982, p. 79, n. 27.
[GFu]

48. Michelangelo Merisi, detto il Caravaggio

Salomè con la testa del Battista

1609-1610

olio su tela, cm 91,5 × 106,7
Londra, The National Gallery, inv. 6389

Caravaggio pone la sua attenzione sull'essenziale tragedia umana, quasi shakespeariana, dell'episodio evangelico (Matteo 14,6-11; Marco 6, 22-28). Salomè aveva danzato così bene per Erode e la sua corte che il re le aveva promesso qualsiasi cosa lei desiderasse. Erodiade, la madre di Salomè, la convinse a chiedere la testa del Battista e così il santo fu decapitato. Nel dipinto Salomè volge lo sguardo dalla testa con fredda indifferenza o forse celando il suo orrore, mentre stranamente è il boia che sembra esprimere umana compassione. La vecchia piangente sulla sinistra è forse una serva di Salomè. Le potenzialità erotiche della scena vengono ignorate a favore di una rappresentazione di fine malinconia. Il dramma è espresso unicamente dalle figure poiché non c'è traccia né di ambiente, né di fondo architettonico, diversamente dalla grande *Decollazione di san Giovanni Battista* di Malta.
Secondo Bellori, Caravaggio tornato a Napoli da Malta avrebbe cercato di placare l'ira del gran maestro dell'Ordine di San Giovanni mandandogli in dono "una mezza figura di Herodiade con la testa di San Giovanni nel bacino". Nel pubblicare nel 1959 il dipinto della National Gallery, allora in collezione privata, Roberto Longhi proponeva che potesse trattarsi dell'opera mandata ad Alof de Wignacourt nel 1609 a Malta, osservando che il riferimento a "Herodiade" andava interpretato come un *lapsus* per Salomè (un *lapsus* non nuovo al biografo e comunque un errore tradizionale). Da allora non sono emersi altri dati precisi per confermare questa ipotesi, ma ci sono due elementi da tenere in conto. Il primo è che le caratteristiche tecniche del dipinto sono quelle di un'opera molto tarda, cioè più tipiche del secondo periodo napoletano che del primo (vedi Keith 1998); il secondo è che è stato notato che l'aspetto monocromatico dell'opera si addice ai colori araldici dell'Ordine dei Cavalieri di Malta, cioè il bianco e il nero.
È da notare che l'altra versione di Caravaggio di questo stesso tema nel Palazzo Reale di Madrid mostra una gamma cromatica molto più ricca ed è un'opera che probabilmente va datata al primo periodo napoletano. Detto questo, la questione della precisa datazione dell'opera della National Gallery rimane aperta. L'esistenza di una copia nell'abbazia di Montevergine, presso Avellino, fa pensare comunque a un'origine napoletana dell'opera.
Mahon ha espresso il parere (*The Age of Caravaggio* 1985, p. 336) che forse l'opera destinata a Malta non fu mai spedita e che il dipinto della National Gallery è forse uno dei quadri che Caravaggio imbarcò nel luglio del 1610 sulla feluca che doveva riportarlo a Roma. Le informazioni che riguardano questi dipinti sono confuse e contraddittorie, ma a un certo momento si parla di due opere con il soggetto di san Giovanni Battista e mentre una di queste è certamente il quadro della Galleria Borghese, l'altro potrebbe essere questo della National Gallery.
L'esecuzione è rapida e sicura sebbene Caravaggio cura con una certa attenzione l'aspetto non troppo elaborato del dipinto. A prima vista sembrerebbe che il pittore avesse lasciato la preparazione marrone visibile in molte parti della composizione, mentre in realtà queste zone sono pochissime. Spesso si tratta di una applicazione finale di colore marrone simile a quello utilizzato nella preparazione, per esempio: i tratti di colore marrone tra le dita della mano destra del boia non sono la preparazione rimasta scoperta, ma rappresentano l'intervento finale del pittore (Keith 1998). Lo stesso vale per gli altri particolari delle figure. Il dipinto vuole sembrare eseguito con più scioltezza di quanto non fosse veramente il caso.

Bibliografia: *The Age of Caravaggio* 1985, p. 336.
[GF]

49. Michelangelo Merisi, detto il Caravaggio

San Giovanni Battista

olio su tela, cm 159 × 124,5
Roma, Galleria Borghese

La storiografia è oggi concorde nel considerare questo *San Giovanni Battista* una delle ultime opere dipinte dal Caravaggio, nel 1610, durante il secondo soggiorno napoletano, alla vigilia del suo tentativo di rientro a Roma, nella speranza di trovarvi il perdono del pontefice.
È anche una delle opere che hanno ricevuto maggiori precisazioni dai recenti studi e scoperte documentarie (in particolare, Pacelli 1994); così oggi sappiamo con certezza che, assieme a un altro *San Giovanni Battista* e una *Maddalena*, fu portata con sé dal Caravaggio nel suo ultimo viaggio per mare, di ritorno a Roma, dopo l'inquieta latitanza che durava dal 1606, anno della condanna alla pena capitale per l'omicidio di Ranuccio Tomassoni. Era il viaggio intrapreso nella fiducia di trovare, al suo arrivo, la grazia papale che, con la protezione del cardinale Gonzaga, doveva essergli stata ottenuta dal cardinale Scipione Borghese. A questi, noto per la sua passione artistica e collezionistica (che dal 1606 già possedeva la pala dei Palafrenieri riscattata alla confraternita dopo il rifiuto vaticano; che nel 1607, mentre il pittore era bandito da Roma, era entrato in possesso di due sue opere giovanili attraverso il sequestro della quadreria del Cavalier d'Arpino; che molto probabilmente aveva appena ricevuto il *David* e forse già possedeva il *San Gerolamo*), era destinato il prezioso carico dei tre quadri, come dono per la sua intercessione presso Paolo V. Ma, come ricostruito da Pacelli, Caravaggio, sbarcato a Palo, piccolo porto al nord di Roma, scelto forse perché maggiori erano le probabilità di passare inosservato, essendo egli ancora bandito dal territorio papale, era stato invece fermato e trattenuto dalle guardie pontificie. L'arresto aveva provocato la tragica conseguenza di separare il Caravaggio dal suo bagaglio. Secondo quanto già scriveva Baglione nel 1642 e ora confermano e precisano i nuovi documenti, quando fu liberato due giorni dopo, non trovò più l'imbarcazione e nel disperato tentativo di raggiungerla al successivo porto a nord, si incamminò a piedi verso Porto Ercole dove morì, il 18 luglio 1610, forse di malaria, senza aver potuto recuperare i quadri.
Alcune importanti lettere recentemente ritrovate ed edite da Pacelli contengono, tra le molte informazioni, anche la prova che i tre quadri fossero destinati al cardinale Borghese e che nella sua raccolta pervenne solo questo *San Giovanni Battista*. Molto probabilmente, per convincere Scipione Borghese a intervenire per ottenergli la grazia, Caravaggio poteva avergli già inviato da Napoli il *David* (Calvesi 1994, Pacelli 1994).

50. Michelangelo Merisi, detto il Caravaggio
Il cavadenti

olio su tela, cm 139,3 × 194,5
Firenze, Galleria Palatina di Palazzo Pitti

Sia il *San Giovanni Battista* che il *David* sono celebrati da Scipione Francucci nel suo poema del 1613. Poiché il *San Giovanni Battista* venne di buon'ora conservato nel Palazzo Borghese a Ripetta (il palazzo di città, dove lo cita Scannelli nel 1657), questo dipinto non è compreso nelle descrizioni della Villa Borghese (la villa suburbana fuori Porta Pinciana); ma compare comunque regolarmente nei vari inventari dei beni del casato. Nei documenti della collezione Borghese la nozione della corretta paternità resiste fino al 1790, quando compare una deviante attribuzione a Valentin de Boulogne che si ripete poi fino ad Adolfo Venturi (1893). Viene restituito a Caravaggio da Lionello Venturi, sulla base del poema di Francucci (1909, 1910). Le divergenze della critica sulla cronologia dell'opera, a lungo oscillante tra riferimenti al periodo romano che fossero compatibili con la presenza contemporanea a Roma del Caravaggio e del cardinale Borghese (1605-1606) e una cronologia più avanzata indotta soprattutto da considerazioni stilistiche, sono oggi risolte dalle maggiori conoscenze delle vicende del quadro nella biografia del Caravaggio, così che l'esecuzione si può indiscutibilmente collocare nel secondo periodo napoletano, intorno al 1610. A questo proposito, la documentata ricostruzione di Pacelli permette di sapere che, mentre il Caravaggio era agli arresti a Palo, l'imbarcazione che lo trasportava era tornata a Napoli con il suo bagaglio e i quadri erano stati consegnati a Costanza Colonna marchesa di Caravaggio, sua protettrice e ospite durante l'ultimo soggiorno napoletano. Scipione Borghese da Roma si era subito preoccupato di avere notizie di questi quadri, confermando così di essere a conoscenza che le opere erano destinate a lui, e dimostrando la grande importanza che egli attribuiva loro. Sono infatti le lettere informative inviate da Napoli a Scipione Borghese, dal 29 luglio in poi, dal nunzio Deodato Gentile, a chiarire il reale svolgimento della vicenda. Dalle successive corrispondenze si apprende che il destino dei quadri, dopo la morte del pittore aveva suscitato mire di possesso anche da parte sia del priore di Capua dei Cavalieri dell'Ordine di Malta, che del conte di Lermos, viceré di Napoli.
Se l'istanza dei Cavalieri dell'Ordine di Malta probabilmente non ebbe successo fu perché Caravaggio non apparteneva più all'Ordine al momento della morte, essendone stato radiato; l'intervento del viceré invece fu determinante per il destino dei quadri. Così, dei tre iniziali, a Scipione Borghese alla fine arrivò un solo quadro. Infatti, secondo la convincente ricostruzione di Pacelli, il secondo *San Giovanni Battista*, che lo studioso identifica con quello oggi in collezione privata tedesca, restò al conte di Lermos e la *Maddalena* alla marchesa di Caravaggio. Altri documenti, precedentemente resi noti dallo stesso Pacelli (1977; 1994) attestano che, nei mesi successivi alla morte del Caravaggio e mentre la questione della proprietà delle sue ultime opere si stava dirimendo, il viceré commissionò copie del *David* e del *Battista*, che erano destinati a Scipione Borghese. A quest'ultimo proposito, il copista Baldassarre Alvisi di cui i documenti restituiscono il nome e che finora è stato ritenuto sconosciuto, va probabilmente identificato con Baldassarre Aloisi Galanino, che da vari accenni delle fonti sappiamo si trovava a Napoli in quel periodo. Oltre al romanzesco episodio raccontato da Guido Reni a Malvasia e da questi riferito nella *Felsina* (ed. 1841, II, p. 93) dell'improvvisa irruzione notturna di Galanino in casa di Reni a Roma, portando con sé da Napoli la bara di un figlio che lì gli era morto, è soprattutto da ricordare la missiva in cui monsignor Agucchi, nel 1609, annuncia la morte di Annibale, notando in una postilla che era stato Galanino il responsabile dell'insensata iniziativa di portare a Napoli il pittore già malato (Malvasia ed. 1841). Il nome dell'Aloisi d'altronde compare spesso nella versione "Baldassarre degli Alvigi" (Malvasia ed. 1841, I, p. 304) o "Alvisi" (Luigi Crespi).

Bibliografia: Francucci 1613, ed. 1647, III, pp. 266-268; Scannelli 1652, pp. 198-199; A. Venturi 1893, p. 139; L. Venturi 1909, p. 43; L. Venturi 1910, pp. 272, 276; L. Venturi 1912, p. 4; Longhi 1928, p. 201; Longhi, in *Mostra del Caravaggio* 1951, p. 28; Longhi 1952, p. 32 (vedi anche II ed. 1968, p. 45); Mahon 1952a, p. 19; Della Pergola 1959, II, pp. 78-79, n. 113, con bibliografia precedente; Longhi 1959, pp. 30-31; Marini 1987, ed. 1989, p. 101; Calvesi 1990, pp. 148; *Michelangelo Merisi* 1991, pp. 348-355, con bibliografia precedente; Calvesi 1994, pp. 281; Pacelli 1994, pp. 119 sgg.; Gilbert 1995, pp. 13 sgg.
[AC]

In un inventario di Palazzo Pitti del 4 marzo 1637 (stile comune 1638) è descritto "un quadro di tela di mano di Caravaggio dipinto che uno levava i denti a un altro circa alto braccia 2 e 3/4 largo tre e 3/4". Niente di più antico si conosce riguardo alla provenienza nelle raccolte medicee del *Cavadenti*, che Mina Gregori (1991) suppone sia entrato intorno al 1620. Lo Scannelli (1657) affermava di aver visto "nelle stanze del Serenissimo Gran Duca di Toscana un Quadro di mezze figure della solita naturalezza, che fa' vedere quando un Ceretano cava a un contadino un dente, e se questo Quadro fosse di buona conservazione, come si ritrova in buona parte oscuro, e rovinato, saria una delle più degne operationi che havesse dipinto". Le cattive condizioni, denunciate dallo Scannelli, corrispondono alle ampie cadute di colore che interessano alcune parti della superficie pittorica, specie nel volto del chirurgo e nel bambino in primo piano a sinistra; per altro il dipinto sarebbe da ritenersi complessivamente in buono stato (Christiansen 1986). Sono state rilevate alcune incisioni e tracce di abbozzi preliminari, in particolare nella mano alzata del "contadino" (Schneider 1987; Gregori 1991). Il *Cavadenti*, citato con riferimento al Caravaggio in un registro manoscritto conservato nella Biblioteca della Soprintendenza per i Beni Artistici e Storici di Firenze (Manoscritti, 62, in Gregori 1991, p. 328) alla data 29 febbraio 1677 (stile comune 1678), venne pubblicato da Giuliano Briganti (1967) quando era in deposito nel Palazzo di Montecitorio, come capolavoro di Battistello Caracciolo, attribuzione in seguito abbandonata dallo stesso Briganti (Borea 1970).
Dall'esposizione fiorentina "Caravaggio e i caravaggeschi nelle gallerie di Firenze" (1970), curata dalla Borea, si è concentrata l'attenzione sul dipinto e da questo momento inizia il suo accidentato percorso critico. Il bilancio delle opinioni manifesta, a tutt'oggi, una netta prevalenza di pareri contrari all'autografia caravaggesca. Rimando all'ampia scheda di Mina Gregori, contenuta nel catalogo della mostra di Firenze e Roma (*Michelangelo Merisi* 1991) per il dettaglio dei vari referti critici, cui si aggiungono i giudizi negativi di Alessandro Conti (1992) e di Pacelli (1994). A favore di un probabile riferimento a Caravaggio si espressero Schleier (1971), e Mina Gregori (1975, 1985, 1991), che riteneva di collocare il dipinto nel periodo tardo.
Calvesi convertì la sua prima ipotesi affermativa (1975) in una più cauta (1988), secondo la quale il quadro, abbozzato da Caravaggio, sarebbe stato ultimato da altri. Falcidia (1992), riferendo l'opera al secondo periodo napoletano di Caravaggio, propone un interessante confronto con il *Gioele*, eseguito da Ribera, nella certosa di San Martino a Napoli, alla fine degli anni trenta del Seicento, assai vicino alla testa di profilo del personaggio che sta a sinistra del cavadenti, tratteggiando, a proposito del quadro, un'interpretazione iconologica in chiave non profana, quasi "Il Caravaggio abbia voluto significare che ogni dolore dell'uomo, anche il più destituito di dignità, può essere assunto alla sacralità di quello del Cristo e dei suoi martiri" (p. 61 nota 8). Federico Zeri (comunicazione orale), pur nell'incertezza determinata dalla singolare intonazione aneddotica con cui il tema profano è trattato e dal livello qualitativo non altissimo, propendeva per esclusione ad assegnare il *Cavadenti* a Merisi. Di recente si è espresso a favore della paternità caravaggesca anche chi scrive (1998). Sulla "concezione del soggetto, troppo 'pittoresco' ed 'espressivo' per convenire alla 'realtà' sempre antipittoresca e antiespressiva che il maestro prese in considerazione" ha insistito Ferdinando Bologna (1980, 1992). Decisamente negativo è il parere di Maurizio Marini, ribadito senza mezzi termini in una lettera del febbraio 2000 nella quale lo definisce "un sottoprodotto del peggiore caravaggismo internazionale", riferibile al messinese Alonso Rodríguez e Nicola van Houbracken, complici di avere costruito "un quadro *à la manière de*".
L'indagine stilistica operata da Mina Gregori nel 1985 ha evidenziato come l'azione della luce, violentemente unitaria, ma con le caratteristiche intermittenze (accentuate dalle cattive condizioni del dipinto e dall'abolizione dei passaggi intermedi dovuta all'alterazione del colore, fenomeno che è riscontrabile nelle opere tarde), fa orientare verso il periodo tardo maltese-siciliano o l'estremo tempo napoletano. A questa fase corrispondono la velocità con cui le figure di destra sono rivelate e rappresentate nei loro caratteri, e la semplificazione estrema dei mezzi pittorici. La studiosa ha notato una "scrittura stenografica e potente nel viso del vecchio appoggiato al tavolo", mentre la vecchia che occhieggia incuriosita richiama quella della *Giuditta e Oloferne* di Roma, ma specialmente, e non solo per analogie tipologiche, quella della *Crocifissione di sant'Andrea* di Cleveland, che, a mio giudizio, è l'opera più vicina, sul piano morfologico, al *Cavadenti*. Tale vicinanza mi fa propendere, anche riguardo a quest'ultimo, per una collocazione nel secondo periodo napoletano.

51. Michelangelo Merisi, detto il Caravaggio *Il martirio di sant'Orsola*

1610

olio su tela, cm 154 × 178
iscrizioni: sul verso "D. Miche] Angelo da / Carauagio. 1616. / M.A.D."
Napoli, collezione della Banca Commerciale Italiana

Le riserve sollevate dalla critica nei confronti del quadro di Palazzo Pitti sono più che legittimate dalla sua inattesa stranezza; ma l'obiezione che Caravaggio non potesse, in un momento così avanzato, recuperare un soggetto di genere, ritengo sia da respingere, tanto per la libertà espressiva del pittore, quanto per le sue particolari condizioni psicologiche. Secondo la testimonianza del messinese Niccolò di Giacomo (agosto 1609, *ante*, riferito in Saccà 1906-1907) il Caravaggio in Sicilia aveva "il cervello stravolto". Nel *Cavadenti* il carattere tragicomico, grottesco e "caricato" di alcune figure pare accentuato da una aggravante orrorosa e "surreale", che lo avvicina tanto al *David* della Borghese, che alla *Sant'Orsola* di Napoli, opere che manifestano uno stato di profondo turbamento. Superando ampiamente i confini della caricatura e del comico, Caravaggio, nel *Cavadenti*, sembra voler camuffare il tragico con il grottesco, pervenendo a una mistura "antipittoresca" e sgradevole che, sul piano tipologico e compositivo, condensa frettolosamente soluzioni diverse già adottate in passato. Ma è proprio la palese disarmonia e, per assurdo, la riconvocazione di tipi desunti dal proprio repertorio, a indurci a confermare al Caravaggio il *Cavadenti*, che, pur nella sua apparente "comicità", è opera in tutti i sensi inquietante.

Bibliografia: Scannelli 1657, p. 199; Saccà 1906, VII, pp. 40-69; Saccà 1907, VIII, pp. 41-79; Briganti 1967, p. 404; Borea 1970, pp. 12 sgg. nota 6; Schleier 1971, p. 88; Calvesi 1975, p. 3; Gregori 1975, pp. 42-44; Pacelli, Bologna 1980, p. 48 nota 8; Gregori 1985, pp. 341-344; Pinelli 1985, p. 5; Christiansen 1986, p. 436; Marini 1987, ed. 1989, p. 306, n. 94; Schneider 1987, p. 120; Calvesi 1988, p. 190; Gregori 1991, pp. 328, 332, 335; Bologna 1992, p. 477; Conti 1992, p. 93; Falcidia 1992, p. 61 nota 8; Pacelli 1994, pp. 146, 227 nota 53; Bona Castellotti 1998, p. 132; Bona Castellotti 1998, pp. 307-308.
[MBC]

In una lettera dell'11 maggio 1610 inviata da Napoli, Lanfranco Massa, corrispondente del marchese Marcantonio Doria, residente a Genova, scriveva che il quadro, già consegnatogli dal Caravaggio, non poteva viaggiare perché le vernici non erano ancora asciugate. Fu spedito il 17 maggio e arrivò il 18 luglio. La data avanzata consente di credere che il dipinto fosse tra gli ultimi eseguiti dal pittore se non l'ultimo, come i dati morfologici confermano, e vorrei osservare che la stesura abbreviata e compendiaria dei tratti del volto del re unno, che lancia la freccia si ritrovano nel *Cavadenti* di Palazzo Pitti, riprova della paternità caravaggesca anche di questa tela controversa. Il *Martirio di sant'Orsola* è probabilmente il dipinto di destinazione privata che vanta il più consistente apparato documentario, reso noto da Pacelli e Bologna nel 1980, al cui saggio si rimanda per il dettaglio delle notizie. L'unità di tempo e di spazio, già rimarcata da Mina Gregori (1985, p. 352) è da considerarsi come l'apice di uno "stile tragico" cui il Caravaggio era pervenuto per gradi, suggellandolo in quest'opera estrema con la presenza inquietante del proprio autoritratto, raffigurato in una posizione soltanto consimile a quella della *Cattura di Cristo nell'orto* di Dublino, dal momento che l'espressione che vi si legge si è evidentemente alterata nell'arco di meno di un decennio: dalla tensione della ricerca di Cristo nel quadro di Dublino, allo smarrimento angosciato nella *Sant'Orsola* di Napoli. Qui la posizione innaturale del corpo di Caravaggio lascia spazio a una serie di interpretazioni che gravano viepiù le tinte già fosche dell'episodio, nel quale si narra della vergine Orsola "confitta" dal re unno per essersi rifiutata di soggiacere alle sue profferte, e non è un azzardo sospettare che la voluta partecipazione allo svolgimento dei fatti del pittore stesso, pur confinatosi nel ruolo di comprimario, alluda a significati d'ordine morale, quasi fosse attratto e sospinto dal desiderio di assimilazione con la martire e di condivisione espiatoria della sua fine. Anche se tali congetture possono apparire eccessivamente forzate, ritengo che un timbro altrettanto tragico di quello del *Martirio di sant'Orsola* sia raro trovarsi pure nella produzione tarda del Caravaggio; ciò mi incita ad avanzare di nuovo l'ipotesi, già formulata (Bona Castellotti 1998, pp. 136-138), di un subitaneo affiorare nella mente del pittore del passo della morte di Clorinda del XII canto della *Gerusalemme liberata*, visto che l'acme tragico della storia di sant'Orsola si concentra nel gesto di lei che, all'accorgersi dell'essere stata trafitta, porta di riflesso le mani al petto per trattenere il fiotto di sangue e la vita.

Nella morte di Clorinda si legge: "Ma ecco ormai l'ora fatale è giunta / che 'l viver di Clorinda a suo fin deve. / Spinge egli il ferro nel bel sen di punta, / che vi si immerge e il sangue avido beve, / e la veste, che d'or vago trapunta / le mammelle stringea tenere e leve, / l'empie d'un caldo fiume. Ella già sente / morirsi e 'l piè le manca egro e languente". Quanto al problema di un possibile parallelo Caravaggio-Tasso, sul quale era già intervenuto Calvesi (1973, in *Le realtà del Caravaggio* 1990, pp. 83-101) a proposito della *Giuditta*, va osservato che la *Gerusalemme liberata* era diffusissima e se si immagina il pittore dotato di qualche cultura letteraria è pressoché impossibile non l'avesse letta e non gli fosse rimasto impresso nella memoria quel passo vitale e conturbante. Nella *Sant'Orsola* l'unità di tempo, di luogo e di azione si fissa in un modulo compositivo più arcaico che classico e pertanto non mi pare sia il caso di parlare di traduzione formale del testo in immagine pittorica, bensì di memoria letteraria. In tal senso vorrei aggiungere che la *Maddalena in estasi*, conosciuta oggi attraverso copie antiche, nella sua posa abbandonata e sensuale potrebbe richiamare lo svenimento di Armida del XVI canto della *Gerusalemme*: "Or qui mancò lo spirto a la dolente / né quest'ultimo suono espresse intero / e cadde tramortita e si diffuse / di gelato sudore, e i lumi chiuse" (sono grato a Claudio Scarpati dell'indicazione testuale). Per restare in tema è stato infine rilevato come I *due suonatori*, derivanti da un originale caravaggesco, non sono altro che un'illustrazione del lamento di Aminta e che una rappresentazione della *Aminta musicale* di Erasmo Marotta, pubblicata a Venezia nel 1600 con dedica al cardinale Gerolamo Mattei, ebbe luogo in Palazzo Mattei a Roma (cfr. Fumagalli 1994, pp. 101-113 e p. 112 note 44-45).

Bibliografia: Pacelli, in Pacelli, Bologna 1980, pp. 24-44; Gregori 1985, p. 352; Bologna 1991, pp. 259-261; Di Fabio 1997, p. 154, con bibliografia; Bona Castellotti 1998, pp. 136-138; Puglisi 1998.
[MBC]

52. Michelangelo Merisi, detto il Caravaggio *Salomè con la testa del Battista*

olio su tela, cm 116 × 140
Madrid, Palacio Real, inv. 10010026

Grazie a un documento già pubblicato (Bartolomé 1994) ma che finora non è stato mai citato, ch'io sappia, nella bibliografia relativa al Caravaggio, va detto che questo quadro fu portato in Spagna da García de Avellaneda y Haro, secondo conte di Castrillo, "uno dei personaggi più importanti del governo del conte-duca di Olivares" (Elliott 1990), del quale era parente. Tra le altre funzioni di governo del massimo rilievo che egli rivestì, da maggiordomo maggiore di palazzo a consigliere di stato e presidente del consiglio delle Indie, Castrillo fu viceré di Napoli dal 1653 al 1659. E appunto in un inventario dei suoi beni, redatto a Napoli nel gennaio del 1657, tra i centottantatré dipinti che ivi sono descritti figura, col n. 91, "un quadro della decollazione di San Giovanni, con la donna che riceve la testa del Santo, il carnefice e una vecchia, di sei palmi di lato e con cornice nera di legno di pero, opera originale del Caravaggio". Va inoltre sottolineato che il documento rivela un altro dato d'interesse per gli studi su Merisi; Castrillo, infatti, possedeva un altro dipinto ugualmente qualificato come opera originale del nostro artista, un *Ecce Homo*, che viene a corroborare la notizia di Bellori (1672) secondo la quale il Caravaggio dipinse "per i signori Massimi un Ecce Homo che fu portato in Spagna", dove però non ne era stata finora scoperta alcuna traccia. La partita corrispondente dice così: "Un altro quadro ancora, di un Ecce Homo di cinque palmi con cornice di ebano con un soldato e Pilato che lo mostra al popolo è originale di mano di Michelangelo Caravaggio". Non è questa la sede per affrontare tale questione, ma la presenza di un soldato e non di un sicario piuttosto che al quadro di Genova (a parer mio, un sicuro originale del Caravaggio) rimanda all'altra, discussa versione conosciuta da copie (?) sulla quale per primo Calvesi (1971) ha richiamato l'attenzione.
I sei palmi della *Decollazione del Battista* posseduta da Castrillo coincidono, all'incirca, con la dimensione maggiore della tela del Palacio Real madrileno. E la descrizione della scena offerta dall'inventario, la quale, pur nell'ambito della sua redazione abbreviata, fornisce più dettagli di quanto sia abituale nei documenti coevi di questo genere, quadra perfettamente con quel che vediamo nel dipinto. Come evidenzia Bartolomé nell'articolo citato, il conte di Castrillo aveva ricevuto a Napoli dal Tesoro Reale, come già prima in Spagna quando si era occupato della ricostruzione e del corredo del Palacio del Buen Retiro, delle somme per "spese segrete", voce che comprendeva gli esborsi per acquisto di opere d'arte.

Si sa che per via sua entrò a far parte della collezione di Filippo IV un'opera tanto notevole come la *Visitazione* di Raffaello e il suo disegno preparatorio (Madrid, Prado, n. 300) e che egli intervenne nelle trattative per l'acquisto del celeberrimo *Spasimo di Sicilia* del maestro di Urbino. Padre Santos, nel suo libro sull'Escorial (ed. 1681), parlando della nuova decorazione pittorica che Velázquez aveva colà diretto, allude, senza meglio specificare, ad "altri [dipinti] dati a Sua Maestà da don García de Avellaneda y Haro, conte di Castrillo"). L'intervento di quest'ultimo nelle acquisizioni di Filippo IV è, insomma, pienamente documentato. Non sorprende, pertanto, scoprirlo ora quale intermediario per la *Decollazione* del Caravaggio. Nell'inventario dell'Alcázar di Madrid dell'anno 1666, effettuato in conseguenza della morte del monarca, e che fu il primo a essere effettuato dopo (per la precisione, sette anni) il ritorno da Napoli del viceré Castrillo, il quadro appare già registrato: "Appartamento basso. Primo locale, dove Sua Maestà dava udienza") con il numero 242, "Altro [dipinto] del Caravaggio con la Decollazione di S. Giovanni Battista, di una pertica e mezza di larghezza ed alta una pertica e un quarto, valutato in 100 duc at i d'argento") (Archivo de Palacio. Legajo 1. Sección Administrativa. Bellas Artes. Pintura). Inventario del 17 settembre 1666 e giorni successivi, redatto da García Serrano). Risultano conseguentemente invalidate le proposte più o meno congetturali, dovute a diversi studiosi, secondo le quali questo quadro sarebbe arrivato al re mediante Giovanni Battista Crescenzi, o attraverso il conte di Lemos, o, infine, per mezzo dell'ammiraglio di Castiglia. Ed evidentemente cade pure l'ipotesi (Harris 1974) che questo dipinto, unico del maestro presente nell'Alcázar, si trovasse colà già nel 1636.
I successivi inventari di palazzo del 1686 e del 1700 rendono conto della *Decollazione* del Caravaggio in modo analogo a quello del 1666, come pure fanno le ricognizioni dei dipinti che si erano salvati dal devastante incendio che quella residenza reale subì nel 1734. Al pari di altre opere di tema religioso che non andarono perdute in mezzo alle fiamme, la *Decollazione* fu inviata all'Escorial, e lì riappare nella Casita del Príncipe, dove diverse pubblicazioni su questa residenza reale fanno sommaria menzione della sua presenza nel XIX e XX secolo, ora però con valutazione declassata a "stile del Caravaggio" o "progetto del Caravaggio". Negli anni cinquanta di questo secolo è passata al Palacio Real di Madrid.
La *Salomè con la testa del Battista*, titolo che le si suol dare in epoca moderna, fu introdotta nella bibliografia specializzata da Roberto Longhi (1927, 1943), che lo riconobbe come un "certo e fierissimo originale degli anni estremi del maestro" e più avanti poté presentarlo, inscritto nell'adeguato contesto storico, nella grande "Mostra del Caravaggio e dei caravaggeschi" di Milano e Firenze (1951). Da allora ha figurato in altre esposizioni (Bordeaux, 1955; Madrid, 1970; Siviglia, 1973) e la paternità del Caravaggio è stata accettata senza riserve dalla generalità della critica, salvo assai scarse e poco motivate eccezioni come quella, singolare, di Hibbard (1983), che ha qualificato il quadro come "pastiche".
La fisionomia stilistica dell'opera si attaglia senza dubbio al periodo successivo alla fuga dell'artista da Roma (1606). E a Napoli ci conducono d'altra parte (come conferma ora l'inventario del Castrillo) gli echi di questa composizione, che si avvertono in determinate opere di pittori contemporanei di quell'area (Caracciolo, Finsonius). Di conseguenza, Longhi propose di identificare il quadro di Madrid con la "mezza figura di Erodiade con la testa di San Giovanni sul vassoio" che, secondo l'informazione di Bellori (1672), Merisi inviò da Napoli al gran maestro dell'Ordine di Malta col proposito di placare la sua ira. È da avvertire, poiché tale identificazione potrebbe sembrare non già ipotetica ma arbitraria, che la confusione tra Erodiade e Salomè, tra la madre istigatrice e la figlia che pretese da Erode, come premio per la propria danza, la testa del Battista, non era infrequente all'epoca: lo stesso Bellori, nel suo commento alla grandiosa tela della *Decollazione del Battista* che il Caravaggio aveva dipinto per la cattedrale di Malta, usa il nome di Erodiade per riferirsi alla figura che rappresenta invece, con tutta evidenza, Salomè. La connessione del nostro quadro con la citazione belloriana implicava una datazione agli ultimi mesi della vita dell'autore, nel secondo periodo napoletano (dall'ottobre del 1609 fino a pochi giorni prima della sua morte, nel luglio del 1610). Tuttavia, il reperimento di un'altra impressionante versione di *Salomè con la testa del Battista* del Caravaggio (attualmente alla National Gallery di Londra), resa nota anch'essa da Longhi (1959), ha obbligato a reimpostare e ad affinare l'ordine cronologico.
L'opinione prevalente (da me condivisa) nell'amplissima bibliografia successiva è che la citazione del Bellori, e in ogni caso la collocazione temporale nel secondo periodo napoletano, trovi miglior riscontro nell'esemplare di Londra; mentre quello di Madrid risulta più appropriato, a mio modo di vedere, collocarlo nella prima fase napoletana (ottobre 1606 - giugno 1607), o, come Longhi era incline a pensare, nel periodo maltese (luglio 1607 - ottobre 1608). Altre opinioni, che puntano sempre ai quattro anni finali della vita dell'artista, riconducono la versione di Madrid all'intermezzo siciliano (Marini 1974), ovvero considerano come cronologicamente assai prossime, negli ultimi mesi napoletani (Bologna 1992) quelle di Madrid e di Londra.
Salomè che regge o riceve la testa di san Giovanni in un vassoio col carnefice al suo fianco, in formato oblungo e a figure di medie dimensioni, destinata senza dubbio ad acquirenti privati, è un soggetto che ha buoni precedenti nella pittura italiana. Nella terra natale di Merisi, in Lombardia, Bernardino Luini l'aveva rappresentato ripetutamente (un esempio è conservato al Museo del Prado, n. 243; quello degli Uffizi comprende anche la domestica). Tuttavia, se le *dramatis personae* sono tradizionali, e il gesto di scostamento istintivo di Salomè è anch'esso un motivo che si dà in Luini (e nella splendida visione di Tiziano della Galleria Doria), il tutto si eleva qui a una altezza drammatica che ammette pochi confronti, al livello di un Caravaggio emulo di Shakespeare, secondo la comparazione fatta da Longhi a proposito della tela madrilena. Nelle altre due occasioni in cui Merisi si confrontò con questa tematica, diede esistenza visiva a momenti orripilanti dell'azione: l'istante in cui il carnefice ricorre al coltello per dar compimento all'orrido compito di separare la testa dal tronco della vittima (Malta); il *flash* che coglie un altro esecutore che, terminata la decollazione, impugna la testa per posarla o lasciarla cadere sopra il vassoio, al tempo stesso in cui la trae in direzione dello spazio dello spettatore (Londra). Senza tali accenti macabri, il nostro quadro fa perno piuttosto su una profonda meditazione sulla morte; un elemento, questo, che costituisce, in misura crescente nei suoi anni finali, il senso ultimo dell'arte del Caravaggio, un fuggitivo della giustizia. Il carnefice di Madrid non ci mostra una fisionomia brutale come quello di Londra, è affine ai pastori dell'*Adorazione* di Messina, dove vediamo uno di essi in uno scorcio simile, com'è già stato notato dalla critica. Mezzo girato di spalle, col robusto torso definito dal ritaglio violento della luce, tiene ancora l'impugnatura della spada, situata in penombra e in posizione verticale di riposo, una volta concluso il crudele compito.
Non c'è, nel viso bruciato di quest'uomo, il benché minimo accenno all'accanimento che nelle arti figurative si soleva attribuire agli esecutori di santi: egli guarda piuttosto la vittima con un'espressione grave e – ci sembra di avvertire – mista di compassione, così come quella della vecchia domestica. La testa di quest'anziana donna è un'invenzione straordinaria (utilizzata, peraltro, anche nel quadro di Londra) per la sua posizione relativa rispetto a quella di Salomè, quasi come un unico essere bicefalo; si tratta di un'idea che ha forse la sua origine formale, come suggerì Longhi, nella *Vergine e sant'Anna* di Leonardo da Vinci, ma che in ogni caso viene qui a sottolineare l'opposizione tra gioventù e vecchiaia, bellezza e bruttezza, e anche una polarizzazione d'ordine morale; una diversità che viene risaltata, inoltre, dalla loro assai diversificata realizzazione pittorica. La bella Salomè, non proprio conforme all'idea di ragazza manipolabile data dai Vangeli (che neppure la menzionano col suo nome, riferendosi ad essa solo come alla "figlia di Erodiade") regge il trofeo della vendetta mentre dirige il proprio sguardo verso lo spettatore con aria poco percepibile, ma in cui pare di poter scorgere una contenuta soddisfazione. Il suo manto rosso, che si agita in tortuose concavità d'ombra, è la gran macchia di colore che si espande insolentemente nella composizione. Si può discutere se questo particolare alluda al sangue versato; va tuttavia ricordato che un manto dello stesso colore copre il corpo di san Giovanni nel quadro di Malta. In ogni caso, altrettanto o più di questo acceso richiamo di colore, il tenore tragico della totalità della composizione è creato anche dalle zone discontinue a forte illuminazione che emergono in cerchio come isolotti, come anche dalla presenza del vuoto, dalla grande dilatazione della notte del fondo, che si estende lateralmente in modo inusitato, quasi disequilibrante.

Bibliografia: Bellori 1672, ed. 1976; Santos 1681; Longhi 1943, pp. 5-63; Longhi 1951a, pp. 20-23, 109-129; Longhi 1952; Longhi 1959, pp. 21-32; Calvesi 1972, pp. 93-142; Pérez Sánchez 1973; Harris 1974, pp. 235-239; Marini 1974; Hibbard 1983; Elliott 1990; Bologna 1992; Gregori 1991; Bartolomé 1994, pp. 15-28; Battisti 1995, pp. 173-185.
[JM]

Bibliografia

a cura di Roberta Rinaldi

C. Acidini Luchinat, scheda 78, in *La Fondazione Roberto Longhi*, Milano 1980, pp. 270-272

A. Ademollo, *Gli ambasciatori francesi a Roma nei secoli decimosettimo e decimottavo secondo memorie romane contemporanee*, in "Rivista europea", 2, 1877, pp. 21-46

M. Albertario, *Pittura a Pavia 1525-1604*, in *Storia di Pavia*, IV, t. II, Milano 1995, pp. 815-847

C. Alpini, *Giovanni da Monte*, in *I Campi e la cultura artistica cremonese del Cinquecento*, catalogo della mostra (Cremona) a cura di M. Gregori, Milano 1985, pp. 212-214

C. Alpini, *Giovanni da Monte. Un pittore da Crema all'Europa*, Bergamo 1996

M. Aronberg Lavin, *Seventeenth-Century Barberini Documents and Inventories of Art*, New York 1975

E. Arslan, *Appunto su Caravaggio*, in "Aut Aut", 5, 1951, pp. 414-451

E. Arslan, *Nota caravaggesca*, in "Arte Antica e Moderna", 1959, 6, pp. 191-218; 7, pp. 352-353

E. Baccheschi, M. Calvesi, *Simone Peterzano*, in *I Pittori Bergamaschi dal XIII al XIX secolo. Il Cinquecento*, IV, Bergamo 1978, pp. 471-557

G. Baglione, *Le vite de' pittori, scultori ed architetti. Dal Pontificato di Gregorio XIII nel 1572 in fin ai tempi di Papa Urbano VIII nel 1642*, Roma 1642; rist. Roma 1935

A. Bagnoli, *Aggiornamento a Rutilio Manetti*, in "Prospettiva", 13, 1978a, pp. 23-42

A. Bagnoli (a cura di), *Rutilio Manetti 1571-1639*, catalogo della mostra (Siena), Firenze 1978b

A. Ballarin, *Gerolamo Savoldo*, Milano 1966

L. Bandera, *Giovan Paolo Cavagna*, in *I Pittori Bergamaschi dal XIII al XIX secolo. Il Cinquecento*, IV, Bergamo 1978, p. 188, n. 62

R. Barbiellini Amidei, *Io, Michelangelo Merisi da Caravaggio. Ancora a Palazzo Massimo*, in "Art e Dossier", 18, 1987, pp. 14-15

R. Barbiellini Amidei, *Della committenza Massimo*, in *Caravaggio: nuove riflessioni*, in "Quaderni di Palazzo Venezia", 6, 1989, pp. 47-69

R. Barbiellini Amidei, *Figure e ritratti di Innocenzo X*, in *Innocenzo X Pamphilj. Arte e potere nell'età barocca*, atti del convegno a cura di S. Macioce e A. Zuccari, Roma 1990, pp. 163-176

X. Barbier de Montault, *Musées et Galeries de Rome*, Roma 1870

C. Baroni, *Tutta la pittura di Caravaggio*, Milano 1951

P. Barocchi (a cura di), *Trattati del Cinquecento*, Bari 1960

C. Baroni, *Aggiunte al Peterzano*, in "L'Arte", 1940, pp. 173-188

C. Baroni, *Un Peterzano inedito in S. Agostino a Como e alcuni disegni del Castello Sforzesco di Milano*, in *Raccolta di scritti in onore di A. Giussani*, Como 1954, pp. 305-309

F. Bartoli, *Notizie delle pitture sculture ed architetture che ornano le chiese e gli altri luoghi pubblici di tutte le più rinomate città d'Italia*, 2 voll., Venezia 1776-1777

A. von Bartsch, *Le peintre-graveur*, 21 voll., Vienne 1803-1821

Battistello Caracciolo e il primo naturalismo a Napoli, catalogo della mostra a cura di F. Bologna, Napoli 1991

K. Bauch, *Zur Ikonographie von Caravaggios Frühwerken*, in *Kunstgeschichtliche Studien für Hans Kauffmann*, Berlin 1956, pp. 252-261

F. Baumgart, *Caravaggio. Kunst und Wirklichkeit*, Berlin 1955

S. Bedoni, *Jan Brueghel in Italia e il Collezionismo del Seicento*, Firenze-Milano 1983

P.V. Begni Redona, *Alessandro Bonvicino il Moretto da Brescia*, Brescia 1988a

P.V. Begni Redona, *Alessandro Bonvicino il Moretto: profilo biografico e critico*, in *Alessandro Bonvicino, il Moretto*, catalogo della mostra, Brescia 1988b

P.V. Begni Redona, schede, in *Giovanni Gerolamo Savoldo tra Foppa, Giorgione e Caravaggio*, catalogo della mostra (Brescia), Milano 1990

G.P. Bellori, *Le vite de' pittori, scultori e architetti moderni*, Roma 1672; ed. a cura di E. Borea, Torino 1976

D. Benati, *Una "Lucrezia" e altre proposte per Bartolomeo Passerotti*, in "Paragone", 379, 1981, pp. 26-35

D. Benati, *Un San Sebastiano di Annibale Carracci da Modena a Dresda*, in "Nuovi Studi. Rivista di Arte Antica e Moderna", 1, 1996, pp. 103-114

E. Bénézit, *Dictionaire critique et documentaire des peintres, sculpteurs, dessinateurs et graveurs*, Saint Quen 1953, pp. 539-540 (*ad vocem*)

E. Benkard, *Caravaggio Studien*, Berlin-Wilmersdorf 1928

B. Berenson, *Les peintures italiennes de New York et de Boston*, in "Gazette des Beaux-Arts", 1896, pp. 195-214

A. Berne Joffroy, *Le dossier Caravage*, Paris 1959

G. Berra, *San Francesco in meditazione sulla morte*, in "Arte Cristiana", 767, 1995, pp. 101-118

G. Berra, *Arcimboldi e Caravaggio: "diligenza" e "patienza" nella natura morta arcaica*, in "Paragone", 8-10, 1996, pp. 108-161

G. Bertelà, *Incisori bolognesi ed emiliani del secolo XVII*, Bologna 1973

A. Bertini Calosso, *Guida di Roma del T.C.I.*, Milano 1931

C. Bertelli, scheda 5, in *Caravaggio e il suo tempo*, catalogo della mostra, Napoli-New York 1985, pp. 60-62

A. Bertolotti, *Esportazione di oggetti di Belle Arti da Roma nei secoli XVI, XVII, XVIII, XIX*, in "Archivio storico artistico, archeologico e letterario della città e provincia di Roma", II, 1877, pp. 21-46

A. Bertolotti, *Artisti lombardi a Roma nei secoli XV, XVI, XVII. Studi e ricerche negli archivi romani*, 2 voll., Milano 1881

G. Bianchi Bandinelli, *Catalogo delle opere di Francesco Vanni*, in "Bullettino senese di Storia patria", 1943, pp. 139-155

L. Bianconi, *Music in Seventeenth Century*, Cambridge 1988

P. Boccardo, *Ritratti di collezionisti e committenti*, in *Van Dyck a Genova. Grande pittura e collezionismo*, catalogo della mostra (Genova) a cura di S.J. Barnes, P. Boccardo, C. Di Fabio e L. Tagliaferro, Milano 1997, pp. 29-58

H. Bodmer, *ad vocem* Passarotti Bartolomeo, in U. Thieme, F. Becker, *Allgemeines Lexikon der Bildenden Künstler*, 37 voll., XXVI, Leipzig 1932, pp. 278-279

H. Bodmer, *Bemerkungen zu Annibale Carraccis Graphischen Werk*, in "Die Graphischen Künste", 3-4, 1938

B. Bohn, *Italian Masters of the Sixteenth Century*, in *The Illustrated Bartsch*, 39, *Commentary part* 2, New York 1996

F. Bologna, *L'Incredulità del Caravaggio e l'esperienza delle "cose naturali"*, Torino 1992

C. Bon, F. Santi, *Le copie della Deposizione di Raffaello nel Seicento*, in *Raffaello nelle raccolte Borghese*, Roma 1984, pp. 49-53

M. Bona Castellotti, *Il paradosso di Caravaggio*, Milano 1998

G. Bora (a cura di), *Disegni di manieristi lombardi*, Vicenza 1971

G. Bora, *Per un catalogo dei disegni dei leonardeschi lombardi: indicazioni e problemi di metodo*, in "Raccolta Vinciana", XXII, 1987, pp. 139-182

G. Bora, *Da Leonardo all'Accademia della Val di Blenio: Giovan Paolo Lomazzo, Aurelio Luini e i disegni degli accademici*, in "Raccolta Vinciana", XXIII, 1989, pp. 73-101

G. Bora, *I pittori tra "maniera" e realtà*, in *Pittura a Cremona dal Romanico al Settecento*, a cura di M. Gregori, Cinisello Balsamo 1990, pp. 39-49

G. Bora, *I disegni dei leonardeschi e il collezionismo milanese: consistenza, fortuna, dispersione*, in *I leonardeschi a Milano. Fortuna e collezionismo*, a cura di M.T. Fiorio e P.C. Marani, Milano 1991

G. Bora, *Simone Peterzano*, in *Pittura a Milano. Rinascimento e manierismo*, Milano 1998, p. 276

E. Borea (a cura di), *Caravaggio e caravaggeschi nelle gallerie di Firenze*, catalogo della mostra, Firenze 1970

E. Borea, *Stampe da modelli fiorentini del Cinquecento*, in *Il primato del disegno. Firenze e la Toscana dei Medici nell'Europa del Cinquecento*, catalogo della mostra, Firenze 1980

E. Borea, G. Mariani, *Annibale Carracci e i suoi incisori*, Roma 1986

A.W.A. Boschloo, *Annibale Carracci in Bologna. Visible Reality in Art after the Council of Trent*, 2 voll., The Hague 1974

C. Boselli, *Il Moretto (1498-1554)*, in "Commentari dell'Ateneo di Brescia per l'anno 1954. Supplemento", 1954

R. Bossaglia, *La pittura bresciana del Cinquecento: i maggiori e i loro scolari*, in *Storia di Brescia*, II, Brescia 1963, pp. 1011-1100

G. Bottari, S. Ticozzi, *Raccolta di lettere sulla pittura, scultura ed architettura scritte dai più celebri personaggi dei secoli...*, Milano 1822-1825

J.C. Boyer, I. Volf, *Rome à Paris: les tableaux du maréchal de Créquy (1638)*, in "Revue de l'Art", 79, 1988, pp. 22-41

W.W. Bracken, M. Roy Fischer *Fine Arts. A Selection of Old Masters Paintings and Sculptures*, New York 1993, pp. 26-29

C. Brandi, *Francesco Vanni*, in "Art in America", 1931a, pp. 63-85

C. Brandi, *Rutilio Manetti (1571-1639)*, Siena 1931b

C. Brandi, recensione a H. Voss, *L'opera giovanile di Rutilio Manetti* (Vita Artistica, 1932), in "Bullettino senese di Storia patria", 1932, p. 224

C. Brandi, *Michelangelo Merisi da Caravaggio*, dispense dell'Università "La Sapienza" di Roma, a.a. 1972-1973

C. Brandi, *L'"epistéme" caravaggesca*, in *Caravaggio e i Caravaggeschi*, atti del colloquio (Roma, febbraio 1973), Roma 1974, pp. 9-17

G. Briganti, *Il Palazzo di Montecitorio*, Roma 1967

M.V. Brugnoli, *Un San Francesco da attribuire al Caravaggio e la sua copia*, in "Bollettino d'Arte", 1968, pp. 11-15

M.V. Brugnoli, *Mostra dei restauri 1969*, XIII settimana dei musei, catalogo della mostra, Roma 1970

E. Bruweart, *Recherches sur la vie et l'oeuvre du graveur troyen Philippe Thomassin*, Troyes 1876

M. Bryan, *A biographical and critical Dictionary of Painters and Engravers*, 5 voll., London 1816

S. Buffa, *The Illustrated Bartsch*, 34, *Italian masters of Sixteenth Century*, New York 1982

A. Busiri Vici, *I Poniatowski a Roma*, Roma 1971

M. Calvesi, *Simone Peterzano maestro del Caravaggio*, in "Bollettino d'Arte", 1954, pp. 114-133

M. Calvesi, *Caravaggio o la ricerca della salvazione*, in "Storia dell'Arte", 9-10, 1971, pp. 93-142

M. Calvesi, *Le realtà del Caravaggio*, Torino 1990

M. Calvesi, *Caravaggio: le due versioni del Suonatore di liuto: il cardellino in gabbia*, in "Art e Dossier", 82, 1993, pp. 29, 31-32

M. Calvesi, *La "caraffa di fiori" e i riflessi di luce nella pittura del Caravaggio*, in *Michelangelo Merisi da Caravaggio. La vita e le opere attraverso i documenti*, atti del convegno internazionale di studi (Roma 1995) a cura di S. Macioce, Roma s.d. [1996], pp. 227-247

M. Calvesi, *Tanto contenta di mirar sua figlia*, in *La Madonna dei Palafrenieri di Caravaggio nella collezione di Scipione Borghese*, a cura di A. Coliva, Venezia 1998, pp. 45-47

M. Calvesi, *Sobre algunas pinturas de Caravaggio: La buenaventura, el San Francisco de Hartford, el David y Goliat de la Borghese y las dos Natividades sicilianas*, in *Caravaggio*, catalogo della mostra (Madrid-Bilbao) a cura di C. Strinati e R. Vodret, Madrid 1999, pp. 10-17

M. Calvesi, relazione presentata il 27 marzo 1999 al ciclo di colloqui *Caravaggio e i suoi* (Roma, Palazzo Barberini, 27 marzo - 10 maggio 1999), in corso di stampa

M. Calvesi, V. Casale, *Le incisioni dei Carracci*, Roma 1965

F. Calvi, *Galleria Arcivescovile*, in *Gli Istituti Scientifici, Letterari ed Artistici di Milano*, Milano 1880

I. Cammelli, *Pinacoteca del Museo Civico*, Cremona 1930

R. Cannatà, *Pittura meridionale del tardo Cinquecento in Abruzzo: dipinti di Teodoro d'Errico, Silvestro Buono, Giovan Bernardo Lama, Aert Mytens e Giuseppe Cesari*, in "Bollettino d'Arte", 77, 1993, pp. 79-92

R. Cannatà, H. Röttgen, *Un quadro per la SS. Trinità dei Pellegrini affidato al Caravaggio, ma eseguito dal Cavalier d'Arpino*, in *Michelangelo Merisi da Caravaggio. La vita e le opere attraverso i documenti*, atti del convegno internazionale di studi (Roma 1995) a cura di S. Macioce, Roma s.d. [1996] pp. 80-93

G. Cantalamessa, *Note Manoscritte*, 1912

V. Caperna, *Ricordo del Cavalier d'Arpino*, in "Lunario romano", 19, 1990, pp. 109-126

F. Cappelletti, L. Testa, *Ricerche documentarie sul S. Giovanni Battista dei Musei Capitolini e sul S. Giovanni Battista della Galleria Doria Pamphilj*, in *Identificazione di un Caravaggio*, Venezia 1990, pp. 75-101

Caravaggio, catalogo della mostra (Madrid-Bilbao) a cura di C. Strinati e R. Vodret, Madrid 1999

Caravaggio e il suo tempo, catalogo della mostra a cura di M. Gregori, Napoli 1985

Caravaggio e i suoi, catalogo della mostra a cura di C. Strinati e R. Vodret, Napoli 1999

Caravaggio nei musei romani, catalogo della mostra, Roma 1986

M.V. Cardi, *Intorno all'autoritratto in veste di Bacco di Giovan Paolo Lomazzo*, in "Storia dell'Arte", 81, 1994, pp. 182-193

M. Cardinali, M.B. De Ruggeri, C. Falcucci, C. Giantomassi, D. Zari, *La tecnica pittorica*, in *La Madonna dei Palafrenieri di Caravaggio*, a cura di A. Coliva, Venezia 1998, pp. 69-85

R. Carità, *Il restauro dei dipinti caravaggeschi della Cattedrale di Malta*, in "Bollettino dell'Istituto Centrale del Restauro", 29-30, 1957, pp. 41-82

M. Carminati, *Cesare da Sesto 1477-1523*, Milano 1994

F. Caroli, *Sofonisba Anguissola e le sue sorelle*, Milano 1987

F. Caroli (a cura di), *L'Anima e il Volto, Ritratto e fisiognomica da Leonardo a Bacon*, catalogo della mostra, Milano 1998

G. Carotti, *Catalogo della R. Pinacoteca di Brera in Milano*, Milano 1901

C. Casati, *Leone Leoni scultore d'Arezzo e G.P. Lomazzo, pittore milanese [...]*, Milano 1884

Catalogo della R. Pinacoteca di Milano (Palazzo Brera), presentazione di G. Carotti, Milano 1892

Catalogue des tableaux qui se trouvent dans les salles de l'I. et R. Academie des Beaux-Arts en Brera, Milano 1841

P. Cellini, *Referto tecnico: L'Ecce Homo di Caravaggio a Genova*, in "Paragone", 51, 1954, pp. 13-14

B. Cerchio, *Il suono filosofale. Musica e Alchimia*, postfazione di M. Barracano, Bologna 1993

M.L. Chappel, *Lodovico Cigoli and Annibale Carracci a collaboration and other connections*, in *Per A.E. Popham*, Parma 1981

K. Christiansen, *Giovanni Gerolamo Savoldo*, in *Caravaggio e il suo tempo*, catalogo della mostra a cura di M. Gregori, Napoli 1985, pp. 79-85

K. Christiansen, *Caravaggio e l'esempio davanti al naturale*, in "The Art Bulletin", 3, 1986, pp. 421-445

K. Christiansen, *A Caravaggio Rediscovered: "The Lute Player"*, catalogo della mostra, New York 1990a

K. Christiansen, *Some observations on the Relationship between Caravaggio's two Treatments of the "Lute-player"*, in "The Burlington Magazine", 1042, 1990b, pp. 21-26

K. Christiansen, *Letter to the Editor*, in "The Burlington Magazine", 1073, 1992, pp. 502-503

R.P. Ciardi, *Giovan Ambrogio Figino*, Firenze 1968

R.P. Ciardi (a cura di), *Giovan Paolo Lomazzo. Scritti sulle arti*, 2 voll., Firenze 1973-1974

M. Cinotti (a cura di), *Immagine del Caravaggio. Mostra didattica itinerante*, catalogo della mostra a cura di M. Cinotti, con la consulenza di G.A. Dell'Acqua e la collaborazione di F. Rossi e M.L. Rizzatti, Cinisello Balsamo 1973

M. Cinotti, G.A. Dell'Acqua, *Caravaggio e le sue grandi opere da San Luigi dei Francesi*, Milano 1971

M. Cinotti, G.A. Dell'Acqua, *Michelangelo Merisi detto il Caravaggio*, in *I Pittori Bergamaschi dal XIII al XIX secolo. Il Seicento*, I, Bergamo 1983, pp. 203-641

G. Cirillo, G. Godi, *Contributi ad Antonio Campi*, in "Annali delle Biblioteca statale e Libreria civica di Cremona", XXVI/2, 1975, Cremona 1982

G. Collisani, *Sigismondo d'India*, Palermo 1998

Come dipingeva il Caravaggio, atti della giornata di studio (Firenze) a cura di M. Gregori, Milano 1996

J.P. Cooney, G. Malafarina, *L'opera completa di Annibale Carracci*, Milano 1976

S. Coppa, *Novità cremonesi. Due nuovi dipinti di Antonio Campi e Panfilo Nuvolone*, in "Arte Cristiana", 756, 1993, pp. 215-218

S. Corradini, *Un antico inventario della Quadreria del Cardinale Borghese*, in *Bernini scultore e la nascita del Barocco in Casa Borghese*, catalogo della mostra a cura di A. Coliva e S. Schütze, Roma 1998, pp. 449-456

S. Corradini, M. Marini, *The earliest account of Caravaggio in Rome*, in "The Burlington Magazine", 1138, 1998, pp. 25-28

A. Costamagna, *Inediti dal territorio: la "Madonna di Loreto" dello pseudo-Bramantino, il "Cristo benedicente" del Cavalier d'Arpino ed altro dal convento della Beata Maria Colomba a Moricone*, in "Bollettino d'Arte", 76, 1992, pp. 121-132

J. Costello, *Caravaggio, Lizard and Fruits*, in *The Ape of Nature. Studies in Honor of H.W. Janson*, New York 1981, pp. 375-385

A. Cottino, *La natura morta caravaggesca a Roma*, in *La natura morta in Italia*, a cura di F. Porzio, II, Milano 1989, pp. 650-726

A. Cottino, scheda 11, in *La natura morta al tempo di Caravaggio*, catalogo della mostra (Roma), Napoli 1995, pp. 104-105

A. Czobor, *Autoritratti del giovane Caravaggio*, in "Acta Historiae Artium Academiae Scientiarum Hungaricae", II, 1954-1955, pp. 201-214

E. Cropper, *The Petrifying Art: Marino's Poetry and Caravaggio*, "The Metropolitan Museum Journal", 26, 1991, pp. 193-212

T.D. Cully, *Jesuit and Music: Sources and Studies for the History of the Jesuits*, Rome-Saint Louis 1970

M. D'Angelo, *Giovan Paolo Lomazzo*, in "Kalòs", 1972, pp. 25-32

L. De Angelis, *Notizie degli intagliatori con osservazioni critiche*, 15 voll., Siena 1808-1816

G. Degli Esposti, *Bartolomeo Passerotti*, in *La Pinacoteca Nazionale di Bologna*, Guide Artistiche Electa, Milano 1997, pp. 113-117

D. DeGrazia Bohlin, *Prints and related Drawings by the Carracci Family. A Catalogue raisonné*, Washington 1979

D. DeGrazia Bohlin, *Italian Masters of the Sixteenth Century*, in *The Illustrated Bartsch*, 39, New York 1980

A. Degrazia Boschetto, *Le stampe dei Carracci con i disegni, le incisioni, le copie e i dipinti connessi*, Bologna 1984

G.A. Dell'Acqua, *La pittura in Milano dalla metà del XVI secolo al 1630*, in *Storia di Milano*, X, Milano 1957, pp. 672-782

P. Della Pergola, *Galleria Borghese. I Dipinti*, 2 voll., I, Roma 1955; II, Roma 1959

P. Della Pergola, *Gli inventari Aldobrandini*, in "Arte antica e moderna", III, 1960, pp. 425-444

P. Della Pergola, *Gli inventari Aldobrandini: l'inventario del 1682*, in "Arte antica e moderna", V, 1962, pp. 316-322

P. Della Pergola, *L'inventario Borghese del 1693*, in "Arte Antica e Moderna", 26, 1964a, pp. 219-230

P. Della Pergola, *Nota per Caravaggio*, in "Bollettino d'Arte", III, 1964b, pp. 252-256

G. Della Valle, *Lettere sanesi* [...] *sopra le Belle Arti*, 3 voll., Roma 1782; Venezia 1785-1786

E. De Pascale, Cavagna Giovanni Paolo, in *La Pittura in Italia. Il Seicento*, a cura di M. Gregori e E. Schleier, II, Milano 1989, pp. 682-683

E. De Pascale, *Giovan Paolo Cavagna. Ritratto di gentiluomo con due figli*, in *Giovan Paolo Cavagna e il ritratto a Bergamo dopo Moroni*, catalogo della mostra a cura di E. De Pascale e F. Rossi, Bergamo 1998, pp. 5-20

A. de Rinaldis, *D'Arpino e Caravaggio*, in "Bollettino d'Arte", 1936a, pp. 577-580

A. de Rinaldis, *Documenti inediti per la storia della R. Galleria Borghese in Roma. Le opere d'arte sequestrate al Cavalier d'Arpino*, in "Archivi d'Italia", 2, 1936b, pp. 110-118

A. de Rinaldis, *Documenti inediti per la storia della R. Galleria Borghese in Roma: II. Un'inedita fonte settecentesca delle opere pittoriche nel Palazzo Borghese in Campo Marzio*, in "Archivi d'Italia", 4, 1936c, pp. 196-206

A. de Rinaldis, *Documenti inediti per la storia della R. Galleria Borghese in Roma: III. Un catalogo della Quadreria Borghese nel palazzo a Campo Marzio*, in "Archivi d'Italia", IV, 1937, pp. 218-232

C. Di Fabio, *La Galleria di Palazzo Bianco*. Genova, Milano 1991

C. Di Fabio, *Michelangelo Merisi detto il Caravaggio, "Ecce Homo"*, in *Van Dyck a Genova. Grande pittura e collezionismo*, catalogo della mostra (Genova) a cura di S.J. Barnes, P. Boccardo, C. Di Fabio e L. Tagliaferro, Milano 1997, pp. 156-157

C. Di Fabio, in *Disegni cremonesi del Cinquecento*, a cura di M. Tanzi, Firenze 1999

B. Disertori, *La Regia Calcografia. V. I Carracci e i carracceschi*, in "Emporium", 347, 1923, pp. 259-272

Domenico Fetti 1588/89-1623, catalogo della mostra a cura di E. Safarik, Milano 1996

D. van Edwards, *Lute News*, in "The Lute Society Magazine", 15, 1999, pp. 5-7

Effetto Arcimboldo. Trasformazioni del volto nel sedicesimo e nel ventesimo secolo, catalogo della mostra (Venezia), Milano 1987

P. Egan, *Concert's Scenes in Musical Paintings of the Italian Renaissance*, in "The Journal of the American Musicological Society", 2, 1961, pp. 184-195

Elenco dei dipinti della R. Pinacoteca di Brera in Milano, Milano 1904

A. Emiliani, *La Pinacoteca Nazionale di Bologna*, Bologna 1967

A. Emiliani, *La Collezione Zambeccari nella Pinacoteca Nazionale di Bologna*, Bologna 1973

A. Emiliani (a cura di), *La Pinacoteca Nazionale di Bologna. Notizie storiche e itinerario illustrato*, Bologna 1979

A. Emiliani, introduzione in *Bologna 1584. Gli esordi dei Carracci e gli affreschi di Palazzo Fava*, catalogo della mostra, Bologna 1984, pp. XVII-LXXI

A. Emiliani, *Federico Barocci (Urbino 1535-1612)*, Bologna 1985

K. Ertz, *Jan Brueghel d.A., Die Gemälde mit kritischem Oeuvrekatalog*, Köln 1979

I. Faldi, *Gli affreschi della cappella Contarelli e l'opera giovanile del Cavalier d'Arpino*, in "Bollettino d'Arte", 1953, pp. 45-55

I. Faldi, E.A. Safarik, *"Giuditta taglia la testa ad Oloferne"*, in *Acquisti della Galleria Nazionale d'Arte Antica 1970-1972*, catalogo della mostra, Roma 1972, pp. 24-35

M.L. Ferrari, *Il Romanino*, Milano 1961

M.L. Ferrari, *Studi di storia dell'arte*, Firenze 1979

O. Ferrari, *Le arti figurative nel Seicento*, in *Nuove conoscenze e prospettive nel mondo dell'arte*, suppl. *Enciclopedia Universale dell'Arte*, Roma 1978, pp. 371-374

C.J. Ffoulkes, *Le esposizioni d'arte italiana a Londra*, in "Archivio Storico dell'Arte", 7, 1894, pp. 249-268

M.T. Fiorio, *Note su alcuni disegni inediti di Simone Peterzano*, in "Arte Lombarda", 1974, pp. 88-89

M.T. Fiorio, *Simone Peterzano nella Milano borromaica*, in "Osservatorio delle Arti", 3, 1989, pp. 62-63

M.T. Fiorio, *Moretto*, in *Museo d'arte antica del Castello Sforzesco. Pinacoteca*, I, Milano 1997

M.T. Fiorio, schede 105-108, in *Rabisch. Il grottesco nell'arte del Cinquecento. L'accademia della Val di Blenio, Lomazzo e l'ambiente milanese*, catalogo della mostra (Lugano) a cura di G. Bora, M. Kahn Rossi e F. Porzio, Lugano-Milano 1998, pp. 284-285

V. Forcella, *Le iscrizioni delle chiese e d'altri edifici di Roma dal secolo XI fino ai giorni nostri*, 14 voll., Roma 1869-1884

M. Forcellino, *Il Cavalier d'Arpino. Napoli 1589-1597*, Milano 1991

F. Frangi, schede, in *Pittura del Cinquecento a Brescia*, Milano 1986

F. Frangi, *Gerolamo Romanino*, in *Dalla Banca al Museo. La collezione d'arte del Credito Bergamasco*, catalogo della mostra, Milano 1996

J. Frèches, *Caravaggio pittore e "assassino"*, Paris 1995; ed. italiana, Trieste 1995

L. Freeman Bauer, *Further Replications in an Emblematic interpretation of Caravaggio's Early Works*, in "Emblematica", 7, 1995, pp. 217-237

W. Friedländer, *Book Reviews: R. Hinks, Michelangelo Merisi da Caravaggio, his Life, his Legend, his Work* (London 1953), in "The Art Bulletin", 36, 1954, pp. 149-152

W. Friedländer, *Caravaggio Studies*, Princeton 1955

G. Frizzoni, *La Pinacoteca Comunale Martinengo in Brescia*, in "Archivio Storico dell'Arte", 2, 1889, p. 29

G. Frizzoni, *L'arte in Bergamo e l'Accademia Carrara*, Bergamo 1897

C.L. Frommel, *Caravaggio und seine Modelle*, in "Castrum peregrini", 96, 1971a, pp. 21-56

C.L. Frommel, *Caravaggios Frühwerk und der Kardinal Francesco Maria del Monte*, in "Storia dell'Arte", 9-10, 1971b, pp. 5-52

C.L. Frommel, *Caravaggio, Minniti e il Cardinal Francesco Maria Del Monte*, in *Michelangelo Merisi da Caravaggio. La vita e le opere attraverso i documenti*, atti del convegno internazionale di studi (Roma 1995) a cura di S. Macioce, Roma s.d. [1996], pp. 18-32

E. Fumagalli, *Precoci citazioni di opere del Caravaggio*, in "Paragone", 47-48, 1994, pp. 101-113; ried. in *Michelangelo Merisi da Caravaggio. La vita e le opere attraverso i documenti*, atti del convegno internazionale di studi (Roma 1995) a cura di S. Macioce, Roma s.d. [1996], pp. 143-145, 149

G. Gaeta, *Incisori bolognesi ed emiliani del secolo XVII*, Bologna 1973

G. Gaeta Bertelà (a cura di), *Disegni di Federico Barocci*, catalogo della mostra, Firenze 1975

M. Galletti, E. Camesasca, *Enciclopedia della Pittura italiana*, II, Cernusco sul Naviglio 1950, pp. 1870-1871

J. Garms (a cura di), *Quellen aus dem Archiv Doria Pamphilj zur Kunsttätigkeit in Rom unter Innocenz X*, Rom-Wien 1972

A. Gentili, *Amore e amorose persone: tra miti ovidiani, allegorie musicali, celebrazioni matrimoniali*, in *Tiziano. Amor sacro e profano*, catalogo della mostra (Roma), Milano 1995, pp. 82-104

J.A. Gere, P. Pouncey, *Italian Drawings in the department of Prints and Drawings in the British Museum-Artists working in Rome c. 1550 to c. 1640*, London 1983

T. Gerszi, *Neuere Aspekten der Kunst Frederik von Valckenborchs*, in "Jahrbuch der Berliner Museen", 1990, pp. 173-189

W.S. Gibson, *Mirror of the Earth. The World Landscape in sixteenth-Century Flemish Painting*, Princeton 1989

C. Gilbert, *Lo stile nelle firme del Savoldo*, in *Giovanni Gerolamo Savoldo pittore bresciano*, atti del convegno, Brescia 1985

C. Gilbert, *Add One Caravaggio*, in "The New Criterion", 9, 1990, pp. 60-61

C. Gilbert, *Caravaggio and his Two Cardinals*, University Park, Pennsylvania 1995

A. Ghirardi, *Bartolomeo Passerotti*, in *Pittura Bolognese del '500*, a cura di V. Fortunati Pietrantonio, II, Bologna 1986, pp. 543-594

A. Ghirardi, *Bartolomeo Passerotti, pittore (1529-1592)*, Rimini 1990

Giovanni Morelli collezionista di disegni, a cura di G. Bora, Milano 1994

V. Giustiniani, *Discorsi sulle arti e sui mestieri*, ed. a cura di A. Banti, Firenze 1981

G. Godi, *Antonio e Vincenzo Campi a Busseto e nei dintorni*, in "Biblioteca 70", IV, 1975, pp. 53-98

R. Goffen, *A Madonna by Lorenzo Lotto*, in "Bulletin of the Museum of Fine Arts Boston", 76, 1978, pp. 36 sgg.

V. Golzio, *La Galleria e le collezioni dell'Accademia di San Luca in Roma*, Roma 1964

G. Gombosi, *Moretto da Brescia*, Basel 1943

E.H. Gombrich, *L'eredità di Apelle. Studi sull'arte del Rinascimento*, Torino 1986

G. Gori Gandellini, *Notizie istoriche degl'intagliatori*, 3 voll., Siena 1771

G. Gori Gandellini, L. De Angelis, *Notizie degli intagliatori con osservazioni critiche raccolte da vari scrittori ed aggiunte a Giovanni Gandellini dall'Abate Luigi De Angelis pubblico professore della regia università di Siena*, 15 voll., Siena 1808-1816

M. Gregori, *Significato delle mostre caravaggesche dal 1951 a oggi*, in *Novità sul Caravaggio. Saggi e contributi*, a cura di M.Cinotti, Cinisello Balsamo 1975, pp. 17-26

M. Gregori, *Giovan Battista Moroni*, in *I Pittori Bergamaschi dal XIII al XIX secolo. Il Cinquecento*, III, Bergamo 1979, pp. 95-377

M. Gregori, *Giovan Battista Moroni*, in *The Genius of Venice (1500-1600)*, catalogo della mostra, London 1983

M. Gregori, *Caravaggio oggi*, in *Caravaggio e il suo tempo*, catalogo della mostra (Napoli), Milano 1985, pp. 28-47; e schede pp. 294-298, 341-344

M. Gregori, *Vincenzo Campi*, in *I Campi e la cultura artistica cremonese del Cinquecento*, catalogo della mostra (Cremona) a cura di M. Gregori, Milano 1985, pp. 197-198

M. Gregori, schede, in *Pittura del Cinquecento a Brescia*, Milano 1986

M. Gregori, *La pittura della Controriforma* e scheda *Vincenzo Campi*, in *Pittura a Pavia dal Romanico al Settecento*, a cura di M. Gregori, Cinisello Balsamo 1988, pp. 250-256 e 300

M. Gregori, *Simone Peterzano*, in *Michelangelo Merisi da Caravaggio. Come nascono i capolavori*, catalogo della mostra (Firenze-Roma) a cura di M. Gregori, Milano 1991, pp. 62-63; e schede pp. 124-130, 188-192, 290-291

M. Gregori, *Sul venetismo di Simone Peterzano*, in "ARTE/Documento", 1992, pp. 263-269

M. Gregori, schede, in *Michelangelo Merisi da Caravaggio e i suoi primi seguaci*, catalogo della mostra, Salonicco 1997, pp. 64-71, 132-140

M. Gregori, *Michelangelo Merisi da Caravaggio. Muchacho mordido por un lagarto*, in *Pasión por la pintura. La colleción Longhi*, catalogo della mostra (Madrid-Oviedo), Madrid 1998, pp. 169-170

M. Gregori, *"San Francisco en meditación"*, in *Caravaggio*, catalogo della mostra (Madrid-Bilbao) a cura di C. Strinati e R. Vodret, Madrid 1999, pp. 116-117

M. Gregori, *Moroni's Patrons and Sitters*, in *Giovanni Battista Moroni: Renaissance Portraitist*, catalogo della mostra, Fort Worth 2000

A. Grelle Iusco, *Indice delle stampe De Rossi. Contributo alla storia di una stamperia romana*, Roma 1996

A. Guadagnini, R. *Pinacoteca di Bologna. Catalogo dei quadri*, Bologna 1906

S. Guarino, "San Giovanni Battista", in *Caravaggio e la Collezione Mattei*, catalogo della mostra (Roma), Milano 1995a, pp. 120-123

S. Guarino, scheda 13, in *La natura morta al tempo di Caravaggio*, catalogo della mostra (Roma), Napoli 1995b, pp. 108-109

V. Guazzoni, *Moretto, Il tema sacro*, Brescia 1981

V. Guazzoni, Moretto, in *Ospedale Maggiore / Ca' Granda. Collezioni diverse*, Milano 1988

V. Guazzoni, *La pittura del Seicento nei territori di Bergamo e Brescia*, in *La pittura in Italia. Il Seicento*, I, Milano 1989, pp. 104-122

M.B. Guerrieri Borsoi, Del Po Pietro, in *Dizionario Biografico degli Italiani*, 38, Roma 1990, pp. 237-240

Guida per l'I.R. Pinacoteca di Brera, Milano 1838

P. Hancock, *Masterpieces in the High Museum of Art*, Atlanta 1965

K.H. von Heinecken, *Dictionnaire des artistes, dont nous avons des estampes, avec une notice detaillée de leurs ouvrages gravés*, 4 voll., 1778-1790 Paris

J. Held, *Caravaggio: Politik und Martyri der Körper*, Berlin 1996

K. Herrmann Fiore, *Disegni degli Alberti. Il volume 2503 del Gabinetto Nazionale delle Stampe*, Roma 1983

K. Herrmann Fiore, *Il bacchino malato autoritratto del Caravaggio ed altre figure bacchiche degli artisti*, in "Quaderni di Palazzo Venezia", 6, 1989, pp. 95-134

K. Herrmann Fiore, *Die freien Künste im Altertum und in der Neuzeit. Ein Wettstreit, dargestellt von Alessandro Tassoni im Jahre 1620*, in *Festschrift M. Winner*, Mainz am Main 1996, pp. 381-400

H. Hibbard, *Caravaggio*, London-New Haven 1983

R. Hinks, *Michelangelo Merisi da Caravaggio. His Life, his Legend, his Works*, London 1953

M. Hirst, *Sebastiano del Piombo*, Oxford 1981

C. Höper, *Bartolomeo Passarotti (1529-1592)*, 2 voll., Worms 1987

M. Huber, C.C.H. Rost, *Manuel des curieux et des amateurs de l'art*, 8 voll., Zürich 1797-1804

C. Hughes, *Rubens, Andrea del Sarto and the Cavaliere d'Arpino: the identification of a copy by Rubens*, in "The Burlington Magazine", 996, 1986, pp. 205-206

P. Humfrey, *Le opere della maturità a Venezia e nelle Marche*, in *Lorenzo Lotto*, catalogo della mostra (Washington-Bergamo), Milano 1998, pp. 157-219

I Campi e la cultura cremonese del Cinquecento, catalogo della mostra (Cremona) a cura di M. Gregori, Milano 1985

I Farnese: Arte e Collezionismo, catalogo della mostra (Parma-Napoli-Monaco di Baviera) a cura di L. Fornari Schianchi e N. Spinosa, Milano 1995

Il Genio inquieto del Rinascimento, catalogo della mostra, Milano 1998

Inventario Napoleonico (1808-1842), facsimile del ms. dell'Archivio della Pinacoteca di Brera, con introduzione di S. Matalon, Milano 1976

Inventario Generale, ms. dell'Archivio della Pinacoteca di Brera (*ante* 1847)

C. Ilari, *Cherubino Alberti*, in *Michelangelo e la Sistina. La tecnica, il restauro, il mito*, Roma 1990, pp. 258-260

G. Incisa della Rocchetta, *La collezione di ritratti dell'Accademia di San Luca*, Roma 1979

G. Isarlov, *Avant l'exposition Vermeer. Le caravagisme*, in "L'Amour de l'Art", 16, 1935, p. 116

D. Isella (a cura di), *Giovanni Paolo Lomazzo, "Rabisch"*, Torino 1993

D. Isella (a cura di), *Bibliografia delle opere a stampa della letteratura in lingua milanese*, Milano 1999

P.M. Jones, *Federico Borromeo and the Ambrosiana: Art Patronage and Reform in seventeenth-Century Milan*, Cambridge 1993

F.E. Joubert, *Manuel de l'amateur d'estampes*, 2 voll., Paris 1821

R. Jullian, *Caravage*, Lyon-Paris 1961

G.W. Kamp, *Marcello Venusti, Religiöse Kunst im Ufelde Michelangelos*, Köln-New York 1993

G. Kauffmann, *Emilia Romagna, Marken, Umbrien, Reclams Kunstführer Italien*, IV, Stuttgart 1971

J. Keith, *Three Paintings by Caravaggio*, in "National Gallery Technical Bulletin", 19, 1998, pp. 37-51

W.C. Kirwin, *Addendum to Cardinal Francesco Maria del Monte's Inventory: the Date of the Sale of Various Notable Paintings*, in "Storia dell'Arte", 9-10, 1971, pp. 53-56

H. Khunrath, *Amphiteatrum sapientiae aeternae, solius verae, christiano-cabalisticum, divino-magicum, physico-chemicum, tertriunum catholicon*, Hanoviae 1609

M. Kitson, *The complete Paintings of Caravaggio*, London-New York 1969

R. Klein (a cura di), *Giovan Paolo Lomazzo, Idea del Tempio della Pittura*, 2 voll., Firenze 1974

E. König, *Caravaggio*, Köln 1997

I. Kuhnel-Kunze, *Zur Bildniskunst der Sofonisba und Lucia Anguissola*, in "Pantheon", 2, 1962, pp. 83-96

La Fondazione Roberto Longhi a Firenze, a cura della Fondazione Roberto Longhi, con introduzione di M. Gregori, Milano 1980

La Galleria dell'Illustrissimo e Reverendissimo Signor Scipione Cardinale Borghese cantata da S. Francucci di Roma il dì XVI di luglio 1613, ms. ASV, Fondo Borghese, serie IV, p. 193

La natura morta al tempo di Caravaggio, catalogo della mostra (Roma), Napoli 1995

H. Langdon, *Caravaggio: A Life*, New York 1999

La peinture napolitaine au XVIIème siècle, catalogo della mostra a cura di N. Spinosa, Bordeaux 1994

La Pinacoteca Nazionale di Bologna. Notizie storiche e itinerario illustrato, a cura di A. Emiliani, Bologna 1979

La Pinacoteca Nazionale di Bologna, catalogo generale delle opere esposte, a cura di A. Emiliani, Bologna 1987

La Pinacoteca Nazionale di Bologna, Guide Artistiche Electa, Milano 1997

R. Lapucci, schede, in *Michelangelo Merisi da Caravaggio. Come nascono i capolavori*, catalogo della mostra (Firenze-Roma) a cura di M. Gregori, Milano 1991, pp. 114-122, 130-137, 192-198, 291-298

R. Lapucci, schede, in *Michelangelo Merisi da Caravaggio e i suoi primi seguaci*, catalogo della mostra, Salonicco 1997, pp. 71-73, 102-105, 141-143, 291-298

A. von Lates, *Caravaggio's peaches and academic puns*, in "Word & Image", 11, 1995, pp. 55-60

S. Latuada, *Descrizione di Milano ornata con molti disegni in rame*, 5 voll., Milano 1737-1738

M.C. Le Blanc, *Manuel de l'amateur d'estampes*, 4 voll., Paris s.d. [1850-1890]

A. Lemoine, *Caravage, Cavalier d'Arpino, Guido Reni et la Confrérie romaine de la SS.Trinità dei Pellegrini*, in "Storia dell'Arte", 85, 1995, pp. 416-429

Le stanze del Cardinale Monti. La collezione ricomposta, Milano 1994

L'immagine di San Francesco nella Controriforma, catalogo della mostra a cura di S. Prosperi Valenti Rodinò e C. Strinati, Roma 1982

A. Lo Bianco, *Bernardino Cesari*, in *La Pittura in Italia. Il Cinquecento*, t. II, Milano 1988, p. 677

A. Lo Bianco, *Giuseppe Cesari*, in *La Pittura in Italia. Il Cinquecento*, t. II, Milano 1988, p. 677

G.P. Lomazzo, *Rime di Gio. Paolo Lomazzi milanese pittore, divise in sette libri*, Milano 1587

G.P. Lomazzo, *Trattato dell'Arte della pittura, scoltura e architettura*, Milano 1584, in *Scritti sulle arti*, a cura di R.P.Ciardi, 2 voll., Firenze 1973-1974

G.P. Lomazzo, *Rabisch*, Milano 1587; ed. a cura di D. Isella, Torino 1993

G.P. Lomazzo, *L'idea del tempio della pittura*, Milano 1590; ed. Firenze 1973-1974

R. Longhi, recensione a F. Sapori, *Un quadro ignorato di Gherardo delle Notti*, in "L'Arte", 1918, p. 239

R. Longhi, *Precisazioni nelle Gallerie italiane. I. R. Galleria Borghese, Michelangelo da Caravaggio*, in "Vita artistica", 1-2, 1926-1927, pp. 4-12

R. Longhi, *Precisioni nelle gallerie italiane. I. R.Galleria Borghese*, in "Pinacotheca", Roma 1928, pp. 1-254

R. Longhi, *Quesiti caravaggeschi. II. I precedenti*, in "Pinacotheca", 5-6, 1929, pp. 258-320

R. Longhi, *Ultimi studi sul Caravaggio e la sua cerchia*, in "Proporzioni", 1943, pp. 5-63

R. Longhi, *Mostra del Caravaggio e dei caravaggeschi*, catalogo della mostra (Milano), Firenze 1951

R. Longhi, *Il Caravaggio*, Milano 1952; II ed. Roma-Dresda 1968; ed. postuma a cura di G. Previtali, Roma 1982; ed. Roma 1993

R. Longhi, prefazione a *I pittori della realtà in Lombardia*, catalogo della mostra, Milano 1953, p. 35

R. Longhi, *Ambrogio Figino e due citazioni del Caravaggio*, in "Paragone", 55, 1954a, pp. 36-38

R. Longhi, *L'"Ecce Homo" di Caravaggio a Genova*, in "Paragone", 51, 1954b, pp. 3-13; scheda tecnica a cura di A. Cellini, pp. 13-14

R. Longhi, *Una citazione tizianesca nel Caravaggio*, in "Arte Veneta", 1954c, pp. 211-212

R. Longhi, *Indicazioni per Sofonisba*, in "Paragone", 157, 1963, pp. 50-52

R. Longhi, *Opere complete. Me pinxit e Quesiti caravaggeschi*, Firenze 1968

E. Lucchesi Ragni, *I disegni del Moretto: qualche indicazione del suo procedimento inventivo*, in *Alessandro Bonvicino il Moretto*, catalogo della mostra, Brescia 1988

J.B. Lynch, *Giovanni Paolo Lomazzo's Self-Portrait in the Brera*, in "Gazette des Beaux-Arts", 1964, pp. 189-197

M. Maccherini, *Caravaggio nel carteggio familiare di Giulio Mancini*, in "Prospettiva", 86, 1997, pp. 71-92

S. Macioce, *Pietro Aldobrandini e il soggiorno veneziano di Giuseppe Cesari. Notizie d'archivio* (1995), in "The Burlington Magazine" (Shorter Notices), in corso di stampa

S. Macioce, *Note all'Oratorio del Gonfalone* (1998), in *Le Confraternite romane*, a cura di C. Crescentini, Roma, Fondazione Besso, in corso di stampa

D. Mahon, *Egregius in Urbe pictor: Caravaggio revised*, in "The Burlington Magazine", 1951, pp. 223-234

D. Mahon, *Addenda to Caravaggio*, in "The Burlington Magazine", 586, 1952a, pp. 3-23

D. Mahon, *An addition to Caravaggio's early period*, in "Paragone ", 25, 1952b, pp. 20-31

D. Mahon, *Contrasts in Art-historical Method: Two recent Approaches to Caravaggio*, in "The Burlington Magazine", 603, 1953, pp. 212-220

D. Mahon, *The Singing "Lute-player" by Caravaggio from the Barberini collection, painted for Cardinal Del Monte*, in "The Burlington Magazine", 1042, 1990, pp. 4-20

D. Mahon, *Letter to the editor*, in "The Burlington Magazine", 1073, 1992, pp. 503-504

D. Mahon, B. Nicolson, *The international Caravaggesque Movement*, Oxford 1979

F. Malaguzzi Valeri, *Catalogo della Reale Pinacoteca di Brera*, Bergamo 1908

F. Malaguzzi Valeri, *La corte di Ludovico il Moro. La vita privata e l'arte a Milano nella seconda metà del Quattrocento*, Milano 1913

F. Malaguzzi Valeri, *La R. Pinacoteca di Bologna, catalogo dei dipinti* (bozze di stampa), Bologna, Archivio Storico della Soprintendenza, 1931

L. Malaspina di Sannazzaro, *Guida di Pavia*, Pavia 1819

C.C. Malvasia, *La Felsina pittrice. Vite de' pittori bolognesi*, Bologna 1678; ed. Bologna 1841

L. Malvezzi, *Le glorie dell'arte lombarda*, Milano 1882

G. Mancini, *Considerazioni sulla pittura* (1617-1621); ed. critica a cura di A. Marucchi e L. Salerno, Roma 1956-1957

J. Manilli, *Villa Borghese fuori Porta Pinciana*, in Roma, per Lodovico Grignani, 1650

M. Marangoni, *Caravaggio*, Firenze 1922

P.C. Marani, *Giovan Paolo Lomazzo artista e teorico milanese*, in "La Martinella di Milano", III-IV, 1978, pp. 64-72

P.C. Marani, *Leonardo e i leonardeschi a Brera*, Milano 1987

P.C. Marani, *Una natura morta di Leonardo nella Milano di Cinquecento*, in *La natura morta al tempo di Caravaggio*, catalogo della mostra (Roma), Napoli 1995, pp. 27-34

M. Marini, *Tre proposte per il Caravaggio meridionale*, in "Arte Illustrata", 43-44, 1971, pp. 56-65

M. Marini, *Io Michelangelo da Caravaggio*, Roma 1973 (fuori commercio); ried. Roma 1974

M. Marini, *Michael Angelus Caravaggio romanus. Rassegna degli Studi e proposte*, in "Studi barocchi", 1978

M. Marini, *Caravaggio. Werkverzeichnis*, traduzione e rielaborazione di W. Bensch, Frankfurt am Main-Berlin-Wien 1980

M. Marini, *Caravaggio e il naturalismo internazionale*, in *Storia dell'Arte Italiana*, parte II, *Dal medioevo al novecento*, II, Torino 1981a, II, pp. 352-445

M. Marini, *Gli esordi del Caravaggio e il concetto di natura nei primi decenni del Seicento a Roma. Equivoci del caravaggismo*, in "Artibus et Historiae", 4, 1981b, pp. 39-83

M. Marini, *Equivoci del caravaggismo 2: a) appunti sulla tecnica del naturalismo seicentesco tra Caravaggio e "manfrediana methodus". b) Caravaggio e i suoi "doppi" il problema delle possibili collaborazioni*, in "Artibus et Historiae", 8, 1983, pp. 119-157

M. Marini, *Bernardino Cesari e Caravaggio. Un'amicizia da definire*, in "Colloqui del Sodalizio", 7-8, 1984, pp. 71-79

M. Marini, *Caravaggio. Michelangelo Merisi da Caravaggio "pictor praestantissimus"*, Roma 1987; ed. 1989

M. Marini, *"La Giuditta" del 1607. Un contributo a Caravaggio e a Louis Finson*, in *Caravaggio e la cultura artistica a Napoli, in Sicilia e a Malta*, atti del convegno (La Valletta-Siracusa 1985) a cura di M. Calvesi, Siracusa 1987, pp. 59-80

M. Marini, *Una "Venere dormiente con amorini" di Bernardino Cesari d'Arpino*, in "Panorama di Roma e del Lazio", 1989, pp. 141-143

F. Martinelli, *L'opera pittorica di Giovan Paolo Lomazzo*, tesi di laurea, relatore M. Boskovits, Università Cattolica di Milano, a.a. 1983-1984

C. Masini, *Stima Artistica della Galleria Zambeccari in Bologna*, Bologna, Archivio Storico della Soprintendenza, 29 aprile 1871

S. Mason Rinaldi, *Palma il Giovane. L'opera completa*, Milano 1984

S. Matalon, *Pinacoteca di Brera*, Milano 1977

E. Mauceri, *La Regia Pinacoteca di Bologna*, Roma 1935

A. Mazza, *Bartolomeo Passerotti*, in *Bologna 1584. Gli esordi dei Carracci e gli affreschi di Palazzo Fava*, catalogo della mostra, Bologna 1984, pp. 31-38

Michelangelo Merisi da Caravaggio. La vita e le opere attraverso i documenti, atti del convegno internazionale di studi (Roma 1995) a cura di S. Macioce, Roma s.d. [1996], pp. 227-247

Michelangelo Merisi da Caravaggio. Come nascono i capolavori, catalogo della mostra (Firenze-Roma) a cura di M. Gregori, Milano 1991

J. Milicua, scheda V.4, in *Immagini del sentire. I cinque sensi nell'arte*, catalogo della mostra (Cremona) a cura S. Ferino-Padgen, Milano 1996, pp. 138-139

M. Minozzi, *Gli inventari della collezione Patrizi*, in *Le stanze del Tesoriere. La Quadreria Patrizi: cultura senese nella storia del collezionismo romano del Seicento*, Milano 1999, pp. 384-437

G. Mirolli, *Gli ultimi sprazzi del Cinquecento a Siena: Francesco Vanni*, in "La Diana", 1932, pp. 59-72

V. Moccagatta, *Ancora su Cesare Nebbia*, in *Scritti di storia dell'arte in onore di Edoardo Arslan*, 1, 1966, pp. 609-627

L. Mochi Onori, "Giuditta", in *Caravaggio nei musei romani*, catalogo della mostra, Roma 1986, pp. 32-33

L. Mochi Onori, *Note sulla vicenda della "Giuditta" Coppi*, in *Caravaggio: nuove riflessioni* "Quaderni di Palazzo Venezia", 6, 1989, pp. 145-148

E. Modigliani, *Catalogo della R. Pinacoteca di Brera*, Milano 1935

E. Modigliani, *Catalogo della Pinacoteca di Brera*, Milano [1950]

A. Moir, *The Italian Followers of Caravaggio*, Cambridge 1967

A. Moir, *Did Caravaggio draw?*, in "The Art Quarterly", 4, 1969, pp. 354-372

A. Moir, *Caravaggio and his copysts*, New York 1976, pp. 87, 125-126

A. Moltedo, *La Sistina riprodotta. Gli affreschi di Michelangelo dalle stampe del Cinquecento alle campagne fotografiche Anderson*, Roma 1991

G.B. Montelatici, *Villa Borghese fuori Porta Pinciana*, Roma 1700

A. Morassi, *La Regia Pinacoteca di Brera*, III ed. Roma 1945

F. Moro, *Lomazzo, Giovan Paolo*, *La pittura in Italia. Il Cinquecento*, II, a cura di G. Briganti, Milano 1988, p. 750

Mostra dei Carracci, Bologna 1956

Mostra del Caravaggio e dei caravaggeschi, catalogo della mostra (Milano), Firenze 1951

Mostra della Pittura italiana del Seicento e del Settecento, Firenze 1922

Musei e Gallerie di Milano. Quadreria dell'Arcivescovado, Milano 1999

Museo e Gallerie Nazionali di Capodimonte. La Collezione Farnese. La Scuola emiliana: i dipinti. I disegni, Napoli 1994

G.K. Nagler, *Die Monogrammisten*, 5 voll., München-Leipzig 1858-1879

M.R. Nappi, scheda 46, in *Fiamminghi a Roma, 1508-1608*, catalogo della mostra (Bruxelles-Roma) Roma 1995, pp. 124-126

G. Natali, *Pavia e la sua Certosa*, Pavia 1911

N. Neilson, *Notes on Giulio Cesare Procaccini and a proposal for the Cavaliere d'Arpino*, in *Per A.E. Popham*, Parma 1981, pp. 151-155

A. Newcomb, *Courtesans, Muses or Musicians? Professional Women Musicians in Sixteenth-century Italy*, in *Woman making music: The Western Tradition*, a cura di J. Bowers e J. Tick, Urbana 1988

B. Nicolson, *Caravaggesques at Cleveland*, in "The Burlington Magazine", 827, 1972, pp. 113-117

B. Nicolson, *The International Caravaggesque Movement. List of Pictures by Caravaggio and his Followers throught Europe from 1590 to 1630*, ed. postuma a cura di L. Vertova, Oxford 1979

A. Nova, *Gerolamo Romanino*, Torino 1994

H. Olsen, *Federico Barocci*, Copenhagen 1962

R.J. Olson, *Observations on the development of a prodigy: some addenda to the drawings of Cavalier d'Arpino*, in "Drawing", 9, 1987, pp. 4-8

R.J. Olson, *Forum: Cavalier d'Arpino redux*, in "Drawing", 10, 1988, pp. 29-30

C. Onesti, *Giovanni Paolo Lomazzo e "La Madonna delle Vittorie" già in Lodi*, in "Archivio Storico Lodigiano", 1972, pp. 59-63

J.F.A. Orbaan, *Documenti sul Barocco in Roma*, 2 voll., Roma 1920

M. Oretti, *Notizie dei Professori del disegno, cioè dei Pittori Scultori ed Architetti Bolognesi de' forestieri di quella scuola*, c. 1760-1780 (Bologna, Biblioteca Comunale, ms. B 125 III)

F. Orr, *Classical Elements in the Painting of Caravaggio*, University of California, Santa Barbara 1982

S. Ortolani, *Di Gian Gerolamo Savoldo*, in "L'Arte", 28, 1925, pp. 163-173

W.Y. Ottley, *The Italian School of Design: being a series of fac-similes of Original Drawings by the Most Eminent Painters and Sculptors of Italy*, London 1923

V. Pacelli, *L'ultimo Caravaggio: Dalla Maddalena a mezza figura ai due San Giovanni*, Todi 1994; II ed. Todi 1995

V. Pacelli, F. Bologna, *Caravaggio 1610: la S. Orsola confitta dal Tiranno per Marcantonio Doria*, in "Prospettiva", 23, 1980, pp. 24-44

G. Paleotti, *Discorso intorno alle immagini sacre e profane*, Bologna 1582; ed. a cura di P. Barocchi, Bari 1960

F. Paliaga, *Quattro persone che ridono con un gatto*, in "Journal Achademia Leonardi Vinci", 1995, pp. 143-157

G. Panazza, *I precedenti bresciani del Caravaggio*, in *Novità sul Caravaggio. Saggi e contributi*, a cura di M. Cinotti, Milano 1977

E. Panofsky, *Studi di iconologia. I temi umanistici nell'arte del Rinascimento* (London 1939); ed. italiana Torino 1975

G. Papi, "Musica di alcuni giovani", in *Michelangelo Merisi da Caravaggio. Come nascono i capolavori*, catalogo della mostra (Firenze-Roma) a cura di M. Gregori, Milano 1991, pp. 110-114

Pasión por la pintura. La colleción Longhi, catalogo della mostra (Madrid-Oviedo), Madrid 1998

S. Pearce, *Costume in Caravaggio's Painting*, in "The Magazine of Art", 1953, pp. 147-154

A.M. Pedrocchi, *Le stanze del Tesoriere. La Quadreria Patrizi: cultura senese nella storia del collezionismo romano del Seicento*, Milano 1999

A.E. Pérez-Sánchez, *Pietro del Po Pintor de Palermo*, in "Mitteilungen des Kunsthistorischen Institutes in Florenz", 1965, pp. 125-144

A.E. Pérez-Sánchez, *Caravaggio y el Naturalismo español*, Sevilla 1973

A. Perissa Torrini, *Gallerie dell'Accademia di Venezia. Disegni del Figino*, Milano 1987

A. Perotti, *I pittori Campi da Cremona*, Milano 1932

C.A. Petrucci, *L'incisione carraccesca*, in "Bollettino d'Arte", II, 1950, pp. 131-144

C.A. Petrucci, *Catalogo generale delle stampe tratte dai rami incisi posseduti dalla Calcografia Nazionale*, Roma 1953

N. Pevsner, *Die Lehrjahre des Caravaggio*, in "Zeitschrift für Bildende Kunst", 1928-1929, pp. 278-288

N. Pevsner, *Barockmalerei in den romanischen Ländern*, Berlin-Potsdam s.d. [1928]

G. Piancastelli, *Schede dei dipinti della Galleria Borghese*, ms. 1891, p. 570, Roma, Archivio della Galleria Borghese

C. Pietrangeli, *La sala dei Trionfi*, in "Capitolium", 4-7, 1962, pp. 463-470

E. Pillsbury, *Federico Barocci's Fossombrone Madonna. An Unknown Drawing*, in "Yale University Art Gallery Bulletin", 1, 1976, pp. 20-25

E. Pillsbury, L.S. Richards, *The graphic Art of Federico Barocci. Selected Drawings and Prints*, catalogo della mostra, Yale 1978

Pinacoteca della R. Accademia di Belle Arti in Milano, presentazione di F. De Maurizio, Milano 1877

Pinacoteca della Reale Accademia di Belle Arti, Milano 1887

Pinacoteca di Brera. Scuola dell'Italia centrale e meridionale, Milano 1992

M. Pittaluga, *L'incisione italiana nel Cinquecento*, Milano 1928

Pittura a Milano. Rinascimento e Manierismo, a cura di M. Gregori, Milano 1998

Pittura in Brianza e in Valsassina, a cura di M. Gregori, Milano 1993

F. Porzio, *Il moto e il fiato. Azione e espressione nella pittura lombarda del Cinquecento e del Seicento*, in *La Lombardia spagnola*, Milano 1984

F. Porzio, *Giovanni Paolo Lomazzo, Autoritratto in veste di Abate dell'Accademia della Valle di Blenio*, in *Pinacoteca di Brera, Scuole lombarda, ligure e piemontese 1535-1796*, Milano 1989, pp. 254-256

F. Porzio, *Fonti carnevalesche del naturalismo nel Cinquecento milanese: alcune ipotesi su Giuseppe Arcimboldi*, in "Arte Lombarda", 105-107, 1993, pp. 37-42

F. Porzio, *Giovanni Paolo Lomazzo. Autoritratto come Abate dell'Accademia della Val di Blenio e come pittore*, in *Rabisch. Il grottesco nell'arte del Cinquecento. L'Accademia della Val di Blenio, Lomazzo e l'ambiente milanese*, catalogo della mostra (Lugano) a cura di G. Bora, M. Kahn Rossi e F. Porzio, Lugano-Milano 1998, pp. 179-180, n. 27

A.W.G. Poseq, *Caravaggio and the Antique*, in "Artibus et Historiae", 21, 1990, pp. 147-167

A.W.G. Poseq, *Caravaggio and the Antique*, London 1998

D. Posner, *Annibale Carracci. A Study i n the Reform of Italian Painting around 1590*, 2 voll., London-New Haven 1971a

D. Posner, *Caravaggio's Homo-erotic early Works*, in "The Art Quarterly", 3, 1971b, pp. 301-324

D. Posner, *Lizards and Lizard Lore with Special Reference to Caravaggio's Leaping*, in *Art the Ape of Nature. Studies in Honor of H.W. Janson*, New York 1981, pp. 387-391

H. Posse, *ad vocem Caravaggio*, in U. Thieme, F. Becker, *Allgemeines Lexikon der Bildenden Künstler*, 37 voll., V, Leipzig 1911, pp. 570-574

P. Pouncey, *Studies by Figino for his St. Matthew altarpiece*, in "Master Drawings", 3, 1968, pp. 253-254

P. Pray Bober, R. Rubinstein, *Renaissance artists and antique sculptur, a handbook of sources*, Oxford University Press 1980

G. Previtali, *Il bernoccolo del conoscitore (a proposito del presunto "Ritratto di Gian Girolamo Albani" attribuito al Moroni)*, in "Prospettiva", 1981, pp. 24-31

G. Previtali, *Caravaggio e il suo tempo*, in "Prospettiva", 41, 1985, pp. 68-80

G. Previtali, in W. Lattes, *Uno, due, tre Caravaggio. Autentici o copie antiche?*, in "La Nazione", 26 febbraio 1986, p. 3

S. Prosperi Valenti Rodinò, *Incisori napoletani del '600*, Roma 1981

S. Prosperi Valenti Rodinò, C. Strinati (a cura di), *L'immagine di San Francesco nella Controriforma*, catalogo della mostra, Roma 1982

A. Puerari, *La Pinacoteca di Cremona*, Firenze 1951

V. Pugliese, *Un dipinto inedito del Cavalier d'Arpino in Puglia*, in "Napoli Nobilissima", 1983, pp. 210-216

C. Puglisi, *Caravaggio*, London 1998

C. Pujia, *Michelangelo Merisi da Caravaggio, "Ecce Homo"*, in *Domenico Fetti 1588/89-1623*, catalogo della mostra a cura di E. Safarik, Milano 1996, pp. 79-80

M. Pupillo, *Pauperismo e iconografia francescana nella pittura del Caravaggio. Due contesti documentari*, in *Arte francescana e pauperismo dalla Valle dell'Aniene: L'exemplum di Subiaco*, atti delle giornate di studio (Subiaco 1996) a cura di A. Crescentini, Subiaco 1997, pp. 152-168

M. Pupillo, *Il "grossolano artiere": ipotesi per Lorenzo Siciliano primo ospite del Caravaggio a Roma*, in "Storia dell'Arte", 96, 1999, pp. 117-121

A. Quadrini, *Il Cavalier d'Arpino*, Isola del Liri 1940

Rabisch. Il grottesco nell'arte del Cinquecento. L'accademia della Val di Blenio, Lomazzo e l'ambiente milanese, catalogo della mostra (Lugano) a cura di G. Bora, M. Kahn Rossi e F. Porzio, Lugano-Milano 1998

L. Ragghianti Collobi, *Il Libro de' Disegni del Vasari*, Firenze 1974

C. Ricci, G. Zucchini, *Guida di Bologna*, Bologna 1882; ed. a cura di A. Emiliani, Bologna 1968

E.F. Rice jr, *Saint Jerome in the Renaissance*, Baltimore-London 1985

C. Ridolfi, *Le meraviglie dell'arte ovvero le Vite degli illustri pittori veneti e dello Stato*, 2 voll., Venezia 1646-1648

P. Robb, *M*, Sydney 1998

F. Rodriquez, *Guida della Pinacoteca Nazionale di Bologna*, Bologna 1957

G. Roisecco, *Roma ampliata e rinnovata o sia descrizione dell'antica e moderna Città di Roma e di tutti gli edifici notabili che sono in essa*, Roma 1745

A. Roncalli, *Gli Atti della Visita Apostolica di San Carlo Borromeo a Bergamo (1575)*, Firenze 1939

F. Rossi, *Nel IV Centenario della morte. Giovan Battista Moroni*, in "Notizie da Palazzo Albani", 2, 1977, pp. 50-59

F. Rossi, *Per una biografia di Giovan Battista Moroni*, in *Giovan Battista Moroni (1520-1578)*, catalogo della mostra, Bergamo 1979

F. Rossi, *Enea Salmeggia. Prima della pittura*, catalogo della mostra, Bergamo 1986

F. Rossi, *Il Moroni*, Soncino 1991

F. Rossi, in *Giovan Paolo Cavagna e il ritratto a Bergamo dopo Moroni*, catalogo della mostra a cura di E. De Pascale e F. Rossi, Bergamo 1998

F. Rossi, *Collezioni e collezionisti d'arte a Bergamo all'epoca del conte Carrara*, in *Giacomo Carrara (1714-1796) e il collezionismo d'arte a Bergamo*, Bergamo 1999

F. Rossi, A.P. Gamberini, *Ceccano: Chiesa di San Sebastiano; Cavalier d'Arpino (un affresco ritrovato)*, in "Terra Nostra", 7-8, 1995, pp. 24-25

H. Röttgen, *Christ on the Mount of Olives, by Giuseppe Cesari*, in "Allen Memorial Art Museum Bulletin", XXVIII, 1, Oberlin College, Fall 1970, pp. 3 sgg.

H. Röttgen (a cura di), *Il Cavalier d'Arpino*, catalogo della mostra, Roma 1973

H. Röttgen, *Il Caravaggio, ricerche e interpretazioni*, Roma 1974

H. Röttgen, *ad vocem Cesari*, in *Dizionario Biografico degli Italiani*, 24, Roma 1980, pp. 163-167

H. Röttgen, *"Mein Haus soll ein Bethaus heissen, ihr aber habt eine Diebeshöhle daraus gemacht". Das Paradigma für Caravaggios "Martyrium des hl. Matthaus", und die innere Verwandtschaft zweier unterschiedlicher Themen*, in "Pantheon", 1992, pp. 57-58

H. Röttgen, *Caravaggio der Irdische Amor, oder der Sieg der Fleischlichen Liebe*, Frankfurt am Main 1996

J. Ruda, *The Art of Drawing. Old Masters from the Crocker Art Museum*, Sacramento, California, The Flint Institute of Arts, 1992

V. Saccà, *Michelangelo da Caravaggio pittore. Studi e ricerche*, in "Archivio storico messinese", 1906, pp. 40-69; 1907, pp. 41-79

L. Salerno, *Caravaggio e i Caravaggeschi*, in "Storia dell'Arte", 1970a, pp. 234-248

L. Salerno, *Pittori di paesaggio del Seicento a Roma*, 3 voll., Roma 1970b

L. Salerno, *Caravaggio. A Reassessment*, in "Apollo", 1984, pp. 438-441

L. Salerno, D.T. Kinkead, W.H. Wilson, *Poesia e simboli nel Caravaggio*, in "Palatino", 2, 1966, pp. 106-117

E. Sambo, *San Matteo e l'angelo*, in *I Campi e la cultura artistica cremonese del Cinquecento*, catalogo della mostra (Cremona) a cura di M. Gregori, Milano 1985, p. 206

A. Santagostino, *L'immortalità e gloria del pennello overo Catalogo delle Pitture insigni che stanno esposte al publico nella Città di Milano*, Milano 1671; ed. critica a cura di M. Bona Castellotti, Milano 1980

F. Santos, *Descripcion del Real Monasterio de S. Lorenzo del Escorial*, Madrid 1681

F. Scannelli, *Il microcosmo della pittura*, Cesena 1657; rist. Bologna 1989

L. Scaramuccia, *Le finezze de' pennelli italiani*, Pavia 1674; ed. Milano 1965

G. Scavizzi, *Su Ventura Salimbeni*, in "Commentari", 1959, pp. 115-136

V. Scherliess, *Zu Caravaggios Musica. Anhang: Notenbücher auf Bildern Caravaggios*, in "Mitteilungen des Kunsthistorischen Institutes in Florenz", 1, 1973, pp. 141-148

E. Schleier, *Caravaggio e caravaggeschi nelle Gallerie di Firenze. Zur Ausstellung im Palazzo Pitti, Sommer 1970*, in "Kunstchronik", 4, 1971, pp. 85-102

E. Schleier, H. Röttgen, *"Perseus befreit Andromeda": Ein unbekanntes Werk von Giuseppe Cesari, gen. Cavalier d'Arpino. Zu einer Neuerwerbung des Kaiser-Friedrich-Museums-Vereins*, in "Jahrbuch der Berliner Museen", 35, 1993, pp.191-213

A. Schmarsow, *Federico Barocci Zeichnungen. I. Die Zeichnungen in der Sammlung der Uffizien zu Florenz*, Leipzig 1909

T.M. Schneider, *Technical Analysis*, in "The Burlington Magazine", 883, 1976, pp. 679-680

T.M. Schneider, *La "maniera" e il processo pittorico del Caravaggio*, in *L'ultimo Caravaggio e la cultura artistica a Napoli, in Sicilia e a Malta*, atti del convegno (Siracusa-Malta, aprile 1985) a cura di M. Calvesi, Siracusa 1987, pp. 117-138

L. Schudt, *Caravaggio*, Wien 1942

K. Schwager, *Kardinal Pietro Aldobrandinis Villa di Belvedere in Frascati*, in "Römisches Jahrbuch für Kunstgeschichte", 9-19, 1961-1962, pp. 289-382

E. Sestieri, *Catalogo della Galleria ex fidecommissaria Doria Pamphilij*, pp. 243-244, n. 349

Sofonisba Anguissola e le sue sorelle, catalogo della mostra (Cremona-Vienna-Washington), Milano 1994

R. Spear, *Stock taking in Caravaggio Studies*, in "The Burlington Magazine", 972, 1984, pp. 162-165

R.E. Spear, *A note on Caravaggio's "Boy with a Vase of Roses"*, in "The Burlington Magazine", 1971a, pp. 470-473

R.E. Spear, *Caravaggio and his Followers*, catalogo della mostra, Cleveland 1971b; ried. aggiornata, Cleveland 1975

L. Spezzaferro, *La cultura del Cardinal Del Monte e il primo tempo del Caravaggio*, in "Storia dell'Arte", 9-10, 1971, pp. 57-92

L. Spezzaferro, *Detroit's "Conversion of the Magdalen" (The Alzaga Caravaggio), 4. The documentary findings: Ottavio Costa as a Patron of Caravaggio*, in "The Burlington Magazine", 859, 1974, pp. 579-586

L. Spezzaferro, *Ottavio Costa e Caravaggio: certezze e problemi*, in *Novità sul Caravaggio*, atti del convegno internazionale di studi (Bergamo, gennaio 1974), Milano 1975, pp. 103-118

J.T. Spike, *Italian Still Life Paintings of three Centuries*, catalogo della mostra (New York-Tulsa-Dayton), Firenze 1983

J.T. Spike, *The Age of Caravaggio*, in "Apollo", 280, 1985, pp. 415-417

J.T Spike, *Exhibition Review. Florence and Rome Caravaggio*, in "The Burlington Magazine", 1069, 1992, pp. 275-277

S. Stefani, *Idea dello stile della pittura di Giovanni Paolo Lomazzo (in uno sconosciuto affresco)*, in "Acme", 1963, pp. 41-56

C. Strinati, schede 16 e 82, in *L'immagine di San Francesco nella Controriforma*, catalogo della mostra, a cura di S. Prosperi Valenti Rodinò e C. Strinati, Roma 1982, pp. 76, 91-92

C. Strinati, *Metafora teatrale e rievocazione dell'antico nella decorazione dell'Oratorio del Gonfalone*, in *Roma e l'Antico*, atti del convegno (Roma 1982), Roma 1984

C. Strinati, *Apuntes biográficos*, in *Caravaggio*, catalogo della mostra (Madrid-Bilbao) a cura di C. Strinati e R. Vodret, Madrid 1999, pp. 3-9

F. Susinno, *Le vite de' pittori messinesi*, 1724; ed. a cura di V. Martinelli, Firenze 1960

F.M. Tassi, *Vite de' Pittori, Scultori e Architetti bergamaschi*, Bergamo 1793

C. Tempesta, *San Francesco in meditazione*, in *Caravaggio nei musei romani*, catalogo della mostra, Roma 1986, pp. 40-43

G. Testori, *Moroni in Val Seriana*, Brescia 1978

G. Testori, *Se la realtà non è solo un fotogramma*, in *Francesco Cairo 1607-1665*, catalogo della mostra, Varese 1983, pp. XI-XXVIII

G. Testori, *Il vero Caravaggio è a Firenze*, in "Corriere della Sera", 22 febbraio 1986, p. 3

The Age of Caravaggio, catalogo della mostra, New York-Milano 1985

The Genius of Venice 1500-1600, catalogo della mostra, London 1988

The Illustrated Bartsch, a cura di W.L. Strauss e J. Spike, New York 1978

F. Todini, *Rutilio Manetti: note in margine a una mostra*, in "Paragone", 347, 1979, pp. 64-72

C. Torre, *Il ritratto di Milano*, Milano 1674; ed. Milano 1714

F. Trinchieri Camiz, *"Cantare con una voce sopra un strumento": il Suonatore di liuto del cardinale del Monte e il suo contesto musicale*, in M. Marini, *Caravaggio. Michelangelo Merisi da Caravaggio "pictor praestantissimus"*, Roma 1987; ed. 1989, pp. 381-384

F. Trinchieri Camiz, *The Castrato Singer: From Informal to Formal Portraiture*, in "Artibus et Historiae", 18, 1988, pp. 171-186

F. Trinchieri Camiz, *"La musica" nei quadri di Caravaggio*, in "Quaderni di Palazzo Venezia", 6, 1989, pp. 198-221

F. Trinchieri Camiz, *Music and Painting in Cardinal del Monte's Household*, in "The Metropolitan Museum Journal", 26, 1991, pp. 213-226

F. Trinchieri Camiz, A. Ziino, *Caravaggio: Aspetti musicali e committenza*, in "Studi musicali", 12, 1983, pp. 67-83

L. Turcic, *A Drawing of fame by the Cavalier d'Arpino*, in "The Metropolitan Museum Journal", 22, 1987, pp. 93-95

M. Vaes, *Matthieu Brill 1550-1583*, in "Bulletin de l'Institut historique belge de Rome", 1928, pp. 283-331

M. Valsecchi, *Nuove giunte al Peterzano*, in *Studi di Storia dell'Arte in onore di Antonio Morassi*, Venezia 1971, pp. 172-182

Van Dyck a Genova. Grande pittura e collezionismo, catalogo della mostra a cura di S.J. Barnes, P. Boccardo, C. Di Fabio e L. Tagliaferro, Milano 1997

A. Vannugli, scheda, in *Oltre Raffaello*, catalogo della mostra, Roma 1984, pp. 156-157

A. Vannugli, *Orazio Borgianni, Juan de Lezcano and a "Martyrdom of St Lawrence"*, in "The Burlington Magazine", 1138, 1998, pp. 5-15

A. Vannugli, *Enigmi caravaggeschi, i quadri di Ottavio Costa*, in corso di stampa

J. Variano, *Caravaggio's carpets*, in "The Burlington Magazine", 1073, 1992, p. 505

R. Varoli Piazza, *Il "San Giovanni Battista": dalle fonti all'immagine*, in *Identificazione di un Caravaggio*, Venezia 1990, pp. 33-45

G. Vasari, *Le vite de' più eccellenti pittori, scultori ed architettori..., con nuove annotazioni e commenti di G. Milanesi*, Firenze 1879

P. Venturelli, *Gioielli e gioiellieri milanesi. Storia, arte e moda (1450-1630)*, Cinisello Balsamo 1996

A. Venturi, *Il Museo e la Galleria Borghese*, Roma 1893

A. Venturi, *Storia dell'Arte italiana*, Milano 1901-1940

L. Venturi, *Studi su Michelangelo da Caravaggio*, in "L'Arte", XIII, 1910, pp. 275-276

L. Venturi, *Il Caravaggio*, Roma 1921; Roma 1951; ried. Novara 1963

R. Venuti, *Accurata e succinta descrizione topografica ed istorica di Roma moderna*, Roma 1767

Vetri dei Cesari, catalogo della mostra (Corning-Londra-Colonia) a cura di D.B. Harden, H. Hellenkemper, K. Painter e D. Whitehouse, Milano 1988

R. Vodret, *"San Francisco en meditación"*, in *Caravaggio*, catalogo della mostra (Madrid-Bilbao) a cura di C. Strinati e R. Vodret, Madrid 1999, pp. 118-121

H. Vogel, *Katalog der Staatlichen Gemäldegalerie zu Kassel*, Kassel 1958

C. Volpe, *Annotazioni sulla mostra caravaggesca di Cleveland*, in "Paragone", 263, 1972, pp. 50-76

H. Voss, *Kritische Bemerkungen zu Seicentisten in den römischen Galerien*, in "Repertorium für Kunstwissenschaft", 33, 1910, p. 218

H. Voss, *Die Malerei der Spätrenaissance in Rom und Florenz*, Berlin 1920

H. Voss, *Malerei des Barok in Rom*, Berlin 1924, p. 439, fig. p. 72

H. Voss, *Zeichnungen der italienischen Spätrenaissance*, München 1928

H. Voss, *L'opera giovanile di Rutilio Manetti*, in "Vita artistica", 2, 1932, pp. 57-68

H. Voss, *Die Caravaggio-Ausstellung in Mailand*, in "Kunstchronik", 4, 1951a, pp. 165-169

H. Voss, *Ein unbekanntes Frühwerk Caravaggio*, in "Die Kunst", 1951b, pp. 410-412

H. Wagner, *Michelangelo da Caravaggio*, Berne 1958

E.K. Waterhouse, *Baroque Painting in Rome; the Seventeenth Century*, London 1937

Z. Wazbinsky, *Il Cavalier d'Arpino e il mito accademico. Il problema dell'autoidentificazione con l'ideale*, in *Der Künstler über sich in seinem* Werk, Internationales Symposium (Roma, Bibliotheca Hertziana 1989), Weinheim 1992, pp. 317-363

Z. Wazbinski, *Il Cardinale Francesco Maria del Monte: 1549-1626*, Firenze 1994

S.E. Wegner, *A new Attribution for an Italian Drawing*, in "Bulletin. Allen Memorial Art Museum", 2, 1987-1988, pp. 60-66

T. Wilson Smith, *Caravaggio*, London 1998-1999

J. Winckelmann, *Una pala d'altare di Bartolomeo Passerotti*, in "Studia Albortoniana", 1979, pp. 229-232

K. Wolfe, *Caravaggio: another "Lute Player"*, in "The Burlington Magazine", 988, 1985, pp. 450-452

L. Zahn, *Caravaggio und die Kunst der Gegenwart*, Berlin 1928

S. Zamboni, *Vincenzo Campi*, in "Arte antica e moderna", 30, 1965, pp. 124-147

S. Zamboni, *Campi Vincenzo*, in *Dizionario Biografico degli Italiani*, XVII, Roma 1974, pp. 527-530

P. Zampetti, *Notarelle lottesche*, in "Arte Veneta", 1956, pp. 183-186

F. Zeri, *Sull' esecuzione di "nature morte" nella bottega del Cavalier d' Arpino, e sulla presenza ivi del giovane Caravaggio*, in "Diari di lavoro", 2, 1976, pp. 92-103

F. Zeri, *La nascita della "Battaglia come genere" e il ruolo del Cavalier d'Arpino*, in *La battaglia nella pittura del XVII e XVIII secolo*, Parma 1986, pp. IX-XXVII

F. Zeri, *Caravaggio "La vocazione di San Matteo"*, Milano 1998

F. Zeri, B.B. Fredericksen, *ad vocem*, in *Census of Pre-Nineteenth-Century Italian Paintings in North American Public Collections*, Cambridge (Mass.) 1972

D. Zinke, *A hitherto unknown version of* St. Michael *by the Cavalier d'Arpino*, in "The Burlington Magazine", 1042, 1990, pp. 28-29

Referenze fotografiche

Si ringraziano gli archivi
fotografici dei musei
e i collezionisti privati
che hanno gentilmente
prestato il materiale
fotografico in loro possesso

in particolare
la Soprintendenza per i Beni
Artistici e Storici di Roma
per le foto realizzate
con il contributo dell'ENEL
(catt. 14, 15, 17, 18, 19,
20, 21, 22)

e inoltre
Agenzia Fotografica Scala,
Antella (Firenze)
Archivio Electa, Milano
Archivio Fotografico
Accademia Nazionale
di San Luca, Roma
Archivio Fotografico
del Servizio Beni Culturali
del Comune di Genova, Genova
Enrico Belluschi, Milano
Biblioteca Ambrosiana, Milano
C.N.B. & C., Bologna
Fiorenzo Cantalupi, Pavia
Centro Fotografico Curia
di Bergamo, Bergamo
Bruno Colombo, Monza (Milano)
Sandro Da Re, Bergamo
Foto Prisma, Genova
Foto Saporetti, Milano
Fotostudio Rapuzzi, Brescia
Gabinetto Disegni
e Stampe della Galleria
degli Uffizi, Firenze
Musei e Gallerie Nazionali
di Capodimonte, Napoli
Istituto Nazionale
per la Grafica, Roma
Soprintendenza per i Beni
Artistici e Storici, Firenze
Soprintendenza per i Beni
Artistici e Storici, Milano
Studio fotografico
Paolo Tosi, Firenze
Studio Quiresi, Cremona

Questo volume è stato
stampato per conto
della Elemond spa
presso lo stabilimento
di Martellago
Mondadori Printing spa,
via Castellana 98,
Martellago (Venezia)
nell'anno 2000